240,00

Branka Kalogjera, Nina Kudiš
ENGLESKO-HRVATSKI I HRVATSKO-ENGLESKI RJEČNIK

Nakladnik
DUŠEVIĆ & KRŠOVNIK d.o.o. Rijeka

Za nakladnika
Zdravko Dušević
Emil Kršovnik

Suizdavač i distributer za BiH
NAKLADA BEGEN
Sarajevo, tel. 00387/33/217-135

Recenzenti
Marijan Urbany, dr. sci.
Boris Pritchard, dr. sci.

Lektor za hrvatski jezik
Zlatko Karajić

Pregled gramatike
Jadranka Braut, prof.
Ksenija Juretić, prof.

Kompjutorska priprema sloga
Welt d.o.o. Rijeka

Tisak
Grafika /Graftrade Žagar

Copyright © Dušević & Kršovnik d.o.o. Rijeka
ISBN 953-6029-35-9

3. izdanje

Branka Kalogjera, Nina Kudiš

ENGLESKO-HRVATSKI I HRVATSKO-ENGLESKI RJEČNIK

Dušević & Kršovnik d.o.o.
Rijeka, 2000.

Katalogizacija u publikaciji - CIP
Sveučilišna knjižnica Rijeka
UDK 801.323.2=20=862

KALOGJERA, Branka
    Englesko-hrvatski i hrvatsko-engleski rječnik / Branka Kalogjera, Nina Kudiš. - 3. izd. - Rijeka : Dušević & Kršovnik, 1998. - 420 str. ; 21 cm

ISBN 953-6029-35-9

1. Kudiš, Nina

SADRŽAJ

Predgovor 7
Kratice 9
Englesko-hrvatski rječnik 11
Pregled gramatike engleskog jezika 251
Hrvatsko-engleski rječnik 271

PREDGOVOR

Dvojezični rječnik je nezamjenjiv priručnik, bez obzira uče li se osnove nekog stranog jezika ili se znanje tog jezika usavršava. Ovaj je rječnik rezultat napora autora i nakladnika da sastave priručnik kakav nam već duže vrijeme nedostaje, a potreba za njim je velika. Knjiga je zamišljena kao rječnik općeg jezika, bez pretenzija da zadire u bilo koje stručno područje i kao takav namjenjen je najširoj populaciji kojoj je iz bilo kojeg razloga potrebno osnovno znanje engleskog jezika. Sastoji se od dva dijela: englesko-hrvatskog i hrvatsko-engleskog rječnika, a sastavljen je po načelima suvremene leksikologije i leksikografije. Pored toga u njemu se nalazi i pregled engleske gramatike te je tako u jednoj knjizi objedinjeno sve ono što je potrebno za brzo i lako snalaženje u osnovama engleskog jezika.

KRATICE

abbr – kratica
adj – pridjev
adv – prilog
Am – američki engleski
anat – anatomija
ast – astronomija
attr – atributivno
aug – uvećanica
Bibl – iz Biblije
biol – biologija
bot – botanika
Br – britanski engleski
bus – poslovni svijet
coll – kolokvijalno
collect – zbirna imenica
com – trgovački izraz
comp – komparativ
conj – veznik
cul – kulinarstvo
dem – deminutiv
eccl – crkveni izraz
econ – ekonomija
eng – tehnika
etc – itd.
f – imenica ženskog roda
fig – figurativno
film – film, kinematografija
fin – financijski
geogr – geografija
geol – geologija
geom – geometrija
ger – gerund
gram – gramatika
hist – povijest
ichth – ihtiologija
imp – imperativ
inf – infinitiv
int – uzvik
iron – ironično
irr – nepravilni (glagol)
jur – pravni izraz
lit – literarno
m – imenica muškog roda
math – matematika

med – medicina
met – meteorologija
metal – metalurgija
mil – vojni izraz
min – mineralogija
mot – automobilizam/motoristika
mus – glazba
n – imenica srednjeg roda
num – broj
orn – ornitologija
p – osoba
paint – slikarstvo
parl – parlament
part – rječca
pej – pejorativno
pharm – farmacija
phls – filozofija
phot – fotografija
phys – fizika
pl – množina
pl tantum – stalna množina
poet – poezija
pol – politika
pp – particip prošli
prp – particip prezenta
pred – predikativno
prep – prijedlog
pret – preterit
pron – zamjenica
prov – provincijalizam
psih – psihologija
RC – rimokatolička crkva
rhet – retorički
s – imenica
sleng – izraz iz žargona
sport – sport
sup – superlativ
th – stvar
theat – kazalište
univ – sveučilišni izraz
v – glagol
v/i – prelazni glagol
v/t – neprelazni glagol
vulg – vulgarizam, vulgarno
zool – zoologija

a, an [ei, æn; ə, ən] *adj &art indef* jedan, neki
A1 ['ei'wʌn] prvorazredan
aback [ə'bæk] natrag
abacus ['æbəkəs] *pl* **abaci** ['æbəsai] računaljka; *archit* abakus
abaft [ə'ba:ft] 1. na krmi, prema krmi 2. *prep* iza
abandon [ə'bændən] napustiti, ostaviti na cjedilu, prepustiti;
abandoned [ə'bænənd] *adj* napušten;
abandonment [ə'bændənmənt] napuštanje; odricanje, prepuštanje
abase [ə'beis] poniziti
abasement [ə'beismənt] poniženje, sniženje
abash [ə'bæʃ] posramiti, smesti, osramotiti; **to be ~ed**, **to stand ~ed at** biti u neprilici, sramiti se
abashment [ə'bæʃmənt] posramljenost, poniženje
abate [ə'beit] *v/t* umanjiti, ublažiti (bol), sniziti (cijenu), svladati (ponos)
abatement [ə'beitmənt] gubitak, popust; poništenje, jenjanje
aba[t]tis [ə'bætis] zasjeka
abattoir ['æbətwa:] klaonica
abature ['æbətʃə] trag (divljači)
abbacy ['æbəsi] opatstvo; dostojanstvo
abbess ['æebəs] časna majka, nadstojnica samostana
abbey ['æbi] opatija
abbot ['æbət] gvardijan, opat
abbreviate [ə'bri:vieit] skratiti, pokratiti
abbreviation [əbri:vi'eiʃn] kratica, skraćenica
ABC ['ei'bi:si:] abeceda; *fig* temelji, osnove; **ABC weapons** atomsko oružje
abdicate ['æbdikeit] odreći se, napustiti položaj, dužnost
abdication [æbdi'keiʃn] abdikacija, odreknuće
abdomen ['æbdəmən] [*med* æb'doumen] trbuh, zadak

abdominal [æb'dɔminl] trbušni
abduct [æb'dʌkt] ugrabiti, oteti
abduction [æb'dʌkʃən] otmica
abecedarian [eibi:si:'dɛəriən] 1. abecedni 2. učenik koji uči abecedu, početnik
abed [ə'bed] u postelji
aberration [æbə'reiʃn] odstupanje, skretanje s puta
abet [ə'bet] poduprijeti, potpomoći, ići na ruku
abetment [ə'betmənt] podsticanje, potpomaganje
abettor [ə'betə] huškač, pomagač
abeyance [ə'beiəns] neodlučnost, zastoj
abhor [əb'hɔ:] osjećati gađenje prema komu, mrziti
abhorrence [əb'hɔrəns] gađenje (**of**, prema)
abhorrent [əb'hɔrənt] odvratan, mrzak
abide [ə'baid] 1. *irr v/i* boraviti, stanovati 2. čekati, podnositi, trpjeti
ability [ə'biliti] sposobnosti, vještina
abilities [ə'bilitiz] *pl*, sposobnosti, talent
abject ['æbdʒekt] podao; prezren
abjection [æb'dʒekʃn] podlost, prezrenost
abjectness [æb'dʒektnis] podlost, prezrenost
abjure [əb'dʒuə] odreći se
ablaze [ə'bleiz] u plamenu, sjajan, blistav
able ['eibl] sposoban, vješt, kadar
abnormal [æb'nɔrmal] nepravilan, abnormalan
abnormity [æb'nɔ:miti] nakaznost, abnormalnost
aboard [ə'bɔ:d] na brod(u), u avion(u); uz; (po)kraj
abolish [ə'bɔliʃ] ukinuti, ukloniti
abolishment [ə'bɔliʃmənt] ukinuće
abolition [æbo'liʃən] ukinuće
abominable [ə'bɔminəbl] gadan, gnusan, odvratan
aboriginal [æbə'ridʒənl] (**~ly**) starosjedilački, urođenički
aborigine [,æbə'ridʒini] starosjedilac, urođenik

11

about [ə'baut] 1. *prep* kod; o, okolo; u pogledu 2. *adv* negdje u (to vrijeme); oko; po prilici; otprilike
above [ə'bʌv] 1. *prep* iznad, nad 2. *adv* gore, iznad; više (od) 3. *adj* gornji
abrasion [ə'breiʒn] abrazija, ostružina
abreas t [ə'brest] usporedo; ~ of ili with usporedo sa
abridge [ə'bridʒ] skratiti, potkratiti, sažeti
abridged [ə'bridʒd] skraćen
abroad [ə'brɔːd] van, vani; na daleko i široko; u inozemstvo
abrupt [ə'brʌpt] *adj* (~ly *adv*) iznenadan, isprekidan, nagao, nesuvisao
abruptness [ə'brʌptnis] naglost, nenadanost, osornost, nesuvislost
abscess ['æbsis] čir
absence ['æbsns] nenazočnost, odsutnost, pomanjkanje; ~of mind rastresenost; ~of leave dopust, odsustvo
absent ['æbsnt] 1. (~ly) odsutan; *fig* ~minded (~ly) rastresen 2. [æb' sent] ~oneself ne dolaziti (blizu)
absentee [æbsn'tiː] odsutan
absenteeism [,æbsən'tiːizəm] izostajanje
absolute ['æbsə luːt] apsolutan; bezuvjetan
absolve [əb'zɔlv] odriješiti, osloboditi
absorb [əb'sɔːb] apsorbirati, upiti
abstinence ['æbstinəns] umjerenost; suzdržavanje
abstract ['æbstrækt] *adj* (~ly) apstraktan
abstracted [æb'stræktid](~ly) odvojen, rastresen
absurd [əb'səd] (~ly) apsurdan, besmislen
abundance [ə' bʌndns] obilje
abundant [ə'bʌndənt](~ly) bogat, obilan
abuse [ə'bjuːs] psovanje, pogrda, zloupotreba
abusive [ə'bjuːsiv](~ly) pogrdan, uvredljiv
academic [ækə'demik] akademski; ~s *pl* akademske, teoretske rasprave
academy [ə'kædəmi] akademija
accelerate [æk'seləreit] povećati brzinu, ubrzati
accent ['æksnt] akcent, naglasak
accept [ək'sept] prihvatiti, primiti
acceptation [æksep'teiʃn] prihvaćeno značenje neke riječi
acceptable [ək'septəbl] (~ly) dobrodošao, pristupačan
access ['ækses] prilaz, pristup
accessability [æksesi'biliti] pristupačnost
accident ['æksidənt] (prometna) nesreća, nezgoda, nesretan slučaj

acclaim [ə'kleim] odobravati, klicati
acclamation [æklə'meiʃn] klicanje, odobravanje
accommodate [ə'kɔmədeit] prilagoditi, primiti koga (na stan)
accomodation [ə,kɔmə'deiʃn] nagodba; smještaj, stan; udobnost
accomplice [ə'kɔmplis] partner, sukrivac
accomplish [ə'kɔmpliʃ] ispuniti, obaviti, postići
accomplishment [ə'kɔmpliʃmənt] ispunjenje, izvršenje
accordion [ə'kɔːdiən] harmonika
account [ə'kaunt] račun, obračun, konto, izvještaj; ~ for biti odgovoran za
accountant [ə'kauntənt] računovođa
accumulate [ə'kjuːmjuleit] (na)gomilati, nakupiti (se)
accumulation [ə,kjuːmju'leiʃn] gomila, zgrtanje
accuracy ['ækjurəsi] preciznost, točnost
accusation [ækjuː'zeiʃn] optužba
accuse [ə'kjuːz] okriviti, optužiti (of za; before, to pred)
accustom [ə'kʌstəm] priviknuti, priučiti; ~ed vičan, običajan
achieve [ə'tʃiːv] ostvariti, izvršiti, polučiti
achievement [ə'tʃiːvmənt] izvršenje, postignuće, junačko djelo
acid ['æsid] 1. kiselina 2. kiseo, jedak; ~proof otporan na kiseline
acknowledge [ək'nɔlidʒ] priznati, prepoznati
acquaint [ə'kweint] saopćiti, upoznati; be ~ed with poznavati
acquire [ə'kwaiə] nabaviti, dobiti
across [ə'krɔs] 1. *adv* (po)prijeko; u križ, poprijeko 2. *prep* iz; kroz; s druge strane
act [ækt] 1.*v/i* činiti, ponašati se; *theat* igrati, glumiti
action ['ækʃn] akcija, borba
active ['æktiv] (~ly) aktivan, radin
activity [æk'tiviti] (često *pl*) aktivnost, bavljenje
actor ['æktə] glumac
actress ['æktris] glumica
actual ['əktjuəl] (~ly) pravi, stvaran, sadašnji
acute [ə'kjuːt] [~ly] oštar, šiljast, oštrouman, akutan
adapt [ə'dæpt] prilagoditi, urediti, obraditi
add [æd] *v/i* dodati, pridavati; *math* zbrajati

addict [ə'dikt] 1. ~ **oneself** posvetiti se, odati se 2. ['ædikt] čovjek odan (opijumu i sl.)
addition [ə'diʃn] dodatak, dodavanje
address [ə'dres] 1. adresirati, uputiti 2. adresa, naslov, poruka
adhesive [əd'hi:siv] (~ly) ljepljiv; ~**tape** flaster, ljepljiva traka
adjust [ə'dʒʌst] podesiti, prilagoditi, nagoditi
admirable ['ædmərəbl] (~ly) divan, krasan
admiration [ædmi'reiʃn] divljenje,
admire [əd'maiə] diviti se, cijeniti se
admission [əd'miʃn] primanje, ulazak, dopuštenje
admit [əd'mit] v/t dozvoliti pristup, dopuštati
adolescence [ædo'lesəns] 1. mladost, mladenaštvo; adolescencija, mladenački 2. mladić, djevojka
adorable [ə'dɔ:rəbl] (~ly) vrijedan divljenja, divan
adore [ədɔ:] obožavati
Adriatic [eidri'ætik] Jadran, Jadransko more
adult ['ædʌlt] 1. odrastao; zreo 2. odrasla osoba; odrasli čovjek
advance [əd'va:ns] 1. v/i napredovati, dizati se; podići (cijenu) 2. napredak, zajam
advanced [əd'va:nst] adj napredan, suvremen
advantage [əd'va:ntidʒ] korist, prednost, nadmoćnost
adventure [əd'ventʃə] 1. avantura, pustolovina 2. odvažiti se
adverb ['ædvə:b] prilog
advertise ['ædvətaiz] oglasiti, reklamirati, tražiti putem oglasa
advertisment [əd'və:tismnt] oglas, obavijest, uputa
advertising ['ædvətaiziŋ] koji oglašuje, oglasni, reklamni
advice [əd'vais] savjet, mišljenje, prijedlog
advise [əd'vaiz] v/t izvijestiti, savjetovati
aeroplane ['ɛərəplein] zrakoplov, avion
affair [ə'fɛə] posao, stvar
affect [ə'fekt] 1. voljeti, rado činiti 2. osjećati sklonost za 3. hiniti 4. pogoditi (loše djelovati na)
affirm [ə'fə.m] tvrditi, potvrditi
affirmative [ə'fə:mətiv] (~ly) potvrdan, jesan, pozitivan

afford [ə'fɔ:d] dati, pružati, stvarati; **I can afford it** mogu si to priuštiti
affront [ə'frʌnt] uvreda, pogrda
afraid [ə'freid] uplašen, prestrašen; **be afraid of** bojati se čega
after ['a:ftə] 1. adv nakon toga, kasnije 2. prep iza, nakon (što), po, poslije
again [ə'gein] i, još jedamput, opet, ponovo
against [ə'geinst] na pozadini od, na osnovu, nasuprot u usporedbi sa, uz, za
age [eidʒ] dob, godine života, starost
aged [eidʒd] u godinama, star, postar, vremešan
agency ['eidʒənsi] agencija, djelovanje, posredstvo
agent ['eidʒənt] posrednik, otpravnik, poslovođa, agent
aggression [ə'greʃn] agresija, napadaj
aggressor [ə'gresə] agresor, napadač
ago [ə'gou] prije, ranije, pred; **long ago** davno
agony ['ægəni] agonija, hropac
agree [ə'gri:] v/i obvezati se, pristati, slagati se (in u; to sa; with sa)
aground [ə'graund] nasukan
ahead [ə'hed] (u)naprijed, sprijeda; **go ahead!** naprijed, nastavi(te)
aid [eid] 1. olakšati, pomoći 2. pomoć, pomoćnik
aim [eim] 1. v/i ciljati, smjerati (at) 2. cilj, namjera, svrha
air [ɛə] 1. povjetarac, zrak; **by air**, zrakom, avionom 2. provjetriti, zračiti
alarm [ə'la:m] 1. budilica, uzbuna 2. prestrašiti, alarmirati
alcohol ['ælkəhɔl] alkohol; ~**ism** alkoholizam
ale [eil] vrsta engleskog piva
alert [ə'lə:t] (~ly) oprezan, budan
alien ['eiliən] inozeman, stran; fig tuđ
alienation [ˌeiliə'neiʃn] otuđenje
alive [ə'laiv] 1. živ, pun života 2. raspoložen, budan 3. osjetljiv, svjestan (to)
all [ɔ:l] 1. cio, cijel(i) 2. sve
allow [ə'lau] dozvoljavati, omogućavati
allowance [ə'lauəns] 1. odobrenje, pristanak, dozvola 2. određena svota, renta
alloy [ə'lɔi] legura, slitina
all-star ['ɔ:l'sta:] Am sport koji se sastoji od najboljih igrača
almightness [ɔ:l'maitinis] svemogućnost, svemoć

almighty [ɔl'maiti] svemoguć, svemoćan
almond ['a:mɔnd] badem
almost ['ɔ:lmoust] gotovo skoro
alone [ə'loun] jedini, sam, osamljen; samo, jedino
along [ə'lɔŋ] 1 *adv* duž; sa sobom 2. *prep* duž, kraj, niz, uz
alongside [ə'lɔŋ'said] *prep* (po)kraj
aloud [ə'laud] glasno, naglas
alphabet ['ælfəbit] abeceda, alfabet
also ['ɔ:lsou] i, isto također
although [ɔ:l'ðou] iako, premda, mada
altogether [ɔ:ltə'geðə] zajedno, u cjelosti, sve u svemu
always ['ɔ:lwəz] uvijek, neprestano
amaze [ə'meiz] začuditi, zadiviti, zapanjiti
amazing [ə'meiziŋ] (~ly) koji zbunjuje, iznenađuje divan
ambassador [æm'bæsədə] veleposlanik, poslanik
ambition [æm'biʃn] ambicija, častohleplje
ambitious [æm'biʃəs](~ly) ambiciozan
ambulance ['æmbjulons] poljska bolnica, bolnička kola
amend [ə'mend] *v/t* poboljšati, popraviti
amends [ə'mendz] *pl* odšteta, naknada štete
American [ə'merikən] 1. Amerikanac 2. američki
amid(st) [ə'mid(st)] među, posred, usred
ammunition [æmju'niʃn] streljivo (municija)
amnesty ['æmnesti] 1. amnestija 2. amnestirati, pomilovati
among(st) [ə'mʌŋ(st)] između, sred, kod, od
amount [ə'maunt] 1. iznos, suma, svota 2. količina, veličina
amplification [æmplifi'keiʃn] proširivanje, povećavanje; *phys* pojačanje
amplify ['æmplifai] povećati, pojačati
amuse [ə'mju:z] zabavljati, uveseljavati
amusement [ə'mju:zmənt] zabava, dokolica, razonoda
amusing [ə'mju:ziŋ] (~ly) zabavan, ugodan, smiješan
an [ən ; æn] član jedan, neki
analyse ['ænəlaiz] analizirati, raščlaniti
analysis [ə'næləsis] *pl* [ə'næləsiz] analiza, proučavanje
ancestor ['ænsistə] predak, praotac
anchor ['æŋkə] 1. sidro 2. usidriti
ancient ['einʃənt] davni, drevan, vrlo star

and [ænd, ənd] a, i, pa
angel ['eindʒl] anđeo
anger ['æŋgə] 1. gnjev, srdžba 2. srditi
angina [æn'dʒainə] angina
angle ['æŋgl] 1. kut, udica 2. pecati
Anglo-Saxon ['æŋglou'sæksn] 1. Anglosas 2. anglosaski
angry ['æŋgri] ljutit, srdit (*p* **with a** , *th* **at a**)
anguish ['æŋgwiʃ] bol, tjeskoba, muka
animal ['æniməl] 1. životinja 2. *adj* (~ly *adv*) životinjski
animate ['ænimeit] animirati
animosity [æni'mɔsiti] neprijateljstvo, mržnja
anniversary [æni'və:səri] obljetnica, godišnjica
announce [ə'nauns] najaviti, oglasiti
announcement [ə'naunsəmnt] objavljivanje, oglas, vijest
announcer [ə'naunsə] onaj koji objavljuje; najavljivač [radio spiker]
annoy [ə'nɔi] dosađivati, smetati
annoyance [ə'nɔiəns] 1. dosađivanje, smetanje 2. muka, dodijavanje
annoying [ə'nɔiiŋ] (~ly) dosadan, koji smeta, dosađuje
annual ['ænjuəl] 1. (~ly) godišnji, jednogodišnji 2. jednogodišnja biljka, godišnjak
annuity [ə'njuiti] anuitet, renta
annunciation [ənʌnsi'eiʃn] navještaj, objavljivanje
annunciator [ə'nʌnsi'eitə] 1. onaj koji navješćuje, vjesnik 2. električni indikator (koji pokazuje iz koje sobe zovu)
another [ə'nʌðə] drugi, još jedan
answer ['a:nsə] 1. *v/t* odgovarati, odgovoriti 2. odgovor, rješenje
ant [ænt] mrav
antenna [æn'tenə] *pl* **antennae** [æn'teni:] 1. ticalo, pipalo 2. antena
anthem ['ænθəm] himna
anticipate [æn'tisipeit] anticipirati, predosjećati, uzeti unaprijed
anticipation [æn,tisi'peiʃn] očekivanje, predviđanje, rad unaprijed
antidote ['æntidout] lijek (**against, to** protiv); protuotrov
anxiety [æŋ'zaiəti] tjeskoba, nemir, uznemirenost
anxious ['æŋkʃəs] (~ly) uznemiren, zabrinut [**about** za; **for** zbog]; gorljiv, željan da

any [eni] 1. *pron* bilo koji, bilo kakav, ikakav, svaki, ijedan, koji, nijedan 2. *adv* malo, nešto
anybody ['enibɔdi] 1. *pron* itko, svatko 2. netko, važna ličnost 3. beznačajna ličnost, osoba bez ikakve važnosti
anyhow ['enihau] *adv* na svaki način, svakako; *conj* pa ipak, ipak, uza sve to, a opet
anyone ['eniwʌn] svatko, ma tko, itko
anything ['eniθiŋ] išta, svašta, što
anyway ['eniwei] tako i tako, uza sve to
anywhere ['eniwɛə] bilo gdje, gdje god, kamo bilo negdje, svuda
apart [ə'pa:t] posebno, u razmaku od, napose, na dijelove; **apart from** bez obzira na; odvojeno od, osim
ape [eip] 1. majmun 2. oponašati
apex ['eipex] *pl* **apices** ['eipisi:z] vrh, vršak; *fig* vrhunac
appal [ə'pɔ:l] prestrašiti, prestraviti; ~ing (~ly) grozan, strašan
apparent [ə'pærənt] (~ly) prividan, očevidan, vidljiv
apparition [æpə'riʃn] duh, pojava, prikaza
appeal [ə'pi:l] 1. uložiti priziv, apelirati (**to**, **na**), privlačiti (**to**, **koga**) 2. apelacija, priziv
appealing [ə'pi:liŋ] (~ly) moleći, koji moli, preklinje
appear [ə'piə] 1. činiti se, izgledati 2. pojaviti se, ukazati se 3. pojaviti se u društvu, predstaviti se
appearance [ə'piərəns] 1. pojava, dolazak, izgled
appetite ['æpitait] apetit, prohtjev, tek
applaud [ə'plɔ:d] pljeskati, hvaliti
applause [ə'plɔ:z] odobravanje, pljeskanje
apple ['æpl] jabuka
apple-pie ['æpl'pai] pita od jabuka
appliable [ə'plaiəbl] *adj* uporabljiv, primjenjiv
appliance [ə'plaiəns] 1. uporaba, primjena 2. sredstvo 3. alat, pribor
applicability [æplikə'biliti] primjenjivost
application [ˌæpli'keiʃən] 1. primjena 2. marljivost 3. molba, želja
appoint [ə'pɔint] imenovati, postaviti za
appointment [ə'pɔintmənt] 1. imenovanje, postavljenje 2. položaj, zaposlenje, služba 3. dogovor, sastanak

appreciable [ə'pri:ʃiəbl] (~ly) osjetan, zamjetljiv, znatan
appreciate [ə'pri:ʃieit] *v/t* biti zahvalan za, cijeniti, uvidjeti
appreciation [əˌpri:ʃi'eiʃn] prikaz, priznanje, zahvalnost, procjena
apprehend [æpri'hend] bojati se, razumjeti, shvatiti, uhvatiti, zatvoriti
apprehensibility ['æpriˌhensi'biliti] sposobnost shvaćanja, razumijevanja
apprihensible [ˌæpri'hensəbl] (~ly) shvatljiv
apprentice [ə'prentis] 1. naučnik, šegrt 2. dati u nauk
apprenticeship [ə'prentiʃip] šegrtovanje, naukovanje
approach [ə'proutʃ] 1. *v/i* prići, približiti se [**to kome**, **čemu**]; *v/t* obratiti se, približiti se 2. približavanje, prilaz, shvaćanje
appropriate [ə'prouprieit] 1. opredijeliti (**for za**), prilagoditi (**for za**, **to čemu**), prisvojiti 2. (~ly) [ə'prouprüt] (**to**) odgovarajući (čemu), prikladan (za)
approvable [ə'pru:vəl] odobrenje, odobravanje
approve [ə'pru:v] dokazati da je..., odobravati (**of**, **što**), odobriti
approximate [ə'prɔksimeit] 1. približiti se, približavati se 2. (~ly) [əprɔksi'meiʃn] približavanje, aproksimacija
approximative [ə'prɔksimətiv] (~ly) približan
apricot ['eiprikɔt] marelica
April ['eiprəl] travanj
apron ['eiprən] pregača, platforma aerodroma
apt [æpt] (~ly) prikladan, umjestan
arbiter ['a:bitə] arbiter, izabrani sudac
arbitrage [a:bi'tra:ʒ] arbitraža
arbitrary ['a:bitrəri] (~ly) proizvoljan, samovoljan
arbitration [a:bi'treiʃn] 1. odluka; presuda 2. arbitražni postupak
arbitrator ['a:bitreitə] izabrani sudac, arbiter, posrednik
arch [a:tʃ] 1. luk, svod 2. svinuti se poput luka, presvoditi 3. (~ly) lukav, nestašan
archeologist [a:ki'ɔlədʒist] arheolog
archeology [a:ki'ɔlədʒi] arheologija
archer ['a:tʃə] strijelac lukom
archery ['a:tʃəri] strijeljanje (*sport* lukom i strijelom)
architect ['a:kitekt] arhitekt, graditelj

architecture ['a:kitektʃə] arhitektura, građevinarstvo
archives ['a:kaivz] *pl* 1. arhiv (pismohrana) 2. stari spisi
arctic ['a:ktik] 1. arktički, polarni 2. *Am* topla, nepromočiva kaljača
ardency ['a:dənsi] gorljivost, žar
ardent ['a:dənt] (**-ly**) gorljiv, usrdan
area ['ɛəriə] dvorište, područje, prostor
argument ['a:gjumənt] argument, dokaz
arise [ə'raiz] *irr* dići se, pojaviti se, nastati
aristocracy [æris'tɔkrəsi] plemstvo, aristokracija
arithmetic [ə'riθmətik] aritmetika
ark [a:k] arka, kovčeg
arm [a:m] 1. ruka 2. oružje (većinom *pl*) red vojske, *pl* grb
armada [a:'ma:də] armada, ratna flota
armament ['a:məmənt] naoružanje, vojna sila
armchair ['a:mtʃɛə] naslonjač
armful ['a:mful] naramak, naručaj
armo[u]r ['a:mə] 1. mehanizacija, oklop, oprema 2. oklopiti
army ['a:mi] vojska
arose [ə'rouz] *pret* od **arise**
around [ə'raund] 1. *adv* oko 2. *prep* oko(lo)
arouse [ə'rauz] (po)buditi, uzbuditi
arrange [ə'reindʒ] 1. *v/t* aranžirati, poredati, unaprijed dogovoriti 2. *v/i* pripremiti se, sporazumjeti se, pobrinuti se (**for** za)
arrangement [ə'reindʒmənt] aranžman, nagodba, svrstavanje
arrest [ə'rest] 1. uhićenje, obustava, zatvor 2. uhititi
arrival [ə'raivl] dolazak, prispijeće; *pl* prispjeli putnici, vlakovi, brodovi itd.
arrogance ['ærəgəns] bahatost, nadutost
arrogant ['ærəgənt] prezauzetost, oholost
arrow ['ærou] strijela
arson ['a:sn] zlonamjerna paljevina, palež
art [a:t] umjetnost, sposobnost, umijeće, vještina; **master of arts (M. A.)** magistar humanističkih nauka; **applied arts** primijenjena umjetnost; **fine arts** lijepe umjetnosti
article ['a:tikl] 1. član, točka, pasus 2. članak, zglob 3. *gram* član 4. stvar, roba
article ['a:tikl] *v/t* sastaviti točku po točku, dati u nauk
artillery [a:'tiləri] topništvo, artiljerija
artist ['a:tist] umjetnik (osobito slikar)

artistical [a:'tistikl] (**-ly**) umjetnički
as [æz, əz] *adv* isto tako (ili toliko), jednako (tako), ma kako; **~ good ~** isto tako dobar kao; **~ far ~** sve do; **~ if, ~ though** kao da; **~ yet** dosad, još; *prep* **~ for, ~ to** što se tiče, u pogledu
ash [æʃ] 1. jasen, jasenovina 2. većinom *pl* **ashes** ['æʃiz] pepeo
ashamed [ə'ʃeimd] posramljen, postiđen
ashore [ə'ʃɔ:] na obali, na obalu
ash-tray ['æʃtrei] pepeljara
aside [ə'said] 1. na stranu, postrance; **~ from** *Am* osim
ask [a:sk] *v/t* pitati za, tražiti, moliti; *v/i* pitati, upitati, zapitati (**about, for** za) raspitivati se, (**after, for** za); *pl* **he asks for it** to i traži, pravo mu budi
asleep [ə'sli:p] u snu, zaspao; **be ~** spavati
aspect ['æspekt] izgled, izraz, gledište, aspekt
aspirant [əs'paiərənt] aspirant (**to, after , for** za)
aspirate ['æspərit] aspirant, aspiriran
aspire [əs'paiə] težiti (**to, after , at** za), aspirirati (**after** na)
aspiring [əs'paiəriŋ] (**-ly**) koji teži naviše
ass [æs] magarac
assasin [ə'sæsin] ubojica
assasinate [ə'sæsineit] *v/t* ubiti iz zasjede, izvršiti umorstvo
assasination [ə,sæsi'neiʃn] umorstvo, ubojstvo iz zasjede
assault [ə'sɔ:lt] 1. napadaj 2. napasti
assay [ə'sei] 1. analiza ili ispitivanje 2. *v/t* analizirati
assess [ə'ses] ispitivati, (pro)cjeniti, oporezovati
assessment [ə'sesəmnt] razrez, prorez
assign [ə'sain] 1. dodijeliti, doznačiti
assignation [æsig'neiʃn] sastanak, ročište
assignment [ə'sainmənt] 1. *jur* prijenos 2. doznaka 3. *univ* (domaći) uradak
assimilate [ə'simileit] (**to, with** kome, čemu) učiniti sličnim
assimilation [ə,simi'leiʃn] 1. izjednačavanje 2. pretvaranje, asimilacija
assist [ə'sist] pomoći (**at** kod), prisustvovati (**at** čemu)
assistant [ə'sistənt] pomoćnik, pomagač
associable [ə'souʃiəbl] udruživ (**with** sa), spojiv
associate [ə'souʃiit] 1. pridružen, udružen,

suradnik 2. spojiti, dovesti u vezu, povezati (with sa)
association [ə,sousi'eiʃən] asocijacija, udruživanje, veza
assort [ə'sɔ:t] v/t opskrbiti (with čime), razvrstati, asortirati
assortment [ə'sɔ:tmənt] odabiranje, svrstavanje
assume [ə'sju:m] pretpostaviti, smatrati
assumption [ə'sʌmpʃn] pretpostavka, drskost
assurance [ə'ʃuərəns] jamstvo, osiguranje, samopouzdanje
asthma ['æsmə] astma, sipnja
astonish [əs'tɔniʃ] začuditi se; be astonished čuditi se (at čemu)
astonishing [əs'tɔniʃiŋ] adj koji začuđuje, divan
astonishment [əs'tɔniʃmənt] čuđenje, zadivljenost
astound [əs'taund] zapanjiti
astrologer [əs'trɔlədʒə] astrolog
astrology [əs'trɔlədʒi] astrologija
asylum [ə'sailəm] azil, utočište
at [æt, *neuaglašeno* ət] *prep* ø; iz, kod, na, o, od, po, pod, prema, pri, uz, zbog
ate [et, eit] *pret* od eat
atheism ['eiθiizm] ateizam, bezboštvo
atheist ['eiθiist] ateist, bezbožnik
athlete ['æθli:t] atletičar, sportaš
atonic [æ'tɔnik] malaksao
atony ['ætəni] malaksalost
atrocious [ə'trouʃəs] (~ly) grozan, okrutan
atrocity [ə'trɔsiti] grozota, okrutnost
attach [ə'tætʃ] v/t pričvrstiti, privezati; *fig* pridobiti, vezati
attachment [ə'tætʃmənt] pričvršćivanje, dodatak, veza, sklonost
attack [ə'tæk] 1. napasti, udariti 2. napadaj (on na)
attain [ə'tein] 1. v/t doći do, doseći, dospijeti 2. v/i doprijeti do, doživjeti (osobito starost)
attempt [ə'tempt] 1. pokušati, napasti 2. pokušaj
attend [ə'tend] v/t dvoriti, njegovati bolesnika, pohađati predavanje, poslluživati; v/i brinuti se, paziti (to na)
attendance [ə'tendəns] 1. služba, posluga 2. pratnja 3. njega, pažljivost 4. posjećivanje, pohađanje (škole)
attention [ə'tenʃn] pažljivost, pažnja
attentive [ə'tentiv] (~ly) pažljiv, uljudan

attest [ə'test] posvjedočiti, ovjeriti
attic ['ætik] 1. atički 2. potkrovlje
attitude ['ætitju:d] držanje, stanovište, položaj, vladanje
attorney [ə'tɔ:ni] odvjetnik; *Am* circuit (district) ~ državni tužilac
attract [ə'trækt] privlačiti, privući
attraction [ə'trækʃən] privlačnost, čar, atrakcija
attractive [ə'træktiv] (~ly) privlačan, zgodan
auction ['ɔ:kʃn] 1. aukcija, dražba 2. prodati na dražbi
aucidacious [ɔ:'deiʃəs] (~ly) drzak
audacity [ɔ:'dæsiti] drskost, smionost
audience ['ɔ:djəns] audijencija (of, with kod) auditory publika
augur ['ɔ:gə] 1. augur, gatalac 2. gatati
aunt [a:nt] teta, ujna
auntie ['a:nti] teta, tetica
auspice ['ɔ:spis] predznak
auspicious [ɔ:s'piʃəs] (~ly) povoljan, sretan
Australian [ɔ:s'treiljən] 1. australski 2. australac
Austrian ['ɔ:striən] 1. austrijski 2. austrijac
authentic [ɔ:'θentik] (~ally) izvoran, autentičan
author ['ɔ:θə] autor, pisac
authoritative [ɔ:θɔriteitiv] autoritativan, stručan
authorization [ɔ:θərai'zeiʃn] autorizacija, ovlaštenje
authorize ['ɔ:θəraiz] autorizirati
authorship ['ɔ:θəʃip] autorstvo, pisanje, začetništvo
auto ['ɔ:tə] auto(mobil)
autobiographer [,ɔ:təbai'ɔgrəfə] autobiograf
autobiographic (al) ['ɔ:tə,baiə'græfik] (əl) (~ly) autobiografski
autobiography [,ɔ:təbai'ɔgrəfi] autobiografija
autobus ['ɔ:toubʌs] autobus
autocar ['ɔ:touka:] automobil
autocide ['ɔ:tosaid] smrtna automobilska nesreća
autocracy [ɔ:'tɔkrəsi] autokracija, samovlada
autocrat ['ɔ:təkræt] autokrat, samovladar
autograph ['ɔ:təgra:f] 1. autogram 2. vlastoručno potpisati
automatic [ɔ:tə'mætik] (~ally) 1. automat-

ski, nesvjestan 2. *Am* automatski pištolj ili puška
automobile [ɔːtə'moubiːl] automobil
autonomous [ɔː'tɔnəməs] autonoman
autopsy ['ɔːtəpsi] autopsija
autumn ['ɔːtəmn] jesen
autumnal [ɔː'tʌmnəl] (~ly) jesenji
auxiliary [ɔːg'ziliəri] 1. pomoćni 2. *gram* pomoćni glagol
avail [ə'veil] 1. koristiti, pomoći 2. korist
availability [ə,veilə'biliti] korist, raspoloživost, prednost
available [ə'veiləbl] (~ly) dostupan, raspoloživ, pristupačan
avalanche ['ævəlaːntʃ] lavina
avarice ['ævəris] pohlepa, škrtost
avenge [ə'vendʒ] osvetiti
avenger [ə'vendʒə] osvetnik
avenue ['ævinjuː] prilaz, avenija
average ['ævəridʒ] 1. prosjek, *math* srednja vrijednost, *mar* šteta na brodu 2. (~ly) prosječan, poprečan
avid ['ævid] pohlepan (of za), lakom
avidity [ə'viditi] lakomost, pohlepa, požuda
avocation [ævo'keiʃn] zanimanje, zvanje, razonoda
avoid [ə'vɔid] izbjeći, izbjegavati
avoidance [ə'vɔidəns] 1. izbjegavanje 2. *jur* poništenje, opoziv 3. prazno, slobodno mjesto
avow [ə'vau] priznati, očitovati, tvrditi
avowel [ə'vauəl] izjava, priznanje
await [ə'weit] čekati, očekivati, dočekati
awake [ə'weik] 1. budan 2. *irr v/t* (većinom **awaken**) (pro)buditi; *v/i* probuditi se
award [ə'wɔːd] 1. nagrada, priznanje 2. presuda, kazna
aware [ə'wɛə] svjestan, koji zna, koji osjeća; **to be aware** biti svjestan (**of** čega), znati
away [ə'wei] dalje, daleko, udaljeno
awe [ɔː] strah, strahopoštovanje, bojazan
awesome ['ɔːsəm] (~ly) strašan, užasan
awe-stricken ['ɔːstrikən] pun straha, pun strahopoštovanja
awful ['ɔːful] (~ly) grozan, strašan; *fam* kolosalan, silan
awhile [ə'wail] načas, (na) neko vrijeme
awkward ['ɔːkwəd] (~ly) nespretan, nezgrapan, nezgodan
awkwardness ['ɔːkwədnis] 1. nespretnost 2. neugodna, nezgodna stvar
awoke [ə'wouk] *pret i pp* od **awake**
awry [ə'rai] nakrivo; *fig* naopako
axe [æks] 1. sjekira 2. *v/t* odsjeći, reducirati
axis ['æksis] *pl* **axes** ['æksiːz] osovina
azure ['æʒə] 1. azuran, plavetan 2. nebesko modro

B

b [bi:] *pl* bees, b's [b:z] drugo slovo engleske abecede
baa [ba:] 1. blejati 2. blejanje
babbitt ['bæbit] *Am* licemjer, malograđanin
babble ['bæbl] 1. (iz)brbljati, tepati 2. brbljanje
babe [beib] *poet* čedo, djetešce
baboon [bə'bu:n] babun
baby ['beibi] 1. dijete, djetešce 2. beba, mlado, dječji
babyhood ['beibihud] djetinjstvo
babysitter ['beibi,sitə] osoba koja pazi na djecu u odsutnosti roditelja
baccalaureate [bækə'lɔ:riit] bakalaureat (najniži akademski stupanj)
bachelor ['bætʃələ] momak, neženja, bakalaur
back [bæk] 1. leđa, hrbat, pozadina 2. *adj* stražnji, zaostao 3. *adv* natrag, pred, prije
back down ['bæk'daun] povući se, okaniti se
back up ['bækʌp] potpomoći, ohrabriti
backbone ['bækboun] 1. hrptenica, kralježnica, oslon 2. *fig* čvrstoća
back... ~fire *mot* prerano paljenje
~gammon vrsta igre
~hand bekhend
~-pedal okretati pedale unatraške
~side pozadina, stražnjica
~sight vizir
~slider onaj koji ponovo zapada u stari grijeh
~stairs stražnje stepenice
~stroke (~swimming) leđno plivanje
~talk drski odgovori
backward ['bækwəd] (~ly) 1. upravljen prema natrag, stražnji 2. bezvoljan, trom
backward (s) ['bækwədz] 1. natrag, natraške 2. obrnuto, naopako 3. zaostao, povučen
back... ~water ustajala voda

~wheel stražnji kotač
bacon ['beikn] slanina
bad [bæd] (~ly) loš, pokvaren, bolestan
badge [bædʒ] amblem, grb, značka
badger ['bædʒə] 1. jazavac 2. mučiti, gnjaviti
badness ['bædnis] nevaljalost, zloća
baffe ['bæfl] biti zagonetka za
bag [bæg] 1. vreća, kofer, torba; *pl* ~s hlače 2. staviti u vreću 3. naduti se, nateći 4. ukrasti, uloviti
baggage ['bægidʒ] prtljaga, *coll* bagaža (drska djevojka)
baggy ['bægi] naduven, vrećast
bag... ~man trgovački putnik
~pipe gajde
bail [beil] 1. jamac, jamčevina, kaucija 2. jamčiti za, položiti jamčevinu 3. ručka
bailment ['beilmənt] davanje jamčevine
bait [beit] 1. meka, mamac; *fig* mamljenje, primamljivanje 2. *v/t* prouzročiti da (tko, što) grize, zagrize 2. dražiti, hajkati 3. *v/i* peći se, sušiti se
baker ['beikə] pekar
bakery ['beikəri] pekara
baking ['beikiŋ] pečenje, žarenje; *fig* koji peče, žari
balance ['bæləns] 1. ravnoteža, bilanca, saldo 2. *v/t* balansirati, uravnotežiti
balcony ['bælkəni] balkon
bald [bɔld] ćelav; *fig* gol, neiskićen
bald... ~head ćelavac
baldness ['bɔ:ldnis] 1. ćelavost 2. oskudnost, neiskićenost
balk [bɔ:k] 1. balvan, greda 2. *v/t* osvetiti, spriječiti 3. *v/i* prezati (at pred)
Balkan ['bɔlkən] balkanski
ball [bɔ:l] 1. kugla, gruda, klupko 2. sklupčati se 3. bal, ples
ballad ['bæləd] balada
ball-bearing ['bɔ:l,bɛəriŋ] *tech* kuglični ležaj
ballet ['bælei] balet

baloon [bə'lu:n] 1. balon 2. letjeti u balonu, naduti se kao balon
ballot ['bælət] 1. glasačka kuglica, glasački listić, (tajno) glasovanje 2. (tajno) glasovati
ball-room ['bɔ:lum] plesna dvorana
balmy ['ba:mi] (~ly) blag, miomirisan, balzamski
baloney [bə'louni] Am pl šuplje fraze, prazne riječi
balsam ['bɔ:lsəm] balzam
bamboo [bæm'bu:] bambus
ban [bæn] 1. prokletstvo, zabrana 2. prokleti, zabraniti
banana [bə'na:nə] banana
band [bænd] 1. banda, četa, grupa (glazba), orkestar 2. vezati (vrpcom)
bandage ['bændiʒ] 1. zavoj 2. povezati zavojem
bandanna ['bæn'da:nə] velik šaren rubac
bandog ['bænɔg] pas čuvar na lancu
bane [bein] propast, otrov
baneful ['beinful] (~ly) poguban, otrovan
bang [bæŋ] 1. bum! tres! 2. prasak 3. pravo, ravno
banish ['bæniʃ] protjerati, prognati
banishment ['bæniʃmənt] protjerivanje, progonstvo
banister ['bænistə] ograda stubišta, rukohvat
banjo ['bænʒou] bendžo
bank [bæŋk] 1. nasip, obala, brežuljak, humak 2. banka 3. v/t ograditi nasipom, nagomilati 4. staviti novac u banku
bank-account ['bæŋkə,kaunt] bankovni račun
bank-bill ['bæŋkbil] bankovna mjenica
bank-broker ['bæŋk,broukə] bankovni mešetar
bank-clerk ['bæŋkkla:k] bankarski činovnik
bank-draft ['bæŋkdra:ft] bankovna mjenica
banker ['bæŋkə] bankar
banking ['bæŋkiŋ] bankarstvo
bank-note ['bæŋknout] novčanica, banknota
bank-rate ['bæŋkreit] diskontna stopa
bankrupt ['bæŋkrʌpt] 1. bankroter 2. bankrot(iran) 3. upropastiti, dovesti pod stečaj
bankruptcy ['bæŋkrəpsi] bankrot, stečaj
banner ['bænə] barjak, zastava, transparent

banquet ['bæŋkwit] 1. banket, gozba 2. pogostiti se
banter [bæntə] 1. bockanje, zadirkivanje 2. bockati, zadirkivati
baptism ['bæptizm] krštenje
baptist ['bæptist] krstitelj
bar [ba:] 1. bife, šank 2. greda, šipka, pruga 3. isključiti, izuzeti, zagraditi
barb [ba:b] 1. brk ribe 2. snabdjeti kukama; ~ed wire bodljikava žica
barbarian [ba:'bɛəriən] 1. barbar, divljak 2. barbarski
barbarism ['ba:bərizəm] barbarizam, prostota
barbarous ['ba:bərəs] (~ly) barbarski, nekulturan, divlji
barbecue ['ba:bikju:] 1. roštilj 2. peći na otvorenoj vatri, roštiljati 3. zabava na otvorenom
barber ['ba:bə] brijač; Am ~shop brijačnica
bare [bɛə] 1. gol, neodjeven, ćelav 2. otrcan, jadan, neukrašen 3. sam, jedini, bez dodataka 4. v/t otkriti, razotkriti
barefaced ['bɛəfeist] (~ly) 1. golobrad, nemaskiran; fig otvoren, drzak
barefoot ['bɛəfut] bos, bosonog
bareheaded ['bɛə'hedid] gologlav
barely ['bɛəli] 1. jedva, tek 2. oskudno 3. otvoreno, očito
bareness ['bɛənis] nagost, golotinja
bargain ['ba:gin] 1. prigodna, povoljna kupnja, ugovor, trgovina 2. cjenkati se, pogađati se, složiti se
bargainer ['ba:ginə] prodavač, trgovac
barge [ba:dʒ] 1. teglenica, barka 2. upasti, teturati
bark [ba:k] 1. kora 2. guliti koru s čega, oguliti 3. lajanje, lavež; fig grdnja, psovanje
barkeep (er) ['ba:ki:p(ə)] pipničar, gostioničar
barley ['ba:li] ječam
barm [ba:m] pivski kvasac
barmaid [ba:'meid] konobarica
barman ['ba:mən] konobar (u bifeu)
barn [ba:n] štagalj, suša; Am štala
barnstorm ['ba:nstɔ:m] Am pol putovati i držati predizborne govore
baron ['bærən] barun; fig velikaš
baroque [bə'rɔk] 1. barok 2. barokni
barrack ['bærək] većinom ~s sg i pl vojarna

barrel ['bærl] 1. bačva 2. uliti u bačve
barren ['bærən] (~ly) neplodan, jalov, mrtav [kapital]
barrier ['bæriə] barijera, zapreka
barrister ['bæristə] (~-at-law) odvjetnik, branitelj
bartender ['ba:tendə] barist
barter ['ba:tə] 1. trampa 2. trampiti
base [beis] 1. temelj, osnovica, baza, princip, podnožje, temelj 2. bazirati, osnivati, be ~ (up) on počivati, temeljiti se 3. (~ly) neplemenit (kovina), nizak, podao
base-ball ['beisbɔ:l] Am bezbol, igra loptom i palicom, lopta za igru
basement ['beismənt] podrum
baseness ['beisnis] niskost
bashful ['bæʃful] (~ly) plah, stidljiv
basic ['beisik] (~ally) osnovan, bazičan
basilica [bə'zilikə] bazilika
basin ['beisn] 1. bazen, plivaći bazen 2. zdjela, plitica 3. unutrašnja luka, dok, zaljev beisi
basis ['beisis] pl **bases** ['beisi:z] baza, temelj, osnova
bask [ba:sk] grijati se, sunčati se
basket ['ba:skit] košara, košarica
basket-ball ['ba:skitbɔ:l] košarka
basketful ['ba:skitful] količina koja stane u košaru
basque [bæsk] 1. bask 2. baskijski jezik 3. skut (kaputa)
bastard ['bæstəd] 1. vanbračno dijete, kopile, nitkov, lupež 2. (~ly) lažan, nezakonit, vanbračan
bat [bæt] 1. šišmiš; **as blind as a** ~ slijep - sljepcat; palica (cricket) 2. udariti palicom, biti na udarcu
bath [ba:θ] pl **baths** [ba:ðz] 1. kada, kupalište, kupka 2. kupati (dijete)
bathe [beið] 1. kupati (se) 2. kupanje na otvorenom
bathing ['beiðiŋ]... ~**cap** kupaća kapa
~**costume** kupaći kostim
~**suit** kupaći kostim
bath... ~**robe** Am kupaći ogrtač
~**room** kupaonica, kupatilo
~**towel** veliki ručnik
batman ['bætmən] posilni, konjušar
baton ['bætən] palica, policijska palica (pendrek), štap
battalion [bə'tæljən] bataljun
batter ['bætə] 1. udarati, tući 2. igrač koji udara (kod kriketa)

battered ['bætəd] ofucan, iscijeđen, izudaran
battery ['bætəri] 1. baterija, akumulator 2. zlostavljanje
battle ['bætl] 1. bitka, boj 2. boriti se
battlefield ['bætlfi:ld] bojno polje
bawd [bɔ:d] svodilja
bawdy ['bɔ:di] (~ly) bestidan, besraman, budan
bawl [bɔ:l]derati se, tuliti, vikati; ~ **out**, proderati se
bay [bei] 1. zaliv, draga, zaton 2. krilo, zatvorena veranda 3. dorat (konj)
bayonet ['beiənit] 1. bajuneta 2. probiti bajunetom
be [bi:, bi] irr 1. biti, postojati, živjeti 2. ostati, pustiti (**do not be long** nemoj ostati dugo) 3. nalaziti se (**he is at home** on je kod kuće) 4. dogoditi se, nastupiti (**how was it that** ... kako se dogodilo da...) 5. značiti (**it's nothing to me** to mi ništa ne znači) 6. osjećati se (**how are you** kako ste) 7. posjetiti (grad, zemlju; **have you been to London** jeste li bili u Londonu) 8. s to i infinitivom morati, trebati (i Am **to inform you** moram vas obavijestiti da...)
beach [bi:tʃ] 1. obala, žalo 2. izvući na obalu, nasukati; ~**head** mostobran, uporište
beacon ['bi:kn] 1. svjetionik, znak vatrom, osmatračnica 2. postaviti svjetionik
bead [bi:d] 1. biser (perla), zrno, ~**s** pl krunica. v/t ukrasiti perlama, nanizati, v/i stvarati bisere (perle)
beadle ['bi:dl] crkvenjak
beak [bi:k] kljun, nosac
beam [bi:m] 1. zraka 2. greda, poluga, vreteno (sidra), vratilo, najveća širina (broda), ~**s** pl spona (palubna greda koja spaja rebra broda) 3. sjajiti, isijavati, sjati
bean [bi:n] grah, zrno, bob
bear [bɛə] 1. medvjed 2. špekulant, špekulacija na burzi 3. irr v/t nositi, podnijeti, podnositi, roditi, trpjeti
beard [biəd] 1. brada 2. v/t prkositi kome
bearded ['biədid] bradat
beardless ['biədlis] golobrad, bez brade
bearing ['bɛəriŋ] držanje, vladanje, podnošenje, tech većinom ~**s** ležaj, amblem na grbu
beast [bi:st] zvijer, životinja; fig grubijan
beastly ['bi:stli] 1. životinjski, 2. zvjerski

beat [bi:t] *irr v/t* kovati, iskovati, tući, udarati na..., pobijediti, potući, izmožditi, iscrpsti
beaten ['bi:tn] izudaran, istučen
beatnik ['bi:tnik] bitnik
beautiful ['bju:təful] krasan, lijep
beauty ['bju:ti] divota, ljepota (**sleeping beauty** trnoružica)
became [bi'keim] *pret od* **become**
because [bi'kɔz] jer, budući da, zato što
beckon ['bekn] namignuti, dati znak
become [bi'kʌm] *irr* (**come**); *v/i* posta(ja)ti; *v/t* dolikovati kome, pristajati kome, priličiti
becoming [bi'kʌmiŋ] (~ly) pristojan, doličan, zgodan
bed [bed] 1. krevet, ležaj, korito (rijeke), podloga, gredica 2. položiti u krevet, snabdjeti steljom (konje), posaditi, posijati
bed-clothes ['bedklouðz]*pl* posteljina, posteljno rublje
bedding ['bediŋ] 1. postelja, posteljina 2. stelja 3. temeljni sloj
bed-linen ['bedlinin] posteljno rublje
bed-pan ['bedpæn] grijalica za krevet, guska (za bolesnika), tuta
bed-rid[den] ['bed,ridŋ] bolestan, koji mora ležati u krevetu
bedroom ['bedrum] spavaća soba, spavaonica
bedside ['bedsaid] strana kreveta, (**good ~manner** dobar)
bedsore ['bedsɔ] dekubitus, ranjavo mjesto od dugog ležanja
bed-spread ['bedspred] *Am* pokrivač (za krevet)
bedtime ['bedtaim] vrijeme spavanja
bee [bi:] 1. pčela 2. *fig* marljiv momak 3. *Am* udruženje za rad ili zabavu
beech [bi:tʃ] bukva, bukovina
beef [bi:f] *pl* **beeves** [bi:vz] 1. govedina 2. *coll* snaga, mišićavost (čovjeka) 3. *Am* prigovarati, žaliti se
beefeater ['bi:f,i:tə] vojnik engleske garde, stražar u londonskom Toweru
beefsteak ['bi:f'steik] bifstek, goveđi odrezak
bee-hive ['bi:haiv] pčelinjak, košnica
bee-master ['bi:,ma:stə] pčelar
been [bi:n] *pp od* **be**
beer [bi:ə] pivo; **small ~** slabo pivo; *fig* sitnica, trica; **ginger ~** pivo od đumbira

beet [bi:t] repa; **red ~** cikla; **white ~** šećerna repa
beetle [bi:tl] 1. kukac 2. kratkovidna osoba 3. malj 4. nabijati 5. stršeći, nakostriješen 6. *v/i* stršiti, nadviti se
beetroot ['bi:tru:t] korijen šećerne repe, šećerna repa, cikla
beeves [bi:vz] (*pl od* **beef**) goveda
befall [bi'fɔl] *v/t* snaći, zadesiti; *v/i* dogoditi se
befit [bi'fit] dolikovati kome, pristajati kome
befool [bi'fu:l] obmanuti, prevariti
before [bi'fɔ:] 1. *adv* naprijed, pred, ranije, prije 2. *conj* prije, prije nego 3. *prep* pred, prije; **~ long** , doskora
beforehand [bi'fɔ:hænd] unaprijed
befoul [bi'faul] zaprljati, zagaditi
beg [beg] *v/t* prositi, prosjačiti, moliti; **I ~ your pardon** , oprostite; *v/i* moliti, prositi, usrdno moliti
began [bi'gin] *pret od* **begin**
beggar ['begə] 1. prosjak 2. prosjački 3. osiromašiti
begin [bi'gin] *irr* početi, započeti
beginner [bi'ginə] početnik, začetnik
beggining [bi'giniŋ] početak, postanak, izvor
begone [bi'gɔn] odlazi! nosi se!
begrudge [bi'grʌdʒ] nepriuštiti, zaviditi (kome) na...
beguile [bi'gail] prevariti, obmanuti
begun [bi'gʌn]*pp od* **begin**
behalf [bi'ha:f] **on** ili **in ~ of** , uime koga, za koga
behave [bi'heiv] ponašati se, vladati se; **~ oneself** , pristojno se ponašati
behaviour [bi'heivjə] vladanje, ponašanje, pristojnost
behead [bi'hed] odrubiti glavu kome
beheading [bi'hediŋ] smaknuće, odrubljivanje glave
beheld [bi'held] *pret* i *pp od* **behold**
behind [bi'haind] 1. *adv* natrag, straga 2. *prep* (i)za, pozadi
behindhand [bi'haindhænd] u zaostatku, u zakašnjenju s, sa
behold [bi'hould] *irr* (**hold**) 1. opaziti, gledati, vidjeti 2. gle!
beige [beiʒ] 1. bež (tkanina) 2. bež (boja)
being ['bi:iŋ] biće, bitak, postojanje; **come into ~** ostvariti se, nastati
belch [beltʃ] 1. podrignuti, rigati, sipati

vatru 2. podrigivanje, riganje
belfry ['belfri] zvonik, zvonara
Belgian ['belʒən] 1. belgijski 2. belgijanac
belief [bi'li:f] vjerovanje, vjera, uvjerenje
believeable [bi'li:vəbl]uvjerljiv, vjerojatan
believe [bi'li:v] misliti, vjerovati, smatrati
believer [bi'li:və] vjernik, koji vjeruje
bell [bel] 1. zvono, zvonce 2. rika 3. rikati
bellboy ['belbɔi] *Am* hotelski poslužitelj
bellicose ['belikous] ratnički, ratoboran
bellied ['belid] trbušast
belligerent [bi'lidʒərənt] 1. ratujući 2. zaraćena strana
bellow ['belou] 1. rikati, mukati 2. rika, mukanje
belly ['beli] 1. trbuh 2. nabreknuti, naduti (se)
belong [bi'lɔŋ] pripadati, spadati
belongings [bi'lɔŋiŋz] 1. vlasništvo, svojina 2. rodbina, rođaci
beloved [bi'lʌvd] 1. drag, ljubljen 2. dragi, draga
below [bi'lou] 1. *adv* donje, donji, ispod 2. *prep* ispod, niže; *fig* ~ **me** ispod mog dostojanstva
belt [belt] 1. pas, pojas, remen; *fig* pojas, zona 2. opasati
belvedere ['belvidiə] vidikovac, vrtni paviljon
bench [bentʃ] klupa, radni stol, sud, zbor sudaca
bend [bend] 1. krivina, okuka, zavoj 2. *irr* nagnuti se, saviniti, napeti [luk], dignuti (obrve), *fig* pokoriti se
beneath [bi'ni:θ] pod, ispod
benedick ['benedik] mladi suprug, okorjeli neženja koji se ženi
benedictine [beni'diktain] benediktinac (fratar)
benefaction [beni'fækʃn] dobročinstvo
benefactor ['benifæktə] dobročinitelj, dobrotvor
benefactress ['benifæktris] dobročiniteljka, *dobrotvorka*
beneficience [bi'nefisns] dobročinstvo, dobrotvornost
beneficent [bi'nefisnt] (~ly) dobrotvoran, dobrohotan
benign [bi'nain] blag, dobrostiv, neopasan
bent [bent] 1. *pret* i *pp* od bend ; **be ~ on** biti odlučan da, tvrdo odlučiti da 2. sklonost, volja
benzine ['benzi:n] benzin

bequeath [bi'kwi:ð] (oporučno) ostaviti u nasljedstvo, namrijeti
bequest [bi'kwest] legat, ostavština
bereave [bi'ri:v] *irr* lišiti; **be ~ of** izgubiti koga smrću
bereaved [b'ri:vd] ražalošćen, ucviljen
bereavement [bi'ri:vmənt] oduzimanje, lišenje, *fig* bolan gubitak (čijom smrću)
beret ['berit] francuska kapa, beretka
berry ['beri] boba, jagoda, zrno
berth [bə:θ] 1. sidrište, brodski ležaj (krevet) 2. usidriti, smjestiti putnike na brodu
beseech [bi'si:tʃ] *irr* vruće moliti, preklinjati
beseeching [bi'si:tʃiŋ] (~ly) preklinjujući, zaklinjući
beside [bi'said] 1. pokraj, uz, tik 2. *prep* pokraj, pored, uz
besides [bi'saidz] uz, osim, bez obzira na, usto, *prep* osim
besiege [bi'sidʒ] opsjedati
besought [bi'sɔ:t] *pret* i *pp* od beseech
bespeak [bi'spi:k] *irr* (speak) naručiti robu, govoriti s ili o, **bespoken tailor** krojač po mjeri
best [best] 1. *adv* najbolji, najdoličniji, najveći; **~man** djever 2. *adv* najbolje, najviše, najprikladnije; **for the ~** za dobro; **at ~** u najboljem slučaju; **the ~ of** što tko najbolje može; **I will do my ~** , učinit ću sve što budem mogao 3. (*sup* od **well**), najbolje, najprikladnije 4. *vb* pobijediti, nadmašiti
bestial ['bestjəl] životinjski, bestijalan
bestiality [best'æliti] životinjska ćud, bestijalnost
bestow [bi'stou] 1. darivati, dati kome 2. spremiti, upotrijebiti, smjestiti
bestowal [bi'stouəl] darovanje, dar, predaja
bestride [bi'straid] *irr* zajašiti (konja, stolicu), opkoračiti
bestrode [bi'stroud] *pret* od **bestride**
bet [bet] 1. oklada 2. *irr* kladiti se (**you ~** sigurno)
betimes [bi'taims] na vrijeme, rano
betray [bi'trei] izdati, iznevjeriti
betrayal [bi'treiəl] izdaja
better ['betə] 1. *adj* bolji, veći 2. bolje, prednost; **~s** pretpostavljeni 3. *adv* bolje, više; **be ~ of** biti bolje kome 4. *v/t* poboljšati, usavršiti; *v/i* poboljšati se, usavršiti se 5.

kladitelj (onaj koji se kladi)
betting ['betiŋ] klađenje
bevel ['bevl] 1. kos 2. ukošenost 3. v/t koso rezati; v/i biti kos
beverage ['bevəriʒ] piće
bevy ['bevi] jato, skup
bewail [bi'weil] v/t oplakivati; v/i naricati
beware [bi'wɛə] biti na oprezu, čuvati se
bewilder [bi'wildə] zbuniti, smesti
bewilderment [bi'wildəmənt] zbunjenost, smetenost
bewitch [bi'witʃ] začarati, očarati
beyond [bi'jɔnd] 1. adv iznad, iza nje ili njega, izvan 2. prep bez, dalje, izvan, iznad; ~ despute izvan sumnje; it is ~ me to premašuje moje sposobnosti
bi [bai] dvo... (prvi dio složenice koja označava dvojnost: dvonožac, dvospolac, dvokorak...)
bias ['baiəs] 1. adj i adv kos(o) (krojenje) 2. kosina, kos smjer, 3. učiniti pristranim
bible ['baibl] biblija
biblical ['biblikəl] (~ly) biblijski
bibliographical [bibliə'græfikəl] (~ly) bibliografski
bibliography [bibli'ɔgrəfi] bibliografija
biceps ['baiseps] biceps
bicycle ['baisikl] 1. bicikl, dvokolica 2. voziti se na biciklu
bicyclist ['baisiklist] biciklist
bid [bid] 1. irr zapovijediti, naložiti, licitirati; ~farewell, oprostiti se; ~ welcome, zaželjeti dobrodošlicu 2. ponuda, burza novca
big [big] velik, krupan, nadut; Big Ben, sat na tornju parlamenta u Londonu
bigot ['bigət] 1. bogomoljac, fig slijepi pristaša
bike [baik] bicikl
bilateral [bai'lætərl] bilateralan, dvostran
bilberry ['bilbəri] borovnica
bilingual [bai'liŋgwəl] dvojezičan
bill [bil] 1. kljun, šiljak (sidra, šestara) 2. milovati (se) 3. cedulja, list, mjenica, račun; ~ of fare, jelovnik; ~ of sale, kupoprodajni ugovor 4. oglasiti
bill-account ['biləkaunt] mjenični račun
billboard ['bil'bɔːd] ploča za plakate, pano, oglasna ploča
billiards ['biljədz] pl biljar (igra)
billion ['biljən] bilijun, Am milijarda
billow ['bilou] 1. val (i fig) 2. bibati se (talasati), nadimati se

billy ['bili] Am policijska palica (pendrek)
bin [bin] sanduk, sud, spremnica
binary ['bainəri] binaran, dvojčan
bind [baind] irr 1. v/t vezati, obvezati, privezati, spojiti, uvezati knjigu, zaključiti posao; v/i vezati se
binder ['baində] 1. vezač, vezačica, knjigoveža
binding ['baindiŋ] 1. uvez, povez 2. obvezatan
bingo ['biŋgou] vrsta lota
binocle ['binɔkl] dalekozor
binocular [bai'nɔkjulə] 1. binokularan 2. dalekozor
biochemical ['baio'kemikl] biokemijski
biochemist ['baio'kemist] biokemičar
biochemistry ['baio'kemistri] biokemija
biographer [bai'ɔgrəfə] biograf
biographic [baio'græfik] (~al, ~ly) biografski
biography [bai'ɔgrəfi] životopis, biografija
biologic [baiə'lɔdʒik] (~al, ~ly) biološki
biology [bai'ɔlədʒi] biologija
biped ['baiped] 1. dvonožac 2. dvonožan
birch [bəːtʃ] 1. breza, brezovača 2. brezov 3. išibati
bird [bəːd] ptica; to kill two ~ with one stone, ubiti dvije muhe jednim udarcem
bird's nest ['bəːd(z)nest] 1. ptičje gnijezdo 2. vaditi jaja iz ptičjeg gnijezda
birth [bəːθ] porod, rod, rođene, rađanje
birthday ['bəːθdei] rođendan
birth-place ['bəːθpleis] mjesto rođenja
biscuit ['biskit] 1. dvopek, keks 2. svjetlosmeđ
bishop ['biʃəp] biskup, šah lovac
bisextile [bi'sekstail] 1. prestupan 2. prestupna godina
bit [bit] 1. komadić, zalogaj; žvale (za konje); ~ by ~, malo po malo 2. zauzdati 3. abbr binary digit 4. pret od bite
bitch [bitʃ] 1. kuja; kučka vulg kurva, drolja 2. zabrljati, pokvariti
bite [bait] 1. ugriz, zalogaj 2. irr gristi, zagristi
biting ['baitiŋ] bridak, zajedljiv
bitten ['bitn] pp od bite
bitter ['bitə] (~ly) bridak, ljut, gorak
bitternes ['bitənis] gorčina, gorkost
bizarre [bi'zaː] bizaran
blab [blæb] 1. brbljavac 2. izbrbljati
black [blæk] (~ly) 1. crn, crnoburzijanski, ilegalan; ~ market crna burza, crnobur-

zijanski; ~ sheep *fig* crna ovca 2. pocrniti 3. crnilo, crna boja
black... ~amoor ['blækəmuə] crnac
~ball glasati protiv predloženog kandidata
~berry kupina
~bird kos
~board školska ploča
blacken ['blækən] *v/t* ocrniti, pocrniti; *v/i* pocrnjeti
black ... ~guard ['blæga:d] 1. hulja 2. (~ly) huljski
~jack 1. *Am* kratka toljaga 2. oboriti toljagom
~lead grafit
~letter *typ* fraktura
~mail 1. ucjena 2. ucjenjivati
~mailer ucjenjivač
~out zamračenje, gubitak pamćenja
~smith kovač
~ thorn glog
blacky ['blæki] crnac
bladder ['blædə] mjehur (žučni, mokraćni, riblji)
blade [bleid] vlat, oštrica, lopatica
blamable ['bleiməbl] (~ly) pokudan, koga treba pokuditi
blame [bleim] 1. krivnja, prijekor 2. kuditi, osuđivati
blameful ['bleimful] prijekoran
blameless ['bleimlis] (~ly) nevin, nekažnjen
blameworthy ['bleim,wə:ði] prijekora vrijedan
blanch [bla:ntʃ] izbijeliti, blanširati
bland [blænd] (~ly) blag, prijatan
blandish ['blædiʃ] laskati, milovati
blank [blæŋk] (~ly) 1. bezizražajan, bijeli, blijed, čist, neispisan 2. blanketa, formular, praznina
blanket ['blæŋkit] 1. deka, pokrivač 2. pokriti dekom 3. *Am* opći, sveobuhvatan
blaspheme [blæs'fi:m] huliti, bogohuliti
blasphemous ['blæsfiməs] bogohulan
blasphemy ['blæsfimi:] hulenje, kletva
blast [bla:st] 1. eksplozija, reful, mlaz 2. dići u zrak
blaze [bleiz] 1. sjaj, plamen 2.*v/t* krčiti put; *v/i* plamtjeti, buktjeti
blazon ['bleizn] 1. grb, heraldika 2. opisivati ili slikati grbove
bleach [bli:tʃ] (po)bijeliti
bleak [bli:k] (~ly) gol, pust

blear [bliə] 1. mutan (oči) 2. zamutiti
bled [bled] *pret* i *pp* od bleed
bleed [bli:d] *irr* 1. *v/i* (is)krvaviti 2. *v/t* iskrvaviti, pustiti krv
blemish ['blemiʃ] 1. mrlja, mana, sramota 2. nagrditi, okaljati
blend [blend] 1. pomiješati (se) 2. mješavina, smjesa
bless [bles] blagosloviti, hvaliti
blessed ['blesid] (~ly) blagoslovljen, sretan
blessing ['blesiŋ] blagoslov, blagodat, sreća
blew [blu:] *pret* od blow
blind [blaind] (~ly) 1. slijep 2. roleta 3. oslijepiti
blindfold ['blaindfould] 1. povez za oči 2. koji ima zavezane oči, *fig* zaslijepljen
blindness ['blaindnis] sljepoća (i *fig*)
blindworm ['blaindwə:m] sljepić
blink [bliŋk] 1. *v/i* treptati, žmirkati 2. miganje, žmiganje 3. *v/t* namjerno previdjeti, treptati čime
bliss [blis] blaženstvo
blissful ['blisful] (~ly) blažen, presretan
blissfulness ['blisfulnis] veselje, radost
blister ['blistə] 1. plik, mjehurić 2. ispuhnuti se, dobiti plikove
blizzard ['blizəd] mećava
block [blɔk] 1. blok, klada, kolotur 2. (~up) blokirati, priječiti 3. kvart
blockade [blɔ'keid] 1. blokada 2. blokirati
bloke [blouk] klipan, momak
blond (e) [blɔnd] 1. plav, blond 2. plavuša
blood [blʌd] krv, rod, porijeklo; in cold ~ , hladnokrvno
bloodless ['blʌdlis] (~ly) beskrvan (*fig* blijed, bez duha)
blood ... ~poisoning otrovanje krvi
~pressure krvni tlak
~shed krvoproliće
~thirsty krvožedan
bloody ['blʌdi] (~ly) 1. krvav 2. crven 3. krvožedan; *fig* proklet
bloom [blu:m] 1. cvat, cvijet, pupoljak 2. procvasti, cvjetati 3. komad iskovana željeza
blooming ['blu:miŋ] (~ly) u cvatu, cvjetajući
blossom ['blɔsəm] 1. cvat (voćke) 2. cvasti
blouse [blauz] bluza
blow [blou] 1. udarac *irr* cvasti 2. *v/i* dahtati, puhati, hvaliti se; ~ up odletjeti

u zrak, eksplodirati; *v/t* puhati u..., trubiti 3. puhanje
blue [blu:] (~ly) 1. modar, plav, sjetan, tmuran 2. plavetnilo, modrina
blue ... ~jacket mornar
blues [blu:z] potištenost; *Am* bluz
bluff [blʌf] (~ly) 1. izravan, bez uvijanja; strm 2. strma obala; blef 3. blefirati
blunder ['blʌndə] 1. gruba (ili krupna) pogreška, zabluda 2. načiniti grubu pogrešku
blunt [blʌnt] (~ly) 1. tup, grub, izravan 2. otupiti, oslabiti
blur [blə:] 1. ljaga, mrlja; mutnoća, zamagljenost 2. *v/t* okaljati, zamagliti
blurt [blə:t]~ **out** izbrbljati, izlanuti
blush [blʌʃ] 1. crvenilo, rumen stida 2. crveniti se, pocrvenjeti
boa ['bouə] udav; krzno [oko vrata]
boar [bɔ:] nerast, vepar
board [bɔ:d] 1. daska, ljepenka, drvena ploča; (prostrt) stol, hrana, pansion 2. ministarstvo, upravni odbor, vijeće 3. *v/t* obiti daskama; dati van na hranu; ukrcati se na brod [ući u avion, vozilo]; *v/i* hraniti se
boarding ['bɔ:diŋ] daske; hrana
boarding-house ['bɔ:diŋhaus] pansion
board ... ~school javna osnovna škola
boast [boust] 1. hvalisanje, *fig* ponos 2. ponositi se, hvaliti se
boaster ['boustə] hvalisavac
boat [bout] 1. čamac, brod; zdjelica 2. voziti se u čamcu
boatswain ['bousn] 1. brodarski 2. vođa palube
bob [bɔb] 1. naklon (klecnuvši koljenom) 2. *v/t* podrezati kosu; trzati 3. *v/i* poskakivati, trzati se, nakloniti se
bobby ['bɔbi] *fig Br* policajac
bobtail ['bɔbteil] podrezan rep
bodily ['bɔdili] tjelesan, fizički
body ['bɔdi] 1. tijelo, trup, lešina, glavni dio; upravni odbor 2. oblikovati, predočiti; utjeloviti
bog [bɔg] 1. baruština, močvara 2. utonuti u mulj
bogus ['bougəs] lažan
bogy ['bougi] strašilo; **the ~ man** , bau-bau ("baba roga")
boil [bɔil] 1. *v* kipjeti, ključati, isparivati 2. čir
boiler ['bɔilə] kotao

bold [bould] (~ly) drzak, hrabar, smion
boldness ['bouldnis] hrabrost, smionost
boloney [bə'louni] šuplje fraze (**baloney**)
bolshevism ['bɔlʃəvizm] boljševizam
bolt [boult] 1. bala, truba (platna) 2. *v/t* zakračunati 3. *v* (pro)sijati
bomb [bɔm]bomba, ručna granata
bombard [bɔm'ba:d] bombardirati
bombardment [bɔm'ba:dmənt] bombardiranje
bond [bɔnd] 1. obveza; obveznica; veza; okov 2. vezati, spajati
bondage ['bɔndidʒ] ropstvo, zarobljeništvo
bone [boun] 1. kost 2. koštan 3. izvaditi kosti iz...
bonfire ['bɔnfaiə] krijes; veliki požar
bonnet ['bɔnit] 1. kapa; hauba, poklopac 2. pokriti kapom
bony ['bouni] koštan, koštunjav
book [buk] 1. knjiga, knjižica, blok 2. knjižiti, pisati u knjigu; rezervirati
booking -clerk ['bukiŋˌkla:k] prodavač željezničkih karata
booking -office ['bukiŋˌɔfis] blagajna, ured za rezervacije
book ... ~keeper knjigovođa
~seller knjižar
boom [bu:m] bum, bučna reklama; prosperitet
boost [bu:st] podići, pojačati; ~ **bussines** , pojačati poslovanje
boot [bu:t] čizma, visoka cipela; prostor za prtljagu; ~**lace** , vezica; ~**leg** *Am* krijumčarski, ilegalan
booze [bu:z] 1. alkoholno piće 2. lokati
border ['bɔ:də] 1. granica, međa, rub 2. graničiti, omeđivati
bore [bɔ:] 1. dosadan čovjek; bušotina 2. dosađivati, gnjaviti; probušiti 3. veliki plimni val 4. *pret* od **bear**
boredom ['bɔ:dəm] dosada, gnjavaža
boring ['bɔriŋ] 1. dosadan 2. bušenje
borough ['bʌrə] grad s pravom biranja zastupnika u parlament, izborni gradski okrug
borrow ['bɔrou] posuditi
bosom ['buzəm] grudi, njedra, prsa; ~ **friend** , najbliži prijatelj
boss [bɔs] 1. gazda, nadglednik 2. upravljati; *sl* zapovjedati
boss [bɔs] 1. ispupčenje, kvrga 2. ukrasiti ispupčenjima

both [bouθ] oboje, oba(dva), i jedan i drugi
bother ['bɔðə] 1. dosađivanje, nevolja, uzrujavanje
bottle ['bɔtl] 1. boca; svežanj (sijena) 2. puniti u boce
bottom ['bɔtəm] 1. dno, donji kraj, stražnjica, brod (teretni); *from top to ~*, od vrha do dna, od glave do pete; *from the ~ of heart*, iskreno, duboko
bottomless ['bɔtəmlis] bezdan, bez dna
bottom -price ['bɔtəmprais] najniža cijena, najniži tečaj
bough [bau] grana
bounce [bauns] 1. odskok 2. odskočiti, skočiti u vis
bound [baund] 1. uvezan, vezan (ugovorom), obavezan 2. *pret* i *pp* od bind 3. na putu (prema, za) 4. granica, međa 5. ograničiti, omeđiti
boundary ['baundəri] granica
bounty ['baunti] dar, darežljivost, premija
burgeois ['bueʒwa:] 1. buržuj 2. buržujski
burgeoisie [buəʒwa:'zi:] buržoazija
bow [bau] 1. naklon, 2. *v/i* pokloniti se, sagnuti se 3. *v/t* prignuti, sagnuti 4. duga; luk (oružje); gudalo 5. guditi bok pramca, pramac
bowl [boul] 1. zdjela, glava (lule) 2. kugla; *~s*, kuglanje 3. *v/t* bacati kuglu; *v/i* kotrljati se
box [bɔks] 1. kutija, škrinja, boks (u štali, tržnici) 2. staviti u sanduk, škrinju 3. boksati 4. *~ on the ear* , pljuska
boxer ['bɔksə] šakač, bokser
boxing -day ['bɔksiŋdei] drugi dan Božića
box... ~keeper čuvar loža
~office kazališna blagajna
boy [bɔi] 1. dečko, dječak, momak 2. dječački, momački
boycott ['bɔikət] 1. bojkot 2. bojkotirati
boyhood ['bɔihud] dječaštvo, djetinjstvo
brag [bræg] 1. hvalisanje, hvastanje 2. hvaliti se
braile [breil] sljepačko pismo
brain [brein] 1. mozak 2. razbiti glavu, prosuti mozak
brain ... ~less bez pameti
brake [breik] 1. gustiš, paprat, trnje 2. brana, kočnica
branch [bra:nʃ] 1. grana 2. granati se
branch -office ['bra:nʃofis] podružnica

brand [brænd] 1. sorta, marka, žig; luč, snijet 2. žigosati
bran (d) **new** ['bræn(d) 'nju:] nov novcat, ispod čekića
brandy ['brændi] vinjak, rakija
brass [bra:s] mesing, (žuta) mjed
brat [bræt] derište
bravery ['breivəri] 1. hrabrost, srčanost 2. sjaj, raskoš
bravo ['bra:vou] (*pl* ~(e)s) 1. najmljeni ubojica, razbojnik 2. bravo
bray [brei] 1. revanje, njakanje 2. njakati, revati
breach [bri:tʃ] 1. kršenje, prekršaj, prekid; *~ of contract* , prekršenje ugovora 2. probiti
bread [bred] kruh, hljeb; *~ grains* , žitarice
breadth [breθ] širina, prostranost, širokogrudnost
break [breik] 1. prekid, prijelom, pukotina; svitanje (dana); *Am* pad cijena 2. *irr v/t* slomiti, odlomiti, oboriti (rekord), saopćiti, provaliti, prekršiti; *v/i* (pre)lomiti se, prekinuti, provaliti u
breakable ['breikəbl] (~ly) loman, krhak
breakage ['breikidʒ] lom, lomljenje, šteta
break -down ['breikdaun] lom, neuspjeh; defekt, kvar
breakfast ['brekfəst] 1. doručak 2. doručkovati
breakthrough ['breikθru:] proboj
break -up ['breik'ʌp] rasap, raspuštanje, *fig* propast
breast [brest] 1. dojka, grudi 2. suprotstaviti se; *~ stroke* , prsno plivanje
breath [breθ] dah, disanje, život
breathe [bri:ð] *v/i* disati; *v/t* udahnuti, izdahnuti, tiho izgovoriti
breathing ['bri:ðiŋ] 1. disanje 2. vjeran (portret)
breathless ['breθlis] bez daha, zadihan
breathtaking ['breθteikiŋ] od kojeg zastaje dah
breed [bri:d] 1. leglo, pasmina, soj, vrsta, rasa, *Am* mješanac 2. *irr v/t* gajiti, izleći; *v/i* množiti se, rasti
breeding ['bri:diŋ] odgoj
breeze [bri:z] 1. lahor, povjetarac, *Am* životinje 2. obad
brevity ['breviti] kratkoća, jezgrovitost
brew [bru:] 1. *v/t* i *v/i* probavljati, miješati; *v/i* spremati se (oluja) 2. napitak
brewage ['bru:idʒ] probava; napitak

brewer ['bru:ə] pivar
briable ['braibəl] podmitljiv, potkupljiv
bribe [braib] 1. mito 2. podmititi, potkupiti
bribery ['braibəri] podmićivanje, potkupljivanje
brick [brik] 1. opeka, cigla 2. zidati (opekom, ciglom)
bricklayer ['bril,leiə] zidar
bridal ['braidl] (~ly) 1. svadben 2. poet svadba
bride [braid] mlada, nevjesta
bridegroom ['braidgrum] mladoženja, zaručnik
bridesmaid ['braidzmeid] djeveruša
bridesman ['braidzmən] djever
bridge [bridʒ] 1. most 2. premostiti 3. bridž
bridle ['braidl] 1. uzda 2. v/t obuzdati; v/i zabacivati glavu
brief [bri:f] (~ly) 1. kratak, kratkotrajan 2. sažetak; ~ case, aktovka
brigade [bri'geid] 1. brigada 2. pridružiti brigadi
bright [brait] (~ly) bistar, jasan, svijetao, žive boje
brighten ['braitn] v/t rasvijetliti, razvedriti, v/i razvedriti se, rasvijetliti se
brightness ['braitnis] svjetlost, sjaj
brilliance ['briljəns] svjetlost, sjaj, *fig* oštroumnost
brilliancy ['briljənsi] sjaj, blještavilo
brilliant ['briljənt] (~ly) 1. briljant 2. svijetao, brilijantan
brim [brim] 1. rub, obod (šešira) 2. biti pun do vrha
bring [briŋ] *irr* donijeti, donositi, privesti; uključiti; podnijeti (tužbu)
bring ... ~**about** , izvesti, uroditi čime
~**along** , donijeti sa sobom
~**down** , oboriti cijenu; oslabiti
~**forth** , iznijeti; roditi
~**forward** , iznijeti
~**out** , isticati, izdati (knjigu)
~**round** , osvijestiti, dozvati svijesti
~**a person to do** , navesti koga da učini
~**under** , nadvladati
~**up** , odgojiti, othraniti
brink [briŋk] rub
brisk [brisk] (~ly) briz, krepak, žustar, oštar (zrak) 2. (većinom ~up) oživiti, potaknuti
bristle ['bristl] 1. čekinja 2. (često ~ up) naježiti se, nakostriješiti se

British ['britiʃ] britanski, britski; the ~ , britanci
brittle ['britl] krhak, loman
broad [brɔ:d] (~ly) širok, općenit, jasan, rasprostranjen 2. *irr* v/t sjati naširoko; *fig* rasprostraniti; v/i emitirati 3. emisija
broaden ['brɔ:dn] v/i proširiti, raširiti; v/t proširiti se, raširiti se
broadminded ['brɔ:d'maindid] širokogrudan, tolerantan
broadness ['brɔ:dnis] grubost, surovost, dvosmislenost (u izražavanju)
brochure [brɔ'ʃjuə] brošura
broke [brouk] *pret* od **break**
broken ['broukn] *pp* od **break**
broker ['broukə] mešetar, agent, staretinar
bronco ['brɔŋkou] (polu)divlji konj
bronze [brɔnz] 1. bronca 2. brončan
brooch [broutʃ] broš
brood [bru:d] 1. leglo, jato, roj 2. rasplodan 3. izleći se, okototi; sjediti na vratima
brook [bruk] potok
broom [bru:m] metla; ~stick , držak metle
brothel ['brɔθl] bordel, javna kuća
brother ['brʌðə] brat
brotherhood ['brʌðəhud] bratstvo, bratovština
brother -in-law ['brʌðəinlɔ:] šurjak, šogor
brought [brɔ:t] *pret* i *pp* od **bring**
brow [brau] obrva, čelo
brown [braun] 1. smeđ, taman 2. postati smeđ, potamniti 3. smeđe, smeđa boja
browse [brauz] mladice (pupoljci i lišće); *fig* čitkati
bruise [bru:z] 1. masnica, modrica 2. udariti da ostane modrica
brunette [bru:'net] 1. brineta 2. smeđokos
brush [brʌʃ] 1. četka, kist, kičica; lisičji rep 2. v/t četkati; odjuriti
brutal ['bru:tl] brutalan, životinjski
buccaneer [bʌkə'niə] 1. gusar 2. gusariti
buck [bʌk] 1. jarac; mužjak; srndać 2. propinjati se; v/t odupirati se
bucket ['bʌkit] 1. čabar, kabao 2. otjerati (koga)
buckle ['bʌkl] 1. kopča 2. v/t prikopčati, zakopčati
bud [bʌd] 1. pupoljak 2. v/i pupati, nicati
buddhism ['budizəm] budizam
buddhist ['budist] 1. budist 2. budistički
buddy ['bʌdi] drug (na poslu), (školski) drug

budget ['bʌdʒit] budžet
buffalo ['bʌfəlou] bivol, bizon
buffet ['bʌfit] 1. udarac 2. udarati, boriti se 3. kredenc, ormar za suđe 4. ['bufei] bife
bug [bʌg] stjenica; *Am* kukac, bacil
build [bild] 1. *irr* (sa)graditi, zidati 2. građa, način gradnje
building ['bildiŋ] 1. građenje, gradnja 2. građa, kuća
built [bilt] *pret* i *pp* od build
bulb [bʌlb] gomolj, lukovica; žarulja
bulk [bʌlk] 1. teret (na brodu) 2. veličina, opseg 3. mnoštvo, masa
bulky ['bʌlki] (~ly) velik, debeo, opsežan
bull [bul] 1. bik; mužjak 2. špekulirati na dizanje cijena 3. besmislica, glupost
bulldog ['buldɔg] buldog
bulldoze ['buldouz] terorizirati, zapovijedati
bulldozer ['buldouzə] buldožer
bullet ['bulit] kugla, metak, tane, zrno
bulletin ['bulitin] bilten, dnevni izvještaj
bully ['buli] 1. hvastavac, siledžija, tiranin 2. bučan, hvalisav; *Am* prvorazredan, gala
bum [bʌm] 1. stražnjica, zadnjica 2. besposličar, ljenčina 3. *v/t* izmoliti, žicati 4. bijedan, loš
bump [bʌmp] 1. čvoruga, izbočina; mukli sudar 2. bubnuti; truckati se
bumpy ['bʌmpi] neravan, pun izbočina
bunch [bʌntʃ] 1. svežanj, kita, čuperak, pramen kose 2. skupiti u svežnjeve, hrpu; držati se na okupu
bundle ['bʌndl] 1. snop, svežanj, zavežljaj 2. *v/t* vezati u snop ili zavežljaj; *v/i* ~ off otići, pokupiti se
bungalow ['bʌŋgəlou] bungalov
bunny ['bʌni] kunić
buoy [bɔi] 1. bova, plutača 2. označiti plutačama; držati na površini
buoyancy ['bɔiənsi] sposobnost plivanja, plutanja; živahnost
burden ['bə:dən] 1. teret, breme, opterećenje 2. natovariti, (op)teretiti
bureau [bju:ə'rou] *pl* **bureaux** (~ s) osobito *Am* biro, ured; komoda; pisaći stol
bureaucracy [bjuə'rɔkrəsi] birokracija, činovništvo
bureaucrat ['bjuərokræt] birokrat
bureaucratize [bjuə'rɔkrətaiz] birokratizirati

burglar ['bə:glə] provalnik
burglarious [bə:'glɛəriəs] provalnički
burglary ['bə:gləri] provala
burial ['beriəl] pogreb
burial -ground ['beriəlgraund] groblje
burn [bə:n] 1. opekotina 2. *irr v/t* (o)peći, opaliti, žeći, žigosati; *v/i* gorjeti
burning ['bə:niŋ](~ly) gorući, užaren, vruć
burnish ['bə:niʃ] glačati, polirati, ulaštiti
burnt [bə:nt] *pret* i *pp* od burn ; ~ **gas** , ispušni plin
bursar ['bə:sə] blagajnik na sveučilištu
bursary ['bə:səri] stipendija
burst [bə:st]1. blijesak, eksplozija, *fig* provala; prolom (oblaka); pukotina 2. *irr v/i* pući, prasnuti, rasprsnuti se; provaliti; ~ **into tears** , briznuti u plač; ~**out laughing**, prasnuti u smijeh; *v/t* rasprsnuti
bury ['beri] sahraniti, pokopati, zakopati
bus [bʌs] 1. autobus 2. voziti se autobusom
bush [buʃ] grm, šikara; blazinica
bushy ['buʃi] grmovit, čupav (obrve)
business ['bizniz] posao, poslovanje, zanat, trgovina;
bussines ... ~**hours** radno vrijeme
~**man** poslovni čovjek
~**tour** [~**trip**] poslovno putovanje
on ~ poslovno
mind one's own ~, brinuti se za svoje stvari
~~**like** poslovan, praktičan
busman ['bʌsmən] vozač ili kondukter autobusa
bust [bʌst] poprsje, bista, grudi 2. *Am* bankrot; pijanka
bustle ['bʌsl] 1. aktivnost
busy ['bizi] (~ly) marljiv, aktivan, radin, zaposlen; prometan 2. (većinom ~ oneself,) zaposliti se
but [bʌt] 1. ali, nego, no; osim 2. *prep* nego; osim; **the last** ~ **one** , predzadnji; **the next** ~ **one** , drugi (onaj iza slijedećeg) 3. poslije negacije koji nije 4. *adv* osim, samo; **nothing** ~., ništa (drugo) nego; I **cannot** ~ + *inf* ne mogu a da ne...
butcher ['butʃə] 1. mesar; krvolok 2. klati, ubijati
butchery ['butʃəri] klaonica
butler ['bʌtlə] (glavni) sluga; pivničar
butt [bʌt] 1. udarac rogovima ili glavom; deblji kraj [alata, oružja]; *Am* opušak; ~s

butter

pl streljana; *fig* cilj, meta 2. udariti glavom ili rogovima 3. bačva
butter ['bʌtə] 1. maslac; [grubo] laskanje 2. namazati maslacem
butterfly ['bʌtəflai] leptir
buttocks ['bʌtəks] stražnjica
button ['bʌtn] 1. dugme, puce, gumb 2. zakopčati odjeću (često ~ up)
button -hole ['bʌtnhoul] 1. rupica za puce; cvijet u zapučku 2. opskrbiti rupicama za dugmad
buy [bai] *irr v/t* kupiti, kupovati, *fig* potkupiti; *v/i* trgovati; **order to** ~ m nalog za kupnju
buzz [bʌz] 1. zujanje; šaputanje 2. *v/i* zujati, šaptati; *v/t* tresnuti
buzzer ['bʌzə] zujalo
by [bai] 1. *prep* do, kod, (po)kraj, mimo, na, od, po, pomoću, prema, tako da, za; **side** ~ **side** , bok uz bok; **day** ~ **day** , dan za danom 2. *adj* blizu, mimo 3. *adj* postran
by ... ~ **day** danju
~ **now** dosad
~ **far** daleko
close ~ tik, vrlo blizu
go ~ proći pokraj
~**election** naknadni izbori
~**gone** prošao
~**-law** mjesni zakon
~**name** nadimak
~**pass** 1. pomoćni (zaobilazni) put 2. zaobići, uputiti zaobilaznim putem
~**product** nusprodukt, nusproizvod
~**road** sporedan put
~**word** poslovica
bye-bye ['bai'bai] doviđenja, pa-pa

C

cab [kæb] 1. taksi; fijaker, kočija 2. voziti se u taksiju (kočiji)
cabal [kə'bæl] 1. spletka, intriga 2. spletkariti
cabaret ['kæbərei] kabare
cabbage ['kæbidʒ] kupus, kelj
cabby ['kæbi] vozač taksija, fijakerist
cabin ['kæbin] 1. koliba, kabina 2. zatočiti u kolibu
cabinet ['kæbinit] 1. sobica, kabinet; ormar s ladicama
cable ['keibl] 1. kabel, debelo uže; sidrenjak; *tel* kablogram 2. brzojaviti, poslati kablogram
cabriolet [kæbrio'lei] kabriolet
cacao [kə'ka:ou] kakao(vac)
cackle ['kækl] 1. gakanje, kokodakanje, *fig* brbljanje 2. gakati, kokodakati, *fig* brbljati
cad [kæd] gad, hulja
cadastre [kə'dæstə] katastar, gruntovnica
cadaver [kə'deivə] *med* leš
cadaverous [kədævərəs] blijed kao mrtvac, mrtvački
caddish ['kædiʃ] (~ly) huljski
cadge [kædʒ] prosjačiti, moljakati
cafe ['kæfei] kavana
cafeteria [kæfi'tiəriə] *Am* restauracija sa samoposluživanjem
cage [keidʒ] 1. kavez, krletka 2. zatvoriti
cajole [kə'dʒoul] laskati, ulagivati se
cajoler [kə'dʒoulə] laskavac, ulagivač
cake [keik] 1. kolač, pogača 2. plosnat komad (sapuna itd.)
calamitous [kə'læmitəs] nespretan, katastrofalan
calamity [kə'læmiti] velika nesreća, nevolja
calculable ['kælkjuləbl] izračunljiv, proračunljiv
calculate ['kælkjuleit] (iz)računati, proračunati
calendar ['kælində] 1. kalendar 2. zabilježiti

calf [ka:f] *pl* **calvez** [ka:vz] tele, *fig* budala
call [kɔ:l] 1. poziv, zov, nazivanje (telefonom), razgovor; posjet; zapovijed; povod; potražnja 2. *v/t* zvati, nazvati, pozvati; pobuditi; svratiti pozornost na; *v/i* dovikivati, vikati, navratiti (se)
call ... ~ (a p) **names** izgrditi koga
~ **forth** izazvati, skupiti snagu
~ **in** utjerati novac; pozvati
~ **up** izazvati; *tel* nazvati
~ **for** zvati; *theat* pozvati pred zavjesu
~ **on** obratiti se kome; pozvati koga
call-box ['kɔ:lbɔks] telefonska govornica
calling ['kɔ:liŋ] zvanje, zanimanje, zanat
came [keim] *pret od* **come**
camera ['kæmərə] *phot* foto(grafski) aparat, kamera
camomile ['kæməmail] kamilica
camouflage ['kæmufla:ʒ] 1. kamuflaža 2. kamuflirati
camp [kæmp] 1. logor, tabor; ~ **bed** poljski krevet 2. logorovati
campaign [kæm'pein] 1. vojna, vojni pohod, akcija; *pol* kampanja 2. vojevati
campus ['kæmpəs] zgrade sveučilišta, pogotovo njihovo središte
can [kæn] 1. *irr* mogu itd. 2. kanta, *Am* limenka, konzerva 3. konzervirati u limenkama
canal [kə'næl] umjetni kanal, prokop
canalization [kænəlai'zeiʃn] kanalizacija
canary [kə'nɛəri] (i ~ **bird**) kanarinac
cancel ['kænsl] otkazati, opozvati, anulirati
cancelation [kænse'leiʃn] dokinuće, brisanje
cancer ['kænsə] *ast* rak
cancerous ['kænsərəs] kancerozan
candid ['kændid] (~ly) iskren, otvoren
candidate ['kændidit] kandidat (for za)
candidature ['kændiditʃə] kandidatura
candle ['kændl] svijeća
candlestick ['kændlstick] svijećnjak

candour ['kændə] iskrenost, otvorenost
candy ['kændi] 1. kandis šećer; Am bombon 2. v/t ušećeriti; v/i kristalizirati se
cane [kein] 1. trska, trstika; štap 2. isplesti iz trske
canker ['kæŋkə] 1. rak; čir, *fig* rak-rana 2. podgrizati, izjedati
canned [kænd] Am konzerviran
cannery ['kænəri] tvornica konzerva
cannibal ['kænibl] 1. ljudožder 2. ljudožderski
cannon ['kænən] 1. top, topovi; karambol 2. karambolirati, sudariti se
cannonade [kænə'neid] pucnjava topova, kanonada
cannot ['kænɔt] ne mogu itd.
canny ['kæni] (~ly) oprezan, mudar, lukav
canopy ['kænəpi] 1. baldahin 2. nadsvoditi baldahinom
cant [ka:nt] 1. kosina, nagib, strana 2. leći (položiti) na stranu 3. cviljenje, kukanje; licemjeran govor 4. licemjerno govoriti
canteen [kæn'tin] kantina, čutura
cape [keip] rt
caper ['keipə] 1. (po)skok 2. poskakivati
capital ['kæpitl] (~ly) 1. glavni, kapitalan; kažnjiv smrću, smrtni 2. glavni grad; glavnica, kapital 3. kapitel, glavica stupa
capitulate [kə'pitjuleit] kapitulirati, predati se
capitulation [kə,pitju'leiʃən] kapitulacija, predaja
caprice [kə'pri:s] hir, kapric, mušice
capricious [kə'priʃəs] hirovit, kapriciozan, mušičav
capsize ['kæpsaiz] 1. v/i prevrnuti se, v/t prevrnuti 2. prevrnuće
capsular ['kæpsjulə] čahurast, u obliku kapsule
capsule ['kæpsju:l] čahura, tobolac, kapsula
captain [''kæptin] vođa, kapetan, zapovjednik, *sport* kapiten; ~ of industry industrijski magnat
caption ['kæpʃn] 1. naslov, *film* titl; potpis (potpis ispod slike) 2. v/t Am staviti naslov na, dati naslov čemu
captious ['kæpʃəs] sitničav, zagrižljiv
captivate ['kæptiveit] *fig* zarobiti; zaokupiti, privući
captivation [,kæpti'veiʃən] očaranje, čar, privlačnost

captive ['kæptiv] uhvaćen, zarobljen
captivity ['kæp'tiviti] zarobljeništvo, ropstvo
capture ['kæptʃə] 1. zapljena, oduzimanje, zarobljenje; plijen 2. zauzeti, osvojiti, uloviti, zaplijeniti
car [ka:] auto(mobil), kola, vagon, kabina
caravan [kærə'væn] karavan, cirkuska kola, automobilska prikolica za stanovanje
caron ['ka:bən] ugljik; ugljeni štapić
carbonaceous [,ka:bə'neiʃəs] koji sadrži ugljik, ugljikov
carbonic [ka:'bɔnik] ugljikov
carbonization [,ka:bənai'zeiʃn] karbonizacija, pougljenje
carbonize ['ka:bənaiz] karbonizirati, pougljiti
carcase [većinom carcass, 'ka:kəs] mrcina, strvina
card [ka:d] 1. greben, garga 2. grebenati vunu 3. karta, kartica; posjetnica
cardboard ['ka:dbɔ:d] ljepenka, karton
cardiac ['ka:diæk] 1. srčani 2. sredstvo za jačanje srca
card-index ['ka:d'indeks] kartoteka
care [kɛə] 1. briga, brižljivost, zabrinutost, njega, mar, nastojanje, pažnja, skrb, strah 2. brinuti se (za), mariti, skrbiti, željeti, biti briga
care ... medical ~ lječnička briga (njega)
~ of (skraćeno c/o) kod (na adresi)
take ~ of oneself čuvati se, paziti se
take ~ paziti na.., (po)brinuti se za...
with ~ ! pažljivo, oprez!
career [kə'riə] 1. karijera, životni put, tok 2. *fig* juriti
careerist [kə'riərist] karijerist
carefree ['kɛəfri:] bezbrižan
careful ['kɛəful] oprezan, brižljiv, zabrinut
careless ['kɛəlis] bezbrižan, nemaran, nehajan
carelessness ['kɛəlisnis] bezbrižnost, nemar, nepažnja
caress [kə'res] 1. draganje, milovanje 2. dragati, milovati
caretaker ['kɛəteikə] pazikuća, domar
carfare ['ka:fɛə] Am vozarina, cijena vožnje
cargo ['ka:gou] teret, tovar; ~ mixed (ili general) generalni teret; ~ shifting nepričvršćen teret
caricature ['kærikətjuə] 1. karikatura 2. karikaturirati

caricaturist [kærikə'tjuərist] karikaturist
carnage ['ka:nidʒ] krvoproliće, pokolj
carnal ['ka:nl] (~ly) čulni, puten, tjelesan
carnality [ka:'næliti] putenost, čulnost
carnation [ka:'neiʃn] 1. karanfil, klinčić 2. ružičast, ružičasta boja (boja puti)
carnival ['ka:nivəl] poklade, mesopust, karneval
carnivore ['ka:nivɔ:] mesožder
carol ['kærəl] 1. božićna pjesma 2. veselo pjevati
carouse [kə'rauz] 1. pijanka, bančenje 2. bančiti, pijančevati
carp [ka:p] 1. šaran 2. prigovarati, zanovijetati
carpenter ['ka:pintə] 1. drvodjelac, tesar 2. tesati
carpentry ['ka:pintri] tesarstvo
carpet ['ka:pit] 1. sag, tepih, prostirač 2. pokriti sagom; ~ bag putna torba; ~ bagger putnički profiter
carriage ['kæridʒ] kočija, kola, kolica, putnički vagon; držanje (tijela); oprema, prijevoz, vozarina
carriage ... and-pair dvopreg
~ door vrata kočije
~free, ~ paid prijevoz plaćen
~ road, ~ way kolnik
carrier ['kæriə] donosilac, prevoznik, vozar, nosač (za prtljagu na biciklu)
carrot ['kærət] mrkva
carry ['kæri] 1. v/t donijeti, nositi; dovesti, voditi; pobijediti na izborima; prodrijeti sa
carry ... ~ away odnijeti, zanijeti
~ forward ili over prenijeti
~ on nastaviti; voditi konverzaciju
~ out ili through izvesti, provesti
~ ing capacity nosivost, domet
cart [ka:t] (teretna) kola; taljige
carton ['ka:tən] karton; papirnata čaša
cartoon [ka:'tu:n] 1. nacrt; uzorak; karikatura, crtani film 2. karikirati
cartridge ['ka:triʒ] naboj; metak, patrona
cart-wheel ['ka:twi:l] kotač; kola
carve [ka:v] rezbariti, klesati; tranširati, rezati meso
carving ['ka:viŋ] rezanje, rezbarenje, sjeckanje
case [keis] 1. čahura (metka); doza; jastučnica; korice; koža (lopte); kutija (sata); pretinac; sanduk 2. događaj, okolnost; *gram* padež; parnica, slučaj; stanje;

in ~ u slučaju, ako; in any ~ u svakom slučaju, kako bilo
cash [kæʃ] 1. gotovina, (gotov) novac; ~ on delivery plaćanje u gotovini; ~ register , register kasa 2. isplatiti, unovčiti
cashier [kæ'ʃiə] 1. blagajnik 2. otpustiti iz službe
cast [ka:st] 1. bacanje, hitac; izraz (lica); kalup; podjela uloga; proračun 2. *irr v/t* (iz)baciti, baciti; izračunati; ~ iron kovano željezo; ~ away odbaciti
castgate ['kæstgeit] kazniti, *fig* šibati
casting [ka:stiŋ] 1. odlučujući (glas) 2. bacanje itd
cast-iron ['ka:st'aiən] od lijevanog željeza, lijevan; *fig* željezan, jak
castle ['ka:sl] dvorac, tvrđava, šah kula
cast-steel ['ka:st'sti:l] od lijevanog čelika
casual ['kæʒjuəl] (~ly) 1. nenamješten, površan, slučajan; prigodan
casualty ['kæʒjuəlti] nezgoda, nesretan slučaj
casualities pl gubici
cat [kæt] 1. mačka 2. povraćati
catalogue ['kætələg] (*Am* catalog) 1. katalog, popis, *Am univ* popis predavanja 2. katalogizirati
catastrophe [ka'tæstrəfi] katastrofa
catastrophic. [kætə'strɔfik] (~ally) katastrofalan
catch [kætʃ] 1. hvatanje, lov, lovina, ulov; neprilika; stanka; zahvat 2. *irr v/t* (u)loviti, uhvatiti, zgrabiti, opaliti, privući pažnju, razumijeti, shvatiti, teći, suspregnuti dah, dobiti bolest 3. *v/i* hvatati se, uhvatiti se; *Am* shvatiti, razumijeti
catch ... ~ cold nazepsti, prehladiti se
~ up uhvatiti, dostići
~ up with dostići koga
~-as-catch-can *sport* hrvanje slobodnim stilom
catching ['kætʃiŋ] priljepčiv, zarazan
categorical [kæti'gɔrikl] (~ly) bezuvjetan, kategoričan
category ['kætigəri] kategorija
cater ['keitə] nabavljati hranu, pribaviti, opskrbljivati
caterpilar ['kætəpilə] gusjenica; ~ tractor traktor gusjeničar
catholic ['kæθəlik] (~(al)ly) 1. katolik 2. katolički
catholicism [kə'θɔlisizəm] katolicizam
catle ['kætl] stoka, marva

33

cattle ... ~-**breeding** stočarstvo
~-**plague** stočna kuga
~-**rustler** *Am* kradljivac stoke
~-**show** izložba stoke
cacus ['kɔːkəs] izborni odbor; *Am pol* sastanak rukovodstva stranke, rukovodstvo stranke
caught [kɔːt] *pret i pp od* catch
califlower ['kɔliflauə] karfiol, cvjetača
causal ['kɔːzl] uzročan
causality [kɔˈzæliti] uzročnost
causative ['kɔːzətiv] (~ly) koji uzrokuje, uzročan; gram kauzativan, uzročan
cause [kɔːz] 1. uzrok, povod; dobrobit; parnica; ročište 2. dovesti do, uzrokovati
caution ['kɔːʃn] 1. opreznost; opomena 2. opomenuti
cautious ['kɔːʃəs] oprezan, neodlučan
cautiousness ['kɔʃəsnis] oprez
cavalier [kævəliə] 1. kavalir, vitez 2. samouvjeren
cavalry ['kævlri] konjaništvo, konjica
cave [keiv] 1. špilja 2. špiljski 3. ~ in *v/i* ukleknuti se, *v/t* ukleknuti, udubiti
caveat ['keiviæt] opomena
caveman ['keivmən] špiljski čovjek
cavendish ['kævəndiʃ] vrsta duhana
cavern ['kævən] špilja, šupljina
caviar (e) ['kæviaː, kæviˈaː] kavijar
cavil ['kævil] 1. cjepidlačiti, pridovarati 2. cjepidlačenje, prigovaranje
cavity ['kæviti] šupljina
caw [kɔː] 1. graktati 2. graktanje
cease [siːs] *v/i* (from) odustati od, prestati; *v/t* prestati, prekinuti; ~ fire, prekid vatre, *fig* primirje
ceaseless ['siːslis] (~ly) neprestan, besprekidan
cedar ['siːdə] cedar, cedrovina
ceil [ciːl] oplatiti strop
ceiling ['siːliŋ] strop, *fig* plafon
celebrate ['selibreit] (pro)slaviti, svetkovati
celebrated ['selibreitid] slavan, glasovit, slavljen
celebration [ˌseliˈbreiʃən] proslava, slavlje, veličanje
celebrity [siˈlebriti] glasovitost, glasovita osoba
celestial [siˈlestjəl] (~ly) nebeski
celibasy ['selibəsi] celibat, neženstvo
celibate ['selibit] 1. neženja, momak 2. neoženjen, momački

cell [sel] ćelija, stanica; element
cellar ['selə] 1. podrum, pivnica 2. staviti u podrum
cellist ['tʃelist] čelist
cello ['tʃelou] čelo
cellular ['seljulə] stanični
celt [kelt, selt] kelt
celtic ['keltik, 'seltik] 1. keltski 2. keltski jezik
cement [siˈment] 1. cement, ljepilo 2. cementirati
cemetery ['semitri] groblje
censor ['sensə] 1. cenzor 2. cenzorirati
censorship ['sensəʃip] cenzura
census ['sensəs] popis stanovništva
cent [sent] stotina; *Am* 1/100 dolara; per ~, postotak
centaury ['sentɔːri] kičica
centi ... ~-**grade** podijeljen na stotinu stupnjeva
~-**gramme** centigram
~**metre** centimetar
~**pede** stonoga
central ['sentrəl] (~ly) 1. centralan, glavni, središnji
centre ['sentə] (*Am* center) 1. centar, sredina, središte 2. usredotočiti se, koncentrirati 3.središnji, srednji
centuple ['sentjupl] (~ly) 1. stostruk 2. postostručiti
century ['sentʃuri] stoljeće
ceramic [siˈræmik] lončarski, keramički
ceramics [siˈræmiks] keramika
ceramist [siˈræmist] keramičar
cereal ['siəriəl] 1. žitni 2. žitarica (većinom *pl* ~s), *Am* žitna kaša (za doručak)
cerebral ['seribrəl] cerebralan, moždan
ceremonial [seriˈmounjəl] (~ly) i **ceremonious** (~ly) 1. ceremonijalan, svečan 2. ceremonijal
ceremony ['serimoni] ceremonija, svečanost, formalnost; (**Master of Ceremonies** konferansje)
certain ['səːtn] (~ly) izvjestan, pouzdan, siguran; neki (stanoviti), određen
certainty ['səːtnti] sigurnost, izvjesnost
certificate [səˈtifikit] 1. certifikat, diploma, dozvola; [rodni] list; svjedodžba; uvjerenje 2. [səˈtifikeit] izdati svjedodžbu itd.
certificate ... ~ **of birth** (**death, marriage**) rodni (smrtni, vjenčani) list
~ **of employment** potvrda o zaposlenju
medical ~ liječnička svjedodžba

certification [ˌsə:tifi'keiʃn] svjedodžba, potvrda
certify ['sə:tifai] posvjedočiti, potvrditi
certitude ['sətitju:d] izvjesnost, sigurnost
cessation [se'seiʃn] obustava, prekid, prestanak
chafe [tʃeif] 1. v/t oguliti; razljutiti; v/i bjesnjeti, ljutiti se; oguliti se
chaffer ['tʃæfə] cjenjkati se, pogađati se
chain [tʃein] 1. lanac, okovi; niz 2. okovati, pričvrstiti lancem
chair [tʃɛə] 1. stolica, stolac; katedra; presjedanje, predsjedništvo, predsjednik 2. imenovati predsjednikom
chair ... ~man predsjednik
~woman predsjednica
chalk [tʃɔ:k] 1. kreda; **not by a long ~** izdaleka 2. zabilježiti kredom
challenge ['tʃælindʒ] 1. izazov; poziv 2. izazvati; pozvati da stane; dovoditi u pitanje, pobijati
challenger ['tʃælindʒə] izazivač
chamber ['tʃeimbə] Am komora; parl dom; **~s**, poslovne prostorije, momački stan
chamberlain ['tʃeimbəlin] komornik
chamber -maid ['tʃeimbəmeid] sobarica
champ [tʃæmp] (glasno) žvakati; Am champion prvak, pobjednik itd.
champagne [ʃæm'pein] šampanjac
champion ['tʃæpjən] 1. borac, pobornik; pobjednik; sport prvak
championship ["tʃæmpjənʃip] prvenstvo, natjecanje
chance [tʃa:ns] 1. slučaj; mogućnost, vjerojatnost; izgled(i), prilika 2. slučajan 3. v/i dogoditi se, slučiti se; v/t pokušati (na sreću), riskirati
chance ...take a (ili one's) **~** riskirati
take no ~ ne riskirati
by ~ slučajno
chandelier [ʃændi'liə] granat, (stropni) svijećnjak
change ['tʃeindʒ] 1. izmjena, promjena; (mjesečeva) mijena; razmjena; sitan novac, sitniš; **Change** burza 2. v/t izmijeniti, mijenjati, promijeniti
changeability [ˌtʃeindʒə'biliti] promjenjivost
changeable ['tʃeindʒəbl] (~ly) promjenjiv, nestalan
channel ['tʃænl] 1. brazda; cijev, kanal; korito rijeke; žlijeb; fig put, način 2. ižlijebiti, izbrazdati

chaos [keiɔs] kaos, metež
chaotic [kei'ɔtik] (~ally) kaotičan, zbrkan
chap [tʃæp] 1. pukotina, raspuklina 2. ispucati, raspucati 3. životinjska čeljust 4. momak, čovjek
chapel ['tʃæpl] kapelica; typ tiskara
chaplain ['tʃæplin] kapelan
chaplet ['tʃæplit] eccl krunica; vijenac
chapter ['tʃæptə] glava, poglavlje; Am podružnica, ogranak
character ['kæriktə] karakter; glas; značaj; lice (romana, drame); rukopis; znak, slovo; svojstvo; tip; theat uloga
characteristic [ˌkærikə'ristik] (~ally) značajan, svojstven, karakterističan
characterization [ˌkæriktərai'zeiʃn] označivanje, karakterizacija
characterize ['kæriktəraiz] karakterizirati, označiti, obilježiti
charade [ʃə'ra:d] šarada
charcoal ['tʃa:koul] drveni ugljen
charge [tʃa:dʒ] 1. briga, nadzor; paska; teret; izdatak; juriš; naboj; namet, tarifa; trošak; optužba; služba; odgovornost; **~s** pl troškovi, izdaci; **be in ~** biti zadužen za, biti odgovoran za, brinuti se; **take ~ of** preuzeti na sebe što, preuzeti brigu (ili odgovornost) za; **free of ~s** besplatan 2. v/t jurišati na, napasti, nabiti pušku, napuniti, naložiti kome, staviti kome u dužnost, opomenuti; optužiti; zaračunati; v/i jurišati, navaliti, optuživati
charity ['ʃæriti] milosrđe, dobrotvornost; **~ school** škola za siromašnu djecu
charm [tʃa:m] 1. amajlija, čarolija, talisman, zapis; privjesak; fig čaroban, dražestan
chart [tʃa:t] 1. pomorska karta; tabela, grafikon 2. zacrtati, unijeti u kartu
charter ['tʃa:tə] 1. povelja, isprava; posljedica 2. dati povlasticu, izdati povelju; najmiti brod (ili avion)
chase [tʃeis] 1. potjera, lov, gonjenje 2. goniti, loviti, tjerati 3. typ okvir
chaser ['tʃeisə] lovac
chasity ['tʃæstiti] čistoća, nevinost, krepost
chat [tʃæt] 1. brbljanje, čavrljanje 2. brbljati, čavrljati
chattels ['tʃætlz] pl (većinom **goods and ~**) imovina
chatter ['tʃætə] 1. brbljati, čavrljati; cvokotati; cvrkutati 2. brbljanje...

chauffeur ['ʃoufə] vozač, "šofer"
chauvinism ['ʃouvinizm] šovinizam
chauvinist ['ʃouvinist] šovinist
chaw [tʃɔ:] žvakati; *Am sl* ~ **up** većinom *fig* uništiti, slistiti
cheap [tʃi:p] jeftin, nizak (cijena); banalan, prost
cheat [tʃi:t] 1. prevarant, varalica 2. varati, prevariti
cheating [tʃi:tiŋ] varanje
check [tʃek] 1. *Am* cheque ček; kročenje, obustava, zapreka; kontrola, provjera, pregled; *Am* potvrda garderobe; prijekor, ukor; *Am* račun; tkanina s kockastim uzorkom; ulaznica; šah; ~ **pattern** kockasti uzorak 2. *Am v/i* kontrolirati, provjeriti; dati u garderobu, pohraniti prtljagu; obustaviti, zaustaviti
check ... *Am* ~ **in** odsjesti u hotelu
 ~ **up** pregledati, točno ispitati
 ~ **out** napustiti hotel
 ~-**clock** kontrolni sat
checkers ['tʃekəz] dama (igra)
checking ['tʃekiŋ] pregled, provjeravanje
checkmate ['tʃek'meit] 1. šah-mat; *fig* poraz 2. matirati
cheek [tʃi:k] 1. obraz; drskost 2. bezobrazno se ponašati prema
cheer [tʃiə] 1. gošćenje; hrana, jelo; klicanje; (dobro) raspoloženje, dobra volja, veselje; **three ~s**, triput hura 2. *v/t* (o)bodriti, radosno pozdravljati; obradovati, razveseliti; *v/i* klicati; odobravati; (**i up**) radovati se, razvedriti se; ohrabriti se
cheerful ['tʃiəful] (~**ly**) veseo, radostan
cheerfulness ['tʃiəfulnis]veselje, radost
cheerio ['tʃiəri'ou] živio! zdravo!
cheese [tʃi:z] sir
chef [ʃef] glavni kuhar
chemical ['kemikl] kemijski
chemicals ['kemiklz] kemikalije
chemist ['kemist] kemičar; apotekar
chemistry ['kemistri] kemija
cheque [tʃek] ček; ~ **book** čekovna knjižica
chequer ['tʃekə] 1. većinom ~**s** *pl* kockasti uzorak 2. kockasto išarati
cherish ['tʃeriʃ] gajiti, paziti
cherry ['tʃeri] 1. trešnja 2. crven (poput trešnje)
chess [tʃes] šah (igra); ~ **board** šahovska ploča; ~ **man** šahovska figura

chest [tʃest] grudi, prsa; kovčeg; ormar, škrinja
chestnut ['tʃesnʌt] 1. kesten; kestenasta boja; riđan (konj)
chevalier [ʃevə'liə] vitez
chevy ['tʃevi] 1. hajka 2. goniti, hajkati
chew [tʃu:] žvakati, preživati
chick, **chicken** ['tʃik(in)] pile, kokica
chicken ... ~-**farmer** peradar
 ~-**feed** *Am* hrana za perad
 ~-**pox** kozice
chief [tʃi:f] (~**ly**) 1. glavni, najvažniji, vrhovni; ~ **clerk** predstojnik ureda 2. poglavar, poglavica, šef, vođa
child [tʃaild] dijete; **with ~** trudna
childbirth ['tʃaildbə:θ] porod
childhood ['tʃaildhud] djetinjstvo
childish ['tʃaildiʃ] (~**ly**) djetinjast
childless ['tʃaildlis] bez djeteta, bez djece
childlike ['tʃaildlaik] poput djeteta, nedužan
children ['tʃildrən] *pl* od child
chill [tʃil] 1. *lit* hladan, studen 2. hladnoća, studen; nahlade, prehlada 3. *v/t* (o)hladiti; obeshrabriti; pokunjiti; *v/i* ohladiti se
chilly ['tʃili] hladan, studen; zimogrozan
chimney ['tʃimni] dimnjak; cilindar (svjetiljke)
chin [tʃin] 1. brada (dio lica) 2. *Am* dići se na rukama (na vratilu) 3. *sl* brbljati
China ['tʃainə] 1. Kina 2. porculan 3. ~ **man** Kinez
chineze ['tʃai'ni:z] 1. kineski 2. Kinez (i *pl*); kineski jezik
chink [tʃiŋk] 1. pukotina 2. zveckanje (novca) 3. zveckati (novcem)
chip [tʃip] 1. iver, krhotina, trijeska; kriška, režanj 2. *v/t* otesati, rezuckati; *v/i* odlomiti se, otrgnuti se
chirp [tʃə:p] 1. cvrčati, cvrkutati 2. cvrkutanje, cvrčanje
chisel ['tʃizl] 1. dlijeto 2. klesati (dlijetom)
chit-chat ['tʃittʃæt] brbljanje, čavrljanje
chivalrous ['ʃivlrəs] (~**ly**) viteški
chivalry ['ʃivlri] viteštvo, junaštvo
chloral ['klɔ:rəl] kloral
chloride ['klɔ:raid] klorid
chloroform ['klɔrəfɔ:m] 1. kloroform 2. kloroformirati
chocolate ['tʃɔkəlit] 1. čokolada 2. čokoladni
choice [tʃɔis] 1. izbor; **have one's ~** moći

birati; **make** (ili **take**) **one's** ~ izabrati 2. (**~ly**) izabran, biran; izvrstan
choir ['kwaiə] zbor, kor
choke [tʃouk] 1. *v/t* ugušiti, udaviti; priječiti, smetati; stegnuti; (većinom ~ **down**) prigušiti; *v/i* ugušiti se, udaviti se 2. davljenje, gušenje; stezanje
choker ['tʃoukə] 1. davitelj, gušitelj; uska ogrlica, visok ovratnik
cholera ['kɔlərə] kolera
choleric ['kɔlərik] koleričan, nagao, naprasit
choose [tʃu:z] *irr* birati, izabrati; ~ **to** više voljeti
choosy [tʃu:zi] izbirljiv
chop [tʃɔp] 1. udarac; odrezak; **~s** *pl* gubica, čeljusti 2. *v/t* (često ~ **up**) (ras)cijepati, (ra)sjeći; *v/i* mijenjati se 3. vrsta; **first** ~ prva vrsta; **chop-house** jeftina restauracija
chopper ['tʃɔpə] 1. mesarska sjekira 2. *fam* helikopter
choppy ['tʃɔpi] nemiran; uzburkan (more)
chopstick ['tʃɔpstik] štapić za jelo (jedaći pribor Kineza)
chore ['tʃɔ:] (osobito *Am* **chare**) kućni posao
chorus ['kɔ:rəs] 1. zbor; refren 2. pjevati u zboru
chose [tʃous] *pret* **chosen**, *pp od* **choose**
Christ [kraist] Krist
christen ['krisn] (o)krstiti, nazvati
christening [krisniŋ] krštenje
christian ['kristjən] (**~ly**) 1. kršćanin 2. kršćanski; ~ **name** krsno ime; ~ **science** kršćanska nauka
christianity ['kristi'æniti] kršćanstvo, kršćanska vjera
Chtistmas ['krisməs] 1. Božić 2. božićni
chrome [kroum] krom (boja)
chromium ['kroumiəm] krom
chronic ['krɔnik] (**~ally**) kroničan, dugotrajan
chronicle ['krɔnikl] 1. kronika; ljetopis 2. ubilježiti u ljetopis
chronological [krɔnə'lɔdʒikl] kronološki
chronology [krə'nɔlədʒi] kronologija
chrysanthemum [kri'sænθəməm] krizantema
chubby ['tʃʌbi] debeo, bucmast
chuckle ['tʃʌkl] kikotati, smijuljiti se
chum [tʃʌm] 1. (sobni) drug; **be great ~s** biti veliki prijatelji 2. zajedno stanovati

chunk [tʃʌŋk] klada, velik komad
church [tʃə:tʃ] 1. crkva; služba božja
church ... ~ **of England** engleska državna crkva
~ **rate** crkveni porez
~ **goer** onaj koji ide u crkvu
churchyard ['tʃə:tʃ'ja:d] groblje
cicatrice ['sikətris] brazgotina, ožiljak
cigar [si'ga:] cigara
cigarette [sigə'ret] cigareta
cinder ['sində] troska; **~s** pepeo
Cinderella [,sində'relə] Pepeljuga
cinema ['sinimə] kino
cinnamon ['sinəmən] cimet, boja cimeta
cipher ['saifə] 1. cifra, brojka; ništica; inicijali, (početno) slovo; ~ **in** šifriran, šifrirati
circle ['sə:kl] 1. krug, kružnica; okrug; opseg 2. okružiti, opkoliti
circuit ['sə:kit] kolanje, kruženje; krug; strujni krug; **short** ~ kratki spoj
circular ['sə:kjulə] (**~ly**) 1. cirkularan, kružan, okrugao; **~note** akreditiv, cirkularno kreditno pismo; ~ **saw** kružna pila 2. cirkular, okružnica
circulate ['sə:kjuleit] *v/i* cirkulirati, kolati, kružiti; *v/t* staviti u promet (cirkulaciju)
circulation [,səkju'leiʃən] kolanje, opticaj; cirkulacija
circum ['sə:kəm] oko, cirka
circumsise ['səkəmsaiz] obrezati
circumcision [,sə:kəm'siʒən] obrezanje
circumference [sə'kʌmfərəns] obujam, periferija
circumstance ['sə:kəmstəns] 1. okolnost; pojedinost; događaj; **~s** prilike, potankosti
circumstantial [,sə'kəm'stænʃəl] (**~ly**) uzgredan; potanki; opširan; slučajan
circus ['sə:kəs] cirkus; trg na kojem se sastaje nekoliko ulica
citadel ['sitədl] tvrđava, fortica
citation [sai'teiʃn] službeni (ili sudbeni) poziv; citat, navod
cite [sait] citirati, navesti
citizen ['sitizn] građanin, državljanin
citizenship ['sitiznʃip] državljanstvo
city [siti] 1. grad; **the** ~ poslovni (ili stari) dio Londona 2. gradski; **~article** burzovni izvještaj; ~ **editor** *Am* urednik lokalne rubrike; **~hall** *Am* gradska vjećnica
civic ['sivik] gradski, građanski; ~ **rights** *pl* građanska prava

civil ['sivil] (~ly) civilni; državni; gradski; ~ servant državni činovnik; ~ service državna administracija
civilian [si'viljən] civilni, građanski; ~ population civilno stanovništvo
civility [si'viliti] uljudnost, učtivost
civilization [sivilai'zeiʃn] civilizacija
claim [kleim] 1. potraživanje, zahtijev; reklamacija; tvrdnja; *Am* registrirana parcela; lay ~ to polagati pravo na 2. tvrditi; imati pravo; svojatati
clairvoyance [klɛə'vɔiənt] vidovitost
clamorous ['klæmərəs] (~ly) bučan
clamour ['klæmə] 1. buka; vapaj 2. bučiti, prosvjedovati
clan [klæn]klan, klika; pleme, rod
clandestine [klæn'destin] (po)tajan, skrovit
clang [klæŋ] 1. zveka, zveket 2. zvečati, zveketati
clap [klæp] 1. klepetanje; pljesak; prasak, udarac 2. pljeskati, plesnuti
claptrap ['klæptræp] šuplje fraze, fraziranje
clarification [klærifi'keiʃn] bistrenje, razjašnjenje
clarify ['klærifai] pročistiti (se), razbistriti (se)
clarity ['klæriti] bistrina, jasnoća
clash [klæʃ] 1. sudar, sukob; protuslovlje; vika 2. biti u neskladu, sukobiti se; zveketati
clasp [kla:sp] 1. kopča, kvačica; zagrljaj 2. *v/t* obuhvatiti, obujmiti; ~ a p's hand stisnuti kome ruku; *v/i* uhvatiti se
class [kla:s] 1. klasa, kakvoća, vrsta; razred; (nastavni) sat; *Am univ* godina; ~ of blood krvna grupa 2. klasificirati, razvrstati; ~-conscious klasnosvjestan
classic ['klæsik] 1. klasik; ~s *pl* stari jezici; klasična filologija
classical ['klæsikəl] (~ly) klasičan; uzoran
classification [klæsifi'keiʃn] klasifikacija
classify ['klæsifai] klasificirati
clause [klɔ:z] klauzula, točka (ugovora); *gram* rečenica (glavna ili zavisna)
claw [klɔ:] 1. pandža, šapa 2. izgrepsti, isparati
clay [klei] glina, ilovača, zemlja; *fig* posmrtni ostaci
clean [kli:n] (~ly) 1. *adj* čist, nevin; potpun; gladak 2. adv glatko; potpuno 3. očistiti, prati; ~ up pospremiti
cleanness ['kli:nnis] čistoća
cleanse [klenz] (o)čistiti
clean up ['kli:n'ʌp] pospremanje; *pol* čistka
clear [kliə] ~ly] 1. čist, jasan, bistar; nevin; očevidan, razumljiv; neopterećen; get ~ of osloboditi se čega; shy ~ prezati od; 2. in the ~ osvjetljen 3. *v/t* (raz)bistriti (i ~ up); mimoići; preskočiti (zapreku); namiriti (troškove); razjasniti; *v/i* očistiti se, osloboditi se, razbistriti se
clearance ['kliərəns] bistrenje, čišćenje; carinjenje; obračun
clear-cut ['kliəkʌt] oštrih obrisa, izrazitih crta
clearing ['kliəriŋ] čišćenje; opravdanje; ~ arrangement obračun putem kliringa; ~ bank žiro-banka
cleavage ['kli:vidʒ] cijepanje
cleave [kli:v] 1. *irr* cijepati (se), rasjeći 2. *fig* prijanjati uz, ostati vjeran
clemency ['klemənsi] blagost, milost
clergy ['klə:dʒi] svećenstvo; ~ man svećenik
clerical ['klerikl] (~ly) 1. administrativni, činovnički; duhovni, svećenički; ~ error, pogreška u pisanju 2. *pol* klerikalac
clerk [kla:k] činovnik, pisar, tajnik; *Am* prodavač; *eccl* crkvenjak
clever ['klevə] (~ly) domišljat pametan, sposoban
cliche ['kli:ʃei] kliše
click [klik] 1. cvokotanje, škljocaj 2. kuckati, škljocnuti
client ['klaiənt] klijent, mušterija
clientele [kli:ã:n'teil] klijentela
climate ['klaimit] klima, podneblje
climatic [klai'mætik] (~ally) klimatski
climb [klaim] penjati se; popeti se
climber ['klaimə] penjač, alpinist
climbing ['klaimiŋ] penjanje
clinch [klintʃ] 1. zakov, zakovica, zakivanje; boks klinč 2. *v/t* potkrijepiti dokaz; stisnuti šaku (pesnicu); zaključiti posao; *v/i* čvrsto držati
cling [kliŋ] *irr* (~ to) prijanjati (uz), priljepiti se (za)
clinic ['klinik] 1. klinika 2. clinical (~ly), klinički
clip [klip] 1. striženje; obrezivanje 2. gutati slogove; ostriči 3. spojnica, kvačica; šaržer (revolvera, puške)

clipper ['klipə] šišač, strigač
clippings ['klipiŋz] *pl* ostaci, otpaci; izresci iz novina
cloak [klouk] 1. kabanica, kaput, ogrtač; *fig* plašt, izlika 2. ogrnuti, prekrivati; ~ **room** garederoba, prtljažnica
clock [klɔk] 1. sat (osim džepnog i ručnog), *sport sl* štoperica 2. *v/t* sport mjeriti štopericom; *v/i* ~ **in** (**out**), potvrditi vrijeme dolaska ili odlaska na posao; ~**wise** u smjeru kazaljke na satu
clog [klɔg] 1. breme, teret; drvena cokula 2. opteretiti, začepiti (se)
close [klouz] 1. kraj, konac, svršetak [klous] 2. dvorište; ograda, plot [klouz] 3. *v/t* zaključiti (račun); zaliječiti (ranu); ~ **down** zatvoriti poduzeće; *v/i* zatvoriti se; dohvatiti se (**with**) za; ~ **in** provaliti 4. (~ **ly**) bliz, blizak, intiman; povučen, šutljiv; zbijen, uzak; točan; tvrd; vjeran (prijevod); ~ **by** ili ~ **to** u neposrednoj blizini, tik
closet ['klɔzit] 1. (ugrađen) ormar; sobica; kabinet
close-up ['klousʌp] *film* gro-plan
closure ['klouʒə] svršetak (*parl* **debate**); zaključak; zatvaranje 2. zaključiti debatu
cloth [klɔθ] *pl* **cloths** [klɔθs] tkanina; [klɔ:ðz] (komadi tkanine) čoha; platno, tkanina, odjeća, nošnja; **the** ~ svećenstvo; **lay the** ~ prostrijeti stol
clothe [klouð] *irr* obući, odjenuti
clothes [klouðz] odijelo, odjća; ~-**peg** kvačica za rublje; ~-**pin** *Am* kvačica za rublje
clothing ['klouðiŋ] odjeća
cloud [klaud] 1. oblak; mnoštvo; nevolja; sjena; **be under a** ~ biti u nemilosti 2. mutiti se, naoblačiti se, zamračiti se
cloudy ['klaudi] (~**ly**) naoblačen, oblačan, mutan, taman
clown [klaun] klaun, lakrdijaš
club [klʌb] 1. buzdovan, toljaga; *sport* palica; klub, društvo; ~**s** karte tref, žir 2. *v/t* udariti buzdovanom ili kundakom; *v/i* udružiti se (većinom ~ **together**)
clue [klu:] *fig* trag, ključ (za rješenje problema); nit
clung [klʌŋ] *pret i pp od* **cling**
cluster ['klʌstə] 1. grozd, kita, hrpa, jato, roj 2. biti u grozdu; okupiti se
clutch [klʌtʃ] kvačilo, spojka; *fig* pandža, stisak, zahvat 2. hvatati se, ščepati

coach [koutʃ] 1. (poštanska) kočija; putnički vagon; *Am* autobus; *univ* instruktor; *sport* trener 2. putovati kočijom; *univ* podučavati; *sport* trenirati; ~ **man** kočijaš
coal [koul] 1. (kameni) ugalj 2. krcati ugljen; opskrbiti ugljenom; ~ **dust** ugljena prašina
coalition [kouə'liʃn] koalicija, savez
coarse [kɔ:s] grub, surov; nepristojan; prost
coast [koust] 1. obala, primorje; sanjkanje, spuštanje niz brijeg 2. kliziti (niz brijeg); *Am* sanjkati se, ploviti uz obalu
coaster [koustə] *Am* sanjka; brod obalne plovidbe
coast-guard ['koustga:d] obalna straža, carinska straža
coat [kout] 1. kaput; dlaka; krzno; kora; ljuska; koža; premaz; sloj; ~ **of mail** oklop; ~ **of arms** grb 2. odjenuti; pokriti; premazati; ~ **hanger** vješalica
coating ['koutiŋ] sloj, oplata; tkanina za kapute
coax [kouks] laskati, ulagivati se
cobweb ['kɔbweb] paučina
cocaine [ko'kein] kokain
cock [kɔk] 1. pijetao; mužjak (ptica), jezičac (vage); kolovođa; pipa, slavina 2. šepiriti se; ~ **up** naćuliti uši; nakriviti šešir
cock-and-bull story ['kɔkən'bul stɔ:ri] nevjerojatna priča
cockney ['kɔkni] pravi Londončanin
cockpit ['kɔkpit] borilište pijetlova; mjesto za kormilara; sjedište pilota
cockscomb ['kɔkskoum] krijesta
còco ['kokou] kokosova palma
coco-nut ['koukənʌt] kokosov orah
cocoon [kə'ku:n]čahura
cod [kɔd] bakalar; **cured** ~ dimljeni bakalar
coddle ['kɔdl] tetošiti, maziti
code [koud] 1. kod; kodeks, zakonik, zbornik (zakona) 2. kodirati, šifrirati
co-education [kouedju'keiʃən] mješovito školovanje
coefficient [koui'fiʃnt] 1. koji zajedno djeluje 2. koeficijent
coerce [kou'ə:s] prinuditi, prisiliti
coercion [kou'ə:ʃn] prinuda, prisila
coexist ['kouig'zist] koegzistirati, istodobno postojati
coexistence ['kouig'zistəns] koegzistencija

coffee ['kɔfi] kava
coffee... ~ **bean** zrno kave
  ~ **grounds** talog kave
  ~ **pot** lonac za kavu
  ~ **room** kavana hotela
coffin ['kɔfin] 1. lijes 2. staviti u lijes
cognac ['kounjæk] konjak
cognate ['kɔgneit] 1. srodan 2. rođak s majčine strane
cognition [kɔg'niʃn] spoznaja, znanje
cognizable ['kɔgnizəbl] spoznatljiv, prepoznatljiv
co-habit [kou'hæbit] živjeti u divljem braku
co-habitation [kou'hæbiteiʃn] divlji brak
cohere [kou'hiə] prijanjati, pristajati zajedno
coherence [kou'hiərəns] sveza, sklad
coherent [kou'hiərənt] (~ly) svezan, spojen
coil [kɔil] 1. svitak, navoj, uzvojnica, kalem 2. namotati, oviti
coin [kɔin] 1. (kovan) novac, (**small ~s**) sitan novac, sitniš 2. kovati novac; *fig* skovati (riječ)
coincide [kouin'said] podudarati se, poklapati se, koincidirati
coincidence [kou'insidəns] podudaranje; koincidencija, slučajnost
coke [kouk] 1. koks (i sl. kokain); *Am* coca-cola 2. koksirati
cold [kould] (~ly) 1. hladan, leden, prozebao; hladnokrvan; **have ~ feet**, bojati se, ustrtariti se 2. hladnoća, studen; prehlada, nazeb; ~ **shoulder** hladno se odnositi prema...
collaborate [kə'læbəreit] surađivati
collaboration [kə,læbə'reiʃn] surađivanje, suradnja
collaborator [kə'læbəreitə] suradnik
collapse [kə'læps] 1. srušiti se, slomiti se, skljokati se; *fig* propasti
collar ['kɔlə] 1. ogrlica, ovratnik; lanac oko vrata; ležište, prsten 2. zgrabiti za ovratnik; ~ **bone** ključna kost
collateral [kɔ'lætərəl] (~ly) pobočni, pokrajnji
colleague ['kɔli:g] kolega
collect ['kɔlekt] 1. sabirati, skupljati, pokupiti; zaključiti 2. kratka molitva
collected [kə'lektid] (~ly) sažet; *fig* sabran

collection [kəlekʃən] kolekcija, zbirka; sabiranje; inkaso
collectively [kəlektivli] zajednički
collector [kə'lektə] sakupljač; poreznik
college ['kɔlidʒ] koledž, visoka škola; kolegij
collide [kə'laid] kolidirati, sudariti se
collision [kə'liʒn] sraz, sudar, kolizija
colloquial [kə'loukwiəl] kolokvijalan, neknjiževan
colloquialisam [kə'loukwiəlizəm] kolokvijalizam
colon ['koulən] *typ* dvotočka; *anat* debelo crijevo
colonel ['kə:nl] pukovnik
colonial [kə'lounjəl] kolonijalan
colonization [kɔlənaizeiʃn] kolonizacija
colonize ['kɔlənaiz] kolonizirati
colour ['kʌlə] (*Am* color) 1. boja; izgled; rumen (lice); izlika; ~**s**, zastava 2. *v/t* bojati, prekriti; *fig* pretjerivati; *v/i* obojiti se, zarumenjeti se
colo[u]red ['kʌləd] obojen, šaren
colo[u]rful ['kʌləful] mnogobojan, slikovit
colo[u]ring ['kʌləriŋ] boja, obojenje, kolorit
colo(u)rist ['kʌlərist] kolorist
column ['kɔləm] stup; *typ* stupac, kolona
columnist ['kɔləmnist] pisac specijalne rubrike u novinama
coma ['koumə] 1. koma 2. kičica
comb [koum] 1. češalj; kresta; saće 2. *v/t* češljati; česati vunu; temeljito pretražiti
combat ['kɔmbət] 1. bitka, borba 2. boriti se, suzbijati
combination [kɔmbi'neiʃən] kombinacija, spoj; sjedinjenje
combine [kəm'bain] 1. spojiti (se), udružiti (se), kombinirati 2. ['kɔmbain] kombinat, trust; *Am* kombajn
combustible [kəm'bʌstəbl] 1. zapaljiv, goriv 2. ~**s** gorivo
combustion [kəm'bʌstʃən] sagorijevanje, izgaranje; požar
come [kʌm] *irr* doći
come... ~! hajde! daj!
  how ~ kako to?
  ~ **about** dogoditi se, doći do, ostvariti se
  ~ **across** nabasati, naići na
  ~ **by** dobiti što, doći do
  ~ **down** sići, spustiti se
  ~ **down upon** a p navaliti na, oboriti se na koga

~ **down with** dati novac, *Am* oboliti od
~ **in** ući
~ **off** proći, svršiti se
~ **on** nastupiti, pojaviti se
~ **on**! daj! hajde!
~ **out** izaći iz štampe, izaći, pojaviti se
~ **out right** točno ispasti (račun)
~ **round** doći k sebi, doći u posjet, oporaviti se
~ **to** *adv* doći k sebi, osvijestiti se, *prep* iznositi
~ **to oneself** ili **one's senses** osvijestiti se, opametiti se, doći k sebi
~ **to know** (bolje) upoznati
~ **up with** dostići koga
~ **upon** naići na, savladati koga, napasti koga
come-back ['kʌm'bæk] vratiti se
comedian [kə'miːdjən] glumac, komičar
comedy ['kɔmədi] komedija
comfort ['kʌmfət] 1. komfor, udobnost, životni standard; utjeha; *fig* okrjepa 2. (u)tješiti
comfortable ['kʌmfətəbl] (~ly) utješan; udoban, lagan
comic ['kɔmik] (~ally) komičan, smiješan
comical ['kɔmikl] (~ly) šaljiv, komičan
coming ['kʌmiŋ] 1. budući, idući 2. dolazak
comma ['kɔmə] zarez
command [kə'maːnd] 1. naredba, zapovijed, nalog; vlast; **at** ili **by ~ of** na čiju zapovijed 2. zapovijedati, zahtijevati; raspolagati
commandant [kɔmən'dænt] zapovjednik (utvrde)
commander [kə'maːndə] zapovjednik (jedinice), kapetan fregate
commanding [kə'maːndiŋ] zapovjednički; ~ **point** strateška točka
commandment [kə'maːndmənt] zapovijed
commemorate [kə'meməreit] biti na uspomenu čemu, komemorirati
commemoration [kə,memə'reiʃən] komemoracija
commence [kə'mens] (za)početi
commencement [kə'mensmənt] početak, promocija
commend [kə'mend] preporučiti, hvaliti
commendation [kɔmen'deiʃn] (po)hvala, preporuka
comment ['kɔmənt] 1. primjedba, komentar 2. komentirati

commentator ['kɔmenteitə] komentator
commerce ['kɔməːs] općenje, saobraćaj; promet (robom), trgovina; **Chamber of ~** trgovinska komora
commercial [kə'məːʃl] komercijalan, trgovački, trgovinski; ~ **traveller** trgovački putnik; ~**s** *pl* reklame
commercialism [kə'məːʃəlizəm] komercijalizam
commissariat [kɔmi'sɛəriət] intendatura
commissary ['kɔmisəri] komesar, povjerenik
commission [kə'miʃn] 1. komisija, (komisiona) provizija, nalog, narudžba; povjerenstvo; dekret; punomoć; ~ **sale** komisiona prodaja; **on ~** u komisiji 2. naložiti, naručiti; ovlastiti, opunomoćiti; pustiti u promet (brod)
commit [kə'mit] počiniti, izvršiti, povjeriti, predati; ~ (**oneself**) obavezati se (**to** na)
commitee [kə'miti] komitet, odbor; povjerenstvo
common ['kɔmən] (~ly) 1. čest; javni, opći, zajednički; prost, vulgaran; običan, zdrav (razum); ~ **sense** zdrav razum; **in ~** zajednički; *fig* **in ~ with** isto kao 2. općinski pašnjak
commonplace ['kɔmənpleis] 1. svakidašnji izraz; svakidašnjost 2. običan, svakidašnji
commons ['kɔmənz] *pl* građani, pučani; **house of ~** donji dom (brit. parlamenta)
commonwealth ['kɔmənwelθ] zajednica; država, narod
commotion [kə'mouʃn] komešanje; gungula
communicate [kə'mjuːnikeit] *v/t* saopćiti; javiti; pričestiti; *v/i* biti u vezi sa, općiti, sporazumijevati se; pričestiti se
communicative [kə'mjuːnikeitiv] (~ly) razgovorljiv, povjerljiv, komunikativan
communism ['kɔmjuːnizm] komunizam
communist ['kɔmjunist] komunist
community [kəm'mjuːniti] zajednica, zajedništvo; ~ **work** zajednički rad
commute [kə'mjuːt] zamijeniti; mijenjati; *Am* svakodnevno putovati na posao
commuter [kə'mjuːtə] *Am* putnik (čovjek koji svakodnevno putuje na posao)
companion [kəm'pænjən] drug, partner, kompa; pratilac

companionship [kəm'pænjənʃip] društvo, pratnja
company ['kʌmpəni] društvo, družina; kompanija; ceh; mnoštvo; momčad, posada; *theat* trupa; **have** ~ imati goste; **keep** ~ **with** družiti se sa
comparable ['kɔmpərəbl] usporediv
comparative [kɔm'pærətiv] 1. komparativan, usporedan 2. *gr* komparativan
compare [kɔm'pɛə] 1. *v/t* komparirati, usporediti; **beyond** ~ ili **without** ~ neusporediv; *v/i* izjednačiti (se), usporediti
compartement [kəm'pa:tmənt] pregrada, razdjeljak, odjeljenje; kupe
compassion [kəm'pæʃn] samilost, sažaljenje
compassionate [kəm'pæʃənit] milosrdan, sućutan
compatibility [kəmpætə'biliti] sklad, snošljivost
compel [kəm'pel] iznuditi, natjerati, prisiliti
compensate ['kɔmpenseit] *v/t* izravnati, kompenzirati, nadoknaditi; *v/i* ~ **for** biti zamjena za, nadoknaditi što
compensation ['kɔmpenseiʃn] kompenzacija, nadoknada, odšteta
compete [kəm'pi:t] natjecati se, konkurirati
competence ['kɔmpitəns] kompetencija; dohodak dovoljan za život
competent ['kɔmitənt] (~**ly**) dostatan, dovoljan, kompetentan
competition [kɔmpi'tiʃn] konkurencija; natjecanje
competitor [kɔm'petitə] natjecatelj, konkurent
complain [kəm'plein] gunđati; potužiti se
complaint [kəm'pleint] žalba, razgovor; bolest
complete [kəm'pli:t] (~**ly**) 1. čitav, potpun, završen 2. dopuniti, završiti
completion [kəm'pli:ʃən] dovršenje, ispunjenje, svršetak
complicate ['kɔmplikeit] zamrsiti, zaplesti
complication [ˌkɔmpli'keiʃən] kompliciranost, zamršenost, zaplet
compliment ['kɔmplimənt] kompliment, čestitanje
compliment ['kɔmpliment] *v/t* čestitati na, izreći kompliment
complimentary [ˌkɔmpli'mentəri] laskav, pohvalan

compose [kəm'pouz] sastaviti; skladati; napisati knjigu
composed [kɔm'pouzd] **composedly**, [kəm'pouzidli] sastavljen; miran, sabran
composer [kəm'pouzə] kompozitor, sastavljač
compound ['kɔmpaund] 1. sastavljen, složen; ~ **interest** kamati na kamate 2. mješavina, sastav 3. [kəm'paund] *v/t* izgladiti spor; *v/t* nagoditi se
comprehend [kɔmpri'hend] obuhvatiti, razumijevati, sadržavati
comprehension [ˌkɔmpri'henʃən] moć shvaćanja; obuhvaćanje, opseg
compromise ['kɔmprəmaiz] 1. kompromis, nagodba 2. *v/t* izgladiti (spor); *v/i* nagoditi se
compulsion [kəm'pʌlʃn] prinuda, siljenje
compulsory [kəm'pʌlsəri] obvezan, prinudan
compute [kəm'pju:t] računati
computer [kəm'pju:tə] računalo, kompjutor
conceal [kən'si:l] (sa)kriti, tajiti
conceit [kən'si:t] samoljublje, taština
conceited [kən'si:tid] (~**ly**) sujetan, tašt
concievable [kən'si:vəbl] moguć, zamisliv, razumljiv
concieve [kən'si:v] *v/i* shvatiti; zatrudnjeti; *v/t* zamisliti, pojmiti
concentrate ['kɔnsentreit] 1. koncentrirati (se), usredotočiti (se) 2. ['kɔnsentrit] koncentrat
concentration ['kɔnsentreiʃn] koncentracija; ~ **camp** koncentracioni logor
concept ['kɔnsept] pojam, shvaćanje
concern [kən'sə:n] 1. preokupacija; zanimanje; briga 2. odnositi se na, ticati se koga; **be** ~**ed that** brinuti se da, biti zabrinuti za; **be** ~**ed with** baviti se čime, zanimati se čime
concerned [kən'sə:nd] (~**ly**) koji se bavi (čime); dotičan, zabrinut
concerning [kən'sə:niŋ] što se tiče, u pogledu, u svezi sa, glede
concert ['kɔnsət] 1. koncert, sklad; 2. [kən'sə:t] dogovoriti se, složiti se
concession [kən'seʃn] dopuštenje, dozvola, olakšica
conciliate [kən'silieit] pomiriti, složiti
conciliation [kən'silieiʃn] pomirenje, poravnavanje
concise [kən'sais] jezgrovit, sažet

conclude [kən'klu:d] zaključiti; dovršiti se, završiti
conclusion [kən'klu:ʒn] zaključak, konac; odluka
concrete ['kɔnkri:t] (~ly) 1. betonski; konkretan, stvaran 2. beton; reinforced ~ armirani beton 3. [kən'kri:t] povezati, stvrdnuti; betonirati
concussion [kən'kʌʃn] potres mozga
condemn [kən'dem] kuditi, osuditi; zaplijeniti
condemnation [kɔndem'neiʃn] neodobravanje, osuda; zaplijena
condition [kən'diʃn] 1. položaj, stanje; uvjet; ~s, okolnosti, stanje
conditional [kən'diʃnl] (~ly) uvjetovan; *gr* pogodben, kondicionalan, kondicional
condole [kən'doul] izraziti sućut
condolence [kən'douləns] sućut
conduct ['kɔndəkt] 1. držanje, ponašanje; vođenje, vladanje 2. [kən'dʌkt] vladati se, voditi, dirigirati; upravljati
conductor [kən'dʌktə] dirigent; *Am* kondukter, vodič
confederacy [kən'fedərəsi] konfederacija, savez
confederacion [kən,fedə'reiʃən] konfederacija
confess [kən'fes] ispovijedati (se), priznati; dopustiti
confession [kən'feʃn] ispovijed
confide [kən'faid] imati pouzdanja ili povjerenja; povjeriti (kome); uzdati se u
confidence ['kɔnfidəns] povjerenje, pouzdanje; **man of** ~ povjerljiv čovjek
confident ['kɔnfidənt] pouzdan, povjerljiv
confirm [kən'fə:m] potvrditi, potkrijepiti; *eccl* krizmati
confirmation [kɔnfə'meiʃn] dokaz, potkrepa (potkrijepa), potvrda; *eccl* krizma
conflict ['kɔnflikt] borba, sukob; [kən'flikt] boriti se, proturječiti
conform [kən'fɔ:m] *v/t* prilagoditi, uskladiti; *v/i* pokoriti se, prilagoditi se
conformation [kɔnfɔ:'meiʃn] prilagođenje; suglasnost; oblik, građa (tijela)
confront [kən'frʌnt] suprotstaviti se; biti suočen sa
confrontation ['kɔnfrʌn'teiʃn] suočenje, konfrontacija
confuse [kən'fju:z] pobrkati, pomiješati; smesti, posramiti

confused [kən'fju:zd] smeten, smušen, zbunjen
congenital [kɔn'dʒenitl] od rođenja, prirođen
congest [kən'dʒest] prenatrpati
congestion [kən'dʒestʃn] prenatrpanost, zakrčenost; ~ **of population** prenapučenost; ~ **of traf fic** zakrčenost prometa
congratulate [kən'grætjuleit] čestitati
congratulation [kən,grætju'leiʃn] čestitka
congress ['kɔʃgres] kongres
conjectural [kən'dʒektʃərl] pretpostavljiv, vjerojatan
conjecture [kən'dʒektʃə] 1. nagađanje, naslućivanje 2. nagađati, naslućivati
connect [kə'nekt] biti u vezi, spojiti; uključiti
connected [kə'nektid] (~ly) spojen, u vezi; **be ~ with** biti u vezi sa
connection [kə'nekʃn] (**connexion** kənekʃn) spoj, veza
connotation [kɔnou'teiʃn] konotacija, sporedno značenje
conquer ['kɔŋkə] pobijediti; osvojiti, savladati
conqueror ['kɔŋkərə] osvajač, pobjednik
conquest ['kɔŋkwest] osvajanje, pobjeda; podjarmljenje
conscience ['kɔnʃns] savjest
conscious ['kɔnʃəs] (~ly) svjestan; **be ~ of** biti svjestan čega
consciousness [,kɔnʃi'enʃəsnis] savjesnost
consecrate ['kɔnsikreit] posvetiti, namijeniti
consecration ['kɔnsikreiʃn] posvećenje, posveta
consent [kən'sent] 1. odobrenje, pristanak; **age of** ~ punoljetnost; **with one** ~ jednoglasno 2. pristati (na)
consequence ['kɔnikwəns] posljedica, djelovanje; zaključak
consequent ['kɔnsikwənt] 1. idući, slijedeći 2. dosljedan
consequently ['kɔnsikwəntli] dakle, zato, prema tome; dosljedno
conservation [kɔnsə'veiʃn] održavanje, čuvanje
conservatism [kən'sə:vətizm] konzervativizam
conservative [kən'sə:vətiv] (~ly) 1. konzervativac 2. konzervativan, oprezan
consider [kən'sidə] *v/t* cijeniti; smatrati, promatrati, uzeti u razmatranje; *v/i* misliti, razmišljati, uzeti u obzir

considerable [kən'sidərəbl] (~ly) znatan, priličan
considerate [kən'sidərit] obziran, pažljiv, uviđavan
consideration [kən‚sidə'reiʃn] razmišljanje, razmatranje, obzir; nagrada; odšteta; premija; ugled; **be under** ~ razmatrati se; **take into** ~ uzeti u obzir, razmatranje
considering [kən'sidəriŋ] (~ly) 1. *prep* uzevši u obzir 2. *adv* uzevši u obzir okolnosti
consist [kən'sist] sastojati se od; slagati se
consistence [kən'sistəns] (**consistency**, kən'sistensi) dosljednost, čvrstoća; podudaranje, slaganje
consolable [kən'souləbl] utješan
consolation [kənsə'leiʃn] utjeha, tješenje
console [kən'soul] 1. (u)tješiti 2. ['kɔnsoul] konzola, nosač
consolidate [kən'sɔlideiʃn] konsolidacija, učvršćenje
consonance ['kɔnsənəns] sklad, podudaranje
consonant ['kɔnsənənt] (~ly) 1. skladan, suglasan 2. suglasnik, konsonant
conspiracy [kən'spirəsi] urota, zavjera
conspire [kən'spaiə] urotiti se, kovati zavjeru
constable ['kʌnstəbl] policajac; visoki krunski činovnik
constancy ['kɔnstənsi] nepromjenjivost, postojanost
constant ['kɔnstənt] (~ly) konstantan, stalan
constellation [kɔnstə'leiʃn] konstelacija, sazviježđe
consternation [kɔnstə'neiʃn] zaprepaštenje, prepast
constituency [kən'stitjuənsi] birači; izborni okrug; klijentela
constituent [kən'stitjuənt] 1. sastavni, izborni, ustavotvorni 2. birač, bitan sastavni dio
constitute ['kɔnstitju:t] imenovati; konstituirati, sastaviti
constitution ['kɔnstitjuʃn] konstitucija, građa (tijela); ustav, ustrojstvo
construct [kən'strʌkt] (sa)graditi, konstituirati
construction [kən'strʌkʃn] gradnja, građenje, građevinarstvo, konstrukcija; sastavljanje; tumačenje

constructor [kən'stʌktə] konstrukor, graditelj
consul ['kɔnsl] konzul; **general** ~ generalni konzulat
consult [kɔn'sʌlt] *v/t* obratiti se na, konzultirati; **~ing engineer** tehnički savjetnik; *v/i* savjetovati se
consultation [kɔnsəl'teiʃn] konzultacija
consumable [kən'sju:məbl] potrošiv, prolazan
consume [kən'sju:m] *v/t* konzumirati, popiti, pojesti; potrošiti; tratiti (vrijeme)
consumer [kən'sju:mə] potrošač, konzument; ~ **goods** *pl* potrošna roba, roba široke potrošnje
contact ['kɔntækt] 1. dodir, doticaj, kontakt; spoj, veza, kontakt 2. [kən'tækt] kontaktirati, stupiti u vezu
contain [kən'tein] sadrža(va)ti, obuhvatiti
container [kən'teinə] kontejner; posuda
contemplate ['kɔntempleit] razmišljati, misliti na
contemplation ['kɔntempleiʃn] razmišljanje, promatranje
contemporaneous [kəntempə'reinjəs] istodoban; suvremen
contemporary [kən'tempərəri] 1. istodoban; suvremen 2. suvremenik
contempt [kən'tempt] prezir(anje)
content [kən'tent] 1. zadovoljan 2. zadovoljiti 3. zadovoljstvo 4. sadržaj
contest [kən'test] borba, natjecanje 2. [kən'test] boriti se, natjecati se
context ['kɔntekst] kontekst, sklop
continual [kə'tinjuəl] (~ly) neprekidan, stalan
continuation [kən‚tinju'eiʃn] nastavak; neprekidno trajanje
continue [kən'tinju:] *v/t* nastaviti (sa); produžiti; **to be ~ed** nastavit će se; *v/i* nastaviti (se); produžiti
continuity [kɔnti'nju:iti] kontinuitet, neprekidnost
continuous [kən'tinjuəs] neprekidan, stalan
contra ['kɔntrə] protiv; per ~ kao protuusluga
contraband ['kɔntrəbænd] 1. krijumčaren, zabranjen 2. kontrabanda; krijumčarenje
contract [kən'trækt] *v/t* sklopiti ugovor, ugovoriti; skratiti, sažeti, zgrčiti se; dobiti bolest; imati kvar na motoru; steći

naviku 2. ['kɔntrækt] kontrakt, ugovor; akord; by ~ ugovorom; under ~ pod ugovorom

contractor [kən'træktə] ugovaratelj; poduzetnik; dobavljač

contradict [kɔntə'dikt] protusloviti, proturječiti

contrary ['kɔntrəri] suprotnost; in the ~ nasuprot; to the ~ naprotiv, suprotno tome

contrast ['kɔntræst] 1. kontrast, opreka, suprotnost; in ~ to za razliku od 2. [kən'træst] v/t staviti u opreku, kontrastirati; v/i biti u kontrastu ili opreci

contribute [kən'tribju:t] v/t dati, doprinjeti, pridonositi; v/i pridonijeti; sudjelovati

contribution [kɔntri'bju:ʃn] doprinos, prilog; porez

control [kən'troul] 1. kontrola, nadzor; moć, vlast; suzbijanje, ograničenje; pregled 2. kontrolirati; obuzdavati; vladati (čime)

control ... **remote** ili **distant** ~ daljinsko upravljanje

~ **board** kontrolna ploča

be in ~ upravljati (čime)

convenience [kən'vi:njəns] korist, pogodnost; udobnost

convenient [kən'vinjənt] (~ly) praktičan, udoban; upotrebljiv

conversation [kɔnvə'seiʃn] razgovor, konverzacija; saobraćaj; (spolno) općenje

converse [kɔn:vəs] (~ly) 1. naopak 2. druženje, općenje 3. [kən'vəs] družiti se, općiti; razgovarati

convert ['kɔnvə:t] 1. obraćenik 2. *eccl* obratiti; prevesti, konvertirati; adaptirati

convertible [kən'və:təbl] (~ly) konvertibilan, pretvoriv, preinačiv; *mot* automobil sa sklopivim krovom

convey [kən'vei] dopremiti, odnijeti; saopćiti; stvoriti predodžbu ili dojam

conveyance [kən'veiəns] prenošenje, prijenos, transport; vozilo

convict ['kɔnvikt] kažnjenik, robijaš 2. [kən'vikt] dokazati krivnju kome, proglasiti krivim; osuditi

conviction [kən'vikʃn] osuda

convince [kən'vins] uvjeriti

cook [kuk] 1. kuhar(ica) 2. kuhati (se); frizirati

cooker ['kukə] štednjak; jabuka za kuhanje

cool [ku:l] (~ly) 1. hladan, miran, ravnodušan 2. hladnoća, svježina 3. ohladiti (se); smiriti

cooling ['ku:liŋ] 1. hlađenje 2. rashladni

co-operate [kou'ɔpəreit] surađivati, sudjelovati

co-opreation [kou,ɔpə'reiʃn] suradnja, kooperacija

co-ordinate [kou'ɔ:dinit] (~ly) 1. koordiniran, koordinantan 2. [kou'ɔ:dineit] koordinacija, koordinirati

cop [kɔp] 1. *sl* policajac 2. uloviti

cope [koup] 1. svećenička halja; svod (nebeski) 2. prevoditi; ~ **with** boriti se, uhvatiti se u koštac sa

copper ['kɔpə] 1. bakar; bakreni kotao; bakreni novac 2. bakren 3. pobakriti 4. pajkan

copy ['kɔpi] 1. kopija; primjerak, uzorak; isprava; **rough** ili **foul** ~ koncept 2. kopirati, prepisati, oponašati; ~ **book** bilježnica

copyright [kɔpirait] 1. autorsko pravo 2. zaštićen autorskim pravom

cord [kɔ:d] 1. konopac, uže; *anat* tetiva 2. vezati užetom

cordial ['kɔ:diəl] (~ly) 1. iskren, srdačan 2. okrjepa (okrepa); sredstvo za jačanje srca

core [kɔ:] 1. srce (jabuke itd); srčika; *fig* jezgra, srž

cork [kɔ:k] 1. čep; pluto 2. začepiti; ~ **screw** vadičep, spiralan, uvijati se

corn [kɔ:n] 1. žito; zrno; *Am* (i **Indian** ~) kukuruz 2. usoliti; ~ **beef** usoljena govedina 3. kurje oko

corner ['kɔ:nə] 1. kut, ugao; krivina, okuka, *fig* škripac; udarac iz kuta "korner" (nogomet) 2. stjerati u škripac

corporal ['kɔ:pərəl] (~ly) 1. tjelesan 2. kaplar

corporate ['kɔ:pərit] (~ly) korporacijski, korporativan; utjelovljen; ~ **body** pravna osoba

corporation ['kɔ:pəreiʃn] korporacija, ceh; *Am* akcionarsko društvo; ~ **tax** korporacijski porez

corporative ['kɔ:pərətiv] korporativan

corpse [kɔ:ps] lešina, truplo, mrtvac

corpus ['kɔ:pəs] *pl* **corpora** ['kɔ:pə:rə] korpus; ~ **Christi Day** Tijelovo

correct [kə'rekt] 1. *adj* (~ly) bez greške, besprijekoran; korektan, točan 2. v/t ispraviti, popraviti, ukoriti; korigirati

correction · cover

correction [kəˈrekʃn] ispravak, popravak; ukor; korektura; **house of** ~ kaznenopopravni dom
correspond [kɔrisˈpɔnd] biti u skladu sa, odgovarati (čemu); podudarati se; korespondirati
correspondence [kɔrisˈpɔndns] podudaranje; korespondencija; dopisivanje
correspondent [kɔrisˈpɔndnt] dopisnik; novinski izvjestitelj; podudaranje
corridor [ˈkɔːridɔː] hodnik; koridor
corrupt [ˈkəːrʌpt] (~ly) 1. izopačen, pokvaren; podmitljiv; nepošten; *pol* ~ **practices** korupcija 2. *v/t* pokvariti, iskvariti, izopačiti; korumpirati; *v/i* (po)kvariti se
corruption [ˈkəˈrʌpʃn] izopačenost, kvarenje, pokvarenost, korupcija
cosmonaut [kɔzmoˈnɔːt] kozmonaut
cosmopolitan [kɔzmoˈpɔlitən] 1. kozmopolit 2. kozmopolitski
cost [kɔst] 1. cijena, koštanje, trošak; šteta 2. *irr* koštati, stajati, vrijediti
cost ... **~s** *pl* sudbeni troškovi
first ili **prime** ~ nabavna cijena
~ **of living** troškovi života
cost-price [ˈkɔstprais] nabavna cijena
costume [ˈkɔstjuːm] 1. kostim; nošnja; odijelo, odjeća 2. kostimirati
cosy [ˈkouzi] (~ly) 1. prijatan, topao, ugodan 2. pokrovac za čajnik
cot [kɔt] poljski krevet; mreža za stvaranje; kolijevka
cottage [ˈkɔtidʒ] koliba; *Am* ladanjska kuća, vikendica
cotton [ˈkɔtn] 1. pamuk; pamučna tkanina 2. pamučni; ~ **wool** vata 3. slagati se sa; osjećati simpatije; pridružiti se (kome); ~ **up** sprijateljiti se
couch [kautʃ] 1. kauč, ležaj; sloj 2. *v/t* zakvačiti koplje; položiti; sastaviti; sakriti; *v/i* čučati, leći
cough [kɔf] 1. kašalj, kašljanje 2. kašljati
could [kud] *pret od* **can**
council [ˈkaunsil] koncil, savjet, vijeće
counsel [ˈkaunsəl] 1. savjet[ovanje], vijećanje; odvjetnik; ~ **for the defence** branitelj; ~ **for the prosecution** odvjetnik tužitelja 2. dati savjet, savjetovati
councellor [ˈkaunsələ] odvjetnik; savjetnik
count [kaunt] 1. broj(anje), račun(anje); točka optužbe; *parl* (~ **out**) prekid zasjedanja zbog pomanjkanja kvoruma 2.

v/t (pre)brojiti, računati; *fig* smatrati; *v/i* brojiti, vrijediti 3. neengleski grof
counter [ˈkauntə] 1. brojilo, računar; žeton, tezga; blagajna 2. protivan (čemu); u protivnom smjeru 3. kontra; protuudarac 4. poduzeti protumjere; parirati
counterfeit [ˈkauntəfit] (~ly) 1. krivotvoren, patvoren 2. imitacija, krivotvorina; lažan novac; varalica 3. krivotvoriti, falsificirati, oponašati
countermand [ˈkauntəˈmaːnd] 1. opoziv; otkaz (narudžbe) 2. [kauntəˈmaːnd] poreći, opozvati
counterpart [ˈkauntəpaːt] dopunski dio; duplikat, kopija
counterpoint [ˈkauntəpɔint] kontrapunkt
countess [ˈkauntis] grofica
countless [ˈkauntlis] bezbroj(an)
country [ˈkʌntri] 1. zemlja, domovina, zavičaj; država; kraj, okolina; ladanje 2. pučki, seoski
country ... ~**man** seljak, zemljak
~-**side** pokrajina, priroda
~**woman** seljakinja, zemljakinja
coup [kuː] udar(ac), potez; ~ **d'etat** državni udar
couple [ˈkʌpl] 1. dva, dvoje; par 2. pariti (se); spojiti
coupling [ˈkʌpliŋ] 1. spojka 2. spojnički
coupon [ˈkuːpɔn] doznaka, kupon; odrezak
courage [ˈkʌridʒ] hrabrost, odvažnost
courageous [kəˈreidʒəs] (~ly) hrabar, odvažan
courier [ˈkuriə] glasnik, kurir
course [kɔs] 1. hod; pojedino jelo; *univ* kolegij, kurs, tečaj; lov; tijek, tok, način života; trkalište, utrka; **in due** ~ u svoje vrijeme; ~ **of exchange** tečaj 2. *v/t* goniti, loviti; *v/i* trčati
court [kɔːt] dvor; dorište; igralište; sud(nica); udvaranje; **at** ~ na dvoru; **pay one's** ~ udvarati 2. udvarati (se); izazivati (opasnost)
courteous [ˈkəːtiəs] učtiv, uljudan
courtesy [ˈkəːtisi] ljubaznost, pristojnost, uljudnost
court-house [ˈkɔːtˈhaus] sudnica (zgrada); *Am* administrativna zgrada okruga
cousin [ˈkʌzn] bratić, sestrična
cover [ˈkʌvə] 1. poklopac; pokrivač, presvlaka; guštara; izlika 2. braniti, zaštititi;

isplatiti; podmiriti; nadoknaditi; prevaliti (put); presvući; tajiti
cow [kau] 1. krava; ženka (slona, nosoroga) 2. zastrašiti
coward ['kauəd] (~ly) 1. kukavica, strašljivac 2. kukavički, plašljiv
cowboy ['kaubɔi] kravar; *Am* kauboj
cower ['kauə] čučati; *fig* sagnuti se
coy [kɔi] (~ly) bojažljiv; skroman
crab [kræb] 1. rak(ovica); *ast* Rak; dizalica 2. divlja jabuka; čangrizalo 3. prigovarati
crack [kræk] 1. pukotina, raspuklina; *sl* provala, provalnik; *sl* smušenost; prasak, tresak 2. izvanredan, izvrstan, prvorazredan 3. tres! 4. *v/t* praviti šale; provaliti u; pucketati (čime); razbiti, smrskati, uništiti; *v/i* krckati, popucati, prasnuti; raspucati se, mutirati (glas); ~ down *Am sl* racija
cracker [krækə] praskav bombon; laž; *Am* kreker; slom (živaca)
cradle ['kreidl] 1. kolijevka, zipka 2. zibati, položiti u kolijevku
craft [kra:ft] lukavština, vještina; zanat; *sl* i *pl* brod, plovni objekt
crafty [kra:fti] (~ly) lukav, podmukao
craftsman ['kra:ftsmən] zanatlija, majstor
craftsmanship ['kra:ftsmənʃip] vještina, majstorstvo
cramp [kræmp] 1. grč; vezica, spona
crane [krein] 1. ždral; dizalica, kran 2. pružiti, izdužiti (vrat)
crank [kræŋk] 1. koljenast; nestabilan 2. ručica; čudak; izvrtanje riječi
cranky [kræŋki] ćudljiv, mušičast; vijugav
crash [kræʃ] 1. lom, slom; prasak; sudar 2. prasnuti; razbiti, srušiti se 3. grubo laneno platno
crave [kreiv] *v/t* moliti, željeti; *v/i* čeznuti (za)
craving ['kreiviŋ] čežnja, žudnja za
crawl [krɔ:l] 1. gmizanje, puzanje; *sport* kraul 2. gmizati, puzati; sport kraulirati
craze [kreiz] ludost, mahnitost, manija
crazed [kreizd] lud, raspucan
craziness ['kreiznis] ludost
crazy [kreizi] (~ly) ispucan; klimav; mahnit; lud (za)
cream [kri:m] 1. vrhnje, krema 2. skinuti vrhnje
crease [kri:s] 1. bora, nabor, pregib 2. gužvati, nabrati (se)

create [kri'eit] (s)tvoriti, proizvesti; imenovati
creation [kri'eiʃn] kreacija, djelo, stvaranje
creative [kri'eitiv] (~ly) kreativan, stvaralački
creator [kri'eitə] stvoritelj, kreator
creature ['kri:tʃə] biće, stvorenje, kreatura
credence ['kri:dəns] vjera, pouzdanje, povjerenje; letter of ~ pismena preporuka
credentialis [kri'denʃlz] *pl* akreditivi
credibility [kredi'biliti] vjerodostojnost, vjerojatnost
credit ['kredit] 1. ugled, dobar glas; vjerovanje; zasluga; akreditiv; imovina; kredit; *Am* svjedodžba o završetku ispita; get a ~ for a th pripisivati se što (kome); give a p ~ for a th odati kome priznanje za 2. pouzdavati se u; vjerovati kome
creed [kri:d] vjera, vjerovanje
creek [kri:k] draga, dražica; *Am* rječica, potok
creep [kri:p] 1. *irr* puzati, gmizati; penjati se (biljke); naježiti se 2. puzanje; ~s, ježenje, trnci
cremate [kri'meit] spaliti (mrtvaca), kremirati
creole ['kri:oul] 1. kreol 2. kreolski
crept [krept] *pret* i *pp* od **creep**
crescent ['kresnt] 1. koji raste; polumjesečast 2. polumjesec; kifla; *Am* ~ city New Orleans
crest [krest] kresta; griva; grb; bilo; perjanica; vrh
cretin ['kretin] kreten
crew [kru:] 1. jato, mnoštvo; posada; osoblje, radnici (na nekom poslu) 2. *pret* od **crow**
crib [krib] 1. jasle; koliba; krađa (iz književnog djela, plagijat); dječji krevetić 2. krasti; prepisivati; zarboriti
cricket ['krikit] 1. kriket 2. igrati kriket
crime [kraim] zločin(stvo)
criminal ['kriminl] 1. kaznen, kažnjiv, kriminalan 2. zločinac, kriminalac
crimson ['krimzn] 1. grimizan 2. karmin, grimiz 3. *v/t* grimizno obojiti; *v/i* zarumenjeti se, zacrvenjeti se
cripple ['kripl] 1. bogalj, sakat čovjek 2. osakatiti
crisis ['kraisis] *pl* **crises** ['kraisi:z] kriza; oskudan
crisp [krisp] 1. hrskav, prhak; kovrčast 2. kovrčati (se); učiniti hrskavim

criterion [krai'tiəriən] *pl* **criteria** [krai'tiəriə] kriterij, mjerilo
critic ['kritik] kritičar, prosuđivač
critical ['kritikl] (~ly) kritičan, kritički
criticism ['kritisizm] kriticizam, kritika
critique [kri'ti:k] kritika
Croat ['krouət] Hrvat(ica)
Croatian [krou'eiʃiən] hrvatski
crocodile ['krɔkədail] krokodil
crook [kruk] 1. kuka; okoka, zavoj; *fig* ubojica 2. savijati [se]
crooked [krukt] 1. kriv, savinut 2. [krukid] (~ly) nepošten, prevarantski
crop [krɔp] 1. jahački bič; guša; klas; žetva, urod 2. prinositi, (u)roditi; posijati; požnjeti
cross [krɔs] 1. križ; križanac; križanje; *sl* nepoštenje; (~ly) kos, poprečan, unakrstan; mrzak, srdit; *sl* nepošten 2. *v/t* križati (pasmine); prijeći (preko), premostiti; precrtati, prekrstiti; ~ **oneself** prekrstiti se; *v/i* križati se, mimoići se, prelaziti
cross ... ~ **bow** samostrijel
~**-country** seoski, terenski, koji ide preko cijele zemlje
cross -examine ['krɔsig'zæmin] podvrći unakrsnom ispitivanju
crossing ['krɔsiŋ] križanje, raskršće
cross -road ['krɔs'roud] poprečan put; *pl* ili *sg* raskrsnica
crossword puzzle ['krɔswə:d'pʌzl] križaljka
crow [krou] 1. vrana 2. *irr* graktati; likovati (zbog)
crowd [kraud] 1. gomila, mnoštvo, narod, svjetina; društvo 2. tiskati se, vrvjeti; nabiti; žuriti se
crown [kraun] 1. kruna (i zuba); vladar; krošnja; tjeme; vijenac; vrhunac 2. okruniti; kititi, resiti
crucial ['kru:ʃiəl] (~ly) odlučan, presudan
crucifix ['kru:sifiks] raspelo
crucifixion [krusi'fikʃn] raspeće
crude [kru:d] (~ly) grub, primitivan, neobrađen, sirov
cruel ['kruəl] (~ly) okrutan, grozan
cruelty ['kruəlti] okrutnost
cruise [kru:z] 1. krstarenje 2. krstariti
cruiser [kru:ziə] krstarica, jahta; *Am* policijsko patrolno vozilo
crumb [krʌm] 1. mrva, mrvica; sredina kruha
crumble [krʌmbl] drobiti se, mrviti se
crusade [kru:'seid] 1. križarski rat ili vojna 2. voditi križarski rat
crush [krʌʃ] 1. gužva; gnječenje; pritisak; *sl* **have a** ~ biti zaljubljen u (on u) 2. *v/t* (z)drobiti, (z)gnječiti, satrti; *Am sl* udvarati, ljubakati; ~**-room** *thea* foaje, predvorje
crust [krʌst] 1. kora, korica; krasta 2. dobiti koru
crusty [krʌsti] (~ly) okorio, zlovoljan
crutch [krʌtʃ] štaka; *fig* potpora
cry [krai] 1. dreka, graja; klicanje; krik; vika; plač; lavež 2. glasati se (životinje); jadikovati; lajati; zvati; ~ **for** tražiti što, moliti (za milost); ~ **out** povikati, tužiti se
crystal ['kristl] 1. kristal, kristalno staklo; *Am* staklo sata 2. kristalan, bistar
crystallize ['kristəlaiz] kristalizirati (se)
cuckold ['kʌkəld] 1. rogonja 2. nabiti rogove (mužu)
cuckoo ['kuku:] 1. kukavica 2. *sl* ćaknut
cucumber ['kju:kəmbə] krastavac
cuddle ['kʌdl] 1. milovanje, tetošenje 2. *v/t* grliti, milovati; *v/i* privinuti se
cuff [kʌf] 1. pljuska 2. pljusnuti 2. manšeta rukava
culminate ['kʌlmineit] kulminirati, biti na vrhuncu; *ast* biti u kulminaciji, u zenitu
culpability [kʌlpə'biliti] kažnjivost, krivica, krivnja
culpable ['kʌlpəbl] (~ly) kažnjiv, kriv
culprit ['kʌlprit] krivac, optuženik
cult [kʌlt] kult, obožavanje
cultivate ['kʌltiveit] baviti se (čime), gajiti, kultivirati; odgajati
cultural ['kʌltʃərəl] kulturni; ~ **performer** kulturni radnik
culture ['kʌltʃə] kultura, civilizacija; gajenje, obrađivanje
cunning ['kʌniŋ] (~ly) lukav, prepreden; vješt 2. lukavština, prepredenost, vještina
cup [kʌp] čaša, pehar, kup, pokal, šalica, zdjelica; ~**board** kredenc, kuhinjski ormar
curability [kjuərə'biliti] (iz)lječivost
curable ['kjuərəbl] izlječiv
cure [kjuə] 1. liječenje, lijek; ozdravljenje; duhovna pastva 2. ozdraviti, izlječiti
curfew ['kə:fju:] redarstveni sat

curiosity [kjuəri'ɔsiti] kuriozitet, rijetkost; radoznalost
curious ['kjuəriəs] radoznao; čudan, neobičan
curl [kə:l] 1. kovrčanje, kovrčica, uvojak 2. kovrčati (se)
curly [kə:li] kovrčast
currency ['kʌrənsi] kolanje, optok, cirkulacija; tečaj; vrijednost
current ['kʌrənt] (~ly) 1. aktualan; dnevni; kurentan; općenito prihvaćen; strujni; ~ **hand** (-writing) kurziv 2. pravac (u umjetnosti); struja; tečaj; tok, tijek
curriculum [kə'rkjuləm] *pl* **curricula** [kə'rikjulə] nastavni plan
curry [kʌri] kari, indijski pikantni umak
curse [kə:s] 1. kletva, prokletstvo 2. (pro)kleti, proklinjati
cursed [kə:sid] (~ly) proklet
curtain ['kə:tn] 1. zastor, zavjesa 2. zastrti (zavjesom)
curve [kə:v] 1. krivulja; okuka, zavoj 2. vijugati, kriviti
custard ['kʌstəd] krema od zahlađenih jaja i mlijeka
custodian [kʌs'toudiən] čuvar, kustos
custody ['kʌstədi] briga, nadzor, čuvanje, straža
custom ['kʌstəm] navika, običaj; klijentela, kupci; ~s carina
customary ['kʌstəməri] običan, običajan, uobičajen
customer ['kʌstəmə] kupac, mušterija

custom -house ['kʌstəmhaus] carinarnica
cut [kʌt] 1. drvorez, bakrorez; kroj; jarak; odsječak; rez; prečac; prolaz; redukcija; smanjenje (izdataka); cold ~s hladni narezak 2. *irr v/t* brusiti (staklo, dragulj); bušiti (tunel); dobivati (zube); gravirati; posjeći; povrijediti, raniti, tući; presjeći, skratiti (put); obrezati; reducirati; podići (karte); šišati; uvrijediti; izostati s predavanja; *v/i* upasti [u riječ] 3. odrezan, brušen; *sl* pijan
cut... ~ **short** prekinuti koga (~ a long story short)
~ **down** smanjiti izdatke, cijenu
~ **off** odsjeći, isključiti iz
~ **out** izostaviti, isjeći, ugasiti
~~**-off** *Am* prečac
~~**-purse** džepar
~~**-throat** ubojica, koljač, pljačkaški
cute [kju:t] (~ly) prepreden, lukav; *Am* dražestan, zgodan
cutlet ['kʌtlit] kotlet
cutting ['kʌtiŋ] (~ly) jedak, oštar; *fig* uejdljiv; ~ **edge** oštrica
cycle ['saikl] 1. ciklus, kolo, krug; ~s *pl* bicikl; konjunktura 2. voziti se na biciklu
cycling ['saikliŋ] biciklizam, vožnja biciklom
cyclist ['saiklist] biciklist
cyclone ['saikloun] ciklon
cynic ['sinik] (~al) 1. cinik 2. ciničan
cypress ['saipris] čempres
czar [za:] car
Czech [tʃek] 1. Čeh 2. češki

D

dad [dæd] [daddy, dædi] tata, tatica
daffodil ['dæfədil] sunovrat, narcisa
dagger ['dægə] bodež
Dago ['deigou] *Am slang* Španjolac, Talijan, Portugalac
Daily ['deili] 1. dnevni, svakodnevni 2. dnevnik, dnevne novine
daintiness ['deintinis] delikatnost, tankoćutnost, nježnost, finoća
dainty ['deinti] (~ly) 1. osjetljiv, delikatan, nježan 2. poslastica, slatkiš
dairy ['dɛəri] mjekarstvo, mljekara; ~ **maid** mljekarica; ~ **man** mljekar
daisy ['deizi] 1. tratinčica 2. drag, mio
dam [dæm] 1. brana, nasip 2. zagraditi, pregraditi 3. ženka, mati (četveronožaca)
damage ['dæmidʒ] 1. šteta, oštećenje; ~s, naknada štete 2. oštetiti, nanijeti štetu
dame [deim] dama, gospođa; *slang* žena, djevojka
damn [dæm] 1. prokleti, osuditi; ~ it! dodavola, prokletstvo 2. kletva; I don't give a ~ baš me briga
damnation [dæmneiʃn] osuda; prokletstvo, proklinjanje
damned [dæmd] *adj* i *adv* prokiet, vraški
damp [dæmp] 1. vlažan 2. vlaga; *fig* potištenost
dance [da:ns] 1. ples, bal 2. plesati, igrati
dancer ['da:nsə] plesač
dancing ['da:nsiŋ] plesanje; *altr* plesni; ~ **floor** plesni podij; ~**girl** plesačica
dandy ['dændi] 1. kicoš, gizdelin 2. *Am* odlučan, otmjen, prvorazredan
dane [dein] Danac
dapple ['dæpl] posuti, išarati pjegama
dappled ['dæpld] pjegav
dare [dɛə] usuditi se, smjeti, drznuti se
daring ['dɛəriŋ] (~ly) 1. smion, odvažan 2. smjelost, odvažnost
dark [da:k] (~ly) 1. taman, mračan, tmuran; tajanstven; crnomanjast 2. tama, mrak
darken [da:kn] zamračiti, smrknuti se
darkness ['da:knis] mrak, tama
darling ['da:liŋ] 1. dragi, ljubimac, miljenik 2. drag, mio
dart [da:t] 1. strijela, koplje; ubod; skok 2. *v/t fig* baciti se, srnuti na
dash [dæʃ] 1. udar, zapljuskivanje; otmjenost; *fig* žar, polet; juriš; kapljica, mala primjesa; stanka, crtica 2. udariti, lupiti; razbiti, poprskati; zbrkati; pokvariti, pomiješati
dash ... ~ **off** odjuriti
~ **through** prodrijeti, probiti se
~**board** prednji blatobran
data ['deitə] *Am pl* i *sg* podaci, činjenice; temelj, podloga
date [deit] 1. datula 2. datum; vrijeme; rok; *Am* dogovor, sastanak; make a ~ ugovoriti sastanak; out of ~ zastario, staromodan; to ~ do danas; up to ~ suvremen, ažuran
datum ['deitəm] podatak; pojedinost
daughter ['dɔ:tə] kći, kćerka; ~-**in-law** snaha
daunt [dɔ:nt] zastrašiti, preplašiti, ulijevati strah; ~**less** neustrašiv
dawn [dɔ:n] 1. zora, svanuće 2. svitati, daniti se
day [dei] dan; rok
day ... ~ **off** slobodan dan
the other ~ neki dan, prije nekoliko dana
~**break** svitanje
~-**dream** sanjarenje
~-**to-day** svakidašnji, dnevni
daze [deiz] zablijestiti, zaslijepiti
dead [ded] 1. mrtav, obamro, pust 2. *adv* sasvim, potpuno, posve 3. mrtvac; mrtva tišina
dead ... ~ **bargain** vrlo jeftina roba
at a ~ **bargain** u bescjenje

~ drunk mrtav pijan
~ tired nasmrt umoran
in the ~ of night, u mrklo doba noći
~ alive napola mrtav, smrtno dosadan
~-end (~-street) slijepa ulica
~-line *Am* (zatvorski) krug, krajnji rok, termin
deadly ['dedli] smrtonosan, smrtan, koban
deaf [def] (~ly) gluh; ~-mute gluhonijem
deal [di:l] 1. dio; količina; posao; dijeljenje (karata); a good ~ prilično; a great vrlo mnogo 2. *irr v/t* (po)dijeliti; dati (karte); zadati udarac; *v/i* trgovati, poslovati; saobraćati; ~ with baviti se
dealer ['di:lə] trgovac; djelitelj (karata)
dealing ['di:liŋ] (većinom ~s pl) poslovanje, poslovni odnosi; postupanje
dean [di:n] dekan
dear [diə] (~ly) 1. drag; skup 2. dragi, draga; miljenik 3. skup, skupocjen 4. ~ me! bože moj!
death [deθ] smrt; ~s umrli
death... ~-bed samrtna postelja
~ penalty smrtna kazna
~-rate smrtnost, mortalitet
debatable [di'beitəbl] (~ly) diskutabilan, sporan, prijeporan
debate [di'beit] raspravljati, prepirati se
debt [det] dug; active ~ potraživanja
debtor [dtə] dužnik
debut ['deibu:] debi, prvi nastup
decade ['dekəd] desetljeće, decenij, dekada
decadence ['dekədəns] dekadensa, opadanje
decadent ['dekədənt] dekadentan, koji propada
decapitate [di'kæpiteit] odrubiti glavu; *Am* otpustiti
decay [di'kei] 1. propadanje; truljenje 2. propadati; *fig* izumirati
decease [di'si:s] 1. smrt, preminuće 2. preminuti, umrijeti; the ~d pokojnik
deceit [di'si:t] prijevara, varka
deceitful [di'si:tful] (~ly) lažan; himben, lukav
deceivable [di'si:vəbl] koji se da lako prevariti
deceive [di'si:v] varati, prevariti; zavesti
deceiver [di'si:və] varalica
December [di'sembə] prosinac
decency ['di:snsi] pristojnost
decent ['di:snt] pristojan, ugladen
deception [di'sepʃn] varka, prijevara

decide [di'said] odlučiti (se); odrediti; zaključiti
decision [di'siʒn] odluka; presuda; rješenje; ~ aboard arbitražni sud; take a ~ donijeti odluku, odlučiti se
decisive [di'saisiv] (~ly) odlučan; presudan
deck [dek] 1. paluba; *Am* vrsta kartaške igre; on ~ ovdje, spreman; ~chair ležaljka
decker ['dekə] (npr. two ~) (dvo)palubni (brod), (dvo)katni (autobus)
declarable [di'klɛərəbl] koji treba prijaviti za carinjenje ili oporezivanje
declaration [deklə'reiʃn] izjava, deklaracija
declare [di'klɛə] *v/t* izjaviti, tvrditi, deklarirati (prijaviti) robu; carinjenje
declination [dekli'neiʃn] nagibanje, otklon; opadanje
decline [di'klain] 1. opadanje; *fig* propadanje 2. *v/t* nagnuti; *gram* deklinirati; *v/i* sagnuti se; biti na izmaku
decode [di:'koud] dekodirati, dešifrirati
decompose [di:kəm'pouz] raspasti se; rastaviti
decontrol [di'kən'troul] 1. ukinuti državna ograničenja u privredi, ponovo uvesti slobodan promet robe 2. ukidanje državnih ograničenja u privredi
decorate ['dekəreit] (o)kititi, dekorirati; odlikovati
decoration ['dekəreiʃn] ukras; dekoracija
decorative ['dekərətiv] ukrasni, dekorativan
decoy [di'kɔi] 1. meka; mamac 2. mamiti
decrease [di:kri:s] 1. smanjenje, sniženje 2. smanjiti (se), sniziti (se)
dedicate ['dedikeit] posvetiti
dedication ['dedikeiʃn] posveta
deduct [di'dʌkt] odbiti
deduction [di'dʌkʃn] odbitak; popust
deed [di:d] 1. čin, djelo; podvig; isprava
deep [di:p] (~ly) 1. dubok; skrovit, nedokučiv 2. dubina
deer [diə] jelen, srna; visoka divljač
defamation [defə'meiʃn] kleveta
default [di'fɔ:lt] 1. neplaćanje; nedostatak, propust 2. biti u zaostatku; ne ispuniti obvezu
defeat [di'fi:t] 1. poraz, osujećenje 2. poraziti, pobijediti
defect [di'fekt] mana; nedostatak

defence [di'fens, *Am* **defense**] obrana, zaštita; **witness for the ~** svjedok obrane
defend [di'fend] braniti, štititi
defender [di'fendə] branilac, zaštitnik
defensive [di'fensiv] (~ly) 1. obrambeni, zaštitni 2. obrana
defiance [di'faiəns] prkos, izazov
deficiency [di'fiʃənsi] nestašica, manjak, deficit
definable [di'fainəbl] koji se može definirati, odrediv
define [di'fain] odrediti, definirati
definite ['definit] (~ly) određen; jasan
definition ['defi'niʃn] definicija, određenje (pojma)
definitive [di'finitiv] odlučan, određen
deform [di'fɔm] izobličiti; nagrditi; ~ed izobličen
defreezer [di:'fri:zə] odmrzivač stakla
defroster [di:'frɔstə] odmrzivač
defy [di'fai] prkositi, izazivati
degeneracy [di'dʒenərəsi] degeneracija, propadanje
degenerate [di'ʒenəreit] 1. izroditi se; izopačiti se 2. (~rit) izopačen, izrođen
degeneration [di'dʒenəreiʃn] izopačenje
degradation [degrədeiʃn] degradacija; lišenje (čina, položaja)
degrade [di'greid] *v/t* lišiti; degradirati; *v/i* srozati se
degree [di'gri:] stupanj; *fig* rang, položaj; **by ~s** postepeno; **in some ~** donekle
delay [di'lei] 1. odgađanje, zatezanje, odgoda 2. *v/t* odugovlačiti, odgađati; *v/i* oklijevati, skanjivati se
delegacy ['deligəsi] izaslanstvo
delegate ['deli'geit] delegirati, izaslati
delegation [deli'geiʃn] delegacija, izaslanstvo
delete [di:'li:t] izbrisati, precrtati
deliberate [di'libəreit] 1. *v/t* razmatrati, promišljati; *v/i* umovati; savjetovati se 2. [di'libərit] (~ly) namjeran; oprezan
delicious [di'liʃəs] slastan, ukusan
delight [di'lait] 1. užitak, uživanje, radost 2. oduševiti, obradovati, uživati
delightful [di'laitful] (~ly) divan, ugodan
delinquency [di'liŋkwensi] prijestup, krivnja, zločin
delirious [di'liriəs] izvan sebe, lud, bijesan
deliver [di'livə] osloboditi, izbaviti; isporučiti; iznijeti (mišljenje); održati (govor); raznositi (poštu)

delivery [di'livəri] porod; isporuka; **special ~** ekspres dostava; **on ~ of** prilikom isporuke
delusion [di'luʒn] varka, zabluda
demand [di'ma:nd] 1. traženje, zahjev; potreba 2. tražiti, zahtijevati; **in ~** tražen; **on ~** na zahtjev; **~ note** zahtjevnica
demi... [demi] polu...
demilitarization [di:militərai'zeiʃn] demilitarizacija
demilitarize [di:'militəraiz] demilitarizirati
democracy [di'mɔkrəsi] demokracija
democrat ['demokræt] demokrat
democratic (al) ['demo'krætikl] (~ly) demokratski
demolish [di'mɔliʃ] uništiti; razotkriti
demolition [di'mɔliʃn] uništenje, razaranje
demon ['di:mən] demon, vrag
demonstrate ['demənstreit] pokazati, dokazati; demonstrirati
demonstration [,demən'streiʃn] demonstriranje; pokazivanje (osjećaja)
demonstrative [di'mɔnstrətiv] (~ly) dokazan, jasan, izrazit
demoralization [dimɔrəlai'zeiʃn] demoralizacija, kvarenje
demoralize [dimɔrə'laiz] demoralizirati, izopačiti
denationalize [di:næʃnəlaiz] denacionalizirati
deniable [di'naiəbl] koji se može zanijekati
denial [di'naiəl] nijekanje, poricanje, negiranje; uskraćivanje
denim ['denim] plava tkanina (za radna odijela)
denominate [di'nɔmineit] imenovati
denomination [di,nɔmi'neiʃn] ime, naziv; denominacija; klasa; sekta
denotation [di:nou'teiʃn] oznaka, značenje
denote [di'nout] označivati, značiti
dense [dens] (~ly) gust; zbijen
density [densiti] gustoća
dental ['dentl] 1. zubni; **~ science** zubarstvo 2. zubni suglasnik, dental
denunciation [dinansi'eiʃn] prijava, denuncijacija, objava
deny [di'nai] zanijekati, poreći, demantirati
depart [di'pa:t] *v/i* otići, otputovati; odreći

se; preminuti; *v/t* ~ this life napustiti ovaj svijet
departement [di'pa:tmənt] odjel; okrug, kotar
departure [di'pa:tʃə] odlazak, rastanak; polazak
depend [di'pend] (up, on) ovisiti, zavisiti, oslanjati se
dependant [di'pendənt] štićenik, podanik; pristaša
dependence [di'pendəns] (on čime) zavisnost, uvjetovanost
depict [di'pikt] naslikati; *fig* prikazati
deplore [di'plɔ:] žaliti, sažalijevati
deploy [di'plɔi] razviti postrojbe (za borbu)
deployment [di'plɔimənt] postrojavanje; razvijanje (trupa)
depopulate [di:'pɔpjuleit] raseliti
deport [di'pɔ:t] prognati, deportirati
deportation [di:pɔ'teiʃn] progonstvo, deportacija
deportee [di:pɔ:'ti:] prognanik
deportement [di:pɔtmənt] vladanje, ponašanje; stav
deposit [di'pɔzit] 1. naslaga, talog; depozit; depo, polog; deponiranje 2. snesti (jaje); nataložiti se, deponirati; pohraniti
depositor [di'pɔzitə] ulagač, deponent
depository [di'pɔzitəri] spremište, skladište; depo
depot ['depou] skladište; depo; sabiralište; *Am* kolodvor, želj. stanica
depriciate [di'pri:ʃieit] potcjenjivati; sniziti cijenu; *v/i* pasti u vrijednosti
depreciation [di,pri:ʃi'eiʃn] potcjenjivanje; pad vrijednosti
depress [di'pres] pritiskivati; gnječiti; *fig* tlačiti
depression [di'preʃn] potištenost; ukleknuće, udubina
deprivation [depri'veiʃn] lišavanje; oskudica
deprive [di'praiv] lišiti; isključiti iz
depth [depθ] dubina; dubinski
deputation [depju'teiʃn] izaslanstvo
depute [di'pju:t] ovlastiti, odaslati
deputy ['depjuti] 1. zastupnik, poslanik; zamjenik; opunomoćenik
derate [di:'reit] sniziti općinski porez
derive [di'raiv] izvesti (iz), izvlačiti
derogate ['derogeit] zakinuti; umanjiti; potcjenjivati

derogatory [di'rɔgətəri] (~ly) škodljiv; preziran; potcjenjujući
descend [di'send] sići, spustiti se, sletjeti
descendant [di'sendənt] potomak
describable [dis'kraibəbl] opisiv
describe [dis'kraib] opisivati, ocrtati
description [dis'kripʃn] opis(ivanje); vrsta
desert ['dezət] 1. pustinja 2. pust, prazan, zapušten 3. [di'zə:t] *v/t* napustiti; *fig* ostaviti na cjedilu; *v/i* dezertirati; zasluga, zaslužena nagrada ili kazna
deserter [di'zə:tə] bjegunac, dezerter
deserve [di'zə:v] zaslužiti, zavrijediti
deserving [di'zə:viŋ] dostojan, zaslužan
design [di'zain] 1. skica, plan, nacrt; namjera, naum; šara, uzorak; dizajn; oblikovanje; by ~ hotimice, s namjerom 2. (na)crtati, skicirati; konstruirati; naumiti
designate ['dezigneit] označiti, obilježiti; imenovati; predodrediti 2. ['dezignit] predložen; predodređen
designation ['dezigneiʃn] odredište; imenovanje; oznaka
designer [di'zainə] dizajner; crtač; konstruktor
desirable [di'zaiərəbl] poželjan, ugodan
desire [di'zaiə] 1. želja, žudnja 2. željeti, tražiti
desk [desk] (pisaći) stol; šalter, pult
desolate ['desoleit] 1. opustošiti, poharati 2. ['desolit] (~ly) osamljen, neutješan
desolation ['desoleiʃn] napuštenost; (o)pustoš(enje)
despair [dis'pεə] 1. očaj(anje) 2. očajavati
desperate ['despərit] očajan; grozan
desperation [despə'reiʃn] očaj(anje)
despicable ['despikəbl] podao; vrijedan prezira
despise [dis'paiz] prezirati; potcjenjivati
despite [dis'pait] 1. prkos; prezir; in ~ of usprkos
dessert [di'zə:t] desert, poslastica
destination [desti'neiʃn] odredište, cilj
destiny ['destini] sudbina, usud
destroy [dis'trɔi] uništiti, razoriti; ubiti
destroyer [dis'trɔiə] razarač
destruction [di'strʌkʃn] razaranje, uništenje
destructive [di'strʌktiv] (~ly) poguban; razorni
detach [di'tætʃ] odvojiti, otkinuti, izdvojiti
detached [di'tætʃt] odijeljen; samostalan (kuća); zaseban

detail ['di:teil] detalj, pojedinost
detailed ['di:teild] detaljan, podroban
detain [di'tein] zadržati; pritvoriti
detect [di'tekt] pronaći, otkriti
detection [di'tekʃn] otkrivanje; hvatanje
detective [di'tektiv] 1. detektiv 2. detektivski
detention [di'tenʃn] zadržavanje; pritvor; ~ **camp** zatočenički, internacionalni logor; **house of ~** zatvor
deteriorate [di'tiəriəreit] pogoršati se, (po)kvariti se
deterioration [ditiəriə'reiʃn] pogoršanje; kvarenje
determinate [di'tə:minit] određen, definitivan
determination [di'tə:mineiʃn] odluka; rješenje; odlučnost
determine [di'tə:min] v/t odrediti, utvrditi; dokrajčiti; v/i odlučiti se
detour [di'tuə] [détor, 'deituə] (za)obilazni put, obilaženje
deuce [dju:s] 1. dvojka (u igri); izjednačenje (u tenisu)
devalue [di:vælju:] devalvirati
devastate ['devəsteit] (o)pustošiti, (po)harati
devastation [devə'steiʃn] pustošenje
develop [di'veləp] razviti (se); otkriti; razmotati
development [di'veləpmənt] razvoj; izgradnja; otkrivanje
device [di'vais] sprava, naprava; izum; plan; geslo
devil [devl] 1. vrag; borbenost; potrčkalo, tekllč 2. v/t pržiti s jakim začinom; v/i trčkarati
devote [di'vout] posvetiti
devoted [di'voutid] (~**ly**) odan, predan; posvećen
devotion [di'vouʃn] odanost, privrženost; posveta; ~**s** pobožnost, molitva
devour [di'vauə] proždrati
dew [dju:] 1. rosa 2. (o)rositi
diagnose ['daiəgnouz] dijagnosticirati
diagnosis [daiəg'nousis] pl **diagnoses** [daiəg'nousi:z] dijagnoza
diagram ['daiəgræm] dijagram; šema
dial ['daiəl] 1. brojčanik; sunčani sat 2. okretati brojčanik, nazivati
dialect ['daiəlekt] dijalekt, narječje
dialogue ['daiəlɔg] (*Am* **dialog**) dijalog, razgovor

diamond ['daiəmənd] 1. dijamant; romb 2. dijamantni; romboidan
diarist ['daiərist] pisac dnevnika
diary ['daiəri] dnevnik; džepni kalendar
dice [dais] 1. (*pl* od **die**) kocke 2. kockati se
dictate ['dikteit] 1. diktat, pravopis 2. diktirati; zapovijedati
dictatorship [dik'teitəʃip] diktatura
diction ['dikʃn] dikcija
dictionary ['dikʃənri] rječnik
die [dai] 1. umrijeti, izumrijeti; nestati 2. kocka (*pl* **dice**); kalup, matrica (*pl* **dies**); **~-hard** krajnji konzervativac, reakcionar
diet ['daiət] 1. dijeta; hrana; sabor 2. v/t propisati dijetu; v/i biti na dijeti
dietary ['daiətəri] 1. dijetna kura 2. dijetni, dijetetski
differ ['difə] razlikovati se; razilaziti se
difference ['difrəns] razlika; neslaganje
different ['difrənt] (~**ly**) različit, drukčiji od
difficult ['difikəlt] težak, mučan
difficulty ['difikəlti] (po)teškoća
diffuse [di'fju:z] *fig* (ra)širiti; rasprostraniti se
dig [dig] 1. *irr* (is)kopati, iskapati; izdupsti 2. ubod, udar
digest [di'dʒest] 1. urediti; probaviti; v/i rastvoriti se 2. ['dai'dʒest] dajdžest, skraćeni prikaz
digestion [di'dʒestʃn] probava
digit ['didʒit] prst, širina prsta; brojka niža od 10
dignified ['dignifaid] dostojanstven
dignify ['dignifai] (po)častiti; odlikovati
diligence ['dilidʒəns] mar(ljivost)
diligent ['dilidʒənt] marljiv, radin
dim [dim] (~**ly**) mutan; mračan, taman; glup
dime [daim] *Am* novčić od 10 centi
dimension [di'menʃn] dimenzija, mjera
diminish [di'miniʃ] smanjiti, oslabiti
diminutive [di'minjutiv] (~**ly**) 1. deminutiv 2. deminutivan
dimple ['dimpl] 1. jamica (na licu) 2. dobiti jamice na licu
dine [dain] ručati, objedovati; smjestiti za ručak
diner ['dainə] onaj koji objeduje, gost za ručak; *Am* vagon restoran

dingy ['dindʒi] (~ly) prljav; aljkav
dining ... ['dainiŋ...] ~**car** vagon restoran ~**room** blagovaonica
dinner ['dinə] glavni obrok; ručak
dip [dip] 1. *v/t* umočiti, uroniti; spustiti (zastavu); obojiti; *mot* prigušiti; *v/i* zaroniti, upustiti se 2. umakanje; kupanje na brzinu; nagib tla
diploma [di'ploumə] diploma, povelja
diplomacy [di'ploməsi] diplomacija
diplomat ['dipləmæt] diplomat
direct [di'rekt] (~ly) 1. izravan, direktan; ~ **current** istosmjerna struja; ~ **speech**, direktni, upravni govor 2. *adv* (iz)ravno 3. uputiti, usmjeriti; adresirati, nasloviti
direction [di'rekʃn] smjer, pravac; uprava; direkcija
director [di'rektə] direktor, upravitelj; redatelj; **board of ~s** članovi upravnog odbora
dirt [də:t] prljavština; blato; tlo; svinjarija
dirty [də:ti] (~ly) 1. prljav (i fig) 2. zamazan
disability [disə'biliti] nesposobnost, nemoć; diskvalifikacija
disable [dis'eibl] onesposobiti
disabled [dis'eibld] nesposoban; onesposobljen; invalid
disaccord [disə'kɔ:d] ne slagati se, razilaziti se
disadvantage [disəd'va:ntidʒ] šteta; gubitak; uštrb
disagree [disə'gri:] ne slagati se, razilaziti se
disagreeable [disə'griəbl] neugodan, neprijatan
disagreement [disə'gri:mənt] neslaganje, razilaženje
disappear [disə'piə] nestati, isčeznuti
disappearance [disə'piərəns] nestanak, isčeznuće
disappoint [disə'pɔint] razočarati; izdati; ostaviti na cjedilu
disapproval [disə'pru:vl] neodobravanje
disapprove [disə'pruv:] ne odobravati
disarm [dis'a:m] *v/t* razoružati; *v/i* razoružati se
disaster [di'za:stə] nesreća, nezgoda; katastrofa
disbar [dis'ba:] oduzeti advokaturu
disbelief ['disbi'li:f] nevjerovanje, sumnja
disbelieve ['disbi'li:v] ne vjerovati, sumnjati

discard [dis'ka:d] izbaciti; odbaciti; *Am* otpad
discharge [dis'tʃa:dʒ] 1. *v/t* isprazniti, istovariti, iskrcati; ispaliti; obavljati; isplatiti (dug); iskaliti (bijes); *v/i* isprazniti se, rasteretiti se, ulijevati se 2. pražnjenje, istovar; paljba, vatra; plaćanje, namirenje; ulijevanje
disciple [di'saipl] učenik; sljedbenik; apostol
discipline ['disiplin] 1. disciplina, stega; red 2. dovesti u red, disciplinirati
disclose [dis'klouz] (raz)otkriti, obznaniti
discomfort [dis'kʌmfət] 1. neugodnost, nelagoda 2. uznemiriti
disconnect ['diskə'nekt] rastaviti; iskopčati
disconnected ['diskənektid] nevezan, rastavljen; nesuvisao
discontent ['diskən'tent] nezadovoljstvo
discord ['diskɔ:d] nesloga; nesklad, disharmonija
discount ['diskaunt] 1. popust, skonto; **at a ~** uz popust 2. dati popust, odbiti
discountenance [dis'kauntinəns] zamjerati; negodovati; smesti
discourage [dis'kʌridʒ] obeshrabriti; prestrašiti
discouragement [dis'kʌridʒmənt] obeshrabrenje; zapreka
discover [dis'kʌvə] otkriti; pronaći
discovery [dis'kʌvəri] otkriće, pronalazak
discredit [dis'kredit] 1. nepovjerenje, sramota 2. diskreditirati, ozloglasiti
discreet [dis'kri:t] oprezan, diskretan
discrepancy [dis'krepənsi] neslaganje, nesuglasnost, nesklad
discretion [dis'kreʃn] oprez, razboritost; obzir, uviđavnost
discriminate [dis'krimineit] razlikoviti, lučiti; ~ **against** diskriminirati
discrimination [dis'krimineiʃn] razlikovanje, lučenje; diskriminacija
discuss [dis'kʌs] pretresati, diskutirati
discussion [dis'kʌʃn] rasprava, diskusija
disdain [dis'dein] 1. prezir(anje) 2. prezirati
disembark ['disim'ba:k] iskrcati (se), istovariti
disengage ['disin'geidʒ] osloboditi (se), odvojiti (se), razvezati
disfigure [dis'figə] izobličiti, iznakaziti

disgrace [dis'greis] 1. nemilost; sramota 2. pasti u nemilost; osramotiti
disgraceful [dis'greisful] (~ly) sramotan
disguise [dis'gaiz] 1. zakrinkati, prerušiti, preobući 2. prerušavanje, krinka
disgust [dis'gʌst] 1. gađenje, gnušanje 2. zgaditi
disgusting [dis'gʌstiŋ] (~ly) odvratan, ogavan
dish [diʃ] 1. zdjela, jelo 2. pripraviti za serviranje; ~ **up** servirati; *slang* potkopati, prevariti
dish-cloth ['diʃklɔθ] krpa za suđe
dishonest [dis'ɔnist] (~ly) nepošten, nečastan
dishonesty [dis'ɔnisti] nepoštenje
dishono[u]**r** [dis'ɔnə] 1. sramota, nečasnost 2. osramotiti, obesčastiti
dishonourable [dis'ɔnərəbl] (~ly) nečastan, sramotan
disillusion [disi'lu:ʒn] 1. razočarenje; otrežnjenje 2. (i **disillusionize**) otrijezniti; razbiti iluziju
disinfect ['disin'fekt] dezinficirati, raskužiti
disinherit ['disin'herit] razbaštiniti
disinheritance ['disin'heritəns] razbaštinjenje
disk [disk] okrugla ploča, kolut; gramofonska ploča; spojka; ~ **jockey** *Am slang* disk džokej, voditelj emisije muzike s ploča
dislike [dis'laik] 1. nesklonost, antipatija 2. ne voljeti, ne trpjeti
dislocation ['dislokeiʃn] dislokacija; iščašenje; poremećenje
disloyal ['dis'lɔiəl] (~ly) nevjeran, nelojalan
disloyalty ['dis'lɔiəlti] nevjera, nelojalnost
dismantle [dis'mæntl] ogoliti, razoriti (tvrđavu); demontirati, rastaviti (mehanizam)
dismay [dis'mei] 1. užas, strah, zaprepaštenje 2. *v/t* zastrašiti, zaprepastiti
dismember [dis'membə] raskomadati; raščlaniti
dismiss [dis'mis] *v/t* otpustiti; raspustiti; odstraniti iz sudnice; **be ~ed from the service** biti otpušten iz službe
dismissal [dis'misəl] otpust; raspust; razlaz

dismount [dis'maunt] *v/t* zbaciti iz sedla; demontirati, rastaviti; *v/i* sjahati
disobedience [diso'bi:djəns] neposlušnost
disobedient [diso'bi:djənt] (~ly) neposlušan
disobey [disə'bei] ne slušati, otkazati poslušnost
disorder [dis'ɔ:də] 1. nered; metež, zbrka; poremećaj; **mental** ~ umni poremećaj 2. poremetiti, pobrkati
disorderly [dis'ɔ:dəli] neuredan; razuzdan; buntovan
dispatch [dis'pætʃ] 1. otprema, slanje; žurba, hitnost 2. odaslati, otpremiti
dispensable [dis'pensəbl] nevažan, bez koga se može
dispensary [dis'pensəri] dispanzer, ljekarna
dispensation [dispen'seiʃn] dijeljenje (lijekova na recept); oprost; *eccl* providnost
dispense [dis'pens] *v/t* dijeliti, podjeliti (sakramente); razdavati; izdavati lijekove na recept; ~ **from** dati oprost, razriješiti; *v/i* ~ **with** ne trebati, moći bez čega
disperse [dis'pə:s] raspršiti, razasuti
displace [dis'pleis] maknuti; prognati; istisnuti
displacement [dis'pleismənt] istisnuće, deplasman (broda); nadomjestak
display [dis'plei] 1. pokazivanje; izložba; izlog; razmetanje 2. razotkriti; izložiti; razmetati se
displease [dis'pli:z] ozlovoljiti; ne dopadati se
displeasing [dis'pli:ziŋ] (~ly) neugodan, nedopadljiv
disposable [dis'pouzəbl] raspoloživ
disposal [dis'pouzl] odlaganje; razmještaj; raspolaganje (čime); prodaja; **at one's** ~ na raspolaganju
dispose [dis'pouz] *v/t* odrediti; rasporediti; ukloniti; *v/i* ~ **of** raspolagati, urediti; riješiti se; maknuti; (po)trošiti
disproportion ['disprəpɔ:ʃn] nesrazmjer
disputable [dis'pju:təbl] diskutabilan, dvojben, sporan
dispute [dis'pju:t] 1. prepirka, svađa; rasprava; **in** ~ sporan; **beyond** ~ neosporan 2. *v/t* pretresati; osporavati; *v/i* prepirati se, raspravljati
disqualification [diskwɔlifi'keiʃn] nesposobnost; diskvalifikacija

disqualify [dis'kwɔlifai] onesposobiti; diskvalificirati
disregard ['disri'ga:d] 1. zanemarivanje; potcjenjivanje; nehat 2. zanemariti; ne obazirati se; prezirati
disrespect ['disris'pekt] nepoštivanje, nepoštovanje
disrespectful ['disris'pektful] (~ly) koji ne poštuje; neuljudan
dissatisfaction ['dissætis'fækʃn] nezadovoljstvo
dissatisfy ['dis'sætisfai] ne zadovoljiti; ne udovoljiti
dissent [di'sent] 1. razilaženje; otpadništvo (od nacionalne crkve) 2. razilaziti se; ne slagati se
dissertation [disə'teiʃn] rasprava; disertacija
dissimilar ['di'similə] različit; nejednak
dissimilarity ['disimi'læriti] različitost, nesličnost
dissolvable [di'zɔlvəbl] [ras]topiv
dissolve [di'zɔlv] 1. v/t rastopiti; rastvoriti; v/i rastopiti se
dissonance ['disonəns] disonanca; nesklad
dissonant ['disonənt] nesložan; disonantan
distance ['distəns] 1. udaljenost, daljina; razmak; at a ~ na udaljenost 2. preteći
distant ['distənt] (~ly) udaljen, dalek; ~ control daljinsko upravljanje
distinguish [dis'tiŋgwiʃ] razlikovati (se); odlikovati
distinguished [dis'tiŋgwiʃt] različit; istaknut
distract [dis'trækt] odvratiti, skrenuti pozornost
distracted [dis'træktid] (~ly) rastresen; smeten
distraction [dis'trækʃn] rastresenost, smušenost
distress [dis'tres] 1. bol, jal; nevolja; nužda 2. zadati bol, muku; ožalostiti
distressed [dis'trest] (~ly) u nevolji, bijedan, nesretan
distressful [dis'tresful] (~ly) tužan, jadan, nevoljan
distribute [dis'tribju:t] (raz)dijeliti, distribuirati
distribution [dis'tribju:ʃn] raspodjela; razdioba; distribucija
district ['distrikt] okrug, kotar; distrikt

distrust [dis'trʌst] 1. nepovjerenje 2. sumnjati
distrustful [dis'trʌstful] (~ly) nepovjerljiv, sumnjičav; plah
disturb [dis'tə:b] uznemiravati; smetati
disturbance [dis'tə:bəns] smetnja; nemir; izgred
ditch [ditʃ] 1. jarak; graba 2. v/t opkopati jarkom; v/i iskopati jarak; fig ostaviti na cjedilu
dive [daiv] 1. (za)roniti, strmoglaviti se 2. ronjenje; skok naglavačke (u vodu i fig); Am ortačka jazbina
diverge [dai'və:dʒ] razilaziti se; skretati; odvajati se
divergence [dai'və:dʒnt] (~ly) različit; divergentan
diverse [dai'və:s] (~ly) nejednak, različit; promjenjiv
diversification (dai'və:sifi'keiʃn) promjenjivost; raznolikost
diversify [dai'və:sifai] promijeniti; unijeti raznolikost
diversion [dai'və:ʃn] skretanje, odvraćanje (pozornosti); zabava, razonoda
divert [dai'və:t] skrenuti (pozornost); razonoditi
divide [di'vaid] 1. v/t (ras)(po)dijeliti; razdvojiti, rastaviti; v/i dijeliti se
dividing [di'vaidiŋ] razdjelni, dijelni
diving ['daiviŋ] sport skakanje u vodu; attr ronilački
division [di'viʒn] dijeljenje; razdioba; okrug; divizija
divisive [di'vaisiv] koji dijeli; razdorni
divorce [di'vɔ:s] rastava, razvod braka; rastaviti brak
divorcee [divɔ:'si:] rastavljena osoba
dizziness ['dizinis] vrtoglavica
dizzy [dizi] (~ly) 1. vrtoglav; nepromišljen 2. omamiti, smutiti
do [du:] irr 1. v/t činiti, učiniti, napraviti, svršiti; prevaliti (put); spremiti (stan, jelo); urediti (kosu); igrati (ulogu); nasamariti; slang podvoriti (koga) 2. v/i raditi, baviti se; osjećati se; dostajati; napredovati 3. prijevara; veselica, priredba
do... ~ **down** svladati; podvaliti
~ **in** nadmudriti; ubiti, umoriti
~ **into** prevesti na
~ **out** utrnuti
~ **up** urediti, dotjerati; izmoriti; zapakirati

that will ~ bit će dosta, dobro je how ~ you ~ drago mi je (da smo se upoznali) that won't ~ to ne ide ~ well napredovati, uspijevati ~ badly slabo napredovati I could ~ with dobro bi mi došlo ~ without moći biti bez čega
dock [dɔk] 1. dok; *Am* pristanište, mol; optuženička klupa; dry ~ suhi dok; floating ~ plovni dok; wet ~ dok s vodom 2. dokovati 3. podrezati; *fig* skratiti 4. štavalj; kiseljak
docker [dɔkə] lučki radnik
dockyard ['dɔkja:d] brodogradilište
doctor ['dɔktə] 1. liječnik, doktor 2. liječiti, popraviti; podijeliti stupanj doktora
document ['dɔkjumənt] 1. isprava, dokument 2. ['dɔkjument] dokumentirati; potkrijepiti
documentary ['dɔkju'mentəri] **documental** [dɔkju'mentl] (~ly) dokumentaran; dokazan
doe [dou] srna, košuta; ženka (zeca, kunića)
dog [dɔg] 1. pas; mužjak (vuka, lisice); spona, hvataljka; momak, klipan; *Am* hvalisanje 2. slijediti, ići tragom; ~ cheap gotovo badava
dole [doul] 1. milostinja; naknada za vrijeme nezaposlenosti; *poet* tuga, žalost, bol
dollar ['dɔlə] dolar
dolly ['dɔli] lutkica
dolphin ['dɔlfin] dupin
domestic [do'mestik] (domestical, do'mestkəl) (~ly) domaći, kućni; unutrašnji; [pri]pitom[ljen] 2. kućna pomoćnica; ~s *pl* kućne potrepštine
domesticate [dɔ'mesti'keit] pripitomiti; odomaćiti
domicile ['dɔmisail] boravište; mjesto plaćanja (mjenice) 2. domicilirati (mjenicu)
dominance ['dɔminəns])(pre)vlast
dominant ['dɔminənt] dominantan; glavni
domination ['dɔminei ʃn] dominacija, vladanje
dominion [do'minjən] vlast; ~s *pl* područje, oblast
donate [dou'neit] pokloniti
donation ['dounei ʃn] doprinos, prilog, dar
done [dʌn] 1. *pp* od do; be ~ događati se 2. *adj* dogovoren; gotov, svršen; well ~ dobro pečen ili kuhan 3. vrijedi!

donkey ['dɔŋki] magarac
do-nothing ['du:nʌθiŋ] lijenčina; ništarija 2. lijen
doom [du:m] 1. zla kob, udes, sudba; osuditi
doomsday [du:mzdei] sudnji dan
door [dɔ:] vrata; next ~ (to) potkraj, blizu; (with)out ~s kod kuće; out of~s vani, napolju
door-keeper ['dɔ:ki:pə] vratar
door-way ['dɔ:wei] ulaz u kuću, veža
dope [doup] 1. mazivo; narkotik, droga; *Am slang* lažne informacije; prevara; glupan 2. lakirati, premazati
dormitory ['dɔ:mitəri] spavaonica (u američkim studentskim domovima)
dose [dous] 1. doza 2. dozirati
dossier ['dɔsiei] dosje; svežanj spisa
dot [dɔt] 1. točkica 2. obilježiti točkicama
double ['dʌbl] (~ly) 1. dvostruk, dvojak; dvoličan 2. dvostrukost; duplikat, dvojnik; igra parova (u tenisu) 3. *v/t* udvostručiti; saviti; oploviti, obići; *v/i* udvostručiti se; naglo skrenuti; ići trčećim korakom; ~ dealer spletkar, prevrtljivac; ~-quick trčećim korakom, vrlo brzo
doubt [daut] 1. *v/i* sumnjati, dvoumiti; *v/i* posumnjati, nemati povjerenja 2. sumnja, dvojba; dvoumljenje; no ~ nesumnjivo, bez sumnje
doubtful ['dautful] (~ly) sumnjiv, neizvjestan
doubtless ['dautlis] bez sumnje, sigurno
dough [dou] tijesto; *Am slang* lova; ~nut uštipak
dove [dʌv] 1. golub(ica) 2. užljebljenje; spajanje 3. užlijebiti
dower ['dauə] 1. udovičin dio imanja; *fig* miraz 2. opremiti, dati miraz
down [daun] 1. *adv* dolje; ~ and out *fig* potučen, uništen; be ~ pasti cijena; be ~ upon oboriti se na, navaliti na (koga) 2. *prep* niz 3. *adj* ~ platform peron s koga polazi vlak 4. *v/t* skinuti, spustiti; oboriti
down ... ~cast potišten, malodušan
~hill nizbrdo; strm
~stairs dolje, na donjem katu; donji kat
~stream nizvodno
~town *Am* trgovački centar grada
~ward koji se spušta
~wards prema dolje, niže

down payment [daun'peimənt] predujam, polog
down right [daunrait](~ly) 1. *adv* ravno dolje, okomito; sasvim, potpuno 2. *adj* otvoren, iskren; sirov; očevidan
dowry ['dauəri] miraz
doze [douz] 1. drijemati; ~ **away**, zadrijemati 2. drijemež, san
dozen [dʌzn] tucet
draft [dra:ft] (**draught**) 1. mjenica; nacrt; posebni odred 2. izraditi nacrt, skicirati; poslati kao smjenu ili pojačanje; *Am* regrutirati
draftee [dra:f'ti:]*Am* regrut, novak
draftsman [dra:ftsmən] crtač, tehnički crtač
drag [dræg] 1. *v/i* vući, potezati; kočiti; pretraživati dno; *v/i* vući se 2. teška drljača; četveropreg; kočnica; smetnja
dragon ['drægən] zmaj
drain [drein] 1. odvodni jarak; ispust; otjecanje; kapljica 2. *v/t* (is)cijediti, drenirati, iskapiti; *v/i* istjeći, otjecati
drake [dreik] patak
drama ['dra:mə] drama
dramatic [drə'mætik] (~ally) dramatski, dramatičan
dramatist ['dræmətist] pisac drama, dramatičar
dramatize ['dræmətaiz] dramatizirati
draught [dra:ft] vučenje; propuh; gutljaj; nacrt, skica; gaz; ~**s** igra dame; ~ **beer** pivo na čaše; ~ **man** crtač
draw [drɔ:] 1. *irr* (iz)vući, povući, potezati; (na)crtati; navući; izmamiti; ispostaviti; sastaviti (dokument); vući mjenicu; odigrati (utakmicu); izvući zgoditak; gaziti; uvući (dah); izvesti (zaključak); ~ **away** odvući, odvratiti; ~ **forth** izmamiti; ~ **up** uspraviti se, dostaviti (dokument) 2. izvlačenje; vučenje; zgoditak; ždrijeb; *sport* neodlučni rezultat; ~**back** popust, odbitak; mana, nedostatak; šteta; zapreka; povrat carine; *Am* povrat novca; ~ **bridge** pomični most
drawer ['drɔ:ə] 1. crtač 2. ladica; **chest of** ~**s** komoda
drawing ['drɔ:iŋ] crtanje, crtež, nacrt, skica; izvlačenje (lutrije); trasiranje; ~ **account** žiro račun; ~**-board** crtaća daska
dread [dred] 1. strah, strava 2. strašiti (se), bojati se
dreadful ['dredful] (~ly) grozan, strašan
dream [dri:m] 1. san 2. *irr* sanjati

dreamer ['dri:mə] sanjar
dress [dres] 1. odjeća, odijelo; haljina; *fig* toaleta 2. urediti, obući; ukrasiti; namjestiti; namjestiti (sobu); obrezivati (vinograd); podrezati (kosu); (po)gnojiti; ~ **it** održati generalnu probu; ~**-circle** mezanin; ~**-coat** frak
dresser ['dresə] kostimer; kuhinjski ormar; kirurški asistent; *Am* toaletni stolić ili komoda
dressing ['dresiŋ] odijevanje; priređivanje; zavoj; previjanje (rane); začin; gnojivo; grdnja; batine; ~ **gown** kućna haljina; ~ **jacket** kućni haljetak; ~**-table** toaletni stolić
dressmaker ['dres,meikə] krojačica
dribble ['dribl] slinaviti, baliti; (na)kapati; driblati
dried [draid] (o)sušen; ~ **fruit** suho voće
drift [drift] 1. struja(nje); skretanje; *fig* tok (misli); nagon; svrha; (sniježni) nanos; vodoravni rov 2. *v/t* tjerati, nositi; *v/i* gomilati se, biti nošen
drill [dril] 1. bušilica, svrdlo; dresura, dril 2. stvrdlati, bušiti, vježbati, dresirati
drink [driŋk] 1. piće, čašica 2. *irr* (po)piti
drip [drip] 1. kapanje 2. kapati; cijediti se; ~**ping wet** mokar do kože
drive [draiv] 1. vožnja; prilazni put; pogon; *fig* poriv, nagon; pohod; *Am* kampanja, sabirna akcija 2. *irr v/t* voziti, tjerati, prisiliti na; zabiti, protjerati; *v/i* žuriti, biti tjeran; nasrnuti; voziti se; ~ **at** *th* ciljati, nišaniti
drive-in ['draiv'in] *Am* kino ili restoran u koji se ulazi bez napuštanja auta
driver ['draivə] vozač; gonič; strojovođa
driving ['draiviŋ] vožnja; tjeranje; vozački; pogonski
driving ... ~ **instructor** učitelj vožnje
~ **licence** vozačka dozvola
~ **mirror** retrovizor
~ **school** auto-škola
~**-belt** pogonski remen
~**-gear** pogonski zupčanici
~**-wheel** pogonski kotač
drizzle ['drizl] 1. kišica 2. sipiti, rominjati
drool [dru:l] 1. sliniti 2. *Am* glupo blebetanje
drop [drɔp] 1. kap(ljica); pad(anje); *thea* zastor 2. *v/t* (po)kapati; bacati (bombe); spustiti (sidro); napustiti (temu); ~ **it!** prestani, ostavi to!; *v/i* kapati, curiti; klo-

nuti; ~in svratiti; ~ off otpadati, otpasti; ~ out sklapati, ispasti
drought [draut] suša
drown [draun] v/i utopiti; potopiti, poplaviti; v/i (be ~ed) utopiti se
drug [drʌg] 1. droga, lijek 2. omamiti; drogirati; nasuti (lijek ili drogu)
druggist ['drʌgist] ljekarnik, drogerist
drugstore ['drʌgstɔ:] Am ljekarna; drogerija
drum [drʌm] 1. bubanj 2. bubnjati
drummer ['drʌmə] bubnjar; Am trgovački putnik
drunk [drʌŋk] 1. pp od drink 2. pijan
drunkard ['drʌŋkəd] pijanac
drunken [drʌŋkən] pijan, pripit
dry [drai] (~ly) 1. suh, isušen; dosadan, suhoparan; trpak, opor; žedan; gdje vlada prohibicija; ~ goods kratkometražna roba 2. (o)sužiti; prohibicionist; ~up! šuti, umukni!
dryclean ['drai'kli:n] kemijski očistiti
drycleaning ['drai'kli:niŋ] kemijsko čišćenje
dry-nurse ['drainə:s] 1. dadilja 2. čuvati dijete
dual ['djuəl] (~ly) dvostruk; dvojan
dub [dʌb] udarcem mača posvetiti za viteza; nazvati; namastiti (kožu)
dubbing ['dʌbiŋ] mast za kožu; sinkronizacija filma
dubious ['dju:biəs] (~ly) sumnjiv; neizvjestan
dubiousness ['dju:biəsnis] neizvjesnost
duchess ['dʌtʃis] vojvotkinja
duck [dʌk] 1. patka; Am slang momak 2. gnjuranje; naklon 3. zaroniti, sagnuti (glavu); Am izbjegavati (koga; udarac, dužnost) 4. dragi, ljubimac 5. grubo platno za jedra i mornarske hlače
duckling ['dʌkliŋ] pače
dude [dju:d] Am kicoš, dendi
due [dju:] 1. dužan; obavezan; primjeran; in ~ time pravovremeno, u svoje vrijeme; the train is ~ at vlak treba stići u; in ~ course na vrijeme, valjano; ~ to zbog, uslijed 2. adv ravno, prema, u smjeru 3. ono što kome spada, pravo; dug; ~s pl pristojbe, takse, članarina
duel ['dju:əl] 1. dvoboj 2. boriti se u dvoboju
dug [dʌg] 1. pret i pp od dig 2. vime 3. ~ out podzemno sklonište; (izdubeni)

kanu; Am zaklon za igrače izvan igre (u baseballu)
duke [dju:k] vojvoda
dukedom ['dju:kdəm] vojvodstvo
dull [dʌl] 1. dosadan, glup; trom; tmuran, bez sjaja; mrtav (sezona); bez vjetra 2. (o)tupiti, omlitaviti
dullness ['dʌlnis] glupost, tupost; dosada, mrtvilo; sumornost; slab promet
dumb [dʌm] (~ly) nijem; Am glup, tup; **deaf and** ~ gluhonijem
dumbness ['dʌmnis] nijemost
dummy ['dʌmi] fam nijema osoba; statist; lutka, figura; krojačka lutka; kulisa; attr lažan, tobožnji; ~ **whist** igranje whista sa zamišljenim četvrtim igračem
dump [dʌmp] 1. istovariti; baciti robu na tržište ispod cijene 2. pad; smetlište; mukli udarac; skladište streljiva; hrpa otpadaka; fig ~s pl potištenost
dumpling ['dʌmpliŋ] valjušak
dune [dju:n] dina, sprud, pješčani humak
dungeon ['dʌndʒn] tamnica
duo ['dju:o] duo
dupe [dju:p] 1. bedak, nasamarena osoba 2. prevariti, nasamariti
duplex ['dju:pleks] dvostruk; Am kuća za dvije obitelji
duplicate ['dju:plikit] 1. dvostruk 2. duplikat, kopija; prijepis 3. ('dju:plikeit) kopirati, podvostručiti, umnožiti
duplication ['dju:plikeiʃn] podvostručenje, umnožavanje
duplicator ['dju:plikeitə] stroj za umnožavanje
duplicity [dju:'plisiti] dvoličnost
durability [djuərə'biliti] postojanost, trajnost
durable ['djuərəbl] (~ly) trajan
duration [dju'reiʃn] trajanje
during ['djuəriŋ] za vrijeme
dusk [dʌsk] suton, sumrak
dust [dʌst] 1. prah, prašina 2. zaprašiti, oprašiti; ~ **bin** kanta za smeće
duster [dʌstə] krpa za brisanje prašine; Am ogrtač za zaštitu od prašine
dust-man ['dʌstmən] smećar
dusty [dʌsti] (~ly) prašan
Dutch [dʌtʃ] 1. holandski, nizozemski; ~ treat izlazak (u restoran) s time da svako plaća za sebe 2. the ~ Holandani; **double** ~ šatrovački govor
dutiable ['dju:tiəbl] podložan carini

dutiful ['dju:tiful] (~ly) poslušan, pokoran
duty ['dju:ti] dužnost; služba; posao; carina; pristojba; **on** ~ u službi, dežuran; **off** ~ slobodan, izvan službe; ~ **call** posjet iz dužnosti ili moralne obaveze; ~**-free** bescarinski, slobodan od carine
dwarf [dwɔ:f] 1. patuljak 2. spriječiti u rastu, učiniti malenim
dwell [dwel] *irr* stanovati; zadržavati se
dwelling ['dweliŋ] boravak; stan, prebivalište; ~**-house** stambena kuća;
~**-place** , mjesto stanovanja
dye [dai] 1. boja (sredstvo) 2. obojiti, ličiti
dyer ['daiə] ličilac
dying ['daiŋ] (~ly) 1. samrtni, koji umire (vidi **die**) 2. umiranje
dynamic [dai'næmik] (~ly) 1. dinamičan, živ 2. pokretna sila
dynamics [dai'næmiks] dinamika
dynamite ['dainəmait] 1. dinamit 2. razoriti dinamitom
dynasty ['dinəsti] dinastija

each [i:tʃ] svaki, svaki pojedini; ~ other jedan drugoga
eager ['i:gə] (~ly) željan, pohlepan; žestok; žustar
eagerness ['i:gənis] revnost; živa želja
eagle [i:gl] orao; kovani novac od 10 dolara
ear [iə] 1. uho; sluh; pažnja; ~ache [iəeik] uhobolja; ~drum bubnjić 2. klas
earl [ə:l] grof
ealdom ['əldəm] grofovstvo
early ['ə:li] ran, rano; prvobitni; as ~ as već
earn [ə:n] zaraditi, donositi prihod; ~ed income prihod od vlastita rada
earnest ['ə:nist] 1. predujam, kapara; zalog, polog; (~ly) ozbiljan, ozbiljnost
earnings ['əniŋz] pl zarada, dohodak, plaća
ear-phone ['iəfoun] slušalica
ear-ring ['iəriŋ] naušnica
earshot ['iəʃɔt] doseg, domašaj zvuka
earth [ə:θ] 1. zemlja, zemaljska kugla, tlo, kopno; (lisićji) brlog; uzemljenje 2. v/t uzemljiti; uvući se (u jazbinu), zakopati se; ~ up okapati
earthen ['ə:θən] zemljan, glinen
earthly [ə:θli] zemaljski, svjetovan; zamisliv
earthquake ['ə:θkweik] potres
ease [i:z] udobnost, lakoća; mir, olakšanje; at ~ slobodno; ugodno; ill at ~ neugodno, mučno; stand at ~ voljno!; live at ~ udobno živjeti 2. olakšati, popustiti, ublažiti, osloboditi; opustiti
easel ['i:sl] slikarski stalak, štafelaj
easiness ['i:zinis] lakoća; neusiljenost; lakoumnost
east [i:st] 1. istok; Orijent; the ~ Am istočne države SAD 2. istočni
easter ['i:stə] Uskrs; ~ egg uskrsno jaje
eastern ['i:stən] istočni, orijentalni, istočnjački
eastward (s) ['istwəd(z)] prema istoku

easy ['i:zi] (~ly) 1. lak, lagan; udoban; bezbrižan; gladak; popustljiv; on ~ terms Am uz povoljne uvjete otplate; make oneself ~ udobno se smjestiti; take it ~ polako, mirno, bez uzrujavanja 2. uspori! (veslanje)
eat [i:t] 1. irr v/t jesti; v/i hraniti se, jesti; ~ one' s heart out izjedati se
eaves [i:vz] pl streha
eavesdrop ['i:vzdrɔp] prisluškivati
ebb [eb] 1. oseka (i ~-tide) fig opadanje 2. otjecati fig opadati
eccentric [ik'sentrik] (i eccentrical) (~ly) 1. eksentričan 2. čudak, ekscentrik
ecclesiastical [ikli:zi'æstikl] (~ly) 1. duhovni, crkveni 2. duhovnik
echo ['ekou] 1. jeka, odjek 2. odzvanjati, odjekivati
eclipse [i'klips] 1. pomrčina, zatamnjanje 2. pomračiti (se), zatamniti
economic [i: kənɔmik] (i economical) (~ly) ekonomski, privredni, gospodarski; ekonomičan
economist [i:kɔnəmist] ekonomist, ekonom
economize [i'kɔnəmaiz] ekonomizirati, štedljivo upravljati
economy [i:'kɔnəmi] ekonomija, privreda; štedljivost; vođenje kućanstva
ecstasy ['ekstəsi] zanos, oduševljenje; ekstaza
edge [edʒ] 1. oštrica, brid; oštrina; granica; be on ~ biti nervozan 2. naoštriti, brusiti; obrezati; razdražiti
edit ['edit] uređivati; urediti (knjigu)
edition ['ediʃn] naklada; izdanje
editor ['editə] urednik, redaktor
editorial ['editɔriəl] 1. urednički 2. uvodnik
educate ['edjukeit] odgajati; školovati, obrazovati
education [edju'keiʃn] odgoj; školovanje, prosvjeta; elementary ~ osnovno obra-

zovanje; **secondary** ~ srednjoškolsko obrazovanje
educative ['edjukeitiv] odgojni, nastavni
educator ['edjukeitə] odgojitelj, pedagog
eerie ['iəri] (i **eery**) praznovjerno strašljiv; jezovit, stravičan
effect [i'fekt] 1. djelovanje, posljedica; dojam, efekt; stupanje (zakona) na snagu; pravomoćnost; ~ **s** *pl*, imovina; vrijednosni papiri 2. provesti; obaviti
effective [i'fektiv] (~**ly**) 1. djelotvoran, efektan, efektivan; stvaran
efficiency [i'fiʃnsi] efikasnost, djelatnost; korisno djelovanje
efficient [i'fiʃnt] (~**ly**) djelotvoran, efikasan
effort ['efət] nastojanje, trud, napor, muka
effuse [e'fju:z] izlijevati, razliti
effusion [i'fjuʒn] proljevanje, izljev
egg [eg] 1. jaje, **buttered** , **scrambled** ~**s** *pl*, kajgana; **fried** ~**s** *pl* jaja na oko; **bad** ~ *slang* mućak, pokvarenjak 2. (na)huškati
ego ['egou] ego, ja
egoism ['egouizəm] egoizam, sebičnost
egoist ['egouist] egoist, sebičnjak
Egyptian [i'dʒipʃn] egipatski, egipćanin, egipćanka
eh [ei] e! što? ha?
eight [eit] 1. osam 2. osmica; osmerac
eighteen [ei'ti:n] osamnaest
eighth [eitθ] osmi; osmina
eighty ['eiti] osamdeset
either ['aiðə,'i:ðə] 1.*adj* i *pron* jednak (od dva); bilo koji; oba, oboje; *conj* kako god; ~ ... **or** ili... ili
eject [i'dʒekt] izbaciti, svrgnuti, prognati, ispuštati
ejection [i'dʒekʃn] izbacivanje, protjerivanje, svrgnuće
elaborate [i'læbərit] (~**ly**) pomno izrađen, potjeran, savršen, izvještačen 2. [i'læbə'reit] razraditi; usavršiti
elaboration [i,læbə'reiʃn] elaboracija, pomno razrađivanje
elastic [i'læstik] (~**ally**) 1. elastičan 2. (gumi) lastika
elasticity [elæs'tisiti] elastičnost, gipkost
elbow ['elbou] 1. lakat; pregib; okuka; koljeno 2. gurati (se) laktima, probijati se; ~-**chair** naslonjač
elder ['eldə] 1. stariji 2. stariji, (crkveni) starješina; ~ **s** *pl*, pripadnici starijeg pokoljenja, preci, pretpostavljeni 3. bazga

elderly ['eldəli] postariji
eldest ['eldist] najstariji
elect [i'lekt] 1. izabran; *eccl* odabran; **bride** ~ zaručnica 2.izabrati, odabrati; više voljeti
election [i'lekʃn] izbor(i), glasovanje
electioneer [i,lekʃə'niə] skupljati glasove za izbore, korteširati
elective [i'lektiv] (~**ly**) 1. izborni, birački; fakultativni; neobvezatan 2. *Am* fakultativni kolegij
elector [i'lektə] birač, glasač
electric [i'lektrik] električan; ~ **arc** električni luk; ~ **circuit** strujni krug
electrical [i'lektrikl] (~**ly**) električan; elektro...; ~ **engineer** inženjer elektronike; ~ **engineering** elektrotehnika
electrician [ilek'triʃn] električar
electricity [ilek'trisiti] elektricitet, električna struja
electrify [ilektri'fai] elektrificirati, naelektrizirati
elegance ['eligəns] elegancija; ukus
elegant ['eligənt] (~**ly**) elegantan, fin, otmjen
elegy ['elidʒnt] elegija
element ['elimənt] elemen(a)t; (životna) okolina; bitna okolnost; atmosferska sila; ~**s** osnove (neke znanosti); temelji
elemental ['elimentəl] (~**ly**) elementaran, osnovan
elementary [eli'mentəri] (~**ly**) elementaran, osnovan; ~ **school** osnovna škola
elephant ['elifənt] slon
elevate ['eliveit] podići; *fig* uzdići
elevator ['eliveitə] dizalica; *Am* lift
eleven [i'levn] 1. jedanaest 2. jedanaestica; jedanaestorica
elf [elf] vražićak, mali zlobni duh
eligibility [elidʒə'biliti] izbornost, prikladnost
eligible ['elidʒəbl] (~**ly**) izaberiv, prikladan, pogodan, pogodan za ženidbu
eliminate [i'limineit] ukloniti, eliminirati
elimination [ilimi'neiʃn] eliminacija, uklanjanje
elm [elm] brijest
elope [i'loup] pobjeći (od kuće)
eloquence ['eləkwəns] rječitost
eloquent ['eləkwənt] rječit, elokventan
else [els] drugi, drugo; još; **all** ~ sve drugo; **anyone** ~ itko drugi; **what** ~ što još; **or** ~ inače

elsewhere ['els'wɛə] drugdje, drugamo
elude [i'lu: d] izbjeći, izmaknuti
emancipate [i'mænsipeit] osloboditi (se); emancipirati (se)
emancipation [i'mænsipeiʃn] emancipacija, oslobođenje
embargo [em'ba:gou] 1. zabrana, embargo 2. staviti zabranu
embark [im'ba:k] ukrcati (se) utovariti; upustiti se; zaplesti se
embarrass [im'bærəs] omesti, spriječiti; dovesti u nepriliku; smutiti
embarrassing [im'bærəsiŋ] (~ly) nezgodan, koji stvara nevolje
embarrassment [im'bærəsmənt] nevolja, škripac, nezgoda, smutnja
embassy ['embəsi] poslanstvo, ambasada
embezzle [im'bezl] pronevjeriti
embezzlement [im'bezlmənt] pronevjera, utaja
embezzler [im'bezlə] pronevjeritelj
embodiment [im'bɔdimənt] utjelovljenje
embody [im'bɔdi] utjeloviti; obuhvatiti
embrace [im'breis] 1. zagrliti (se), prigrliti, prihvatiti 2. zagrljaj
embroider [im'brɔidə] vesti; *fig* ukrasiti
embroidery [im'brɔidəri] vez(enje); *fig* ukras
emerge [i'mə:dʒ] izroniti, izaći na vidjelo; iskrsnuti, izdići se
emergence [i'mə:dʒəns] izronjavanje, pomaljanje
emergency [i'mə:dʒənsi] nenadan događaj; izvanredno stanje; nužda, nevolja
emergency .. ~ **brake** kočnica za slučaj opasnosti
~ **call** hitan poziv
~ **exit** izlaz za nuždu
~ **landing** prisilno spuštanje
~ **man** onaj koji pomaže u nuždi, pomoćnik sudskog izvršitelja (kod deložacije)
~ **measure** specijalne hitne mjere
emigrant ['emigrənt] 1. iseljenički, emigrantski 2. iseljenik, emigrant
emigrate ['emigreit] iseliti se, emigrirati
emigration [emi'greiʃn] iseljenje, emigracija
eminence ['eminəns] visina, uzoritost, slava, visok položaj, eminencija
eminent ['eminənt] (~ly) *fig* istaknut, ugledan; *adv* nadasve, u najvećoj mjeri
emissary ['emisəri] izaslanik, emisar

emission [i'miʃn] odašiljanje; zračenje; emisija [novca]
emit [i'mit] odašiljati, zračiti; ispuštati; emitirati (novac)
emotion [i'mouʃn] uzbuđenje, uzrujanost; ganuće, emocija
emotional [i'mouʃnl] emocionalan, osjećajan
emperor ['empərə] imperator, car
emphasis ['emfəsis] *pl* **emphases** ['emfəsiz] naglašavanje, isticanje; naglasak
emphasize ['emfəsaiz] naglasiti, istaknuti
empire ['empaiə] imperij, carstvo; vladavina
employ [im'plɔi] 1. zaposliti; upotrijebiti; iskoristiti 2. upotreba; služba
employé , employée , employee [emplɔ'i:] namještenik, službenik
employer [im'plɔiə] poslodavac
employment [im'plɔimənt] zaposlenje, posao; zaposlenost; ~ **agency** zavod za zapošljavanje; **place of** ~ mjesto zaposlenja; ~ **exchange**
(~ **bureau**) burza rada
empower [im'pauə] ovlastiti, opunomoćiti
empress ['empris] carica
emptiness ['emptinis] praznina, ispraznost
empty ['empti] (~ly) 1. prazan; *fig* isprazan; gladan 2. isprazniti (se) 3. prazan sanduk
enable [i'neibl] omogućiti, osposobiti, ovlastiti
enact [i'nækt] ozakoniti, odrediti; donijeti zakon; glumiti, predstavljati
encage [in'keidʒ] zatvoriti u kavez
encashment [in'kæʃmənt] unovčenje, inkasiranje
enchain [in'tʃein] okovati lancima, sputati
enchant [in'tʃa:nt] očarati, opčiniti
enchanter [in'tʃa:ntə] čarobnjak
enchantment [in'tʃa:ntmənt] čar, opčaravanje
encircle [in'sə:kl] okružiti, opkoliti, opasati
enclose [in'klouz] okruživati, ograditi, opkoliti; priložiti (pismu)
enclousure [in'klouʒə] ograđivanje; prilog (pismu)
encompass [in'kʌmpəs] okružiti, obuhvaćati
encounter [in'kauntə] 1. susret; sukob, okršaj, 2. susresti; sukobiti se

encourage [in'kʌridʒ] [o]hrabriti, bodriti, potaknuti
encouragement [in'kʌridʒmənt] hrabrenje, poticanje, poticaj
encyclopaedia [ensaiklə'pi:diə] enciklopedija
end [end] 1. kraj, svršetak, cilj; okrnjak, svrha, prestanak; rezultat; korist 2. dovršiti, završiti, svršiti
end ... be at an ~ biti na kraju
  in the ~ na kraju, konačno
  on ~ uspravan
  to the ~ **that** tako da, da bi
  to no ~ uzalud
  make an ~ **of; put on** ~ **to** dokrajčiti
  make both ~ **meet** sastaviti kraj s krajem
endanger [in'deindʒə] ugroziti, izvrći opasnosti
endavo(u)r [in'devə] 1. nastojanje, trud 2. nastojati, truditi se, težiti ka
ending ['endiŋ] kraj, svršetak; *gram* nastavak
endless ['endlis] (~ly) beskonačan, beskrajan
endorse [in'dɔ:s] potpisati se na poleđini, indosirati; potkrijepiti, potvrditi; prenijeti
endorsee [endɔ:'si:] indosatar
endorsement [in'dɔ:smənt] indosament, žiro; potpis na poleđini
endorser [in'dɔ:sə] žirant, indosant
endow [in'dau] obdariti, dati, dotirati
endowment [in'daumənt] darovanje, prilog; talenat, darovitost
endurable [in'djuərəbl] podnošljiv, izdržljiv
endurance [in'djuərəns] izdržljivost, podnošenje; trajanje
endure [in'djuə] izdržati, podnijeti; ustrajati
enemy ['enimi] 1. neprijatelj, protivnik, protivnička snaga 2. neprijateljski
energetic [enə'dʒetik] (~ally) energičan, odlučan
energize ['enədʒaiz] ispuniti energijom, životom, biti energičan
energy ['enədʒi] energija; radna sposobnost
enfold [in'fould] umotati, obuhvatiti
enforce [in'fɔ:s] prisiliti, nametnuti, provesti
engage [in'geidʒ] *v/t* obavezati (ugovorom, obećanjem); uzeti u službu; rezervirati mjesto; zaručiti, vjeriti; napasti; jamčiti; angažirati; **be** ~**d** biti zauzet; biti zaručen; **be** ~ **in** baviti se čime; *v/i* (oba)vezati se; ući u borbu, upustiti se u
engagement [in'geidʒmənt] dužnost, aranžman, obaveza, dogovor; zaruke; bitka, okršaj
engine ['endʒin] stroj; lokomotiva; vatrogasna kola; oruđe; ~ **driver** strojovođa
engineer [endʒi'niə] 1. inženjer, tehničar, strojar; *Am* strojovođa 2. graditi, konstruirati; manevrirati
engineering [endʒi'niəriŋ] tehnika, strojarstvo, inženjerstvo; inženjering; manevriranje
engineman ['endʒinmən] strojar
English ['iŋgliʃ] 1. engleski 2. engleski jezik; **the** ~ Englezi
Englishman ['iŋgliʃmən] Englez
Englishwoman ['iŋgliʃwumən] Engleskinja
engrave [in'greiv] urezati, gravirati;
engraving [in'greiviŋ] rezbarenje, graviranje; bakrorez, drvorez
enigma [i'nigmə] zagonetka, enigma
enjoy [in'dʒɔi] uživati, radovati se; ~ **oneself** dobro se zabavljati
enjoyable [in'dʒɔiəbl] ugodan, prijatan
enjoyment [in'dʒɔimənt] užitak, veselje
enlarge [in'la:dʒ] *v/t* (pro)širiti, povećati; *v/i* uvećati [se]
enlighten [in'laitn] *fig* prosvijetliti, rasvijetliti
enlighenment [in'laitnmənt] prosvijećenost, prosvjetiteljstvo
enlist [in'list] *v/t* pozvati u vojsku; *v/i* postati vojnik
enough [inʌf] dosta; **well** ~ sasvim dobro
enquire [in'kwaiə] inquire
enrage [in'reidʒ] razbjesniti (se);
enrich [in'ritʃ] obogatiti (se)
enrol [l] [in'roul] upisati, unijeti u popis, učlaniti; protokolirati; učlaniti se, unovčiti se, prijaviti se u vojsku
ensign ['ensain] stijeg, zastava, oznaka (čina); *Am* (mornarički) zastavnik
enslave [in'sleiv] zarobiti, podjarmiti
enslavement [in'sleivmənt] ropstvo, sputanost
ensure [in'ʃuə] osigurati
enter ['entə] *v/t* ući, unijeti, postati članom, pridružiti se; predbilježiti, započeti

(dresuru); (pro)knjižiti, podnijeti (protest); v/i ući, upisati se, prijaviti se; ~ into ući, upustiti se, pristupiti; sporazumjeti se; načeti (temu); ~ **upon** (na)stupiti, upustiti se; pokrenuti (razgovor); stupiti u posjed
enterprise ['entəpraiz] poduhvat, poduzeće; poduzetnost
enterprising ['entəpraiziŋ] poduzetan, smion
entertain [entə'tein] zabavljati; uzdržavati, podržavati; gostiti; gajiti (nadu, sumnju)
entertainer [entə'teinə] zabavljač, gostoprimac, domaćin
entertainment [entə'teinmənt] zabava, gozba, gošćenje; gostoljubivost
enthrone [in'θroun] ustoličiti
enthusiasm [in'θju:ziæzm] oduševljenje, zanos
enthusiast [in'θju:ziæst] zanesenjak, entuzijast
entire [in'taiə] (~ly) čitav, sav, potpun, cijel
entirely [in'taiəli] potpuno, sasvim; isključivo
entitle [in'taitl] dati naslov, dati pravo, ovlastiti
entity ['entiti] bit, biće, suština, entitet
entrance ['entrəns] ulaz(ak); nastup, pristup, ulaznina; ~ **examination**, prijemni ispit
entrance [in'tra:ns] zanijeti, ushititi
entrust [in'trʌst] povjeriti (nekome); zadužiti (koga čime)
entry ['entri] ula(zak); ulazna vrata; stupanje u posjed, kniženje, upisivanje, carinska deklaracija; stavka; popis natjecatelja; ~ **permit**, ulazna dozvola
envelop [in'veləp] omotati, uviti; opkoliti
envelope ['enviloup] i envelop [in'veləp] Am balon (zračna lađa); omotnica, koverta
enviable ['enviəbl] (~ly) zavidan, zavist; vrijedan
envious ['enviəs] (~ly) zavidan, zavidljiv
envoy ['envɔi] izaslanik, predstavnik
envy ['envi] 1. zavist 2. zavidjeti
epic ['epik] (i **epical**) (~ly) 1. epski, junački 2. ep[ska] pjesma
equal ['i:kwəl] (~ly) 1. izjednačen, (pod)jednak, ravnopravan 2. osoba istog čina ili staleža; **my ~s** pl meni ravni 3. izjednačiti

equality [i'kwɔliti] jednakost, ravnopravnost
equalize [i'kwəlaiz] izjednačiti
equip [i'kwip] snadbjeti, opremiti
equipage ['ekwipidʒ] oprema, ekipaža; kočija
equipment [i'kwipmənt] opremanje, snabdijevanje; pribor
equivalence [i'kwivələns] jednaka vrijednost
equivalent [i'kwivələnt] 1. jednako vrijedan 2. ekvivalent
era ['iərə] era, razdoblje
erase [i'reiz] izbrisati
eraser [i'reizə] brisalo, gumica
erasure [i'reiʒə] brisanje, struganje
erect [i'rect] (~ly) 1. uspravan, osovljen 2. uspraviti, podići
errand ['erənd] poruka, nalog, posao; **go (on) ~s** obavljati poslove, prenositi poruke
error ['erə] pogreška, grijeh; **~ of judgment** pogrešan sud
erupt [i'rʌpt] provaliti (vulkan); probijati, izbiti
eruption [i'rʌpʃn] erupcija, provala
escapade [eskə'peid] bijeg, avantura
escape [is'keip] 1. v/t izbjegavati, izmicati; v/i pobjeći, izlaziti, spasiti se, izmaći 2. bijeg, bježanje, istjecanje
escort ['eskɔ:t] 1. pratnja, svita 2. [is'kɔ:t] pratiti, sprovoditi
esquire [is'kwaiə] seoski plemić, šljivar; cijenjeni gospodin (u adresi pisma)
essay [e'sei] 1. iskušati, probati; ['esei] pokušaj; esej
essayist ['eseiist] pisac eseja, esejist
essence ['esns] bit[nost], srž, suština; ekstrakt
essential [i'senʃl] 1. bitan, neophodan 2. bitnost, najvažnije svojstvo
essentially [i'senʃəli] u biti, u suštini, uglavnom
establish [is'tæbliʃ] ustanoviti, utvrditi, utemeljiti, dokazati; **~ oneself** nastaviti se, smjestiti se
establishment [is'tæbliʃmənt] utemeljenje; smještaj, kućanstvo; potvrda; firma, ustanova; vojska, mornarica; činovništvo, vladajući krugovi
estate [is'teit] stalež, posjed, imanje, vlasništvo; ostavština; stečajna imovina; **personal ~** pokretnine; **real ~** nekŕet-

nine; ~ **agent** trgovac nekretninama
esteem [is'ti:m] 1. (po)štovanje 2. (po)štovati
estimable ['estiməbl] vrijedan poštovanja
estimate [esti'meit] 1. [pro]cijeniti; prosuditi 2. ['estimit] proconjena, predračun, troškovnik
estimation [esti'meiʃn] procjena; poštovanje; visoko mišljenje
eternal [i'tə:nl] (~ly) vječan
eternalize [i'tə:nəlaiz] ovjekovječiti
eternity [i'tə:niti] vječnost
ethical ['eθikl] (~ly) etički, moralan
ethics ['eθiks] etika, čudorede
European [juərə'piən] 1. europski, 2. Europljanin
evacuate [i'uækjueit] isprazniti, napustiti, evaukirati
evacuation [i,vækju'eiʃn] evakuacija, ispražnjenje
evade [i'veid] izbjeći, izbjegavati, zaobići
evaluate [i'væljueit] procijeniti; proračun
evaporate [i'væpəreit] ishlapiti, ispariti; ~ed **milk** kondezirano mlijeko
evasion [i'veiʒn] izbjegavanje, okolišanje
evasive [i'veisiv] koji izbjegava, neodređen
eve [i:v] večer uoči blagdana; **on the** ~ **of** uoči
even [i:vn] 1. *adj* (~ly), ravan; isti, jednak; gladak, miran; paran (broj); nepristran; **be** ~ **with a** *p*, imati izravnate račune; **add on** ~ paran ili neparan 2. čak, štoviše, dapače; **not** ~ čak ni; ~ **through** (~ **if**), čak i da, pa makar i 3. izravnati, usporediti
evening ['i:vniŋ] večer
event [i'vent] događaj, priredba; sportsko natjecanje; ishod, rezultat; **in any** ~ u svakom slučaju; **in the** ~ **of** u slučaju
eventful [i'ventful] značajan, znamenit
evantual [i'ventjuəl] posljedičan, krajnji; [~ly] konačno, napokon
eventuality [i,ventju'æliti] mogućnost, slučajnost
ever ['evə] kada, uopće; uvijek
ever... ~ **so** jako, vrlo, ma koliko
~ **since** otada, odonda
for ~ zauvijek
yours ~ tvoj odani
~ **green** zimzelen(a) (biljka)
every ['evri] svaki, sav

every ... ~ **now and then** s vremena na vrijeme, svako malo
~**one** svatko
~ **other day** svaki drugi dan
~**body** svatko
~**day** svaki dan, svakidašnji
~**thing** sve
~**way** na svaki način
~**where** svagdje, posvuda
evidence ['evidəns] dokaz, dokazni materijal; svjedočenje, iskaz
evident ['evidənt] (~ly) očevidan, jasan
evil ['i:vil] (~ly) 1. zao, loš, opak 2. zlo
evoke [i'vouk] prizivati; evocirati
evolution [i:və'lu:ʃn] evolucija, vađanje korjena; programiranje, manevar
evolve [i'vɔlv] razvijati (se), otvarati (se)
exact [ig'zækt] (~ly) 1. točan, egzaktan, ispravan 2. iznuditi (novac)
exactly [ig'zæktli] točno, baš tako; **not** ~ ne baš sasvim tako
exaggerate [ig'zædʒəreit] pretjerivati, preuveličavati
exaggeration [ig,zædʒə'reiʃn] pretjerivanje, preuveličavanje
exam [ig'zæm] ispit
examination [igzemi'neiʃn] ispit(ivanje), pregled(avanje), preslušavanje
examine [igzæmin] ispitivati, pregledati
examinee [ig,zæmi'ni:] ispitanik
examiner [ig'zæmi'nə] ispitivač; istražitelj
exampie [ig'za:mpl] primjer; **for** ~ na primjer
exceed [ik'si:d] nadmašiti, prekoračiti
exceedingly [ik'si:diŋli] krajnje, izvanredno
excellency ['eksələnsi] ekselencija
excellent ['eksələnt] (~ly) izvrstan, odličan
except [ik'sept] 1. izuzeti, isključiti; protiviti se 2. *conj* osim ako 3. *prep* osim, izuzev; ~ **for** osim
exception [ik'sepʃn] izuzetak, iznimka; prigovor
exceptional [ik'sepʃnl] izvanredan, izuzetan; (~ly) iznimno
excess [ik'ses] prekoračenje, pretjeranost, višak; ~ **luggage** višak prtljage; ~ **money** višak novca
excessive [ik'sesiv] (~ly) prekomjeran, pretjeran
exchange [iks'tʃeindʒ] 1. zamijeniti; mijenjati 2. razmjena, zamjena; mjenica, bur-

za, telefonska centrala; ~s (*pl*), devize; in ~ for u zamjenu za; **account of** ~ račun, mjenica; ~ **control** devizna kontrola; ~ **list** tečajna lista; ~ **office** mjenjačnica; (**rate of**) ~ devizni tečaj
excite [ik'sait] pobuditi, razdražiti
excitement [ik'saitmənt] uzbuđenje, razdraženost
exclaim [iks'kleim] uzviknuti, uskliknuti
exclamation [ikslə'meiʃn] uzvik, usklik; **mark of** ~ uskličnik
exclude [iks'klu:d] isključiti
excrement ['ekskrimənt] izmet
excursion [iks'kə:ʃn] izlet, ekskurzija
excuse [iks'kju:z] 1. ispričati, oprostiti, 2. [iks'kju:s] isprika, izgovor
execute ['eksikju:t] izvršiti, izvesti; smaknuti; učiniti pravovaljanim
executive [ig'zekjutiv] (~**ly**) 1. izvršni; ~ **committee** izvršni odbor 2. izvršna vlast; *Am* guverner (savezne države)
executor [ig'zekjutə] izvršitelj
exemplar [ig'zemplə] uzor(ak)
exemplary [ig'zempləri] uzoran, egzemplaran
excercise ['eksəsaiz] 1. vježba(nje); vršenje (službe); tjelovježba, 2. *v/t* vježbati; vršiti (službu), mučiti; *v/i* vježbati, gibati se
exhalation [ekshə'leiʃn] ishlapljivanje, isparavanje para, izdisanje
exhale [eks'heil] isparavati se; izdisati
exhaust [ig'zɔ:st] 1. iscrpsti, isprazniti, ispumpati 2. ispuh; ~ **gas** ispušni plin; ~ **pipe** ispušna cijev; ~ **value** ispušni ventil
exhausted [ig'zɔ:stid] iscrpljen, rasprodan
exhibit [ig'zibit] 1. izložiti, pokazati, predočiti 2. izložak, eksponat; dokazni predmet
exhibition [exi'biʃn] izložba, izlaganje; prikaz, predočenje; novčana pomoć (studentima); **on** ~ izložen
exhibitioner [eksi'ʃənə] stipendist
exhibitor [ig'zibitə] izlagač, prikazivač
exile ['eksail] 1. izgon, progonstvo; prognanik 2. izagnati, prognati
exist [ig'zist] postojati, biti, egzistirati
existence [ig'zistəns] postojanje, egzistencija
exit ['eksit] 1. izlaz; odlazak; ~ **permit** izlazna dozvola 2. otići s pozornice
exorcism ['eksɔ:sizm] istjerivanje duhova

exorcist ['eksɔ:sist] istjerivač duhova
exorcise ['eksɔ:saiz] istjerivati duhove
expand [iks'pænd] (ra)širiti (se), rasprostraniti se; ispisati; razviti se u
expanse [iks'pæns] prostranstvo, širina
expansion [iks'pænʃn] širenje, ekspanzija
expect [iks'pekt] očekivati; pretpostavljati
expectation [ekspek'teiʃn] očekivanje, iščekivanje
expedition [expi'diʃn] put, ekspedicija; vojni pohod
expel [iks'pel] izbaciti iz, isključiti
expend [iks'pend] potrošiti, izdati, upotrijebiti, istrošiti
expenditure [iks'penditʃə] izdatak, rashod, trošak
expense [iks'pens] izdatak, trošak; ~ **s** *pl*, troškovi, izdaci, naknada troškova; **at my.** ~ na moj trošak, račun; **at the** ~ **of** na račun; **at any** ~ po svaku cijenu
expensive [iks'pensiv] skup
experience [iks'piəriəns] 1. iskustvo, doživljaj 2. iskusiti; doživjeti; ~**d** iskusan
experiment [iks'perimənt] 1. pokus, eksperiment 2. [iks'periment] eksperimentirati
expert ['ekspə:t] (~**ly**) 1. iskusan, upućen u; vješt 2. stručnjak, vještak, ekspert
expiration [ekspaiə'reiʃn] izdisanje, izdisaj; izmak, istek
expire [iks'paiə] izdisati, izdahnuti; isteći, prestati važiti
explain [iks'plein] objasniti, protumačiti
explanation [eksplə'neiʃn] objašnjenje, tumačenje
explicable ['eksplikəbl] objašnjiv
explode [iks'ploud] eksplodirati, rasprsnuti se
exploit [iks'plɔit] iskorištavati, eksploatirati
exploitation [eksplɔi'teiʃn] iskorištavanje, eksploatacija
exploration [eksplɔ:'reiʃn] istraživanje
explore [iks'plɔ:] istraži(va)ti
explorer [iks'plɔ:rə] istraživač
explosion [iks'plouʒn] eksplozija, rasprsnuće
explosive [iks'plousiv] (~**ly**) 1. eksplozivan 2. eksploziv
export ['ekspɔ:t] izvoz, izvozni artikal; ~ **s** *pl*, izvoz, eksport
exportation [ekspɔ:'teiʃn] izvoz, eksport

expose [iks'pouz] izložiti, izvrgnuti, razotkriti, eksponirati
exposition [ekspə'ziʃn] izložba, izlaganje, tumačenje
exposure [iks'pouʒə] izlaganje, izvrgavanje; *fig* otkrivanje; osvjetljenje, ekspozicija
express [iks'pres] (~ly) 1. ekspresan, hitan, izričit, određen; ~ **highway** auto-cesta 2. ekspresni vlak 3. *adv* ekspresno 4. izraziti, iznijeti na vidjelo
expression [iks'preʃn] izraz (lica)
expropriate [eks'prouprieit] izvlastiti (koga od čega)
expropriation [eks'prouprieʃn] izvlašćenje, eksproprijacija
expulsion [iks'pʌlʃn] izgon, isključenje
exquisite ['ekskwizit] (~ly) 1. sjajan, prvorazredan 2. kicoš
extend [iks'tend] *v/t* protegnuti; ispružiti; raširiti, produžiti
extension [iks'tenʃn] produženje; dodatak, opseg, domašaj; ~ **cord** produžna žica
extensive [iks'tensiv] (~ly) prostran; dalekosežan
extent [iks'tent] širina, doseg; stupanj; mjera; **to the ~ of** toliko; **to a certain ~**, u stanovitoj mjeri
exterior [eks'tiəriə] (~ly) 1. vanjski 2. vanjština, eksterijer
external [eks'tə:nl] (~ly) 1. vanjski, inozemni 2. **~s** vanjština
extinct [iks'tiŋkt] ugašen, izumro
extinguish [iks'tiŋgwiʃ] ugasiti, zamračiti, ukinuti
extort [iks'tɔ:t] iznuditi, oteti
extortion [iks'tɔ:ʃn] iznuđivanje, otimanje
extra ['ekstrə] 1. poseban, naročit, izvanredan 2. posebno, ekstra 3. dodatak; statist; *Am* posebno izdanje novina; **~s** *pl*, posebni izdaci
extract ['ekstrækt] 1. izvadak, ekstrakt 2. [iks'trækt] istisnuti; napraviti izvadak, izbor iz knjige; izlučiti, izvaditi korijen
extraction [iks'trækʃn] zvadak, izlučivanje
extradite ['ekstrədait] izručiti (zločinca)
extradition [ekstrə'diʃn] izručenje, ekstradicija
extraordinary [iks'trɔ:dnri] izvanredan, poseban
extravagance [iks'trævigəns] rastrošnost, prekomjernost
extravagant [iks'trævigənt] (~ly) rasipan, prekomjeran
extravaganza [ekstrævə'gænzə] burleska, lakrdija
extreme [iks'tri:m] (~ly) 1. krajnji, ekstreman; *eccl* ~ **unction**, posljednja pomast 2. krajnost, ekstrem
extricate ['ekstrikeit] razmrsiti, osloboditi
extrication ['ekstrikeiʃn] oslobođenje, izvlačenje
exuberance [ig'zju:bərəns] izobilje, raskoš, bujica riječi
exuberant [ig'zju:bərənt] raskošan, kićen
eye [ai] 1. oko, vid, ušica; pupoljak; omča; gledište 2. gledati, promatrati
eye ... **have an ~ for** imati oko za što mind your ~ pazi
~ **ball** očna jabučica
~ **brow** obrva
~**-glasses** naočale
~**-lash** trepavica
~**-lid** očni kapak
~**-shot** vidokrug
~**-sight** vid
~**-toooth** očnjak
~**-wittness** očevidac

F

fable ['feibl] 1. basna, bajka, priča 2. izmišljati, pričati
fabric ['fæbrik] građa, materijal; tkivo
fabrication [fæbri'keiʃn] proizvodnja, izmišljotina, fabrikacija
fabulous ['fæbjuləs] legendaran; bajoslovan; basnoslovan
face [feis] 1. lice, obraz; grimasa; *fig* drskost; vanjština; prednja strana; brojčanik; prava strana tkanine; fasada 2. *v/t* gledati, suočiti se; suprostaviti se; obrubiti; obložiti
face ... in (the) ~ suočen; unatoč; s obzirom na
 ~ **to** ~ licem u lice, oči u oči
 pull a long ~ napraviti kiselo lice
 save one's ~ spasiti čast, obraz
 ~ **value** nominalna vrijednost
 be ~ **ed with** suočiti se
 ~ **about** *v/i* okrenuti se
 about ~ nalijevo krug,
 ~ **up to** biti dorastao (situaciji)
 ~**-lifting** plastika lica; obnavljanje fasade
facilitate [fə'siliteit] olakšati; pomoći; omogućiti
facility [fə'siliti] lakoća, spretnost; pogodna prilika; *pl* pogodnosti, kapaciteti, uređaji
fact [fækt] činjenica, zbilja; čin; **in (point of)** ~ u stvari
factor ['fæktə] čimbenik; komisionar
factory ['fæktəri] tvornica
factual ['fæktjuəl] činjenički, zbiljski
faculty ['fækəlti] sposobnost; moć; *fig* dar; vještina; fakultet; *Am* nastavničko osoblje fakulteta
fade [feid] (u)venuti; (iz)blijediti; isčezavati,
fadeless ['feidlis] (~**ly**) neizbrisiv; koji ne vene; postojan (boja)
fail [feil] 1. *v/i* ne uspjeti; manjkati; presušiti; (pro)pasti (ispit); bankrotirati, zatajiti, *v/t* ostaviti na cjedilu; promašiti; srušiti na ispitu
failure ['feiljə] neuspjeh; promašaj; slom; stečaj; pad na ispitu; neuspio pokušaj
faint [feint] 1. (~**ly**) slab; mlitav; klonuo; 2. onesvijesti se; slabiti 3. nesvjesnost
fair [fɛə] 1. *adj* lijep; bistar, svjetao; plav (kosa); prijazan 2. *adj* i *adv* pošteno, fer; nepristran(o); čitljiv(o); dobro; ~ **play** poštena sportska igra, **the** ~**s** lijepši spol 3. (vele)sajam; ~**-ground** sajmište, sajamski prostor;
fairly ['fɛəli] lijepo, pravo, pošteno; prilično
fairy [fɛəri] 1. vilinski, čaroban 2. vila
faith [feiθ] vjera, povjerenje; **in good** ~ u dobroj vjeri
faithful ['feiθful] (~**ly**) vjeran, istinit, pouzdan; **yours** ~**ly** s poštovanjem (u pismu)
fake [feik] 1. prijevara, varanje; patvorina, imitacija; varalica 2. varati, krivotvoriti
falcon ['fɔ:lkən] sokol
fall [fɔ:l] 1. pad(anje), opadanje; propast, slom; *Am* jesen; kosa, nizbrdica 2. *irr* pasti, (o)padati; spustiti se, silaziti; jenjati, slabiti; srušiti se; biti osvojen; podleći; zbiti se; srozati se; slijevati se, utjecati u
fall ... ~**s** *pl* vodopad, kaskada
 have a ~ pasti
 ~ **asleep** zaspati
 ~ **behind** za osta(ja)ti
 ~ **down** pasti
 ~ **for** zaljubiti se; pasti na koga ili što
 ~ **ill, sick** oboljeti
 ~ **in** upasti, postrojiti se
 ~ **in love with** zaljubiti se u koga
 ~ **off** otpasti; izumirati
 ~ **short** nedostajati; ne zadovoljiti, podbaciti
falling ['fɔ:liŋ] (o)pad(anje); ~ **sickness** padavica; ~**-star** meteor

false [fɔ:ls] (~ly) lažan, kriv, neistinit; krivotvoren; nevjeran; tobožnji
falter ['fɔ:ltə] mucati; spoticati se; *fig* teturati
fame [feim] slava, ugled
familar [fæ'miljə] (~ly) 1. poznat, prisan; kućni; upoznat, upućen
familarity [fəmili'æriti] prisnost
family ['fæmili] 1. obitelj, porodica, ukućani 2. obiteljski, porodični, kućni, in a ~ way neusiljeno, familjarno; ~ allowance dječji dodatak
famous [feiməs] (~ly) čuven; slavan; izvanredan
famine ['fæmin] glad, nestašica
famish ['fæmiʃ] izgladniti, gladovati
fan [fæn] 1. lepeza; ventilator 2. hladiti; vjetriti 3. obožavalac, navijač
fanatic [fə'nætik] i **fanatical** (~ly) fanatičan; gorljiv 2. fanatičar, zanesenjak
fanaticism [fə'nætisizəm] fanatizam, zanesenost
fancy ['fænsi] 1. mašta, fantazija, ljubav; ukus; sklonost; utvara; uzgoj domaćih životinja (ptica); hir 2. fantastičan; pomodan; hirovit; šarolik; ~ **ball** krabuljni ples; ~ **goods** galanterijska roba 3. maštati; zamišljati, predočiti; uzgajati, uživjeti se; **just ~ !** zamisli!
fang [fæŋ] očnjak; otrovni zub; korijen zuba
fantastic [fæn'tæstic] (~ally) fantastičan
fantasy [fæntəsi] mašta, fantazija
far [fa:] *adj* dalek, udaljen; *adv* daleko
far... ~ **best** daleko najbolje
  as ~ as sve do; koliko
  by ~ daleko, mnogo
  ~-away daleko
fare [fɛə] 1. vozarina, cijena vozne karte; putnik; hrana 2. putovati; prolaziti (u životu); jesti, piti; ~ **well**! 1. zbogom 2. rastanak, oproštaj 3. oproštajni
farm [fa:m] 1. gospodarstvo, farma 2. dati u zakup; ubirati najamninu; obrađivati zemlju; uzeti dijete na opskrbu
farmer ['fa: mə] poljodjelac, zemljoradnik, farmer
farther ['fa:ðə] *comp* od **far**
farthest ['fa:ðist] *sup* od **far**
fascinate ['fæsineit] očarati, osvojiti
fascination [fæsi'neiʃn] začaranost, draž
fascism ['fæʃizm] fašizam
fashion ['fæʃn] 1. moda, stil; način, običaj; **in** [**out of**] ~ (ne)moderan, u modi 2.oblikovati, fazonirati
fashionable ['fæʃnəbl] (~ly) pomodan, moderan, otmjen
fast [fa:st] brz; postojan; pouzdan; lakouman; **my watch is** ~ sat mi ide naprijed
fasten ['fa: sn] *v/t* pričvrstiti; privezati; *v/i* ~ **upon** uhvatiti se; ~**er** zatvarač, kopča
fastidious [fæs'tidiəs] izbirljiv; gadljiv; sitničav
fat [fæt] (~ly) 1. debeo; mastan 2. mast, salo 3. (u)gojiti (u)toviti
fatal [feitl] (~ly) koban, smrtonosan; fatalan
fate [feit] sudbina, usud; smrt; kob
fateful [feitful] (~ly) koban; sudbonosan
father ['fa:ðə] 1. otac; predak 2. biti ili postati otac
fatherhood ['fa:ðəhud] očinstvo; ~ **in law** tast, punac, svekar
fatherland ['fa:ðəlænd] domovina
faucet ['fɔ:sit] *Am* slavina, pipa
fault [fɔ:lt] (po)greška, promašaj, propust; mana, defekt, nedostatak; kvar
faultless ['fɔ:ltlis] bez greške, besprijekoran
faulty ['fɔ:lti] (~ly) pogrešan, pokvaren
favo[**u**]**r** ['feivə] 1. sklonost, ljubaznost; otkrilje; **in** ~ **of** u korist, na račun 2. pomagati, biti sklon; počastiti
favourable ['feivərəbl] (~ly) pogodan, povoljan
favourite ['feivərit] 1. omiljen 2. miljenik, favorit
fawn [fɔ:n] 1. lane, srnče 2. puzati, ulagivati se
fear [fiə] 1. strah(ovanje), bojazan; **through** ili **for** ~ **of** iz straha od 2. bojati se, biti u strahu
fearful ['fiəful] (~ly) plašljiv, u strahu, strašan
fearless ['fiəlis] neustrašiv
feasibility [fi:zə'biliti] ostvarivost, izvedivost
feasible ['fi:zəbl] ostvariv, moguć
feast [fi:st] 1. gozba; blagdan 2. *v/t* gostiti, častiti, *v/i* pirovati, naslađivati se
feat [fi:t] podvig, junačko djelo
feather ['feðə] 1. pero; *pl* perje, perad 2. okititi perjem, napuniti perjem
feature ['fi:tʃə] 1. crta, osovina, obilježje; karakteristika; članak; ~ **s** *pl* crte ulica 2. karakterizirati, istaknuti; slikati; prika-

zivati; ~ film umjetnički, igrani film
February ['februəri] veljača
fecundate ['fi:kʌndeit] oploditi
fecundation [fi:kʌn'deiʃn] oplođenje
fed [fed] 1. *pret* i *pp od* **feed** 2. **be ~ up with**, imati čega na vrh glave; **well ~**, dobro uhranjen
federal ['fedərəl] savezni, federalni
federation [fedə'reiʃn] federacija, savez
fee [fi:] 1. pristupina, članarina; honorar; nagrada; lensko dobro, posjed 2. platiti; honorirati; dati napojnicu
feeble ['fi:bl] (~ly) slab, malaksao
feed [fi:d] 1. hrana; obrok; krma; gozba; gorivo; topovsko punjenje 2. *irr v/t* hraniti, pasti (u oči), ulijevati (nadu, vjeru); *v/i* jesti, hraniti se, gojiti se; **~ back** povratna sprega; vraćati unatrag
feel [fi:l] 1. *irr v/t* (o)pipati, dirati, osjećati; izviđati, *v/i* osjećati se; imati osjećaj 2. čuvstvo, osjet; opip
feeling ['fi:liŋ] (~ly) 1. osjećajan, sućutan 2. osjećaj, ganuće; opip
feign [fein] hiniti, simulirati, pretvarati se
feel [fel] 1. *pret* i *pp* od **fall** 2. oboriti, sjeći; obrubiti 3. koža, krzno, runo
fellow ['felou] drug, kolega; bližnji, čovjek; član nastavničkog zbora visoke škole, član učenog društva; stipendist; momak; **old ~** stari momak; **~-beings** sugrađanin; **~-countryman** sunarodnjak
felon ['felən] prestupnik, zločinac
felony ['feləni] krivično djelo, težak zločin
felt [felt] 1. *pret* i *pp* od **feel** 2. pust, filc 3. filcati
female ['fi:meil] 1. ženski 2. žena, žensko
feminine ['feminin] ženski
fence [fens] 1. plot, ograda, živica; mačevanje; prepreka; 2. *v/t* ograditi, zaštititi, *v/i* mačevati se, *fig* boriti se, preskakivati prepone
ferocius [fə'rouʃəs] divlji, oštar
ferocity [fə'rɔsiti] divljaštvo, svirepost
ferrous ['ferəs] željezni
ferry [ferry] 1. trajekt, skela; prijevoz 2. prevesti skelom; **~ boat** trajekt
fertile ['fə:tail] plodan, rodan
fertility [fə:'tiliti] piodnost
fester ['festə] 1. (za)gnojiti; 2. gnojenje
festival ['festəvəl] festival, svečanost
fetch [fetʃ] donijeti; poći ili poslati po koga ili što; donositi prihod; izmamiti; duboko uzdahnuti; **~ up** donijeti gore; dostići; povraćati

fever ['fi:və] groznica, vrućica
few [fju:] malo; **a ~** nekoliko; **a good ~** priličan broj; **the ~** manjina
fiancé (e) [fi'a:nsei] vlakno, žilica; čvrsta volja
fiction ['fikʃn] izmišljotina, maštanje; beletristika, **work of ~** prozno književno djelo
fictionist [fikʃnist] prozni pisac, romansijer
fiddle ['fidl] 1. gusle, violina 2. guditi; ljenčariti, poigravati se; *Am* prevara
fidelity [fi'deliti] vjernost, odanost
fie [fai] fuj!
field [fi:ld] 1. polje, igralište; teren; bojište; područje; **battle ~** bojište 2. igrati u polju; baciti loptu kao igrač u polju
fierce [fiəs] (~ly) divlji, bijesan, žestok
fifteen ['fif'ti:n] petnaest
fifteenth ['fif'ti:nθ] petnaesti
fifth [fifθ] 1. peti 2. petina
fifthly ['fiftli] peto
fiftieth ['fiftiiθ] 1. pedeseti 2. pedesetina
fifty [fifti] pedeset
fig [fig] 1. smokva 2. odjeća, stanje
fight [fait] 1. borba, sukob 2. *v/t* potući, voditi u borbu, *v/i* boriti se, ratovati; **~ back** uzvraćati; **~ for** boriti se za što
fighter ['faitə] borac; lovački avion
figure ['figə] 1. lik; figura; brojka, svota; **at a high ~** uz visoku cijenu 2. *v/t* slikati, predočiti, zamisliti, označiti brojkama; **~ up** ili **out** proračunati, izračunati; **~ out** zamisliti, sebi nešto, *v/i* prikazivati se, igrati ulogu; figurirati kao
file [fail] 1. kartoteka; fascikl; sprava za pričvršćivanje spisa; dosje; spisak, stroj, vrsta 2. registrirati, urudžbirati, poredati, arhivirati, podnijeti molbu 3. turpija 4. turpijati
fill [fil] 1. puniti, napuniti; zadovoljiti; natočiti; plombirati zub; zauzimati (mjesto, položaj); **~ out** raširiti se, ispuniti se 2. zasićenje, punoća, dostatnost
filling ['filiŋ] punjenje; plomba; nadjev; benzinska crpka (pumpna stanica)
film [film] 1. opna, tanka prevlaka, mrena film; **~ cartoon** crtani film; **take a ~** snimiti film 2. prevući opnom, zasjeniti; snimati
filt [filθ] prljavština

filthy ['filθi] prljav, besraman
final ['fainl] (~ly) 1. konačan, zadnji, finalni, odlučan 2. završen ispit (i ~s *pl*); finalno takmičenje
finance ['fi'næns] 1. financije; ~s *pl* novčana sredstva 2. *v/t* financirati; *v/i* baviti se novčanim poslovima
financial [fi'nænʃl] (~ly) financijski
find [faind] 1. *irr* naći, otkriti; uviđati, pribaviti; proglasiti (krivim i nedužnim), presuditi; ~ **out**, otkriti, odgonetnuti 2. nalaz, otkriće
finding ['faindiŋ] nalaz (i ~ s *pl*); pravorijek
fine [fain] (~ly) 1. nježan, fin, tanak; lijep, naočit; divan; elegantan; savršen; oštar, zašiljen; ~ **arts** *pl* likovne umjetnosti 2. *adv* fino 3. lijepo vrijeme 4. razbistriti se 5. gozba 6. novčano kazniti
finger ['fiŋgə] 1. prst 2. opipati, dotaknuti; poigravati se; prebirati (po tipkama, žicama); ~-**board** klavijatura; hvataljka na violini; ~- **language** govor gluhonijemih; ~-**print** otisak prsta, uzeti otiske prstiju
finish ['finiʃ] 1. *v/t* završiti, dokrajčiti, dotjerati, ugladiti, polirati, retuširati; *v/i* prestati, svršiti se 2. kraj, konac; finiš; politura, sjaj
Finn [fin] Finac
fire [faiə] 1. vatra, žar, plamen; požar; žestina; vrućina 2. *v/t* zapaliti, raspiriti, ispaliti, pucati; *v/i* upaliti se; pocrveniti
fire ... on ~ u plamenu
~ **up** zagrijati, raspaliti
~ **away** počni!
~ **alarm** uzbuna na požar
~ **arms** *pl* vatreno oružje
~-**ball** meteor
~-**brigade** vatrogasna četa
~ **cracker** eksplozivna žabica
~-**department** *Am* gradska vatrogasna služba
~-**engine** vatrogasna štrcaljka, šmrk
~-**escape** izlaz u slučaju požara
~-**extinquisher** aparat za gašenje požara
~-**man** vatrogasac; ložač lokomotive
~-**place** kamin, ognjište
~-**proof** vatrostalan
~-**wood** ogrijev
~-**work** [s] vatromet
firing ['faiəriŋ] paljenje, loženje; paljba; ~ **squad** četa za izvršenje smaknuća, streljanja
firm [fəːm] (~ly) 1. čvrst, tvrd, postojan 2. tvrtka, firma, poduzeće
first [fəːst] 1. *adj* prvi 2. *adv* prvo, najprije 3. prvi
first ... ~ **floor** prizemlje
at ~ **s** početka
~ **of all** prije svega
from ~ od početka
~-**class** prvorazredan
fish [fiʃ] 1. riba, ribe; momak 2. loviti ribu, pecati, ribariti; ~ **out** izvaditi, izmamiti; ~-**bone** riblja kost
fisherman ['fiʃəmən] ribar, ribič
fish-hook [fiʃhuk] udica
fishing ['fiʃiŋ] ribolov; ~-**rod** ribički štap; ~-**tackle** pecački pribor
fist [fist] šaka, rukopis
fit [fit] (~ly) 1. spreman, sposoban, prikladan, dostojan; u formi; ~ **as a fiddle**, zdrav kao dren 2. *v/t* prilagoditi, podesiti; opskrbiti; opremiti; naoružati, *v/i* pristajati, odgovarati, pristojati se 3. pristajanje 4. napad (bolest)
fitful ['fitful] (~ly) 1. hirovit, mušičav; promjenjiv; na mahove
fitment ['fitmənt] uređaj, oprema
fitness ['fitnis] pogodnost, prikladnost, dobra kondicija
five [faiv] 1. pet 2. petica
fivefold ['faivfould] peterostruk
fix [fiks] 1. pričvrstiti, prikopčati, fiksirati; upiljiti; zakazati (sastanak, rok..); *Am* popraviti, urediti; ~ **up** urediti, organizirati; sporazumjeti se; *v/i* očvrsnuti, ukrutiti; nastaniti se 2. neprilika, škripac
fixed [fikst] (*adv* fixedly) čvrst; utvrđen, fiksan
fizz [fiz] 1. pjenušati se, šumjeti 2. pjenušac, šampanjac
flag [flæg] 1. zastava, stijeg, barjak 2. okititi zastavama 3. kamena ploča 4. popločati 5. crvena perunika 6. omlitavjeti, malaksati; ~ **ship** admiralski zastavni brod; ~ **stone** kamen za popločivanje
flake [fleik] 1. pahuljica 2. lisnati se, ljuštiti se
flame [fleim] 1. plameni oganj; *fig* žar, strast 2. plamjeti, razbuktati
flap [flæp] 1. resica (uha); poklopac 2. *v/t* leprštati; udariti pljoštimice; *v/i* visjeti, vijoriti se; brbljati

flare [flɛə] 1. bljeŝtati; zasljepljivati; raširiti se; ~ **up** razbuktati se 2. bljeŝtavo svjetlo, svjetlosni signal

flash [flæʃ] 1. raskošan, kićen; lažan 2. bljesak, plamsaj; *fig* buktanje, *Am* kratka novinska vijest 3. buknuti; bljesnuti; sinuti;
~-**back** *film* pretapanje i vraćanje u prošlost

flask [fla:sk] pljoska, čuturica

flat [flæt] (~**ly**) 1. plosnat, gladak; slab, mlitav; burza, beskamatan 2. pljoština, ravan, ploha; stan; plitak čamac, *slang* ispuštena guma; ~-**foot** ravni tabani; ~-**iron** glačalo

flatter ['flætə] laskati, ulagivati se

flatterer ['flætərə] laskavac

flavo [u]r ['fleivə] 1. okus, miris, aroma, buket (vina) 2. začiniti

flaw [flɔ:] 1. mrlja; pukotina; proizvodna pogreška, mana; udar vjetra 2. napuknuti, oštetiti; pokvariti

flawless ['flɔ:lis] (~**ly**) besprijekoran, bez pukotina

flax [flæks] lan

flea [fli:] buha

flee [fli:] *irr* pobjeći; izbjegavati

fleece [fli:s] 1. runo 2. ostrići runo

fleet [fli:t] (~**ly**) 1. *pret* žustar, hitar 2. flota; vozni park; ~ **Street** Londonska ulica - središte štampe 3. odmicati, iščezavati

flesh [fleʃ] 1. meso (i voća); čovječje tijelo, put, putenost;
~ **and blood** tijelo, krv, meso; ljudska narav

flight [flait] let, letenje; polet; eskadrila; zamah; stube, stepenice; jato; mnoštvo; tuča, grad

fling [flig*] 1. bacanje; zamah, hitac; izbjesniti se 2. *irr v/i* bacati se, ritnuti se; *v/t* baciti, oboriti

flint [flint] kremen

flipper ['flipə] peraja

flirt [flə:t] 1. brz udarac; bockanje; udvarač 2. očijukati, koketirati

float [flout] 1. plutanje, plivanje; splav; riblji mjehur 2. *v/t* učiniti da nešto pliva; gurnuti u vodu; osnovati poduzeće; staviti u optjecaj; *v/i* ploviti, plivati, plutati; kolati

flock [flɔk] 1. stado, krdo; jato 2. sjatiti se, hrliti

flood [flʌd] 1. poplava, bujica, plima 2. (po)plaviti; pljuštati

floor [flɔ:] 1. pod, tlo; kat; **hold the** ~ držati govor; **take the** ~ uzeti riječ 2. pokriti podom; oboriti na tlo; ušutkati

florist ['flɔrist] cvjećar(ica); ljubitelj cvijeća

flotsam ['flɔtsəm] plivajuća olupina broda

flour ['flauə] 1. brašno 2. posuti brašnom

flourish ['flʌriʃ] 1. (pro)cvat; blagostanje 2. *v/t* cvjetati; razmetati se; *v/t* (is)kititi; postati snažan; vitlati

flow [flou] 1. tok, struja; bujica; odlijev 2. teći, curiti, strujati

flower ['flauə] 1. cvijet; cvat 2. cvjetati, cvasti

fluency ['fluənsi] lakoća

fluent ['fluənt] (~**ly**) gladak, tečan

flunk [flʌŋk] *Am* pasti na ispitu, povući se

flush [flʌʃ] 1. priliv vode; isplahivanje; navala osjećaja; žar, crvenilo, rumen 2. šiknuti, procuriti, izliti se; klicati; planuti

fluster ['flʌstə] 1. smetenost; 2. *v/i* zbuniti se; uzrujati se, *v/t* zagrijati pićem, smutiti

flute [flu:t] flauta, frula 2. svirati flautu;ižlijebiti

flux [flʌks] *fig* tok, strujanje; ~ **and reflux** plima i oseka

fly [flai] 1. muha; letenje; 2. *irr* letjeti, vijoriti; upravljati avionom, voziti se avionom

flying ['flaiiŋ] leteći; brz; ~ **field** uzletište; ~ **machine** zrakoplov; ~ **squad** leteća patrola (policija)

fly-sheet ['flaiʃi:t] letak, oglas

fly-weight ['flaiweit] boksač muha kategorije

foam [foum] 1. pjena 2. pjeniti se

focus ['foukəs] 1. fokus, žarište 2. sakupiti u žarištu

fog [fɔg] magla; *fig* zamagliti

foggy ['fɔgi] (~**ly**) maglovit, zamagljen

fold [fould] 1. tor, obor 2. sabiti 3.nabor, bora, pregib 4. ...puta, ...struk (višestruk) 5. saviti, sklopiti, složiti

folding ['fouldiŋ] sklopiv, preklopni; ~-**bed** sklopiv krevet; ~-**chair** stolica na sklapanje

folk [fouk] narod, puk; porodica, rodbina

follow ['fɔlou] slijediti, pratiti; baviti se; povoditi se; *fig* slijediti čiji primjer

follower ['fɔlouə] pristaša, sljedbenik, učenik
fond [fɔnd] (**-ly**) naklonjen (čemu); nježan, zaljubljen; **be ~ of** voljeti
food [fu:d] hrana, jelo, živež
fool [fu:l] 1. budala, glupan; **make a ~ of oneself** načiniti budalu od sebe 2. luckast, budalast 3. *v/t* nasamariti, prevariti; *v/i* dangubiti, budaliti; **~ (a)round** ljenčariti, dangubiti
foot [fut] 1. [*pl* **feet**] stopalo, noga; pješadija; stopa; donji dio 2.*v/t* gaziti; zbrojiti (račun); *v/i* tapkati, plesati
foot ... **on ~** pješice, na nogama
~ **ball** nogomet
~ **boy** paž, hotelski dečko
~**-brake** nožna kočnica
~ **man** lakaj, pješak
~ **print** otisak stopala
~**-race** utrka
for [fɔ:, fə, fɔ:] 1. *prep* za 2. *conj* jer, budući da
for... a) namjera, cilj, smjer; na, u - *come for dinner*, doći na večeru
b) želja, nada, nadati se čemu, priželjkivati što
c) razlog, povod, od, radi, za, zbog
d) vrijeme - *for thr ee days*, cijela tri dana
e) udaljenost - *I walked for a mile*, hodao sam milju
f) zamjena za, umjesto
g) iza, *adj* s akuzativom i *inf* - *it is good for us to be her e*, dobro je da smo ovdje
forbid [fə'bid] *irr* zabraniti; (za) priječiti; **good ~ !** Bože sačuvaj!
forbidden [fə'bidn] *pp* od **forbid** ; zabranjen, nedozvoljen
force [fɔ:s] 1. sila, snaga, energija, moć; prinuda, vojska; **the ~** policija; **armed ~s** *pl* oružane snage; **by ~** silom 2. prisiliti, silom iznuditi, natjerati, provaliti
fore [fɔ:] 1. *adv* naprijed, sprijeda 2. *adj* prednji
fore ...~ and aft uzduž broda (od pramca do krme)
~**arm** podlaktica
~**cast** (meteorološka) prognoza
~**father** praotac, predak
~**finger** kažiprst
~**go** prethoditi, odreći se
~**ing** prethodni
~**ground** prednji plan
~**hand** vodeći, unaprijed
~**head** čelo
foreign ['fɔrin] stran, inozemni; tuđ; nepoznat; **the ~ office** (britansko) ministarstvo vanjskih poslova; **~ policy** vanjska politika;
~ trade , vanjska trgovina
foreigner ['fɔrinə] stranac, tuđinac
fore ... **~know** predviđati
~**man** poslovođa, predradnik; predsjednik porote
~**most** 1. *adj* najistaknutiji, prednji 2. prvo, najprije
forensic [fə'rensik] sudski
fore ... **~ runner** preteča
~ see predviđati, slutiti
~ shadow nagovijestiti
~ shore žal, obala
~ sight predviđanja, dalekovidnost, oprez
forest ['fɔrist] 1. šuma 2. pošumiti
fore ... **~ tell** predskazati, proreći
~ woman predradnica, nadzornica, poslovodkinja
forefeit ['fɔ:fit] 1. propao, zaplijenjen 2. gubitak, izgubljeno pravo; jamčevina; zalog 3. proigrati; zaplijeniti; izgubiti (pravo)
forge ['fɔ:dʒ] 1. kovačnica, talionica 2. skovati, krivotvoriti, falsificirati,
forger ['fɔ:dʒə] kovač, krivotvoritelj
forget [fə'get] *irr* zaboraviti
forgetful [fə'getful] (**-ly**) zaboravan, zaboravljiv
forgive [fə'giv] *irr* oprostiti; otpustiti (dug)
forgiving [fə'giviŋ] (**-ly**) milostiv, blag
fork [fɔ:k] 1. viljuška; vile; rašlje 2. rašljati, račvati se
form [fɔ:m] 1. oblik; forma; formular; obrazac; formalnost; školska klupa; razred; kalup; **in good ~** u dobroj formi, kondiciji 2. oblikovati; formirati se; tvoriti; svrstati;
formality [fɔ:'mæliti] formalnost, ukočenost
formation [fɔ:'meiʃn] oblikovanje, formiranje; tvorba
former ['fɔ:mə] 1. onaj koji oblikuje, ljevač kalupa 2. bivši, prethodni, raniji; nekadašnji
formerly ['fɔ:məli] prije, nekada, ranije
formula ['fɔ:mjulə] *pl* većinom **formulae** ['fɔ:mjuli:], formula, pravilo

forsake [fə'seik] *irr* napustiti, ostaviti
fort [fɔ:t] tvrđava, utvrda
forth [fɔ:θ] naprijed; dalje, van; ~ **comin** , predstojeći, idući, nastupajući; ~ **wish** odmah, smjesta
fortieth ['fɔ:tiiθ] četrdeseti; četrdesetina
fortification [fɔ:tifi'keiʃn] utvrđenje, jačanje; tvrđava
fortnight ['fɔ:tnait] četrnaest dana
fortress ['fɔ:tris] tvrđava
fortunate ['fɔ:tʃnit] sretan; *adv* (~ly) srećom, na sreću
fortune ['fɔ:tʃn] sreća, sretan slučaj, kob; bogatstvo, imetak; **good** ~ sreća; **bad** ~, **ill** ~ nesreća; **tell** ~**s** gatati
forty [fɔ:ti] 1. četrdeset 2. dob života od 40 godina; **the** ~**ies** četrdesete godine života ili stoljeća
forward ['fɔ:vəd] 1. *adj* prednji; poodmakao; napredan, budući; ročni; terminski 2. (u)naprijed; (n)adalje; 3. navalni igrač, 4, ubrzati, promicati; poslati; otpremiti
foster ['fɔstə] 1. *fig* hraniti, njegovati, odgojiti, bodriti; ~ **up** poticati 2. posvojen (~-**child**)
fought [fɔ:t] *pret* i *pp* od **fight**
foul [faul] (~ly) 1. nečist, prljav; prostački; gladan; nepovoljan; nepošten; nepravilan 2. ono što je nepravilno ili prljavo; faul (prekršaj) 3. uprljati; sudariti se
found [faund] 1. *pret* i *pp* od **find** 2. osnovati, utemeljiti 3. taliti, lijevati (kovinu)
foundation [faund'eiʃn] temelji; osnivanje; utemeljenje
founder ['faundə] 1. utemeljitelj, osnivač 2. lijevač 3. *v/i* potonuti, nasukati se, zaglibiti; *v/t* potopiti, izmoriti
foundling ['faundliŋ] nahoče
foundry ['faundri] ljevaonica
fountain ['fauntin] izvor, vodoskok, fontana; ~-**pen** naliv pero
four [fɔ:] 1. četiri 2. četvorica, četvorka, četverac
fourteen [fɔ:'ti:n] četrnaest
fourteenth [fɔ:'ti:nθ] 1. četrnaesti; 2. četrnaestina
fourth [fɔ:θ] 1. četvrti 2. četvrtina
fowl [faul] 1. ptica; perad, kokoš
fowling ['fauliŋ] ptičarstvo, lovljenje ptica
fox [fɔks] 1. lisica 2. lukavo, podmuklo postupati, nadmudriti; ~ **hound** pas lisičar; ~-**hunt** lov na lisice

fraction ['frækʃn] razlomak, odlomak; mrvica; ~ **line** razlomačka crta
fracture ['fræktʃə] 1. lom, prijelom, fraktura 2. slomiti
fragile ['frædʒail] loman, krhak; nježan
fragment ['frægmənt] djelić, fragment
frame [freim] 1. oblik; okvir; raspoloženje; duševno stanje; građa tijela; okosnica 2. oblikovati; sastaviti; izgraditi; skovati; uokviriti; *Am* ~ **up** lažno optužiti; ~ **up** urota, lažna optužba; ~ **work** kostur, okosnica, skele
franchise ['fræntʃaiz] povlastica, pravo glasa, privilegij
frank [frænk] 1. franak 2. iskren, otvoren
frankfurter ['fræŋkfətə] hrenovka
frantic ['fræntik] (~ally) mahnit, bijesan, divlji
fraternal [frə'tə:nl] bratski
fraternity [frə'tə:niti] bratstvo; *Am* studentsko udruženje određenog koledža
fraud [frɔ:d] prijevara, podvala; varalica, prevarant
freak [fri:k] hir, čuo, mušica
freckle ['frekl] 1. pjega od sunca 2. dobiti pjege
free [fri:] (~ly) 1. slobodan; nezavisan; neograničen; oslobođen; besplatan; pošteđen; ~ **port** slobodna luka; ~ **trade** slobodna trgovina, **run** ~ raditi na prazno, **set** ~ pustiti na slobodu, osloboditi 2. osloboditi, izbaviti; razmrsiti
freedom [fri:dəm] sloboda; nezavisnost; oslobođenje; ~ **of speech** sloboda govora
free ... ~ **hold** neograničeno vlasništvo [nad nekretninama]
~ **mason** slobodni zidar, framazon
freeze [fri:z] *irr v/i* smrznuti se, slediti se; ukočiti se; *v/t* zamrznuti
freezing ['fri:ziŋ] (~ly) leden, koji smrzava; ~ **point** ledište
freight [freit] 1. teret; vozarina; 2. natovariti; (na)krcati; otpremati
french [frentʃ] 1. francuski; ~ **beans** mahune 2. francuski jezik; **the** ~ francuski; ~ **woman** francuskinja
frequency ['fri:kwənsi] učestalost; frenkvencija
frequent ['fri:kwənt] (~ly) 1. čest, učestao 2. ['fri:kwent] često posjećivati
fresh [freʃ] (~ly) svjež; nov; zdrav; bodar; nepokvaren; *Am* drzak, nadut ~ **water**

slatka voda 2. svježina; poplava; ribnjak
freshman ['freʃmən] brucoš, student prve godine
friar ['fraiə] redovnik, fratar
fruction ['frikʃn] trenje, frikcija
Friday ['fraidi] petak
friend [frend] prijatelj(ica); drug
friendly ['frendli] prijateljski, ljubazan
friendship ['frendʃip] prijateljstvo
fright [frait] strah, strava, užas
frighten ['fraitn] (pre)strašiti; uplašiti; to be ~ed strašiti se
frigid ['fridʒid] (~ly) hladan, leden
frisk [frisk] skakutanje, poskakivanje
frisky [friski] skakutav, živahan
frivolity [fri'vɔliti] lakoumnost; neznatnost
frivolous ['frivələs] lakomislen, frivolan, bezvrijedan
frizz [friz] 1. kovrčati (se) 2. cvrčati (jelo)
frizzle ['frizl] 1. kovrčasta kosa; kovrčati se 2. pirjati, pržiti, cvrčati
frog [frɔg] 1. žaba; to have a ~ in the throat biti promukao 2. kožnata petlja; korice za bodež, sablju 3. pomični jezičac skretnice
frolic ['frɔlik] 1. veselje, zabava, šala 2. šaliti se, igrati se
from [frɔm, frəm] od, iz, sa, po, kod, u; ~ above odozgo; ~ before otprije, od ranije
front [frʌnt] 1. čelo, pročelje, prednja strana; fronta; drskost; in ~ of ispred 2. prednji; ~ yard *Am* vrt pred kućom 3. gledati; oduprijeti se; prkositi
frontal ['frʌntl] 1. čeon, frontalan 2. fasada
frontier ['frʌntjə] granica
frost [frɔst] 1. mraz, zima, inje; *sl* neuspjeh 2. smrznuti; uništiti mrazom; pokriti injem
frosty ['frɔsti] (~ly) hladan, leden; sijed
frown [fraun] 1. mrgođenje, namršenost; *v/t* ~ down zaplašiti mrkim pogledom, *v/i* mrko gledati, poprijeko gledati
froze [frouz] *pret* od **freeze**
frozen ['frouzen] 1. *pp* od **freeze** 2. adj. smrznut
fruit [fru:t] 1. voće; plod; posljedica; rezultat; potomstvo 2. donositi plod; roditi
fruiter ['fru:tə] voćka; brod za prijevoz voća
fruitful ['fru:tful] (~ly) plodan, rodan

frustrate [frʌs'treit] osujetiti; spriječiti; frustrirati
frustration [frʌs'treiʃn] osujećenje, frustracija
fry [frai] 1. pečenje, pečenka 2. iskra, mrijest 3. pržiti, pirjati; ~-pan tava
fuel ['fjuəl] 1. gorivo; ogrijev 2. opskrbiti gorivom
fugitive ['fju:dʒitiv] 1. koji bježi, prolazan 2. bjegunac
fulfil (l) [ful'fil] ispuniti; udovoljiti
fulfil (l)**ment** [ful'filmənt] ispunjenje; ostvarenje
full [ful] (~ly) 1. pun, potpun, napunjen, čitav, sit, obilat, iscrpan, jak; of ~ age punoljetan; ~ stop točka; *adv* potpuno, sasvim, vrlo;
~ up popunjeno 3. izobilje, punoća; in ~ potpuno, u cijelosti
full-time [ful'taim] s punim radnim vremenom; redovni
fulminate ['fʌlmineit] prasnuti, grmjeti; *fig* žestoko napadati, prokleti
fulmination [fʌlmi'neiʃn] eksplozija, praskanje; *fig* izopćenje
fumble ['fʌmbl] pipati (u mraku), tapati
fumbler ['fʌmblə] nespretnjaković, šeprtlja
fume [fju:m] 1. para, dim; in a ~ bijesan, jarostan 2. pušiti; dimiti (se)
fun [fʌn] zabava, šala; make ~ of zbijati šalu; for (in) ~ za zabavu
function ['fʌŋkʃn] 1. djelovanje, služba, djelatnost; zvanje, položaj, funkcija; svečanost, ceremonija 2. djelovati, funkcionirati, vršiti dužnost
functional ['fʌŋkʃənl] funkcionalni, formalan, službeni
fund [fʌnd] 1. fond, glavnica; zaliha; kapital; obilje; ~ s, *pl* državne obveznice; gotovina; fondovi; in ~ s pri novcu 2. uložiti u fondove; stvarati zalihe
fundament ['fʌndəmənt] stražnjica
fundemental ['fʌndəmentl] osnovan, fundamentalan; ~s *pl* osnove, temelji; načela
funeral ['fju:nərəl] 1. pogreb, sprovod, pogrebni
funereal [fju:'niəriəl] (~ly) pogrebni, žaloban, turoban
fun-fair ['fʌnfɛə] zabavni park, sajam
fungous ['fʌŋgəs] gljivast, spužvast

fungus ['fʌŋgəs] *pl* **fungi** ['fʌŋgai] gljiva, oteklina
funk [fʌŋk] 1. bojazan; strah, panika; kukavica 2. bojati se
funky ['fʌŋki] strašljiv
funny ['fʌni] (~ly) smiješan, zabavan
fur [fə:] 1. krzno; kamenac, vapnenac 2. krznen 3. obući u krzno, očistiti kamenac
furious ['fju:əriəs] bijesan
furlong ['fə:lɔŋ] osmina engleske milje (201,167 m)
furnace ['fə:nis] topionica; visoka peć
furnish ['fə:niʃ] opskrbiti, snabdjevati, namjestiti; dobavljati
furniture ['fə:nitʃə] pokućstvo, oprema, pribor
furrow ['fʌrou] 1. brazda, žlijeb 2. orati; izbrazdati; žljebiti
furry ['fə:ri] krznen
further ['fə:ðə] 1. *adj* i *adv* dalji; dalje; povrh toga; 2. promicati, unaprijediti; ~more nadalje, povrh toga; ~most najdalji, najudaljeniji
furthest ['fə:ðist] vidi **furthermost**; **at (the)** ~ najkasnije
fury ['fjuəri] bijes, srdžba; furija
fuse [fju:z] 1. stopiti; rastopiti; pregorjeti 2. osigurač, fitilj 3. staviti fitilj
fusibility [fju:zə'biliti] topljivost, taljivost
fusible ['fju:zəbl] taljiv
fusion ['fju:ʒn] taljenje, fuzija
fuss [fʌs] 1. metež, uzbuđenje 2. uskomešati se, trčkarati naokolo, uznemiriti
fussy [fʌsi] (~ly) uznemiren, uzrujan
futile ['fju:tail] (~ly) isprazan, ništavan
futility [fju'tiliti] ništavnost, uzaludnost
future ['fju:tʃə] 1. budućnost 2. budući
futurism ['fju:tʃərizəm] futurizam
futurity [fju'tjuəriti] budućnost
fuzz [fʌz] 1. pahuljice, malje 2. razletjeti (se kao pahuljica) ə
fuzzy ['fʌzi] (~ly) pahuljast, maljav, nejasan

G

gab [gæb] rječitost, brbljivost; gift of the ~ blagoglagoljivost
gabble ['gæbl] 1. brbljanje 2. brbljati
gadget ['gædʒit] naprava, sprava
gaelic ['gelik] gelski, keltski
gaffe [gæf] gaf, nesmotrenost
gag [gæg] 1. čep za usta pacijenta; zaključenje debate, [glumčeva] improvizacija, geg; *slang* what's the ~ u čemu je vic, 2. improvizirati; začepiti usta
gaiety ['geiəti] razdraganost, veselost
gain [gein] 1. dobit[ak] *pl* ~s zarada; korist 2. dobiti, steći; zarađivati
gal [gæl] *Am slang* cura
gale [geil] oluja; lahor, povjetarac
gall [gɔ:l] 1. žuč; *Am slang* drskost 2. šišarka, šiška, 3. plik, nateklina, 4. nažuljati, oguliti
gallant ['gælənt] (~ly) naočit, odvažan; viteški; [gæ'lænt] (~ly) pažljiv, galantan; kavalir
galley ['gæli] galija, brodska kuhinja
gallon ['gælən] galon (4,54 litre, *Am* 3,78 litre)
gallop ['gæləp] 1. galop, kas 2. galopirati, kasati
gallows ['gælouz] vješala
gamble ['gæmbl] 1. kockati se 2. rizik, špekulacije
gambler ['gæmblə] kockar
gambol ['gæmbl] 1. poskok, poskakivanje 2. poskakivati, skakutati
game [geim] 1. igra, zabava; natjecanje; lovina; divljač; play the ~ igrati po pravilima 2. odvažan, hrabar, 3. igrati
gang [gæŋ] 1. skupina, odred; družba; banda 2. ~ up okupiti se
gangster ['gæŋstə] *Am* gangster
gangway ['gæŋwei] prolaz; brodske ljestve; mostić za brod
gap [gæp] pukotina, prodor; *fig* jaz, praznina
gape [geip] zjapiti, zijevati, zuriti u

garage ['gæra:ʒ] ['gæridʒ] 1. garaža 2. garažirati
garbage ['ga:bidʒ] smeće, otpaci; ~ can *Am* posuda za otpatke
garden ['ga:dn] 1. vrt 2. vrtlariti
gardener ['ga:dnə] vrtlar
gardening ['ga:dniŋ] vrtlarstvo
garlic ['ga:lik] češnjak
garment [ga:mənt] 1. komad odjeće, halja 2. odjenuti
garnish ['ga:niʃ] uresiti, garnirati
garrison ['gærisn] 1. posada, garnizon 2. snabdjeti posadom
gas [gæs] *pl* **gases** [gæsiz] 1. plin; blebetanje 2. ispuštati plin; otrovati plinom; blebetati,
gas... ~-engine plinski motor
~-light plinsko svjetlo, rasvjeta
~-lighter plinski upaljač
~-mask plinska maska
~-meter plinomjer
gasoline ['gæsoli:n] benzin
gasp [ga:sp] 1. teško disanje, soptanje, dahtanje 2. dahtati, soptati
gas proof ['gæs'pru:f] nepropustan za plin
gate [geit] (glavna) vrata, ulaz; broj gledatelja koji su kupili ulaznice; pregrada, barijera
gather ['gæðə] 1. *v/t* sabirati, sakupljati; dobivati; zaključiti; nabirati haljinu; *v/i* skupiti se, sabrati se, rasti, povećavati se 2. ~s *pl*, nabori
gathering ['gæðəriŋ] okupljanje; zbor
gauge [geidʒ] 1. propisana mjera, mjerilo; baždarska mjera; gaz broda; kalibar 2. izmjeriti; baždariti, *fig* procijeniti, prosuditi
gaul [gɔ:l] gaz
gauze [gɔ:z] gaza
gay [gei] veseo, vedar, razuman; *Am slang* homoseksualac
gaze [geiz] 1. zurenje, piljenje 2. zuriti, piljiti

gazette [gə'zet] 1. službene novine 2. objaviti u službenom vjesniku
gear [giə] 1. oprema, pribor, uređaj; zupčanici; prijenosni uređaj; transmisija; low ~ prva, high ~ druga, top ~ treća brzina 2. pokrenuti, staviti u pogon; ~-box (case) mjenjačka kutija
gearing ['giəriŋ] pogonski zupčanici, zupčani prijenos
gee [dʒi:] haj! gijo! *Am* uh!
geese [gi:s] *pl* od goose
gem [dʒem] 1. dragulj, dragi kamen, *fig* dragocijenost 2. uresiti draguljima
gender ['dʒendə] *gram* rod
general ['dʒenərəl] (~ly) 1. opći, općenit, generalan; uobičajen; glavni, generalni
generalization ['dʒenərəlai'zeiʃn] generalizacija, uopćavanje
generally ['dʒenərəli] općenito, ponajčešće
generate ['dʒenəreit] proizvoditi, stvarati
generation ['dʒenəreiʃn] naraštaj, generacija; stvaranje; rađanje
generosity [dʒenərɔsiti] velikodušnost, darežljivost
generous [dʒenərəs] (~ly) velikodušan, plemenit, pun
genesis ['dʒenisis] geneza, postajanje; stvaranje, geneza; prva knjiga starog zavjeta
genetic [dʒi'netik] (~ally) genetski; ~s *pl* genetika
genial ['dʒi:njəl] (~ly) plodan, blag; topao; povoljan
geniality ['dʒini'æliti] blagost, prijaznost
genitive ['dʒenitív] (ili ~ case) genitiv
genius ['dʒi:njəs] duh; *pl* genii ['dʒi:niai] dobar ili zao duh; *pl* **geniuses** ['dʒinjəsiz] genij, genijalnost; bit, suština
genocide ['dʒenəsaid] genocid
gentile ['dʒentail] 1. arijski, nežidovski; paganski 2. arijac, pripadnik nežidovske rase; paganin
gentle ['dʒentl] (~ly) gospodski; blag, nježan; pitom; velikodušan; ~ folk (s) gospoda, ~ man gospodin, džentlmen; ~ woman gospođa, dama
gentry ['dʒentri] vlastela, niže plemstvo
genuine ['dʒenjuin] pravi, nepatvoren, izvorni, originalan, autentičan
geographical [dʒio'græfikl] zemljopisni
geography [dʒi'ɔgrəfi] zemljopis
germ [dʒə:m] 1. klica 2. klijati, nicati

German ['dʒə:mən] 1. njemački; 2. Nijemac, njemački jezik
germaine [dʒə:'mein] primjeran, odgovarajući
gerund ['dʒerənd] gerund
gesticulate [dʒes'tikjuleit] gestikulirati
gesticulation [dʒesti'kjuleiʃn] gestikulacija
gesture ['dʒestʃə] gesta, kretnja
get [get] *irr* 1. *v/t* dobiti, steći; postići; primiti; zaraditi, dohvatiti; uhvatiti; razumjeti; prouzročiti; have got , imati posjedovati 2. *b/i* postati, doći; dospjeti; stići
get... ~ **along** odmicati; slagati se; izaći na kraj
~ **away** otpremiti, otići, umaknuti
~ **back**, vratiti se, dobiti natrag
~ **off** skinuti, svući; otpremiti
~ **on** obući, odjenuti
~ **out** izvaditi, izmamiti
~ **over** preboljeti; prenijeti
~ **up** probuditi; podići
~ **ready** spremiti se
~ **along** napredovati
~ **along with** slagati se
~ **away** otići
~ **away with** izvući se, jeftino proći
~ **down to** latiti se, prihvatiti se
~ **in** ući, ukrcati se
~ **off** sići; izbjeći; uzletjeti
~ **on** napredovati, uspijevati
~ **on with** slagati se s kim
~ **through** probiti se; dobiti telefonsku vezu
~ **up** ustati; penjati se
get-a-way ['getəwei] bijeg
ghastliness ['ga:stlinis] stravičnost, sablasnost
grastly ['ga:stli] stravičan, sablastan
ghost [goust] duh, prikaza, sablast
giant ['dʒaiənt] 1. divovski, gigantski 2. div, gigant
gibe [dʒaib] 1. rugati se, podrugivati se 2. poruga
gift [gift] 1. poklon, dar; talent, ~ shop trgovina predmeta za poklon 2. darovati, pokloniti
gifted ['giftid] nadaren
gigantic [dʒai'gæntik] (~ally) divovski, ogroman
giggle ['gigl] 1. smijuljiti se, cerekati se 2. cerekanje
gimmick ['gimik] *Am slang* trik, "štos"

gin [dʒin] džin (alkoholno piće)
ginger ['dʒindʒə] 1. đumbir; poduzetnost; riđa kosa, ~ **beer** đumbirovac (pjenušavo piće)
gipsy ['dʒipsi] Ciganin
girl [gə:l] djevojka; služavka
girlish [gə:liʃ] (~**ly**) djevojački
give [giv] 1. *irr v/t* dati, pokloniti; povjeriti; žrtvovati; recitirati, otpjevati; saopćiti; izvoditi (predstavu); ~ **birth** roditi; ~ **ear** poslužiti;
~ **in** popustiti, predati; ~ **up** predati, napustiti; ~ **oneself up** predati se nekome 2. *irr v/i* ~ **out**, nestajati, gubiti se, 3. popuštanje, elastičnost
glad [glæd] (~**ly**) sretan, veseo, zadovoljan
gladness ['glædnis] veselje, radost
glamorous ['glæmərəs] divan, čaroban
glamour ['glæmə] 1. čar 2. očarati
glance [gla:ns] 1. letimičan pogled, bljesak 2. preletjeti očima; skliznuti; bljesnuti
gland [glænd] žlijezda
glass [gla:s] staklo, čaša; dalekozor; stakleni predmet; ogledalo; barometar; ~**es** *pl* naočale 2. staklen, 3. ostakliti
glide [glaid] 1. klizanje; jedrenje 2. kliziti; jedriti (zrakom)
glider [glaidə] jedrilica
glimpse [glimps] 1. kratak pogled na; bljesak 2. zasvijetliti; ~ **at** letimice pogledati
gloat [glout] naslađivati se čime; zlurado se radovati
global ['gloubl] globalan, svjetski
globe [gloub] zemljina kora, globus
gloom [glu:m] 1. tama, mrak; sumornost, sjeta 2. *v/i* potišteno gledati; *v/t* zamračiti, potištiti
gloomy ['glu:mi] (~**ly**) mračan, sumoran, sjetan
glorification [glɔ:rifi'keiʃn] slavljenje, veličanje
glorify ['glɔ:rifai] slaviti, veličati; hvaliti
glorius ['glɔ:riəs] sjajan, slavan
glory ['glɔ:ri] 1. slava, ponos 2. uživati; dičiti se;
glossary ['glɔsəri] glosar(ij), rječnik
glove [glʌv] rukavica
glow [glou] 1. (u)žar(enost), toplina 2. užariti se
glue [glu:] 1. ljepilo 2. (za)lijepiti
glutton ['glʌtn] proždrljivac, izjelica
gluttony ['glʌtəni] lakomost; pohlepa; proždrljivost
go [gou] 1. *irr* ići, kretati se; odlaziti; poći, krenuti; raditi; teći, proticati, kolati, biti u optjecaju; odvijati se; prodavati se; popustiti; postati 2. kretanje; poduzetnost; hod; tok; krepkost
go... ~ **ahead** nastaviti, ići naprijed
~ **bad** pokvariti se
~ **back** vratiti se
~ **between** posredovati
~ **by** prolaziti; ravnati se po
~ **in for** baviti se, posvetiti čemu
~ **off** otići, pobjeći; eksplodirati
~ **on** nastaviti, produžiti
~ **without** izlaziti na kraj bez čega, odreći se
go-ahead ['gouəhed] 1. poduzetan, napredan 2. *Am* poduzetan duh
goal [goul] meta, cilj; vrata; gol; ~-**keeper** nogometni vratar
goat [gout] koza, jarac
go-between ['goubitwi:n] posrednik
god [gɔd] bog; *fig* idol, bog; ~**child** kumče; ~**dess** boginja; ~**father** kum; ~**like** božanstven; ~**mother** kuma
goggle ['gɔgl] 1. buljiti; prevrtati očima 2. ~**s** *pl*, zaštitne naočale za rad
gold [gould] 1. zlato 2. zlatan; ~-**digger** *Am* kopač zlata
golden ['gouldən] zlatan, zlatne boje
golf [gɔlf] golf
gone [gɔn] izgubljen, propao, uništen, mrtav; **be gone** !, nosi se! gubi se!
good [gud] 1. dobar; ispravan; m.o; drag; svjež; pošten; priličan; čitav; u.jeriv; ~ **at** vješt čemu 2. dobro, dobra svrha; ~**s** *pl*, roba, dobra; **that's no** ~ nema smisla; **for** ~ zauvijek; ~-**looking** zgodan, lijep; ~-**will** dobronamjernost; naklonost; dobar glas; klijentela
goodbye [gud'bai] 1. oproštaj ['gud'bai] 2. zbogom; doviđenja,
goose [gu:s] *pl* **geese** [gi:s] guska
gorgeous ['gɔ:dʒəs] (~**ly**) divan, sjajan
gossip ['gɔsip] 1. trač, ogovaranje 2. čavrljati, naklapati
got [gɔt] ili **gotten** [gɔtn] *pret* i *pp* od **get**
govern ['gʌvən] *v/t* vladati, upravljati; *fig* obuzdavati, utjecati; *v/i* kraljevati; ~ **ing body** upravno tijelo; ~**ess** odgojiteljica, guvernanta
government ['gʌvənmənt] vlast, uprava, vlada; svladadavanje, obuzdavanje
~ **subsidy** državna subvencija; ~ **bonds** državne obveznice; ~ **stocks** državni papiri
governor ['gʌvənə] vladar, upravljač; gu-

verner; zapovjednik, upravitelj, ravnatelj
gown [gaun] 1. ženska duga haljina, halja; toga; mantija 2. odjenuti u halju
grab [græb] 1. zgrabiti, ščepati 2. grabljenje, ščepanje, zahvat
grace [greis] 1. dražest, ljupkost; otmjenost; žar; milost; oprost; molitva, ~s *pl* ures; act of ~ čin milosti, pomilovanje; yours ~ vaša visosti 2. ukrasiti, uzvisiti
graceful [greisful] (~ly) dražestan, ljubak, graciozan
gracious ['greiʃəs] (~ly) umiljat, dobrostiv; milostiv; good [ness] ~! za Boga miloga!
graciousness ['greiʃəsnis] ljupkost, milost
grade [greid] 1. stupanj, razred; vrsta; *Am* školska ocjena 2. stupnjevati, razvrstati
graduate ['grædjueit] razvrstati; gradirati, *Am* završiti školu; diplomirati; promovirati, ['grædjuit] diplomirani student, diplomant
graduation [grædju'eiʃn] stupnjevanje, gradiranje; matura, diplomiranje; promocija
grain [grein] zrno (žita), žito, žitarice, zrnce
grammar ['græmə] gramatika; ~ school gimnazija; *Am* viši razredi osnovne škole
grammatical [grəmætikl] gramatički
gramophone ['græməfoun] gramofon; ~ record gramofonska ploča 2. svirati na gramofonu
grand [grænd] (~ly) *fig* velik, visok; glavni; *Am slang* novčanica od tisuću dolara
grand ... ~ **duke** veliki vojvoda
~ **piano** koncertni glasovir
~ **child** unuče
~ **daughter** unuka
~ **mother** baka
~ **father** djed
~**-parents** *pl* djed i baka
~ **son** unuk
granny ['græni] bakica
grant [gra:nt] 1. dozvola, odobrenje; dotacija, darovnica 2. odobriti, dozvoliti; darovati; dopustiti; priznati (kao istinito); take for ~ed prihvatiti kao gotovu činjenicu, kao nešto što se samo po sebi razumije
grape [greip] grožđe; jagoda grozda; ~**fruit** grejpfrut; ~**-vine** vinova loza; trs; čokot
grasp [gra:sp] 1. zahvat; moć; shvaćanje; dohvat 2. *v/t* zgrabiti, ščepati: shvatiti,

v/i posegnuti za; težiti, gramziti; ~ **ing** (~ly) pohlepan, gramziv
grass [gra:s] trava, travnjak; pašnjak; ~**hopper** skakavac, ~**-roots** *Am pol* obični ljudi, članovi stranke
grateful ['greitful] (~ly) zahvalan; ugodan
gratify [grætifai] nagraditi; zadovoljiti; prepustiti se; ~ing ugodan
gratitude ['grætitju;d] zahvalnost
grave [greiv] (~ly) 1. ozbiljan; težak; važan; taman; dubok (zvuk) 2. grob 3. *irr* većinom *fig* uklesati, usjeći; ~**-digger** grobar; ~ **stone** nadgrobni spomenik; ~ **yard** groblje
gravitation [grævi'teiʃn] sila teža, gravitacija
gravity ['græviti] važnost, težina; ozbiljnost; gravitacija
gravy ['greivi] umak; sok od pečenja
gray [grei] siv; *Am* osrednji
graze [greiz] 1. pasti travu 2. okrznuti
grease [gri:z] 1. namastiti, zamastiti 2. [gri:s] mast, salo; mazivo; ~ **cup** rezervoar ulja; ~**-proof** nepropusan za masnoću
greasy ['gri:zi] (~ly) mastan, zamašćen
great [greit] (~ly) 1. velik, znatan; važan; vješt; veličanstven; ~ **grandchild** praunuk; ~ **grandfather** pradjed; ~**coat** kabanica, ogrtač
greatly ['greitli] uvelike, znatno
greed ['gri:d] pohlepa, lakomost
greedy [gri:di] pohlepan, lakom
Greek [gri:k] 1. grčki 2. Grk(inja); grčki jezik; that is ~ to me to su španjolska sela za mene
green [gri:n] 1. zelen; nezreo, neiskusan; nov, svjež 2. zelenilo, zelena boja; tratina
green .. ~ **grocer** trgovac
~ **grocery** trgovina voćem i povrćem
~ **house** staklenik
greet [gri:t] pozdraviti; ~**ing** pozdravljanje
grenade [gri'neid] granata
grew [gru:] *pret* od **grow**
grey [grei] (~ly) 1. siv; ~ **friar** franjevac 2. sivilo, sivoća; sivi konj 3. posivjeti, posijediti; ~ **hound** hrt
grief [gri:f] tuga, bol, jad, žalost
grieve [gri:v] ražalostiti (se); jadati se
grill [gril] 1. (is)peći, (is)pržiti 2. roštilj, meso s roštilja
grim [grim] (~ly) mrk, neprijazan
grin [grin] 1. cerenje, smiješak 2. smješkati se
grind [graind] 1. *irr v/t* (sa)mljeti, mrviti, drobiti, brusiti; *fig* tlačiti; *slang* poduča-

vati; v/i dati se mljeti; mučiti se; *slang* bubati, učiti 2.mljevenje, brušenje
grip [grip] 1. zgrabiti, ščepati 2. zahvat, stisak; sposobnost shvaćanja
groan [groun] 1. stenjanje, ječanje 2. stenjati, ječati
grocer ['grousə] trgovac mješovitom robom; ~**ies** ['grousəriz], *pl* namirnice; ~**y** trgovina mješovitom robom
groggy [grɔgi] pijan; omamljen
groom [gru:m] 1. konjušar; zaručnik, mladoženja 2. timariti konja; well ~ed dotjeran, elegantan
groove [gru:v] 1. brazda, žlijeb; *fig* kolotečina 2. ižlijebiti
gross [grous] (~ly) 1. debeo, golem, krupan; zdepast; prost, neuljudan; bruto 2. gros (tuce tuceta)
grotesque [grou'tesk] (~ly) groteskan
ground [graund] 1. *pret* i *pp* od **grind** 2. zemlja, tlo, teren; lovište; dno; temelj, podloga, temeljna boja 2. staviti na zemlju, uzemljiti; nasukati (se); osnovati, podučavati; dati temelje
ground ... ~**s** razlog; talog kave
  on the ~(s) of zbog, na temelju; pod izlikom
  on the ~(s) that s razloga što
  well ~ed na dobrim osnovama
  ~ floor prizemlje
  ~**less** (~**ly**) neosnovan, bestemeljan
  ~**-nut** orašac, kikiriki
  ~**-plan** tlocrt
  ~**-work** temelj, osnovica
group [gru:p] 1. skup(ina), grupa 2. skupiti (se), grupirati (se)
grow [grou] *irr v/i* (po)rasti, povećavati se; postajati; *v/t* uzgajati
grow ... ~ **out of use** izaći iz upotrebe
  ~ **up** odrasti
grown [groun] 1. *pp* od **grow** 2. *adj* odrastao; obrastao
growth [grouθ] (po)rast(enje), povećanje, razvijanje
gruesome ['gru:səm] odvratan, jeziv
grumpy ['grʌmpi] razdražljiv, mrzovoljan
guarantee [gærən'ti:] 1. jamac; jamstvo, garancija 2. jamčiti, garantirati
guaranty ['gærən'ti] jamstvo; garantni list; zalog
guard [ga:d] 1. čuvanje; straža(r), čuvar; kondukter; zaštitna naprava 2. čuvati, štititi; stražariti; *v/i* čuvati se
  guard ... ~**s** garda
  mount ~ postaviti stražu
  relieve ~ smijeniti stražu
guardian ['ga:djən] čuvar, zaštitnik; skrbnik, tutor
guess [ges] 1. nagađanje, pretpostavka 2. *v/t* pogađati, odgonetnuti; *v/i* nagađati što; *Am* misliti
guest [gest] gost; ~**house** gostinjska kuća
guidance ['gaidəns] vođene, vodstvo; usmjeravanje
guide [gaid] 1. vodič 2. voditi, upravljati, upućivati; ~**book** vodič (knjiga); ~**-post** putokaz
guild [gild] ceh, gilda
guilt [gilt] krivnja, krivica
guilty ['gilti] kriv; **blood** ~ priznati krivicu
guinea ['gini] gvineja (21 šiling); ~ **pig** morsko prasence
guise [gaiz] vanjski izgled; krinka, maska
guitar [gi'ta:] gitara
gulf [gʌlf] zaljev; provalija; *fig* vrtlog
gull [gʌl] 1. galeb 2. glupan, budala 3. prevariti, nasamariti
gullet ['gʌlit] grkljan, jednjak, ždrijelo
gum [gʌm] 1. desni, zubno meso 2. kaučuk, guma; guma za žvakanje 3. gumirati, slijepiti
gun [gʌn] 1. puška, vatreno oružje; *Am* revolver, pištolj 2. *Am* loviti, gađati, pucati
gun ... **big** ~ velika zvijerka (važna osoba)
  ~**-licence** dozvola za nošenje oružja
  ~ **man** revolveraš
  ~ **powder** barut
  ~ **shot** domet hica, puškomet; pucanj
  ~ **smith** oružar
  ~ **stock** kundak
gurgle ['gə:gl] mrmoriti, žuboriti
gusty ['gʌsti] buran, olujan
gut [gʌt] 1. crijevo; *slang pl* hrabrost, petlja 2. izvaditi utrobu [ribe]; *fig* isprazniti; shvatiti suštinu
gutter ['gʌtə] 1. žlijeb, oluk, slivnik 2. *v/t* izdubiti, užlijebiti; *v/i* kapati, cijediti se
guy [gai] 1. strašilo; *Am* čovjek, momak 2. izvrgnuti ruglu; pobjeći 3. brodsko čelično uže, uže za učvršćivanje tereta
gym [dʒim] gymnasium
gymnasium [dʒim'neizjəm] gimnastička dvorana
gymnastic [dʒim'næstik] (~ally) 1. gimnastički 2. ~**s** *pl* tjelovježba
gynaecologist [gaini'kɔlədʒist] ginekolog
gynaecology [gaini'kɔlədʒi] ginekologija
gypsum ['dʒipsəm] gips, sadra

habit ['hæbit] 1. navika; način; tjelesna ili duševna sposobnost; be in the ~ of običavati, imati naviku
habitant ['hæbitənt] stanovnik
habitation [hæbiti'teiʃn] stanovanje; stan
habitual ['həbitjuəl] (~ly) uobičajen, koji je postao navikom
habituate [hə'bitjueit] naviknuti
habitude ['hæbitjuːd] navika
had [hæd], [həd] pret i pp od have imati
haemorrhage ['hemərɪdʒ] krvarenje
hail [heil] 1. tuča, grad 2. v/i padati (tuča, grad); v/t obasuti tučom 3. dozivati, pozdraviti 4. dozivanje; ~! zdravo
hair [hɛə] dlaka, vlas, kosa
~-cut način kako je kosa ošišana
~-do Am frizura; ~-dresser frizer(ka)
~-dryer aparat za sušenje kose, fen
~ pin ukosnica
~-raising jezovit
~-splitting cjepidlačenje
hairy ['hɛəri] dlakav, kosmat
half [haːf] 1. pola 2. polovica
~-bred koji je miješanog porijekla
~-breed mješanac
~-time poluvrijeme
~-way polovično, na pola
~-year polugodište, semestar
hall [hɔːl] predvorje, dvorana; trijem; predsoblje
hallow ['hælou] posvetiti, učiniti svetim
halloween ['hælou'iːn] večer uoči blagdana Svih svetih
hallucination [həluːsi"neiʃn] halucinacija, priviđenje
halt [hɔːlt] 1. zastoj; mirovanje 2. stati; kolebati se; oklijevati; fig šepati 3. kljast
halve [haːv] prepoloviti, ~s [haːvz] pl od half
ham [hæm] šunka, but; Am slang amater
hamlet ['hæmlit] zaselak
hammer ['hæmə] 1. čekić 2. udariti čekićem; kovati; burza; proglasiti koga insolventnim; ~ at truditi se oko čega
hamster ['hæmstə] hrčak
hand [hænd] 1. ruka; fig sila; djelotvornost, okretnost; nadzor; posjed; utjecaj; rukopis; potpis; kazaljka na satu; pomoć; čovjek; radnik; mornar; poznavalac; momak; karte za igru koje igrač dobije prilikom djeljenja; igrač 2. pružiti
hand ... at ~ pri ruci, blizak
at first ~ iz prve ruke
by~ rukom
lend a~ pomoći, prihvatiti
~s off! ruke k sebi!
on the one ~ u jednu ruku, s jedne strane
on the other ~ u drugu ruku, s druge strane
~ down predati idućem pokoljenju
~ in uručiti
~ over predati
~-bag torbica
~bill tiskanica
~-brake ručna kočnica
~cuff lisičine, okovati koga u lisičine
~ful pregršt; muka, nevolja; dijete koje zadaje brigu roditeljima
handicraft ['hændikraːft] ručni obrt, vještina
handkerchief ['hæŋkətʃif] maramica, rubac
handle ['hændl] 1. mogućnosti; prilika; držak, ručica, ručka 2. uhvatiti; rukovati, postupati
handshake ['hændʃeik] rukovanje, stisak ruke
handsome ['hænsəm] lijep, zgodan
handwriting ['hænd'raitiŋ] rukopis
handy ['hændi] (~ly) pri ruci, na dohvat; prikladan; sretan
hang [hæŋ] irr v/t objesiti, visiti; vješati; v/i visiti, lebdjeti; nagnuti se; ~ about tumarati; pripiti se uz koga; ~ back zaostajati; ~ on priviti se; fig visjeti na 2. padina; pad (zastora); smisao
hanger ['hæŋə] vješalica, lovački nož; obronak
hangman [hæŋmən] krvnik
hang-over ['hæŋouvə] slang mamurluk
hanki, hanky ['hæŋki] maramica, rubac

haphazard ['hæp'hæzəd] 1. slučaj; at ~ nasumce 2. slučajno
happen ['hæpn] dogoditi se, odigrati se; ~ing događaj
happily ['hæpili] srećom
happiness ['hæpinis] sreća, blaženstvo
happy ['hæpi] (~ly) sretan, sretno; blažen; ~-go-lucky bezbrižan
harass ['hærəs] gnjaviti, uznemiravati
harassment ['hærəsmənt] uznemiravanje, dodijavanje
harbo(u)**r** ['ha:bə] 1. luka; utočište 2. primiti na prenoćište, pružiti utočište; sidriti
hard [ha:d] 1. *adj* tvrd, težak; oštar; neprijazan, razbojnički; skup; škrt; žilav; marljiv; kiseo; ~ **cash** gotov novac
hard ... ~ **currency** tvrđava, valuta
~ **to deal with** težak za ophođenje 2. oštro, jako; marljivo; čestito; s mukom
harden ['ha:dn] učiniti tvrdim, otvrdnuti; očeličiti, postati otporan
hardly ['ha:dli] teško, strogo; jedva
hardness ['ha:dnis] tvrdoća, strogost; teškoća
harm [ha:m] 1. šteta, zlo; nepravda 2. oštetiti, naškoditi, ozlijediti; ~ful (~ly) štetan; ~less bezazlen, neškodljiv
harmonica [ha.'mɔnikə] usna harmonika
harness ['ha:nis] 1. oklop, orma 2. staviti opremu; upregnuti u jaram
harp [ha:p] 1. harfa 2. svirati harfu
harsh [ha:ʃ] (~ly) hrpav, trpak; oštar; grub
hart [ha:t] jelen
harvest ['ha:vist] 1. žetva; prihod 2. žeti; ubrati
haste [heist] žurba, hitnost
hasten ['heisn] požuriti se, požurivati
hasty ['heisti] (~ly) žurno, prenagljeno; žarom
hat [hæt] šešir; *slang* **my** ~ **no** krasno!
hatch [hætʃ] 1. leglo, nasad; poluvrata; okance; **under** ~**es** pod palubm 2. izleći 3. šrafirati
hate [heit] 1. mržnja 2. mrziti; ~ful (~ly) mrzak, omražen
hatred ['heitrid] mržnja
haunt [hɔ:nt] 1. boravište; sklonište 2. često posjećivati, obilaziti; progoniti
have [hæv, həv] 1. *irr v/t* imati, posjedovati, večerati, ručati, doručkovati; dati da nešto učini 2. *irr v/aux* pomoćni glagol za tvorbu složenih oblika 3. vlasnik;
haven ['heivn] luka; utočište
hawk [hɔ:k] 1. jastreb; sokol 2. loviti 3. hrakati 4. torbariti; prodavati robu po kućama
hay [hei] 1. sijeno 2. praviti sijeno
hazard ['hæzəd] 1. slučaj; opasnost, rizik; hazardna igra 2. riskirati
haze [heiz] 1. maglica 2. šikanirati, mučiti
hazel ['heizl] 1. lijeska 2. kestenjast; ~nut lješnjak
hazy ['heizi] (~ly) magličast, mutan; *fig* nejasan
he [hi:] 1. on 2. mužjak (u složenicama)
head [hed] 1. glava; *fig* razum, volja, duh; prednja strana kovanog novca; osoba, pojedinac; komad; grlo stoke; mnoštvo; glavica (cvijeta, čavla, čekića) pjena na tekućini; vrhnje; vrh brda; gornji dio; vrelo; izvor (rijeke); uzglavlje; poglavar, predstojnik, poglavica, pročelnik, ravnatelj; kolovođa; poglavlje; rubrika; stupac; stavka u računu; kategorija; kriza; vrhunac; ~ (**s**) **or tail** (**s**) pismo ili glava 2. na prvom mjestu; najotmjeniji; glavni, vrhovni 3. *v/t* biti na čelu, voditi, rukovoditi; ići ispred (koga ili čega); udariti glavom u nogometu; *v/i* držati kurs; *Am* izvirati (rijeka); ~ **for** ploviti prema
head ... ~**ache** glavobolja
~**ing** rubrika; naslov; natpis; udaranje glavom (nogomet)
~**less** bezglav; bez vođe
~**light** prednje svjetlo; farovi
~**-line** naslov
~**man** nadzornik; predradnik
~**master** ravnatelj škole
~**mistress** ravnateljica škole
~**most** najprvi
~**-quarters** *pl* štab, centrala
~**strong** tvrdoglav
~**way** glavni put
heal [hi:l] (iz)liječiti; ~ **up** zacijeliti
healing ['hi:liŋ] (~ly) 1. ljekovit, pomirljiv 2. liječenje
health [helθ] zdravlje; ~ **ful** zdrav, ljekovit; ~-**resort** lječilište
healthy ['helθi] (~ly) zdrav
heap [hi:p] 1. gomila, mnoštvo 2. nagomilati; ~ **up** pretrpati
hear [hiə] *irr* čuti; slušati; raspravljati; dobiti vijesti o, primiti glas; uslišati; saslušati svjedoke; preslušati predavanje
heard [hə:d] *pret* i *pp* od **hear**
hearing ['hiəriŋ] slušanje; audijencija; saslušanje
hearse [hə:s] mrtvačka kola
heart [ha:t] srce; grudi; duša; razum; osjećajnost; bit, srž; srdašce; dragi, draga

heart ... ~ **and soul** srcem i dušom
by ~ napamet
from one's ~ od sveg srca
~ **ache** tuga, žalost
~-**beat** kucanje srca
~-**break** duboka bol
~-**breaking** (~**ly**) koji kida srce
~-**broken** slomljena srca
~ **burn** žgaravica
~-**burning** zavist; mržnja
heartiness ['ha:tinis] srdačnost; srčanost
heartless ['ha:tlis] (~**ly**) bezdušan
hearty ['ha:ti] (~**ly**) iskren, srdačan; zdrav; srčan
heat [hi:t] 1. toplina; vrućina; revnost; bijes; pojedina trka u sportu; tjeranje; ~ **heat** mrtva trka; neodlučan rezultat 2. ložiti; zagrijati
heaven ['hevn] nebo; ~**s** *pl*, nebeski svod
heavenly ['hevnli] nebeski
heaviness ['hevinis] težina, pritisak, tromost
heavy ['hevi] (~**ly**) težak; trom; sjetan; tmuran; sparan; žestok; neprobavljiv; teško naoružan; ~ **current** jaka struja; ~-**weight** teška kategorija u boksu
Hebraic [hi'breiik] (~**ally**) hebrejski
Hebrew ['hi:bru:] 1. hebrejski 2. hebrejac; hebrejski jezik
hedge [hedʒ] 1. živica 2. *v/t* ograditi živicom; *v/i* osigurati se; ~ **hog**, jež; *Am* dikobraz
heed [hi:d] pažnja, pažljivost
heed ... **take** ~ **of, pay**~**of** pripaziti, čuvati se **take no**~**of** ne obazirati se na 2. obazirati se, paziti na
heel [hi:l] 1. peta, potpetica; kraj; zadnji dio; *Am slang* propalica; ~**s** stražnje noge životinje, 2. staviti petu 3. nagnuti se na jednu stranu (brod)
height [hait] visina, vrhunac; uzvisina
heinous ['heinəs] (~**ly**) mrzak, odvratan; gnjusan
heir [ɛə] nasljednik
heirdom ['ɛədəm] nasljedstvo, baština
heiress ['ɛəris] nasljednica, baštinica
held [held] *pret* i *pp* od **hold**
helicopter ['helikɔptə] helikopter
hell [hel] pakao; paklenski; **like** ~ vraški; **oh** ~!, prokletstvo!; **what the** ~ ...? koga vraga...?; **raise** ~ dići galamu
hello ['hʌ'lou; he'lou] halo
helm [helm] rudo (kormilo)(i *fig*)
helmet ['helmit] kaciga
helmsman ['helmzmən] kormilar
help [help] 1. pomoć, pomaganje; pomoćno sredstvo; *Am* posluga; **by the** ~ **of** pomoću 2. *v/t* pomoći, pomagati; spriječiti; servirati kod stola; pružiti nekome što; ~ **oneself** dohvatiti; poslužiti se; *v/i* pomagati, služiti da
helpful ['helpful] (~**ly**) od pomoći, uslužan, koristan
helping ['helpiŋ] porcija, obrok
helpless ['helplis] (~**ly**) bespomoćan
helter -skelter ['heltə'skeltə] 1. na vrat na nos, naglo, 2. nagao, neobuzdan
hemisphere ['hemisfiə] hemisfera
hen [hen] kokoš; ženka ptice
hence [hens] (često **from** ~) odavde; odatle; za to, zbog toga; ~ **forth** ~ **forward** od sada
her [hə:, hə] nje, njoj, nju, njom, nje(zin)
heraldry ['herəldri] nauka o grbovima
herb [hə:b] trava
herbal [hə:bəl] 1. travni 2. knjiga o travama
herd [hə:d] 1. stado 2. *v/t* čuvati stoku; *v/i* živjeti u stadu; zajedno stanovati
here [hiə] ovdje; ovamo; ~'**s** ....!, u zdravlje...!
hereabout (s) ['hiərəbaut(s)] tu negdje
hereafter [hiər'a:ftə] 1. ubuduće 2. budućnost
hereby [,hiə'bai] tim; ovim ovdje
hereditary [hi'reditəri] nasljedan; naslijeđen
hereupon [,hiərə'pɔn] nato; zatim
herewith [,hiə'wið] s tim, u prilogu
heritage ['heritidʒ] nasljedstvo, baština, nasljeđe
hermit ['hə:mit] pustinjak
hernia ['hə:njə] kila
hero ['hiərou] *pl* **heroes** ['hiərouz] junak, heroj
heroic [hi'rouik] (~**ally**) herojski, junački
heroine ['herouin] junakinja
heroism ['herouizəm] junaštvo, heroizam
herring ['heriŋ] sleđ
herring -bone ['heriŋboun] kost sleđa; riblja kost (uzorak tkanja)
hers [hə:z] njezin, njezina, njezino, njen
herself [hə:'self] ona sama, njoj samoj, nju samu, sebe
hesitance, **hesitancy** ['hezitəns(i)] neodlučnost, oklijevanje
hesitate ['heziteit] oklijevati, biti neodlučan
hesitation [,hezitei∫n] oklijevanje, neodlučnost, kolebljivost
hexa ... ['heksə] šestero...
hey [hei] ej, hej!
hey day ['heidei] 1. iju! oho! 2. *fig* vrhunac, napon snage, procvat
hi [hai] hej, zdravo
hiccup i **hiccough** [hikʌp] 1. štucanje 2.

štucati
hid [hid] *pret* od **hide**
hidden ['hidn] *pp* od **hide**
hide [haid] 1. koža, krzno, 2. izlemati 3. *irr* sakriti(se); zatajiti
hideus ['hidiəs] odvratan, gadan
hiding ['haidiŋ] lemanje, batine 2. sakrivanje; ~-**place** skrovište
hieroglyph ['haiəroglif] hijeroglif
hi-fi ['hai 'fai] **high fidelity** najbliža vjerodostojnost originalu kod mehaničkog reproduciranja zvuka
high [hai] (~ly) 1. *adj* visok, uzvišen; otmjen; ponosan; pikantan; skup; jak; raskošan; velik; raskošan, živahan; visoko...; gornje...; ~ **spiritis** *pl* dobro raspoloženje 2. meteor, visina 3. *adv* visoko, jako, snažno
high... ~ **Church** anglikanska crkva
~**lander** brđanin, stanovnik sjevernog dijela Škotske
~**lights** najvažnija mjesta; najsvjetlije mjesto na fotografiji; ~**light** dati značaj nečemu
~-**brow** 1. intelektualac 2. ponosan na svoje obrazovanje
~**speed** koji razvija veliku brzinu
~**tide** plima
~**way** glavna cesta, put
hi[gh]jacker ['hai,dʒækə] naoružani razbojnik, otmičar
hike [haik] putovanje pješice, pješačenje
hilarious [hi'lɛəriəs] veseo
hill [hil] brežuljak, brdo
hilly ['hili] brežuljkast
him [him] njega, njemu, njim
himself [him'self] sam, sebe, sebi
hind [haind] 1. košuta 2. malen posjednik 3. ~ **leg** stražnja noga; ~**er** stražnji
hint [hint] 1. mig; aluzija 2. nagovijestiti; aludirati
hip [hip] 1. bok; bočni 2. šipak 3. turobnost 4. snuždati 5. ~ **hurrah** hura, živio!
hippo ['hipou] hipopotamus [hipə'pɔtəməs] *pl* i **hippopotami** ['hipoupɔtəmai] vodeni konj
hire ['haiə] 1. najmiti, najam, najamnina; nadnica 2. najmiti, namjestiti poslugu; ~ **out** iznajmiti
his [hiz] njegov
historian [hist'ɔriən] povjesničar
historic, **historical** [his'tɔrik(l)] povijesni
history ['histəri] povijest; životopis
hit [hit] 1. udarac, pogodak; sretan slučaj; hit, šlager 2. *irr* udariti, pogoditi; naići na što; *Am* prispjeti, stići
hitch [hitʃ] 1. trzaj; uzao, čvor; *fig* kuka; smetnja 2. trzati; zakvačiti se (kukom); ~-**hike** auto-stop (putovanje auto-stopom)
hitherto ['hiðə'tu:] do sada
hive [haiv] 1. pčelinjak, košnica; roj pčela; ~**s** osip, upala grla 2. *v/t* stavljati pčele u košnicu; ~ **up** stvarati zalihu; *v/i* zajedno stanovati
ho [hou] hej!, čuj!
hoarse [hɔ:s] (~ly) promukao, hrapav
hoarsness [hɔ:snis] promuklost
hoax [houks] 1. varka, prijevara, obmana 2. prevariti, nasamariti
hobby ['hɔbi] najmilija zabava, strast
hobo ['houbou] skitnica
hockey ['hɔki] hokej
hoe [hou] 1. motika 2. okapati
hold [hould] 1. držanje, hvatanje, uporište; potpora; jazbina; sila; utjecaj 2. *irr v/t* držati, ne ispuštati; sadržati, obuhvaćati, zadržavati; zaustaviti; zadržati u sjećanju; posjedovati, imati; cijeniti; smatrati, misliti; tvrditi; presuditi da 3. *irr v/i* držati; vrijediti; oduprijeti se; održati se
hold... ~ **the line** ostati na telefonskom aparatu
catch, **get**, **lay**, **take** ~ **of** uhvatiti, sćepati
have a ~ **of** ili **on** vladati čime
keep ~ **of** ne ispuštati
~ **on** izdržati, i dalje trajati; čvrsto se držati
~ **on** čekaj malo!, stani!
~ **to** držati se za
holder ['houldə] držalac, zakupnik; držač sprava; vlasnik, vlasnica
holding ['houldiŋ] držanje; uporište; posjed, zakupljeno dobro;
~ **company**, dioničarsko društvo
hold up ['hould'ʌp] *Am* razbojnički prepad, zastoj
hole [houl] 1. rupa, šupljina; *fig* škripac 2. izdubiti, prošupljati; bušiti; utjerati loptu u rupu (u golfu)
holiday ['hɔlədi] blagdan; slobodni dan; ~**s** *pl* ferije; dopust; ~ **maker** izletnik
holiness ['houlinis] svetost
hollow ['hɔlou] (~ly) 1. šupalj, lažan; prazan 2. *adv* potpuno 3. šupljina, udubina, žlijeb 4. izdupsti
holocaust ['hɔləkɔ:st] žrtva paljenica; opći pokolj, uništenje
holy ['houli] svet; ~ **thursday** veliki četvr-

tak; ~ **water** sveta vodica
homage ['hɔmidʒ] štovanje; **do** (**pay**, **render**) ~ iskazivati počast
home [houm] 1. dom; kuća, stan; domovina; cilj 2. tuzemni; domaći, kućni 3. *adv* kući, doma, na pravo mjesto
home ... **at** ~ kod kuće
  ~ **office** ministarstvo unutrašnjih poslova
  ~ **secretary** ministar unutrašnjih poslova
  ~ **trade** unutarnja trgovina
  ~**-economics** *Am* unutarnja ekonomija
  ~**less** bez kuće
  ~**ly** *fig* priprost, jednostavan, neugledan
  ~**made** kod kuće napravljen
  be ~ **sick** čeznuti za domovinom
  ~**-work** domaća zadaća, rad
homicide ['hɔmisaid] ubojstvo; ubojica
homogenity [hɔmɔdʒe'ni:ti] istovrsnost
homogenous [hɔmɔ'dʒi:niəs] homogen; istovrstan
homosexual ['houmou'seksjuə] homoseksualan
honest ['ɔnist] (~**ly**) pošten, čestit; ispravan
honesty ['ɔnisti] čestitost, poštenje
honey ['hʌni] med; **my** ~ dragi moj, draga moja; ~ **comb** pčelinje saće
honeymoon ['hʌnimu:n] 1. medeni mjesec 2. provesti medeni mjesec
honk [hɔŋk] zvuk trube; zatrubiti
honky -tonk ['hɔŋkitɔŋk] jeftin noćni lokal
honorary ['ɔnərəri] počasni
hono [**u**]**r** ['ɔnə] 1. čast, počast, poštovanje; ~ **s**, *pl* počasne službe, odlikovanja; **in** ~ **of** *a p* u čast kome 2. štovati, slaviti; ispolatiti; prihvatiti mjenicu
hono (**u**)**rable** ['ɔnərəbl] (~**ly**) pošten; čast; vrijedan poštovanja; ~**ness** čestitost
hood [hud] kapuljača; klapa; pokrov (auta), krov (motora); *univ* doktorski šešir
hoof [hu:f] *pl* **hoofs** ili **hooves** kopito; papak
hook [huk] kuka; **by** ~ **or by crook** milom ili silom 2. *v/t* zakvačiti, uloviti, upecati; *slang* ukrasti; *v/i* zakvačiti se (**i on**)
hooker ['hukə] vrst ribarskog čamca; *slang* prostitutka
hooky ['huki] kukast; *Am* **play** ~ **from school** markirati školu
hooligan ['hu:ligən] razbijač
hooper [hu:pə] bačvar
hop [hɔp] 1. hmelj 2. *v/t* brati hmelj 3. skok, skakutanje 4. skakutati

hope [houp] 1. nada 2. nadati se; **of great** ~ koji mnogo obećava
hopeful ['houpful] (~**ly**) pun nade
hopeless ['houplis] beznadan, očajan
horizon [ho'raizn] horizont
horn [hɔ:n] rog (životinja) puhački rog; ticalo; automobilska truba; ~**s** *pl*, rogovlje
horrible ['hɔrəbl] (~**ly**) užasan; odvratan
horrific [hɔ'rifik] strašan
horrify ['hɔrifai] užasnuti
horror ['hɔrə] užas, jeza, grozota
horse ['hɔs] 1. konj, pastuh; konj (gimnastička sprava); stalak 2. upregnuti; opskrbiti konjem; uzeti koga na leđa
horse ... **on** ~**back** na konju, u sedlu
  ~**man** jahač
  ~ **power** konjska snaga
  ~**-race** konjska trka
  ~**shoe** potkova
  ~**woman** jahačica
hospitable ['hɔspitəbl] (~**ly**) gostoljubiv
hospital ['hɔspitl] bolnica
hospitality [hɔspi'tæliti] gostoljubivost
hospitalize ['hɔspitəlaiz] liječiti u bolnici; smjestiti u bolnicu
host [houst] 1. domaćin, domar; gostioničar; gostoprimac 2. *fig* vojska 3. hostija
hostage ['hɔstidʒ] talac
hostel ['hɔstl] prenočište; studentski dom
hostile ['hɔstail] neprijateljski
hostility [hɔstiliti] neprijateljstvo
hot [hɔt] 1. vruć, vatren; žestok, oštar, ljut; topao; *Am slang* krivotvoren (ček); ukraden; radioaktivan; ~ **dogs** hrenovke u žemlji;
hotel [hou'tel] hotel
hound [haund] 1. lovački pas tragač; *fig* pas 2. loviti, goniti
hour [auə] sat; čas; vrijeme; ~**s** *pl* radno vrijeme; ~**-hand**, kazaljka koja pokazuje satove
house [haus] *pl* **houses** ['hauziz] 1. kuća, dom; zgrada skupštine, parlamenta; odio koledža 2. [hauz] *v/t* primiti na stan, skloniti *v/i* stanovati
house ... ~ **and home** kuća i kućište
  ~**-agent** posrednik za prodaju nekretnina
  ~**hold** kućanstvo, kućanski, kućni
  ~**holder** kućevlasnik, nadstojnik kuće
  ~**keeper** gazdarica, nadstojnica kuće
  ~**keeping** vođenje domaćinstva
  ~**-maid** sobarica
  ~**-warming** (ili ~ **party**) proslava useljenja
  ~**wife** domaćica, gazdarica

housing ['hauziŋ] 1. nastanjivanje; sklonište; uskladištenje
hover ['hɔvə] lebdjeti; *fig* oklijevati; ~**craft** hoverkraft, vozilo koje lebdi na jastuku komprimiranog zraka
how [hau] kako; ~ **about** ..? kako bi bilo da ..?; ~**-ever** *adv* ma kako, ma koliko; *conj* ipak; unatoč tome
howl [haul] 1. urlati 2. urlanje
howling ['hauliŋ] 1. urlajući; užasan 2. urlanje
huckle ['hʌkl] bok; ~ **berry** američka borovnica; ~**-bone** gležanj; bedrena kost
hue [hju:] 1. boja; bojanje 2. ~ **and cry** hajka, gonjenje vikom
hug [hʌg] 1. zagrljaj 2. zagrliti, privinuti; *fig* gajiti; čvrsto se čega držati; držati se kopna ili puta
huge [hju:dʒ] (~**ly**) ogroman, golem
hull [hʌl] 1. ljuska, lupina; mahuna; ljuštiti 2. trup broda; pogoditi u trup broda
hullo ['hʌ'lou] halo
hum [hʌm] 1. zujanje, žamor; prijevara 2. hm! 3. u neprilici
human ['hju:mən] (~**ly**) 1. ljudski 2. čovjek
humanism ['hju:mənizm] humanizam, čovječnost
humanitarian [hjuməni'tɛəriən] 1. čovjekoljubno 2. filantrop
humanity [hju'mæniti] 1. ljudska priroda 2. čovječanstvo 3. čovjekoljubivost; **the ~s** humanistička znanost
humankind ['hju:mən'kaind] ljudski rod; čovječanstvo
humble ['hʌmbl] (~**ly**) ponizan; skroman 2. poniziti; ~ **bee** bumbar
humbleness ['hʌmblnis] skromnost; poniznost
humid ['hju:mid] vlažan; mokar
humidity ['hju:miditi] vlaga
humiliate [hju:'milieit] poniziti
humiliation [hjumili'eiʃn] poniženje
humorist ['hju:mərist] humorist
humorous ['hju:mərəs] (~**ly**) humoristički, šaljiv
humo [u]r ['hju:mə] 1. tjelesni sok, tekućina, temperament; raspoloženje, volja; humor, šala 2. ozlovoljiti, svinuti
hunch [hʌntʃ] 1. gruda; komadina; *Am* slutnja 2. zgrbiti; ~**back** grbavac
hundred ['hʌndrəd] 1. sto 2. stotina; okrug, kotar
hundreth ['hʌndrədθ] 1. stoti 2. stotinka
hung [hʌŋ] 1. *pret* i *pp* od **hang** 2. sušeno meso
Hungarian [hʌŋ'gɛəriən] 1. mađarski 2. mađar(ica); mađarski jezik

hunger ['hʌŋgə] 1. glad 2. *v/i* gladovati; *v/t* prisiliti glađu
hungry ['hʌŋgri] gladan; neplodan (tlo); *fig* pohlepan
hunt [hʌnt] 1. lov, lovište, lovci 2. *v/t* loviti, tragati, hajkati; *v/i* loviti, ići u lov
hunter ['hʌntə] lovac; lovački konj
hunting ['hʌntiŋ] 1. lovljenje; progonjenje 2. lovački
hurdle ['hə:dl] prepona; pleter
hurdler ['hə:dlə] trkač preko prepona
hurra [h] [hu'ra:] hura!
hurricane ['hʌrikən] orkan
hurry ['hʌri] žurba; hitnja; **in a ~** u žurbi; **be in a ~** žuriti se 2. *v/t* požurivati; goniti; ubrzati što; ~ **on**, ~ **up** požurivati; tjerati; *v/i* žuriti; htjeti; požuriti se
hurt [hə:t] 1. ozlijeda; šteta 2. *irr v/t* ozlijediti; učiniti nažao; naškoditi; *v/i* zadavati bol; boljeti
husband ['hʌzbənd] 1. muž, suprug 2. ekonomizirati; gospodariti
husbandry ['hʌzbəndri] poljoprivreda; gospodarstvo
hush [hʌʃ] 1. tiho! 2. tišina 3. *v/t* ušutkati; utišati glas; ~ **up** zataškati; *v/i* biti miran
hut [hʌt] 1. koliba; baraka 2. stanovati u kolibama ili barakama
hyaena [hai'i:nə] hijena
hybrid ['haibrid] 1. mješanac; polutan; križanje 2. hibridan; polutanski
hydraulic [hai'drɔ;lik] (~**ally**) 1. hidraulički 2. ~**s** *pl* hidraulika
hydro .. ['haidrou] vodeni
~ **carbon** ugljikovodik
~ **dynamics** hidrodinamika
hydrogen ['haidridʒən] vodik
hyena [hai'i:nə] hijena
hygiene ['haidʒi:n] higijena
hymn [him] 1. himna; crkvena pjesma 2. slaviti; hvaliti
hyperbola [hai'pə:bələ] hiperbola
hypnosis [hip'nousis] *pl* **hypnoses** (hip'nouzis) hipnoza
hypnotic [hip'nɔtik] (~**ally**) uspavljujući
hypnotism ['hipnətizm] hipnotizam
hypnotize ['hipnətaiz] hipnotizirati
hypochondria [haipo'kɔndriə] hipohondrija
hipocrisy [hi'pɔkrəsi] licemjerstvo
hypocrite ['hipokrit] licemjer, hipokrit
hypothesis [hai'pɔθsis] *pl* **hypotheses** [hai'pəθisi:z] hipoteza, pretpostavka
hysteria [his'tiəriə] histerija
hysteric (al) [histerik(l)] (~**ly**) histeričan

I

I [ai] ja
ice [ais] 1. led; sladoled 2. smrznuti; zalediti se; prevući kolač glazurom; hladiti na ledu
ice... ~-berg ledeni brijeg
~-box ~-chest hladnjak
~-cream sladoled
Icelander ['aislǝndǝ] Islanđanin; islanđanka
icy ['aisi] (~ly) leden
idea [ai'diǝ] ideja; predodžba; pojam; slutnja; nadzor; tema
ideal [ai'diǝl] 1. uzoran; idealan; idejan; 2. uzor; ideal
idealism [ai'diǝlizǝm] idealizam
idealist [ai'diǝlist] idealist
idealistic [ai'diǝlistik] (~ally) idealistički
idealize [ai'diǝlaiz] idealizirati
identical [ai'dentikl] (~ly) identičan: istovjetan
identification [ai‚dentifi'keiʃn] izjednačavanje; identificiranje; isprava; ~ card osobna karta
identify [ai'dentifai] identificirati; izjednačiti; legitimirati koga; ustanoviti identitet
identity [ai'dentiti] identitet; ličnost; osobina; ~ card osobna karta
ideological [aidiо'lоdʒikl] ideološki
ideology [aidi'оlǝdʒi] ideologija
idiot ['idiǝt] idiot[kinja]; glupan
idle [aidl] (~ly) 1. besposlen; lijen; neiskorišten; mrtav[kapital]; u praznom hodu 2. v/t tratiti vrijeme; v/i ljenčariti
idleness ['aidlnis] lijenost; dokolica; beskorisnost
idol ['aidl] idol; kumir
idolize ['aidǝlaiz] obožavati
if [if] 1. ako; u slučaju da; da li 2. uvjet
ignite [ig'nait] zapaliti (se); paliti
ignition [ig'niʃn] zapaljenje; paljenje; ~ key ključ za paljenje
ignorance ['ignǝrǝns] neznanje
ignorant ['ignǝrǝnt] neuk; neupućen
ignore [ig'nо] ne obazirati se; ignorirati
Illiad ['iliǝd] Ilijada

ill [il] 1. adj i adv zao; loš; bolestan, adv loše, teško; jedva 2. zlo, nevolja
I'll [ail] = I shall; I will ja ću, hoću
illegal [i'li:gǝl] (~ly) nezakonit
illegible [i'ledʒǝbl] nečitljiv
illegitimacy [ili'dʒitimǝsi] protuzakonitost; vanbračnost
illegitimate [ili'dʒitimit] (~ly) nelegitiman; protupravan; vanbračan
illicit [i'lisit] (~ly) nedozvoljen
illiterate [i'litǝrit] (~ly) 1. neobrazovan; neuk 2. nepismen čovjek
ill-mannered [il'mænǝd] neučtiv, neodgojen
illness ['ilnis] bolest
illuminate [i'lju:mineit] osvjetliti; razjasniti; prosvijetliti
illumination [ilju:mi'neiʃn] svjetlost; rasvjeta; prosvjećivanje
illusion [i'lu:ʒn] obmana; iluzija
illusory [i'lu:sǝri] iluzoran; prividan
illustrate ['ilǝstreit] ilustrirati; ukrasiti slikama
illustration [ilǝ'streiʃn] ilustracija; objašnjenje
i'm [aim] sam; ja sam
image ['imidʒ] 1. slika; odraz; predodžba; kip 2. naslikati; održavati
imagination [imædʒi'neiʃn] mašta; ideja; sposobnost zamišljanja
imaginative [im'ædʒinǝtiv] maštovit, stvaralački
imagine [im'ædʒin] zamišljati što; misliti što
imitate ['imiteit] oponašati; kopirati
imitation [imi'teiʃn] oponašanje; imitacija
imitative ['imiteitiv] (~ly) imitatorski; neoriginalan
immaterial [imǝ'tiǝriǝl] (~ly) bestjelesan; nebitan za
immature [imǝ'tjuǝ] nezreo
immaturity [imǝ'tjuǝriti] nezrelost
immediate [i'mi:djǝt] neposredan; izravan
immense [i'mens] (~ly) ogroman; neizmjeran
immerse [i'mǝ:s] uroniti; umočiti; fig ~

90

immigrant   **imprudent**

oneself in udubiti se u
immigrant ['imigrənt] useljenik; useljenica
immigrate [imi'greit] *v/i* useliti se *v/t* naseliti
immigration [imi'greiʃn] useljenje
imminence ['iminəns] ono što predstoji; prijeti
imminent ['iminənt] predstojeći; prijeteći
immobilize [i'moubilaiz] učiniti nepokretnim; učvrstiti
immortal [i'mɔ:tl] (~ly) besmrtan
immortality [imɔ:'ræliti] besmrtnost
immune ['imju:n] imun; zaštićen od
immunitity [i'mju:niti] imunitet; oslobođenje od
impact ['impækt] udarac; utjecaj; sudar; odskok metka 2. stisnuti; zbiti; uklještiti; udariti
impartial [im'pa:ʃl] nepristran
impatience [im'peiʃns] nestrpljivost; nesnošljivost
impatient [im'peiʃnt] (~ly) nestrpljiv, nesnošljiv
impeach [im'pi:tʃ] okriviti; optužiti; pobijati; posumnjati
impeachment [im'pi:tʃmənt] pobijanje; sumnjanje u što; javna optužba
impeccability [impekə'biliti] nepogrešivost, bezgrešnost
impeccable [im'pekəbl] (~ly) nepogrešiv, bezgrešan
imperative [im'perətiv] 1. zapovjedni; koji nalaže; imperativan; hitan; ~mood = imperativ [gramatika]
imperfect [im'pə:fikt] (~ly) nesavršen; nepotpun
imperfection [impə'fekʃn] nesavršenost, *fig* mana
imperial [im'piəriəl] (ly) 1. carski; vladarski; veličanstven 2. spremište za prtljagu na krovu kola 3. bradica pod donjom usnom 4. format papira
imperialism [im'piəriəlizm] imperijalizam
imperialist [im'piəriəlist] imperijalist; pristalica carstva
imperialistic [impiəriəl'istik] (~ally) imperijalistički
imperil [im'peril] ugroziti; ugrožavati
impermeable [im'pə:miəbl] (~ly) nepromočiv; neprobojan
impersonal [im'pə:snl] (~ly) bezličan
impersonality [impə:sə'næliti] bezličnost
impersonate [im'pə:səneit] utjeloviti; igrati ulogu
impersonation [impə:sə'neiʃn] utjelovljenje; glumljenje uloge

implement ['implimənt] oruđe; alat ['implement] provesti; izvršiti; ostvariti
implementation [implemen'teiʃn] ostvarenje; izvedba
implicate ['implikeit] uplesti; sadržavati
implication [impli'keiʃn] zaplet; dublji smisao; ~s *pl* domašaj
implicit [im'plisit] (~ly) koji se podrazumijeva; bezuvjetan
implore [im'plɔ:] zakljinjati; moliti
imply [im'plai] podrazmijevati, značiti, dati naslutiti
impolite [impo'lait] neuljudan
import ['impɔ:t] 1. smisao, značenje; uvoz; ~s, uvozna roba 2. [im'pɔ:t] uvoziti robu; kazivati; biti od važnosti
importance [im'pɔ:təns] važnost, značajnot; utjecaj
impose [im'pouz] *v/t* nametnuti, natovariti; *v/i* zavaravati koga; ~ upon , imponirati kome
imposibility [impɔsə'biliti] nemogućnost
impossible [im'pɔsəbl] nemoguć
impostor [im'pɔstə] varalica
imposture [im'pɔstʃə] prevara
impotence ['impotəns] nesposobnost; impotencija
impotent [impotənt] (~ly) slab; iznemogao; impotentan
impoverish [im'pɔvəriʃ] osiromašiti
impress ['impres] otisak; bilješg; trag, *fig* žig [im'pres] utisnuti; otraviti trag; nametnuti; učiniti utisak na koga; imponirati koga
impression [im'preʃn] utisak; otisak; kopija; naklada; be under ~ of that imati dojam sa
impressive [im'presiv] (~ly) koji ostavlja dojam
imprint [im'print] otisnuti; otisnuti; fig urezan, ['imprint] utisak; žig; naznaka štampara; nakladnika; mjesta i godine tiskanja
imprison [im'prizn] uhititi; zatvoriti
imprisonment [im'priznment] utamničenje; zatvor
improve [im'pru:v] *v/t* popraviti; poboljšati; oplemeniti, *v/i* popraviti se; napredovati
improvement [im'pru:vmənt] poboljšanje; usavršenje; napredak
improvisation [improvai'zeiʃn] improvizirati
imprudence [im'pru:dəns] nerazboritost
imprudent [im'pru:dənt] (~ly) drzak; besraman

91

impuls ['impʌls], impulsion - impuls, pogon *fig* poticaj
impulsive [im'pʌlsiv] (~ly) koji stavlja u pogon; *fig* impulsivan
impure [im'pjuə] nečist [*fig*] bludan
impurity [im'pjuəriti] nečistoća; blud
in [in] 1. *prep* u, na (mjesno većinom na pitanje gdje?); *adv* (smjer, u vezi s glagolima) unutra, u; *adj* unutarnji; koji ulazi in... ~ Europe u Europi
  ~ the house u kući
  ~ the street na ulici
2. [preneseno] u, na, kod, pri
  ~ the army u vojsci
  a professor ~ the university profesor na sveučilištu
  ~ Shakespeare kod Shakespearea
3. [stanje, okolnost]
  ~ the rain na kiši
  ~ any case u svakom slučaju
4. [vremenski]
  ~ March u ožujku
  ~ time na vrijeme
  ~ a minute u jednoj minuti; za minutu
5. [način, sredstvo]
  ~ one word jednom riječi
  ~ English na engleskom jeziku
6. [stupanj, mjera]
  six ~ number šestero njih na broju
7. [domet, domašaj]
  ~my power u mojoj moći; koliko stoji do mene
8. [uzorak, svrha]
  ~ my defence u moju obranu
  ~ his honour njemu u čast
  to be ~ biti kod kuće, u sobi
inaccuracy [in'ækjurəsi] netočnost
inaccurate [in'ækjurit] netočan; neispravan
inactive [in'æktiv] (~ly) nedjelatan; labav
inactivity [inæk'tiviti] nedjelatnost; labavost
inadequate [in'ædikwit] (~ly) nedovoljan; nedorastao
inadmissible [inəd'misibl] (~ly) nedopustiv
inadvisable [inəd'vaizəbl] nepreporučiv
inapropriate [inə'proupriit] (~ly) neprikladan; neumjestan
inapt [in'æpt] (~ly) neprikladan; nepodesan; nesposoban
inasmuch [inəz'mʌtʃ] ~ as budući da
inborn ['in'bɔ:n] prirođen
inbred ['in'bred] prirođen
incapability [inkeipə'biliti] nesposobnost; nepodesnost

incapable [in'keipəbl] (~ly) nesposoban; neprikladan; neodgovoran
incapacity [in'kəpæsiti] nesposobnost
incarcerate [in'ka:səreit] utamničiti; uhititi
incarceration [in'kasə'reiʃn] utamničenje, uhićenje
incense ['insens] 1. tamjan 2. kaditi tamjanom 3. raspaliti; razbjesniti
incentive [in'sentiv] 1. nadražujući 2. poticaj; pobuda
incesant [in'sesnt] neprekidan
incest ['insest] rodoskrvnuće
inch [intʃ] palac [2,45 cm]; ~es *pl* i stas
incidence ['insidəns] upadanje; pojavljivanje; djelovanje
incident ['insidənt] 1. upadan; slučajan 2. slučaj; događaj; sporedna radnja
incidental [insi'dentl] slučajni, uzgredni
incitation [insai'teiʃn] = **incitement** podražavanje; poticanje; pobuđivanje
incite [in'sait] poticati, nagoniti
incitement [in'saitmənt] podražaj, poticaj
inclination [inkli'neiʃn] nagib *fig* sklonost
incline [in'klain] 1. *v/i* nagnuti se; biti naklonjen; ~to *fig* naginjati čemu 2. nagib, obronak
inclose [in'klouz] **enclose** uključiti itd
include [in'klu:d] uključiti; sadržati
inclusive [in'klu:siv] (~ly) uključiti; koji sve sadržava
incoherence, **incoherency** [inko'hiərəns[i]] nepovezanost; nedosljednost
incoherent [inkou'hiərənt] nepovezan; nesuvisao; nedosljedan
income ['inkəm] dohodak
incomer ['inkʌmə] pridošlica; došljak
income - tax ['inkəmtæks] porez na dohodak
incomparable [in'kɔmpərəbl] neusporediv
incompatible [inkəm'pætəbl] (~ly)neuskladiv; nesnošljiv čovjek
incompetence, **incompetency** [in'kəmpitəns[i]] nesposobnost; nekompetencija
incompetent [in'kɔmpitənt] nesposoban; neovlašten
incomplete [inkəm'pli:t] nepotpun; nedovršen
inconceivable [inkən'si:vəbl] nepojmljiv, neshvatljiv
inconsiderable [inkɔn'sidərəbl] beznačajan
inconsiderate [inkɔn'sidərit] nepažljiv, nesmotren
inconsistency [inkən'sistənsi] neslaganje; protuslovlje

inconsistent [inkən'sistənt] (~ly) nesrazmjeran; nespojiv; protivurječan
inconvenience [inkən'vi:njəns] neudobnost; nedoličnost; neprilika 2. smetati; dosađivati
inconvenient [inkən'vinjənt] (~ly)neudoban; nezgodan za, u nevrijeme
incorporate [in'kɔ:pəreit] 1. sjediniti (se); pripojiti čemu; [po]miješati 2. [in'kɔ:pərit] utjelovljen; ujedinjen
incorporated [in'kɔ:pəreitid] zakonski konstituirana tvrtka
incorporation [inkɔ:pə'reiʃn] utjelovljenje; povezivanje
increase [in'kri:s] v/i povećati se; porasti, povećati; v/t množiti; pojačati; povećati 2. ['inkri:s] porast; povećanje; umnažanje
incredibility [inkredi'biliti] nevjerovatnost
incredible [in'kredəbl] (~ly) nevjerojatan; neshvatljiv
incriminate [in'krimineit] optužiti; teretiti
incriminatory [in'krimineitəri] koji optužuje; okrivljuje
incurability [inkjuərə'biliti] neizlječivost
incurable [in'kjuərəbl] neizlječiv; nepopravljiv
incurious [in'kjuəriəs] (~ly) ravnodušan
indebted [in'detid] zadužen; fig zahvalan
indebtedness [in'detidnis] obveznost; zaduženost; dugovanje
indecency [in'di:snsi] nepristojnost
indecent [in'di:snt] (~ly) nepristojan; nepriličan
indeed [in'di:d] svakako; doduše; u stvari; tako?; nemoguće!
indefinite [in'definit] (~ly) neodređen; neograničen
indemnification [indemnifi'keiʃn] odšteta
indemnify [indemni'fai] osigurati (protiv) osigurati protiv kazne; odštetiti
idemnity [in'demniti] osiguranje; odšteta; nekažnjivost; **act of ~** pomilovanje
independence [indi'pendəns] neovisnost; samostalnost; dovoljna sredstva za život; imovina; Am **~ Day** 4. srpanj
independent [indi'pendənt] 1. neovisan; samostalan;
indeterminable [indi'tə:minəbl] neodrediv
indeterminate [indi'tə:minit] (~ly) neodređen
indeterminateness, indetemination [indi'tə:mi'neiʃn] neodređenost
index ['indeks] pl i **indices** ['indisi:z] 1. kazalo, kazaljka; znak; indeks; kažiprst; imenik; registar 2.dodati knjizi kazalo; registrirati
India ['indjə] Indija; **~ rubber** guma za brisanje
Indian ['indjən] 1. indijski 2. indijanski 2. Indijac, Indijka
Indian... **~ club** [gimnastika] čunj
~ corn kukuruz
~ file kolona po jedan
~ ink tuš
~ summer Am bablje ljeto
Red ~ Indijanac, Indijanka
indicate ['indikeit] ukazivati na; pokazivati; naznačiti
indication [indi'keiʃn] znak; pokazivati; nagovještaj
indicative [in'dikətiv] pokazivač; indikator; brojilo
indices ['indisi:z] pl od **index**
indict [in'dait] optužiti
indictable [in'daitəbl] optužiti; **~ offence** krivično djelo
indicter [in'daitə] tužitelj
indictment [in'daitmənt] optužba; tužba; **bill of ~** optužnica
indifference [in'difrəns] ravnodušnost
indiferent [in'difrənt] (~ly) ravnodušan; nepristran; nevažan; dosta loš
indigestible [indi'dʒestibl] (~ly) neprobavljiv
indigestion [indi'dʒestʃn] neprobavljivost; probavne smetnje
indignation [indig'neiʃn] ogorčenje; srditost; **~ meeting** protestni zbor
indignity [in'digniti] nedostojnost; uvreda; sramota
indirect [indi'rekt] (~ly) indirektan; zaobilazan; posredan; neupravan
indescreet [indis'kri:t] (~ly) indiskretan; nepromišljen; nesmotren
indiscretion [indis'kreʃn] indiskrecija; nesmotrenost; nepromišljenost
indispensable [indis'pensəbl] (~ly) nužan; prijeko potreban
indispose [indis'pouz] učiniti nesklonim; učiniti nesposobnim
indisposed [indis'pouzd] koji se loše osjeća; nesklon; neraspoložen
indisposition [indispə'ziʃn] indispozicija; nesklonost
individual [indi'vidjuəl] (~ly) 1. individualan; svojstven; privatan 2. pojedinac
individuality [individju'æliti] individualnost; osobnost
individualize [indi'vidjuəlaiz] individual-

izirati
indocile [in'dousail] neposlušan; nepoučljiv
indolence ['indoləns] indolencija; lijenost
indolent ['ˊindolənt] indolentan; lijen
indoor ['indɔ:] 1. kućni; koji je u kući; kod kuće 2. koji se nalazi u radnom ili uboškom domu
indoors [in'dɔ:z] kod kuće; unutra; u kući
indorse [in'dɔ:s] = **endorse** indosirati
induce [in'dju:s] potaknuti; prouzrokovati što; inducirati; ~ **current** inducirana struja
inducement [in'dju:smənt] poticaj; povod
indulge [in'dʌldʒ] v/t biti obziran prema kome; udovoljavati nečijim željama; ugađati; popuštati kome; v/i ~ **in a th** priuštiti sebi; dopustiti sebi; prepuštati se; odati se čemu
indulgence [in'dʌldʒns] popuštanje; obzir; uživanje; neobuzdanost; eccl oprost
industrial [in'dʌstriəl] (-ly) industrijski; obrtnički
industrial ... ~ **art** umjetni obrt
~ **court** privredni sud
~ **school** popravilište
industrialist [in'dʌstriəlist] industrijalist; radnik u industriji
industrialize [in'dʌstriəlaiz] industrijalizirati
industrious [in'dʌstriəs] (-ly) radin; marljiv
industry ['indəstri] radinost; marljivost; obrt; industrija
inefficiency [ini'fiʃənsi] nedjelovanje; nesposobnost
inefficient [ini'fiʃənt] bezuspješan; uzaludan; nesposoban
inept [i'nept] (-ly) nepikladan; glupav
ineptitude [i'neptitju:d] nepikladnost; nesposobnost; glupa primjedba
inert [i'nə:t] (-ly) trom
inertia [i'nə:ʃiə] tromost
inevitable [in'evitəbl] (-ly) neminovan; neizbježan
inexpensive [iniks'pensiv] (-ly) jeftin
infamous ['infəməs] nečastan; sramotan; ozloglašen
infamy ['infəmi] nečasnost; ssramota; podlost
infancy ['infənsi] djetinjstvo; maloljetnost
infant ['infənt] 1. malo dijete ispod sedam godina; dojenče; maloljetnik ispod 21 godine 2. djetinjski; mlad; mladenački
infanticide [in'fæntisaid] čedomorstvo;

čedomorka; čedomorac
infantile ['infəntail] djetinji; *pejor* djetinjast
infantry ['infəntri] infanterija; ~ **man** pješadinac
infatuate [in'fætjueit] zaslijepiti; zaluditi
infatuation [in'fætjueiʃn] zaluđenost; zaslijepljenost
infect [in'fekt] inficirati; okužiti; zaraziti
infection [in'fekʃn] zaraza; infekcija
inferior [in'fiəriə] 1. podređeni; donji; niži; slabiji; **be** ~**to a p** zaostajati za kim 2. podređeni
inferiority [infiəri'ɔriti] podređenost; manja vrijednost; niži položaj; ~ **complex** kompleks manje vrijednosti
infernal [in'fə:nl] (-ly) paklenski; užasan
infiltrate ['infiltreit] v/t probijati; prokapavati; v/i prodrijeti; prokapavati
infiltration [infil'treiʃn] infiltracija; prokapanje
infinite ['infinit] (-ly) beskrajan; bezbrojan; ogroman
infinitive [in'finitiv] gr infinitiv [i~ mood]
infinitude [in'finitju:d] **infinity** = beskrajnost; neizmjerna veličina ili količina
inflame [in'fleim] rasplamsati; upaliti (se)
inflammability [inflæmə'biliti] upaljivost
inflammable [in'flæməbl] (-ly) upadljiv; zapaljiv
inflammation [inflə'meiʃn] upala
inflammatory [in'flæmətəri] upaljiv; razdražljiv
inflexion [in'flekʃn] savijanje; gr sklanjanje; sprezanje
inflict [in'flikt] nametnuti; zadati udarac; dosuditi kaznu
infliction [in'flikʃn] nametanje; *fig* nevolja
influence ['influəns] 1. utjecaj 2. utjecati; djelovati na
influential [influ'enʃl] (-ly) utjecajan
influenza [influ'enzə] gripa
influx ['inflʌks] utjecanje; *fig* navala; priliv
inform [in'fɔ:m] v/t obavijestiti; upoznati; uputiti; **well** ~ dobro upućen; v/i prijaviti; dojaviti
informal [in'fɔ:ml] (-ly) neusiljen; neukočen; protiv propisa
informality [infɔ:'mæliti] neukočenost; neobaziranje na propise; neusiljenost
informant [in'fɔ:mənt] doušnik; izvjestitelj = **informer**
information [infə'meiʃən] upućivanje; obavještenje; znanje i tužba
informative [in'fɔ:mətiv] obavještajan; informativan
informer [in'fɔ:mə] glasnik; izvjestitelj;

denuncijant
ingenious [in'dʒi:njəs] oštrouman; duhovit; izumilački
ingenuity [indʒi'njuiti] domišljatost; oštroumnost
ingenous [in'dʒenjuəs] (~ly) otvoren; pošten; bezazlen
ingredient [in'gri:diənt] sastavni dio
ingress ['ingres] pristup; ulazak
inhabit [in'hæbit] nastavati; prebivati; živjeti
inhabitancy [in'hæbitənsi] boravak
inhabitant [in'hæbitənt] stanovnik; žitelj
inhale [in'heil] uisati; inhalirati
inhere [in'hiə] prijanjati; biti sadržan; biti svojstven čemu
inherence ; **inherency** [in'hiərənsi] svojstvenost; prijanjanje
inherent [in'hiərənt] inherentan; koji prijanja; prirođen; svojstven
inherit [in'herit] naslijediti
inheritance [in'heritəns] baština; nasljedstvo; nasljeđe
inheritor [in'heritə] nasljednik; baštinik
inhibit [in'hibit] (s)priječiti; kočiti; zabraniti
inhibition [inhi'biʃn] kočenje; priječenje; zabrana
inhibitory [in'hibitəri] koji zabranjuje; koji koči
inhospitable [in'hɔspitəbl] negostoljubiv
inhospitality ['inhɔspi'tæliti] negostoljubivost
inhuman [in'hju:mən] neljudski
inhumanity [inhju'mæniti] nečovječnost; okrutnost; bezdušnost
inhumation [inhju:'meiʃn] pogreb
inhume [in'hju:m] pokopati
inital [i'niʃl] (~ly) 1. početni 2. početno slovo 3. obilježiti početnim slovima imena
initate [i'niʃiit] 1. upućen; upućena osoba 2. [i'niʃieit] početi; pokrenuti; uvesti; dati inicijativu; uputiti u
initiation [iniʃi'eiʃən] uvođenje; uvod; počinjaje; upućivanje
initiative [i'niʃiətiv] uvodni; samostalan 2. inicijativa; prvi korak; prvo uvođenje; plebiscit; **take the** ~ preuzeti vodstvo
initiator [i'niʃieitə] pokretač; inicijator
initiatory [i'niʃiətəri] uvodni; početni
inject [in'dʒekt] ubrizgati; ubaciti; injicirati
injection [in'dʒekʃən] uštrcavanje; injekcija
injure ['indʒə] oštetiti; nanijeti štetu; nepravdu; pozlijediti; uvrijediti
injury ['indʒəri] nepravda; šteta; uvreda; kršenja
injustice [in'dʒʌstis] nepravda; nepravednost
ink [iŋk] 1. tinta; crnilo; tiskarsko crnilo; **as black as** ~ crn kao ugljen; **Indian [Chinese]** ~ tuš 2. zacrniti [tintom] umrljati; ~ **pencil** tintena olovka
inland ['inlænd] 1. kopneni; unutarnji; domaći; ~ **revenue** prihod od poreza 2. unutrašnjost zemlje; zemja; daleko od obale 3. [in'lænd] prema unutrašnjosti zemlje
inlander ['inlændə] stanovnik unutrašnjosti
inmate ['inmeit] ukućanin; ukućanka; stanar; stanarica; sustanarka
inn [in] gostionica; krčma; ~s [*pl*] **of Court** advokatske komore [London]
innate [i'neit] (~ly) prirođrn
inner ['inə] unutarnji; unutrašnji; skrovit; potajan
innermost ['inəmoust] najutarnji; najtajnjiji; najskrovitiji
innkeeper ['inki:pə] gostioničar[ka]
innocence ['inəsns] nevinost; prostodušnost
innocent ['inəsnt] (~ly) nevin; prostodušan 2. koji je nevin; prostodušan
innuendo [inju'endou] mig; aluzija
in-patient ['inpeiʃənt] bolesnik koji se liječi u bolnici
input ['input] ulazna energija
inquest ['inkwest] istraga
inquire [in'kwaiə] pitati; raspitivati se za; istraživati
inquiry [in'kwaiəri] istraga; istraživanje; traganje; ~ **office** informacijski ured
inquisition [inkwi'ziʃn]istraga; hist. inkvizicija
inquisitior [in'kwozitə] istražitelj; hist. inkvizitor
insane [in'sein] lud; umobolan
insanitary [in'sæntəri] nehigijenski; nezdrav
insanity [in'sæniti] ludilo; bezumlje
insecure [insi'kjuə] nesiguran; neizvjestan
insecurity [insi'kjuəriti] nesigurnost; neizvjesnost
insensibility [insensə'biliti] neosjetljivost; bezosjećajnost; ravnodušnost
insensible [in'sensəbl] (~ly) neosjetljiv; bezosjećajan; bešćutan
insensitive [in'sensitiv] neosjetljiv na
insert [in'sə:t] umetnuti; uvrstiti; uključiti; oglasiti ['insə:t] prilog; umetak
insertion [in'sə:ʃən] umetanje; oglas;

uvrštenje
inshore ['inʃɔː] priobalni; obalni
inside ['in'said] 1. unutrašnjost; unutrašnja strana; iznutrica 2. *adj* nutarnji; s nutarnje strane 3. *adv* unutra 4. *prep* unutar
insight ['insait] uvid; *fig* ~ **into** uvid u
insignia [in'signiə] *pl* znakovi; oznake
insignificance, **insignificancy** [insig'nifikəns[i]] beznačajnost
insignificant [insig'nifikənt] beznačajan; nevažan
insencere [insin'siə] (~ly) neiskren, licemjeran
insinuate [in'sinjueit] natuknuti; neopazice; spomenuti; aludirati
insinuation [insinju'eiʃn] aludiranje; ulagivanje
insist [in'sist] zahtijevati; ustrajati na čemu; predavati važnost čemu, nagađati što
insistence [in'sistəns] zahtjevanje; insistiranje; ustrajnost
insistent [in'sistənt] (~ly) uporan, energičan
insobriety [inso'braiəti] neumjerenost
insolence ['insələns] drskost; bezobraznost
insolent ['insələnt] drzak; bezobrazan
insolubility [insɔlju'biliti] netopivost
insoluble [in'sɔljubl] (~ly) netopiv; nerastvoriv u
insomnia [in'sɔmniə] nesanica
inspiration [inspə'reiʃn] udisanje *fig* nadahnuće, zanos
inspire [in'spaiə] udisati; nadahnuti životom; *fig* nadahnuti
install [in'stɔːl] uvesti koga u; ustoličiti; namjestiti; postaviti; instalirati
instalation [instə'leiʃn] uvođenje u posao; instalacija; uvođenje; postrojenje
instal[l]ment [in'stɔːlmənt] rata; otplata na obroke; **by ~s** na obroke; **payment by ~s** otplaćivanje
instance [in'stəns] 1. primjer; traženje; usrdna molba; instancija; **for** ~ na primjer; **in the first** ~ u prvom redu; **at the** ~ **of** na poticaj 2. navesti kao primjer
instant ['instənt] 1. hitan; trenutačan; neposredan 2. trenutak;
instantaneous [instən'teijnjəs] (~ly) trenutačan; časovit; istovremen
instantly ['instəntli] odmah; smjesta
instead [in'sted] u zamjenu; ~ **of** umjesto; mjesto
instinct ['instiŋkt] 1. instinkt [in'stiŋkt] 2. ispunjen; ~ **with life** pun života

instinctive [in'stiŋktiv] (~ly) nagonski; instinktivan
institution [insti'tjuːʃn] uvođenje; postavljanje; zakon; propis; institut
instruct [in'strʌkt] uputiti; poučavati
instruction [in'strʌkʃn] uvođenje; postavljanje; zakon; propis; ustanova; institut
instructor [in'strʌktə] nastavnik *Am univ* lektor
instrument ['instrumənt] alat; instrument; pomagalo; ~ **board** komandna ploča
instrumental [instru'mentl] (~ly) koji služi kao oruđe, sredstvo, koji pomaže; instrumentalni
insufficiency [insə'fiʃənsi] nedostatan; nedovoljan
insular ['insjulə] (~ly) otočni *fig* ograničen
insulate ['insjuleit] učiniti otokom, izolirati
insulation [insju'leiʃn] izolacija; odvajanje
insulator [insju'leitə] izolator
insult ['insʌlt] 1. uvreda; poruga 2. uvrijediti; vrijeđati
insurance [in'ʃuərəns] osiguranje; osiguravajući
insurant [in'ʃuərənt] osiguranik
insure [in'ʃuə] osigurati
intact [in'tækt] netaknut; nepovrijeđen
integrate [inti'greit] uklopiti; upotpuniti; integrirati
inegration [inti'greiʃn] upotpunjenje
integrity [in'tegriti] cjelovitost; potpunost; nepovrijeđenost
intelect ['intilekt] razum; intelekt
intellectual [inti'lektjuəl] (~ly) 1. intelektualan; razumski; uman 2. intelektualac
intelligence [in'telidʒəns] inteligencija; razum; pronicljivost
intelligent [in'telidʒənt] inteligentan; pronicljiv; razuman
intelligibility [in,telidʒə'biliti] razumljivost; shvatljivost
intelligible [in'telidʒəbl] (~ly) razumljiv; shvatljiv
intend [in'tend] namjeravati; htjeti
intense [in'tens] (~ly) intenzivan; napet; živ; žestok
intensify [in'tensifai] pojačati; povisiti
intension [in'tenʃn] napetost; jačina
intensity [in'tensiti] vrlo visok stupanj; žestina ; jačina
intensive [in'tensiv] (~ly) koji pojačava; pojačan
intent [in'tent] (~ly) 1. napet; zaokupljen 2. namjera; nakana
intention [in'tenʃn] namjera; svrha

intentional [in'tenʃənl] (~ly) namjeran
interact ['intərækt] međučin, [intər'ækt] djelovati međusobno
interaction [intər'ækʃn] međusobno; djelovanje razmjena; mjenjanje
intercourse ['intəkɔ:s] saobraćanje; općenje
interest ['intrist, 'intərest] 1. interes; korist; utjecaj; upliv; važnost; kamate; dobit; renta; take an ~ in zanimati se za; the banking ~ bankovni krugovi; charge ~ zaračunati kamate 2. interesirati; privlačiti; ticati se; pobuditi čije zanimanje
interested ['intristid] (~ly) zainteresiran; koji ima udio; pristran
interesting ['intristiŋ] (~ly) zanimljiv; privlačan
interfere [intə'fiə] upletati se; miješati se; dirati se u ; smetati; posredovati
interference [intə'fiərəns] upletanje; miješanje; sukobljavanje; interferencija
interior [in'tiəriə] (~ly) 1. unutrašnji; daleko od mora 2. nutrina stvari; unutrašnjost; interijer; unutrašnji poslovi
interloucutor [intə'lokju:tə] sugovornik
interlude ['intəlu:d] međuigra
intermediary [intə'mi:diəri] 1. koji se nalazi između; posredan 2. posrednik; prekupac
intermediate [intə'mi:diət] srednji; koji se nalazi u sredini; ~ school Am srednja škola; škola drugog stupnja
intermission [intə'miʃn] izostajanje; pauza; prekid
internal [in'tə:nl] unutarnji; domaći; ~-combustion engine eksplozivni motor
international [intə'næʃnl] (~ly) 1. internacionalan; ~ exibition svjetska izložba; ~ law međunarodno pravo 2. internacionala; internacionalac
interpret [in'tə:prit] objasniti; tumačiti; usmeno prevoditi; reproducirati
interpretation [intə:pri'teiʃn] tumačenje; izlaganje
interpreter [in'təpritə] tumač; prevodilac
interrogate [in'terogeit] ispitivati; saslušavati
interrogation [in‚terə'geiʃn] saslušanje; ispitivanje
interrupt [intə'rʌpt] prekinuti
interruption [intə'rʌpʃn] prekid; prekidanje
intersect [intə'sekt] presjeći; sjeći (se)
intersection [intə'sekʃn] presjek; sjecište
intervene [intə'vi:n] uplitati se; doći; između; posredovati
intervention [intə'venʃn] uplitanje; posredovanje
interview ['intəvju:] 1. sastanak; dogovor; intervju 2. ispitati koga
interviewer ['intəvju:ə] onaj koji ispituje
intestinal [in'testinl] utrobni; crijevni
intestine [in'testin] 1. unutarnji; domaći 2. crijevo; ~s pl utroba
intimacy ['intiməsi] intimnost; prisnost
intimate ['intimeit] saopćiti; natuknuti ['intimit] (~ly) prisan; intiman 2. intiman prijatelj
intimation [inti'meiʃn] aluzija; mig; objava
intimidate [in'timideit] zastrašiti
intimidation [intimi'deiʃn] zastrašivanje
into ['intu] pred suglasnikom ['intə] prep u, unutar
intolerable [in'tɔlərəbl] nesnosan; nepodnošljiv
intolerance [in'tɔlərəns] netrpeljivost
intolerant [in'tɔlərənt] (~ly) netrpeljiv
intransitive [in'tra:nsitiv] 1. (~ly) neprelazan 2. neprelazan glagol
intrepid [in'trepid] (~ly) neustrašiv
intrepidity [intri'piditi] neustrašivost
intricate ['intrikit] (~ly) zamršen; zakučast
intrigue [in'tri:g] 1. intriga; spletka 2. spletkariti; intrigirati
introduce [intrə'dju:s] uvesti; upoznati; predstaviti
introduction [intrə'dʌkʃn] uvod; uvođenje; predgovor; upoznavanje; predstavljanje; letter of ~ preporuka
intrude [in'tru:d] ugurati; nametnuti (se); smetati
intruder [in'tru:də] nametljivac; uljez
intrusion [in'tru:ʒn] nametljivost; smetanje
intrusive [in'tru:siv] (~ly) nametljiv
intrust [in'trʌst] = entrust povjeriti
intuition [intju'iʃn] intuicija; unutarnja spoznaja
intuitive [in'tjuitiv] (~ly) intuitivan
invade [in'veid] provaliti; upasti; napasti zemlju; spopadati; povrijediti pravo
invader [in'veidə] napadač(ica); provaljivač
invalid [in'vælid] 1. bez zakonske valjanosti 2. ['invali:d] bolesnik; nesposoban za službu; učiniti invalidom
invaluable [in'væljuəbl] (~ly) dragocjen; neprocjenjiv
invent [in'vent] izumiti; pronaći; izmisliti
invention [in'venʃn] pronalazak; izmišljotina
inventive [in'ventiv] (~ly) pronalazački

inventor [in'ventə] pronalazač[ica]
inventory ['invəntri] 1. inventar; inventura 2. sastaviti inventar
invest [in'vest] v/t odjenuti fig uresiti; obdariti; opkoliti; uložiti novac; v/i ~in a th kupiti što
investigate [in'vestigeit] istražiti; ispitati
investigation [investi'gei∫n] ispitivanje; istraživanje
investigator [in'vestigeitə] ispitivač[ica]; istraživač[ica]
invisibility [invizə'biliti] nevidljivost
invisible [in'vizəbl] nevidljiv
invitation [invi'tei∫n] poziv; ~ **card** pozivnica
invite [in'vait] 1. pozvati u goste; zamoliti; izazvati 2. poziv
invoice ['invɔis] 1. faktura; trgovački račun 2. fakturirati
invoke [in'vouk] zazivati Boga; moliti; preklinjati
involve [in'vɔlv] zamotati; obuhvatiti; sadržavati; imati za posljedicu; uvući; uplesti u
involvement [in'vɔlvmənt] umatanje; zaplet; novčana neprilika
inward ['inwəd] 1. unutarnji; koji vodi prema unutra 2. *adv* većinom **inwards** ['inwədz] prema unutra; unutra 3. nutrina; ~**s** *pl* utroba
inwardly ['inwədli] u svojoj nutrini; unutra u sebi
iodic [ai'ɔdik] jodni
iodine ['aiədi:n] jod
iris ['aiəris] iris; šarenica; duga; perunika
Irish ['airi∫] 1. irski 2. irski jezik; Irac; **the ~** Irci
Irishman ['airi∫mən] Irac
Irishwoman ['airi∫,wumən] Irkinja
iron [aiən] 1. željezo; gvožđe; glačalo; ~**s** okovi 2. željezan [nepokolebljiv; tvrd] 3. glačati; baciti u okove; okovati željezom
iron... ~ **foundry** ljevaonica željeza
~ **hearted** *fig* tvrda srca
cast ~ liveno željezo
pig ~ sirovo željezo
wrought ~ kovano željezo
ironic, ironical [ai'rɔnik[l]] ironički; podrugljiv
ironing ['aiəniŋ] 1. glačanje 2. *u slož...* za glačanje
iron - mine ['aiənmain] rudnik željeza
ironmonger ['aiən,mʌŋgə] gvožđar; trgovac željeznom robom
ironworks ['aiənwə:ks] visoke peći za topljenje željeza; željezara

irony ['aiəni] poput željeza; željezan; ['aiərəni] ironija
irregular [i'regjulə] (~**ly**) 1. nepravilan; neispravan; neuredan; raspušten 2. ~**s** dobrovoljci
irresistibility ['irizistəbiliti] neodoljivost
irresistible [,iri'zistəbl] (~**ly**) neodoljiv
irresponsibility ['irispɔnsə'biliti] neodgovornost
irresponsible [iris'pɔnsəbl] neodgovoran
irrigate ['irigeit] navodnjavati; polijevati
irrigation ['iri'gei∫n] navodnjavanje; polijevanje
irruption [i'rʌp∫n] nasilna provala; upad
irruptive [i'rʌptiv] (~**ly**) koji provaljuje
irritability [iritə'biliti] razdražljivost
irritant ['iritənt] 1. koji draži 2. sredstvo za draženje
irritate ['iriteit] ljutiti; dražiti
irritation [iri'tei∫n] razdraženost; draženje srdžba
is [iz] [on ona ono] je [vidi **be**]
island ['ailənd] otok; stajalište za pješake usred prometne ulice
islander ['ailəndə] otočanin, stanovnik otoka
isle [ail] *poet* otok, otočić
islet ['ailit] otočić
isn't ['iznt] = **is not** nije
isolate ['aisəleit] odvojiti; izolirati
isolation [aisə'lei∫n] izolacija
issue ['isju:, 'i∫u:] 1. izlaženje; istjecanje; izljev; ušće; izdanje; svezak; ishod; posljedica; potomak; rod; sporno pitanje; pravorijek porote; ~ **in law** pravno pitanje; **be at** ~ ne slagati se; **point at** ~ sporna točka 2. *v/i* istjecati; izlaziti; potjecati; završiti; *v/t* odišiljati; izdati; izdavati; emitirati [novčanice] dostavljati
it [it] 1. to, ono [često se ne prevodi] 2. "ono nešto" 3. *pred* sjajno; basnoslovno
Italian [i'tæljən] 1. Talijanski 2. Talijan[ka] 3. talijanski jezik
italics [i'tæliks] kurziv
itch [it∫] 1. svrab; svrbež; čežnja
itching ['it∫iŋ] svrbež, *fig* prohtjevi
item ['aitem] 1. nadalje 2. pojedina točka; pojedinost 3. zabilježiti
iteration [itə'rei∫n] ponavljanje
iterative ['itərətiv] (~**ly**) koji (se) ponavlja
itinerary [ai'tinərəri] 1. putni vodič 2. putni
its [its] njegov; svoj
it's [its] **it is**; **it has** je, ima

J

Jack [dʒæk] 1. Ivan 2. prosječan čovjek; budala; drzak momak; (karte) dečko; kolotura, dizalo; klin; nogari pile; ražanj; *Am* magarac; kugla za gađanje kod kuglanja 3. podići; **before you could say ~ Robinson** u tren oka; **~ and Jill** Ivica i Marica
Jack ... **~ frost** ciča zima
~-in-the box lutka koja iskače iz kutije
~-knife veliki džepni nož
~-o'-lantern divlji oganj; noćobdija
~pot ulog
Jackal ['dʒækɔ:l] čagalj; *fig* pomoćni radnik
jackass ['dʒækæs] magarac; *fig* glupan
jacket ['dʒekit] kratak kaput; zaštitni omot knjige; plašt
jag [dʒæg] 1. zubac; *slang* pijanka 2. nazupčati
jail [dʒeil] tamničar
jam [dʒæm] 1. pekmez, džem 2. gužva, stiska; smetnja; **traffic ~** zastoj prometa; *slang* **be in a ~** biti u škripcu 3. zaglaviti (se); stisnuti se; zatvoriti prolaz; praviti smetnje (radio)
Jamaica [dʒə'meikə] (**i ~ rum**) rum s Jamajke
January ['dʒænjuəri] siječanj
Japan [dʒə'pæn] 1. vrsta laka; predmet izrađen od laka 2. Japan; japanski 3. presvući lakom
Japanese [dʒæpə'ni:z] 1. japanski 2. Japanac, Japanka; japanski jezik; **the ~** Japanci
jar [dʒa:] 1. vrč; lonac 2. štropot; nesklad zvuk; neugodan položaj 3. škripati; štropotati; uvrijediti; neugodno se dojmiti; uzdrmati; svađati se
jasmin [e] ['dʒæsmin] jasmin
jaw [dʒɔ:] 1. čeljust, vilica; laloka; *pl* usta; ralje, gubica; grotlo; uska vrata doline 2. *v/i* brbljati; *v/t* grditi; **~-bone**, čeljusna kost
jay [dʒei] šojka; kreštalica; brbljavac; **~-walker** *Am* čovjek koji neoprezno prelazi ulicu

jazz [dʒæz] 1. džez 2. kričave boje 3. svirati ili plesati uz džez
jealous ['dʒeləs] (**~ly**) ljubomoran; revan; brižan; zavidan
jealousy ['dʒeləsi] zavist, ljubomora
jeep [dʒi:p] džip
jelly ['dʒeli] 1. žele; hladetina; **~-fish** meduza 2. zgusnuti u hladetinu
jeopardize ['dʒepədaiz] izvrći opasnosti; staviti na kocku
jeopardy ['dʒepədi] opasnost
jerk [dʒə:k] 1. grč; trzaj 2. trgnuti ili protegnuti; baciti;
jersey ['dʒə:zi] vunena majica
jessamine ['dʒesəmin] jasmin
jest [dʒest] 1. doskočica; šala 1. šaliti se
jester ['dʒestə] dvorska luda; šaljivdžija
jesuit ['dʒezjuit] isusovac
jet [dʒet] 1. veoma tvrd kameni ugljen 2. mlaz; štrcaljka; mlaznica 3. šiknuti; **~ plane** mlazni avion; **~ powered** na mlazni pogon
jetsam ['dʒetsəm] roba pobacana s broda koji je u opasnosti; naplavljeni predmeti
jetison ['dʒetisn] 1. bacanje tovara u more s broda u opasnosti 2. baciti s broda
jetty ['dʒeti] gat; lukobran
Jew [dʒu:] Židov, Židovka
jewel ['dʒu:əl] 1. dragulj 2. ukrasiti draguljima
jewel (l)**er** ['dʒu:ələ] draguljar
jewelery, **jewellery** ['dʒu:əlri] dragulji; nakit
Jewess ['dʒu:is] Židovka
Jewish ['dʒu:iʃ] židovski
Jewry ['dʒuəri] Židovi
jingle ['dʒiŋgl] 1. zveckanje 2. zveckati zvončićima
jiu-jitsu [dʒu:'dʒitsu:] džiju džitsu
job [dʒɔb] 1. posao; služba; namještenje; dužnost; akcidencija; **add <s** prigodni poslovi; **~ horse** unajmljeni konj; **~ lot** manje vrijedna roba za prodaju; zloupotrebljavati položaj 2. *v/t* najmiti konja; posredovati; zloupotrijebiti položaj; *v/i* špekulirati; zloupo-

trebljavati položaj ili službu; raditi na akord 3. bosti, udarati
jockey ['dʒɔki] 1. džokej; konjušar 2. varati; nasamariti
join [dʒɔin] 1. v/t spojiti, sastaviti; združiti se; pristupiti u; v/i povezati se, udružiti se; graničiti; ~ **in** sudjelovati u čemu; slagati se u čemu; ~ **up** stupiti u vojsku 2. spojište, šav; utor
joiner ['dʒɔinə] stolar
joinery ['dʒɔinəri] stolarija
joint [dʒɔint] 1. spoj, spojka; utor; zglob; čvor; butina; Am slang lokal, jazbina; **put out of** ~ iščašiti 2. (~ly) spojen; sjedinjen; zajednički; ~ **stock** dionička glavnica; ~ **company**, dioničko društvo
joke [dʒouk] 1. šala 2. v/i šaliti se, v/t bockati (koga)
joker ['dʒoukə] šaljivdžija, džoker; Am potajno umetnuta klauzula
jolly ['dʒɔli] 1. veseo; razdragan; divan 2. adv jako, vrlo; vraški 3. zadirkivati koga
journal ['dʒə:nl] dnevnik, časopis, novine, žurnal; brodski dnevnik; rukavac osovine
journalism ['dʒə:nəlizəm] žurnalistika; novinarstvo
journalist ['dʒə:nəlist] novinar(ka)
journey ['dʒə:ni] 1. putovanje; vožnja 2. putovati; ~-**work** nadničarski posao
joy [dʒɔi] veselje; radost
joyful ['dʒɔiful] veseo; razdragan
joy-ride ['dʒɔiraid] vožnja za zabavu; nedopuštena vožnja
jubilant ['dʒu:bilənt] koji se veseli; kliče
jubilate ['dʒu:bileit] veselo klicati
jubilation [,dʒu:bi'leiʃn] klicanje
jubilee ['dʒubili:] jubilej, obljetnica; slavlje
judaism ['dʒu:deiizm] židovstvo
judge [dʒʌdʒ] 1. sudac, sutkinja; poznavalac, stručnjak; **Commercial** ~ sudac trgovačkog suda 2. v/i suditi; v/t suditi; dosađivati; smatrati
judg(e)ment ['dʒʌdʒmənt] presuda, sud, mišljenje; sposobnost prosuđivanja; božji sud; **in my** ~ po mom mišljenju; **pronunce** ~ izreći osudu; ~ **Day** sudnji dan
judical [dʒu'diʃl] (~ly) sudbeni; kritičan; nepristran; ~ **system** pravosudni sustav
jug [dʒʌg] 1. vrč 2. slang zatvor 3. pirjati meso
juggle ['dʒʌgl] 1. žongliranje; trik 2. žonglirati; prevariti
juggler ['dʒʌglə] žongler(ka)
juice [dʒu:s] sok; slang benzin
juicy ['dʒu:si] sočan; zanimljiv
juke-box ['dʒu:kbɔks] džuboks
july [dʒu:'lai] srpanj
jump [dʒʌmp] Am skočiti na noge 2. v/i skakati; skočiti; tresti se; ~ **at** pohlepno se baciti na; ~ **to concluisons** stvarati preuranjene zaključke; v/t preskočiti što; učiniti da skače; silom oduzeti
jumper ['dʒʌmpə] skakač; crv u siru; bušilica s dlijetastim vrhom; bluza koja se prevlači preko glave
jumping ['dʒʌmpiŋ] koji skače; ~ **board** odskočna daska; ~ **pole** motka za skakanje; ~ **off odskok**
jumpy ['dʒʌmpi] nervozan; koji čini nervoznim
juncture ['dʒʌŋktʃə] spojna točka; šav; zglob; odlučan čas
June [dʒu:n] lipanj
jungle ['dʒʌŋgl] džungla; prašuma
junior ['dʒu:njə] 1. mlađi (od dvojice), junior; Am koji je na trećoj godini; ~ **high school** Am škola koja odgovara višim razredima (7 i 8) osnovne škole; ~ **partner** mlađi dionik, (poslovni) partner 2. mlađi po godinama ili u službi; Am učenik viših razreda gimnazije; student treće godine; mali
junk [dʒʌŋk] 1. džunka 2. otpad; staro uževlje; žilavo usoljeno meso
juridical [dʒuə'ridikl] (~ly) pravni; sudski
jurisdiction [dʒuəris'dikʃn] sudstvo; područje sudske nadležnosti
jurist ['dʒuərist] pravnik
juror ['dʒuərə] porotnik
jury ['dʒuəri] porotni sud, žiri; ~ **box** klupa za porotnike; ~ **man** porotnik
just [dʒʌst] (~ly) 1. adj pravedan; točan; instinit, pravi 2. adv pravo; točno; upravo, baš; jedva, teškom mukom; ~ **now**, baš sada, upravo sada
justice ['dʒʌstis] pravda; pravednost; sudac; pravo; pravni postupak; **court of** ~ sud
justifiability [dʒʌstifaiə'biliti] opravdanost
justifable ['dʒʌstifaiəbl] opravdan
justification [dʒʌstifi'keiʃn] opravdanje
justify ['dʒʌstifai] opravdati
justly ['dʒʌstli] s pravom
juvenescence [dʒu:vi'nesns] mladost; pomlađivanje
juvenescent [,dʒu:vi'nesnt] koji se pomlađuje; mladenački
juvenile ['dʒu:vi'niliti] mladenaštvo; ~**ies** pl djetinjarije; mladenačke djetinjarije

K

kale [keil] kelj; *Am slang* novac
kangaroo [kæŋgə'ru:] klokan
keel [ki:l] 1. kobilica; teglenica, šlep; on an even ~ podjednako opterećen; *fig* mirno, jednolično 2. okrenuti kobilicom gore; prebaciti; ležati poleđice
keen [ki:n] (~ly) oštar, šiljat, bridak; požudan; revan; jak; ~-edged oštrobrid
keenees [ki:nnis] oštrina, žestina, revnost; profinjenost
keep [ki:p] 1. briga, skrb, uzdržavanje; hrana; paša; tvrđava, glavna kula srednjovjekovnih zamaka; Am for ~s zauvijek 2. *irr v/t* držati; izdržavati; održavati u nekom stanju, održati; štititi; uzgajati; posjedovati 3. *irr v/i* držati se; ostati, boraviti; ne kvariti se
keep ... ~ **doing** uvijek iznova raditi; nastaviti raditi
~ **away** držati se daleko od
~ **clear of** čuvati se
~ **from** ustezati se
~ **off** kloniti se
~ **on** (**talking**) dalje govoriti; držati se čega
~ **to** ostati kod; držati se čega
~ **up** ne klonuti
~ **up with** držati korak sa
keeper ['ki:pə] čuvar; vlasnik; nadglednik; bolničar; šumar
keeping ['ki:piŋ] pohrana; nadgledanje; nadzor; čuvanje; ishrana; izdržavanje
keepsake [ki:p'seik] uspomena; dar ili poklon za uspomenu
ken [ken] vidokrug
kennel ['kenl] 1. jarak; kanal 2. pseća kućica, štenara 3. stanovati u bijednoj nastambi
kept [kept] *pret* i *pp* od keep
kerchief ['kə:tʃif] marama za glavu ili vrat
kernel ['kə:nl] koštica; zrno zobi, kukuruza
kerosene ['kerosi:n] petrolej

ketch up ['ketʃʌp] pikantni umak
kettle ['ketl] kotao; lonac za čaj, čajnik; ~ drum timpanon; društvo na popodnevnom čaju
key [ki:] 1. ključ; klin; odvijač; tipka na klaviru, pisaćem stroju; prekidač; tonalitet; *fig* ton 2. klinom zabiti; ugoditi
key... ~ **up** povisiti; *fig* potaknuti
be ~ **up** biti napet
~**board** klavijatura; tastatura
~-**Buggle** vrsta limenog duhačkog instrumenta
~**hole** ključanica
~**less** koji je bez ključa, tipki
~**watch** sat na navijanje
~-**man** glavna osoba; važna radna snaga
khaki ['ka:ki] 1. kaki, žućkasto-smeđa boja 2. materijal kaki boje
kick [kik] 1. udarac nogom; udarna snaga; zamah; otpor; prigovor, pritužba 2. *v/t* udarati ili gaziti nogom; odbiti obožavatelje; *slang* ~ **the bucket** otegnuti papke; *v/i* izbaciti nogu; trzati (puška); opirati se; ~-**back** *Am* vraćanje novca
kicker ['kikə] konj koji se rita; nogometaš
kick - off ['kik' ɔ:f] prvi početni udarac u nogometu
kid [kid] 1. jare; *slang* dijete; jareća koža 2. ojariti se; *slang* varati se; vući za nos, nasamariti
kiddy ['kidi] dijete
kidnap ['kidnæp] otimati; silom novačiti
kidnap (p)er ['kidnæpə] otmičari
kidney ['kidni] bubreg; *fig* vrsta, soj
kike [kaik] *Am slang* Židov
kill [kil] ubiti, usmrtiti, zaklati; *fig* uništiti; srušiti; ~ **off** poubijati
killer ['kilə] ubojica
killing ['kiliŋ] 1. ubilački; neodoljiv; smiješan 2. *Am* financijski uspjeh
kilogram ['kiləgræm] kilogram
kilometer , **kilometre** ['kiləmi:tə] kilometar
kilt [kilt] 1. kratka suknja škotskih brđana,

kilt 2. zasukati suknju; naborati u nabore
kin [kin] 1. krvno srodstvo, porodica; the next of ~ najbliži rođaci 2. u srodstvu sa
kind [kaind] 1. ljubazan, prijatan 2. vrsta; pleme; rod; priroda; način; diferent in ~ druge vrste; pay in ~ plaćati u naravi; ~-hearted, dobrodušan, dobra srca
kindle [kindl] upaliti, zapaliti (se)
kindleness ['kaindlinis] prijaznost
kindly ['kaindli] adj prijazan, dobrodušan, blag
kindred ['kindrid] 1. srodan, istovrstan 2. srodstvo
kinetic [kai'netik] kinetički, koji se kreće
kinnetics [kai'netiks] pl kinetika
king [kiŋ] kralj; igra dame, dama; ~'s english engleski književni jezik
kingdom ['kiŋdəm] kraljevstvo, kraljevina
kingly ['kiŋli] kraljevski, poput kralja
kingship ['kiŋʃip] kraljevska čast; kraljevanje
king-size ['kiŋsaiz] dulji, veći od uobičajenog
kink [kiŋk] 1. uzao, petlja; fig mušica, hir; Am greška u poslovanju 2. fig perverzno ponašanje; ekscentričnost
kinsfolk ['kinzfouk] pl rođaci, obitelj
kinship ['kinʃip] srodnost, rodbinstvo
kinsmam ['kinzmən] rođak
kinswoman ['kinz, wumən] rođakinja
kiosk ['kiɔsk] kiosk
kipper ['kipə] 1. dimljen sleđ; slang čovjek, momak 2. dimiti ribu
kiss [kis] 1. poljubac 2. poljubiti (se)
kit [kit] čabar; alat; rodbina, svojta; male gusle; ~-bag vojnička vreća, torba s alatom
kitchen ['kitʃin] kuhinja
kitchen ... ~-garden povrtnjak
~-maid kuharska pomoćnica
~-range štednjak
kite [kait] vrsta sokola, lunja crvenkasta; fig jastreb; papirnati zmaj; slang podrumska mjenica
kith [kiθ] ~ and kin rođaci i prijatelji
kitten ['kitn] 1. mače 2. omaciti se
klansman ['klænzmən] član Ku-klux-klana
kleptomania [klepto'meiniə] kleptomanija
knacker ['nækə] živoder; čovjek koji kupuje stare kuće, brodove itd, radi rušenja
knackery ['nækəri] živoderstvo

knar ['na:] kvrga
knave [neiv] hulja; karte dečko
knavery ['neivəri] lopovluk, nepoštenje
knavish ['neiviʃ] [(~ly) lopovski
knee [ni:] 1. koljeno; pregib 2. gurnuti koljenom; razvući hlače na koljenu; ~-cap iver koljena; štitnik za koljeno; ~-joint zglob koljena
kneel [ni:l] irr klečati
kneeler ['ni:lə] onaj koji kleči
knelt [nelt] pret i pp od kneel
knew [nju:] pret od know
knickerbockers ['nikəbɔkəz] pl pumphlače
knickers ['nikəz] dugačke ženske gaće
knife [naif] 1. nož 2. rezati; (pro)bosti; ~grinder brusač noževa
knight [nait] 1. vitez; skakač (u šahu) 2. učiniti vitezom; ~-errant lutajući vitez; ~-hood viteštvo
knit [nit] irr plesti; spojiti (se)
knitting ['nitiŋ] pletivo; pleteni
knives [naivz] pl od knife
knob [nɔb] gumb; kvrga; ~ stick štap s kvrgom; štrajkolomac
knock [nɔk] 1. kucanje, udarac 2. v/i kucati, udariti; gurnuti; tući; ~ about potucati se; ~ off slang odbiti; maknuti se; v/t udarati, tući; gurati; Am slang ogovarati
knock ... ~down oboriti; rastaviti
~off prestati; na brzinu obaviti
~out zadati nokaut
knockabout ['nɔkəbaut] 1. bučan, nemiran; izdržljiv 2. bučna predstava
knocker ['nɔkə] onaj koji kuca; alka na vratima; Am slang čangrizavac
knoll [noul] 1. humak 2. zvoniti kod pogreba
knot [nɔt] 1. uzao; kvrga; morska milja; pupoljak; petlja; poteškoća; sailor's ~ mornarski čvor; be tied up in ~s biti u škripcu
2. zauzlati, načiniti čvor; namrštiti se; zaplesti
knotty ['nɔti] čvornat, kvrgav; fig zapleten
know [nou] 1. irr znati, poznavati; doznati; prepoznati; come to ~ doznati 2. be in the ~, biti upućen u
knowable ['nouəbl] koji se može (pre)poznati
know-all ['nou'ɔ:l] 1. sveznalica, koji svašta zna 2. sveznajući

know -how ['nou'hau] iskustvo, vještina
knowing ['nouiŋ] (~ly) 1. iskustan; mudar; lukav, okretan; elegantan 2. znanje
knowledge ['nɔlidʒ] znanje, vještina; poznavanje; to my ~ koliko je meni poznato
known [noun] pp od know ; come to be ~ postati poznat; make ~ objaviti
knuckle ['nʌkl] 1. (i ~bone) zglob prsta; koljenica 2. ~ **down,** ~ **under** popustiti kome
knur [nə:] kvrga
knut [kə'nʌt] kicoš
kodak ['koudæk] 1. fotografski aparat Kodak 2. snimati takvim aparatom
Kremlin ['kremlin] Kremlj
ku-klux-klan ['kju:'klʌks-'klæn] *Am* tajna organizacija u SAD

L

lab [læb] laboratorij (laboratory)
label ['leibl] 1. etiketa, cedulja; natpis 2. staviti etiketu, natpis
labial ['leibiəl] 1. usnen 2. labijal
laboratory [lə'bɔrətəri] labaratorij
laborious [ləbɔːriəs] marljiv, naporan
labo[u]r ['leibə] 1. rad; muka; napor; radnik; radna snaga; trudovi 2. v/i raditi; mučiti se; v/t izraditi
labour ... Ministry of ~ Ministarstvo rada
hard ~ prisilni rad; radni; laburistički
~ **exchange** burza rada
~ **union** Am sindikat
labourage ['leibəridʒ] radnička nadnica
laboured ['leibəd] nezgrapan; usiljen; naporan
labourer ['leibərə] nadničar; radnik
labourist, labourite ['leibərist] ['leibərait] pristalica laburističke partije
lace [leis] 1. čipka; vrpca; vezica 2. svezati; uresiti čipkom; miješati piće
lacerate ['læsəreit] 1. rastrgati; razderati 2. ['læsərit] razderan
lachrymal ['lækriml] suzni
lachrymatory ['lækrimətəri] koji prouzrokuje suze; ~ **gas** suzavac
lack [læk] 1. nestašica; pomanjkanje 2. v/t manjkati; v/i **be** ~**ing** faliti, nedostajati
lackey ['læki] 1. lakaj 2. biti čiji lakaj
lacquer ['lækə] 1. lak [pokost] 2. lakirati
lactation [lək'teiʃn] dojenje
lacteal ['læktiəl] mliječan
lacy ['leisi] čipkast
lad [læd] momak; dečko
ladder ['lædə] 1. ljestve; spuštena očica na čarapi 2. imati spuštene očice na čarapi
lade [leid] irr 1. tovariti; opteretiti 2. grabiti
laden [leidn] natovaren
lading ['leidiŋ] tovar, tovaren
lady ['leidi] gospođa; plemkinja; gospodarica; supruga
lady ... ~**'s maid** sobarica

~**'s ili ladies man** galantan muškarac
~ **- bird** buba mara
~ **- killer** osvajač
~ **like** ženstven; ženskast; ugladen
~ **ship, her** ~**ship** njeno gospodstvo
lager [beer] ['laːgə (biə)] vrsta piva
laggard ['lægəd] 1. trom; mlitav 2. oklijevalo
lagoon [lə'guːn] laguna
laic ['leik] i **laical** (~**ly**) 1. laički; svjetovni 2. laik
laid [leid] pret i pp od lay
lain [lein] pp od lie
lair [lɛə] brlog
laird [lɛəd] posjednik
lake [leik] 1. jezero 2. grimizna boja za bojanje
lamb [læm] 1. janje 2. ojanjiti se
lambkin ['læmkin] janješce
lame [leim] (~**ly**) 1. hrom, šepav; ~ **duck** fig šepavac (propali burzovni špekulant); Am senator koji nije ponovno izabran 2. osakatiti
lameless [leimlis] hromost; šepavost
lament [lə'ment] 1. jadikovka 2. jadikovati; oplakivati
lamentable ['læməntəbl] (~**ly**) jadan; vrijedan; oplakivanja
lamentation [læmən'teiʃn] lamentacija; jadikovanje
lamp [læmp] svjetiljka; ~**light** svjetlost; svjetiljka
lampshade ['læmpʃeid] sjenilo za svjetiljku
lance [laːns] 1. koplje; harpuna; kopljanik 2. razrezati
lance... free ~**r** plaćenik; slobodan umjetnik; političar koji ne pripada ni jednoj stranci; povremeni suradnik u novinarstvu
~~**-corporal** kaplar
~~**-sergeant** desetar
lancer [laːnsə] konjanik

land [lænd] 1. zemlja; kopno; tlo; imanje
land ... ~s zemljišni posjed
~ **register** gruntovnica
see how the ~ lies vidjeti kako stoje stvari 2. pristati; osvojiti nagradu; iskrcati; udariti
~ **agent** posrednik kod kupovanja zemlje; upravitelj imanja
~ **holder** zemljoposjednik; zemljoposjednica
~ **lady** posjednica; gazdarica; gostioničarka
~ **lord** posjednik; kućevlasnik; gostioničar
~ **owner** zemljoposjednik; zemljoposjednica
landing ['lændiŋ] iskrcavanje; pristajanje; odmorište na stepenicama; ~ **ground** pristajalište; uzletište
landscape ['lænskeip] krajolik
lane [lein] ulica; put među živicama; *Am* kolovoz autoputa
language ['læŋgwidʒ] jezik; govor; riječi; **bad ~** psovke; **strong ~** oštre riječi
languid ['læŋgwid] malaksao; spora toka
languish ['læŋgwiʃ] čeznuti za; slabiti; venuti
languor ['læŋgə] mlitavost; klonulost; sparina
lank [læŋk] (**~ly**) tanak; slabašan; mrtva burza; ravna kosa
lantern [læntən] svjetiljka; fenjer; ~ **slide** dijapozitiv; ~ **lecture** predavanje praćeno dijapozitivima
lap [læp] 1. krilo; skut; dio koji visi; dio koji zahvaća preko drugoga; ušna resa; pregib 2. položiti jedno preko drugoga; umotati 3. lizanje; zapljuskivanje valova 4. polizati; lokati
lapidary ['læpidəri] 1. kameni; lapidaran 2. kamenorezac
lapse [læps] 1. odmicanje; tok vremena; upadanje u ; zastara; pogreška; zabuna; zastranjenje 2. padati, kliziti; pasti moralno; zapasti u; proteći (vrijeme); pripasti komu; zastariti
lard [la:d] 1. (svinjska) mast; salo 2. nadjenuti slaninom
lardy ['la:di] mastan
large [la:dʒ] (**~ly**) velik; obilan; prostoran; poletan
large ... at ~ na slobodi; opširno; u svojoj cjelini
in ~ općenito
~ly u velikoj mjeri; obilato
~-minded velikodušan
~-scale na veliko; velik
~-sized velikog formata
lark [la:k] 1. ševa 2. lakrdija; šala 3. zbijati lakrdije
larynx ['læriŋks] grkljan
lash [læʃ] 1. bič; šiba; trepavica 2. bičevati; *fig* šibati; udarati; ritnuti se; **~er** brana
lass [læs] djevojka; draga
lassie ['læsi] djevojčica
last [la:st] 1. *adj* zadnji; pređašnji; krajnji; **~ but one** predzadnji 2. onaj koji je zadnji; kraj; **at ~** konačno; najzad; **at long ~** na koncu konca 3. *adv* najzad; **~ but not least** na kraju ali ne manje važno 4. trajati; potrajati 5. postolarski kalup 6. trgovačka mjera za težinu; zapremninu ili količinu
lasting ['la:stiŋ] (**~ly**) 1. trajan; postojan 2. vrsta izdržljive tkanine
lastly ['la:stli] najzad; konačno
latch [lætʃ] 1. kvaka; zasun 2. zatvoriti samo kvakom
late [leit] kasan; zakasnio; pokojni; preminuo; nekadašnji; nedavan
late ... at (the) ~st najkasnije
~r on kasnije
be ~ zakasniti, kasniti
~-comer onaj koji kasno dolazi
~ly u zadnje vrijeme; nedavno
lateness ['leitnis] zakašnjenje; novost
latent ['leitənt] (**~ly**) skriven; pritajen; latentan
lateral ['lætərəl] (**~ly**) sa strane; pobočan
lath [la:θ] 1. letva 2. obložiti letvama
lather [la:ðə] 1. pjena; sapunica 2. *v/t* nasapunati; izlemati *v/i* pjeniti se
Latin ['lætin] 1. latinski 2. latinski jezik; ~ **America** latinska Amerika
latidude ['lætitju:d] širina; *fig* opseg; prostor; prostranstvo
latter ['lætə] noviji; kasniji; kasnija, kasnije; poet pozniji; ~ **end** kraj; **~-day** u novije vrijeme; **~ly** u posljednje vrijeme
lattice ['lætis] 1. rešetka 2. staviti rešetku
laud [lɔ:d] hvaliti; slaviti
laudabiliti [lɔ:də'biliti] pohvalnost
laudable ['lɔ:dəbl] (**~ly**) vrijedan pohvale
laudation [lɔ:'deiʃn] pohvala; hvalospjev
laudatory ['lɔ:dətəri] (**~ly**) pohvalan; koji slavi

105

laugh [la:f] 1. smijeh; smijanje 2. smijati se; ~ **in one's sleeve** smijuckati se u sebi; potiho se zabavljati nad čim; ~ **at** smijati se; podrugivati se (komu; čemu)

laughable ['la:fəbl] (~ly) smiješan

laughing ['la:fiŋ] (~ly) nasmijan; smiješan; **its no ~ matter** to je ozbiljna stvar; to nije šala; ~ **stock** predmet ruganja

laughter ['la:ftə] smijeh

launch [lɔ:ntʃ] 1. puštanje broda u more 2. izbaciti; porinuti u more; fig pokrenuti; lansirati; ~ (**out**) **into** upustiti se u što, krenuti

laundress ['lɔ:ndres] pralja

laundry ['lɔ:ndri] praonica; rublje za pranje

laurel ['lɔrəl] lovor; fig **win ~ s** ubrati lovorike

lavatory ['lævətəri] zahod; soba za umivanje; **public ~** javni zahod

lavish ['læviʃ] 1. rasipan 2. rasipati

lavishnes ['læviʃnis] rasipnost

law [lɔ:] zakon; propis; pravilo; zakonik; pravo; pravnički poziv; suđenje

law ... **go to ~** ići pred sud
 ~ **abiding** miroljubivo
 ~**-court** sud(nica)
 ~**ful** zakonski; važeći, pravilan;

lawn [lɔ:n] 1. tanko laneno platno; batist 2. tratina; ~**-mower** stroj za košnju tratine

lawsvit ['lɔ:sju:t] parnica

lawyer ['lɔ:jə] pravnik, advokat

lax [læks] (~ly) labav; slab; mlitav

laxative ['læksətiv] koji otvara; sredstvo za otvaranje stolice

lay [lei] 1. pret od **lie** 2. balada; poet pjesma 3. svjetovni; laički 4. položaj; smjer; slang poduzeće; zaposlenje 5. irr v/t položiti; postaviti; prostrjeti; ublažiti; umiriti se; kladiti se; predložiti; v/i nesti jaja; kladiti se; prostrijeti (stol)

lay ... ~ **by** napustiti; ukloniti
 ~ **down** položiti; napustiti (nadu); graditi
 ~ **off** otpustiti iz službe; odložiti
 ~ **out** izložiti; prostrijeti; utrošiti; planirati; osnova
 ~ **up** pohraniti, spremiti

layer ['leiə] 1. onaj koji slaže; sloj; naslaga; loza 2. položiti mladicu u zemlju (ne odijeliti je od biljke)

laying ['leiiŋ] polaganje; stavljanje; leženje (jaja)

layman ['leimən] svjetovnjak

laze [leiz] ljenčariti

lazy ['leizi] lijen; trom

lead [led] 1. olovo; dubinomjer (olovo); visak; olovni umetak za širenje proreda; ~**s** pl olovne ploče; olovni krov 2. zaliti olovom; razmaknuti prored u tipkanju

lead [li:d] 1. vodstvo, vođenje; glavna uloga (theat); **take the ~** preuzeti vodstvo 2. irr v/t voditi; pokrenuti; započeti igru (karte); ~ **on** namamiti; v/i prednjačiti; predvoditi; ~ **up to** dovesti do

leaden ['ledn] olovan

leader ['li:də] vođa; voditelj; prvak; uvodni članak; prednjak [konj]; tetiva, žila

leadership ['li:dəʃip] vodstvo, vođenje; upravljanje

leading ['li:diŋ] 1. vodeći; glavni 2. vodstvo; vođenje

leading ... ~ **article** uvodni članak
 ~ **case** presedan
 ~ **man** (**lady**) glavni glumac, glumica
 ~ **question** sugestivno pitanje

leaf [li:f] (pl **leaves**) list; krilo (vrata) list (knjiga); arak; umetak za produljivanje stola; zubac malog zupčanika; nišanski povlačak

leaflet ['li:flit] letak; listić; prospekt

leafy ['li:fi] lisnat

league [li:g] 1. savez; liga; ~**of Nations** liga naroda 2. sklopiti savez
 3. (morska) milja (4,8 km)

leaguer ['li:gə] saveznik

leak [li:k] 1. pukotina 2. biti napuknut; propuštati vodu; kapati (pipa); ~**out** istjecati; fig izbiti na javu

leakage ['li:kidʒ] prokapavanje; fig izbijanje u javnost; (neovlašteno) razotkrivanje (tajne i sl.)

leaky ['li:ki] napuknut; propustan

lean [li:n] 1. mršav 2. irr nasloniti (se) na; osloniti (se); nagnuti se; biti kos 2. (fig i **leaning**) naginjanje

leanness ['li:nnis] mršavost

leant [lent] pret i pp od **lean** - nasloniti se

leap [li:p] 1. skok; **by ~s** (**and bounds**) skačući u skokovima 2. irr v/i preskočiti

leapt [lept] pret i pp od **leap** skakati itd.

learn [lə:n] irr učiti; čuti; doznati; ~ **from**

razabrati iz; ~ed (~ly) [lə:nid] učen; ~ing učenje; učenost
learnt [lə:nt] pret i pp od learn učiti itd
lease [li:s] 1. najam, zakup; najamnina; ugovor o najmu; let (out) on ~, dati u zakup 2. dati u zakup, najam; ~ hold zakup, zakupni
leash [li:ʃ] 1. remen za psa; sprega od tri (psa, zeca itd) 2. privezati na remen; držati na remenu
least [li:st] adj najmanji; najslabiji; adv najmanje
least ... at (the) ~ barem; u najmanju ruku
at the very ~ najmanje
not ~ ne najmanje
to say the ~ blago rečeno
leather ['leðə] 1. (izrađena) koža; kožni predmeti; kožnata lopta; ~s pl kožnate hlače; gamaše 2. kožnat 3. pokriti kožom
leathern ['leðən] kožnat
leave [li:v] 1. dozvola (i ~ of absence) dopust; oproštaj; by yours ~ vašom dozvolom 2. irr v/t (na)pustiti; ostaviti; povjeriti; v/i otići; otputovati
leaved [li:vd] lisnat; krilat
leaven ['levn] 1. kvasac 2. dodati kvasac; fig prožeti
leaves [li:vz] pl od leaf; lišće
leavings ['li:viŋz] ostaci
lecture ['lektʃə] 1. predavanje; ukor; read a p a ~ očitati kome bukvicu 2. v/i predavati o; v/t očitati bukvicu
lecturer ['lektʃərə] predavač; sveučilišni docent; izvanredni profesor; lektor
lectureship ['lektʃəʃip] položaj izvanrednoga sveučilišnoga profesora, lektora ili docenta
led [led] pret i pp lead
ledge ['ledʒ] greda; polica; greben
leech [li:tʃ] pijavica; fig krvopija
leek [li:k] poriluk
leer [liə] 1. pohotan ili zloban pregled ispod oka; cerenje, ispod oka gledati ili pogledavati
leery ['liəri] slang lukav; podmukao
left [left] 1. pret i pp od leave 2. adj lijevi; adv lijevo 3. ljevica
left ... be ~ preostati
~-handed (~ly) ljevak; fig nespretan; neslužben; koji se okreće ulijevo
~-luggage office garderoba (na željezničkoj stanici itd)
~-overs pl ostaci hrane

Left Wing ['leftwiŋ] pol ljevica
leg [leg] noga; but ovce; sara (čizme) stranica trokuta; etapa
legacy ['legəsi] ostavština; ~-hunter lovac na baštinu
legal ['li:gəl] (~ly) zakonski; pravnički; pravovažeći; pravni; ~ entity pravna osoba
legality [li'gæliti] zakonitost
legalization [li:gəlai'zeiʃn] ozakonjenje; sudsko ovjerovljenje
legalize ['li:gəlaiz] ozakoniti; službeno ovjeroviti
legation [li'geiʃn] poslanstvo
legend ['ledʒənd] legenda; pripovijest; opis; tekst uz ilustraciju
legendary ['ledʒəndəri] legendaran; basnoslovan
legibility [ledʒi'biliti] čitljivost
legible ['ledʒəbl] (~ly) čitljiv
legion ['lidʒən] legija
legionary ['li:dʒənəri] 1. legijski 2. legionar
legislate ['ledʒisleit] stvarati zakone
legislation ['ledʒisleitiv] (~ly) zakonodavan; zakonski
legislator ['ledʒisleitə] zakonodavac
legislature ['ledʒisleitʃə] zakonodavno tijelo
legitimacy [li'dʒitimit] (~ly) 1. zakonit; pravovaljan 2. [li'dʒitimeit] proglasiti pravovaljanim; opravdati (legitimize)
legitimation [li,dʒiti'meiʃn] ozakonjenje; osobna iskaznica
leisure ['leʒə] 1. dokolica; be at ~ biti dokon, imati vremena 2. dokon
leisurely ['leʒəli] adj i adv bez žurbe
lemon ['lemən] limun; attr poput limuna
lemonade [lemə'neid] limunada
lend [lend] irr posuditi; podijeliti; pružiti pomoć
lend ... ~ ear (one's ears) poslušati, saslušati
~ oneself to pristati na što
~-and-lease bill Am zakon o posudbi i zakupu
lenght [leŋθ] divljina; udaljenost; trajanje; at ~ konačno, najzad; at (great) ~ vrlo opširno
lengthen ['leŋθən] produžiti (se), protegnuti (se)
lengthways ['leŋθweiz] (~ly) po duljini; uzduž
lenient ['li:niənt] blag, mekan, popustljiv

lenience (**leniency**) ['li:nɪəns(i)] blagost; obazrivost
lens [lenz] staklena leća; *photo* objektiv; ~ **system** optika
lent [lent] 1. *pret* i *pp* od **lend** 2. post; korizma
leopard ['lepəd] leopard
leper ['lepə] gubavac
leprosy ['leprəsi] guba; lepra
lesion ['li:ʒən] ozljeda; rana
less [les] *adj* i *adv* manji, beznačajniji; manje; *prep* manje, minus; **no ~ than** isto tako dobro kao
...less [lis] bez, ne...
lessen ['lesn] *v/t* umanjiti; stanjiti *v/i* smanjiti se, slabiti
lesson ['lesn] 1. lekcija; zadaća; poduka; školski sat; *eccl* čitani odlomak iz Biblije; ~**s** školska nastava 2. podučavati
lest [lest] da ne, da ne bi
let [let] 1. *irr v/t* dopustiti, pustiti, dozvoliti, dati u zakup, iznajmiti; *v/i* iznajmiti se 2. *tenis* (i ~ **ball**) lopta koja se prilikom serviranja okrznula u mrežu
let... ~ **alone** ne dirati, ostaviti koga na miru *adv* a kamo li
~ **down** poniziti, ostaviti koga na cjedilu
~ **go** pustiti; spustiti sidro
~ **loose** osloboditi, pustiti
lethal ['li:θl] (~**ly**) smrtan; smrtonosan
lethargy ['leθədʒi] letargija; ravnodušnost
letter ['letə] 1. slovo; pismo; doslovni smisao 2. staviti naslov knjizi, opremiti ili ukrasiti slovima
letter... ~**s** *pl* književnost, znanost
by ~ pismom
man of ~**s** književnik
to the ~ doslovce
~ **box** sandučić za pisma
~**-carrier** *Am* pismonoša
~**-case** lisnica
~**-cover** omotnica
lettuce ['letis] salata (loćika)
level ['levl] 1. ravan, vodoravan, jednak; izravan 2. ravna ploha; razina; ista visina; *fig* mjerilo, libela 3. *v/t* izjednačiti, izravnati; nivelirati; *fig* podesiti; upraviti, *v/i* ~ **at** against uperiti protiv koga; ciljati koga
lever ['li:və] 1. poluga; dizalo 2. pomaknuti polugom
levy ['levi] 1. ubiranje poreza; prisilno novačenje; mobilizacija 2. ubirati, nametnuti porez; kupiti vojsku
lexical ['leksikl] (~**ly**) rječnički
lexicography [leksi'kɔgrəfi] leksikografija
liability [laiə'biliti] odgovornost; obveznost; **liabilities** *pl* obveze, dugovanje, pasiva
liable ['laiəbl] (~**ly**) odgovoran za; koji jamči; podložan; sklon; ~ **to** naginjati čemu; ~ **to duty** podložno carinjenju
liar ['laiə] lažac, lažljivčina
liaison [li'eizɔ:n] ljubavni odnos, veza
libel ['laibl] 1. kleveta; pogodni članak ili spis; optužnica 2. izrugivati se; nanijeti nepravdu, podići optužbu protiv
liberal ['libərəl] (~**ly**) 1. velikodušan; obilan; slobodan; slobodouman 2. liberalac
liberate ['libəreit] osloboditi; pustiti na slobodu robove
liberation ['libə'reiʃn] oslobođenje
liberty ['libəti] sloboda; povlastice; **take ~s** drznuti se; **be at ~ to do** smjeti učiniti
librarian [lai'bræriən] knjižničar(ka)
library ['laibrəri] knjižnica; biblioteka
lice [lais] *pl* od **louse**
licence ['laisəns] 1. dozvola; odobrenje; pjesnička sloboda; **driving** ~ vozačka dozvola 2. odobriti; izdati ovlaštenje; opunomoćiti; cenzurirati
licencee [lasn'si:] vlasnik dozvole
licenser ['laisnsə] izdavač dozvole; cenzor
lick [lik] 1. lizanje; *slang* udarac, batine; žurba 2. lizati; izmlatiti
lid [lid] poklopac; (očni) kapak; *slang* šešir
lie [lai] 1. laž 2. lagati; **tell a** ~ lagati
lie [lai] 1. položaj 2. *irr* ležati; biti dozvoljen; ~ **down** leći; ~ **under** biti pod čime; podlijegati; biti osumnjičen
lieutenant [lef'tenənt] *Am* [lu:'tenənt] poručnik; namjesnik
~ **colonel** potpukovnik
~**-comander** poručnik bojnog broda I klase
~**-general** general poručnik
~**-governor** podguverner u britanskim kolonijama; *Am* zamjenik guvernera jedne zemlje
life [laif] *pl* život; životopis; ljudski vijek
life... **for** ~ doživotno, do kraja života
to the ~ vjerno naslikana slika
~ **rentence** doživotna robija
~ **assurance** životno osiguranje
~**-boat** čamac za spasavanje

lift

~-**buoy** pojas za spasavanje
~-**guard** tjelesna straža; *Am* pazitelj na kupalištima
~-**jacket** prsluk za spasavanje
~-**long** doživotan
~-**size** naravne veličine
~-**time** život; ljudski vijek
lift [lift] 1. dizanje; porast; *fig* podstrek, pomoć; dizalo, lift; dizalica; uzvisina, **give a p a** ~ povesti koga kolima; pomoći kome 2. *v/t* ukinuti mjere; podići; uspraviti; *slang* ukrasti; *v/i* dići se; ~-**attendant** upravljač dizala
lifting [liftiŋ] koji podiže; povisivanje; ~ **jack** automobilska dizalica
light [lait'] 1. svjetlo; prozor; *fig* rasvjeta; gledište 2. svjetao; plavokos 3. *irr v/t* rasvjetliti; osvjetliti; zapaliti; *v/i* (većinom up) zasvijetliti 5. *adj* (~**ly**) i *adv* lagan; lagano
light ... *pl* ~**s** sposobnost
  a box of ~**s** kutija šibica
  bring (come) to ~ iznijeti (izaći) na vidjelo
  will you give me a ~ molim vas vatre
  put a ~ **to** zapaliti
  ~ **current** laka struja
  ~ **on** naići, naletjeti; namjeriti se na što
lighten ['laitn] 1. rasvijetliti (se); sijevati 2. učiniti ili postati lakšim; olakšati (se)
lighter ['laitə] upaljač
lighting ['laitniŋ] munja; *attr* munjevito; brzo
lightning ... ~ **artist** ulični portretist
  ~ **arrester** gromobran
~-**conductor** , ~-**rod** gromobran
light-weight ['laitweit] *sport* laka kategorija
like [laik] 1. *adj* i *adv* jednak, jednako; sličan, slično; kao; **feel** ~ biti raspoložen; **something** ~ ... otprilike 2. nešto jednako; *pl* naklonosti; **the** ~ slično 3. voljeti
like [e]able ['laikəbl] ugodan; mio
likelihood ['laiklihud] vjerojatnost
likely ['laikli] vjerojatan; moguć
likewise ['laikwaiz] također, isto tako
liking ['laikiŋ] sklonost, dopadanje
lilac ['lailək] 1. ljubičast 2. jorgovan
lily ['lili] ljiljan; ~ **of the valley** đurđica
limb [lim] 1. udo; grana; deran; *astr* rub ili kraj (površine nebeskog tijela) 2. osakatiti; raskomadati

listening

lime [laim] 1. vapno, lijepak 2. gnojiti vapnom, uhvatiti na lijepak 3. lipa 4. limeta 'vrsta limuna)
limit ['limit] 1. granica 2. ograničiti
limitation [limi'teiʃn] ograničenje; zastarivanje
limited ['limitid] (*abbr* **ltd**) ograničen na; ~ (**liability**) **company** društvo s ograničenim jamstvom
limp [limp] 1. šepati 2. šepanje 3. mlohav; mekan
line [lain] 1. crta; red; stih; crtica; crta koja regulira promet; tračnice; pruga; vod; struka, grana; konopac; uzica; ekvator; obris; nacrt; pisamce; smjer; *fig* pravilo; podrijetlo; fronta; bojna linija 2. *v/t* vući crte; *fig* izbrazdati; poredati; obrubiti; *v/i* ~ **up** poredati se, postaviti se
line ... ~ **s** smjernice; načelo; osnova
  ~ **of busniess** poslovna grana; struka
  ship of the ~ linijski brod
  in ~ **with** u skladu s
  standing in ~ stajati u redu
linen ['linin] 1. platno; rublje; 2. platnen
liner ['lainə] putnički ili poštanski linijski brod; putnički avion; piskaralo
linger ['liŋgə] zatezati; odugovlačiti, zadržavati (se) venuti, čeznuti; ~ **at**, ~ **about** tratiti vrijeme
lingering ['liŋgəriŋ] (~**ly**) polagan; dugotrajan; podmukao
linguist ['liŋgwist] lingvist; filolog; onaj koji govori strane jezike
linguistic [liŋ'gwistik] (~**ally**) lingvistički
link [liŋk] 1. karika, spona; zglob; članak, *fig* veza 2. povezati se, sjediniti; sastaviti 3. *hist* baklja, luč
lion ['laiən] lav; ~**s of a place** znamenitosti nekog mjesta
lioness ['laiənis] lavica
lip [lip] usnica; rub šalice, rane; usta; govor; ~-**stick** ruž za usne
liqueur [li'kjuə] liker
liquid ['likwid] 1. tekući; likvidan; bistar; čist 2. tekućina; *gr* likvidan, suglasnik
liquor ['likə] 1. tekućina; alkoholno piće
list [list] 1. rub, porub, lista; popis 2. *v/t* unijeti u popis; navesti; katalogizirati; *v/i* javiti se u vojsku, 3. nagib na bok 4. nagnuti se na bok
listen ['lisn] slušati, poslušati, osluškivati; ~**er** slušatelj, slušateljica, prisluškivati
listening ['lisniŋ] koji sluša, za slušanje; ~-

in prijem (radio)
lists [lists] *pl* borilište
lit [lit] *pret* i *pp* od **light**
literal ['litərəl] (~ly) književni, literaran
literari ['litərəri] (~ly) književni, literaran
literate ['litərit] 1. obrazovan; književnik 2. obrazovan čovjek; književnik
literature ['litəritʃə] literatura; književnost
litography [li'θɔgrəfi] litografija, kamenotisak
Lithuanian [liθju'enjən] 1. litavski 2. Litvanac, Litvanka, litvanski jezik
litigant ['litigənt] 1. koji se parniči 2. parbenik
litigate ['litigeit] parničiti se; *fig* prepirati se
litter ['litə] 1. otpad; nered; nosiljka; stelja; okot 2. nastrijeti stelju; razbacati stvari; okotiti
little ['litl] 1. *adj* malen; kratak; sitan; neznatan 2. *adv* malo 3. malenkost, sitnica; ~ **by** ~ malo po malo; **not a** ~ prilično mnogo
littorac ['litərəl] 1. obalni 2. obala mora
liturgy ['litədʒi] *eccl* liturgija
live [liv] živjeti; stanovati; hraniti se čime; trajati; ~ **out** proživjeti; preživjeti; ~ **up to one's promise** održati obećanje 2. (laiv) živ; prav (pravcato); suvremen; aktivan; gorući; nabijen
livelihood ['laivlihud] sredstva za život
liveliness ['laivlinis] živahnost
lively ['laivli] živahan
liver ['livə] 1. čovjek koji živi 2. jetra
lives [laivz] *pl* od **life** život
living ['liviŋ] (~ly) 1. živ; užarena žeravica; **in** ~ **memory** od pamtivijeka 2. život; način života; sredstva za život; stanovanje; ~**-room** soba za dnevni boravak
lizzard ['lizəd] gušter
Lloyd's [lɔidz] Lojd; londonsko društvo za osiguranje brodova
load [loud] 1. teretiti; tovar; radni učinak; opterećenje 2. tovariti robu; nabiti pušku; natovariti; *fig* pretrpati čime; prejesti se
loading ['loudiŋ] 1. tovarni; tovar; tovarenje
loaf [louf] (*pl* **loaves**) 1. hljeba (pinka kruha); glava šećera 2. besposličiti; skitati se
loafer ['loufə] besposličar, skitnica
loam [loum] ilovača

loan [loun] 1. zajam, posudba; **on** ~ na posudbu
loath [louθ] (~ly) nesklon; **nothing** ~ posve voljan
loathe [louð] gaditi se čega; mrziti
loathing [louðiŋ] odvratnost; gađenje
loathsome ['louðsəm] mrzak; odvratan
lobby ['lɔbi] 1. predvorje, predsoblje; *parl* kuloari; *theat* foaje 2. *Am parl* utjecati
lobe [loub] resica; ~ **of the ear** resica uha
lobster ['lɔbstə] jastog
local ['loukl] (~ly) 1. mjesni; lokalni; domaći 2. mjesna vijest (novine)
local ... ~ **call** gradski razgovor
  ~ **government** mjesna uprava
  ~ **train** lokalni vlak
  ~**s** *pl* stanovnici mjesta
locality [lou'kæliti] mjesto; položaj
localize ['loukəlaiz] lokalizirati
locate [lou'keit] *v/t* smjestiti; postaviti; namjestiti; *Am* odrediti smještaj; **be** ~**d** biti smješten; stanovati; *v/i* smjestiti se
location [lou'keiʃn] mjesto; smještaj; položaj; *Am* određivanje međa zemljišta
lock [lɔk] 1. brava; ključanica; lokot; zatvarač na pušci; brana ustava; pretkomora komore u kojoj se radi komprimiranim zrakom; gužva; zastoj prometa 2. *v/t* zaključati, zabraviti, *v/i* zatvoriti (se) 3. uvojak; pram vune
locket ['lɔkit] medaljon
locksmith ['lɔksmiθ] bravar
lock ['lɔkʌp] 1. zatvaranje; zaključavanje 2. vrijeme zatvaranja škole, zatvor, pritvor
loco ['loukou] *Am slang* lud
locomotion [loukə'mouʃn] kretanje; putovanje
locomotive [loukə'moutiv] 1. koji se pokreće; pokretan 2. ili ~ **engine** lokomotiva
lodge [lɔdʒ] 1. koliba; kućica; vratarnica; slobodnozidarska loža 2. *v/t* uzeti na stan (kao podstanara) smjestiti, uložiti novac; podnijeti žalbu; *v/i* stanovati (kao podstanar); konačiti
lodger ['lɔdʒə] podstanar(ka); gost u pansionu
lodgine ['lɔdʒiŋ] stanovanje; stan
loft [lɔft] tavan; galerija
loftiness [lɔftinis] visina, uzvišenost
lofty [lɔfti] (~ly) visok; ponosan; uzvišen

log [lɔg] klada; panj; brodski log; ~-book brodski dnevnik; ~-cabin brvnara
logic ['lɔdʒik] logika
logical ['lɔdʒikl] (~ly) logičan
loiter ['lɔitə] tumarati; kladiti se
lollipop ['lɔlipɔp] većinom ~s lizaljka
London ['lʌndən] adj londonski, London
Londoner ['lʌndənə] Londonac, Londonka
lone [loun] pret osamljen
lomeliness ['lounlinis] samoća; usamljenost
lonely ['lounli] (~ly) lonesome ('lounsəm) (~ly) osamljen
long [lɔŋ] 1. duljina; ~ s veliki raspust; before ~ uskoro; for ~ dugo 2. adj dugačak; dugotrajan; in the ~ run na koncu konca; konačno 3. adv dugo 4. čeznuti za
long ... ~ jump skok u dalj
~-range dalekosežan
~-shot film snimka na udaljenosť
~-sighed dalekovidan
~-term dugoročan
~-ways po dužini
longing [lɔŋiŋ] 1. čeznutljiv 2. čežnja, želja
look [luk] 1. pogled (često ~s pl) izgled 2. v/i vidjeti; gledati; promatrati
~ aroundt ogledavati se
~ after pripaziti na
~ at pogledati
~ for tražiti; očekivati
~ forward to veseliti se čemu
~ in navratiti kome
~ into ispitati istražiti
~ out! pazi!
~ up podići oči; cijene; potražiti riječ u rječniku
look-out ['luk'aut] izgledanje; izgled; pogled; be on the ~ promatrati; biti na oprezu
loom [lu:m] 1. tkalački stan 2. ocrtavati se u daljini
loop [lu:p] 1. omča; kuka; petlja 2. v/t načiniti petlju; ~ up zadignuti haljinu, kosu; ~ the ~ praviti lupinge; v/i praviti omču; ~-hole okance; rupa; fig izlaz
loose [lu:s] 1. opušten; labav; slobodan; at a ~ end bez zaposlenja 2. v/t odriješiti (uzao, jezik); razvezati; popustiti zahvat 3. give (a) ~ to dati slobodne ruke
loosen ['lu:sn] olabaviti; popustiti
lord [lɔ:d] 1. gospodar; lord; the ~ Gospod (bog); my ~ gospodin 2. ~ it igrati gazdu
lorry ['lɔri] vrsta vagona; kamion
lose [lu:z] irr v/t izgubiti; protratiti vrijeme; zakasniti (na vlak); propustiti priliku; v/i pretrpjeti gubitak; izgubiti
loser [lu:zə] onaj koji gubi; gubitnik
loss [lɔs] gubitak; šteta; at a ~ u neprilici; u nedoumici
lost [lɔst] pret i pp od lose; be ~ biti izgubljen, nestati; fig zalutati
lot [lɔt] 1. ždrijeb; sudbina; usud; čestica zemlje; gradilište; Am film teren oko ateljea; gomila; mnogo; čovjek; predmet 2. razdijeliti; dodijeliti
lottery ['lɔtəri] lutrija
loud [laud] glasan; ~-speaker zvučnik
loudness ['laudnis] glasnoća; galama; jačina zvuka
lounge [laundʒ] 1. ljenčariti; besposličariti 2. lijeno šetanje, foaje teatra
louse [laus] (pl lice) 1. uš 2. (lauz) trijebiti uši
lousy ['lauzi] ušljiv, fig gadan; jadan
lovable ['lʌvəbl] (~ly) drag
love [lʌv] 1. ljubav; dragi; draga 2. ljubiti; voljeti; ~-affair ljubavna veza; ~-child vanbračno dijete
lovely [lʌvli] ljubak; dražestan
loving ['lʌviŋ] pun ljubavi
low [lou] (~ly) 1. nizak; plitak; oskudan; tih; fig utučen; prost 2. meteor područje niskog pritiska; Am nulta točka 3. mukati 4. mukanje; ~ below neintelektualac, ograničen; ~ spirited utučen čovjek
lower ['louə] 1. niži; donji 2. v/t spustiti; poniziti; oboriti; v/i pasti; tonuti
loyal ['lɔiəl] (~ly) lojalan; vjeran
loyalty ['lɔiəlti] vjernost; lojalnost
lubricant ['lu:brikənt] sredstvo za podmazivanje
lubricate ['lu:brikeit] podmazivati
lubrication [lu:bri'keiʃn] podmazivanje
lucid ['lusid] (~ly) poet jasan; svjetleći; svjetao
lucidity [lu'siditi] jasnoća
Lucifer ['lusifə] zvijezda Danica; sotona
luck [lʌk] sreća; sudbina; sretan slučaj; good ~ sreća; sretno! bad ~ nesreća
luckily [lʌkili] srećom
lucky ['lʌki] (~ly) sretan; koji donosi sreću
luge [lu:ʒ] 1. sanjke 2. sanjkanje
luggage ['lʌgidʒ] prtljaga; ~-carrier nosač za prtljagu na biciklu; ~-office šalter na

kojemu se predaje prtljaga; ~-rack mreža za prtljagu
lukewarm ['lu:kwɔ:m] mlak
lukewarmness ['lu:kwɔ:mnis] mlakost
lull [lʌl] 1. *v/t* uljuljati; umiriti; *v/i* umiriti se; stišati se; zatišje
lumber ['lʌmbə] 1. starudija; *Am* drvena građa 2. *v/t* natrpati; *v/i* teško se kretati; drndati; izgrađivati građevno drvo
lumberer, **lumberman** ['lʌmbərə] drvosječa; šumski radnik
luminary ['lu:minəri] svjetiljka; svjetlo
luminous ['lu:minəs] (~ly) svjetleći; svjetlosni
lump [lʌmp] 1. gruda *fig* komadina; nateklina; kocka šećera; ~ **sugar** šećer u kockama 2. *v/t* nagomilati; nabacati; uzeti sve poprijeko bez razlike; *v/i* zagrudati se
lumper ['lʌmpə] lučki radnik
lumpy ['lʌmpi] grudav
lunacy ['lu:nəsi] ludilo
lunar ['lu:nə] mjesečev
lunatic ['lu:nətik] 1. lud 2. luđak; ~ **asylum** ludnica
lunch [lʌntʃ] 1. lakši ručak; obilat doručak 2. doručkovati; dati doručak

luncheon ['lʌntʃən] (svečani) ručak; objed
lung [lʌŋ] pluće; (a pair of) ~s *pl* pluća
lure [ljuə] 1. mamac *fig* primamljivost 2. mamiti, loviti mamcem
lurk [lə:k] vrebati, ležati u zasjedi; ~ing place skrovište
lust [lʌst] 1. strast; *fig* pohota; blud 2. žudjeti; hlepiti; ~ ful pohotan
lustre ['lʌstə] sjaj; luster, svjećnjak
lusty ['lʌsti] (~ly) snažan; krepak
lute [lu:t] 1. lutnja 2. ljepilo 3. zalijepiti
luxate ['lʌkseit] iščašiti
luxuriuos [lʌg'zjuəriəs] (~ly) raskošan; sjajan; rastrošan
luxury ['lʌkʃəri] luksuz; luksuzna roba
lyceum [lai'siəm] licej
lying ['laiiŋ] (~ly) lažan; neistinit; ~-in porod, babinje; ~ **hospital** rodilište
lynch [lintʃ] linčovati; ~-law zakon linča, kažnjavanje bez suđenja
lynx [liŋks] ris
lyre [laiə] lira
lyric ['lirik] lirička pjesma; ~s *pl* lirika
lyrical ['lirikl] (~ly) liričan; lirski; osjećajan
lyrist ['lirist] lirski pjesnik; lirik

ma [ma:] mama
ma'am [mæm] madam
macadam [mə'kædəm] makadam; cesta od valjana drobljena kamenja (po škotskom graditelju McAdamu)
mace [meis] 1. *hist* buzdovan; žezlo 2. muškat, cvijet oraška
machination [mæki'neiʃn] spletka; ~s *pl* spletkarenje, makinacija
machine [mə'ʃi:n] 1. stroj (bicikl, lokomotiva, avion, itd; *fig* o nekoj osobi); mašinerija, mehanizam (fig organizacija); *attr* strojni, mašinski; ~-gun mitraljez 2. izraditi ili obraditi pomoću stroja
machinery [mə'ʃinəri] strojevi; mašinerija; pogon
machinist [mə'ʃi:nist] strojar; graditelj strojeva, radnik
mackerel ['mækrəl] pastrva; ~-sky nebo pokrito sitnim bijelim oblacima
mackintosh ['mækintɔʃ] kišni kaput
mad [mæd] (~ly) lud; šašav; bijesan *fig* divlji, ljutit
madcap ['mædkæp] 1. lud, vratoloman 2. luda glava, mahnitac
madden ['mædn] učiniti ludim, razbijesniti
made [meid] *pret* i *pp* od make
made-up ['meidʌp] sastavljen; gotov; ~ of sastavljen od
madhouse ['mædhaus] ludnica
madman ['mædmən] luđak; pomahnitao čovjek
madness ['mædnis] ludilo; bjesnilo; *Am* bijes
mad-woman ['mæd; wumən] luđakinja; mahnita žena
magazine [mægə'zi:n] skladište; magazin (u puški), časopis
magic ['mædʒik] i magical (~ly) 1. magičan; čaroban 2. magija, čarolija
magician [mə'dʒiʃn] čarobnjak, madioničar

magisterial [mædʒis'tiəriəl] vladalački; ovlašten; autoritativan; diktatorski
magistracy ['mædʒistrəsi] magistratura; vlast; poglavarstvo
magistrate ['mædʒistrit] visoki državni službenik, sudac
magnate ['mægneit] magnat
magnet ['mægnit] magnet
magnetic [mæg'netik] (~ally) magnetski; privlačiv
magnetism ['mægnitizm] magnetizam
magnificient [mæg'nifisnt] veličanstven, divan
magnifier ['mægnifaiə] povećalo; lupa
magnify ['mægnifai] povećati; ~ing glass povećalo, lupa
magnitude ['mægnitju:d] veličina; važnost
maid [meid] djevojka; služavka; dvorkinja; djevica; old ~ stara djevojka; ~ of hono(u)r dvorska dama; *Am* prva djeveruša
maiden ['meidn] 1. djevojka; usidjelica 2. djevojački; djevičanski; ~ name djevojačko prezime
mail [meil] 1. oklop; pancir 2. vreća za poštu; poštanska pošiljka 3. slati poštom; ~-box *Am* poštanski ormarić; ~-carrier *Am* poštar; pismonoša
main [mein] 1. glavni, najvažniji 2. glavni vod; vodovod; *poet* ocean; ~s *pl* električna mreža; ~ land kopno
mainly ['meinly] uglavnom
maintain [mein'tein] održavati; držati; podržavati; razgovor; dopisivanje; uzdržavati porodicu
mainteance ['meintinəns] održavanje, podržavanje; uzdržavanje
maize [meiz] kukuruz
majestic [mə'dʒestik] (~ally) veličanstvo; dostojanstvo
major ['meidʒə] 1. veći; važniji; značajniji; punoljetan; dur; A ~, a dur ; ~ key durski tonalitet 2. major; punoljetna osoba

(iza vlastitih imena); stariji; *Am univ* glavni predmet 3. *Am* studirati kao glavni predmet; ~ **general** general major
majority [mə'dʒɔriti] većina; punoljetnost, čin majora
make [meik] 1. *irr v/t* činiti izrađivati, proizvoditi; izdati; potaknuti; imenovati koga; sklopiti mir; prijateljstvo; držati govor 2. *irr v/i* ići u nekom pravcu 3. način izvedbe ili izrade; građa tijela; oblik; proizvod
make ... ~ **way** napredovati
~ **way for** napraviti mjesta kome
~ **out** prepoznati, odgonetnuti
~ **up** sastaviti; dopuniti; izgladiti nesporazum; dotjerati
~ **up for** nadoknaditi
~ **up one's mind** odlučiti se
~ **at** napasti koga
~ **for** krenuti prema čemu; zagovarati
~ **off** izgubiti se, nestati
~ **up to a p** pomiriti se
~ **believe** providnost, opsjena, varka
~ **shift** pomoć za nuždu
maladjustment [mælə'dʒʌstmənt] neprilagođenost; neprikladno uređenje
malady ['mælədi] bolest
male [meil] 1. muški; ~ **child** dječak 2. muškarac; mužjak
malevolence [mə'levələns] zlonamjernost
malevolent [mə'levələnt] (~ly) zlonamjeran
malformation ['mælfɔː'meiʃn] izobličenost
malice ['mælis] zloba, mržnja, zlonamjernost
malicious [mə'liʃəs] (~ly) slobodan; podmukao
malign [mə'lain] (~ly) šetan; zloćudan
maligancy [mə'lignənsi] zloba; zloćudnost
maligant [mə'lainənt] (~ly) 1. zloban, zloćudan, zlobnik
mallet [mælit] malj
malnutrion ['mælnjuː'triʃn] neishranjenost
malpractice ['mæl'præpræktis] zlodjelo; nesavjestan, postupak; zloupotreba službe
malt [mɔːlt] 1. slad 2. pridodati slada
Maltese ['mɔːl'tiːz] 1. malteški 2. Maltežanin, Maltežanka
maltreat [mæl'triːt] zlostavljati
maltratment [mæl'triːtmənt] zlostavljanje

malversation [mælvəː'seiʃn] utaja; zloupotreba položaja
mama , mamma [məma] mama
mammal ['mæməl] sisavac
mammoth ['mæməθ] 1. mamut 2. divovski
mammy ['mæmi] mamica; *Am* dadilja crnkinja
man [mæn] (*pl* **men**) čovjek; ljudski rod; vojnik; sluga; figura (u šahu, dami) podanik; *attr* muževan; **to a** ~ do posljednjeg čovjeka 2. opskrbiti posadom; staviti ljudstvo na položaj
manacle ['mænəkl] 1. lisičine 2. staviti u lisičine
manage ['mænidʒ] *v/t* rukovoditi; voditi posao, postupati; provesti u djelo; izaći na kraj; krotiti; pitomiti; isplivati; *v/i* nadgledati, voditi poslove; izaći na kraj; isplivati
management ['mænidʒmənt] rukovođenje; rukovanje; upravljanje; zahvat; mudar postupak
manager ['mænidʒə] upravitelj; rukovoditelj intendant; direktor
managing ['mænidʒiŋ] 1. koji rukovodi; upravni; štedljiv 2. vođenje posla, upravljanje
man-at-arms ['mænət'aːmz] vojnik
mandatary ['mændətəri] (opnomućen) mandator
mandate ['mændeit] 1. mandat; nalog; punomoć 2. podvrći mandatu
mane [mein] griva
man-ealter ['mæniːtə] ljudožder
manful ['mænful] (~ly) muževan; ~**ness** muževnost; hrabrost
manger ['meindʒə] jasle
mangle ['mæŋgl] 1. valjak za rublje 2. raskomadati osakatiti
manhood ['mænhud] čovječja narav; muževnost
mania ['meiniə] ludilo; bolest; manija
maniac ['meiniæk] luđak; manijak
manicure ['mænkjuə] 1. manikiranje; njega ruku, manikirica 2. manikirati
manifest ['mænifest] (~ly) 1. očit; jasan 2. iskaz robe za carinjenje 3. *v/t* očitovati; *v/i* javno nastupati
manifestation [,mænifes'teiʃn] očitovanje; objava
manifold ['mænifould] (~ly) 1. raznovrstan 2. umnožiti

manipulate [mə'nipjuleit] rukovati, upravljati; manipulirati
manipulation [mənipju'leiʃn] manipulacija; rukovanje; postupak
mankind [mæn'kaind] čovječanstvo ['mænkaind] muškarci
manly ['mænli] muževan; muški
manner ['mænə] način; vrsta; stil; ~s ponašanje; običaji
manoeuvre *Am* i **maneuver** [mə'nu:və] 1. manevar; zavaravanje 2. manevrirati
man-power ['mænpauə] ljudstvo; radna snaga
mansion ['mænʃn] gospodska kuća; ~s *pl* blokovi kuća
manslaughter ['mænslɔ:tə] ubojstvo; ubojstvo iz nehata
mantle ['mæntl] 1. ogrtač; plašt; *fig* krinka 2. *v/t* sakriti; *fig* zaodjenuti *v/i* crvenjeti se (lice)
mantrap ['mæntræp] stupica
manual ['mænjuəl] (~ly) ručni, rađen rukom; ~ **aid** dodavanje; pomoć; **sign** ~ vlastoručni potpis 2. poručnik; manual i tipkalo orgulja
manufactory [mænju'fæktəri] tvornica
manufacture [mænju'fæktʃə] 1. proizvod; proizvodnja 2. proizvoditi, prerađivati; ~**d goods** *pl* tvornička roba
manufacturer [mænju'fæktʃərə] tvorničar
manure [mə'njuə] 1. gnojivo 2. gnojiti
manuscript ['mænjuskript] 1. rukopis 2. pisan rukom
many ['meni] 1. mnogi; mnogo; mnogobrojan; ~ **a** mnogi; **one too** ~ jedan previše 2. mnoštvo
map [mæp] 1. zemljopisna karta 2. zacrtati; unijeti u kartu
maple ['meipl] javor
marble ['ma:bl] 1. mramor; mramorni kip; špekula 2. mramoran 3. marmorirati
march [ma:tʃ] 1. ožujak 2. marš, stupanje, *fig* napredovanje; hod 3. stupati; ići; *fig* napredovati 4. *hist* krajina, pogranično područje; (većinom ~**es** *pl*) 5. graničiti
mare [mɛə] kobila
margin ['ma:dʒin] rub; granica; slobodan prostor; višak, zarada
marginal ['ma:dʒinl] rubni; granični
marijuana [mæri'wa:nə] marihuana; vrsta opojne droge
marine [mə'ri:n] 1. mornarički; pomorski; brodski 2. mornar; mornarica, pomorstvo

mariner ['mærinə] mornar, pomorac
marital [mə'raitl] (~ly) bračni; ~ **status** bračno stanje
maritime ['mæritaim] morski; obalni; koji leži ili živi na moru; ~ **affairs** pomorstvo
mark (ma:k) 1. marka (novac) 2. znak; oznaka; oznaka cijene na robi; zaštitni znak tvornice; broj; znamenka; ocjena (škola); startna linija (sport); obilježje 3. *v/t* označiti; obilježiti robu cijenom; objaviti; žigosati; zabilježiti stanje u igri; opaziti; zapamtiti što
mark ... ~ **down** sniziti cijenu; predbilježiti koga
~ **off** razgraničiti
~ **out** obilježiti; odabrati koga 3. *v/i* pripaziti; bilježiti
marked ['ma:kt] **markedly** *adv* ['ma:kidli] napadno vidljivo
market ['ma:kit] 1. trg; tržnica; tržište; prodaja robe; **in the** ~ na tržištu 2. *v/t* donijeti na trg; prodavati, *v/i* ići na trg; kupovati
marketeer [ma:ki'tiə] **black** ~ krijumčar
marketing ['ma:kitiŋ] posjećivanje tržišta; prodaja robe na tržištu
marmalade ['ma:məleid] marmelada
marquess većinom **marquis** [ma:kwis] markiz (engleski plemićki naslov)
marriage ['mæridʒ] brak; vjenčanje; svadba; **civil** ~ građanski brak; ~ **lines** *pl* vjenčani list; ~-**portion** miraz
married ['mærid] oženjen; udata; ~ **couple** bračni par
marrow ['mærou] moždina; *fig* bit; srž; ~ **bone** kost s moždinom
marry ['mæri] *v/t* oženiti, udati; vjenčati, *v/i* oženiti se; udati se
marsh [ma:ʃ] 1. močvara 2. močvaran
marshal ['ma:ʃəl] 1. maršal; *Am* upravitelj sudbenog okruga s dužnostima šerifa; upravitelj svečanosti 2. svrstati, redati
marten ['ma:tin] kuna
martial ['ma:ʃəl] ratnički; ratni; ~ **law** prijeki sud; ~ **music** vojna glazba
martyr ['ma:tə] 1. mučenik, žrtva (čega) 2. učiniti mučenikom; mučiti
martyrdom ['ma:tədəm] mučeništvo
martyrize ['ma:təraiz] mučiti; žrtvovati
marvel ['ma:vəl] 1. čudo 2. čuditi se
marvellous ['ma:viləs] (~ly) divan; čudesan

masculine ['mæskjulin] (~ly) muški; muževan 2. *gr* muški rod
mash [mæʃ] 1. mješavina; smjesa; sladna kaša 2. miješati; drobiti; ~ed **potatoes** pire od krumpira
mask [ma:sk] 1. maska, krinka 2. maskirati; zakrinkati *fig* maskiran; krabuljni; ~ **ball** krabuljni ples
mason ['meisn] zidar; slobodni zidar
masonic [məˈsɔnik] slobodnozidarski
masonry ['meisnri] zidarstvo; zidna konstrukcija
masque [ma:sk] maska (dramska igra)
masquerade [mæskəˈreid] 1. krabuljni ples; maskerada 2. *fig* pretvarati se
mass [mæs] 1. misa; **high** ~ velika misa; **low** ~ tiha misa 2. masa; mnoštvo; ~ **meeting** masovni sastanak; ~ **production** serijska proizvodnja 3. nagomilati (se); nakupiti (se)
masacre ['mæsəkə] 1. pokolj; masakr 2. poklati, masakrirati
massage ['mæsa:ʒ] 1. masiranje 2. masirati
masseur [mæˈsə:] maser
masseuse [mæˈsə:z] maserka
massive ['mæsiv] (~ly) masivan; težak
massivness ['mæsivnis] masivnost; čvrstoća
mast [ma:st] 1. jarbol; motka; opskrbiti jarbolom 2. žir; bukvica
master ['ma:stə] 1. gospodar; gazda; majstor; stručnjak; učitelj; umjetnik; majstor slikar; rektor; ~ **of arts** magistar; kapetan trgovačkog broda, mladi gospodin (kod oslovljavanja) 2. majstorski *fig* vodeći; glavni 3. savladati; naučiti jezike; usvojiti
master ... ~ **piece** remek djelo
~ **ships** majstorstvo; gospodstvo; učiteljska služba
~-**stroke** majstorski potez; majstorluk
mat [mæt] 1. hasura 2. pokriti hasurama; *fig* prekriti; ispreplesti[se] 3. matiran; mutav 4. matrica
match [mætʃ] 1. šibica; fitilj 2. nekome ravan par; utakmica; partija; ženidba; udaja 2. *v/t* učiniti da pristaje; prilagoditi; pristajati; usporediti sa; *v/i* pristajati jedno uz drugo; **to** ~ koji pristaje
match-box ['mætʃbɔks] kutija šibica
mate [meit] 1. mat (šah); zadati mat 2. suprug; supruga; prijatelj(ica); mužjak; ženka; pomoćnik; pomoćnica; mornarički podoficir 3. oženiti (se); pariti (se)
material [məˈtiəriəl] (~ly) 1. materijalan; tjelesan; stvaran; koji misli na materijalnu korist 2. materijal, tvar; **working** ~ sirovina; **writing** ~ s *pl* pribor za pisanje
materialism [məˈtiəriəlizəm] materijalizam
materialist [məˈtiəriəlist] materijalist
materialize [məˈtiəriəlaiz] materijalizirati (se) otjeloviti (se); ostvariti (se)
maternal [məˈtə:nl] (~ly) majčinski; majčin
maternity [məˈtə:niti] majčinstvo; materinstvo; rodilište
mathematician [ˌmæθiməˈtiʃn] matematičar
mathematics [mæθiˈmætiks] matematika
matinée ['mætinei] matineja
matrimonial [mætriˈmounjəl] (~ly) bračni
matrimony ['mætrimɔni] brak
matter ['mætə] 1. tvar, materija, predmet; sadržaj; posao; uzrok; gnoj 2. biti od važnosti, značiti
matter ... **printed** ~ tiskanica
in the ~ **of s s** obzirom na
what's the ~ što se zbilo?
no ~ nije važno
for that ~ što se toga tiče
as a ~ **of fact** u zbilji, zapravo, zaista
mattres ['mætris] strunjača
mature [məˈtjuə] (~ly) 1. zreo, sazreo; odrastao 2. dozrijevati, učiniti da što dozrije; dospijeti
maturity [məˈtjuəriti] zrelost; dospijeće
maul [mɔ:l] teško pozlijediti; *fig* poraziti
maverick ['mævərik] *Am* nežigosana goveda; *pol* onaj koji ne pripada ni jednoj stranci
maximum ['mæksiməm] 1. maksimum, najveći iznos 2. najveći, maksimalan
may [mei] 1. svibanj; glogov cvijet 2. *irr* može, smije
maybe ['meibi] možda
may-day ['meidei] praznik prvog maja
mayor [mɛə] gradonačelnik
maypole ['meipoul] nakićen svibanjski stup; ~-**tree** glog
maze [meiz] labirint; *fig* zbrka
mazy ['meizi] (~ly) labirintski, zbrkan
McCoy [məˈkɔi] *Am slang* **the real** ~ pravi čovjek ili stvar (ne imitacija)
me [mi:, mi] mene, me; meni, mi; mnom

meadow ['medou] livada
meager, **meagre** ['mi:gə] (~ly) mršav, suh; osudan
meal [mi:l] 1. obrok; vrijeme jela 2. grubo brašno
mealy ['mi:li] brašnast; ~-mouthed, slatkorječiv, plašljiv (u govoru)
mean [mi:n] (~ly) 1. prost, podao; bijedan, siromašan; škrt 2. srednji, osrednji, prosječan 3. sredina, osrednjost; sredstvo 4. *irr* misliti, smatrati, namjeravati, htjeti
mean ... **~s** *pl* (novčana) sredstva, imetak
by all ~s na svaki način, svakako
by no ~s ni u kom slučaju
by ~s of pomoću
meaning ['mi:niŋ] (~ly) 1. značajan; well ~, dobronamjeran 2. smisao, značenje, namjera; ~less, beznačajan, besmislen
meanness ['mi:nnis] podlost, niskost
meant [ment] *pret* i *pp* od mean
meantime ['mi:ntaim] u međuvremenu, međutim
meanwhile ['mi:nwail] u međuvremenu, međutim
measle ['mi:zl] dobiti ospice
measles ['mi:zlis] *pl* ospice
measurable ['meʒərəbl] mjeriv
measure ['meʒə] 1. mjera; mjerilo; takt; **beyond ~** preko svake mjere; **in some ~**, donekle 2. mjeriti, omjeriti; procijeniti, uzeti kome mjeru
measurement ['meʒəmənt] mjera; mjerenja
meat [mi:t] meso (kao hrana) *fig* užitak; sadržaj; **preserved ~** konzervirano meso; **roast ~** pečenje
mechanic [mi'kænik] mehaničar; zanatlija
mechanical [mi'kænikl] (~ly) mehanički; strojni
mechanics [mi'kæniks] mehanika
mechanism ['mekənizm] mehanizam
mechanize ['mekənaiz] mehanizirati; motorizirati
medal ['medl] medalja
medallion [mi'dæljən] medaljon; velika medalja
meddle ['medl] miješati se u; baviti se čime; neovlašteno; **~ some** (~ly) nametljiv; radoznao
medial ['mi:diəl] (~ly) median; srednji; središnji
mediate ['midiit] (~ly) posredni 2. ['mi:dieit] posredovati

mediation [,midi'eiʃn] posredovanje; posredništvo
mediator ['midieitə] posrednik
mediatory ['mi:dieitəri] posrednički; koji posreduje
medical ['mi:dieitəri] (~ly) medicinski; liječnički, **~ board** zdravstvena uprava, **~ certificate** zdravstvena svjedožba, liječnička potvrda, **~ offices** liječnik, zdravstveni radnik, **~ superintendent** primarijus; glavni liječnik
madicament [me'dikəmənt] lijek
medicate ['medikeit] liječiti; dodati lijek
medication [,medi'keiʃn] liječenje; dodavanje lijekova
medicative ['medikeitiv] ljekovit
medicinal [me'disinl] medicinski; ljekovit
medicine ['medisin] medicina; lijek; liječništvo
medieval [medi'i:vəl] (~ly) srednjovjekovni
mediocre ['midioukə] osrednji
mediocrity [midi'ɔkriti] osrednjost; mediokritet
meditate ['mediteit] *v/i* razmišljati; gubiti se; *v/t* snovati; namjeravati
meditation [,medi'teiʃn] razmišljanje; razmatranje
meditative ['mediteitiv] (~ly) koji razmišlja; misaon
mediterranean [meditə'reinjən] (ili ~ **sea**) sredozemno more
medium ['mi:diəm] *pl* medial ['mi:diə] 1. sredina; sredstvo; posredstvo; vodič; medij; tlo; hranjiva tvar; element za život 2. srednji; dovoljan; prosječan (ocjene) **~-sized** srednje veličine
meek [mi:k] (~ly) krotak; ponizan
meekness ['mi:knis] krotkost; poniznost
meet [mi:t] 1. prikladan; doličan 2. *irr v/t* sresti koga; dočekati koga; sukobiti se; odbiti mišljenje; udovoljiti (traženju) zadovoljiti (obavezi); upoznati koga; izaći u susret (želji); biti dorastao (nevolji); *v/i* sresti se; sastati se; sukobiti se; uhvatiti se u koštac; sakupiti se; 3 (sport) natjecati se
meeting ['mi:tiŋ] susret; sastanak; sjednica; konferencija; skupština; **~-place** sastajalište
melancholic [melən'kɔlik] melankoličan
melancholy ['melənkəli] 1. melankonija, sjeta 2. melankoničan, sjetan

mellow ['melou] (~ly) 1. zreo; mekan; prhak; *fig* (sa)zreo; blag; nježan 2. sazrijeti; omekšati
melodist ['melɔdist] skladatelj; pjevač napjeva
melody ['melɔdi] napjev; melodija
melon ['melən] lubenica; dinja
melt [melt] (ras)topiti; *fig* rastopiti se; smekšati
melting ['meltiŋ] (~ly) koji se topi; *fig* mekan; ~-point točka taljenja; ~-pot, lonac za taljenje
member ['membə] član; poslanik
membership ['membəʃip] članstvo; članovi, ~ fee članarina
memoir ['memwə:] spomenspis; ~s *pl* memoari; znameniti; životopis
memorable ['memɔrəbl] znamenit
memorial [mi'mɔ:riəl] 1. *adj* u spomen 2. spomenik; spomenica
memorize ['memǝraiz] memorirati; naučiti napamet
memory ['memǝri] pamćenje; sjećanje; uspomena
men [men] (*pl* od man) muškarci; ljudi; ljudstvo
menace ['menǝs] 1. prijetiti, ugrožavati 2. prijetnja; opasnost
mend [mend] 1. *v/t* popraviti; ispraviti; poboljšati; *v/i* popraviti se; ozdraviti 2. krpanje
mendacious [men'deiʃǝs] lažljiv; neiskren
mendacity [men'dæsiti] lažljivost
mendicancy ['mendikǝnsi] prosjačenje
mendicant ['mendikǝnt] koji prosi; prosjački
mendicity [men'disiti] prosjačenje
menfolk ['menfouk] muški rod; muškarac
meningitis [menin'dʒaitis] meningitis
menses ['mensi:z] *pl* menzes (vidi menstruation)
menstrual [menstruǝl] mjesečni; menstruacijski
menstruation [menstru'eiʃn] menstruacija
mental ['mentl] (~ly) duševan; umni; ~ institution bolnica za živčane bolesti
mention ['menʃǝn] 1. spominjanje 2. spomenuti
menu ['menju:] jelovnik
mercenary ['mǝ:sinǝri] (~ly) potkupljiv; najmljiv; na prodaju 2. plaćenik
merchandise ['mǝ: tʃǝndaiz] (trgovačka) roba

merchant ['mǝ:tʃǝnt] 1. trgovac; *Am* trgovac na malo; trgovački
merciful ['mǝ:siful] (~ly) milosrdan; milostiv; blag
merciless ['mǝ:silis] (~ly) nemilosrdan; okrutan
mercury ['mǝ:kjuri] merkur
mercy ['mǝ:si] milosrđe; milost
mere [miǝ] (~ly) čist; sam; puki; ~ly samo, jedino
merge [mǝ:dʒ] *v/t* stopiti (sa); sjediniti; *v/i* stopiti se sa; utoniti u
meridian [mǝ'ridiǝn] 1. podnevni; *fig* vrhunski 2. meridijan; podne; *fig* vrhunac
merit ['merit] 1. zasluga; vrijednost; prednost; ~s glavna značajka; bit neke stvari; on its (own) ~s *fig* zaslužiti
meritorius [meri'tɔ:riǝs] zaslužan
mermaid ['mǝ:meid] sirena; morska vila
merry ['meri] (~ly) veseo; šaljiv; zabavan; ~-go-round vrtuljak
mesh [meʃ] 1. oko; očica; (mreža); *fig* (često ~es pl) mreža
2. *fig* zaplesti; uhvatiti u mrežu
mess [mes] 1. zbrka; nered; prvljaština; svinjarija; make a ~ of upropastiti 2. *v/t* (i~ up) unerediti; pokvariti; zabrljati; *v/i* ~ about šeprtlja; dangubiti 3. obrok; tanjur nekog jela; blagavaonica 4. zajedno jesti
message ['mesidʒ] vijest
messenger ['mesindʒǝ] glasnik; ~ boy raznosač; kurir
mess-room ['mesrum] vojnička blagavaonica ~-tin vojnička porcija
met [met] *pret* i *pp* od meet
metal ['metl] 1. kovina; šljunak; šljunčanje; ~s tračnice, kolosijek 2. pošljunčati
metalic [mi'tælik] (~ally) metalan
metallurgic (al) [metǝlǝ'dʒik(ǝl)] (~ly) metalurgijski; metalurški
metalurgy ['metǝlǝ:dʒi] metalurgija
metamorphose [metǝmɔ:fouz] preobraziti; pretvoriti
metamorphosis [metǝ'mɔfǝsis] *pl* metamorphoses [metǝmɔ'fǝsi:s] preobrazba
metamphor ['metǝfǝ] metafora
metaphoric, metaphorical [metǝ'fɔrik(l)] slikovito u prenesenom značenju
meteorogic [al] [mi:tjǝrǝ'lɔdʒik] (~ly) meterološki
meterologist [mi:tjǝ'rɔlǝdʒist] meteorolog
meteorology [mi:tjǝ'rɔlǝdʒi] meteorologija

method ['meθəd] metoda, postupak; red; sustav
methodic (al) ['miθɔdik(l)] metodičan
metilous [mi'tikjuləs] (~ly) pretjerano točan, cjepidlački
metre ['mi:tə] 1. stopa, mjera stiha 2. metar
metropolis [mi'trɔpəlis] metropola; glavni grad
metropolitan [metrə'pɔlitən] 1. prijestolnički; ~ **railway** podzemna željeznica 2. nadbiskup
mew [mju:] 1. *poet* galeb 2. mjaukanje; mijau 3. mijaukati 4. krletka za sokole 5. *v/i* zatvoriti se; *v/t* zatvoriti
Mexican ['meksikən] 1. meksički 2. Meksikanac, Meksikanka
mice [mais] *pl* od **mouse**
microbe ['maikroub] mikrob; bakterija
microphone ['maikrəfoun] mikrofon
mid [mid] vidi **middle** ; srednji; *poet* **amid** usred; ~**day**, podne; podnevni
middle ['midl] 1. sredina; struk; ~s *pl* srednja klasa 2. srednji
middle ... ~ **ages** *pl* srednji vijek
 ~ **class (es)** građanski stalež
 ~ **aged** srednjih godina
 ~ **man** posrednik
 ~ **sized** srednje veličine
 ~**weight** srednja kategorija (boks)
middling ['midliŋ] 1. *adj* osrednji; prosječan; priličan 2. *adv* (i ~**ly**) prilično 3. ~**s** srednja kvaliteta
midland ['midlənd] 1. kopneni 2. the ~ s *pl* srednja Engleska
midnight ['midnait] 1. ponoć 2. ponoćan
midst [midst] 1. in the ~ u sredini; in our ~ među nama 2. *prep poet* vidi **amidst** usred itd.
midway ['mid'wei] 1. polovica puta; *Am* sajmište 2. *adj* u sredini; *adv* na pola puta
midwife ['midwaif] primalja
might [mait] 1. sila; moć; snaga 2. *pret* od **may**
mighty ['maiti] (~**ly**) 1. *adj* moćan, silan 2. *adv* vrlo, vraški
migrate [mai'greit] putovati; seliti se
migration [mai'greiʃn] seoba
migratory [mai'grətəri] putujući; nomadski
Milanese [milə'ni:z] 1. milanski 2. Milanac, Milanka
mild [maild] (~**ly**) blag; mio; ugodan
mile [mail] milja (1609, 33 m)

mil [e]age ['mailidʒ] daljina u miljama; broj milja
militancy ['militənsi] ratno stanje
militant ['militənt] (~**ly**) borben, koji se bori
militarism ['militərizəm] militarizam
military ['militəri] (~**ly**) 1. vojnički, vojni, ratni. ~ **goverment** vojna vlada 2. vojska
milk [milk] 1. mlijeko 2. musti; *fig* opljačkati; izmusti; prisluškivati telefonski razgovor, ~ **maid** mljekarica, ~**man** mljekar;
milky [milki] ~ **way** Kumova slama
mill [mil] 1. mlin; tvornica; kovnica; *slang* tučnjava 2. mljeti; kovati novac; valjati sukno; tući jaje; *slang* tučnjava 3. *Am* tisućina dolara (1/10 centi)
millenial [mi'leniəl] tisućugodišnji
millenary ['milenəri] 1. tisućugodišnji 2. tisućugodišnjica
miller ['milə] mlinar
milliard ['milja:d] milijarda
millimetre ['milimi:tə] milimetar
milling ['miliŋ] mljevenje; ~ **cutter** glodalica
million ['miljən] milijun
millionaire [mljə'nɛə] milijuner(ka)
milt [milt] 1. mliječ ribe 2. slezena
mimic ['mimik] 1. mimički; koji oponaša; lažan 2. lakrdijaš; glumac 3. oponašati, majmunisati
mimickry ['mimikri] majmuniranje; prilagođivanje
mince [mins] 1. *v/t* sasjeckati; *v/i* prenemagati se 2. kosano meso (~ **ed meat**)
mincing ['minsiŋ] (~**ly**) afektiran; nenaravan; ~ **machine** stroj za mljevenje mesa
mind [maind] 1. pamćenje, sjećanje; mišljenje; nakana; sklonost; pažljivost; briga; **to my** ~ po mom mišljenju, po mom sudu 2. pamtiti ili paziti na; brinuti se o; prigovarati; zamjeriti
mind ... **out of one's** ~ sišao s uma
 change one's ~ predomisliti se
 have in ~ imati na umu
 make up one's ~ odlučiti se
 ~! pazi!
 never ~ ! ništa zato
 would you ~ (**doing**) biste li bili tako dobri
 ~ **you own business** ! brini se za svoje poslove

~ less (**~ly**) nerazborit, sulud; nebrižan
mine [main] 1. moj, moja, moje 2. moji (obitelj) 2. rudnik; *fig* neiscrpan izvor; mina 3. *v/i* kopati, minirati; *v/t* kopati; vaditi rudu; zasuti minama
miner ['mainə] rudar; miner
mineral ['minərəl] 1. ruda; **~s** *pl* mineralna voda 2. rudni; **~ jelly** vazelin
minesweeper ['mainswi:pə] minolovac
mingle ['mindʒi] škrt
miniature ['minjətʃə] 1. minijatura 2. minijaturan
minimize ['minimaiz] umanjivati; svesti na najmanju mjeru
minimum ['minimǝm] 1. minimum, najmanja mjera 2. minimalan, najmanji
mining ['mainiŋ] 1. rudarski; minski 2. rudarstvo
minister ['ministə] 1. sluga; *fig* oruđe; svećenik; ministar; poslanik 2. *v/t* pružati, darovati; *v/i* poslužiti; služiti misu
ministerial [minis'tiəriəl] 1. koji služi; ministarski 2. ministrant
ministry ['ministri] duhovnička služba; ministarstvo
mink [miŋk] kanadska kuna zlatica; mink
minor ['mainə] 1. manji, niži; manje važan; donji; (*mus*) mol; A **~** A mol; **~ third** mala terca; **~ key** mol ljestvica 2. maloljetnik; iza osobnih imena :mlađi; *Am univ* sporedni predmet
minority [mai'nɔriti] manjina; maloljetnost
minstrel ['minstrəl] srednjovjekovni putujući pjesnik; pjevač; minstrel
mint [mint] 1. metvica 2. kovanica novca 3 velika količina; *fig* riznica
mintage ['mintidʒ] kovanje novca; kovani novac
minus ['mainəs] 1. manje; bez 2. negativan
minute [mai'nju:t] (**~ly**) sitan; beznačajan; pažljiv; točan
minute ['minit] 1. minuta; *fig* trenutak; zabilješka; **~s** *pl* dnevni red 2. točno odrediti trajanje; zabilježiti; sastaviti nacrt; **~ hand** velika kazaljka na satu
miracle ['mirəkl] čudo
miraculous [mi'rækjuləs] čudesan
mirage ['mira:ʒ] fatamorgana
mirror ['mirə] 1. ogledalo 2. održavati
mirth [mə:θ] veselje
mirthful ['mə:θful] veseo
mis ... [mis] zao, kriv, loš, ne...

misadventure ['misəd'ventʃə] nesreća, nezgoda
misapprehend ['misæpri'hend] krivo shvaćati
misbehave ['misbi'heiv] loše se vladati; loše se ponijeti
misbelif ['misbi'li:f] krivovjerje
miscarriage [mis'kæridʒ] neuspjeh; pobačaj; gubitak pisama
miscarry [mis'kæri] promašiti; ne uspjeti; pobaciti; izgubiti se (pismo)
miscellaneous [misi'leinjəs] (**~ly**) mješovit; pomiješan; raznovrstan
mischance [mis'tʃa:ns] nesreća; nesretan slučaj
mischief ['mistʃif] zloba; pakost; šteta; neprilika; **~ maker** smutljivac, pakosnik
mischievous ['mistʃivəs] štetan; pakostan; obijestan
misconceive ['miskən'si:v] krivo shvatiti; stvoriti krivu predodžbu
nisconception ['miskən'sepʃn] kriva predodžba; nesporazum
misconduct ['mis'kɔndəkt] 1. loše vladanje; loše upravljanje 2. ['miskən'dʌkt] loše upravljanje; **~oneself** loše se vladati
miscount ['mis'kaunt] 1. krivo računati ili brojiti 2. kriv račun ili greška u računanju
misdate ['mis'deit] 1. krivi datum 2. staviti krivi datum
misdeed ['mis'di:d] zlodjelo
misdirect ['misdi'rekt] krivo uputiti; poslati na krivu adresu
misdirection ['mis'direkʃn] zabluda; krivo adresiranje
misdoing ['mis'duiŋ] prekršaj
miser ['maizə] škrtac
miserable ['mizərəbl] bijedan; jadan; nesretan
miserly ['mizəri] bijeda, nevolja; jad
misfit ['mis'fit] loše krojeno (odijelo, obuća); izrod
misfortune [mis'fɔ:tʃn] nesreća; zla kob
misgive [mis'giv] *irr* (**give**) ispuniti zlim slutnjama
misgiving [mis'giviŋ] bojazan; zla slutnja
misguide ['mis'gaid] zavesti
mishap ['mishæp] nesreća; kvar; nezgoda
mishmash ['miʃmæʃ] zbrka
misinform ['misin'fɔ:m] loše obavijesti; krivo uputiti

misinformation [misinfə'meiʃn] kriva obavijest; loš izvještaj
misinterpret [misin'tə:prit] krivo tumačiti; krivo izložiti
misinterpretation ['misin,tə:pri'teiʃn] krivo tumačenje; loše zaključivanje
misjudge ['mis'dʒʌdʒ] krivo (o)suditi
misjudgement ['mis'dʒʌdʒmənt] kriv sud; kriva osuda
mislay [mis'lei] *irr* (lay) zametnuti
mislead [mis'li:d] *irr* (lead) zavesti; obmanuti
misnomer ['mis'noumə] upotreba krivog imena ili naziva
misplace ['mispleis] zametnuti; postaviti na krivo mjesto
misquotation ['miskwou'teiʃn] krivi citat
misquote ['miskwout] krivo citirati ili navesti
misrepresent ['misrepri'zent] krivo prikazati; izvrnuti
misrepresentation ['mis,reprizen'teiʃn] kriv prikaz; izvrtanje
miss [mis] 1. gospođica; šiparica; djevojčica 2. gubitak; promašaj 3. *v/t* promašiti; ispustiti; predvidjeti; osjećati pomanjkanje; *v/i* promašiti; ne pogoditi
missile ['misail] projektil; metak
missing ['misiŋ] koji nedostaje; kojeg nema; nestao; **be ~** nedostajati
mission ['miʃn] povjereni zadatak; misija; poslanstvo
missionary ['miʃnəri] misionarski; koji pripada misiji
missis ['misiz] gospođa
misspell ['mis'spel] (*irr* spell) krivo pisati ili sricati
missy ['misi] gospođica; frajlica
mist [mist] 1. magla 2. zamagliti
mistakable [mis'teikəbl] koji se može krivo shvatiti ili zamijeniti
mistake [mis'teik] 1. *irr* (take) *v/t* zabuniti se; pogriješiti; zamijeniti za, **be ~n** biti u zabludi; *v/i* zabuniti se 2. zabuna; propust; pogreška, **by ~** zabunom
mistaken [mis'teikən] (~ly) u zabludi; pogrešan; krivo shvaćen
mister ['mistə] gospodin
mistress ['mistris] gospodarica; gazdarica; učiteljica; ljubavnica; metresa; skraćeno **Mss** ('misiz) (kao titula ispred prezimena)

mistrust ['mis'trʌst] 1. biti nepovjerljiv 2. nepovjerenje
mistrustful [mis'trʌstful] (~ly) nepovjerljiv
misty ['misti] (~ly) maglovit; *fig* nejasan
misunderstand ['misʌndə'stænd] *irr* (stand) pogrešno razumijeti
misunderstanding ['misʌndə'stændiŋ] nesporazum
misuse ['mis'ju:z] 1. zloupotrebiti; krivo postupiti 2. ['mis'ju:s] zloupotreba
mitigate ['mitigeit] ublažiti; stišati
mitigation ['mitigeiʃn] ublaživanje; stišavanje
mix [miks] (po)miješati (se)
mix... **~ed matehematics** primjenjena matematika
 ~ up pomiješati
 be ~ed up with biti upleten u što
 ~ with družiti se sa
 ~er miješač; mikser, stroj za miješanje
mixture ['mikstʃə] mješavina, smjesa
mizzle ['mizl] sitna kišica
mnemonic [ni'mɔnik] (~ally) mnemonički; koji služi pamćenju; **~s** *pl* mnemotehnika
moan [moun] 1. stenjanje 2. stenjati
mob [mɔb] 1. gomila, rulja; ološ; **~ law** zakon linča 2. sakupiti se; navaliti u rulji
mobile ['moubail] pokretan; mobilan
mobility [mo'biliti] pokretnost
mobilization [moubilai'zeiʃn] mobilizacija
mobilize ['moubilaiz] mobilizirati
moccasin ['mɔkəsin] mokasin
mock [mɔk] 1. ruganje, ismijavanje 2. tobožnji, patvoren 3. *v/t* rugati se; patvoriti; varati; *v/i* ismijavati se; **~er** podrugljivac
mockery ['mɔkəri] izrugivanje; ruganje
mocking ['mɔkiŋ] 1. podrugivanje, ruganje, (~ly) podrugljiv; **~-bird** američki drozd
modal ['moudl] (~ly) načinski; modalan
modality [mou'dæliti] modalnost
mode [moud] način; oblik (pojave); običaj; moda; način
model ['mɔdl] 1. model; uzorak; *fig* uzor; maneken *attr* uzoran 2. modelirati; kalupiti; *fig* oblikovati
moderate ['mɔdərit] (~ly) 1. umjeren; osrednji 2. [mɔdəreit] obuzdati (se) ublažiti

moderation [mɔdə'reiʃn] umjerenost; mjera; in ~ umjereno; ~s *pl* prvi javni ispit u Oxfordu
moderator ['mɔdəreitə] stišavač, miritelj; ispitivač (za ispit na Oxfordu) voditelj diskusije
modern ['mɔdən] 1. moderan, nov 2. the ~s *pl* pristaše modernog smjera umjetnosti
modernism ['mɔdənizəm] moderni smjer; modernizam
modernity [mɔ'də:niti] modernost
modernize ['mɔdənaiz] modernizirati (se)
modest ['mɔdist] (~ly) skroman, jednostavan; pristojan
modesty ['mɔdisti] skromnost
modification [mɔdifi'keiʃn] promjena; preinačenje; ograničenje
modify ['mɔdifai] modificirati; preinačiti; ublažiti; preglasiti
modulate ['mɔdjuleit] modulirati; prilagoditi
modulation [mɔdju'leiʃn] modulacija
moist [mɔist] vlažan; mokar
moisten ['mɔisn] *v/t* ovlažiti; *v/i* ovlažiti se
moisture ['mɔistʃə] vlaga
molar ['moulə] (ili ~ **tooth**) kutnjak
mold [mould] vidi **mould**
mole [moul] 1. krtica 2. madež 3. loš zametak 4. lukobran, molo
molecule ['mɔlikju:l] molekula
molest [mo'lest] dodijavati; dosađivati
molestation [moules'teiʃn] dodijavanje; dosađivanje
molten ['moultən] rastopljen
moment ['moumənt] trenutak; čas; pobuda; važnost
momentary ['mouməntəri] (~ly) trenutačan, prolazan
momently ['moumantli] *adv* svaki čas
momentous [mou'mentəs] (~ly) vlažan; značajan
monarch ['mɔnək] monarh
monarchy ['mɔnəki] monarhija
monastery ['mɔnəstri] samostan
Monday ['mʌndi] ponedjeljak
monetary ['mɔnitəri] novčan; ~ **reform** reforma valute
money ['mʌni] novac; **ready** ~ gotov novac; **make** ~ zarađivati novac, ~ - **box** kasica za štednju; ~ **office** blagajna; **raise** ~ sakupiti novac
monger ['mʌŋgə] trgovac, prodavač

monition [mo'niʃn] opomena; upozorenje
monitor ['mɔnitə] opominjač; monitor; đak, prefekt (u engleskim školama)
monitory ['mɔnitəri] koji opominje; upozorenje
monk [mʌŋk] redovnik
monkey ['mʌŋki] 1. majmun; mehanički malj; *slang* 500 funti sterlinga, ~ - **puzzle** čileanski bor; ~-**wrech** francuski ključ
monkhood ['mʌŋkhud] redovništvo; monaštvo
mono ... ['mɔno] jednostavan; jednostruk, mono
monocle ['mɔnɔkl] monokl
monogamy [mɔ'nɔgəmi] monogamija, jednoženstvo
monologue ['mɔnəlɔg] monolog
monopolist [mə'nɔpəlist] monopolist
monopolize [mə'nɔpəlaiz] monopolizirati; *fig* prisvojiti
monosylabic ['mɔnəsi'læbik] (~ally) jednosložan
monosylable ['mɔnsi'ləbl] jednosložna riječ
monotone ['mɔnətoun] 1. jednolično ponavljajući 2. govoriti jednolično
monotonous [mə'nɔtənəs] monoton, dosadan
monotony [mə'nɔtəni] monotonija; jednoličnost
monsoon [mɔn'su:n] monsun; periodični vjetar
monster ['mɔnstə] čudovište, monstrum
monstrous ['mɔnstrəs] (~ly) čudovišan; strahovit
month [mʌnθ] mjesec
monthly ['mʌnθli] 1. mjesečan 2. mjesečnik (novine)
monument ['mɔnjumənt] spomenik
monumental [mɔnju'mentl] (~ly) monumentalan; spomenički; veličanstven; ogroman
moo [mu:] 1. mukati 2. mukanje
mood [mu:d] 1. *gr* način 2. raspoloženje, ćud
moody ['mu:di] (~ly) čudljiv; zlovoljan; turoban
moon [mu:n] 1. mjesec (nebesko tijelo); *poet* mjesečina; **once in a blue** ~ vrlo rijetko; svakih sto godina, 2. mlitavo se kretati, ~ **light** mjesečina; ~ **lit** obasjan mjesečinom; ~ **shine** varka, glupost; kri-

122

jumčareni alkohol; ~-struck koji boluje od mjesečarstva
moony ['mu:ni] (~ly) poput mjeseca; sanjarski, *slang* pripit
moor [muə] 1. Maur; crnac 2. močvara, bara; pustopoljina
moorings ['muəriŋz] *pl* užad za sidrenje; sidrište
moose [mu:s] američki los (~-**deer**)
mop [mɔp] 1. otirač; krpa za pranje; čuperak kose 2. brisati, obrisati, *slang* likvidirati koga; zgrabiti
mope [moup] 1. *fig* potišten čovjek, mrzovoljan; ~s *pl* potištenost, mrzovolja 2. *v/i* biti potišten; *v/t* ~ **oneself** ; **be** ~**d** dosađivati se
moral [mɔrəl] (~ly) 1. moralan, ćudoredan 2. moral, pouka, ~s moral, ćudoređe
moralist ['mɔrəlist] moralist
morality [mɔ'ræliti] ćudoređe, krepost; moralna pouka, vrsta srednjovjekovne drame
moralize ['mɔrəlaiz] *v/i* moralizirati; *v/t* učiniti moralnim
morbid ['mɔ:bid] morbidan, nezdrav
morbidity [**morbidness**] [mɔ:'biditi] nezdravost; bolešljivost; morbidnost
more [mɔ:] 1. *adj* više 2. *adv* više, još, povrh; once ~ još jednom; no ~ ne više; ~ and ~, sve više i više 3. ono što je više
moreover [mɔ:'rouvə] osim toga, nadalje, još
morgue [mɔ:g] mrtvačnica
mormon ['mɔ:mən] mormon, mormonka
morning ['mɔ:niŋ] 1. jutro, prije podne; in the ~ u jutro 2. ran; jutarnji, ~ perfomance matineja
moron ['mɔ:rɔn] slaboumnik, glupak; imbecil
morose [mə'rous] mrzovoljan
moroseness [mə'rousnis] mrzovolja
morphia ['mɔ:fjə] **morphine** ['mɔ:fi:n] morfij
morrow ['mɔrou] *poet* jutro; idući dan
mortal ['mɔ:tl] (~ly) 1. smrtan; smrtonosan; ljudski; strašan 2. smrtnik
mortality [mɔ:'tæliti] smrtnost, pomor
mortgage ['mɔ:gidʒ] 1. zalog, hipoteka 2. založiti
mortgagee [mɔ:gə'dʒi:] hipotekarni vjerovnik
mortgagor [mɔ:gə'dʒɔ:] hipotekarni dužnik
mortician [mɔ:'tiʃn] *Am* pogrebni poduzetnik
mortify ['mɔ:rifai] *v/t* ubiti; poniziti; ljutiti, *v/i* odumirati
mortuary ['mɔ:tjuəri] 1. mrtvački, pogrebni 2. mrtvačnica
mosaic [mə'zeik] 1. mozaik 2. mojsijev
Moslem ['mɔzlem] 1. muslimanski 2. Musliman(ka)
mosque [mɔsk] džamija
mosquito [məs'ki:tou] komarac
moss [mɔs] mahovina; tresetište
mossy ['mɔsi] mahovinast; obrastao mahovinom
most [moust] 1. *adj* (~ly) većina; najviše 2. *adv* većinom; najviše, krajnje 3. većina; najveći dio; krajnost; **at (the)** ~ najviše; **make the** ~ iskoristiti do krajnosti; ...**most** (moust, məst) oznaka za superlativ
mostly ['moustli] najčešće, većinom
motel [mou'tel] motel, svratište za automobile
moth [mɔθ] moljac
mother ['mʌðə] majka, roditi; materinski se brinuti
mother ... ~**hood** materinstvo
~-**in-law** punica, svekrva
~**ly** majčinski
~ **tongue** materinski jezik
motif [mou'ti:f] motiv
motion ['mouʃn] 1. pokret, hod; *med* stolica; nagon, *parl* prijedlog; **bring forward a** ~ iznijeti prijedlog; **set in** ~ staviti u pokret 2. *v/t* kretnjom pozvati ili dati znak; *v/i* mahati; ~**picture** *Am* film; ~**s** *pl* film; filmska predstava
motivate ['moutiveit] motivirati
motivation [mouti'veiʃn] motivacija
motley ['mɔtli] šaren
motor ['moutə] 1. motor; onaj koji pokreće 2. motorni, pokrećući; automobilski 3. voziti se automobilom
motor ... ~-**car** automobil
~ **mechanic** , ~ **fitter** automehaničar
~ **park** *Am* auto-kamp
~ **school** vozačka škola
~ **bicycle** motocikl
~-**bus** autobus
~-**cab** taksi
~-**cycle** motocikl
~-**cyclist** motociklist
~-**road** autoput

~-truck *Am* kamion
motorization [moutərai'zeiʃn] motorizirati
mottled [mɔtld] pjegav, išaran
motto ['moutou] lozinka; moto; geslo
mo[u]ld [mould] 1. plijesan, zemlja crnica 2. kalup; šablona; odlijev; vrsta 3. oblikovati; lijevati; **~er** onaj koji oblikuje; lijevač; **~ing** oblikovati; friz; vijenac; *attr* kalupan; oblikovan
moult [moult] 1. linjanje, opadanje dlake 2. linjati se
mount [maunt] 1. brijeg (*poet* osim u zemljopisnim imenima); podloga slike; jahači konj 2. *v/i* popeti se; uzjahati; narasti; *v/t* uspeti se na; uzjahati; okovati; nalijepiti sliku na podlogu; *theat* inscenirati
mounting ['mauntiŋ] montaža, okvir
mourn [mɔ:n] oplakivati; **~ful** (**~ly**) žalostan
mourning ['mɔ:niŋ] (**~ly**) 1. oplakujući, ožalošćen 2. crnina (odjeća)
mouse [maus] 1. miš 2. [mauz] hvatati miševe
moustache [məs'ta:ʃ] brk
mouth [mauθ] usta; njuška; ušće rijeke; grlo flaše; rupa; otok; drskost 2. [mauð] govoriti s patosom, neprirodno govoriti
mouthful ['mauθful] zalogaj
mov(e)able ['mu:vəbl] 1. pokretan 2. **~s** *pl* pokretnine
move [mu:v] 1. *v/t* micati, pokrenuti; ganuti; predložiti; *v/i* kretati se; micati se; otići; preseliti se
move ... ~ on nagovoriti da se nastavi
~ in useliti se
on the ~ u pokretu
make a ~ pokrenuti se smjesta; maknuti se
movement ['mu:vmənt] kretnja; micanje; poticaj; ritam; tempo; promet; medicinska stolica
movie ['mu:vi] filmski; **~ s** *pl* film, filmska predstava; kino
moving ['mu:viŋ] pokretljiv, koji pokreće, *fig* dirljiv
mow [mau] stog (sijena, žita)
mow [mou] *irr* kositi, **~-machine** kosilica
much [mʌtʃ] *adv* mnogo, *adj* jako; nadaleko; gotovo; **as ~ as** toliko koliko, nothing **~** ništa naročito; **~ less**, a kamo li

muck [mʌk] 1. smeće; prljavština 2. uprljati; gnojiti
mucus ['mju:kəs] sluz, bale
mud [mʌd] blato, glina; gnoj
muddle ['mʌdl] 1. *v/t* zamrsiti; pobrkati; pomiješati; *v/i* šeptrljiti 2. zabuna, zbrka
muddy ['mʌdi] (**~ly**) 1. blatan; mutan; zbrkan 2. mutiti, zaprljati
muffle ['mʌfl] 1. prigušivač 2. umotati, omotati; prigušiti (glas); **~r** šal; boksačka rukavica
mug [mʌg] 1. vrč, pehar; *slang* štreber; budala, lice, grimasa 2. bubati
muggy [mʌgi] sparan
mulcht [mʌlkt] 1. novčana kazna 2. kazniti novčanom kaznom
mule [mju:l] mula; mazga; križanac; stroj za predenje
mull [mʌl] 1. vrsta tanke tkanine 2. zbrka, brbljanje 3. zabrljati; **~ over** predomišljati se
mullet ['mʌlit] cipalj
multifarious [mʌlti'færiəs] (**~ly**) raznolik
multiform ['mʌltifɔ:m] raznolik, mnogolik
multiple ['mʌltipl] 1. mnogostruk, raznovrstan 2. raznovrsnost
multiplex ['mʌltipleks] mnogostruk
multiplication [mʌltipli'keiʃn] množenje; umnožavanje
multiplicity [mʌlti'plisiti] množina; mnogostrukost
multiply ['mʌltiplai] množiti (se); multiplicirati
multitude ['mʌltitju:d] mnoštvo, množina, gomila, rulja
multitudinous [mʌlti'tju:dinəs] (**~ly**) mnogobrojan, mnogostruk
mum [mʌm] 1. tiho, mirno 2. pst!, tišina! 3. glumiti u pantomimi 4. mama 5. vrsta piva
mumble ['mʌmbl] mrmljati, gunđati
mummification [mʌmifi'keiʃn] mumificiranje
mummify ['mʌmifai] mumificirati; balzamirati
mummy ['mʌmi] 1. mumija 2. mamica
mump [mʌmp] prosjačiti, mrgoditi se; **~ish** zlovoljan; **~s** zaušnjaci; zlovolja
municipal [mju:'nisipl] općinski, gradski
municipality [mju:nisi'pæliti] gradski okrug; gradska uprava
munition [mju:'niʃn] 1. municijski 2. **~s** *pl* vojna oprema; municija

mural ['mjuərəl] 1. zidni 2. mural, zidna freska
murder ['mə:də] 1. ubojstvo 2. ubiti *fig* izobličiti
murderer [mə:dərə] ubojica
murderess ['mə:dəris] žena ubojica
murderous ['mə:dərəs] (~ly) ubilački; *fig* krvav
murky ['mə:ki] taman, tmuran
murmur ['mə:mə] 1. mrmljanje; gunđanje; žuborenje 2. mrmljati; gunđati
muscle ['mʌsl] 1. mišić; mišićavost 2. *Am slang* ~ **in** laktati se (protuzakonitim poslovima)
muscular ['mʌskjulə] (~ly) mišićav
muse [mju:z] muza 2. mozgati, razmišljati
museum [mju'ziəm] muzej
mush [mʌʃ] kaša; *fig* besmislica
mushroom ['mʌʃrum] 1. gljiva; vrganj; *fig* skorojević 2. poput gljive; *fig* iznenada izrastao 3. brati gljive, spljoštiti se; proširiti se (plamen)
music ['mju:zik] glazba; glazbena umjetnost; melodija; note; ~ **to** ~ uglazbiti
musical ['mju:zikl] (~ly) melodičan; glazbeni; ~ **comedy** opereta; ~ **hall** dvorana za muzičke priredbe; ~ **instrument** glazbalo
musician [mju'ziʃn] glazbenik, muzičar
musk [mʌsk] mošus; jelen mošutnjak
musket [mʌskit] mušketa; puška
musketeer [mʌski'tiə] mušketir
Muslim ['mʌzlim] vidi **Moslem**
must [mʌst,məst] 1. moram, morao sam; I ~ **not** ne smijem 2. mošt 3. plijesan
mustard ['mʌstəd] senf, goruščica
muster ['mʌstə] 1. smotra, pregled; ~ **roll** spisak osoblja; *fig* smotra; parada 2. *v/t* pregledavati; ~ **in** unovačiti; *v/i* sakupljati se
musty ['mʌsti] pljesniv
mutable ['mju:təbl] (~ly) promjenjiv; kolebljiv

mutation ['mju:teiʃn] mijenjanje; mutacija; prijeglas
mute [mju:t] (~ly) nijem 2. nijem čovjek; statist; prigušivač 3. prigušiti
mutilate ['mju:tileit] osakatiti
mutilation [mju:ti'leiʃn] sakaćenje
mutineer ['mju:ti'niə] pobunjenik
mutinous ['mju:tinəs] (~ly) pobunjenički
mutiny ['mju:tini] 1. pobuna 2. pobuniti se
mutter ['mʌtə] 1. mrmljanje 2. mrmljati; gunđati
mutton ['mʌtn] ovčetina; ~-**chop** rebarce ovčetine
mutual ['mju:tju'əl] (~ly) uzajaman, zajednički
mutuality [mju:tju'æliti] uzajamnost
muzzle ['mʌzl] 1. njuška, gubica; brnjica; zjalo topa ili puške 2. staviti na brnjicu; *fig* ušutkati
my [mai i mi] moj, moja, moje
myope ['maioup] kratkovid čovjek
myopic [mai'ɔpik] (~ally) 1. kratkovidan 2. kratkovidan čovjek
myopia [mai'oupiə] **myopy** kratkovidnost
myrtle ['mə:tl] mirta
myself [mai'self] ja sam; meni; sebi; sebe
mysterious [mis'tiəriəs] (~ly) misteriozan, tajanstven
mystery ['mistəri] tajna; zagonetka; tajanstvenost; *hist* ~ **play** misterij
mystik ['mistik] (i **mystical**) (~ly); tajanstven, mističan 2. mistik
mysticism ['mistisizm] misticizam
mystification [mistifi'keiʃn] obmanjivanje, mistifikacija
mistify ['mistifai] obmanjivati; mistificirati
myth [miθ] mit, bajka; priča
mythic (al) ['miθik(l)] mitski, izmišljen
mythologic, *mythological* [miθə'lɔdʒik(l)] mitološki
mythology [mi'θɔlədʒi] mitologija

N

nab [næb] *slang* ščepati, zgrabiti
nacre ['neikə] školjka bisernica; sedef
nacreous ['neikriəs] sedefast; sjajan
nag [næg] 1. konjić, poni; raga; kljuse 2. *v/i* prigovarati, gunđati; *v/t* mučiti, ljutiti
nail [neil] 1. nokat; pandža; čaporak; čavao; ~ scissors *pl* škarice za nokte 2. pribiti, pričvrstiti; upiljiti pogled; sastaviti; ~ down zakovati, zabiti; ~ing *slang* (i ~ good) odličan, sjajan
naive [nai'i:v] (~ly), naive (~ly) (neiv) naivan, prostodušnost
naivete' [nai'i:vtei] naivety ['neivti] naivnost, prostodušnost
naked ['neikid] (~ly) go; bos; ogoljen; *fig* otvoren, neprikriven
nakedness ['neikidnis] golotinja; nezaštićenost; očitost
name [neim] 1. ime, naziv; glas; puko ime; the ~ of po imenu, imenom; call a p ~s (iz)graditi, nazivati pogrdnim imenima, 2. imenovati; navesti, spomenuti; ~ less (~ly) bezimen; neslavan; ~ly naime, to jest
nanny ['næni] dadilja; ~-goat koza (ženka)
nap [næp] 1. drijemež, kratak san 2. (pro)drijemati 3. mekana, pahuljasta površina 4. vrst košarkaške igre; go ~ staviti sve na kocku
nape [neip] potiljak (obično ~ of the neck)
napkin ['næpkin] ubrus, servijeta; pelene; higijenski uložak
narcosis [na: 'kousis] narkoza
narcotic [na:kɔtik] (~ally) 1. narkotičan 2. narkotik, opojno sredstvo
narcotize ['na:kətaiz] narkotizirati; omamiti
narrate [næ'reit] pripovijedati, kazivati
narration [næ'reiʃn] pripovijest; pripovijedanje; prikaz
narrative ['nærətiv](~ly) narativan, pripovjedački
narrator [næ'reitə] pripovjedač

narrow ['nærou] (~ly) 1. uzak, tijesan; ograničen; slab; škrt 2. ~s *pl* tjesnac, moreuz 3. *v/t* stisnuti, suziti; smanjiti; ograničiti; *v/i* sužavati, suziti se; ~-minded (~ly) uskogrudan; ~ness uskost, tjesnoća; ograničenost
nasal ['neizl] (~ly) 1. nazalan, nosni 2. nazal, nosni glas
nasality [nei'zæliti] nazalnost
nasalize ['nezəlaiz] govoriti ili izgovarati kroz nos
nascent ['næsnt] koji nastaje; koji se rađa; koji raste
nastiness ['na:stinis] prljavost; prljavština; odvratnost
nasty ['na:sti] (~ly) prljav, gadan, nepristojan
natal ['neitl] rodni
natality [nə'tæliti] natalitet
natation [nei'teiʃn] plivanje
nation ['neiʃn] nacija; narod
national ['næʃnl] (~ly) 1. nacionalni; državni 2. državljanin, državljanka
nationalism ['næʃənlizəm] nacionalizam
nationalist ['næʃnəlist] nacionalist, rodoljub
nationality [næʃə'næliti] narodnost; nacionalnost; rodoljublje; državljanstvo
nationalize ['næʃnəlaiz] nacionalizirati; naturalizirati
nation-wide ['neiʃnwaid] svenarodni, općenarodni
native ['neitiv] (~ly) 1. prirođen, urođen, prirodan, urođenički; domorodački; samonikao, ~ language materinji jezik 2. urođenik, domorodac
nativity [nə'tiviti] rođenje; horoskop
natty ['næti] (~ly) dotjerati; uredan
natural ['nætʃrəl] (~ly) 1. prirodan, naravan; prirođen; neusiljen; nezakonit (dijete); ~ psilosopher prirodoslovac; ~ philosophy fizika; prirodoslovlje; ~ science prirodoznanstvo 2. idiot, kreten

naturalism ['nætʃrəlizəm] naturalizam, prirodnjaštvo
naturalist ['nætʃrəlist] prirodoslovac, naturalist
naturalization [nætʃrəlai'zeiʃn] naturalizacija; dodjeljivanje državljanstva
naturalize ['nætʃrəlaiz] naturalizirati; primiti u državljanstvo
nature ['neitʃə] priroda, narav
naught [nɔ:t] nula, ništica; ništa
naughtiness ['nɔ:tinis] neposlušnost; nepristojnost
naughty ['nɔ:ti] (~ly) nepristojan; nestašan; neodgojen
nausea ['nɔ:siə] morska bolest, mučnina, povraćanje; *fig* gađenje
nauseate ['nɔ:sieit] *v/i* osjećati gađenje; zgaditi se; *v/t* povraćati; tjerati na mučninu
nauseous ['nɔ:siəs] (~ly) odvratan; koji izaziva mučninu
nautical ['nɔ:tikl] (~ly) pomorski; nautički
naval ['neivəl] (~ly) pomorski, brodarski; mornarički; ~base uporište ratne mornarice, pomorska baza; ~ staff admiralski štab, štab mornarice
navel ['neivəl] pupak; *fig* središnja točka
navigable ['nævigəbl] (~ly) plovan
navigate ['nævigeit] *v/i* i *v/t* ploviti, broditi; upravljati (brodom, avionom)
navigation [nævi'geiʃn] plovidba, moreplovstvo, navigacija; upravljanje (brodom, avionom)
navigator ['nævigeitə] moreplovac, pomorac; navigator; kormilar; upravljač (zrakoplova)
navy ['neivi] mornarica, ratna flota; ~ blue tamnoplav
nay [nei] *arch* ne; ne samo nego, čak i štoviše; *parl* negativan glas
neap [ni: p] najniža plima (i ~ tide); ~ed, be ~ed nasukati se zbog niske plime
Neapolitan [niə'pɔlitən] 1. Napuljski, napolitanski 2. Napuljanin, Napuljanka, Napolitanac; Napolitanka
near [niə] 1. *adj* bliz; direktan; blizak; srodan; vjeran; škrt; štedljiv 2. *adv* blizu, u blizini; 3. *prep* blizu; (tik) do; 4. približavati se (čemu)
nearby ['niəbai] obližnji; bliz; blizak
nearly ['niəli] *adv* blizu; gotovo; točno; not ~ ni približno, ni izdaleko
nearness ['niənis] blizina; bliskost; točnost; škrtost

near-sighted ['niə'saitid] kratkovidan
neat [ni:t] (~ly) 1. uredan, čist; ljupki; spretan; jasan 2. goveče, ~'s - leather goveđa koža
neatness ['ni:tnis] urednost; čistoća; ljupkost; jasnoća
nebula ['nebjulə] maglica, nebula
nebulosity [nebju'lɔsiti] magličastost; nebuloznost; maglica
nebulous ['nebjuləs] (~ly) nebulozan; maglovit; *fig* nejasan
necessary ['neisisəri] (~ly) 1. potreban, dužan, obvezan; neizbježiv 2. potreba, nužda; roba široke potrošnje
necessitate [ni'sesiteit] zahtijevati; tražiti; činiti potrebnim
necessity [ni'sesiti] nužda; potreba; prisila, (većinom *pl*) oskudica; bijeda
neck [nek] 1. vrat, šija; grlo (boce itd.); dekolte; tjesnac 2. *Am* grliti se milovati
neckerchief ['nekətʃif] šal, rubac za vrat
necklace ['neklis] ogrlica
necktie ['nektai] kravata
necrology [ne'krɔlədʒi] popis umrlih; osmrtnica
necromancy ['nekromænsi] nekromantija; dozivanje pokojnika
nectar [nektə] nektar
neé [nei] rođena (oznaka za djevojačko prezime)
need [ni:d] 1. potreba; nužda; nestašica; oskudica, ~s *pl* vlastita potreba 2. trebati; morati
needful ['ni:dful] (~ly) 1. potreban, nuždan 2. potrebno (novac)
neediness ['ni:dinis] oskudica, neimaština
needle ['ni:dl] igla; *Am* bockati, zadirkivati; poticati; pojačati (piće s dodatkom alkohola); ~-case kutija za igle
needless ['ni:dlis] (~ly) nepotreban, suvišan
needlework ['ni:dlwə:k] ručni rad, vezivo
needs [ni:dz] svakako; bezuvjetno
needy ['ni:di] (~ly) siromašan, u oskudici
ne'er [nɛə] never, nikada
negate [ni'geit] (za)nijekati, negirati
negation [ni'geiʃn] nijekanje, negacija
negative ['negətiv] (~ly) 1. negativan, niječan 2. nijekanje, negativ 3. (ili to answer in the ~) (za)nijekati; opovrći
neglect [ni'glekt] 1. zanemarivanje, nemar, zapuštanje 2. zapuštati; popustiti (prigodu)

neglectful [ni'glektful] (~ly) nemaran, koji se ne obazire na
negligence ['neglidʒəns] nemar, nehaj
negligent ['neglidʒnt] (~ly) nemaran, nehajan; ravnodušan
negligible ['neglidʒəbl] nevažan; sporedan; tričav
negotiability [nigouʃiə'biliti] prodajnost; utrživost
negotiable [ni'gouʃiəbl] (~ly) utrživ, prodajan, prebrodiv; premostiv
negotiate [ni'gouʃieit] v/t pregovarati o; izvesti, provesti; savladati; prebroditi; unovčiti; v/i pregovarati
negotiation [ni‚gouʃi'eiʃn] planiranje, puštanje u promet; ugovaranje; pregovaranje
negotiator [ni'gouʃieitə] pregovarač, posrednik
negress ['ni:gris] crnkinja; crnica
negrou [ni:grou] pl **negroes** [ni:grouz] crnac
neight [nei] 1. njisak, rzanje 2. njištati, rzati
neighb(o)ur ['neibə] 1. susjed(a); fig bližnji 2. graničiti sa
neighbo(u)rhood ['neibəhud] susjedstvo, blizina
neighbo(u)ring ['neibəriŋ] susjedni, obližnji
neighbo(u)rly [neibəli] susjedski; prijazan; društven
neighbo(u)rship [neibəʃip] susjedstvo
neither ['naiðə, 'ni:ðə] 1.adj ili pron nijedan (od dvojice) 2. adv ~ ...**nor** niti ...niti
nephew ['nevju:] nećak
nerve [nə:v] 1. živac; žila, žilica; fig snaga, hrabrost 2. ojačati, osnažiti; podati snage (čemu)
nerveless ['nə:vlis] (~ly) bez snage; koji nema žilica
nervous ['nə:vəs] (~ly) živčani; nervni; nervozan
nervy [nest] slang drzak, bezobrazan; nervozan
nest [nest] 1. gnijezdo; utočište; garnitura predmeta koji pristaju jedan u drugi 2. gnijezditi se
net [net] 1. mreža; til; muslin 2. mrežom hvatati 3. neto, čist, bez odbitaka 4. zaraditi neto
netting ['netiŋ] mreža, komad mreže; hvatanje mrežom
nettle ['netl] 1. kopriva 2. opeći koprivom

network ['netwə:k] mreža; preplet
neuralgia [njuə'rældʒə] neuralgija
neurology [nju'rɔlədʒi] neuralgija
neurosis [nju'rousis] neuroza
neurotic [nju'rɔtik] neurotičan, živčan, neurotik
neuter [nju.tə] 1. bespolan; gr srednjeg roda 2. bespolac
neutral ['nju.trəl] (~ly) neutralan; neopredjeljen 2. neutralac; nula, početna točka
neutralization [nju.trəlai'zeiʃn] neutralizacija, neutralnost
neutralize ['nju:trəlaiz] neutralizirati fig osujetiti
neutron ['nju:trɔn] neutron
never ['nevə] nikada; nipošto, nikako ne
nevermore ['nevə'mɔ:] nikada (više)
nevertheless [nevəðə'les] ipak; međutim, unatoč tomu
new [nju:] nov; svjež; moderan, **~-corner** pridošlica, novajlija
newly ['nju:li] nedavno; ponovno, nanovo
newness ['nju:nis] novost, mladost, svježina
news [nju:z] pl i sg novost(i), vijest(i)
news ... **~-agency** novinska agencija
 ~-agent trgovac novinama i časopisima
 ~-boy ulični prodavač novina
 ~-paper novina, novinski
 ~-reel (filmski) žurnal
 ~ stall Am **~-stand** kiosk za prodaju novina
newsy ['nju:zi] onaj koji je pun novosti, brbljavac
New Year ['nju:'jə] Nova godina; **~s Day** Nova godina; blagdan Nove godine; **~'s Eve** stara godina; Silvestrovo
next [nekst] 1. adj susjedni; najbliži; naredni; slijedeći; idući; ~ **but one** prvi iza narednoga, drugi; **the ~ of kin** najbliži rođak; najbliža rodbina 2. adv zatim, odmah, potom; drugi put
nibble ['nibl] v/t grickati, nagristi; v/i ~ **at** grickati; fig zanovijetati
nice [nais] (~ly) izbirljiv; točan, savjestan, pažljiv, težak, škakljiv, složen, zgodan; ugodan, simpatičan, drag; lijep; ljubazan
niceness ['naisnis] finoća, profinjenost; točnost; ljupkost; susretljivost
nicety ['naisti] finoća, istančanost, oštrina, točnost, kompliciranost

nick [nik] 1. zarez, urez 2. zarezati, učiniti rez
nickel ['nikl] 1. nikal; *Am* komad kovana novca od pet centi 2. poniklovati
nick-name ['nikneim] 1. nadimak 2. nadjenuti nadimak
nicotine [nikəti:n] nikotin
niece [ni:s] nećakinja
niggard ['nigəd] 1. škrtac 2. (~ly) škrt, tvrd
nigger ['nigə] crnac
niggle ['nigl] cjepidlačiti, sitničiti
niggling ['nigliŋ] sitničav, pedantan
nigh [nai] bliz, blizu
night [nait] noć, večer; mrak
night... **by ~, in the ~, at ~** noću, po noći
  ~-club noćni lokal, bar
  ~-dress, ~ gown spavaćica, noćna košulja
nightingale ['naitiŋgeil] slavuj
nightly ['naitli] *adj* svakonoćni; *adv* svake noći, po noći
nightmare ['naitmɛə] (noćna) mora
nil [nil] ništa; *sport* nula
nine [nain] 1. devet 2. devetica, brojka devet; **~ fold** devetorostruk
nineteen ['nain'ti:n] devetnaesti
nineteenth ['nain'ti:nθ] devetnaesti
ninety ['nainti] devedeset
ninth [nainθ] 1. deveti; devetina; **~ly** deveto, na devetom mjestu
nip [nip] 1. uštip, štipanje, ugriz 2. uštinuti, štipati; ujesti 3. gutalj 4. gucnuti, pijuckati
nipple ['nipl] bradavica na grudima; sisak, duda
nippy ['nipi] 1. oštar; okretan 2. konobarica
nitrogen ['naitridʒən] doušnik, nitrogen
nitrogenous [nai'trɔdʒinəs] dušični, nitrogenski
no [nou] 1. *adj* nijedan, nikoji; in ~ time u tren (oka); ~ one nijedan, nitko 2. *adv* ne; uz *comp* ništa, nipošto 3. ne
nob [nɔb] *slang* 1. glava, tikva, dugme slang 2. (otmjen) gospodin
nobiliary [nou'biliəri] plemićki, aristokratski
nobility [nou'biliti] plemstvo, aristokracija, *fig* otmjenost
noble ['noubl] (~ly) 1. plemićkog roda, plemićki; krasan; vrijedan; plemenit 2. plemić, aristokrat; ~ **man** (visoki) plemić, aristokrat; ~ **woman** plemkinja, aristokratkinja
nobody ['noubədi] 1. nitko 2. beznačajan čovjek, nula
noctural [nɔk'tə:nl] noćni
nod [nɔd] 1. *v/i* klimati, kihnuti (glavom); drijemati; spavati; ~ **off** zadrijemati; *v/i* klimnuti, potvrditi (glavom) 2. klimanje (glavom); znak
node [noud] čvor, čvoruga, kvrga; živčani čvor
nodule ['nɔdju:l] čvorić, grudica
nog [nog] drveni klin; panj; greda
nohow ['nouhau] nikako, nipošto; nevaljan
noise [nɔiz] 1. buka, galama, uzbuđen, pažnja; *Am* **big ~** važna ličnost 2. ~ **abroad** razglasiti
noiseless ['nɔizlis] (~ly) nečujan, bešuman
noisiness ['nɔizinis] bučnost, galama
noisome ['nɔisəm] štetan, ogavan
noisy ['nɔizi] (~ly) bučan, glasan; nametljiv
nomad ['nɔməd] nomad, skitalac
nomadic [no'mædik] (~ally) nomadski, selilački
nominal ['nɔminl] (~ly) imenski; nominalan; neznatan; ~ **value** označena (nominalna) vrijednost
nominate ['nɔmineit] imenovati; predložiti za izbor
nomination [nɔmi'neiʃn] imenovanje; pravo predlaganja
nominator ['nɔmineitə] onaj koji imenuje
nominee [nɔmi'ni:] imenovani; predloženi kandidat; čovjek koji daje samo svoje ime (za neki posao)
non [nɔn] ne (u složenicama)
nonage ['nounidʒ] maloljetnost
non-acoholic ['nɔnælkə'hɔlik] bezalkoholan
nonchalance ['nɔnʃələns] nehaj, nemar
nonchalant ['nɔnʃələnt] (~ly) nehajan, nemaran
non-commissioned ['nɔnkə'miʃənd] koji nema opunomoćenje; koji nema oficirskog dekreta; ~ **officer** podoficir
nonconformist ['nɔnkən'fɔ:mist] nonkonformist, disident; otpadnik
nonconformity ['nɔnkən'fɔ:miti] nonkonformizam, neslaganje s učenjem (engleske) crkve
none [nʌn] 1. nitko, nijedan, ništa 2. ni-

pošto; uopće ne, ~the less ipak, usprkos (tomu)
non-essental ['nɔni'senʃəl] 1. nebitan, nevažan 2. nebitnost, nevažnost
non-existence ['nɔnig'zistəns] nepostojanje
non-fiction ['nɔn'fikʃn] stručna literatura
nonplus ['nɔn'plʌs] 1. neprilika, smetenost 2. dovesti u nepriliku, smesti
non-resident ['nɔn'rezidənt] koji privremeno stanuje u nekom mjestu; koji stanuje negdje drugdje
nonsense ['nɔnsəns] besmislica
non-smoker ['nɔn'smoukə] nepušač
non-stop ['nɔn'stɔp] direktan, koji ne staje; non stop
noodle ['nu:dl] glupak, budala; rezanac, tjestenina
noon [nu:n] 1. podne (i ~ day, ~ tide); 2. podnevni
noose [nu:s] 1. zamka, omča 2. hvatati zamkom; praviti omču
nope [noup] Am ne!
nor [nɔ:] ni(ti) neither ..~ niti... niti
norm [nɔ:m] norma; pravilo, mjerilo
normal [nɔ:məl] (~ly) 1. normalan, redovit, uobičajen; okomit, ~school učiteljska škola 2. normala, redovito stanje; okomica
normalize ['nɔ:məlaiz] normalizirati
Norman ['nɔ:mən] Norman, Normanka
north [nɔ:θ] 1. sjever 2. sjeverni ~-east 1. sjeveroistok 2. sjeveroistočni (i ~ -eastern)
northerly ['nɔ:ðəli] sjeverni
northern ['nɔ:ðən] sjeverni
northerner ['nɔ:ðənə] sjevernjak(inja); Am stanovnik sjevernih država
northernmost ['nɔðənmoust] najsjeverniji
northward (ly) ['nɔ:ðwəd(li)] adj i adv, northwards ['nɔ:ðwədz]adv sjeverni, na sjeveru, prema sjeveru
north-west ['nɔ:ð'west] 1. sjeverozapad; sjeverozapadno (i ~-western ; ~ -westerny)
Norwegian [nɔ:'wi:dʒən] 1. norveški 2. Norvežanin, Norvežanka
nose [nouz] 1. nos; njuh; vršak; njuška, tuljac; otvor (cijevi) 2. v/t njušiti, nanjušiti, v/i njuškati; ~-dive obrušavanje, pikiranje (avionom)
nosing ['nouziŋ] izbočina, brid
nostalgia [nɔs'tældʒiə] nostalgija, čežnja za domovinom ili domom; sjeta
nostalgic [nɔs'tældʒik] sjetan, nostalgičan, koji čezne za domom
nostril ['nɔstril] nosnica
nosy ['nouzi] mirisav; koji zaudara; radoznao, ~ Parker , njuškalo, znatiželjna baba
not [nɔt] ne
notability [noutə'biliti] značajnost, važnost
notable ['noutəbl] (~ly) 1. značajan, ugledan, vrijedan 2. ugledna osoba
notably ['noutəbli] napose, osobito
notarial [nou'tɛəriəl] (~ly) bilježnički, ovjeren od bilježnika
notary ['noutəri] bilježnik (i ~ public)
notation [no'teiʃn] označivanje; sustav označivanja
notch [nɔtʃ] 1. zarez, urez, žlijeb; Am tjesnac, klanac 2. urezati, užlijebiti
note [nout] 1. znak, oznaka; bilješka; interpunkcija; opaska; cedulja; obveznica; nota; tipka; ton; značenje, ugled; pažnja; take ~s of praviti bilješke o 2. promatrati; obazirati se na; primiti do znanja; primijetiti; spomenuti; notama označiti ili obilježiti;
book bilježnica, notes
noted ['noutid] poznat, slavan; na zlu glasu; ~ly izričito; očito; osobito
noteworthy ['nout, wə:ði] značajan, spomena vrijedan
nothing ['nʌθiŋ] 1. ništa; nula; ništica; for ~ uzalud, ni za što; make ~ of učiniti bez daljnjega 2. adv ništa, nimalo, nipošto
nothingness ['nʌθiŋnis] ništa; ništavilo; beskorisnost
notice ['noutis] 1. obavijest; oglas; otkaz; upozorenje; pažnja; bilješka; novinski članćić; at short ~ odmah, u kratkom roku; give ~ that objaviti da; take ~ of obazirati se; without ~ bez najave, bez otkaznog roka, 2. opaziti, zamijeniti; osvrtati se na; spomenuti; oglasiti
noticable ['noutisəbl] (~ly) zamjetljiv, primjetljiv; znatan
notice-board ['noutisbɔ:d] oglasna ploča
notifiable ['noutifaiəbl] koji treba prijaviti vlastima
notofication ['noutifi'keiʃn] objava, proglas, obavijest

notify ['noutifai] *v/t* objaviti; oglasiti; obavijestiti
notion ['nouʃn] pojam, predožba; namjera; **~s** *pl Am* kratka i galanterijska roba; sitni potrošački artikli
notional ['nouʃnl] (**~ly**) idejni; pojmovan; zamišljen
notoriety [noutə'raiəti] opće poznata stvar ili osoba; ozloglašenost
notorious [nou'tɔ:riəs] opće poznat; zloglasan; ozloglašen
notwithstanding [,nɔtwiθ'stændiŋ] 1. *pp* usprkos 2. *adv* ipak, usprkos tomu 3. *cj* **~ that** ma da, premda, makar
nought [nɔ:t] nula, ništica
noun [naun] imenica
nourish ['nʌriʃ] hraniti; *fig* gajiti; **~ ing** hranjiv; **~ment** hrana; ishrana, prehrana
novel ['nɔvl] 1. nov; neobičan 2. roman; **short ~** novela
novellette [nɔvə'let] novela
novelist ['nɔvəlist] romanopisac
novelty ['nɔvlti] novost, novotarija
November [no'vembə] studeni, novembar
novice ['nɔvis] novajlija, početnik
noviciate, **novitiate** [no'viʃiit] naukovanje, *eccl* novicijat
now [nau] 1. sada; tada, zatim; **just ~** baš sada; **before ~** već prije 2. *cj* sada (kad) otkako, budući da 3. sada, sadašnjost
nowaday ['nauədei] današnji; **~s** (dan) danas
noway (**s**) ['nouwei(z)] nipošto, nikako
nowhere ['nouwɛə] nigdje
nowise ['nouwaiz] nipošto, nikako
noxious ['nɔkʃəs] (**~ly**) škodljiv, štetan
nozzle ['nɔzl] otvor; vršak cijevi; štrcalo; duhalica
nub [nʌb] grudica; gruda; grumen; *Am* srž; jezgra
nuclear ['nju:kliə] jezgrovni; nuklearni, **~ physic** nuklearna fizika; **~ pile** atomski reaktor
nucleon ['nu:kliən] nukleon
nucleus ['nu:kliəs] jezgra; nukleus
nude [nju:d] 1. nag, go 2. golo tijelo; akt
nudge [nʌdʒ] 1. (laktom) gurnuti 2. gurkanje (laktom)
nudism ['nju:dizm] nudizam, kult golotinje
nudity ['nju:diti] golotinja, nagost; akt
nuisance ['nju:sns] nevolja, muka, *fig* dosadan, čovjek, zanovijetalo, napasnik; **what a ~** kako nezgodno! kako glupo!
null [nʌl] nevaljan, bez zakonske važnosti, *fig* beznačajan
nullipication [nʌli'fikeiʃn] poništenje; ukidanje
nullify [nʌli'fai] poništiti, ukinuti
numb [nʌm] 1. obamro, ukočen; tup; bešćutan 2. ukočiti, omamiti, **~ ed** ukočen, obamro
number ['nʌmbə] 1. broj(ka) svezak; broj; **~ s** *pl poet* stihovi; napjevi 2. brojiti; označiti brojem; **~less** bezbrojan; **~ plate** registarska tablica, tablica s brojem
numbness ['nʌmnis] ukočenost; tupost; obamrlost
numerable ['nju:mərəbl] (iz)brojiv
numeral ['nju:mərl] 1. brojčani 2. brojnik [u razlomcima], decimala
numerical [nju'merikl] (**~ly**) brojčan
numerous ['nju:mərəs] (mnogo)brojan
numismatic [nju:miz'mætik] (**~ally**) numizmatički; **~s** *pl* numizmatika
num-skull ['nʌmskʌl] glupan, budala
nun [nʌn] opatica, redovnica
nunnery ['nʌnəri] (ženski) samostan
nuptial ['nʌpʃəl] 1. vjenčani, bračni, ženidbeni,
nuptials ['nʌpʃəlz] *pl* vjenčanje, ženidba
nurse [nə:s] 1. dadilja (većinom **wet ~**); *fig* hraniteljica, odgojiteljica (**i dry ~**) njegovateljica; sestra, bolničarka 2. odgajati hraniti; njegovati; dojiti; **~ maid** odgojiteljica; dječja paziteljica
nursery ['nə:sri] dječja soba; rasadnik; **~ rhyme** dječja pjesmica; **~ school** dječji vrtić
nursing ['nə:siŋ] hranjenje, dojenje, njegovanje; **~ home** klinika; **~bottle** boca za mlijeko dojenčeta
nurture ['nə:tʃə] 1. (pre)hrana, odgoj, njega 2. othraniti *fig* gajiti
nut [nʌt] 1. orah, orašak; *slang* fićfirić, tikva; **~s** *pl* orašasti ugljen; **be ~s on** biti lud za; *slang* **drive ~s** natjerati u ludilo; **go ~s** poludjeti 2. **go ~ting** ići brati orahe
nutcraker ['nʌtkrækə] većinom (**a pair of**) **~s** drobilica za orahe
nutrient ['nju:triənt] 1. hranjiv, hranidbeni 2. hranjiva tvar, hrana
nutrion [nju:triʃn] (pre)hrana, ishrana, hrana

nutritious [nju:'trɪʃəs] (~ly) hranjiv, prehramben
nutritive ['nju:tritiv] (~ly) 1. hranjiv, prehramben 2. hranjiva tvar, hrana
nutshell ['nʌtʃel] ljuska (oraha, lješnjaka)
nutty ['nʌti] bogat orasima; orašati; nalik na orah; ugodan, *slang* lud
nuzzle ['nʌzl] njuškom ili rilom kopati ili njuškati, prekapati; maziti se, tetošiti
nylon ['nailon] najlon, sintetički poliamid
nymph [nimf] nimfa

O

o [ou] oh! ah! o!
oak [ouk] 1. hrast, hrastovina; *univ slang* hrastova vrata, vanjska vrata stana 2. hrastov; ~-**apple**, ~-**gall** žir
oaken ['oukən] hrastov, od hrastovine
oakum ['oukəm] kučina, kučine
oar [ɔ:] 1. veslo; veslač 2. veslati; ~**ed** [ɔ:d] opremljen veslima
oarsman ['ɔ:zmən] veslač
oarswoman ['ɔ:zwumən] veslačica
oasis [o'eisis] *pl* **oases** [o'esi:z] oaza
oat [out] zob (većinom ~**s** *pl*); *Am* **feel one's** ~**s** *fig* osjećati se važan; biti u dobroj kondiciji
oaten ['outn] zoben
oath [ouθ] *pl* **oats** [ouðz] prisega; zakletva; kletva; **bind by** ~ vezati prisegom; **on** ~ pod prisegom, pod zakletvom; **take on** ~ položiti zakletvu, priseći
oatmeal ['outmi:l] zobena kaša; zobeno brašno
obduracy ['ɔbdjurəsi] tvrdokornost; okorjelost
obdurate ['ɔbdjurit] tvrdokoran; okorio
obedience [o'bi:djəns] poslušnost, pokornost
obedient [o'bi:djənt] (~**ly**) poslušan; pokoran
obeisance [o'beisns] odavanje počasti; naklon; **do** (**make**, **play**) ~ klanjati se; odavati počasti
obelisk ['ɔbilisk] obelisk
obey [o'bei] slušati (koga ili što) pokoravati se
obituary [o'bitjuəri] 1. popis umrlih; obavijest o smrti; nekrolog 2. posmrtni
object ['ɔbdʒikt] 1. predmet, cilj; *fig* svrha; *gr* objekt 2. əb'dʒekt]; *v/t* prigovoriti; *v/i* protiviti se; ~-**glas** objektiv
objection [əb'dʒekʃn] prigovor
objectionable [əb'dʒekʃnəbl] (~**ly**) komu se može prigovoriti; neugodan

objective [ɔb'dʒektiv] (~**ly**) 1. objektivan, stvaran 2. *gr* padež objekta
objectivenes, **objectivity** [ɔb'dʒek'tiviti] objektivnost
objectlens ['ɔbdʒiktlenz] objektiv
objectless ['ɔbdʒiktlis] bespredmetan, besciljan
objector [əb'dʒektə] onaj koji protivurječi ili prigovara
objurgate ['ɔbdʒə:geit] koriti; karati; prekoravati
objurgation [ɔbdʒə'geiʃn] korenje, prekoravanje
obligation [ɔbli'geiʃn] obveza; obveznica; dužnost, **be under** ~ **to** imati obavezu
obligatory ['ɔbligətəri] (~**ly**) obvezatan; zahvalan za
oblige [ə'blaidʒ] *v/t* obvezati (na zahvalnost); primorati; prinukati; ~ **a** *p* učiniti uslugu komu; **much** ~**d** veoma zahvalan; najljepša hvala; *v/i* **please** ~ **with an early reply** umoljava se brz odgovor
obligee [ɔbli'dʒi:] vjerovnik
obliging [ə'blaidʒiŋ] susretljiv, uslužan
obligor [ɔbli'gɔ:] dužnik
oblique [o'bli:k] (~**ly**) kos, nakrivljen; posredan; neiskren; *gr* ovisan, nepravan
obliqueness, **obliquity** [ə'blikwiti] kosina; nakrivljenost; kos smjer; *fig* stranputica
obliterate [o'blitəreit] izbrisati; poništiti; prekrižiti
obliteration [oblitə'reiʃn] brisanje; poništenje; *fig* uništenje
oblivion [o'bliviən] zaborav; zaboravljivost; amnestija
oblivious [ə'bliviəs] (~**ly**) zaboravan, zaboravljiv
obnoxious [əb'nɔkʃs] odvratan, omražen; pokudan
obnoxiousness [əb'nɔkʃəsnis] odvratnost, omraženost
oboe ['oubou] oboa

obscene [ɔb'si:n] (~ly) sramotan; bestidan; opscen; prostački
obscenity [ɔb'siniti] opscenost, bestidnost; prostota
obscurant [ɔb'skjuərənt] mračnjak, protivnik prosvjećenosti
obscoration [ɔbskju'reiʃn] pomračenje, pomrčina
obscure [əb'skjuə] (~ly) 1. taman, mračan; neslavan; nepoznat; skriven 2. zamračiti, sakriti, prikrivati
obscurity [əb'skjuəriti] tama; mrak; *fig* nejasnoća, nepoznatost
obsequies ['ɔbsikwiz] *pl* pogreb, sprovod
obsequious [əb'sikwiəs] (~ly) poslušan, pokoran, sluganski
observable [əb'zə:vəbl] primjetljiv; vidljiv; značajan
observance [əb'zə:vəns] pažnja, vršenje dužnosti; svetkovanje; *eccl* običaj, propisi reda
observant [əb'zə:vənt] (~ly) koji se pridržava reda; propisa, pažljiv,
observation [ɔbzə'veiʃn] opažanje; motrenje; primjedba
observatory [əb'zə:vətri] opservatorij, zvjezdarnica
observe [əb'zə:v] *v/t* promatrati, opažati; *fig* paziti, čuvati; pridržavati se (zakona, običaja) primjetiti; *v/i* praviti primjedbe, opažanja
observer [əb'zə:və] promatrač(ica); vršilac
obsess [əb'ses] opsjedati, mučiti; ~ed by i (wish) opsjednut čime
obsession [əb'seʃn] opsjednutost; fiksna ideja
obsolescent [ɔbso'lesənt] koji zastaruje
obsolete ['ɔbsoli:t] zastario; starinski; zaostao
obstacle ['ɔbstəkl] zapreka, prepreka
obstetrician ['ɔbste'triʃn] liječnik koji pomaže porodiljama; primalja
obsterics [ɔb'ste'triks] većinom *sg* porodiljstvo; primaljstvo
obstinacy ['ɔbstinəsi] tvrdoglavost; upornost
obstinate ['ɔbstinit] (~ly) tvrdoglav; svojeglav; tvrdokoran
obstruct [əb'strʌkt] *v/t* začepiti; priprijećiti; spriječiti; *v/i* tjerati opstrukciju
obstruction [əb'strʌkʃn] zatvor, začepljenje; opstrukcija; smetnja
obstructive [əb'strʌktiv] (~ly) koji smeta, zavlači

obstain [əb'tein] *v/t* postići; dobiti; *v/i* prevladati; imati postojanost
obtainable [əb'teinəbl] koji se može dobiti, postići; dostižan
obtainment [əb'teinmənt] postignuće, polučenje
obtrude [əb'tru:d] nametati (se)
obtrusion [ətru:ʒn] nametljivost
obstrusive [əb'tru:siv] (~ly) nametljiv
obtuse [əb'tju:s] tup; *fig* ograničen
obvious ['ɔbviəs] (~ly) očigledan, očit, upadljiv
obviousness ['ɔbviəsnis] očiglednost, očitost
occassion [ə'keiʒən] 1. prigoda; okolnost, povod; nužda; svečana prigoda; **on the ~ of** prigodom, prilikom 2. prouzročiti, dati povod
occassion [ə'keiʒənl] slučajan, prigodan
occidental [ɔksi'dentəl] (~ly) zapadni, zapadnjački
occult [ɔ'kʌlt] (~ly) tajan, skriven; tajnovit
occultation [ɔkʌl'teiʃn] *astr* pomrčina
occultism ['ɔkəltizm] okultizam
occultist ['ɔkəltist] okultist(kinja)
occultness [ɔ'kʌltnis] tajnovitost
occupancy ['ɔkjupənsi] zaposjednuće; useljenje
occupant ['ɔkjupənt] stanar, gost, imalac
occupation [ɔkju'peiʃn] zauzeće, zaposjednuće; okupacija, zvanje; zanimanje
occupy [ɔkju'pai] zaposjesti, zauzeti; okupirati; vršiti službu (dužnosti) useliti; zabaviti, zaposliti; **~ oneself** (ili **be occupied**) **with** ili **in** baviti se čime
occur [ə'kə:] javljati se; događati se; pasti na pamet; dosjetiti se
occurrence [ə'kʌrəns] zgoda, slučaj, događaj
ocean ['ouʃn] ocean; **~s of** *pl* masa, sva sila
oceanic [ouʃi'ænik] oceanski
ochre ['oukə] oker, žuta, zemlja; žutosmeđa boja
October [ɔk'toubə] listopad, oktobar
octopus ['ɔktəpəs] hobotnica
ocular ['ɔkjulə] (~ly) očni
oculist ['ɔkjulist] okulist, liječnik za očne bolesti
odd [ɔd] (~ly) neparan, pojediv; prekobrojan; slučajan; neobičan, čudan; **at ~ times** tu i tamo, prigodice
oddity ['ɔditi] 1. čudnovatost, neobičnost 2. čudak

oddments ['ɔdmənts] ostaci; otpaci; preostala roba

odds [ɔdz] *pl* (često *sg*) razlika; nejednakost; prednost; nadmoć; vjerojatnost; izgled; sreća; šansa; **at** ~ u neslozi u zavadi; ~ **and ends** otpaci, svaštarija; **what's the** ~ ? što to smeta; pa što zato?

ode [oud] oda, lirska pjesma

odious ['oudjəs] (~**ly**) odvratan, mrzak, gadan

odium ['oudiəm] mržnja, pokuda; prijekor; sramota

odour ['oudə] miris, vonj; *fig* trag, reputacija; ~ **less** bez mirisa

oecumenical [i:kju:'menikl] *eccl* opći, ekumenski

o'er [oə] **over**

oesophagus [i:sɔfəgəs] jednjak

of (ɔv nenaglašeni oblici əv, v) *prep* od; oznaka genitiva
za mjesto: kod pri
podrijetlo: iz, od (~ **good family**)
odvajanje; oslobađanje: od (**rid** ~;)
materijal: od, iz (**a dress** ~ **wool**)
odlika, svojstvo: od, s: (**a man** ~ **honour**)
uzročnik, način od: ~ **oneself** sam od sebe
uzrok, r azlog: iz (~ **charity**), od (**afraid** ~)
u odnosu na, što se tiče (**quick** ~ **eye**)
cilj: za (**desirous** ~)
tema: o (**speak** ~ **a th**)
mjera: gen (**a glass** ~ **wine**)
apozicija: **the city** ~ **London** grad London; ~ **an evening** jedne večeri

off [ɔ:f, ɔf] 1. *adv* većinom u glagolskim slož; udaljenost; odavde, vrijeme 2. *prep* od, odatle, odavle, dalje, iz, sa, daleko, udaljeno od; slobodan od; bez; kraj; blizu; nedaleko; u visini, ispred 3. *adj* dalji, udaljen, postrani, slučajan, moguć, nesiguran; desni (konj, kotač); slobodan; koji se ne osjeća dobro; nesvjež; 4. *int* ~ **with you** ! odlazi! nosi se!

off... to break ~ otkinuti
to take a day ~ uzeti sebi slobodan dan
3 months ~ za 3 mjeseca
~ **and on** katkad, prigodice
be ~ (morati) otići, biti odsutan; biti rasprodan

offcast ['ɔfka:st] odbačenik, izopćenik

off-duty hours ['ɔ:fdju:ti auəz] *pl* slobodno vrijeme

offence [ə'fens] napad; uvreda; vrijeđanje; povreda; **no** ~ ! bez uvrede

offend [ə'fend] *v/t* uvrijediti; povrijediti, razljutiti, *v/i* pogriješiti, ogriješiti se

offender [ə'fendə] vrijeđalac, krivac, prekršitelj

offensive [ə'fensiv] (~**ly**) 1. uvredljiv; odvratan, ofentivan 2. navala, ofenziva

offer [ɔfə] 1. ponuda; ženidbena ponuda 2. *v/t* nuditi na prodaju, ponuditi; nametati; zadati uvredu; *v/i* pružati se, nuditi se; pokazati se: pokušati; ~**ing** žrtva, žrtvovanje; dar; ponuda

off-hand ['ɔ:f'hænd] nepripravan; neuljudan; otresit

office ['ɔfis] posao, zvanje, zanimanje; ured; služba božja; ministarstvo
~**s** *pl* gospodarske zgrade; sporedne zgrade; **Insurance** ~ osiguravajuće društvo

officer ['ɔfisə] činovnik, službenik; oficir

official [ə'fiʃl] (~**ly**) 1. služben; oficijelan; ~ **business** službena stvar; ~ **clerk** činovnik, pisar; ~ **hours** radno, uredovno vrijeme 2. činovnik, referent

officious [ə'fiʃəs] nametljiv, revan; neobvezatan; poluslužben

off-print ['ɔ:fprint] otisak; separat

offset ['ɔ:fset] 1. polazak; odlazak (na put), izdanak, mladica; izbočenje; pregib cijevi 2. izjednačiti, granati se; odvojiti se

offspring ['ɔ:fspriŋ] potomak, potomstvo

offtime [ɔ:ftaim] slobodno vrijeme

often ['ɔ:fn, 'ɔ:ftən] *pret* ili u slož **oft** [ɔift] često, više puta

oh [ou] oh! ah!

oil [ɔil] 1. ulje; nafta, petrolej 2. najavljivati, podmazati; ~-**colour** uljana boja; ~-**painting** slikanje uljenim bojama, uljena slika, ulje

oily ['ɔili] (~**ly**) uljan, mastan; *fig* sklizak, laskav

O.K. okay , okeh ['ou'kei] 1. točno! dobro! u redu! vrijedi! 2. prihvatiti, odobriti

old [ould] star, drevan; istrošen; otrcan; starinski; dragi; stari; ~ **age** (duboka) starost; **my** ~ **man** moj stari, moj muž; ~ **woman** moja stara, moja žena; ~ **fashioned** staromodan

oldish [ouldiʃ] postar, prilično star

olive ['ɔliv] maslina, maslinovo drvo, ma-

slinova boja; ~-tree maslina, maslinovo drvo
Olympiad [o'limiæd] Olimpijada, olimpijske igre
Olimpic games [o'limpik geimz] olimpijske igre
omen ['oumən] znamenje, slutnja
ominous ['ɔminəs] (~ly) zlosutan, zlokoban, značajan
omission [o'miʃn] ispuštanje, izostavljanje, propust
omit [o'mit] izostaviti, ispustiti, preskočiti
omnibus ['ɔmnibəs] 1. omnibus; opći, zbirni; koji obuhvaća razno; ~ train putnički, osobni vlak
omnipotence [ɔm'nipətəns] svemoć, svemogućnost
omnipotent [ɔm'nipətənt] (~ly) svemoćan, svemoguć
omnipresence ['ɔmni'prezəns] sveprisutnost, posvudašnjost
omnipresent [ɔmni'prezənt] (~ly) sveprisutan, posvudašnji
omniscience [ɔm'nisiəns] sveznanje
omniscient [ɔm'nisiənt] (~ly) sveznajući
on [ɔn] 1. *prep* na (~ the table, wall); kod, pri (be ~ the Stock Exchange); prema, na (march ~ London); na temelju, na osnovu (~ his authority); u (~ Monday); dne (~ the 1st of May); (odmah) nakon, po (~ his arrival); o (talk ~ a subject) itd. 2. *adv* (na); osobito o odjeći (have a coat ~); kod (have you a match ~?); naprijed, dalje (and so ~); ~ and ~ sve dalje i dalje; from that day ~ počevši od toga dana; be ~ biti pri tomu, biti uključen; biti u tijeku; that biti na programu, prihvatiti se, davati se, biti otvoren, ukopčan (voda, pipa, svjetlo, prekidač); what's ~ ? što je? što se događa? 3. *int* naprijed! udri!
once [wʌns] 1. *adv* jedanput, jednom 2. *cj* čim, kad [i ~ that]
once ... at ~ odmah, smjesta; najednom
all at ~ odjednom, iznenada
~ again još jednom
~ for all jednom zauvijek
for ~ ovaj put, iznimno
~ in a while tu i tamo, veoma rijetko
~ more još jedanput
~ upon a time nekoć
once-over ['wʌnsouvə] *Am* letimičan, površan pregled

one [wʌn] 1. jedan; jedini; neki; nekakav; čovjek 2. jedan, jedna; pojedinac; *fig slang* jedan, slab, nikakav
one ... for ~ thing prvo, u prvom redu
the little ~s djeca, mališani
~ another jedan drugoga, drugomu, međusobno
at ~ složan
~ by ~, ~ after another jedan po jedan, jedan za drugim
I for ~ što se mene tiče
~ self sam sebe, sebi, se
by ~ sam, vlastitim snagama, sam od sebe
~-sided (~ly) jednostran, pristran; nejednak
~-time nekadašnji
~-way, ~ street jednosmjerna ulica
onfall ['ɔnfɔ:l] napad, prepad
ongoings ['ɔngouiŋz] *pl* zbivanja, pojave, postupci
onion ['ʌnjən] luk
onlooker ['ɔnlukə] promatrač, gledatelj
only ['ounli] 1. *adj* jedini, sam, jedinstven 2. *adv* samo, jedno, ~ yesterday tek jučer; ~ just upravo baš, tek, jedva 3. *cj* ~ (that) samo što, ipak, međutim
onset ['ɔnset] **onslaught** ['ɔnslɔ:t] napad, juriš; *fig* početak
onward ['ɔnwəd] 1. *adj* koji ide prema naprijed, dalji 2. *adv* naprijed, prema naprijed, dalje (i **onwards**)
oodles ['u:dlz] sva sila, mnoštvo
ooze [u:z] 1. mulj, blato, glib 2. prokopati, procuriti, propuštati *fig* izaći na vidjelo; ~ away nestajati, gubiti se
opal ['oupəl] opal
opaque [ou'peik] (~ly) neproziran, nepropustan; *fig* taman, tup
open ['oupən] (~ly) 1. otvoren; slobodan; otkrit; izložen; javan; blag; očit; jasan; neodlučan; iskren; darežljiv; ~ to pristupačan; in the ~ air pod vedrim nebom, na otvorenom; *Am* ~ shop poduzeće koje prima na rad i nečlanove sindikata 2. bring into the ~ iznijeti u javnost 3. *v/t* otvoriti; učiniti pristupačnim; saopčiti; započeti; *v/i* otvoriti se, biti otvoren (za)početi
opener ['oupnə] otvarač, (oruđe); ključar(ica)
opening ['oupniŋ] 1. otvaranje, otvorenje;

otvor; početak; povoljna prigoda; dobar izgled

open-minded ['oupən'maindid] (~ly) otvoren, iskren; bez predrasuda

openness ['oupənnis] otvorenost, iskrenost, blagost (vremena)

opera ['ɔpərə] opera, opere, operna muzika

opera ... ~-**cloak** večernji ortač
~-**dancer** baletni plesač(ica)
~-**glass (es)** *pl* kazališni dogled
~-**house** opera (zgrada)

operate ['ɔpereit] *v/t* uzrokovati, proizvesti; *Am* staviti u pogon; regulirati: voditi (poduzeće); *v/i* djelovati; raditi; funkcionirati; **be operating** biti u pogonu; poslovati, trgovati; vršiti operacije; nastupati

operatic [ɔpə'rætik] operni; ~ **singer** operni pjevač(ica)

operating ['ɔpəreitinŋ] operacijski; ~ **instructions** *pl* upute za rukovanje; ~ **theatre** sala za operiranje

operation [ɔpə'reiʃn] djelovanje, radnja; djelatnost; poslovanje; operacija; **come into** ~ stupiti na snagu

operational [ɔpə'reiʃnl] spreman za stupanje na snagu

operative ['ɔpəreitiv] (~ly) koji djeluje, djelotvoran, operativan; pogonski; ['ɔpərətiv] radnik, obrtnik

operator ['ɔpəreitə] onaj koji djeluje, kirurg; snimatelj; kinooperator; telefonist(ica); mašinist; radnik; poduzetnik

opine [o'pain] misliti, smatrati

opinion [ɔ'pinjən] mišljenje; mnijenje; nazor, stav; nalaz; **the (public)** ~ javno mnijenje; **in my** ~ po mom mišljenju

opinionated [ɔ'pinjəneitid] samouvjeren; tvrdoglav, svojeglav

opium ['oupjəm] opium

opponent [ə'pounənt] 1. protivnik 2. protivnički; suprotan

opportune ['ɔpətju:n] povoljan, prikladan, pravovremen

opportunism ['ɔpətju:nizəm] oportunizam, prilagođavanje

opportunist ['ɔpətju: nist] oportunist, sporazumaš

opportunity [ɔpə'tju:niti] prigoda, zgoda, povoljna prilika, **opportunities** *pl* mogućnosti

oppose [ə'pouz] suprostaviti; opirati se; kočiti

opposed [ə'pouzd] protivan, suprotan; neprijateljski; **be** ~ **to** protiviti se čemu

opposite ['ɔpəzit] (~ly) 1. protivan, suprotan; koji leži nasuprot 2. *prep* nasuprot 3. *adv* nasuprot 4. suprotnost, opreka

opposition [ɔpə'ziʃn] protivnost, suprotnost, protivljenje; protivrječje; konkurencija; oporba

oppress [ə'pres] pritiskivati, tištati, ugnjetavati

oppression [ə'preʃn] pritisak; tištanje; tlačenje; tjeskoba; nevolja

oppressive [ə'presiv] (~ly) koji tišti, tlači; sparan, težak, tiranski

oppressor [ə'presə] tlačitelj; ugnjetavač

opt [ɔpt] optirati, odlučiti se

optic ['ɔptik] očni, vidni

optical ['ɔptik] očni, vidni

optician [ɔp'tiʃn] optičar

optics ['ɔptiks] optika

optimism ['ɔptimizm] optimizam

optimist ['ɔptimist] optimist

optimistic ['ɔptimistik] (~ly) optimistički

option ['ɔpʃn] izbor; slobodni izbor; pravo opcije

optional ['ɔpʃnəl] (~ly) stavljen na volju, na izbor

or [ɔ:] ili; **either** ... ~ **ili**... **ili**; ~ **else** inače

oracle ['ɔrəkl] proročanstvo, proročište

oral ['ɔrəl] (~ly) usmen, usni

orange ['ɔrindʒ] 1. naranča, narančino drvo, narančasta boja 2. narančast

orate [ɔ:'reit] govoriti; držati duge govore

oration [ɔ:'reiʃn] svečan, službeni govor

orator [ɔ:'rətə] govornik

oratorical [ɔrə'tɔrikl] retorički, govornički

oratory ['ɔrətəri] govornička vještina; kapelica ili soba za molitvu

orbit ['ɔ:bit] putanja (planeta); orbita; očna šupljina

orchard ['ɔ:tʃəd] voćnjak; ~**ing** voćarstvo

orchestra ['ɔ:kistrə] orkestar

orchid ['ɔ:kid] orhideja

ordain [ɔ:'dein] dosuditi; narediti; *eccl* zarediti

ordeal [ɔ:'di:l] božji sud; *fig* muka, iskušenje

order ['ɔ:də] 1. red; raspored; odredba; zapovijed; narudžba; propis; propusnica; besplatna ulaznica; klasa, razred, čin, stalež; *eccl* red; orden; odlikovanje 2. urediti; narediti; naručiti

order ... by ~ po nalogu, po zapovijedi
put in ~ urediti, srediti
in ~ to da bi...
in ~ that kako (bi), da (bi)
be on ~ biti naručen

orderly ['ɔːdəli] 1. uredan, redovit; miran; dežurni 2. kurir; bolničar; posilni

ordinal ['ɔːdinl] 1. redni 2. redni broj

ordinance ['ɔːdinəns] odredba; propisan običaj, obred

ordinary ['ɔːdnri] (~ly) 1. običan, svakidašnji; pravilan, prosječan; normalan 2. gostionica, blagavaonica; redovni sudac; in ~ tjelesni, stalno namješten, kućni

ordination [ɔːdi'neiʃn] odredba, naredba *eccl* zaređenje

ordure ['ɔːdjuə] izmetina, nečist; *fig* prljavština

ore [ɔː] ruda; *pet* kovina

organ ['ɔːgən] orgulje, organ; *fig* oruđe, posrednik; glasilo, novine

organic [ɔː'gænik] (~ally) organski, vitalan

organism ['ɔːgənizm] organizam

organist ['ɔːgənist] orguljaš

organisation [ɔːgənai'zeiʃn] organizacija, organiziranje, stvaranje, oblikovanje, uređenje; udruženje

organize ['ɔːgənaiz] organizirati, prirediti; ~d organizirati; ~r organizator(ka)

orgy ['ɔːdʒi] orgija, pijanka

orient ['ɔːriənt] 1. istočni; koji izlazi (sunce) 2. istok, orijent 3. ['ɔːrient] odrediti položaj, usmjeriti; *fig* orjentirati

oriental [ɔːri'entl] (~ly) 1. istočni; orijentalan, istočnjački 2. orijentalac, orijentalka

orientation [ɔːrien'teiʃn] orijentacija, usmjeravanje; upravljanje; smjer

original [ɔ'ridʒənl] (~ly) 1. izvorni; originalan; početni; najraniji; osnovni 2. original, izvornik, (pra)uzor; čudak

originality [ɔridʒə'næliti] izvornost, originalnost

originate ['ɔriʒineit] *v/i* proizvesti, stvoriti; *v/t* nastati, proizaći, poteći

origination [ə,ridʒi'neiʃn] nastajanje; porijeklo

originative [ɔ'ridʒineitiv] (~ly) stvaralački

ornament ['ɔːnəmənt] ukras, nakit, **ornament** 2. [ɔːnəment] ukrasiti; nakititi

orphan ['ɔːfən] 1. siroče 2. osiročen

orphanage ['ɔːfənidʒ] sirotište

orthedox ['ɔθədɔks] (~ly) pravovjeran, ortodoksan; uobičajen

orthodoxy ['ɔːθədɔksi] pravovjernost, ortodoksno mišljenje

ortographic, ortographical [ɔːθo'græfik(l)] pravopis, ortografija

orthopaedic [ɔːθo'piːdist] ortoped

orthopaedy ['ɔːθoupiːdi] ortopedija

oscilate ['ɔsileit] oscilirati, titrati, njihati se, *fig* kolebati se

oscillation [ɔsi'leiʃn] njihanje, titraj, oscilacija *fig* kolebanje

osseous ['ɔsiəs] koštan, košćat

ostensible [ɔs'tensəbl] (~ly) tobožnji, providan

ostentation [ɔsten'teiʃn] pokazivanje; razmetanje

ostentatious [ɔsten'teiʃs] (~ly) razmetljiv, hvalisav

ostracism ['ɔstrəsizm] ostracizam, progonstvo

ostracize ['ɔstrəsaiz] prognati; izopćiti

ostrich ['ɔstritʃ] noj

other ['ʌðə] drugi, druga, drugo; the ~ day neki dan; every ~ day dan za danom; ~wise inače, drugačije

ought [ɔːt] 1. morao bih, trebao bih, trebalo bi da 2. *vulg* nula, ništica (broj)

ounce [auns] 1. unca (28. 35. gr) 2. vrsta jaguara, irbis

our ['auə] 1. naš; ~s ['auəz] naš(a), naši, naše 2. naši, naše; ~ self mi sami, nas same, nama samima

out [aut] 1. *adv* van, napolje; vani; izvana; izvan službe; izvan vježbe; smijenjen; netočan, nevažeći, u zabludi; way ~ izlaz 2. *typ* ispuštanje; *Am* izgovor, isprika; *parl* the ~ s *pl* oporba; *sport* nevažeći, aut 3. iznad normale (veličine) 4. *prep* ~ of iz, izvan, van 5. izbaciti, učiniti neškodljivim; pobjediti

out ... ~ balance nadmašiti, prevagnuti
~**break** provala, početak
~**burst** provala, nastup, izljev
~**cast** 1. izopćen, izgnan 2. izopćenik, prognanik
~**come** rezultat, posljedica; ishod
~**cry** uzvik, bučan prosvjed
~**dated** zastario
~**do** nadmašiti
~**door**, ~**doors** vanjski, pod vedrim ne-

outer

bom, nenakrit, koji je izvan parlamenta
~fall izljev, ušće
~flow odliv, otjecanje, provala
~go 1. nadmašiti, nadmudriti 2. ukupni izdaci
~grow preteći u rastu; prerasti
~growth mladica, izdanak; rezultat
~landish stran, inozeman, čudan, zaostao
~last preživjeti, duže trajati
~law 1. razbojnik, izopćenik 2. izopćiti
~lay novčani izdaci
~let izlaziti, otvor; tržište
~line 1. obris; skica; kontura 2. skicirati, općenito prikazati
~live preživjeti
~look izgled, pogled; gledište; cilj
~most krajnji
~number nadmašiti brojem
~-of-door(s) out-door(s)
~patient bolesnik koji se liječi ambulantno
~put proizvodnja; utržak; iskopana ruda
~reach dopirati dalje od
~right adj ['autrait, adv aut'rait] izravno, (otvoreno) sasvim; odmah, smjesta
~run nadmašiti u trčanju
~runner preteča
~set početak; polazak; odlazak (na put)
~side 1. vanjska strana; fig krajnost 2. vanjski, spoljašnji, krajnji 3. vani, izvana, napolju 4. prep. izvan, s one strane; osim
~sider onaj koji ostaje po strani, nestručnjak
~skints pl granica, vanjski rub; periferija
~smart nadmudriti
~spoken (~ly) otvoren, prostodušan
~standing koji se ističe, izvanredan; otvoren, neriješen
~strech ispružiti
~turn prihod, prinos
~vote nadglasati
~weigh prevagnuti
~wit nadmudriti
~work rad izvan radionice, kućna radinost

outer ['autə] (iz)vanjski; ~-most krajnji, posljednji; ~fit oprema; Am ekipa radnika

outing ['autiŋ] izlet, šetnja, ekskurzija

over...

outrage ['autreidʒ] 1. izgred, ekscces; nasilje; atentat; uvreda 2. grubo uvrijediti ili povrijediti
outrageous [aut'reidʒəs] (~ly) bijesan, žestok; gadan; pretjeran
outward ['autwəd] 1. (iz)vanjski, umjeren, prema van 2. adv (većinom outwards) vani, napolju, napolje
oval ['ouvl] 1. jajolik, ovalan; 2. oval
ovary ['ouvəri] jajnik; plodnica
ovation [ou'veiʃn] ovacija
oven ['ʌvn] pećnica
over ['ouvə] 1. adj prijeko; ovamo, onamo; na suprotnu stranu; prekomjerno; više, osim toga 2. prep preko; po 3. većinom pre-
over... ~act pretjerati
~and above osim toga
all ~ potpuno sasvim
~all radno odijelo, zašitno dijelo
~bear pobijediti, nadjačati
~board preko ruba palube, s broda (u moru)
~burden preopteretiti
~cast 1. prevući, pokrenuti, proširiti (šav) 2. naoblačen, zastrt, opšiven šavovima
~charge 1. preopteretiti 2. preopterećenje; previsoka cijena
~cloud naoblačiti
~coat ogrtač
~come nadvladati, pobijediti
~confident (~ly) previše povjerljiv
~crowd pretrpati
~do previše raditi, pretjerivati, prepeći, prenapeti
~done pretjeran; prepečen
~draft prekoračenje bankovnog računa
~draw pretjerati; prekoračiti bankovni račun
~dress previše se kititi
~due zakasnio, kojem je prošao rok
~estimate precijeniti
~flow 1. v/t preplaviti; v/i prelijevati se 2. obilje; poplava
~ground nadzemni
~grow prerasti, previše rasti
~head [ouvəihed] adv nad glavom, gore; ['ouvəhed] adj sveopći, ukupni (troškovi)
~hear v/t prehvatati, stršiti preko; v/i preklapati se; poklapati se
~lay obložiti

~load ['ouvə'loud] 1. preopteretiti, pretovariti 2. ['ouvəloud] preopterećenje
~look previdjeti, ne opaziti, imati vidik, nadzirati
~much previše
~pay preplatiti
~plus (su)višak
~power nadvladati
~pressure prevelik pritisak
~rate precijeniti
~reach nadmudriti
~rule prevladati, dobiti vlast nad
~sea 1. prekomorski, inozemni 2. (također ~-seas) preko mora, u inozemstvu
~set prevrnuti se, srušiti
~shadow zasjeniti, potamaniti
~sight omaška, propust
~sleep prespavati, predugo spavati
~state pretjerivati, previše naglasiti
~strain 1. prenaprezati; *fig* pretjerati 2. prenaprezanje, premorenost
~strung prenapet
~take sustići; preticati; nadoknaditi; zateći
~tax previsoko oporezovati *fig* precjeniti
~throw [ouvə'θrou] srušiti, oboriti; ['ouvəθrou] pad, propast
~train previše trenirati
~turn ['ouvətə:n] 1. prevrat 2. [ouvətə:n] oboriti, srušiti

~weight 1. prevaga 2. pretovariti, preopteretiti
~work 1. prekomjeran rad 2. preopteretiti radom
overt ['ouvə:t] očit, očevidan
ouverture ['ouvətjuə] uvertira, predigra, ponuda
owe [ou] dugovati, biti dužan, obvezan
owing ['ouiŋ] dužan, koji se duguje; ~ to zbog, uslijed
owl [aul] sova
own [oun] 1. vlastiti; pravi; jedini; žarko voljeni; ljubljeni; my ~ self ja sam 2. my ~ moje vlasništvo; moja obitelj 3. posjedovati; priznati kao svoje; dopuštati
owner ['ounə] vlasnik, vlasnica
ownership ['ounəʃip] vlasništvo, posjedovanje
ox [ɔks] *pl* oxen ['ɔksən] vol, govedo
oxide ['ɔksaid] oksid
oxidize ['ɔksidaiz] oksidirati
oxonian [ɔk'sounjən] 1. oksfordski 2. oksfordski đak
oxygen ['ɔksidʒən] kisik
oxygenate [ɔk'sidʒineit] oksidirati
oyster ['ɔistə] oštriga
ozone ['ouzoun] ozon
ozonic [ou'zɔnik] ozonski, koji sadržava ozon

P

p [pi:] mind one's Ps and Qs   paziti se, dobro se ponašati
pa [pa:] tata
pace [peis] 1. korak (kao kretnja i kao mjera) hod; brzina hoda, tempo; **keep ~ wish** ići u korak s 2. *v/t* (od)mjeriti koracima; davati tempo u sportu; *v/i* hodati, koračati; ići laganim korakom; koračati gore dolje; ~ **maker** onaj koji odmjeruje korake
pachyderm ['pækidə:m] debelokožac
pacific [pə'sifik] (~**ally**) miroljubiv, miran; ~ **Ocean**, Tihi ocean
pacification [pæsifi'keiʃn] stišavanje; uspostavljanje mira
pacificer ['pæsifaiə] koji smiruje, donosi mir
pacifism ['pæsifizəm] pacifizam
pacifist [pə'sifist] pacifist
pacify ['pæsifai] smiriti, pomiriti, donijeti mir
pack [pæk] 1. omot, paket; bala; "špil karata" čopor (pas); grupa, rulja, oblog 2. *v/t* zamotati, spakirati; umotati u oblog; pripremiti članove porote za povoljnu presudu; natrpati sastanak da bi se osigurala većina; *Am* natovariti; *v/i* spakirati (se)
package ['pækidʒ] svežanj, bala, paket, omot; ambalaža
packer ['pækə] radnik (radnica) koji pakira robu; stroj za pakiranje; *Am* tvorničar konzerva
packet ['pækit] paket, omot
packing ['pækiŋ] pakiranje; ambalaža; izolacija
pact [pækt] ugovor, sporazum, pakt
pad [pæd] 1. pješačiti, klipsati 2. jastuk, jastučić, podloga 3. obložiti, podstaviti
paddle ['pædl] 1. kratko veslo; mješalica 2. veslati, pljuskati; tetošiti; *Am* udariti pljoštimice; ~ **box** kućište kotača; ~ **steamer** brod koji pokreće veliki kotač na paru
paddy ['pædi] 1. neoljuštena riža 2. srdžba; napadaj bijesa
padlock ['pædlɔk] lokot, katanac
pagan ['peigən] 1. poganski, neznabožački 2. poganin(ka), neznabožac
page [peidʒ] 1. paž; dječak plemić; livrirani hotelski sluga; *Am* vratar; podvornik 2. *Am* pozvati, dati, donijeti po sluzi 3. stranica (u knjizi); *fig* knjiga 4. označiti stranice brojevima
paid [peid] *pret* i *pp* od **pay**
pail [peil] kabao, vjedro
pain [pein] 1. bol; muka; kazna 2. zadavati bol, jad, brige
pain ... ~s *pl* bolovi, patnja; trud, muka; trudovi
   be in ~ trpjeti, patiti
   take ~s naprezati se, (po)truditi se
   ~ful (**~ly**) bolan; mučan; neugodan
   ~ killer lijek za ublažavanje bolova
   ~less (**~ly**) bezbolan
painstaking ['peinz,teikiŋ] marljivost, neumornost 2. radin, revan, savjestan
paint [peint] 1. boja; šminka; premaz; **wet ~!** svježe oličeno 2. (o)ličiti, premaziti, (na)šminkati; *fig* naslikati; ~ **brush** slikarski kist
painter ['peintə] 1. slikar(ica) 2. konop za vezanje čamca ili broda
painting ['peintŋ] slikanje, slikarstvo, slika
paintress ['peintris] slikarica
pair [pɛə] 1. par 2. (s)pariti; tvoriti par; otići u parovima (i ~ **off**)
pajamas [pə'dʒa:məz] *Am pl* vidi **pyjamas**
pal [pæl] *slang* 1. prisni prijatelji (su)drug 2. ~ **up** prijateljevati, postati prisan
palace ['pælis] palača, dvorac
palatal ['pælətl] 1. palatalan, nepčan 2. *gr* palatal, nepčan suglasnik
palate ['pælit] nepce, okus

pale [peil] (~ly) 1. blijed, bljedolik, nejasan; ~ **ale** bijelo pivo 2. *v/t* učiniti blijedim, pobijeliti; *v/i* (pro)blijediti 3. kolac, granice; područje
paleness ['peilnis] bljedoća, bljedilo
Palestinian [pælis'tiniən] palestinski
palette ['pælit] paleta; ~ **knife**, slikarski nož
pall [pɔ:l] 1. mrtvački pokrov; *eccl* svečani plašt 2. ogrnuti, omotati 3. postati bljutav, izgubiti čar
paladium [pə'leidiəm] paladij, utočište, skrovište
pallet ['pælit] slamnjača, slamarica
palliate ['pælieit] prikrivati; uljepšati
palliation [pæli'eiʃn] prikrivanje, uljepšavanje
palliative ['pæliətiv] 1. koji prikriva, ublažuje 2. sredstvo za ublažavanje boli; *fig* ublažavanje
pallid ['pælid] (~ly) blijed
palidness, pallor ['pælə] blijedoća, bljedilo
palm [pa:m] 1. dlan; mjera za dužinu; palma 2. dodirivati dlanom, skrivati u dlanu; ~ **off on a** *p* podvaliti komu, prevariti koga
palmar ['pælmə] koji se odnosi na dlan; koji se nalazi na dlanu
palmate ['pælmit], **palmated** ['pælmeitid] koji ima oblik dlana, šake; koji ima noge za plivanje; koji ima plivačke opne na nogama
palmer ['pa:mə] hodočasnik
palmistry ['pa:mistri] hiromantija, čitanje iz dlana
palpability [pælpə'biliti] opipljivost
palpable ['pælpəbl] (~ly) opipljiv; *fig* jasan
palpitate ['pælpiteit] kucati; lupati (srce)
palpitation [pælpi'teiʃn] kucanje, lupanje (srca)
palsy ['pɔ:lzi] 1. uzetost, ukočenost 2. *fig* onesposobiti
palter ['pɔ:ltə] varati, povaljivati
paltriness ['pɔ:ltrinis] podlost, bezvrijednost
paltry ['pɔ:ltri] podao, jadan
pamper ['pæmpə] maziti, kljukati
pamphlet ['pæmflit] letak, pamflet, brošura
pan [pæn] 1. tava, tiganj 2. *Am v/t* ispirati (zlato itd); *Am* oštro kritizirati; *v/i* isplatiti se
pan... sve

pancake ['pænkeik] palačinka
pandemonium [pændi'mounjəm] pakao, pandemonij
panegyric [pæni'dʒirik] hvalospjev, panegirik
panel ['pænl] 1. pretinac, umetak, pravokutna ploča; drvena ploča za slikanje; oplata, popis porotnika, porota; odbori 2. obložiti drvenim pločama; razdijeliti na mala polja; ~-**doctor** liječnik socijalnog osiguranja; ~**ist** diskutant; sudionik u diskusiji; ~**ing** oplata, oblaganje drvenim pločama
panic ['pænik] 1. paničan 2. panika, panični strah 3. biti obuzet panikom; ~ **monger** paničar
panorama [pænə'ra:mə] panorama
panoramic [pænə'ræmik] (~**ally**) panoramski
pansy ['pænzi] maćuhica
pant [pænt] dahtati, teško disati; nemati daha; soptati; udarati (srce); čeznuti
pantaloon [pæntə'lu:n] komedijaš, lakrdijaš; *Am* ~**s** *pl* hlače
pantheism ['pænθiizm] panteizam
panther ['pænθə] pantera
panties ['pæntiz] (**a pair of** ~) ženske gaćice
pantomime ['pæntəmaim] pantomima; božićna predstava za djecu
pantry ['pæntri] smočnica, ostava
pants [pænts] *pl Am* (**a pair of** ~) hlače, gaće
papa [pə'pa:] tata
papacy ['peipəsi] papinstvo
papal ['peipəl] (~**ly**) papinski
paper ['peipə] 1. papir; (news) novine, časopis; paketić; (**wall** ~) zidna tapeta; rasprava; radnja, predavanje; disertacija; banknota, mjenica 2. papirnat; tanak 3. obložiti ili zamotati papirom
paper ... ~**s** *pl* (osobni) papiri, isprave; akti; dokumenti
read a ~ **on** (o)držati predavanje o
~**back** broširana knjiga
~ **clip** spojnica za spise
~ **fastener** spojnica, kvačica
~ **hanger** tapetar
~ **mill** tvornica papira
~ **weight** pritiskivač za papir
papill [pə'pilə] bradavica
papistry ['peipistri] papizam
pappy ['pæpi] kašast

par [pa:] jednakost; normalna vrijednost; at ~ po nominalnoj vrijednosti; **put on ~ wish** izjednačiti, dati istu vrijednost
parable ['pærəbl] parabola, poredba
parabola [pə'ræbələ] parabola
parachute ['pærəʃu:t] padobran
parachutist ['pærəʃu:tist] padobranac, padobranka
parade [pə'reid] 1. svečana povorka, smotra, parada; **~ ground** šetalište, promenada, modna revija; **make ~ of** 1. isticati, pokazivati 2. isticati se; vršiti smotru, *fig* isticati se
paradise ['pærədais] raj, nebo
paradisiac [pærə'disiæk] **paradisical** [pærədi'saiəkəl] (**~ly**) rajski, nebeski
paradox ['pærədɔks] paradoks
paragraph ['pærəgra:f] odlomak; paragraf; člančić
parallel ['pærələl] 1. paralelan; *fig* analogan, sličan; **~ bars** *pl* (ruče) za tjelovježbu 2. paralela; usporedni smjer; *fig* poređenje; paralela; pandan; **have no ~** neusporediv 3. biti paralelan, izjednačiti (s čim); (u)sporediti
paralyse ['pærəlaiz] oslabiti; paralizirati; *fig* onemogućiti
paralysis [pə'rælisis] paraliza, uzetost
paralytic [pærə'litik] (**~ally**) 1. paraliziran, nemoćan 2. paralitik
paramilitary ['pærə'militəri] poluvojnički
paramount ['pærəmaunt] najviši, vrhovni, viši od svih
paraphrase ['pærəfreiz] 1. parafraza, slobodno pripovijedanje 2. slobodno prepričati, parafrazirati
parasite ['pærəsait] parazit, nametnik
parasol [pærə'sɔl] suncobran
paratroop ['pærətru:p] padobranski odred
paratyphoid [pærə'taifɔid] paratifus
parcel ['pa:sil] 1. paket, omot; pošiljka; parcela, čestica; gomila 2. razdijeliti (u dijelove, komade)
parch [pa:tʃ] (is)pržiti, (is)paliti; **~ing heat** žega
parchment ['pa:tʃmənt] pergament
pardon ['pa:dn] 1. oprost; pomilovanje; oprost od grijeha 2. oprostiti; pomilovati **~ me!** oprostite!
pardonable ['pa:dnəbl] (**~ly**) oprostiti
pare [pɛə] (ob)rezati, rezati; guliti; oljuštiti
parent ['pɛərənt] 1. roditelj, otac, majka; *fig* izvor, uzrok; **~s** *pl* roditelji 2. *fig* izvorni

parentage ['pɛərəntidʒ] podrijetlo, obitelj
parental [pə'rentl] (**~ly**) roditeljski, izvorni
parenthesis [pə'renθisis] *pl* **parentheses**, [pə'renθisi:z] umetnuta riječ, rečenica; okrugla zagrada
parentless ['pɛərəntlis] koji nema roditelja
parget ['pa:dʒit] okrečiti, ožbukati
paring ['pɛəriŋ] ljuska, olupina; **~ s** *pl* ljuske, otpaci
paris ['pæris] pariški
parish ['pæriʃ] 1. župa; **go on the ~** pasti na teret općini 2. župni, općinski; **~ clerk** crkvenjak; **~ council** općinsko vijeće, tijelo koje dijeli potporu sirotinji; **~ register** matična knjiga
parishioner [pə'riʃənə] župljanin
parisian [pə'rizjən] 1. *adj* pariški 2. Parižanin, Parižanka
parity ['pæriti] jednakost; burza paritet
park [pa:k] 1. park; mjesto za parkiranje, parkiralište 2. poredati; *Am* spremiti, pohraniti
park ... ~ing parkiranje
~ brake ručna kočnica
~ light poziciono svjetlo
~ meter *Am* parkometar
~ place parkiralište
~ ticket *Am* pismeni poziv za plaćanje globe zbog krivog parkiranja
parley ['pa:li] 1. pregovor; 2. *v/i* pregovarati; *v/t* govoriti: (stranim jezikom)
parliament ['pa:ləmənt] parlament
parliamentarian [pa:ləmen'tɛəriən] parlamentarac
parliamentary [pa:liə'mentəri] parlamentarni, ustavni
parlo(u)r ['pa:lə] soba za primanje posjeta; *Am* salon; soba za razgovor; *Am* **~ car** salonska kola; **~-maid** sobarica
parochial [pə'roukjəl] župni, *fig* ograničen
parody ['pærədi] 1. parodija 2. parodirati
parole [pə'roul] 1. lozinka, svečano obećanje, časna riječ; *Am* uvjetno pustiti na slobodu
parquet ['pa:kei] parket; *Am theat* parket
parrot ['pærət] 1. papiga 2. brbljati
parsimonious [pa:si'mounjəs] (**~ly**) škrt, štedljiv; tvrdičav
parsimoniousness , **parsimony** ['pa:siməni] škrtarenje; tvrdičluk
parsley ['pa:sli] peršin
parson ['pa:sn] pastor, župnik; svećenik

part [pa:t] 1. dio, komad; udio; stranka; strana; služba; uloga; nastavak; svezak; dionica 2. *adv* dijelom, djelomice 3. *v/t* (raz)dijeliti; rastaviti; *v/i* rastati se od
part ... ~s područje; odlike; duševne, umne sposobnosti
~ **of speech** (*gr*) vrsta riječi
a man of ~s sposoban čovjek
take ~ in a th sudjelovati u
for my (own) ~ što se mene tiče
for the most ~ većinom
in ~ djelomično
on the ~ of od strane (koga)
on my ~s moje strane; što se mene tiče
~ **wish** rastati se od; napustiti
partake [pa:'teik] učestvovati; imati udjela u; ~ of skupa jesti, piti, uživati; graničiti na; pokazivati osobine; ~r učesnik, sudionik, učesnica
partial ['pa:ʃl] (~ly) djelomičan, pristran; neobjektivan
partiality [pa:ʃi'æliti] pristranost, neobjektivnost
participant [pa:'tisipənt] sudionik, učesnica
participate [pa:'tisipeit] sudjelovati
partipacipation [pa:tisi'peiʃn] sudjelovanje
participle ['pa:tisipl] *gr* particip
particle ['pa:tikl] čestica, dijelić, *gr* partikula, čestica
particoloured ['pa:tikʌləd] šaren, raznobojan
particular [pə'tikjulə] (~ly) 1. poseban, osobit, individualan; neobičan, točan; određen; vlastiti, osobni; izbirljiv 2. pojedinost, detalj, okolnost; ~s pojedinosti, potankosti; in ~ napose; osobito, potanko
particularity [pətkju'læriti] osobitost; opširnost; iscrpnost; svojstvenost
particularize [pətikjulərraiz] opširno, potanko opisivati
particularly [pə'tikjuləli] osobito, napose, potanko
parting ['pa:tiŋ] podjela, dijeljenje, rastanak; razdjeljak (u kosi)
partisan [pa:ti'zən] 1. sljedbenik, pristaša; partizan; strančarski; ~ **ship** partizanstvo, strančarstvo
partition [pa:'tiʃn] 1. podjela, dioba; pregrada(k) 2. (raz)dijeliti, odijeliti pregradom

party ['pa:tli] djelomice, donekle
partner ['pa:tnə] 1. sudionik, saučesnik; suvlasnik, partner; ortak; plesač(ica) muž, žena 2. združiti se, složiti se s, surađivati s; ~ **ship** sudioništvo, zajednica, trgovačko društvo
part-owner ['pa:t, ounə] suvlasnik
part-paxment ['pa:ˌpeimənt] djelomična otplata
partridge ['pa:tridʒ] jarebica; tetrijeb
part-time ['pa:ttaim] honorarni rad; koji radi samo nekoliko sati; ~ **worker** radnik koji ne radi puno radno vrijeme
party ['pa:ti] stranka, partija; učesnik, učesnica; osoba, ulice; društvo; zabava; odred
pass [pa:s] 1. prilaz, prolaz; tjesnaci, prijevoj; propusnica; putovnica; putni list; (većinom **free** ~) besplatna ulaznica; udarac; prolazna ocjena na ispitu; prelaženje; dodavanje; plasiranje lopte; (u nogometu) 2. *v/i* ići, doći, proći; voziti se; putovati; protjecati; proći (mimo) prijeći; nestati; minuti; proteći; vrijediti; otići; nestati; biti primljen (zakonski prijedlog) položiti (ispit); proći (na ispitu); biti priznat; uobičajen; dogoditi se; ne pasirati, igrati (karte) 3. *v/t* proći, prolaziti, prelaziti preko (čega) hodati, voziti se; prekoračiti; prijeći; provoditi (vrijeme) otpremiti, poslati; prenijeti; procijediti; dodati; propustiti; položiti (ispit) odobriti (zakon); izreći (osudu)
pass ... **come to** ~ dogoditi se
~ **as** vrijediti kao
~ **away** proći, minuti; usnuti (umrijeti)
~ **by** proći (mimo čega)
~ **into law** postati zakon
~ **off** prestati, odigrati se
~ **on** ići dalje
~ **out** izlaziti, istjecati; *slang* onesvijestiti se; izdahnuti
~ **through** a th prolaziti kroz što; *fig* proživjeti
~ **one's word** dati riječ
~ **by** ili **over** a th previdjeti što, pregledati
~ **off** *Am* izgledati kao bijelac (svjetloputi crnac)
~ **off as** prikazati, izdavati (za što)
~ **oneself off for** izdavati se za (koga, što)
~ **on** dodati, pružiti

~ a th up odstupiti od čega
~ up *Am* odreći se, odustati (od čega)
passable ['pa:səbl] prolazan, prohodan, prihvatljiv; (~ly) podnošljiv, prilično dobar
passage ['pæsidʒ] prijelaz; prolaz; putovanje (preko mora, zrakom) hodnik; prihvaćanje; usvajanje (zakona), pasaž; odlomak (u knjizi, tekstu); ~s *pl* odnosi, veze; ~ **boat**, putnički brod; ~ **way**, prolaz, hodnik
pass-book ('pa:s buk) kreditna knjižica
passenger ['pæsindʒə] putnik, putnica; ~ **train** putnički vlak
passer-by *pl* **passers-by** ['pa:sə(z)'bai] prolaznik, prolaznica
passing ['pa:siŋ] 1. prolazak; prihvaćanje; smrt; **in** ~ usput 2. prolazan, letimičan; ~**ly** letimično, površno
passion ['pæʃn] strast, emocija, ljubav; provala osjećaja; srdžba; bijes
passionate ['pæʃənit] (~ly) strastven, nagao, vatren; ~ **ness** strastvenost, vatrenost
passive ['pæsiv] (~ly) pasivan (i *gr*), trpni; strpljiv
passivity [pæ'siviti] pasivnost; nezainteresiranost
passport ['pa:spɔ:t] putovnica; *fig* preporuka
password ['pa:swə:d] lozinka
past [pa:st] 1. *adj* prošli, bivši 2. *adv* mimo 3. *prep* preko; poslije; iza 4. prošlost
paste [peist] 1. tijesto, ljepilo (od brašna) umjetni dragi kamen 2. lijepiti, nalijepiti; ~ **board** ljepenka
pastel ['pæstəl] vrbovnik; olovka u boji; pastel
pastime [pa:staim] razonoda; zabava
pastor ['pa:stə] župnik, pastor
pastoral ['pa:stərəl] (~ly) 1. pastorski; ladanjski; pastoralan; *eccl* pastirski 2. pastorala, idila; *eccl* pastirsko pismo
pastry ['peistri] povlastice, kolači; ~-**cook** slastičar
pasture ['pa:stʃə] 1. pašnjak; paša; 2. *v/t* (po)pasti; *v/i* pasti (se)
pat [pæt] 1. dodir rukom, lagan udarac; 2. potapšati rukom 3. koji dolazi u pravi čas
patch [pætʃ] 1. zakrpa, krpa 2. krpati; ~ **up** zakrpiti; ~ **work** krpljenje; ~**y** pun zakrpa; *fig* nejednak, skrpan
patent ['peitnt, *Am* 'pætnt] 1. očit; patentiran 2. patent; povlastica; povelja; 3. patentirati

paternal [pə'tə:nl] (~ly) očinski, očev
paternity [pə'tə:niti] očinstvo, *fig* porijeklo
path [pa:θ] *pl* **pathas** [pa:ðz] puteljak, staza, put
pathetic [pə'θetik] (~ally) patetičan, ganutljiv
pathology [pə'θɔlədʒi] patologija
pathos ['peiθɔs] patos
pathway ['pa:θwei] staza, puteljak
patience ['peiʃns] strpljivost, izdržljivost; pasijans
patient ['peiʃənt] 1. strpljiv; 2. pacijent(ica); bolesnik, bolesnica
patio ['pa:tiou] *Am* unutarnje dvorište
patriarch ['peitria:k] patrijarh
patriot ['pætriət] patriot, rodoljub
patriotic [pætri'ɔtik] (~ally) rodoljubiv, patriotski
patriotism ['pætriətizm] patriotizam, rodoljublje
patrol [pə'troul] 2. patrolirati, stražariti; ~**man** policajac, (prometnik) na dužnosti
patron ['peitrən] pokrovitelj, patron, svetac, zaštitnik; mušterija, gost
patronage ['pætrənidʒ] pokroviteljstvo; mušterije; zaštita
patronize ['pætrənaiz] štititi; potpomagati; biti mušterija; ~**r** zaštitnik; pokrovitelj(ica)
patter ['pætə] 1. *v/i* pljuskati; tapkati, cupkati nogama; *v/t* brbljati 2. pljuskanje; cupkanje; brbljanje
pattern ['pætən] 1. uzor, primjer; uzorak, šablona, kroj; *fig* stil 2. izraditi, šarati uzorkom
paunch [pɔ:ntʃ] trbuh, mješina; ~**ly** trbušast
pauper ['pɔ:pə] 1. siromah, koji živi od milostinje
pauperize ['pɔ:pəraiz] osiromašiti, dovesti na prosjački štap
pause [pɔ:z] 1. odmor, stanka; pauza 2. zastati, napraviti stanku; zaustaviti se
pave [peiv] popločiti; *fig* utrti (put)
pavement ['peivmənt] asfalt, pločnik
pavilion [pə'viljən] paviljon, šator; sjenica
paw [pɔ:] 1. šapa, capa 2. udariti ili dodirivati šapom; čeprkati; tapšati
pawn [pɔ:n] 1. pješak, pijun, 2. zalog 3. dati u zalog, založiti; ~ **broker** vlasnik zalagaonice; ~ **shop** zalagaonica
pay [pei] 1. plaća, nadnica; *fig* nagrada 2.

irr v/t plaćati, platiti; isplatiti se (komu) načiniti (posjet, kompliment); *v/i* plaćati; isplatiti se, vrijediti
pay ... ~off otplatiti; isplatiti
~ for platiti (za što) okajati, ispaštati
~ able isplativ
~ day dan isplate
~ er onaj koji plaća; trasat
~ ing unosan; koji plaća
~ master blagajnik, činovnik koji isplaćuje
~ ment isplata; plaća; nadnica, nagrada
~ off obračun; *Am* vrhunac
~ phone javni telefon
~ office blagajnik
~-roll platni spisak
~ station *Am* javna telefonska govornica
pea [pi:] grašak
peace [pi:s] mir; at ~ u miru; u slozi; break the ~ remetiti javni mir, keep the ~ održavati miran; ~-breaker remetilac, kršitelj mira; ~ful (~ly) miran, miroljubiv; ~ maker mirotvorac, mirotvorka; ~ officer čuvar reda i mira, redar
peach [pi:tʃ] 1. breskva; *Am slang* lijepa mlada djevojka ili žena 2. *slang* ~ (up)on tužakati, odati, izdati
peackock ['pi:kɔk] paun; paunovo oko (leptir)
pea-fowl [pi'faul] paun, paunica
peahen ['pi:hen] paunica
peak [pi:k] 1. vrh, vršak; vrhunac; štit (na kapi); *attr* vrhunski glavni 2. poboljevati; izgledati slab
peaked [pi:kt] šiljat, ušiljen
peal [pi:l] 1. zvonjava, tutnjava 2. *v/t* udarati o zvono; *v/i* zabrujati; oriti se
peanut [pi:nʌt] kikiriki; *fig* malenkost, trica
pear [pɛə] kruška
pearl [pə:l] 1. biser; *attr* biserni 2. ukrasti biserom; ~y biserast, sedefast, pun bisera
peasant ['pezənt] 1. seljak 2. seljački
peasantry ['pezəntri] seljaci, seljački stalež
pebble ['pebl] šljunak, oblutak
peck [pek] 1. jedinica za mjerenje žita (9.087 lit) 2. kljucati, kljuvati; ~er *slang* kljun, nos
peculate ['pekjuleit] pronevjeriti
peculation [pekju'leiʃn] pronevjera
peculator ['pekjuleitə] pronevjeritelj
peculair [pi'kju:ljə] (~ly) osobit; svojstven, specifičan; neobičan
peculiarity [pikjuli'æriti] osobitost, specifičnost, osebujnost; neobičnost

pedagogic , pedagogical [pedə'gɔdʒik(l)] pedagoški, odgojni
pedagogics [pedə'gɔdʒiks] *pl* pedagogija
pedagogy ['pedəgɔgi] pedagogija
pedal ['pedl] 1. pedal, papučica; nožni 3. gaziti pedal
pedantic [pi'dæntik] (~ally) pedantan
pedantry ['pedəntri] pedanterija, cjepidlačenje
pedestrian [pi'destriən] 1. pješački, nožni; trijezan 2. pješak
pedicure ['pedikjuə] pedikiranje, pediker(ka)
pedigree ['pedigri] 1. pedigre, rodovnik
peek [pi:k] 1. viriti, provirivati 2. letimičan pogled take a ~ proviriti have a ~ proviriti
peel [pi:l] 1. ljuska, kora 2. (i ~ off) *v/t* oljuštiti, oguliti, svući; *v/i* (oljuštiti se, oguliti se); *slang* razodjeniti se; ~ing ljuska, kora; ljuštenje
peep [pi:p] 1. pijuk(anje); pijukati 2. potajni, letimični pogled; praskozorje 3. potajno gledati, *fig* provirivati; ~ hole oko na vratima
peer [piə] 1. zuriti, zagledati se 2. onaj koji je komu ravan ili par; pripadnik engleskog visokog plemstva
peevish ['pi:viʃ] (~ly) zlovoljan, neraspoložen
peg [peg] 1. klin; kuka; drven čavao; štipaljka 2. pričvrstiti klinom; odrediti, održavati (cijene, nadnice) ciljati (na)
pelican ['pelikən] pelikan
pelt [pelt] 1. krzno; sirova koža 2. *v/t* gađati, napasti, bombardirati, *v/i* sručiti se; pljuštati
peltry ['peltri] krznena roba; krzna, kože
pelvis ['pelvis] zdjelica, karlica
pen [pen] 1. pero; 2. pisati, sastaviti 2. tor, obor 2. *irr* zatvoriti u obor
penal ['pi:nl] (~ly) kaznen, krivičan; kažnjiv
~ code krivični zakonik
penalize ['pi:nlaiz] kazniti
penalty ['penlti] kazna; penal
penance ['penəns] pokora
pence [pens] *pl* od penny
pencil ['pensl] 1. olovka; snop svjetlosnih zraka 2. označiti, prevući olovkom; ~ sharpener šiljilo (za olovke)
pendant ['pendənt] privjesak; par, pandan
pendent ['pendənt] koji visi, lebdi, *fig* neriješen
pending ['pendiŋ] 1. neodređen, neodlučan, neriješen 2. u tijeku, tekući, 3. *prep* za, za vrijeme

penetrability [penitrə'biliti] probojnost, prodornost
penetrable ['penitrəbl] (~ly) koji se može probiti, probojan
penetrate ['penitreit] v/t probiti (što); prodrijeti; prozrijeti, v/i prodrijeti; prodirati
penetration [peni'treiʃn] prodiranje, penetracija
penguin ['peŋgwin] pingvin
penicillin [peni'silin] penicilin
peninsula [pi'ninsjulə] poluotok
penitence ['penitəns] pokajanje, pokora
penitent ['penitənt] (~ly) 1. koji se kaje 2. pokajnik, pokajnica
penitential [peni'tenʃl] popravilište; kazneno-popravni dom; *Am* kaznionica; ispovjednik
pen-name ['penneim] pseudonim
pennant ['penənt] zastavica; *fig* prvenstvo
penniless ['penilis] (~ly) bez novčića, siromašan
penny ['peni] *pl* pence; pojedini novčić; **pennies** (engleski) peni (1/12 šilinga); *Am* novčić od 1 centa; sitnica; malenkost; ~- **dreadful** petparačka literatura; ~-**weight** dvadeseti dio unce (1,5 grama); ~ **worth** ('penəθ) ono što vrijedi jedan peni; jeftina kupovina
pension ['penʃn] 1. mirovina, penzija, renta ['pa:ŋsiɔ:ŋ] pension, privatni hotel 2. umirati, penzionirati
pensionary, **pensioner** ['penʃənəri], ['penʃənə] umirovljenik, umirovljenica, plaćenik, najamnik
pentagon ['pentəgən] petrokut, pentagon; the ~ glavni štab američke vojske u Arlingtonu
Pentecost ['pentikɔst] Duhovi
pentehouse ['penthaus] streha, nadstrešnica
people ['pi:pl] 1. narod; *pl* ~s narodi; ljudi; svijet, puk 2. naučiti, naseliti
papper ['pepə] 1. papar 2. (po)papriti; ~-**mint** pepermint; ~y (~ly) papren; *fig* vatren
per [pə:] na, po; ~**cent** postotak (%)
peradventure [pərəd'ventʃə] 1. slučajno, možda 2. slučaj, eventualnost
perambulate [pə'ræmbjuleit] (pro)šetati; (pro)putovati
perambulator ['præmbjuleitə] dječja kolica
perceive [pə'si:v] opaziti, uočiti; spoznati

percentage [pə'sentidʒ] (~ly) zamjetljiv
perception [pə'sepʃn] percepcija; spoznaja; shvaćanje
perch [pətʃ] 1. grgeč, 2. šipka, prečka, jedinica, mjere za duljinu (5,029); *fig* prijestolje 3. sjesti; *fig* ustoličen
percipient [pə'sipiənt] 1. koji opaža 2. onaj koji opaža, medij
percussion [pə:kʌʃn] sudar, sraz, perkusija; treperenje; ~ **instrument** *pl* udaraljke
percussive [pə:'kʌsiv] udarni, koji udara
perdu [e] [pə:'dju:] u zasjedi
perfect ['pə:fikt] (~ly) 1. savršen, bez mane; potpun; dovršen 2. (~ **tense**) *gr* perfekt 3. [pə'fekt] usavršiti; izgraditi; dovršiti
perfection [pə'fekʃn] usavršavanje, savršenstvo
perforate ['pə:fəreit] probušiti, probiti, perforirati
perforation [pə:fə'reiʃn] probijanje, perforacija
perforce [pə'fɔ:s] silom; nužno
perform [pə'fɔ:m] izvesti, obaviti, ispuniti (dužnosti itd.), glumiti, igrati; izvoditi
performance [pə'fɔ:məns] izvođenje, obavljanje; ispunjavanje; izvedba; igra; djelo, čin
performer [pə'fɔ:mə] izvršitelj: izvođač, glumac, glumica; umjetnik, umjetnica
perfume ['pə:fju:m] 1. miris, miomiris, parfem 2. [pə'fju:m] namirisati, parfimirati
perhaps [pə'hæps, præps] možda
peril ['peril] 1. opasnost; pogibelj; **at one's** ~ na vlastiti rizik 2. ugroziti, dovesti u opasnost
perilous ['periləs] (~ly) pogibeljan, opasan
period ['piəriəd] period, razdoblje, vremenski rok; *gr* period, rečenički sklop; točka; retorički govor; kraj; cilj
periodic ['piəriɔdik] periodičan, periodski ~al(~ly) periodičan 2. časopis
periphery [pə'rifəri] persifikacija, rub
periphrasis [pə'rifrəsis] *pl* periphrases [pə'rifrəsiz] perifraza, prepričavanje
perish ['periʃ] propasti, nestajati, venuti
perishable ['periʃəbl] (~ly) prolazan, pokvarljiv (hrana)
perishing ['periʃiŋ] (~ly) ubitačan; smrtonosan; oduran
periwig ['periwig] perika, vlasulja
perky ['pə:ki] (~ly) samosvjestan; živahan, bodar

permanence ['pə:mənəns] trajanje, stalnost, neprekidnost
permanent ['pə:mənənt] (~ly) stalan, neprekidan
permability [pə:miə'biliti] propustljivost, probojnost
permeable ['pə:miəbl] (~ly) propustljiv, probojan
permissible [pə'misəbl] dopustljiv
permission [pə'miʃən] koji dozvoljava, dopušten
permit [pə'mit] 1. dozvoliti; dopustiti 2. ['pə:mit] dozvola; propusnica
peroxide [pə'rɔksaid] (vodikov) superoksid
perpendicular [pə:pən'dikjulə] (~ly) 1. okomit, uspravan; ~ style Engleska kasna gotika 2. okomica
perpetual [pə'petjuəl] (~ly) neprekidan, trajan; vječan
perpetuate [pə'petjueit] ovjekovječiti, učiniti stalnim
perpetuity [pə:pi'tjuiti] vječnost; doživotna renta
perplex [pə'pleks] zbuniti, smesti; ed (~ly) zbunjen, smeten
perplexity [pə'pleksiti] zbunjenost, smetenost
persecute ['pə:sikju:t] progoniti; kinjiti; mučiti
persecution [pə:si'kju:ʃn] proganjanje, progon; mučenje
persecutor [pəsi'kjutə] progonitelj, mučitelj
perseverance [pə:si'viərəns] upornost, izdržljivost
persevere [pə:si'viə] ustrajati; ne odustajati
persevering [pə:si'viəriŋ] (~ly) izdržljiv, uporan
Persian ['pə:ʃn] 1. perzijski 2. Perzijanac, Perzijanka
persist [pə'sist] ustrajati; biti uporan
persistence , persistency [pə'sistəns(i)] upornost, ustrajnost
persistent [pə'sistənt] (~ly) uporan, ustrajan
person ['pə:sn] osoba, ličnost; čovjek; netko; vanjština; *gr* lice; *theat* uloga; in ~, osobno
personage ['pə:snidʒ] ličnost, ugledna osoba; *theat* lice u drami; vanjština
personal ['pə:snl] (~ly) 1. osobni, vlastiti; *fig* uvredljiv; ~ property ili estate, osobna ili pokretna imovina 2. *Am* (novinska) rubrika za osobne obavijesti
personality [pəsə'næliti] osobnost, ličnost; uvredljiva riječ
personalty ['pə:snəlti] pokretna imovina
personate ['pəsəneit] prikazivati, predstavljati, izdavati se za
personation [pəsə'neiʃn] prikazivanje; predstavljanje; utjelovljenje, personifikacija
personify [pə'sɔnifai] utjeloviti, personificirati
personnel [pəsə'nel] osoblje, personal
perspective [pə'spektiv] (~ly) 1. perspektivan 2. perspektiva; vidik; izgled
perspiration [pə:spə'reiʃn] znoj, znojenje
perspire [pəs'paiə] znojiti se
persuade [pə'sweid] nagovoriti, uvjeriti
persuasion [pə'sweiʒən] nagovaranje, uvjeravanje; osvjedočenje; soj, vrsta
persuasive [pə'sweisiv] (~ly) uvjerljiv, koji umije uvjeriti
persuasivness [pə'sweisivnis] snaga nagovaranja, uvjerljivost
pertain [pə:'tein] pripadati (komu, čemu); priličiti se, dolikovati se (komu, čemu); odnositi se (na koga)
pertinence [pertinency] ['pə:tinəns(i)] prikladnost, primjerenost
pertinent ['pə:tinənt] (~ly) primjeren, prikladan, relevantan; ~ to, koji se odnosi na, u svezi s
perturb [pə'təb] smetati, uznemiravati; (z)buniti
perturbation [pə:tə:'beiʃn] uznemiravanje, smetnja
pervade [pə:'veid] prodrijeti, prožimati
pervasion [pə'veiʒn] prožimanje, prodiranje
perverse [pə'və:s] (~ly) izopačen, nastran; iskrivljen
perversion [pə'və:ʃn] izopačenje; skretanje (s pravog puta)
perversity [pə'və:siti] izopačenost, pokvarenost; perverzitet
pervert [pə'və:t] 1. izopačiti, iskriviti; zavesti 2. perverzan čovjek odmetnik
pessimism ['pesimizm] pesimizam
pessimist ['pesimist] pesimist
pessimistic [pesi'mistik] (~ally) pesimističan

pest [pest] *fig* nevolja; pošast; kuga
pester ['pestə] dosađivati; salijetati; mučiti koga
pestilence ['pestiləns] kuga, pošast; epidemija
pet [pet] 1. mržnja, ljutnja, zlovolja 2. pripitomljena životinja; maza, kućni ljubimac 3. (raz)maziti
petition [pi'tiʃn] 1. molba; pismena molba 2. moliti, tražiti; predati molbu
petrify ['petrifai] okameniti; *fig* skameniti
petrol ['petrəl] benzin; ~ **engine**, benzinski motor; ~ **station**, benzinska pumpa, benzinska stanica
pettiness ['petinis] beznačajnost, sitnica
petty ['peti] (~ly) sitan, nevažan, malen
pew [pju:] sjedalo, klupa u crkvi
pewter ['pju:tə] 1. kositar 2. kositren
phantasm ['fæntæzm] priviđenje, tlapnja
phantom ['fæntəm] 1. prikaza, utvara, duh, fantom 2. avetan, sablastan
pharmaceutical [fa:mə'sju:tikl] farmaceutski
pharmacist ['fa:məsist] apotekar, farmaceut
pharmacy [fa:məsi] apoteka; farmacija, ljekarništvo
pharynx ['færiŋks] ždrijelo
phase [feiz] faza
pheasant ['feznt] fazan
phenomenal [fi'nɔminl] jedinstven, fenomenalan; vanjski
phenomenon [fi'nɔminən] *pl* **phenomena** [fi'nɔminə] fenomen; prirodna pojava; *fig* čudo
phew [fju:] uh!
Phi Betta Kappa [fai'bi:tə'kæpə] *Am* vrsta studentskog udruženja
philanthropist [fi'lænθrəpist] dobrotvor, filantrop
philological [filə'lɔdʒikl] (~ly) filološki
philologist [fi'lɔlədʒist] filolog, jezikoslovac
philology [fi'lɔlədʒi] filologija, jezikoslovlje
philosophy [fi'lɔsəfi] filozofija
phoenix, **phenix** [fi:niks] feniks (ptica)
phone [foun] vidi **telephone** ; 1. telefon 2. telefonirati
phonetic [fo'netik] (~ally) fonetski; ~ **spelling** fonetsko pisanje
phonetician [founi'tiʃn] fonetičar

phonetics [fo'netiks] *pl* fonetika, nauka o glasovima
phonology [fo'nɔlədʒi] fonologija
phon(e)y [founi] *Am slang* 1. krivotvorina, varalica 2. lažan, patvoren
phosphorus ['fɔsfərəs] fosfor
photo [foutou] 1. fotografiranje, snimak 2. fotografirati (se) snimati (se)
photograph ['foutəgra:f] 1. fotografija 2. fotografirati
photographer [fə'tɔgrəfə] fotograf
photography [fə'tɔgrəfi] fotografiranje, fotografija (umijeće)
photo-play ['foutəplei] drama prerađena za film
phrase [freiz] 1. fraza, izraz; glazbena misao 2. izraziti; nazvati; ~ **monger** frazer(ka)
phraseology [freizi'ɔlədʒi] frazeologija, način izražavanja
phrenetic [fri'netik] (~ally) frenetički, mahnit
physic [fizik] 1. medicina, ljekarstvo; lijek; ~**s** *sg* fizika 2. *slang* liječiti
physical [fizikl] (~ly) tjelesni, fizički, fizikalni; ~ **condition** zdravstveno stanje; ~ **culture** tjelesna kultura
physician [fi'ziʃn] liječnik
physicist ['fizisist] fizičar
physique [fi'zi:k] građa, ustrojstvo tijela
pianist ['pjænist, 'piənist] pijanist(ica)
piano ['pja:nou] 1. piano, tiho, ['pjænou, 'pja:nou, pi'a:nou] klavir; **cottage** ~ pianino
picaroon [pikə'ru:n] pirat, gusar
pick [pik] 1. pijuk, izbor 2. prekopavati, kopati, čačkati (zube); brati (cvijeće, voće); oglodati (kost); tražiti (nevolju, tuću); jesti po malo (za ljude); kljucati (za ptice); čijati (vunu); ~ **at** ili **on** *Am* prigovarati, krtizirati; ~ **out** izvaditi; iskopati; izabrati; istaknuti (smisao); shvatiti; .
~ **up** raskopati; povesti koga sa sobom; doći po koga; uhvatiti (vijest); oporaviti se;
pick-a-back ['pikəbæk] na leđima ili na ramenima (jahati ili nositi)
pick-axe ['pikæks] 1. pijuk 2. kopati
picked ['pikid] šiljast; [pikt] izabran, probran
picket ['pikit] 1. kolac; štrajkaška straža 2. *v/t* ograditi koljem; okolčiti; postaviti na

stražu; v/i stajati na štrajkaškoj straži
pickle ['pikl] 1. salamura, slana voda; povrće u octu; neprilika; škripac 2. usoliti; marinirati
pick-pocket ['pik,pɔkit] džepar, kradljivac
pick-up ['pikʌp] dobit; putnički vlak; putnik; napitak koji osvježuje; *tech* uređaj za prenošenje zvuka s električnog gramofona na zvučnik
picnic ['piknik] 1. piknik, izlet; dječja igra 2. načiniti izlet
picture ['piktʃə] 1. slika, crtež, portret; the ~s kino (predstava) 2. slikati, prikazivati; predočiti sebi
picturesque [piktʃə'resk] slikovit, živ
pidgin ['pidʒin] posao, stvar ~ **English** jezik kojim se služe azijski narodi u saobraćaju s Europljanima
pie [pai] 1. pita; mesna pašteta; voćni kolač; zbrkana štamparska slova 2. svraka; ~ **bald** šaren
piece [pi:s] 1. komad, dio; odlomak; glazbeno djelo; kazališni komad; šahovska figura; ~ **of advice** savjet; **in** ~**s** na komade; **break** ili **go to** ~**s** razbiti (se), razlupati; **take to** ~**s** rastaviti, rasklopiti 2. (s)krpati; spojiti; nastaviti; dodati
pied [paid] šaren, raznobojan
pier [piə] lukobran, mol, gat, pristanište, (kameni) stup
pierce [piəs] v/t probušiti, probiti; parati (uši); v/i prodrijeti; ~**r** svrdlo, šiljak
piercing ['piəsiŋ] (~**ly**) oštar; *fig* pronicav
piety ['paiəti] pobožnost, pijetet
pig [pig] 1. prase; svinja; komad sirove kovine; ljevački kalup
2. oprasiti (mlade); živjeti u krdu svinje
pigeon ['pidʒin] 1. golub; *slang* glupan; ~ **hole** pregrada (za pisma), pretinac 2. svrstati u pretinac; ~**ry** golubinjak
pig-headed [pig'hedid] tvrdoglav, svojeglav
pig-iron ['pigaiən] sirovo željezo
pigsty ['pigstai] 1. svinjac, kotac
pigtail ['pigteil] pletenca, perčin
pike [paik] koplje, pijuk; ražanj; štuka; brklja; rampa; ~**r** *Am slang* kockar, oprezan igrač
pile [pail] 1. hrpa, gomila; lomača; velika zgrada; galvanski stup; atomska peć 2. nagomilavati; zgrtati; (~**up**)~**on** natrpati, pretovariti 3. balvan, stup, 4. meka dlaka, vuna; čupava strana tkanine

piles [pailz] *pl* hemeroidi
pilgrim ['pilgrim] hodočasnik; *Am* puritanac-doseljenik u Novu Englesku
pilgrimage ['pilgrimidʒ] hodočašće
pill [pil] pilula
pillar ['pilə] stup, nosač; ~-**box** poštanski sandučić u obliku stupa
pillow ['pilou] 1. jastuk, uzglavlje; ležaj 2. položiti, staviti (glavu) na; poduprijeti čime; ~ **case**, ~-**slip** jastučnica
pilot ['pailət] 1. pilot; kormilar; *fig* vodič, vođa; ~ **instructor**, učitelj leta; ~ **plant**, pokusno postrojenje, pogon 2. pilotirati, kormilariti
pimp [pimp] 1. svodnik, svodilja 2. svoditi, podvoditi
pimple ['pimpl] bubuljica, prištić; ~**d**, **pimply** prištav, bubuljičav
pin [pin] 1. pribadača; čavao; klin; kolčić; čunj; broš; igla 2. pričvrstiti, prikvačiti, *slang fig* priklijestiti
pinch [pintʃ] 1. štipanje; uštip; stiskanje; *fig* škripac, stiska, nevolja, 2. v/t štipati; uštinuti; mučiti; tištiti; biti u stisci; ~**ed** stisnut, tanak
pine [pain] 1. bor, borovina 2. venuti, čeznuti za; ~ **apple** ananas
pinfold ['pinfould] tor, obor
ping-pong ['piŋpɔŋ] stolni tenis
pink [piŋk] 1. vrtni karanfil, klinčić; ružičasta boja; lovac na lisice; crveni lovački kaput 2. ružičast 3. probiti, probušiti; nazupčati 4. kuckati
pinnacle ['pinəkl] tornjić, vrh (na brdu); *fig* vrhunac
pint [paint] pinta (0,57 lit; *Am* 0,47 lit)
pin-up ['pinʌp] *slang* slika lijepe djevojke koja se pričvrsti na zid
pioneer [paiə'niə] 1. pionir; krčitelj putova 2. krčiti put; predvoditi
pious ['paiəs] pobožan; nježan
pip [pip] 1. koštica; zrno; zvijezda (znak čina) 2. kika, bolest peradi
3. uništiti, upropastiti
pipe [paip] 1. lula; svirala, zviždaljka; cijev; pijukanje; zvižduk ptice; provesti kroz cijev 2. prevući bijelom glinom; ~ **line**, dovodna cijev za naftu 2. izvor povjerljive informacije
piquant ['pi:kənt] (~**ly**) pikantan, ljut
pique [pi:k] 1. gnjev 2. izazvati gnjev
piracy ['paiərəsi] gusarstvo; nedozvoljeno produciranje (književnih djela)

pirate ['pairit] 1. gusar, pirat; gusarski brod; onaj koji tiska književna djela bez autorovog pristanka 2. preštampavati (bez dozvole)
pish [piʃ] pih! fuj!
piss [pis] 1. mokraća; 2. (po)mokriti, (po)pišati
pistol ['pistl] pištolj, revolver
piston ['pistən] klip; ~ rod klipnjača; ~-stroke, takt
pit [pit] jama; graba; šupljina; trap; *theat* parter; *Am* burza, odio za mešetare; ožiljak od boginja 2. staviti u trap, jamu; prekriti ožiljcima; suprostaviti se
pitch [pitʃ] 1. katran, smola 2. prekriti smolom 3. bacanje; visina; nagib; visina tona; ponuda (robe); ulični štand; ~ and toss pismo ili glava 3. *v/t* bacati; natovariti; usaditi; podići (šator); ugoditi; podesiti; *v/i* utaboriti (se)
pitcher ['pitʃə] 1. bacač (lopte) 2. (zemljan) vrč
pit-fall ['pitfɔ:l] stupica, klopka
pith [piθ] srž, moždina, *fig* snaga, jezgra
pitiful ['pitiful] (~ly) samilostan; bijedan, jadan
pitiless ['pitilis] (~ly) nemilosrdan
pitman ['pitmən] rudar, kopač
pity ['piti] 1. samilost, milosrđe; it's a ~ šteta, nažalost 2. sažaljevati; ražaliti se; I ~ him žao mi ga je
pivot ['pivət] 1. klin; stožer; glavna osovina 2. okretati se, vrtjeti se oko
placability [pleikə'biliti] pomirljivost
placable ['pleikəbl] (~ly) pomirljiv
placard ['plæka:d] plakat, oglas 2. oglasiti plakatima
place [pleis] 1. mjesto, grad; mjesto; selo; prebivalište; namještenje; čast; utvrda; stan 2. staviti, namjestiti; pohraniti; procijeniti
place ... ~ of employment radno mjesto
give ~ to načiniti mjesta za
in ~ na pravom mjestu
in ~ of umjesto koga, čega
in her ~ na njenom mjestu
on the first ~ na prvom mjestu, prije svega; identificirati
placid ['plæsid] (~ly) blag; miran
plagarism ['pleidʒiərizm] plagijat
plague [pleig] 1. pošast; pokora; kuga 2. gnjaviti, mučiti
plain [plein] (~ly) ravan; jasan; jednostavan; neugledan; iskren; jednobojan 2. razgovijetno, jasno 3. ravnica; *Am attr* prerijski; ~ness otvorenost, jednostavnost; jasnoća
plaint [pleint] tužba
plaintif f ['pleintif] tužitelj(ica)
plaintive ['pleintiv] (~ly) koji se tuži, jadikuje
plan [plæn] 1. plan, nacrt, tlocrt, osnova 2. nacrtati plan, planirati; *fig* nakaniti
plane [plein] 1. plosnat, ravan, 2. ploha, ravnina; avion; nosiva površina *fig* razina; blanja; strug 3. (iz)ravnati; ostrugati; (iz)blanjati; letjeti 4. platana
planetarium [plæni'tɛəriəm] planetarij
planetary ['plænitəri] planetski
plank [plæŋk] 1. debela daska, *Am parl* točka političkog programa stranke 2. obložiti daskama; *Am slang* položiti (novac) na stol; ~ing oplata; daske
plant [pla:nt] 1. biljka; postrojenje; pogon; *slang* stupica, smicalice 2. (po)saditi, (po)sijati; osnovati; naseliti
plash [plæʃ] 1. pljuskanje; lokva 2. pljus! 3. pljuskati, brčkati se 4. savijati (granje) i splesti (ga) u živicu
plaster ['pla:stə] 1. flaster, melem; žbuka, kreč; bijeli gips; štukatura 2. požbukati, [o]krečiti, ukrasiti gipsom
plastic ['plæstik] (~ally) 1. plastičan; ~ material, umjetni, materijal, plastika
plate [pleit] općenito ploča; slika; pločica s imenom; natpisom; otisak; tanjur; srebrno suđe; pladanj; pokal, pehar (i dental ~) nepce (umjetnog zubala); debeli lim 2. posrebriti, prevući metalom; oklopiti
plateau ['plætou] visoravan
platform ['plætfɔ:m] platforma, terasa; zaravanak; peron; govornica; politički program stranke; *Am pol* akcioni program (u izbornoj kampanji)
platinium ['plætinəm] platina
platoon [plə'tu:n] vod
platter ['plætə] pladanj, poslužavnik
plausibility [plɔ:zə'biliti] vjerodostojnost, vjerojatnost; uvjerljivost; dvoličnost
plausible ['plɔ:zəbl] (~ly) vjerojatan, uvjerljiv; dvoličan
play [plei] 1. igra; *theat* komad, drama; hod; razmak; sloboda (kretanja) rada 2. *v/i* igrati (se); šaliti se; zabavljati se; raditi, biti u pogonu; *v/t* igrati; glumiti

play ... fair [foul] ~ pošten, (nepošten) postupak ili igra
~ **for time** odugovlačiti, dobiti na vremenu
~**off** *fig* izigravati; varati
~**ed out** zastario, gotov
~**bill** kazališni program
~-**boy** lakouman čovjek; bonvivan
~**er** igrač[ica]; glumac, glumica
~**ful** (~**ly**) nestašan, šaljiv
~**ground** igralište; školsko dvorište
~-**house** kazalište; *Am* minijaturna kuća za djecu
~**ing field** igralište
~-**off** finalna utakmica
~-**thing** igračka
~**wright** ili ~-**writer** dramatičar, pisac kazališnih komada

plea [pli:] odgovor na tužbu, replika; zagovaranje; izlika; molba; **make a** ~ uložiti prigovor

plead [pli:d] *v/i* govoriti na sudu, obraćati se sudu; ~ **for** zauzimati se za; *v/t* zastupati, braniti; navoditi kao dokaz; ispričavati se; ~**able** pravno valjan; uvjerljiv; ~**er** odvjetnik, branitelj; ~**ing** molba, sastav, podnesak; ~**s** *pl* sudbena rasprava

pleasant ['plezent] (~**ly**) ugodan, prijatan; ~**ness** prijatnost, ljupkost

please [pli:z] *v/i* ugoditi, ugađati; biti po volji; **if you** ~ izvolite; ako vam je po volji; *v/t* sviđati se, biti ugodan (komu) zadovoljiti (koga); ~ **oneself** ugađati sebi; **be** ~**ed with** biti zadovoljan (čime) **pleasing** ['pli:ziŋ] (~**ly**) ugodan, prijazan; dopadljiv

pleasurable ['pleʒərəbl] ugodan, prijazan
pleasure ['pleʒə] 1. užitak, zadovoljstvo, veselje; volja, želja, *attr* zabavni; **at** ~ po želji, volji; **take** ~ **in** uživati u (čemu) 2. uživati, radovati se; ~ **ground** zabavište

pleat [pli:t] 1. nabor, bora, plise 2. naborati, nabrati, plisirati

pledge [pledʒ] 1. zalog; zdravica; obećanje; vjera; riječ 2. založiti; nazdraviti (komu)

pledger ['pledʒə] onaj koji daje zalog, jamstvo, jamac

plenitude ['plenitju:d] obilje, punoća, bogatstvo

plentiful ['plentiful] (~**ly**) obilan, izdašan
plenty ['plenti] 1. mnoštvo, izobilje; ~ **of** mnogo 2. obilat

pliability [plaiə'biliti] gipkost, savitljivost
pliable ['plaiəbl] elastičan, gibak
pliancy ['plaiənsi] elastičnost, gipkost; *fig* prilagodljivost
pliers ['plaiəz] *pl* (mala) kliješta
plight [plait] 1. dati riječ; zaručiti 2. svečana obaveza, obećanje 2. nevolja; (loše) stanje
plop [plɔp] 1. tres! tras! 2. tresak 3. tresnuti
plot [plɔt] 1. plan, zavjera, intriga; zaplet, radnja, fabula 2. *v/t* zacrtati, zabilježiti; skovati, snovati; *v/i* sudjelovati u zavjeri; spletkariti ~**ter** začetnik; urotnik
plough [plau] 1. plug; blanja; *ast* Veliki Medvjed; *univ slang* propadanje na ispitu 2. preorati (iz)brazdati; *fig* mučiti; ~**man** orač
plow [plau] *Am* **plough**
pluck [plʌk] 1. čupanje, trzaj, utroba [životinje]; hrabrost, srčanost 2. trgati; [o]čupati; *univ slang* pasti na ispitu; ~ **up courage** skupiti hrabrost; ~**y** (~**ly**) smion, hrabar
plug [plʌg] 1. klin, čep; utikač; zubna plomba: uređaj za ispiranje zahoda; hidrant; staro kljuse; nametljiva reklama; ~ **socket** utičnica, kontakt, 2. *v/t* začepiti, (za)brtviti; plombirati (zub); *slang* udariti šakom; *Am* reklamirati; ~ **in** ukopčati; *v/i slang* naporno raditi, rintati
plum [plʌm] šljiva; grožđica; *fig* ono najbolje; 100 000 funti
plumb [plʌm] 1. okomit, vertikalan; ravan, točan; 2. olovni visak, 3. *v/t* učiniti okomitim; mjeriti dubinu; opremiti cijevima; *v/i* raditi kao polagač cijevi; ~**ing** instaliranje, polaganje cijevi; ~-**line** visak, olovnica; ~-**rule** visak, olovnica
plume [plu:m] 1. (ukrasno) pero; perjanica 2. čistiti (perje); ukrasiti perjem
plump [plʌmp] 1. debeo, tust, odebeliti se 3. pasti; ljosnuti, tresnuti; *parl* glasati samo za jednog od više kandidata 4. pad, tresak 5. *adv* naglo; teško; bez okolišanja 6. (~**ly**) gladak; nezgrapna laž
plunder ['plʌndə] 1. pljačkanje; plijen, grabež 2. opljačkati, plijeniti; ~**er** pljačkaš, razbojnik
plunge [plʌndʒ] 1. ronjenje; strmoglav pad; ritanje (konja); 2. *v/t* zaroniti, zagnjuriti; ritnuti; *v/i* zaroniti, gnjuriti; rit-

nuti se; ljuljati se; ~er ronilac; klip (sisaljke); *slang* špekulant
pluperfect ['plu:'pə:fikt] *gr* pluskvamperfekt
plural ['pluərəl] *gr* množina, plural; ~ity množina, brojnost
plus [plʌs] 1. plus 2. *adj* pozitivan; 3. pozitivna vrijednost, plus
plush [plʌʃ] pliš
pluvial ['plu:viəl] **pluvious** kišovit
ply [plai] 1. debljina (tkanine), struk, nit, pramen; *fig* navika 2. *v/t* marljivo raditi; salijetati; dosađivati (komu); *v/i* redovito voziti, saobraćati; ~-**wood** šperploča
pneumatic [nju'mætik] (~ally) 1. zračni, pneumatski; ~ **hammer** zračni malj 2. zračnica
pneumonia [nju'mounjə] upala pluća
poach [poutʃ] 1. nedozvoljeno loviti divljač 2. izrovati, izgaziti (zemlju) 3. ~ **ed eggs** kuhana jaja (bez ljuske)
pock [pɔk] kozica, boginja
pocket ['pɔkit] 1. džep; šupljina bogata rudom, zlatom; vreća (vune); zračna rupa 2. spremiti; staviti u džep, *Am pol* uložiti veto 3. džepni; ~ **book** *Am* novčarka, bilježnica; ~ **lamp** džepna svjetiljka, baterija
poem ['pouim] pjesma, spjev
poesy ['pouizi] poezija, pjesništvo
poet ['pouit] pjesnik
poetess ['poutis] pjesnikinja
poetic, **poetical** [pou'etikl] pjesnički, poetski
poetics [pou'etiks] *pl* poetika
poetize ['pouitaiz] pisati pjesme, izraziti stihovima
poetry ['pouitri] poezija, pjesništvo
poignancy ['pɔinənsi] oštrina, jetkost
poignant ['pɔinənt] (~ly) oštar, jednak; *fig* uvjerljiv
point [pɔint] 1. točka, piknja; točka (na kraju rečenice) stanovište, gledište, žalac, poanta (šale i sl); bod, poen; stajanje lovačkog psa (pred divljač), vrh, šiljak (noža i sl); mjesto, točka; stupanj; pitanje, stvar, svrha; *fig* (istaknuta) odluka 2. *v/t* (za)šiljiti, namjestiti, upraviti; (često out) istaknuti, ukazati na; staviti točku; *v/i* stajati (lovački pas)
point ... ~s *pl* skretnica
~ **of view** gledište, stajalište
there is no ~ **in** nema smisla

make a ~ dokazati
make the ~ **that** konstantirati, ustanoviti da
in ~ **of** što se tiče (čega)
win on ~ **s** pobijediti na bodove
to the ~ što se odnosi na stvar, bitno
~ **at** ukazati na
~ **at** uperiti (na koga)
~ **to** pokazivati prema, upozoriti (na što)
~-**blank** (iz)ravno, bez okolišanja
pointed ['pɔintid] (~ly) šiljast, zašiljen, *fig* oštar, jedak
pointer ['pɔintə] kazaljka; kazalo; putokaz, prepeličar, ptičar; savjet, uputa
pointless ['pɔintlis] tup, bez šiljka; bez poante; neduhovit; besmislen
poise [pɔiz] 1. ravnoteža; držanje (tijela); lebdenje 2. *v/t* držati u ravnoteži; balansirati; **be** ~**d** *v/i* lebdjeti, ostati u ravnoteži
poke [pouk] 1. guranje, podbadanje 2. *v/t* gurati, bosti; podjarivati; gurati (nos u); turati (glavu) naprijed; ~ **fun at** rugati se, zbijati šale, *v/i* gurnuti, bockati, čeprkati
poker ['poukə] 1. žarač 2. poker 3. igra (kartama)
polar ['poulə] polarni; ~ **bear** bijeli, polarni medvjed
polarization [pouləraiˈzeiʃn] polarizacija
pole [poul] 1. Poljak(inja) 2. pol 3. motka; rudo; mjera za dužinu (5,029) 4. okoliti, podurijeti koljem; ~ **cat**, tvor; *Am* skunk; ~ **jump**, ~ **vault** skok motkom; ~-**star** zvjezda sjevernjača
police [pə'li:s] 1. policija 2. čuvati, održavati red; ~ **man** policajac; ~ **office** policija (ured); ~ **station** policijska stanka; ~-**surveillance** policijski nadzor
policy ['pɔlisi] politika (svjetovna) mudrost 2. polica; *Am* klađenje na brojeve lutrije
Polish ['pouliʃ] poljski; poljski jezik
polish ['pɔliʃ] 1. laštenje, politura; *fig* uglađenost 2. *v/t* ulaštiti; *fig* ugladiti; *v/t* postati sjajan; ~**ing** poliranje; koji služi za laštenje
polite [pə'lait] (~ly) politički; lukav, mudar; **body** ~ država
political [pə'litikl] (~ly) politički, državni
politician [pɔli'tiʃn] političar, državnik
politics ['pɔlitiks] *pl* politika
poll [poul] *prov* ili *co* glava; glasački popis; brojenje glasova; biralište, **go to the** ~**s**

ići na glasovanje 2. *v/t* podrezati, podšišati; dobiti glasove; *v/i* glasovati; birati; **~ing-booth** biralište, glasačka kabina; **~ing-district** izborni krug; **~-place** biračko mjesto; **~-station** biralište
pollute [pə'lu:t] (za)prljati, zagladiti, oskrvnutii
pollution [pə'lu:ʃn] prljanje, zagađivanje; oskrvnjivanje
poligamy [po'ligəmi] mnogoženstvo, poligamija
polyglot ['poliglot] mnogojezičan
polysyllable ['polisiləbl] višesložna riječ
polytechnic [poli'tehnik] politehnički; politehnika; politehnička škola
pomp [pomp] pompa, sjaj
pompous ['pompəs] (**~ly**) raskošan, razmetljiv
pond [pond] ribnjak, umjetno jezero
ponder ['pondə] *v/t* promišljati; *v/i* misliti, razmišljati
ponderosity [pondə'rositi] težina, tromost
ponderous ['pondərəs] (**~ly**) težak, trom
pontif f ['pontif] vrhovni svećenik, papa
pontifical [pon'tifikl] (**~ly**) papinski
pontificate [pon'tifikit] pontifikat, papinstvo
pontoon [pon'tu:n] ponton, teglenica; **~ bridge** pontonski most
pony ['pouni] poni, konjić
poodle ['pu:dl] pudl
pooh [pu:] fuj! uh!
pool [pu:l] 1. lokva, bara 2. ulog (igrača), igra biljara (u kojoj svaki igrač ima loptu druge boje); **~ room** biljarska dvorana; kladionica; kartel; kolektivni ulog 3. ujediniti se, udružiti se (u kartel)
poor [puə] (**~ly**) siromašan; oskudan; bijedan; mršav; slab; loš; nemiran; loš; **~-house** sirotište, ubožnica; **~ly** 1. *adj* bolešljiv, slab, *adv* slabo, loše; **~ness** siromaštvo, bijeda
pop [pop] 1. pucanj; prasak; pjenušavo piće 2. *v/t* učiniti da (što) pukne; *Am* pržiti (kukuruz); gurnuti, baciti; *v/i* prasnuti, pucati; *adv* šmugnuti 3. iznenada 4. tres! bum! 5. popularni koncert 6. tata, stari (čovjek)
pop corn ['popko:n] kockica (prženo zrnje kukuruza)
~~pope~~ [poup] papa; **~-dom** papinstvo
pop -eyed ['popaid] buljook
poplar [p'oplə] topola, jablan

poppy [popi] mak; **~-cock** *Am* glupost
popular ['popjulə] (**~ly**) pučki, narodni; popularan
popularity [popju'læriti] popularnost; raširenost
popularize ['popjulərαiz] popularizirati; prikazati na lako shvatljiv način
populate ['popjuleit] napučiti, naseliti
population [po'pju'leiʃn] pučanstvo, stanovništvo
populous ['popjuləs] (**~ly**) gusto napučen, naseljen
porcelain ['po:slin] porculan
porch [po:tʃ] trijem, predvorje
pork [po:k] svinjetina; **~y** debeo, tust
pornography [po:'nogrəfi] pornografija
porridge ['poridʒ] [zobena] kaša
port [po:t] 1. luka, lučki grad; **~ of call** luka u koju brod pristaje; **~ of destination** odredišna luka 2. vratnica na trupu broda 3. uzeti (pušku) "na gotovs"; ponašanje 4. lijeva strana "broda" 5. držati kormilo u lijevo 6. porto (crno vino)
portable ['po:təbl] nosiv, prijenosan
portal ['po:tl] portal, glavni ulaz
porter ['po:tə] 1. portir, vratar 2. nosač, crno pivo
portofilio [po:t'fouljou] torba, mapa za spise; (ministarski) portfelj
portico ['po:tikou] trijem
portion ['po:ʃn] 1. dio; udio; porcija hrane; miraz; sudbina 2. (po)dijeliti; otpremiti; **~less** bez miraza
portrait ['po:trit] portret, slika; **~ist** portretist, slikar portreta
portray [po':trei] slikati, portretirati
Portuguese [po:tju'gi:z] 1. portugalski 2. Portugalac, Portugalka; portugalski jezik
pose [pouz] 1. poza, položaj 2. postaviti (se) u pozu; zbuniti; nastupati (kao); **~ as** izdavati se za (koga)
position [po'ziʃn] položaj, mjesto, *fig* stanovište; **~ light** poziciono svjetlo; **be in ~** biti u mogućnosti
positive ['pozətiv] (**~ly**) 1. izričit, određen; potpun; bezuvjetan; pozitivan; siguran 2. ono što je sigurno, pozitivno; **~ness** sigurnost, pozitivnost
possess [pə'zes] posjedovati; *fig* ispunjavati; **~ed** opsjednutost

possession [pə'zeʃn] posjed, imanje, vlasništvo; *fig* opsjednutost
possessive [pə'zesiv] (~ly) 1. posvojni, posesivni; ~ **case** (posvojni) genitiv 2. posvojna zamjenica; (posvojni) genitiv
possessor [pə'zesə] vlasnik, posjednik; ~y posjednički
possible ['pɔsəbl] (~ly) 1. moguć; izvedljiv
possibly ['pɔsəbli] vjerojatno, možda; eventualno, ikako
post [poust] 1. stup, kolac 2. prilijepiti (oglas); oglasiti 3. položaj; mjesto; pozicija; pošta; listovni papir; **at one's** ~ na svom mjestu, na straži; **by** (**the**) ~ poštom 2. *v/t* postaviti; unijeti; uknjižiti; predati na poštu, poslati poštom, redovito obavješćivati; **well** ~**ed** dobro obaviješten; *v/i* žuriti, brzo putovati
postage ['poustidʒ] poštarina; ~ **stamp** poštanska marka
postal ['poustəl] (~ly) poštanski; *Am* ~ (**card**) dopisnica; ~ **order** novčana uputnica
postcard ['poustka:d] dopisnica
poster ['poustə] plakat, oglas
posterior [pɔs'tiəriə] (~ly) 1. kasniji; iza; stražnji 2. stražnjica, zadnjica
posterity [pɔs'teriti] potomstvo
post-graduate [poust'grædjuit] 1. poslijediplomski 2. poslijediplomski student
postman ['poustmən] poštar, pismonoša
post-office ['poust,ɔfis] pošta, poštanski ured
post ... box poštanski pretinac; ~ **clerk** poštanski činovnik; ~ **counter**, **window** poštanski šalter; ~ **savings bank** poštanska štedionica
postpone [poust'poun] odgoditi, podložiti, podrediti; ~**ment** odlaganje; podređivanje
postulant ['pɔstjulənt] kandidat, natjecatelj
postulate ['pɔstjulit] 1. zahtjev, traženje, postulat, [pɔstjuleit] zahtijevati, tražiti
postulation [pɔstju'leiʃn] molba, traženje; pretpostavka
posture ['pɔstʃə] 1. držanje (tijela); stav 2. *v/t* namjestiti; postaviti (tijelo) u položaj; figurirati kao što
postwar [poust'wɔ:] poslijeratni
pot [pɔt] 1. lonac; ćup; pokal 2. staviti u lonac; ustrijeliti, uloviti
patato [pə'teitou] *pl* **potatoes** [pəteitouz] krompir

potency ['poutənsi] moć, snaga
potent ['poutənt] (~ly) moćan, jak
potential [pɔ'tenʃl] 1. moguć, potencijalan 2. *gr* (ili ~ **mood**) glagolski oblik koji izražava mogućnost
potentiality [pɔtenʃi'æliti] mogućnost, potencijal
potion ['pouʃn] ljekovit napitak
potter ['pɔtə] 1. petljati, motati se; površno se baviti (čime) 2. lončar; ~y, lončarija, lončarska roba
poultry ['poultri] perad, živad
pound [paund] 1. funta (engleska mjera za težinu); funta, (engleska novčana jedinica) 2. staja, satjerati u tor 3. tući; udarati; razbiti
pour [pɔ:] *v/t* (iz)lijevati; nalijevati; naliti; *v/i* lijevati, curiti; pljuštati
poverty ['pɔvəti] siromaštvo
powder ['paudə] 1. prah, prašak; puder 2. usitniti u prah; napudrati se
power ['pauə] sila, moć, snaga, energija, vlast; punomoć, potencija
power ... be in ~ biti na vlasti
~ **economy** elektroprivreda; energetika
~ **current** jaka struja
~ **ful** (~ly) snažan, moćan
~-**house** električna centrala
~-**plant** električna centrala
~-**station** električna centrala
pox [pɔks] kozice, boginje; sifilis
practicability [præktikə'biliti] izvedivost, provedivost
practicable ['præktikəbl] (~ly) izvediv, provediv, moguć
practical ['præktikl] (~ly) praktičnost
practically ['præktikli] praktički, zapravo, gotovo
practice ['præktis] 1. praksa; obavljanje, vršenje; navika; način postupanja; (često ~**s** *pl*) trikovi, smicalice; **out of** ~ izvan vježbe; **put into** ~ izvesti, pretvoriti u praksu
practise ['præktis] *v/t* provoditi; provesti; izvesti; obavljati, vježbati; podučavati (koga); *v/i* vježbati (se); trenirati; prakticirati; ~**ed** uvježban, vješt
practitioner [præk'tiʃnə] praktičar; liječnik (advokat) praktičar; **general** ~ liječnik opće prakse
pragmatic [præg'mætik] (~**ally**) pragmatičan; dogmatičan
prairie ['preəri] *Am* prerija

praise [preiz] 1. (po)hvala; veličanje, 2. (po)hvaliti; veličati
praiseworthiness ['preizwəðinis] pohvalnost, hvalevrijednost
praiseworthy ['preizwə:ði] (~ly) pohvalan, hvale vrijedan
pram [præm] vidi **perambucator** dječja kolica
prate [preit] 1. brbljanje 2. brbljati; ~r brbljivac
pray [prei] v/i moliti (se) (to komu); (za)moliti; v/t moliti, prositi; izmoliti
prayer [preə] molitva, molba (često ~s pl); pobožnost; ~-**book** molitvenik; ~**ful** (~ly) pobožan; ~**less** (~ly) bezbožan
pri... [pri:, pri] pred...; prijašnji
preach [pri:tʃ] propovijedati; ~**er** propovjednik, propovjednica; ~**ment** (dosadne) prodika, propovijed
preamble [pri:'æmbl] uvod
precaution [pri'kɔ:ʃn] oprez, mjera
precede [pri:'si:d] prethoditi; dolaziti prije, biti prije (koga, čega) imati prednost
precedency [pri:'si:dəns(i)] prethođenje; prednost; prvenstvo
precedent ['presidənt] precedent, raniji slučaj, primjer
precept ['pri:sept] pravilo, propis, naredba, nalog
preceptor [pri:'septə] učitelj, odgojitelj
preceptress [pri'septris] učiteljica, odgojiteljica
precious ['preʃəs] (~ly) dragocijen, skupocjen, vrijedan, plemenit (kovina); ~ **ness** skupocjenost, vrijednost
precipice ['presipis] provalija, ponor, bezdan
precipitance, **precipitancy** [pri'sipitəns(i)], žurba, naglost
precipitate [pri'sipiteit] strmoglaviti (se), sunovratiti (se), prenagliti (se), [pri'sipitit] (~ly) koji se ruši, pada, strm, nagao
precipitation [pri,sipi'teiʃn] strovaljivanje, strmoglavljivanje, žurba; prenagljenje
précis ['preisi:] kratak pregled, izvještaj
precise [pri'sais] (~ly) precizan, točan; ~ly! upravo tako, točno; ~**ness** točnost, preciznost
precision [pri'siʒn] preciznost, točnost
precocious [pri'kouʃəs] prije vremena sazreo, prerano razvijen; ~**ness**, zrelost prije vremena
pre-condition [pri:kən'diʃn] preduvjet

precursor [pri:'kə:sə] prethodnik, preteča
precursory [pri:'kə:səri] prethodni, uvodni
predatory ['predətəri] grabežljiv, razbojnički
predecessor ['pri:disesə] prethodnik
predestinate [pri'destineit] unaprijed odrediti, predodrediti
predestination [pri'destineiʃn] sudbina, udes
predetermine [pri:di'tə:min] unaprijed odrediti, odlučiti
predicate ['predikeit] 1. tvrditi, izreći 2. (predikat) gr predikat
predication [predi'keiʃn] iskaz, tvrdnja
predicative [pri'dikətiv] (~ly) koji tvrdi; izjavljuje; gr predikativni
predict [pri'dikt] predskazati, proreći
prediction [pri'dikʃn] predskazivanje, proračanstvo
predilection [pri:di'lekʃn] osobita sklonost (za)
predispose [pri:dis'pouz] učiniti unaprijed sklonim (za)
predisposition ['pri:dispə'ziʃn] sklonost, naklonost, predispozicija (za)
predominance [pri'dɔminəns] prevlast; prevladavanje; nadmoć(nost)
predominant [pri'dɔminənt] (~ly) nadmoćan, koji nadvladava
predominate [pri'dɔmineit] imati prevlast, biti nadmoćan, prevladati
pre-eminence [pri:'emnəns] isticanje, nadmoćnost
pre-eminent [pri:'eminənt] (~ly) koji se tiče, superioran
pre-exist [pri:ig'zist] prije postojati
pre-existence [pri: ig' zistəns] prijašnje postojanje; preegzistencija
prefab ['pri:fæb] 1. montažni, gotov 2. montažna kuća
preface ['prefis] 1. predgovor 2. snadbjeti predgovorom, uvodom
prefect ['pri:fekt] prefekt; redar (škola)
prefer [pri'fə:] više voljeti, davati prednost (komu, čemu); unaprijediti
preferable ['prefərəbl] koji zaslužuje da se više voli, cijeni; koji se preferira
preferably ['prefərəbli] radije, više, bolje
preference ['prefərəns] sklonost, veća ljubav; prednost
prefix ['pri:fiks] 1. prefiks 2. [pri:'fiks] dodati prefiks; staviti ispred (čega)

pregnancy ['pregnənsi] trudnoća; *fig* bogatstvo (smisla, značenja)
pregnant ['pregnənt] (~ly) trudna; skotna (životinja) *fig* plodan
prehistoric [pri:his'tɔrik] prethistorijski
prejudice ['predʒudis] 1. predrasuda; šteta 2. ispuniti predrasudama, naškoditi
prejudical [predʒu'diʃl] pristran
preliminary [pri'liminəri] (~ly) 1. prethodni, uvodni 2. uvod
preliminaries [pri'liminəriz] *pl* pripreme, uvod, uvodni pregovori
premature [premə'tjuə] *fig* preran; *fig* dozreo prije vremena, preuranjen
prematureness, **prematurity** [premə'tjuəriti] prerana zrelost; preuranjenost
premediate [pri'mediteit] unaprijed smisliti, namjeravati
premeditation [pri'mediteiʃn] smišljanje, unaprijed, umišljaj, naum
premier ['premjə] 1. prvi 2. premijer, predsjednik vlade
premise ['premis] premisa, pretpostavka; ~s *pl* prostorije; naprijed spomenuto, **on the** ~ u zgradi, lokalu, na licu mjesta; [pri'maiz] pretpostaviti unaprijed; postaviti premise
premium [pri'mjəm] premija; nagrada; uplata
preoccupancy [pri:'ɔkjupənsi] zaokupljenost, zadubljenost (čime)
preoccupation [pri:ɔkju'peiʃn] zauzimanje; ranije zaposjednuće; zaokupljenost; preokupacija; predrasuda; glavna djelatnost
preoccupied [pri:'ɔkjupaid] zaokupljen; zauzet; zadubljen
preoccupy [pri':ɔkjupai] prije zaposjesti, zaokupiti; zadavati brige
prep [prep] **preparation**, **preparation school**
preparation [prepə'reiʃn] priprema(nje), spremanje; preparat
preparative [pri'pærətiv] pripremanje, priprava **preparatory** [pri'pærətəri] (~ly) pripremni; ~ (**school**) osnovna škola
prepare [pri'pɛə] *v/t* pripremiti, spremiti, zgotoviti, opremiti; oružati; preparirati, *v/i* pripremiti se; ~d (~ly) spreman, pripravan, gotov
preposition [prepə'ziʃn] *gr* prijedlog, prepozicija; ~al (~ly) prijedložni
preposses [pri:pə'zes] obuzeti, utjecati na

prepossession [pri:pə'zeʃn] zaokupljenost; opredijeljenost; predrasuda
prerogative [pri'rɔgətiv] isključivo pravo, prednost, prerogativ
presage ['presidʒ] 1. predznak, znamenje; slutnja, predosjećaj [~, i pri'sedʒ] predskazati
prescribe [pri'skraib] *v/t* odrediti; propisati; *v/i* propisivati; zastarenje
prescriptive [pri'skriptiv] (~ly) propisan; običajni; zastario
presence ['prezns] sadašnjost; prisustvo; postojanje; (vanjska) pojava; pojavljivanje (duhova)
present ['preznt] (~ly) 1. sadašnji; prisutan; koji postoji; tekući (godina), predmetni (slučaj); *gr* ~ **tense** prezent; ~! ovdje! tu sam! 2. sadašnjost; (*gr* prezent); **at** ~ sada, danas 3. dar, poklon, [pri'zent] predati, predložiti, prikazati, nuditi, predstaviti, obdariti (čime)
presentable [pri'zentəbl] koji se može prikazati; predložiti; pristojna izgleda
presentation [prezən'teiʃn] predstavljanje, prikazivanje, uvođenje; izlaganje; predlaganje; predaja; (ob)darivanje
present-day ['prezentdei] sadašnji, suveren
preservation [prezə'veiʃn] (o)čuvanje, konzervacija, održanost
preservative [pri'zə:vətiv] 1. koji čuva, prezervira 2. sredstvo za čuvanje, konzerviranje, prezervativ
preserve [pri'zə:v] 1. (o)čuvati, sačuvati; održati, konzervirati; zadržati 2. (često ~s *pl*) rezervat, konzerva ~r zaštitnik, spasitelj(ica), uzgajatelj divljači; sredstvo za konzerviranje
preside [pri'zaid] predsjedati
presidency ['prezidənsi] predsjedništvo; nadstojništvo
president ['prezidənt] predsjednik; *Am* direktor
presidental [prezi'denʃl] predsjednički
press [pres] 1. tisak (novine); preša; tiskarski stroj; gužva, stiska 2. *v/t* pritiskati; gnječiti; utisnuti, tištati; prinuditi; nametati; *v/i* pritiskivati; gurati se; ~-**agency** novinska agencija; ~ **agent** šef propagande; ~-**cutting** novinski izrezak; ~ **ing** (~ly) hitan, akutan
pressure ['preʃə] pritisak, tlak; navala; ~ **gange** tlakomjer

prestige [pres'ti:ʒ] prestiž, ugled
presumable [pri'zju:məbl] koji se može pretpostaviti, vjerojatan
presume [pri'zju:m] *v/t* pretpostaviti, smatrati istinitim; *v/i* pretpostavljati; usuditi se; drznuti se
presumedly [pri'zju:midli] vjerojatno; kako se čini
presuming [pri'zju:miŋ] (~ly) drzak, umišljen
presumption [pri'zʌmpʃn] nagađanje, vjerojatnost, drskost; uobraženost; pretpostavka
presumptive [pri'zʌmptiv] (~ly) vjerojatan
presumptuous [pri'zʌmptjuəs] (~ly) drzak, uobražen, neskroman
pretend [pri'tend] krivo prikazivati; pretvarati se; podizati zahtjeve; ~ed (~ly) tobožnji, lažan; ~er koji ističe zahtjev za; pretendent (na prijestolje)
pretension [pri'tenʃ] zahtjev, pretenzija
pretentious [pri'tenʃəs] pretenciozan, preuzetan, umišljen; ~ness umišljenost; pretencioznost
preterit (e) ['pretərit] *gr* preterit
pretext ['pri:tekst] izlika; izgovor
prettiness ['pritinis] ljupkost, dražest, kićenost
pretty ['priti] (~ly) 1. lijep; ljupki; zgodan 2. *adv* prilično, dobrano
prevail [pri'veil] prevlada(va)ti; vladati; biti mjerodavan, odlučivati; ~ing (~ly) koji prevladava, općeniti, sveopći
prevalence ['prevələns] prevlast; rasprostranjenost
prevalent ['prevələnt] (~ly) koji prevladava; rasporostranjen
prevent [pri'vent] spriječiti, onemogućiti; odvratiti od
preventable [pri'ventəbl] koji se može predusresti
preventer [pri'ventə] onaj koji onemogućuje, priječi
prevention [pri'venʃn] sprečavanje; onemogućavanje
preventive [pri'ventiv] 1. koji sprečava, onemogućuje; preventivan 2. zaštitno sredstvo (protiv čega)
preview [pri:vju] gledanje, razgledanje [filma, izložbe] prije javnog prikazivanja
previous ['pri:viəs] (~ly) prijašnji, prethodni, prenagljen; ~ly prije, ranije

pre-war ['pri:wɔ:] predratni
prey [prei] 1. grabež, plijen; **bird of** ~, ptica grabežljivica 2. loviti, ugrabiti, poždrati; orobiti; *fig* mučiti, tištati
price [prais] 1. cijena, nagrada; **at any** ~, pod svau cijenu 2. označiti cijenom; (pro)cijeniti; ~ **less** neprocjenjiv
prick [prik] 1. ubod; bodlja; žaoka 2. *v/t* (pro)bosti; bockati, probadati; išarati točkicama; *v/i* bosti, žigati; probadati; ~up uspraviti se
prickle ['prikl] bodlja, trn
pride [praid] 1. ponos; oholost, taština; *rhet* sjaj, slava, vrhunac; **take** ~ **in**, ponositi se; dičiti se
priest [pri:st] svećenik; ~ **ess** svećenica; ~ **hood** svećenstvo, svećeništvo; ~ **ly** svećenički
primacy ['praiməsi] primat, prvenstvo
primarily ['praimərili] u prvom redu
primary ['praiməri] (~ly) prvobitan; glavni; temeljni; elementarni
prime [praim] (~ly) 1. prvi, osnovni, glavni, najvažniji; izvrstan 2. *fig* cvat, doba cvata; puna snaga; srž 3. *v/t* nabiti (pušku); premazati temeljnom bojom, grundirati
primitive ['primitiv] (~ly) 1. iskonski, prvobitan; osnovni; jednostavan, primitivan 2. *gr* osnovna riječ, korjen; ~ness, primitivnost; prvobitnost
primrose ['primrouz] jaglac
prince [prins] princ, kraljević
princess [prin'ses] princeza, kraljevna
principal ['prinsəpl] (~ly) 1. glavni, prvi, najvažniji; *gr* ~ **parts** *pl* glavni oblici (glagola) 2. gospodar; upravitelj; glavar; *Am* ravnatelj (škole), rektor
principality [prinsi'pæliti] kneževina
principle ['prinsəpl] princip, načelo; pravilo; izvor, **in** ~ u načelu, po pravilu
print [print] 1. otisak, utisak, znak; tisak; kopija; žig; odljev; kalup; *Am* novine list; **out of** ~ rasprodan 2. *v/t* tiskati, kopirati; *fig* urezati, utisnuti;
~ **er** tiskar; pisač (stroj)
printing ['printiŋ] tiskanje; kopiranje; *attr* tiskovni; ~**-ink** tiskarsko crnilo;
~**-paper** fotografski papir; ~**-press** tiskarski stroj
prior ['praiə] 1. raniji, stariji nego 2. *adv* **to** prije, ranije 3. *eccl* prior, glavar samostana

priority [prai'ɔriti] prednost, prvenstvo, prioritet
priory ['praiəri] samostan
prism ['prizm] prizma
prison ['prizn] 1. zatvor; ~er zatvorenik; optuženik
privacy ['praivəsi] povučenost, tajnost, privatnost
private ['praivit] (~ly) 1. privatan; osobni; neslužbeni; tajni 2. (ili ~ **soldier**) običan vojnik, borac
prize [praiz] 1. nagrada; zgoditak, premija; plijen 2. nagrađen; zaplijenjen 3. visoko cijeniti; zaplijeniti 4. (polugom) otvoriti 5. poluga; ~ **fighter**, profesionalni boksač; ~ **man**, ~ **winner** dobitnik, pobjednik
probability [prɔbə'biliti] vjerojatnost, mogućnost
probable ['prɔbəbl] (~ly) vjerojatan, moguć
probation [prə'beiʃn] kušnja, iskušavanje; proba; uvjetno puštanje na slobodu; **on ~**, na pokusno vrijeme
probe [proub] 1. sonda; *Am part pol*, istraga 2. upitati, sondirati
problem ['prɔbləm] problem; zadatak
problematic [al] [prɔbli'mætik(l)] problematičan, dvojben
procedural [prə'si:dʒərəl] proceduralni
procedure [prə'si:dʒə] postupak, postupanje
proceed [prə'si:d] ići dalje, proslijediti; nastaviti (čime); postupati; odvijati se; *univ* promovirati; podići parnicu protiv; ~ **from** proizlaziti iz (čega); ~ **to** prijeći na što, prihvatiti se čega; ~**ing** postupak, postupanje; ~**s** *pl* rasprava, postupak; izvještaj
proceeds [prousi:dz] *pl* prihod, utržak
process ['prouses] stupanje, napredovanje; odvijanje, tok; parnica; ~**in** ~ u toku 2. [prə'ses] sudbeno postupiti protiv; prerađivati, obrađivati; ~**ing** prerada, obrada
procession [prə'seʃn] povorka, procesija
proclaim [prə'kleim] proglasiti, objaviti, proklamirati; proglasiti (mjesto) pod izvanrednim stanjem; zabraniti (javne sastanke itd.)
proclamation [prɔklə'meiʃn] proglas, objava, najava
procreate ['proukrieit] rađati, proizvoditi

procreation [proukri'eiʃn] rađanje, proizvođenje
proctor ['prɔktə] odvjetnik, advokat; *univ* proktor
procuration [prɔkju'reiʃn] zastupanje; punomoć
procure [prə'kjuə] *v/t* nabaviti, priskrbiti; *v/i* dovoditi; ~**ment** postredovanje, pribavljanje; ~**r**, dobavljač; ~**s** svodilja
prodigal ['prɔdigəl] (~ly) 1. rasipan; **the ~ son** izgubljeni sin 2. rasipnik, rasipnica
prodigaliti [prɔdi'gæliti] rasipnost, rastrošnost
prodigous [prə'didʒəs] (~ly) čudovišan, čudan
prodigy ['prɔdidʒi] čudo; čudovište; *infant* ~ čudo od djeteta
produce [prə'dju:s] iznijeti, predložiti; privesti; izvaditi; proizvoditi, napraviti; produljiti; odbacivati
producer [prə'dju:sə] proizvođač, producent; režiser; *Am* producent; (plinski) generator
product ['prɔdəkt] proizvod, produkt; plod
production [prə'dʌkʃn] proizvođenje, predloženje, produkcija; *theat* izvedba
productive [prə'dʌktiv] (~ly) koji stvara, proizvodi; *fig* plodan, plodonosan
productiveness, **productivity** [prɔdʌk'tiviti] produktivnost, proizvodnost
prof [prɔf] profesor
profanation [prɔfə'neiʃn] oskrvnjenje, profanacija
profane [prə'fein] (~ly) 1. svjetovni, profani; bezbožan 2. oskrvnuti, profanirati
profanity [prə'fæniti] bezbožnost, svetogrđe
profess [prə'fes] ispovijedati; izjasniti se; tvrditi; vršiti; ispunjavati; ~**ed** (~ly) priznati, otvoren; navodni
proffesion [prə'feʃn] ispovijedanje; izjava; očitovanje; zvanje; profesija
professional [prə'feʃənl] (~ly) 1. stručan, profesionalan 2. stručnjak, profesionalac
professionalism [prə'feʃnlism] profesionalizam
professor [prə'fesə] onaj koji ispovijeda (neku vjeru); profesor; ~ **ship** profesura
proficiency [prə'fiʃənsi] sposobnost, vještina; znanje, sprema
proficient [prə'fiʃnt] (~ly) 1. spreman; vješt 2. vještak, majstor, stručnjak

159

profile ['proufi:l, -fail] profil, presjek
profit ['prɔfit] 1. prednost, korist; zarada 2. *v/t* donijeti koristi od; *v/i* ~ly imati koristi od; iskoristiti
profitable ['prɔfitəbl] (~ly) koristan, unosan
profiteer [prɔfi'tiə] 1. pretjerano zarađivati, švercati 2. švercer, onaj koji se nastoji obogatiti na nepošten način
profound [prə'faund] dubok; temeljit; *fig* nejasan
profoundness, **profundity** [prə'fʌnditi] dubina, temeljitost
progenitor [prou'dʒenitə] predak, praotac
progeny ['prɔdʒini] potomak, potomstvo, leglo, mladunčad
prognosis [prɔg'nousis] *pl* **prognoses** [pr4g'nousi:z] prognoza, predviđanje
prognostic [prəg'nɔstik] 1. koji predskazuje 2. predznak
prognosticate [prəg'nɔstikeit] predskazati, prognosticirati
program, **programme** ['prougræm] raspored, program
progress ['prougres] 1. napredak, progres; napredovanje 2. [prə'gres] napredovati, odmicati
progression ['progreʃn] napredovanje, progresija
progresive [pro'gresiv] (~ly) koji napreduje, odmiče
prohibit [prə'hibit] zabraniti, spriječiti
prohibition [proui'biʃn] zabrana, prohibicija
prohibitionist [provi'biʃnist] pristaša zaštitne carine; *Am* antialkoholičar
prohibitive [prə'hibitiv] (~ly) prohibitorij; [prə'hibitəri] koji zabranjuje; prohibicioni
project [prɔdʒekt] 1. projekt, plan, osnova [prə'dʒekt] v/t (iz)baciti, planirati, projektirati
projectile [prə'dʒiktail] 1. projektil, tane, zrno 2. [prə'dʒektail] koji se odnosi na projektil
projection [prə'dʒekʃn] (iz)bacivanje, bacanje; izbočina, ispuštanje; projekcija
projecter [prə'dʒekʃə] projektant, osnivač, projektor
proleterian [proule'tɛəriən] 1. proleterski 2. proleter
proleteriate [proule'tɛəriət] proleterijat
prologue [prolog ['proulɔg] prolog, uvod; predgovor, predigra

prolong [prə'lɔŋ] produljiti, prolongirati
prolongation [proulɔŋ'geiʃn] produljenje, prolongacija
promenade [prɔmi'na:d] 1. šetalište, promenada 2. šetati; povesti u šetnju
prominence ['prɔminəns] isticanje; *fig* važnost, prominentnost, istaknuto mjesto, prominentna ličnost
prominent ['prɔminənt] (~ly) koji se ističe, *fig* istaknuti, značajan
promiscuity [prɔmis'kjuiti] izmiješanost; promiskuitet
promiscuos [prə'miskjuəs] (~ly) izmiješan, pobrkan, zajednički
promise ['prɔmis] 1. obećanje, očekivanje (čega) 2. *v/t* obeća[va]ti; *v/i* obećavati, buditi nade
promising ['prɔmisiŋ] (~ly) koji mnogo obećaje
promote [prə'mout] unaprijediti, promaknuti; *Am* škola premjestiti, osnovati; *Am* povećati prodaju reklamom
promoter [prə'moutə] onaj koji unapređuje, začetnik; osnivač i organizator
promotion [prə'mouʃn] unapređivanje, promaknuće
prompt [prɔmpt] (~ly) brz, hitar; točan 2. *adv* točno, odmah 3. (po)nukati; pobuđivati; *theat* šaptati 4. termin, rok; ~er podstrekač; šaptalac, sufler; ~ness brzina, gotovost
pronominal [prə'nɔminl] zamjenički, pronominalan
pronoun ['prounaun] zamjenica
pronounce [prə'nauns] *v/t* izgovoriti, izgovarati; objaviti; izjaviti; *v/i* izjasniti se o
pronounced [prə'naunst] (~ly) *adv* [prə'naunsidli] izgovoren, izričit
pronouncement [prə'naunsmənt] izjava, proglašenje
pronunciation [prənʌnsi'eiʃn] izgovor, izgovaranje
proof [pru:f] 1. dokaz, proba, korektura 2. čvrst, otporan, siguran; ~- reader korektor; ~-spirit normalni alkohol
propaganda [prɔpə'gændə] propaganda
propagate ['prɔpəgeit] množiti (se); rasplođivati (se), *fig* širiti se
propel [prə'pel] derati, goniti
propeller [prə'pelə] onaj koji tjera, goni; propeler
proper ['prɔpə] (~ly) vlastiti, svoj; stvaran;

svojstven; prikladan; doličan, tečan; ~ name vlastito ime
property ['prɔpəti] vlasništvo, imetak; posjed; svojstvo, odlika; ~-fax porez na imetak
prophecy ['prɔfisi] proročanstvo
prophesy ['prɔfisai] proricati, predskazati
prophet ['prɔfit] prorok, profet; ~ess proročica
prophetic , prophetical [prə'fetik(l)] proročanski
prophylactic [prɔfi'læktik] (~ally) zaštitni, profilaktičan; zaštitno sredstvo
proportion [prə'pɔ:ʃn] 1. odnos, mjera, razmjer, proporcija; ~s mjere 2. staviti u razmjer, omjer; ~al (~ly) proporcialan, razmjeran
proportionate [prə'pɔ:ʃnit] (~ly) razmjeran, u razmjeru sa; proporcionalan
proposal [prə'pouzəl] prijedlog (ženidbena) ponuda;
propose [prə'pouz] v/t predložiti; nazdraviti komu; v/i namjeravati; zaprositi
proposition [prɔpə'ziʃn] prijedlog, ponuda, poučak, teorema; Am posao; stvar
proprietary [prə'praiətəri] 1. vlasnički, pobjednički, zakonom zaštićen (lijek) 2. vlasnici
proprietor [prə'praiətə] vlasnik, posjednik
proprietress ['prə'praiətris] vlasnica, posjednica
propriety [prə'praiəti] pravilnost, nepravilnost; doličnost; the proprieties pl pristojnost, uglađene forme
propulsion [prə'pʌlʃn] pogon, propulzija
prosaic [prou'zeiik] (~ally) fig prozaičan, svakidašnji
prose [prouz] 1. proza, fig svakidašnjica 2. prozaičan; prozni 3. dosadno pripovijedati (pisati)
prosecute ['prɔsikju:t] slijediti, nastaviti, sudbeno progoniti, tužiti
prosecution [prɔsi'kju:ʃn] obavljanje; nastojanje; sudbeni progon
prosecutor ['prɔsikju:tə] tužilac, zastupnik optužbe; public ~ javni tužilac
prospect ['prɔspekt] 1. izgled; pogled; vidik, kraj, predjel, interesent; mjesto gdje ima izgleda da se nađe ruda; have in ~ imati u vidu
2. [prəs'pekt] ispitivati; istražiti
prospective [prəs'pektiv] (~ly) koji se očekuje, budući, predvidiv

prosper ['prɔspə] v/t usrećiti, biti milostiv, naklonjen prema; v/i uspijevati, cvasti, prosperirati
prosperity [prɔs'periti] napredovanje; prosperitet, sreća
prosperous ['prɔspərəs] (~ly) uspješan, sretan; bogat; fig koji cvate; povoljan
prostitute ['prɔstitju:t] 1. prostitutka, uličarka 2. prostituirati; obeščastiti, osramotiti
prostitution [prɔsti'tju:ʃn] prostitucija; fig obeščašćenje
protagonist [prou'tægənist] protagonist, glavni junak, nosilac radnje
protect [prə'tekt] štititi, braniti, čuvati; prihvatiti, štititi
protection [prə'tekʃn] zaštita, čuvanje; zaštitna carina; isplata; prihvat mjenice
protective [prə'tektiv] (~ly) koji zaštićuje, brani; zaštitni
protector [prə'tektə] zaštitnik, pokrovitelj
protein ['prouti:n] protein, bjelančevina
protest ['proutest] 1. prosvjed, protest, prigovor 2. [prə'test] v/t protestirati; reklamirati; svečano izjaviti; v/i prosvjedovati; protestirati; ograditi se od
Protestant ['prɔtistənt] 1. protestanski 2. protestant; ~ism protestantizam
protestation [proutes'teiʃn] prigovor, prosvjedovanje, ograđivanje
protestor [prə'testə] onaj koji protestira; uvjeravatelj
prototype ['proutətaip] prauzor, prototip
proud [praud] (~ly) ponosan; ohol; uobražen
provable ['pru:vəbl] koji se može dokazati
prove [pru:v] v/t dokaz(iv)ati; potvrditi; (is)probati; v/i pokazati se; potvrditi se
proverb ['prɔvəb] poslovica
proverbial [prə'və:biəl] (~ly) poslovičan
provide [prə'vaid] v/t nabaviti; dobaviti; osigurati; predvidjeti; određivati, v/i brinuti se; pobrinuti se unaprijed; osigurati se (protiv čega); ~ for predvidjeti (mjere); pripremiti (novac); ~d (that) pod uvjetom da; ukoliko, (samo)ako
providence ['prɔvidəns] providnost; predvidanje; promišljenost
provident ['prɔvidnt] (~ly) dalekovidan, promišljen; štedljiv
providental [provi'denʃl] poslan od providnosti; na svu sreću

provider [prə'vaidə] onaj koji se brine (za koga); dobavljač(ica)
province ['prɔvins] provincija, pokrajina; *fig* područje, struka
provincial [prə'vinʃl] 1. provincijalni, pokrajinski; seljački 2. stanovnik pokrajine; ~ ism provincijalizam
provision [prə'viʒn] 1. pribavljanje; pripremanje; opskrbljivanje; zaliha; propis; ~s *pl* živežne namirnice; **make** ~ **for** poduzeti mjere, učiniti potrebno 2. opskrbiti (namirnicama)
provisional [prə'viʒənl] (~ly) privremen, provizoran
provisory [prə'vaizəri] privremen, provizoran
provocation [prɔvə'keiʃn] izazov, provokacija; povod
provocative [prə'vɔkətiv] 1. izazovan; provokativan 2. ono što razdražuje
provoke [prə'vouk] razdražiti, raspaliti; izazvati; provocirati
provoking [prə'voukiŋ] (~ly) izazovan, skandalozan
prow [prau] pramac, prova
prowl [praul] *v/i* šuljati se, vrebati; *v/t* obilaziti (u potrazi za plijenom) krstariti 2. šuljanje, vrebanje; krstarenje
proximate ['prɔksmit] najbliži; neposredni
proximity [prɔk'smiti] blizina, bliskost
proximo [prɔksimou] narednog mjeseca
proxy ['prɔksi] zastupanje; zastupnik; punomoć; **by** ~ po zamjeniku
prudence ['pru:dəns] razboritost, mudrost
prudent ['pru:dənt] (~ly) mudar, oprezan
prudential [pru'denʃl] pametan, mudar
prune [pru:n] 1. suha šljiva 2. podrezati (okresati) grane
pry [prai] radoznalo zavirivati; gledati; vrebati; ~ **ing** (~ly) radoznao 2. ~ **open** provaliti, obiti, razvaliti (polugom) 3. poluga; pokret polugom
psalm [sa:m] psalam
pseudo ... [sju:dou] pseudo... lažan, tobožnji
pseudonym ['sju:dənim] pseudonim
psychiatrist [sai'kaiətrist] psihijatar
psychiatry [sai'kaiətri] psihijatrija
phychic , psychical ['saikik(l)] (~ly) psihički, duševni
psycho -analysis [saikouə'næləsis] psihoanaliza

psycho -analyst [saikou'ænəlist] psihoanalitičar(ka)
psychological [saikə'lɔdʒist] psiholog
psychology [sai'kɔlədʒi] psihologija
psychosis [sai'kousis] psihoza, ludilo
pub [pʌb] gostionica, točionica
puberty [pju:bəti] pubertet
public ['pʌblik] 1. javni; narodni, državni; opći; opće poznat 2. *sg* i *pl* publika; općinstvo; javnost; svijet, ljudi; gostionica
public ... ~ **house** gostionica
~ **man** javni radnik
to make ~ javno obznaniti
~ **opinion** javno mnijenje
~ **utilities** komunalne usluge
publication [pʌblik'keiʃn] objava, objavljivanje; publiciranje; izdanje (djelo); izdavanje (kupnja); **monthly** ~ mjesečnik
publicist ['pʌblisist] publicist
publicity [pʌb'lisiti] javnost, publicitet; reklama, propaganda; ~ **agent**, šef reklame, impresario
publicize ['pʌblisaiz] objaviti; reklamirati
publish ['pʌbliʃ] objaviti; izdati (knjigu); ~**er** izdavač, nakladnik; ~**ing** objavljivanje, izdavanje; izdanje, naklada; *attr* izdavački; nakladni; ~ **house** nakladna knjižara, izdavačka kuća
puck [pʌk] vilenjak, đavolak
pudding ['pudiŋ] puding; kobasica; **black** ~ krvavica
puddle [pʌdl] 1. lokva; smjesa ilovače; pijeska (za oblaganje kanala) 2. *v/t* (za)brtviti; učiniti nepropusnim; *v/i* gacati, brčkati, valjati se
pudency ['pju:dənsi] stidljivost, sramežljivost
pudent ['pju:dənt] stidljiv, sramežljiv
puff [pʌf] 1. dah, dašak, ćuh, nametljiva reklama 2. *v/t* puhati, ispuštati, izbacivati, ispuhivati (dim itd.); pušiti; naduti; zadihati; reklamirati (robu) s pretjeranim ili krivim cijenama; ~ **up**, nabijati cijene; *v/i* sukljati, dimiti se, pušiti se; dahtati
puffiness ['pʌfinis] nabreklost, debljina
puffy [pʌfi] koji dolazi na mahove; zadihan; nabreknut; debeo; napuhnut
puke [pju:k] bljuvati, povraćati
pull [pul] 1. trzaj; vučenje; privlačnost; *typ* otisak; vožnja čamcem; držak, ručka, prednost (pred kim); *slang* utjecaj, veza,

protekcija 2. v/t (po)vući; čupati, brati (voće), veslati; *typ* otisnuti
pull ... ~ down srušiti ~ off svući, skinuti ~ through izvući (iz bolesti), podići, zasukati, v/i vući, potezati; veslati ~ out krenuti ~ through ozdraviti; isplivati, probiti se, izvući se ~ up zaustaviti se, stati
pulley ['puli] kolotur, remenica
pullman car [pulmən'ka:] pulman, spavaća ili salonska kola
pull-over ['pulouvə] pulover
pull-up [pul'ʌp] stanka, prekid; stanica
pulmonary ['pʌlmənəri] plućni
pulp [pʌlp] 1. kaša; meso (ploda); pulpa; *Am* petparačka iustrirana publikacija, šund 2. pretvoriti se u kašu, pulpu
pulpit ['pulpit] propovijedaonica
pulsate [pʌl'seit] lupati, kucati, pulsirati
pulsation [pʌl'seiʃn] kucanje, lupanje, pulsiranje bila
pulse [pʌls] 1. bilo, kucanje bila 2. kucati, pulsirati 3. mahunjače
pulverzation [pʌlvərai'zeiʃn] pretvaranje u prah
pulverize ['pʌlvəraiz] v/t pretvoriti u prah; *fig* uništiti; v/i pretvoriti se u prah
pump [pʌmp] 1. crpka, pumpa; *attr* pumpni 2. crpsti, pumpati; ispitivati, *slang* iscrpsti 3. plitka cipela
pumpkin ['pʌmpkin] bundeva, tikva
punch [pʌntʃ] 1. lakrdijaš, pajac 2. šilo, kliješta za bušenje rupa 3. probušiti; izrupčati 4. oštar, nagli udarac šakom 5. udariti, tresnuti (šakom) 6. punč 7. kratak, zdepast čovjek ili konj
punctual ['pʌŋktjuəl] točan
punctuality [pʌŋktju'æliti] točnost
punctuate ['pʌŋktjueit] obilježiti znakovima interpunkcije
punctuation [pʌŋktju'eiʃn] interpunkcija
puncture ['pʌŋktʃə] 1. rupa, ubod; defekt na gumi 2. probušiti; probušiti se (guma)
punish ['pʌniʃ] kazniti; grubo postupati sa kim; ~able (~ly) kažnjiv; ~ment kazna, kažnjavanje, grubo postupanje
punk [pʌŋk] 1. trulo drvo, masa za potpaljivanje; bezvrijedna stvar, smeće; drolja, djevojčura 2. *slang* bezvrijedan, mizeran

puny ['pju:ni] (~ly) sitan, slabašan
pupil ['pju:pl] zjenica, pupila; učenik, đak; pitomac, malodobnik
puppet ['pʌpit] lutka, marioneta; ~-show kazalište lutaka, predstava lutaka
puppy ['pʌpi] štene, psić; *fig* uobražen mladić; *fig* fićfirić
purchase ['pə:tʃəs] 1. kupovina, kupnja, nabavka; utržak; sprava za dizanje; *fig* oslonac, uporište; make ~s kupovati; vršiti nabavke 2. kupiti, nabaviti; *fig* steći; ~r kupac
pure [pjuə] (~ly) čist, pravi; valjan; ~ness čistoća
purgation [pə:'geiʃn] (o)čišćenje, purgacija
purgative ['pə:gətiv] koji čisti, purgativ
purgatory ['pəgətəri] *eccl* čistilište
purge [pə:dʒ] 1. purgativ, sredstvo za čišćenje; *pol* čistka 2. (o)čistiti; okajati; očistiti (crijeva)
purification [pjuəriʃi'keiʃn] čišćenje, pročišćavanje
purify ['pjuərifai] očistiti, pročistiti
Puritan ['pjuəritən] puritanac, puritanka 2. puritanski
Puritanism ['pjuəritənizm] puritanstvo, puritanizam
purity ['pjuəriti] čistoća
purloin [pə:'lɔin] (u)krasti; ~er lopov, tat; *fig* plagijator
purple ['pə:pl] 1. grimizan, tamnoljubičast 2. grimiz 3. obojiti grimiznom bojom
purpose ['pə:pəs] 1. smisao; sadržaj, nakana; svrha; cilj; for the ~ of u svrhu, radi; on ~ namjerno 2. namjeravati, naumiti, smjerati, ful (~ly) svrsishodan; namjeran; ~less (~ly) bez svrhe, besmislen; ~ly *adv* namjerno, hotimice
purr [pə:] 1. presti (mačka); 2. predenje
purse [pə:s] 1. kesa, novčarka; novac; sredstva; fondovi; novčana nagrada 2. često ~ up namrštiti (čelo), naškubiti (usne), zažmiriti
pursuance [pə'sju:əns] slijeđenje; izvođenje
pursuant [pə'sju:ənt] (~ly) ~ to po, prema, u svezi s
pursue [pə'sju:] v/t slijediti, ići, težiti za; obavljati (zvanje); nastavljati, v/i nastaviti (govor); ~ after (pro)goniti; ~er progonitelj(ica)
pursuit [pə'sju:t] gonjenje, proganjanje, težnja za; ~s zanimanje, poslovi, studij

purvey [pə:'vei] *v/t* dobavljati (živežne namirnice); *v/i* snabdijevati; ~ **or** dobavljač; trgovac živežnim namirnicama
purview ['pə:vju:] opseg, krug djelovanja; vidokrug
pus [pʌs] gnoj
push [puʃ] 1. guranje, udarac; pritisak; nevolja; hitan slučaj; poduzetnost; energija 2. *v/t* gurati, gurnuti; poticati; goniti; *fig* požurivati, (na)tjerati; obavljati, i ~ **through** zahtijevti; nastavljati, tjerati dalje; (i ~ **ahead**, **forward**, **on**); ~ **ed** u nevolji, u stisci; *v/i* gurati (se) tiskati (se); ~ **on** nastaviti, ići dalje, napredovati; ~ **off** otisnuti se (brod); *fig* (za)početi; maknuti se; ~ **over** *Am* lako savladiva stvar
pusher ['puʃə] onaj koji se gura, nameće; štreberica; *Am* pomoćna lokomotiva
put [put] *irr* 1. (po)staviti, metnuti, položiti, *fig* smjestiti; iznijeti slučaj; iznijeti pitanje, baciti, nabaciti se; izraziti; procijeniti; razglasiti; raširiti; (za)okrenuti; dovesti u nepriliku
put ... ~ **across** uspješno izvesti
~ **away** odložiti, ukloniti, okaniti se, ostaviti
~ **back** vratiti natrag, pomaknuti sat natrag, odgoditi
~ **by** spreman, uštedjeti, izbjegavati
~ **down** položiti, metnuti dolje; predbilježiti; upisati; pripisati (komu), smatrati, ocijeniti; ušutkati; suzbiti; ugušiti; poniziti
~ **forth** iznijeti, ispružiti, podići (glas), izdati (knjigu); upotrijebiti, primjeniti
~ **forward** predložiti, iznijeti (mišljenje)
~ **oneself forward** istaknuti se, nastupiti
~ **in** umetnuti; uključiti; podastrijeti (dokumente), pružiti (jamstvo), provesti (vrijeme)
~ **off** skinuti; svući (haljinu); odugovlačiti, odgađati, sprečavati; odvratiti od, odbijati
~ **on** odjenuti, obući; poprimiti izražaj; pretvarati se, dodati (~ **flesh weight** udebljati se)
~ **out** ispružiti, izvjesiti; istjerati, otjerati, posuditi (novac); ugasiti, utrnuti, smetati, zbuniti, onerasploložiti
~ **over** osigurati uspjeh (filmu)
~ **a th over on a p** nasamariti koga čime
~ **through** *teleph* spojiti sa; provesti, ostvariti
~ **to** (pri)dodati, priključiti
~ **to death** smaknuti, ubiti
~ **up** postaviti, namjestiti, podići, otvoriti (kišobran); povisiti (cijenu); izvjesiti (oglas), ponuditi na prodaju; prikazati, smjestiti, uzeti na stan; spakirati
~ **a p up to** natjerati koga na što, uputiti koga u što
~ **upon** nametnuti, staviti u dužnost
~ **it upon** prepustiti (čemu)
~ **to sea** isploviti
~ **in** uploviti
~ **up at** odsjesti (u hotelu)
~ **up for** kandidirati se za, natjecati se
~ **up with** pomiriti se (s čim), podnositi, trpjeti
~ **upon** nametati, iskorištavati
putrefy ['pju:trifai] (sa)gnjiti, (is)trunuti
putrid ['pju:trid] (~**ly**) gnjio, truo
puzzle ['pʌzl] 1. zagonetka, težak zadatak, zabuna, zbrka, neprilika; *v/t* smesti, zbuniti; dovesti u nepriliku, mučiti (koga); ~**-headed** zbunjen, konfuzan
pyjamas [pə'dʒa:məz] *pl* pidžama
pyramid ['pirəmid] piramida
pyramidal [pi'ræmidl] piramidski, piramidalan
pyre ['paiə] lomača
pyretic [pai'retik] grozničav, koji se upotrebljava za suzbijanje groznice
pyro ['paiərou] koji je u svezi s vatrom, vrućinom itd; ~ **technic**, **technical**; [pairou'tehnik(l)], pirotehnički, koji se odnosi na vatromet; ~ **technics** *pl* pirotehnika, vatromet; ~ **technist** pirotehničar
pythagorean [paiθægə'ri:ən] 1. pitagorin 2. sljedbenik pitagore
python ['paiθən] piton 2. vrač, gatar

Q

Quack [kwæk] 1. gakanje, blebetanje; lupetanje 2. gakati; blebetati 3. nadriliječnik, šarlatan 4. baviti se nadriliječništvom
quackery ['kwækəri] šarlatanstvo, nadriljećništvo
quadragenarian ['kwɔdrədʒi'nɛəriən] 1. četrdesetogodišnji, četrdesetogodišnjak
quadrangle [kwɔ'dræŋgl] četverokut; (školsko) dvorište
quadrant ['kwɔdrənt] kvadrant; četvrtina kruga
quadrat ['kwɔdræt] kvadrat
quadratic [kwɔ'drætik] kvadratni, kvadratični
quadrature ['kwɔdrətʃə] kvadratura
quadrennial [kwɔ'drenjəl] (~ly) četverogodišnji
quadrilateral [kwɔdri'lætərəl] 1. četverostran 2. četverokut
quadruped ['kwɔdruped] četveronožac
quadrupedal [kwɔ'druːpidl] četveronožan
quadruple ['kwɔdrupl] (~ly) 1. četverostruki 2. četverostruko 3. učetverostručiti (se)
quail [kweil] 1. prepelica 2. klonuti, malaksati; (za)drhtati
quaint [kweint] (~ly) starinski; neobičan; ~ness neobičnost
quake [kweik] 1. potres, trešnja 2. (po)tresti se, (za)drhtati od
Quaker ['kweikə] kveker; ~ism kvekerstvo
qualification [kwɔlifi'keiʃn] kvalifikacija, sposobnost, modifikacija; gr pobliže određivanje
qualified ['kwɔlifaid] osposobljen, kvalificiran; sposoban, vrstan
qualify ['kwɔlifai] v/t osposobiti; označiti; gr pobliže odrediti; modificirati; v/i pokazati potrebno osposobljenje; ~ing examination prijemni ispit
qualitative ['kwɔliteitiv] kvalitativan

quality ['kwɔliti] sposobnost; odlika, kvaliteta
qualm [kwɔm] [kwaːm] mučnina, nesvjestica
quantitave ['kwɔntiteitiv] kvantitativan, količinski
quantity ['kwɔntiti] količina, kvantiteta; množina; velik dio; dužina ili kratkoća sloga, ~ surveyor građevinski stručnjak
quantum ['kwɔntəm] količina, kvantum; (u)dio
quarantine ['kwɔrəntiːn] 1. karantena, place in ~ 2. staviti u karantenu
quarrel ['kwɔrəl] 1. svađa, raspra 2. prepirati se, svađati se, ~ some (~ly) svadljiv
quarry ['kwɔri] 1. kamenolom; fig rudnik 2. lomiti kamen; fig kopati (za čim) skupljati napornim radom 3. plijen, ulov
quarryman ['kwɔrimən] radnik u kamenolomu (i quarrier)
quart [kwɔːt] kvart, četvrt galona, kvarta
quarter ['kwɔːtə] 1. četvrtina, četvrti dio; mjera za težinu (28 lb); mjera za tkanine (22,8 cm); Am četvrt dolara (25 centi); mjesečeva četvrt; gradska četvrt; stražnji dio broda; smjer; mjera za žito (2,908 hl); milost, pomilovanje; fig obzir, pošteda; ~s pl šapi (konja); stan, nastamba; logor, konačište; fig krugovi, have free ~s besplatatno stanovati 2. razdijeliti na četiri dijela; ukonačiti; be ~ed (up)on ili at stanovati kod; ~-deck krmena (gornja) paluba; ~ly 1. četvrtgodišnji, tromjesečni; svaka tri mjeseca 2. tromjesečnik; ~ master konačar; intendant
quartern ['kwɔːtən] četvrt pinte (0,142 lit), (i ~ loaf) hljeb kruha težak 4 funte
quartet [kwɔːˈtet] kvartet
quartz [kwɔːts] kremen, kvarc
quasi ['kweisai] takoreći; neke vrsti, polu...
quaver ['kweivə] 1. (po)drhtavanje; osmin-

ka (note) 2. podrhtavati, govoriti drhtavim glasom; ~y drhtav
quay [ki:] pristanište, mol, kej
quayage ['ki:idʒ] obalna pristojba
queasiness ['kwi:zinis] mučnina, gađenje
queasy ['kwi:zi] (~ly) osjetljiv (želudac), odvratan; presavjestan, I feel ~ mučno mi je
queen [kwi:n] 1. kraljica; ~ bee matica (pčela); ~s bijeli metal nalik na kositar 2. učiniti ili postati kraljicom; ~ like, ~ly kraljevski, poput kraljice
queer [kwiə] 1. čudan, neobičan; slab; smiješan 2. homoseksualac 3. to be in a ~ street biti u dugu, u neprilici
quench [kwentʃ] fig ugasiti (žeđ); rashladiti, ugušiti (pobunu); ~er gutalj, napitak; ~ less (~ly) neutaživ; nesavladiv
quern [kwə:n] mlinac, žrvanj
query ['kwiəri] 1. (obično abbr qu.) molim! pitanje je, postavlja se pitanje 2. upitnik, pitanje 3. pitati, ispitivati; sumnjati
quest [kwest] 1. traženje; istraga; in ~ of u potrazi za 2. tražiti, istraživati, tragati
question ['kwestʃn] 1. pitanje, ispitivanje; istraga, istraživanje; dvojba, slutnja,, sumnja; problem; predmet
question .. **in** ~ dotični, odnosni
come into ~ dolaziti u pitanje
call in ~ dovesti u pitanje, posumnjati
that is out of the ~ to ne dolazi u obzir 2. pitati, ispitivati; (po)sumnjati
~able (~ly) sumnjiv, dvojben; prijeporan; nepouzdan
~ableness dvojbenost, sumnjivost, nepouzdanost
questionnaire [kestiə'nɛə] [kwestʃə'nɛə] upitni arak
questioner ['kwestʃənə] ispitivač
queue [kju:] 1. red, niz; rep, perčin 2. postaviti se u red, stajati u repu (i ~ up)
quick [kwik] 1. brz, hitar; živ, živahan; žustar; lako zapaljiv, oštar (sluh, vid, um); ~ step brzi korak; double ~ step trk 2. živo meso; živac; žilica; the ~ živi [ljudi]; to the ~ skroz, naskroz; fig u živac, u samo srce
quicken ['kwikən] v/t oživiti; pospješiti; ubrzati, v/i živnuti, razbuditi se; ubrzati se
quickly ['kwikli] brzo, hitro, odmah
quickness ['kwiknis] živahnost, živost; finoća: oštroumnost; fig žestina

quicksand ['kwiksænd] živi pjesak
quicksighted [kwik'saitid] oštrovidan
quicksilver ['kwiksilvə] živa, živo srebro
quid [kvid] 1. gruda duhana za žvakanje 2. funta sterlinga
quid pro quo ['kwidprou'kwou] naknada, odšteta, protuvrijednost
quiet ['kwaiət] (~ly) 1. miran, tih 2. mir, tišina; on the ~ potajno, ispod ruke 3. smiriti se, stišati (se)
quitness , quietude ['kwaiətju:d] mir, tišina
quilt (kwilt) 1. poplun, jorgan 2. proširiti; ~ ing prošiven rad (tkanina)
quince [kwins] dunja
quinine [kwi'ni:n] Am ['kwainain] kinin
quinquagenerian [kwiŋkwədʒi'nɛəriən] 1. pedesetogodišnji 2. pedesetogodišnjak
quins [kwinz] petorci
quintal ['kwintl] kvintal, metrička centa (100kg)
quintuple ['kwintjupl] 1. peterostruk 2. upeterostručiti (se)
quintuplets ['kwintjuplits] pl petorci
quirk [kwə:k] doskočica, igra riječima; šala; duhovitost, trik; zavojak;
quit [kwit] v/t napustiti, ostaviti; odreći se (čega); Am prestati; namiriti dug; vratiti milo za drago; v/i otići, iseliti se 2. izmiren, slobodan, oslobođen
quite (kwait) sasvim, posve, potpuno; veoma mnogo; zaista; ~ so! ~that! baš tako! točno!
quits [kwits] izmiren, izravnat
quittance ['kwitəns] namirenje, oslobođenje (od)
quiver ['kwivə] 1. drhtaj, drhtanje, treperenje 2. drhtati, treperiti 3. tobolac, tuljac
quiz [kwiz] peckanje, zadirkivanje; kviz; Am ispit, kolokvij 2. zadirkivati, peckati; Am ispitivati
quizical ['kwizikl] (~ly) podrugljiv, komičan
quondam ['kwɔndæm] nekadašnji
quorum ['kwɔ:rəm] kvorum
quota [kwoutə] kvota, (u)dio; kontingent
quotation [kwou'teiʃn] citat, navođenje; notiranje cijena; ~s krilatice; ~-marks pl navodnici
quote [kwout] citirati, navoditi; (za)računati, notirati
quotidian [kwɔ'tidiən] svakodnevni, svagdašnji
quotient ['kwouʃənt] količnik, kvocijent

R

rabbi ['ræbai] rabin
rabbit ['ræbit] kunić
rabble ['ræbl] rulja, svjetina, puk
rabid ['ræbid] (~ly) mahnit, bijesan (životinja), ~ness bjesnoća
rabies ['reibii:z] bjesnilo
race [reis] 1. rasa, vrsta, rod, pleme, 2. tok, tijek, utrka, utrkivanje, struja(nje), ~s konjske trke, natjecanje 3. utrkivati se; natjecanje; ~-course trkalište; ~-hatred [reis'heitrid] rasna mržnja; ~-horse [reishɔ:s] trkaći konj
racer ['reisə] trkač, trkaći čamac; trkaći konj
racial ['reiʃl] rasni
racialism ['reiʃəlizm] rasizam, rasna svijest
racing ['reisiŋ] utrkivanje; trkaći sport; *attr* trkaći
rack [ræk] 1. polica, stalak; vješalica; zupčasta poluga; mučilište; **luggage** ~ polica za prtljagu 2. mučiti, razapinjati; iskoristiti 3. ploveći oblaci 4. **go to** ~ **and ruin** potpuno propasti 5. otakati (vino itd.) (i ~ **off**)
racket [ˈrækit] 1. reket; krplje 2. buka; metež; prijevara; ucjenjivanje 3. galamiti; *slang* bančiti
racketeer [ræki'tiə] *Am* ucjenjivač. ~ing ucjenjivanje
ra[c]coon [rə'ku:n] rakun
racy ['reisi] (~ly) rasan; čio; jak; aromatičan, *fig* sadržajan
radar ['reida:] radar; ~ **set** radarski uređaj
raddle ['rædl] 1. crveni oker 2. obojiti crvenim okerom
radial ['reidiəl] (~ly) radijalan, zrakast
radiance, radiancy ['reidiəns(i)] blistanje, sjaj
radiant ['reidiənt] isijavati; zračiti 2. [reidiit] zrakast
radiation [reidi'eiʃn] radijacija, zračenje
radiator [reidi'eitə] radijator; *mot* hladnjak
radical ['rædikəl] (~ly) temeljni, korijenski, temeljit; ukorijenjen; *pol* radikalan;

~ **sign** znak korijena 2. *gr* korijen; osnova; *pol* radikal; ~**ism** radikalizam
radio ['reidiou] 1. radio; radio emisija; rentgensko zračenje, ~ **engineering** radio-tehnika; ~ **set** radio aparat 2. javljati putem radija; zračiti radijem; ~-**active** radioaktivan; ~-**activity** radioaktivnost
radiograph ['reidiougra:f] rentgenski snimak 2. načiniti rentgensku sliku
radiology [reidi'ɔlədʒi] radiologija
radish ['rædiʃ] rotkva; rotkvica
radium ['reidiəm] radij
radius ['reidiəs] *pl* **radii** [reidiai] radijus; plumjer; zraka; žbica, gradsko područje
raffle ['ræfl] 1. *v/t* iždrijebiti; *v/i* ždrijebati 2. ždrijebanje, lutrija
raft [ra:ft] 1. splav; 2. splavariti; ~**er** splavar (**raftsman**)
rag [ræg] 1. prnja, dronjak, krpa 2. *slang v/t* zlurado se našaliti s kim; *v/i* divljati, praviti izgred 3. urnebes, rusvaj, izgred
rage [reidʒ] 1. bijes, gnjev; žudnja; usniti 2. bijesnjeti, harati
ragged ['rægid] (~ly) grub; otrcan; nazupčan
ragout ['rægu:] ragu
raid [reid] 1. provala, prepad; racija 2. upasti; provaliti; opljačkati
rail [reil] 1. zasun; rešetka; tračnica; ograda; željeznica, ~**s** *pl* željezničke dionice 2. ograditi; otpremiti ili putovati željeznicom; položiti tračnice 3. psovati, grditi 4. mlakar pjetlić, ~**ing** (i ~**s** *pl*) ograda (od prečaka)
railroad ['reilroud] **railway** [reilwei] željeznica 2. *v/t Am* progurati (zakonski pravopis)
railwayman ['reilweimən] željezničar
rain [rein] 1. kiša 2. kišiti
rain ... ~**bow** duga
~**coat** kišni kaput
~**fall** kiša, oborine
~-**proof** 1. nepromočiv (za kišu) 2. kišna

kabanica
~y (~ly) kišovit, kišni
raise [reiz] (često **up** ~) podignuti; dizati; ubirati; utjerati novac; uzvisiti; uzeti zajam; pokrenuti, potaknuti (pitanje); izazvati; uzbuditi; utemeljiti
raiser ['reizə] uzgajač(ica); podstrekač(ica)
raisin ['reizn] grožđica, rozina
rake [reik] 1. grablje 2. v/t grabljati; fig potaći; pretražiti, nagib, nagnutost 3. koso stajati; nagnuti
rally ['ræli] 1. skupljanje; zbor, skup; zasjedanje; oporavak; (tenis) brza izmjena lopti 2. okupiti se; oporaviti se
ram [ræm] ovan; radni klip; kljun 2. nabijati; udariti pramcem; ~ **up** zakrčiti
ramble ['ræmbl] 1. tumaranje 2. tumarati; lutati
rambler ['ræmblə] skitnica, putnik, putnica
rambling ['ræmbliŋ] (~ly) koji luta; nesuvisao; bujan 2. putovanje, lutanje
ramification [ræmifi'keiʃn] račvanje
ramify ['ræmifai] račvati se
ramp [ræmp] 1. slang podvala; iznuđivanje novca 2. rampa 3. propeti se; divljati
rampage [ræm'peidʒ] 1. divljati, bijesnjeti 2. divljanje 3. **be on the** ~ biti razjaren
rampant ['ræmpənt] (~ly) (o životinjama) koji stoji na zadnjim nogama; uspravljen 2. bijesan; razuzdan; koji bujno raste, koji se širi
rampart ['ræmpaːt] bedem
ran [ræn] pret od run
ranch [ræntʃ] ranč, stočarska farma
rancid ['rænsid] (~ly) užežen, pokvaren; ~**ness** užeženost
ranco(u)r ['ræŋkə] pakost, mržnja
random ['rændəm] 1. **at** ~ na sreću, nasumce 2. besciljan; slučajan
rang [ræŋ] pret od ring
range [reindʒ] 1. niz, lanac, red; zbirka, kolekcija; ploha, ravan; opseg; oblast, domet; štednjak 2. v/t svrstati, redati; prokrstariti, ploviti uz (što); v/i ležati ili stajati u redu ili nizu, tumarati; prostirati se; postaviti se
ranger ['reindʒə] skitnica, protuha 2. lovački pas 3. kraljevski šumarak (kao naslov)
rank [ræŋk] 1. red, linija; stroj; klasa, čin, rang, položaj, **the** ~**s pl**, ~ **and file** ljudstvo, vojnici; fig narod, niži slojevi; **join the** ~**s** stupiti u vojsku; **rise from the** ~**s** uzdići se do visoko položaja 2. v/t svrs-

tati; uvrstiti; rasporediti; v/i poređati se, svrstati se, ubrajati se; biti u položaju; ~ **as** važiti kao, sloviti za 3. (~ly) bujan (biljka) plodan (tlo) užežen, pokvaren
ransack ['rænsæk] pretražiti; opljačkati
ransom ['rænsəm] 1. otkupnina; otkup; eccl izbavljenje 2. otkupiti; osloboditi
rap [ræp] 1. udarac; kucanje 2. udariti, kvrcati (po) 3. mrvica
rapacious [rə'peiʃəs] (~ly) lakom, grabežljiv
rapacity [rə'pæsiti] grabežljivost
rape [reip] 1. grabež; otmica; silovanje 2. oteti; silovati 3. repica; ~ **oil** repičino ulje
rapid ['ræpid] (~ly) 1. brz, hitar, nagao, strm; ~ **service** brza pruga, ekspresni saobraćaj 2. ~**s** pl brzica, bujica
rapidity [rə'piditi] brzina
rapt [ræpt] fig zanesen, ushićen
rapture ['ræptʃə] oduševljenje (i pl ~**s**); zanos; ushit; **in** ~**s** oduševljen, go into ~**s** zanijeti se
rapturous ['ræptʃərs] (~ly) ushićen; žarki
rare [rɛə] (~ly) rijedak, fig neobičan, dragocijen; raštrkan
rarefy ['rɛərifai] razrijediti
rareness, **rarity** ['rɛənis, 'rəriti] rijetkost, razrijeđenost; finoća
rascal ['raːskəl] lupež; nitkov, vragolan
rascality [raːs'kæliti] lupeštvo, nitkovluk
rascally ['raːskəli] lupeški, nitkovski
rase [reiz] (iz)brisati, (iz)grepsti
rash [ræʃ] (~ly) 1. nagao; nesmotren; smion 2. osip
rasp [raːsp] 1. turpija; turpijati; strugati
raspberry ['raːzbəri] malina
rat [ræt] 1. štakor; prebjeg 2. loviti štakore; prebjeći
ratability [reitə'biliti] obveza plaćanja poreza
ratable ['reitəbl] (~ly) oporezljiv, koji je obavezan plaćati porez
rate [reit] 1. omjer, mjera; udio; stopa; stav; cijena; taksa; tarifa; porez; namet; rang; stupanj; klasa; hod; brzina 2. ocijeniti, procijeniti; oporezovati; v/t koriti, (iz)grditi; v/i psovati
rate ... **at the** ~ **of** uz stav od, brzinom od **at the cheap** ~ uz jeftinu cijenu
~ **of exchange** devizni tečaj
~ **of interest** kamatna stopa
~ **of taxation** porezna stopa

rather ['ra:ðə] radije, prilično; zapravo; (što)više; [ra:ðə:] svakako! razumije se!; I had (ili would) ~ not radije ne bih
ratification [rætifi'keiʃn] potvrda, ratifikacija
ratify [ræti'fai] potvrditi; ratificirati
rating ['reitiŋ] 1. procjena; porežna stopa; čin; klasa (broda); mornar 2. psovanje; karanje
ratio ['reiʃiou] omjer
ration ['ræʃn] 1. obrok, sljedovanje 2. racionirati, ograničiti
rational ['ræʃnl] (~ly) razuman, razborit; racionalan
rationalism ['ræʃnlizm] racionalizam
rationalization [ræʃnəlai'zeiʃn] racionaliziranje
rationalize ['ræʃnəlaiz] racionalizirati
rattle ['rætl] 1. štropot(anje); brbljanje; čegrtanje; čegrtaljka 2. v/i štropotati; čegrtati; v/t čegrtati (čime) zveckati; potresti; nervirati; ~ snake (zmija) čegrtuša
rattling ['rætliŋ] (~ly) klepetav; živahan; adv izvanredno
ravage ['rævidʒ] 1. pustošenje 2. v/t (o)pustošiti, v/i harati
rave [reiv] bjesnjeti; bulazniti o
raven ['reivn] 1. gavran 2. [rævn] 1. vidi ravin 2. pljačkati, proždrijeti
ravin ['rævin] rhet grabežljivost; plijen
ravish ['ræviʃ] ushititi; zanijeti; silovati, rhet ugrabiti, oteti; ~ing (~ly) koji zanosi, ushićuje; ~ment oskrvnuće, ushit
raw [rɔ:] (~ly) 1. sirov (nekuhan, neobrađen); ranjiv; oštar; nevješt, neiskusan; ~ material sirovina 2. ranjivo (ili osjetljivo) mjesto; ~ boned koštunjav; ~ness sirovost, neiskusnost
ray [rei] 1. zraka; fig zračak, trag (nade itd), 2. sijati, radirati 3. raža; ~less koji je bez zraka, taman
raze [reiz] razoriti, zbrisati; okrznuti; izbrisati
razor ['reizə] britva; ~ blade britva, žilet
re [ri:] 1. u stvari, što se tiče, predmet (pisma...) 2. nanovo; natrag...; još jednom...
reach [ri:tʃ] 1. (do)sezati; domet; opseg; (za)hvat; dio rieke između dva zavoja; beyond ~, out of ~ nedostižan, nedokučiv 2. v/i posegnuti, mašiti se za (i ~ out); dosezati do; v/t doseći; prispjeti; ispružiti; dokučiti

react [ri'ækt] reagirati; djelovati; biti osjetljiv na
reaction [ri'ækʃn] reakcija, reagiranje
reactionary [ri'ækʃəri] 1. reakcionar 2. reakcionarni
reactive [ri'æktiv] (~ly) reaktivan
reactor [ri'æktə] reaktor
read [ri:d] irr v/t 1. (pro)čitati; značiti, pokazati toplomjer; ~ off očitati; ~ out glasno (pro)čitati; v/i čitati; proučavati; studirati; glasiti 2. (red) a) pret i pp od read, b) načitan; upućen u
readable ['ri:dəbl] (~ly) čitljiv, vrijedan čitanja
reader ['ri:də] čitatelj(ica); predavač(ica); korektor; univ docent; čitanka; ~ ship univ docentura
readily ['redili] adv spremno; odmah
readiness ['readinis] spremnost; lakoća
reading ['ri:diŋ] čitanje; predavanje; stanje (toplomjera); načitanost; lektira; tumačenje; attr ...za čitanje
readjust [ri:ə'dʒʌst] preudesiti; pol preorjentirati se; ~ment novo uređenje; preudešenje
ready ['redi] 1. adv (~ly) spreman, gotov; voljan; brz; vješt; udoban; lagan; pri ruci 2. adv gotovo, spremno; ~ made konfekcijski, tvornički; ~-to-wear konfekcijski gotov (odjeća)
real [riəl] (~ly) zbiljski; stvaran; ~ estate, property nekretnina
realism ['riəlizəm] realizam
realist ['riəlist] 1. realist 2. stvaran, zbiljski
realistic [riə'listik] (~ally) stvaran, istinit
reality [ri'æliti] 1. stvarnost, istinitost; suština, istina; činjenica
realizable ['riəlaizəbl] (~ly) ostvariv, izvediv
realization [riəlai'zeiʃn] ostvarenje; predočivanje; realiziranje
realize ['riəlaiz] ostvariti; uvidjeti; spoznati; unovčiti; realizirati
really ['riəli] zaista, stvarno
realm [relm] kraljevstvo, područje
realty ['riəlti] nekretnine
reanimate [ri'ænimeit] povratiti u život
reap [ri:p] žeti; požnjeti; ~er žetelac, žetelica; ~ing žetva
reappear ['ri:ə'piə] ponovo se pojaviti
rear [riə] 1. v/t uzgojiti, gajiti; njegovati; v/i propinjati se 2. pozadina; stražnja strana; zaštitnica 3. stražnji; ~ mirror, ~ vi-

sion retrovizor; ~ **admiral** kontradmiral; ~-**guard** zaštitnica
rearmost ['riəmoust] zadnji
rearward ['riəwəd] *adj* stražnji; *adv* (i rearwards) natrag (u)nazad
reason ['ri:zn] 1. razum; razumijevanje; razlog, povod; pravo; **by** ~ **off** zbog; **for this** ~ zbog toga; *v/i* razumno razmišljati; rezonirati; rasuđivati; *v/t* razmisliti; ~ **a p into** (ili **out of**) **a th** nagovoriti (ili odgovoriti) (~**ly**) razborit; prikladan; jeftin;
reasoning ['ri:zəniŋ] rasuđivanje; zaključivanje
reassurance [ri:ə'ʃuərəns] ponovno osiguranje; umirenje
reassure [ri:ə'ʃuə] ponovno osigurati; umiriti
rebel ['rebl] 1. buntovnik, pobunjenik 2. buntovnički (i **rebelliuous**) 3. [ri'bel] (po)buniti se
rebellion [ri'beljən] pobuna; ustanak
rebirth ['ri:bə:θ] ponovno rođenje; preporod
rebound [ri'baund] 1. odskočiti, odbiti se 2. odskok
rebuf f [ri'bʌf] 1. odbijanje, uskratiti 2. odbaciti, otkloniti
rebuild ['ri:'bild] *irr* (**build**) ponovo (iz)graditi
rebuke [ri'bju:k] 1. ukor, prijekor 2. ukoriti, prekoriti
recall [ri'kɔ:l] 1. opoziv, opozivanje; poricanje 2. pozvati natrag; opozvati; sjećati se; otkazati
recapitulate [ri:kə'pitjuleit] rekapitulirati; ukratko ponoviti
recapitulation [ri:kə,pitju'leiʃn] rekapitulacija, sažet pregled
recapture [ri:'kæptʃə] 1. ponovno osvajanje 2. ponovo zarobiti
recast [ri:'ka:st] 1. *irr* (**cast**) pretopiti; preliti; preračunati 2. preinaka
receipt [ri'si:t] 1. primitak; priznanica; recept, uputa; ~**s** *pl* prihodi 2. potvrditi primitak
receivable [ri'si:vəbl] koji se može primiti, prihvatljiv; nenaplaćen
receive [ri'si:v] *v/t* primiti; dobiti; uzeti; prihvatiti; ukonačiti; *v/i* primati
receiver [ri'si:və] primatelj; radio prijemnik; *teleph* slušalica; ubirač poreza; stečajni upravitelj

receiving [ri'si:viŋ] primanje; radio prijem; jataštvo; ~ **set**, radio-prijemnik
recent ['ri:snt] (~**ly**) skorašnji, nedavni; nov; moderan; ~**ly** u posljednje vrijeme, nedavno
reception [ri'sepʃn] primanje, prijem; prihvat; ~ **desk**, recepcija; ~**ist**, recepcioner; ~-**room** , soba za primanje
receptive [ri'septiv] sposoban da prima, receptivan
recess [ri'ses] prekid, pauza; tajni kutić, skrovište; udubina, niša
recession [ri'seʃn] recesija, uzmicanje
recipe ['resipi] recept
recipient [ri'sipiənt] primalac, recipijent
reciprocal [ri'siprəkl] 1. obostran, uzajaman; recipročan; ~**ly** *adv*, stoga 2. recipročna vrijednost
reciprocate [ri'sprəkeit] *v/i* naizmjenično djelovati; *v/t* izmijeniti, uzvraćati (čestitke)
reciprocity [resi'prɔsiti] uzajamnost, obostranost
recital [ri'saitl] izvještaj; pripovijedanje; recitiranje, recital; uvodni dio rasprave
recitation [resi'teiʃn] predavanje, recitacija; kazivanje
recitative [resitə'tiv] recitativan 2. recitativ
recite [ri'sait] recitirati, predavati, kazivati
reckless ['reklis] bezobziran; koji se ne osvrće na, bezbrižan, ~**ness** bezobzirnost; bezbrižnost
reckon ['rekn] *v/t* (pro)računati; (o)cijeniti; smatrati za; ~ **up** zbrojiti; *v/i* misliti, računati, ~ **with** računati s (činjenicama), ~**ing** računanje; (ob)račun; proračunavanje
reclaim [ri'kleim] vratiti, dovesti natrag koga; pripotomiti; civilizirati; tražiti natrag; meliorirati
reclamamation [reklə'meiʃn] poboljšanje; traženje natrag, reklamacija; žalba
recline [ri'klain] nasloniti se; *fig* ~ **upon** osloniti se na
recognition [riekəg'niʃn] priznanje, prepoznavanje
recognizable ['rekəgnaizæbl] prepoznatljiv, koji se može prepoznati
recognize ['rekəgnaiz] priznati; prepoznati; poznati; pozdraviti (koga na ulici)
recollect [rekə'lekt] sjetiti se, sjećati se 2.
re-collect [ri:kə'lekt] ponovo sakupiti

recollection [rekə'lekʃn] sjećanje, pamćenje
recommend [rekə'mend] preporučiti; **~able** preporučljiv; **~ation** preporuka; **~atory** koji preporuča, koji služi kao preporuka
recompense ['rekəmpens] 1. nagrada; odšteta; naknada 2. nagraditi, nadoknaditi; odštetiti
reconcilable ['rekənsailəbl] pomirljiv; uskladiv
reconcile ['rekənsail] pomiriti, uskladiti; izgladiti spor
reconcilation [rekənsili'eiʃn] pomirenje
reconquer [ri:'kɔŋkə] ponovo osvojiti
reconquest [ri:'kɔŋkwest] ponovno osvojenje
reconsider [ri:kən'sidə] ponovno razmisliti; **~ation** ponovno razmišljanje
reconmstruct [ri:kəns'trʌkt] rekonstruirati, nanovno izgraditi; **~ion** rekonstrukcija, ponovna izgradnja
record ['rekɔ:d] 1. zapis, bilježenje; spis, isprava; dokument; protokol; prošlost osobe; ugled; glas; izvještaj, svjedodžba; gramofonska ploča; rekord; **~ Office** državni arhiv **off the ~** neslužben(o) 2. [ri'kɔ:d] zabilježiti, unijeti, registrirati; **~er** zapisničar, registrator, sudac; **tape ~** magnetofon
recount [ri'kaunt] (opširno) pripovijedati, ispričati, [ri:'kaunt] ponovo prebrojiti
recover ['ri:'kʌvə] v/t ponovo naći, ponovo steći; pribaviti; nadoknaditi; uzjerati; naplatiti dug itd, **be ~ed** oporaviti se; v/i oporaviti se
re-cover ['ri:'kʌvə] ponovno pokriti; nanovo presvući (kišobran)
recoverable [ri'kʌvərəbl] koji se može opet dobiti, utjerati, nadoknaditi
recovery [ri'kʌvəri] ponovno dobivanje, vraćanje; oporavak, ozdravljenje
recreate ['rekrieit] v/t osvježiti, okrijepiti, zabaviti, razveseliti; v/i odmoriti se (i **~ oneself**)
recreation [ri:kri'eiʃn] odmor, zabava, rekreacija; **~ ground** (sportsko) igralište
recreative ['rekreieitiv] osvježujući; rekreativan
recriminate [ri'kriminieit] podići protuoptužbu
recruit [ri'kru:t] 1. regrut, novak 2. v/t regrutirati; unovačiti; obnavljati, ojačati zdravlje; v/i oporaviti se; novačiti, regrutirati; **~ment** regrutacija, oporavak
rectangle ['rektæŋgl] pravokutnik
rectangular [rek'tæŋgjulə] pravokutan
rectifiable ['rektifaiəbl] ispravljiv
rectification [rektifi'keiʃn] ispravljanje, popravljanje; rektifikacija
rectify [rekti'fai] napraviti, poboljšati; rektificirati; pretvoriti izmjeničnu struju u istosmjernu
rector ['rektə] župnik; *Scot univ* rektor; *Scot* direktor (škole)
rectorate ['rektərit] **rectorship** služba rektora
rectory ['rektəri] župa; župni dvor
rectum ['rektəm] zadnje crijevo
recuperate [ri'kju:pəreit] oporaviti se
recuperation [ri,kju:pə'reiʃn] oporavak
recur [ri'kə:] doći na um, sjetiti se; ponavljati se; **~ring decimal** periodični decimalni broj
recurrence [ri'kʌrəns] povratak, vraćanje na
recurrent [ri'kʌrənt] (**~ly**) koji se vraća, ponavlja
red [red] 1. crven 2. crvena boja; *pol* komunist
red ... ~ cross Crveni križ
~ currant crveni ribiz
~ heat užarenost, usijanje
~ lead minij
~ man crvenokožac
~ tape birokratizam
redden ['redən] pocrvenjeti
reddish ['rediʃ] crvenkast
redecorate [ri:'dekəreit] ponovno ukrasiti, ličiti
redecoration [ri:dekə'reiʃn] renovacija
redeem [ri'di:m] iskupiti; otkupiti; izbaviti; amortizirati; ispuniti (obećanje); okajati; nadoknaditi (vrijeme); spasiti (od); oslobodit (grijeha); **~able**, otkupiv; poništljiv; otkažljiv
redemption [ri'dempʃn] iskupljivanje; otkupljivanje; amortizacija; spas
rediscover [ri:dis'kʌvə] ponovo otkriti
red-light district ['redlait-'distrikt] gradska četvrt s javnim kućama
redness ['rednis] rumen(ilo), crvenilo
redo ['rI:'du:] irr (**do**) ponovo učiniti, obnoviti
redskin ['redskin] crvenokožac, Indijanac
reduce [ri'dju:s] povratiti, vratiti natrag;

promijeniti; pretvoriti u; umanjiti; sniziti cijene; degradirati; prisiliti na; reducirati; uzglobiti; uskladiti (račun)

reduction [ri'dʌkʃn] redukcija, *fig* vraćanje; pretvaranje; sniženje (cijena); svođenje; popust, rabat; uzglobljenje

redundance , redundancy [ri'dʌndəns(i)] izobilje, pretek

redundant [ri'dʌndənt] (~ly) prekomjeran, preobilan, pretrpan

reduplicate [ri'dju:plikeit] udvostručiti, ponoviti

reduplication [ri'dju:pli'keiʃn] udvostručenje

reed [ri:d] trstika

reef [ri:f] 1. greben 2. kratica (na jedru) 3. skratiti (jedro)

reek [ri:k] 1. dim, para; pokvaren zrak 2. dimiti se; smrdjeti; ~y zadimljen; zaparen, smrdljiv

reel [ri:l] 1. vitlo; smotak, kalem 2. *v/t* motati, namatati; *v/i* okretati se, teturati

refer [ri'fə:] ~ **to** *v/t* uputiti na; predati; doznačiti; pripisati; *v/i* odnositi se na; povezivati se na; ukazivati na; potražiti u (knjizi); ~ **able to** koji se odnosi na; koji se može pripisati

referee [refə'ri:] arbitar; izvjestitelj; referent; nogometni sudac

reference ['refrəns] upućivanje (**to** a p na koga); povezivanje (na); odnos; referenca; preporuka; upućivanje arbitru; izvještaj **in** (ili **with**) ~ **to** u svezi s; s obzirom na; **terms of** ~ *pl* smjernice; **work of** ~ , ~ **book** priručnik; ~ **library** priručna knjižnica

referendum [refə'rendəm] referendum

refill ['ri:'fil] 1. novo punjenje; uložak za kemijsku olovku 2. ponovno (na)puniti

refine [ri'fain] (pre)čistiti; oplemeniti (se); rafinirati; cjepidlačiti; ~**ment** čišćenje, oplemenjivanje; finoća

rafinery [ri'fainəri] rafinerija

reflect [ri'flekt] *v/t* odraziti; odbijati; *v/i* razmišljati o; nepovoljno se izraziti o; ~**ion** odraz, odsjev; refleks; misao; primjedba; ~**ive** (~ly) koji reflektira, koji odrazuje; ~**or** reflektor

reflex ['ri:fleks] 1. savijen natrag; refleksivan 2. odraz, refleks; ~**ive** (~ly) (ri'fleksiv) povratan; *gr* refleksivan

reflux ['ri:flʌks] otjecanje; oseka

reform [ri:'fɔ:m] reforma, poboljšanje 2. poboljšati se, reformirati, preustrojiti

reformation [refə'meiʃn] poboljšanje; preinačenje; reformacija

reformatory [ri'fɔ:mətəri] 1. koji poboljšava 2. popravilište

reformer [ri'fɔ:mə] reformator

refract [ri'frækt] lomiti zrake

refraction [ri'fkækʃn] prelamanje svjetlosti

refrain [ri'frein] 1. *v/t* obuzdati; *v/i* uzdržavati se od 2. pripjev, refren

refresh [ri'freʃ] osvježiti (se); oživjeti; ~**er** osvježivanje;*fig* podsjećanje; nadoplata; ~**ment** okrjepa, osvježivanje

refrigerant [ri'fridʒərənt] 1. koji hladi 2. sredstvo za hlađenje; svjež napitak

refrigerate [ri'fridʒəreit] (ras)hladiti

refrigerator [ri'fridʒəreitə] hladnjak, frižider

refuel [ri:'fjuəl] napuniti gorivom

refuge ['refju:dʒ] utočište; pješački otok; izgovor; sklonište

refugee [refju:'dʒi:] izbjeglica; ~ **camp** logor za izbjeglice

refusal [ri'fju:zl] odbijanje, uskračivanje

refuse [ri'fju:z] 1. *v/t* odbiti; uskratiti; zazirati od, *v/i* protiviti se 2. [refju:s] odbačen, otpadni 3. otpaci, smeće; *fig* izmet

refutable ['refjutəbl] (~ly) koji se može opovrći

refutation [refju'teiʃn] opovrgavanje

refute [ri'fju:t] opovrći

regal ['ri:gl] ~(ly), kraljevski

regard [ri'ga:d] 1. pogled; štovanje; obzir 2. smatrati, štovati; promatrati; ticati se; odnositi se

regard ... have ~ **to** imati obzira prema
  with ~ **to** s obzirom na
  with kind ~**s** uz srdačne pozdrave
  ~**ful** (~ly) pažljiv (prema)
  ~**ing** što se tiče, u pogledu
  ~**less** (~ly) 1. bezobziran prema 3. *adv* ~ **of** bez obzira

regency ['ri:dʒənsi] regentstvo

regenerate [ri'dʒenəreit] preporoditi (se), regenerirati (se) 2. [ri'dʒenərit] preporođen

regeneration [ri'dʒenəreiʃn] preporod; regeneracija

regent ['ri:dʒənt] 1. vladajući 2. regent, namjesnik; ~**ship** regentstvo

regiment ['redʒimənt] 1. puk; *fig* mnoštvo 2. ['redʒiment] ustrojiti; organizirati

regimentals [redʒi'mentlz] *pl* uniforma
region ['ri:dʒən] predjel, regija; *fig* oblast; ~al (~ly) mjesni
register ['redʒistə] 1. registar, popis, zasun, ventil; registar; ~ **office** registratura; matični ured 2. upisati, zabilježiti; zapisati (se), registrirati
registred ['redʒistəd] registriran (društvo); preporučen (pismo)
registrar [redʒis'tra:] matičar; arhivar
registration [redʒis'treiʃn] registracija
registry ['redʒistri] registracija; registratura; ~ **office** prijavni ured
regress ['ri:gres] povratak; *fig* nazadak
regression [ri'greʃn] povratak; *fig* nazadak
regressive [ri'gresiv] (~ly) nazadan; regresivan
regret [ri'gret] 1. žaljenje; bol; tuga 2. žaliti; sažaljevati; ~ful (~ly) sažaljiv, žalostan; ~ly sa žaljenjem
regretable [ri'gretəbl] žaljenja vrijedan
regular ['regjulə] (~ly) pravilan; redovan; točan; stalan; regularan 2. *eccl* redovnik; ~s *pl* radosne trupe
regularity [regju'læriti] pravilnost; točnost
regulate ['regjuleit] urediti, regulirati, namjestiti
regulation [regju'leiʃn] 1. uređivanje; reguliranje; uredba 2. propisan, bojevi
rehabilitate [ri:ə'biliteit] rehabilitirati
rehabilititation [ri:əbili'teiʃn] rehabilitacija
rehearsal [ri'hə:sl] ponavljanje; recitiranje; *theat* pokus, proba
reharse [ri'hə:s] pripovijedati; ponoviti; *theat* uvježbavati, održavati
reign [rein] 1. vladavina; suverenost 2. vladati
reimburse [ri:im'bə:s] naknaditi; odštetiti, registrirati
reimbursement [ri:im'bəsmənt] naknada štete; refundiranje
rein [rein] 1. uzda, vodica 2. ~ **in, up, back** obuzdati, zaustaviti
reinforce [ri:in'fɔ:s] 1. pojačati; ~d **concrete** armirani beton; ~**ments** *pl* (trupe) za pojačavanje
reinsurance [ri:in'ʃuərəns] reosiguranje
reinsure [ri:in'ʃuə] reosigurati
reject [ri'dʒekt] odbaciti, povratiti; otkloniti
rejection [ri'dʒekʃn] odbijanje, otklanjanje
rejoice [ri'dʒɔis] *v/t* razveseliti; *v/i* veseliti se; uživati

rejoicing [ri'dʒɔisiŋ] (~ly) 1. radostan 2. (često ~s *pl*) veselje, radost
relapse [ri'læps] 1. povratak u staro stanje 2. ponovno zapasti u staro stanje, povratiti se
relate [ri'leit] *v/t* pripovijedati; osvijestiti, dovesti u vezu s; *v/i* odnositi se na; ~**d** u rodu, srodan
relation [ri'leiʃn] izvještaj; pripovijetka; veza, srodstvo, rođak; **in** ~ **to** u svezi s, s obzirom na, ~**ship** srodstvo, odnos
relative ['relətiv] (~ly) 1. odnosan; koji se odnosi na; *gr* relativni; srodan; razmjeran; uslovljen (čime) 2. *gr* odnosna zamjenica; rođak
relativity [relə'tiviti] relativnost
relax [ri'læks] *v/t* ublažiti; olabaviti; popustiti; *v/i* popustiti; opustiti se; olabaviti; postati blaži; ~**ation** labavost, mutavost; popuštanje; odmor
relase [ri'li:s] 1. (ot)puštanje; oslobađanje; *fig* izbavljanje; (film) praizvedba; prepuštanje 2. osloboditi, izbaviti iz; prenijeti; ustupiti pravo; prikazati premijeru; razdvojiti; otpustiti
relevance, relevancy ['relivəns(i)] značajnost; važnost (za)
relevant ['relivənt] (~ly) suvisao; koji se tiče; svrsishodan, koji je u vezi
reliabulity [rilaiə'biliti] pouzdanost
reliable [ri'laiəbl] (~ly) pouzdan
reliance [ri'laiəns] pouzdanje; oslanjanje na
reliant [ri'laiənt] pouzdan
relic ['relik] (pre)ostatak; relikvija
relief [ri'li:f] olakšanje; utjeha; potpora; smjena; pomoć; pojačanje; *fig* lijek; ~ **works** *pl* javni radovi
relieve [ri'li:v] olakšati; ublažiti; podupirati siromašne; smijeniti; osloboditi opsade; pomoći; rasteretiti
religion [ri'lidʒən] religija
religious [ri'lidʒəs] (~ly) religiozan; vjerski; *eccl* redovnički; ~**ness** religioznost
relinquish [ri'liŋkwiʃ] napustiti, odreći se; prepuniti što; ~**ment** napuštanje, odricanje
relish ['reliʃ] 1. okus; tek ili miris; *fig* privlačnost; začin; čar; ljubav 2. *v/t* ići u tek, rado jesti; učiniti ukusnim; *v/i* imati tek
reluctance [ri'lʌktəns] nesklonost; otpor
reluctant [ri'lʌktənt] (~ly) nesklon; koji oskudjeva

rely [ri'lai] ~ (**up**)**on** nasloniti se na, uzdati se u
remain [ri'mein] 1. (pre)ostati 2. ~**s** *pl* (zemni) ostaci
remand [ri'ma:nd] 1. poslati natrag (u istražni zatvor) 2. **be on** ~ biti u istražnom zatvoru
remark [ri'ma:k] 1. primjedba; opaska, 2. *v/t* primijeniti; napomena; *v/i* učiniti napomenu, izjasniti se o; ~ **able** (~**ly**) izvanredan; značajan
remediable [ri'mi:diəbl] izlječiv
remedial [ri'mi:diəl] koji liječi; koji pomaže
remedy ['remidi] 1. lijek; pomoć; (pravno) sredstvo 2. (iz)liječiti, pomoć
remember [ri'membə] sjetiti se; (u)pamtiti
remembrance [ri'membrəns] sjećanje, pamćenje; ~**s** *pl* poštovanje, pozdrav
remind [ri'maind] podsjetiti (na); ~**er** opomena
reminiscence [remi'nisns] sjećanje
reminiscent [remi'nisnt] (~**ly**) koji podsjeća; **to be** ~ **of** sjećati na, podsjećati na
remit [ri'mit] *v/t* oprostiti (grijeh, dug); popustiti; poslati, doznačiti
remittance [ri'mitəns] vraćanje, slanje (natrag) novca; doznaka
remorse [ri'mɔ:s] grižnja savjesti; ~**ful** (~**ly**) pokajnički; ~**less** (~**ly**) nemilosrdan
remote [ri'mout] dalek, udaljen; ~ **contact** daljinsko upravljanje; ~**ness** udaljenost
removable [ri'mu:vəbl] odstranjiv; koji se može ukloniti
removal [ri'mu:vəl] uklanjanje; svrgnuti
remove [ri'mu:v] 1. *v/t* udaljiti; ukloniti; *v/t* udaljiti, ukloniti; *v/i* udaljiti se; (pre)seliti se 2. udaljenost, razmak, stupanj; odjeljenje (razreda); ~**r** špediter (pokućstva)
Renaissance [ri'neisəns] preporod, renesansa
renal ['ri:nl] bubrežni
rend [rend] *irr* (raz)derati, (ras)trgati
render ['rendə] (uz)vratiti; učiniti uslugu, pružiti pomoć; iskazati čast; izraziti zahvalnost; prevoditi na; umjetnički prikaz, izvoditi; izkućiti, položiti račun; ~**ing** prikazivanje, prevođenje
renegade ['renigeid] otpadnik, renegat
renew [ri'nju:] obnoviti
renewal [ri'nju:əl] obnova
renounce [ri'nauns] *v/t* odreći se; okaniti se; poricati; *v/i* na moći odgovarati na boju (u kartanju)
renovate ['renoveit] obnoviti, renovirati
renovation [renə'veiʃn] obnova, obnavljanje
renown [ri'naun] *rhet* (dobar) glas, ~**ed** *rhet* glasovit, slavan
rent [rent] 1. *pret* i *pp* od **rend** 2. rascjep, pukotina, 3. zakup(nina); najam(nina) 4. (iz)najmiti, zakupiti
rent ... ~**able** zakupiv, iznajmljiv
 ~**al** najamnina, zakupnina
 ~-**charge** zakupnina za nasljedno imanje
 ~**er** stanar(ka); zakupac; (film) distributer na veliko
 ~**free** koji je slobodan od zakupnine ili stanarine
rennunciation [rinʌnsi'eiʃn] odricanje; opovrgavanje;
repair [ri'pɛə] 1. popravak; ~**s** *pl* remont 3. ~ **to** uputiti se, krenuti kamo
reparable ['repərəbl] popravljiv, koji treba popraviti
reparation [repə'reiʃn] odšteta, naknada; ~**s** *pl* reparacije
repatriate [ri'pætrieit] vratiti (se) u domovinu 2. [ri:'pætriit] povratnik
repay [ri:'pei] *irr* (**pay**) 1. vratiti dug; *fig* uzvratiti, nadoknaditi; odštetiti 2. [ri:'pei] još jednom platiti; ~**able** otplatiti; ~**ment** otplatiti
repeat [ri'pi:t] 1. *v/t* ponoviti, kazivati; *v/i* ponavljati se; repetirati (pušku) 2. znak ponavljanja; ponovljena narudžba; ~**ed** (~**ly**) ponovljen
repel [ri'pel] odbiti, suzbiti, potisnuti; *fig* izazivati odvratnost, ~**lent** odvratan
repent [ri'pent] (po)kajati se (i ~ **of**)
repentance [ri'pentəns] (po)kajanje
repentant [ri'pentənt] pokajnički
repertory ['repətəri] repertoar; recitiranje; kopija
replace [ri:'pleis] opet (po)staviti; nadomjestiti; zastupati; ~**ment** zamjena, nadomjestak
replica ['replikə] vjerna reprodukcija, replika
reply [ri'plai] 1. odgovoriti, uzvratiti na 2. odgovor
report [ri'pɔ:t] 1. izvještaj; glasina; školska svjedožba; prasak 2. *v/t* izvijestiti; javiti, prijaviti; ~**er** izvjestitelj(ka) reporter

repose [ri'pouz] 1. mir(noća); mirovanje 2. v/t odmoriti, položiti; upokojiti; v/i odmarati (se); spavati, mirovati
reprehend [repri'hend] koriti
reprehension [repri'henʃn] prijekor
represent [repri'zent] predstaviti, predočiti, prikazivati; reprezentirati; ~ation predstavljanje, predočivanje, zastupanje; ~ative [repri'zentətiv] 1. značajan, tipičan; reprezentativan 2. predstavnik, zastupnik
repress [ri'pres] suzbiti; potisnuti; ~ive (~ly) koji suzbija
reprimand ['reprima:nd] 1. ukor 2. ukoriti
reprint [ri:'print] 1. nanovo štampati 2. novo nepromijenjeno izdanje
reprisal [ri'praizl] odmazda, represalija
reproach [ri'proutʃ] 1. predbacivanje; sramota 2. prigovarati, predbacivati; ~ful (~ly) prijekoran
reprobate ['reprobeit] 1. odbačen; opak; 2. pokvarenjak; prokletnik 3. strogo osuditi; odbaciti
reprobation [repro'beiʃn] zabacivanje; neodobravanje; prokletstvo
reproduce [ri:prə'dju:s] ponovo proizvesti, reproducirati (se)
reproduction [ri:prə'dʌkʃn] ponovo izvođenje; reprodukcija
reproductive [ri:prə'dʌktiv] (~ly) koji ponovo proizvodi; koji reproducira
reptile ['reptail] 1. gmaz; fig gmizavac 2. puzav
republic [ri'pʌblik] republika; ~an Am 1. republički 2. republikant
repugnance [ri'pʌgnəns] odvratnost; neslaganje, protuslovlje
repugnant [ri'pʌgnənt] (~ly) protuslovan; oprečan; odvratan
repulse [ri'pʌls] 1. odbijanje; fig suzbijanje 2. odbiti; fig poraziti
repulsion [ri'pʌlʃn] odbojnost, fig odvratnost
repulsive [ri'pʌlsiv] (~ly) odbojan, odvratan
reputable ['repjutəbl] (~ly) čestit, ugledan
reputation [repju'teiʃn] glas, ugled; čast
repute [ri'pju:t] 1. ugled; ~dly navodno, po općem mišljenju
request [ri'kwest] 1. zahtjev, molba, traženje; potražnja; **by** ~ na zahtjev 2. (za)moliti, tražiti, zahtijevati

requiem ['rekwiem] zadušnice, rekvijem
require [ri'kwaiə] tražiti, zahtijevati, ~d propisan, potreban; ~ment zahtjev; uvjet; potreba
requisite ['rekwizit] 1. potreban, nuždan 2. zahtjev; potrepština; rekvizit
requisition [rekwi'ziʃn] 1. zahtjev, traženje, rekvizicija 2. zahtijevati; rekvirirati
requital [ri'kwaitl] odmazda; uzvrat; nagrada
rescue ['reskju:] 1. (nasilno) izbavljenje (iz zatvora), spas(avanje); 2. osloboditi, spasiti; ~r osloboditelj; spasitelj(ica)
research [ri'sə:tʃ] ispitivanje, traganje, naučno istraživanje; ~ **establishment** znanstvenoistraživačka ustanova; ~er istraživač(ica)
resemblance [ri'zembləns] sličnost (sa); **resemble** [ri'zembl] sličiti, biti nalik na
resent [ri'zent] zamjerati; osjećati nepravdu; ~ful (~ly) uvrijeđen, srdit; ~ ment ogorčenost; neraspoloženje
reservation [rezə'veiʃn] uvjet; Am indijanski rezervat; rezerviranje
reserve [ri'zə:v] 1. pričuva; zaliha; rezerva; uzdržljivost; oprez; rezervni igrač; in ~ u rezervi, na zalihi 2. zadržati, sačuvati; rezervirati; predbilježiti, ~d (~ly) fig (s)uzdržljiv; rezerviran
reservoir ['rezəvwa:] rezervoar
reside [ri'zaid] stanovati; predbivati; ležati; počivati
residence ['rezidəns] stanovanje, boravište, stan; ~ **permit** dozvola boravka
resident ['rezidənt] 1. koji stalno boravi; koji stanuje u službenoj zgradi 2. stanovnik, mještanin; ~ial stamben; otmjen
resign [ri'zain] v/t napustiti; dati ostavku; ~ **oneself** prepustiti se; pomiriti se; v/i podnijeti ostavku
resignation [rezig'neiʃn] ostavka, rezignacija
resigned [ri'zaind] (~ly) odan, predan
resilience [ri'ziliəns] pružigost; fig elastičnost
resilient [ri'ziliənt] gibak; fig elastičan
resin ['rezin] 1. smola; 2. (o)smoliti
resist [ri'zist] oprijeti se, odoljeti
resistance [ri'zistəns] otpor(nost); attr otpornički
resistant [ri'zistənt] koji se opire, otporan

resolute ['rezəlu:t] odlučan; ~ness odlučnost
resolution [rezə'lu:ʃn] rastvaranje; *fig* rješenje; odluka; odlučnost; rezolucija
resolve [ri'zɔlv] 1. *v/t* otopiti; rastvoriti, *fig* riješiti; *v/i* rastopiti se; donijeti odluku 2. odluka; nakana; ~d (~ly) odlučan
resonance ['rezənəns] rezonanca, odjek
resonant ['rezənənt] zvučan
resort [ri'zɔ:t] 1. utočište; zbor, sastanak; oporavilište; **health** ~ lječilište; **seaside** ~ morsko kupalište; **summer** ~ ljetovalište, **in the last** ~ kao posljednje sredstvo, kad nije ništa drugo uspjelo
resource [ri'sɔ:s] pomoćno sredstvo, utočište; razonoda; ~ful (~ly) snalažljiv, domišljat
respect [ris'pekt] 1. obzir; pogled, odnos; (po)štovanje; ~s *pl* pozdravi; **with** ~ **to s** obzirom na; **in** ~ **of** što se tiče; **pay one's** ~ **to a p** lijepo pozdraviti koga; izraziti poštovanje 2. *v/t* cijeniti, (po)štovati; obazirati se na; uvažavati
respect ... ~ability ugled, čast, poštenje
~able (~ly) ugledan; poštovan; pristojan;
~ful (~ly) uljudan, pun poštovanja
yours ~ly s (odličnim) poštovanjem
~fulness poštovanje
~ing s obzirom na, što se tiče
~ive (~ly) koji se odnosi na svakog pojedinog
~ively odnosno
respiration [respə'reiʃn] disanje; respiracija
respire [ris'paiə] disati, odahnuti
respond [ris'pɔnd] odgovoriti, uzvratiti, ~ent 1. (op)tužen 2. tužen
response [ris'pɔns] odgovor; *fig* reakcija
responsibility [ri'spɔnsəbl] odgovoran; pouzdan; solventan
rest [rest] 1. mir; san; počinak; *fig* pokoji; odmaralište; pauza 2. *v/i* odmarati se; otpočinuti; spavati; poduprijeti se na; *v/t* dati počinka, poduprijeti, 3. ostatak; ostali; pričuva 4. ostati
restaurant ['restərɔ:ŋ] restauracija
restless ['restlis] nemiran, nespokojan; ~ness nemir; uznemirenost
restore [ris'tɔ:] uspostaviti; nadoknaditi; ~ **to health**, **life** ozdraviti, ponovo oživjeti
restrain [ris'trein] zadržati; obuzdati; spriječiti, ~ed obuzdan, ~ t svladavanje, ograničenje
restrict [ris'trikt] ograničiti, ~ion ograničenje; sputavanje; restrikcija, ~ive (~ly) restriktivan
result [ri'zʌlt] 1. rezultat, ishod 2. proizlaziti; ~ant 1. koji slijedi kao posljedica 2. rezultanta
resumé ['rezu:mei] sažetak, rezime
resume [ri'zju:m] ponovo dobiti; nanovo prihvatiti; započeti; rezimirati
resurrect [rezə'rekt] uskrsnuti; ~ion uskrsnuće
resuscitate [ri'sʌsiteit] *v/t* povratiti u život; *v/i* nanovo oživjeti
retain [ri'tein] zadržati, sačuvati
retaliate [ri'tælieit] *v/t* odmazditi, vratiti milo za drago
retaliation [ritæli'eiʃn] odmazda, osveta
retard [ri'ta:d] otezati; kasniti; ~ation usporavanje; otezanje
retina ['retinə] mrežnica
retire [ri'taiə] *v/t* povući natrag; umiroviti, penzionirati; *v/i* povući se, uzmaknuti; poći u mirovinu; ~d (~ly) povučen, umirovljen; ~ ment povlačenje; uzmak; mirovina
retract [ri'trækt] povući (se); opozvati; ~ation opoziv; ~ion povlačenje
retreat [ri'tri:t] 1. povlačenje; utočište 2. povući se, uzmaknuti
retribution [retri'bju:ʃn] odmazda
retributive [ri'tribjutiv] (~ly) uzvratan; koji je za odmazdu
retrievable [ri'tri:vəbl] nadoknadiv
retrive [ri'tri:v] ponovo dobiti; uspostaviti; ~r pas koji donosi divljač
retro ['retrou] (u)nazad; ~active retroaktivan; ~grade 1. unazadan 2. uzmicati
retrospect [retrou'spekt] pogled unatrag; **in** ~ u sjećanju, u osvrtu na prošlost
return [ri'tə:n] 1. povratak; vraćanje; *parl* izbor; (često ~s *pl*) dobitak, obrt kapitala; recidiva; naknada; službeni rezultat; porezna prijava; bočno krilo; ~s *pl* statistički podaci; *attr* povratni; **many happy** ~s **of the day**, sretan ti rođendan; **in** ~ za uzvrat;
~ **ticket** povratna karta, 2. *v/i* vratiti se; ponovo doći; *v/t* (po)vratiti, staviti natrag; izreći osudu
reunion [ri:'ju:njən] ponovno sjedinjenje; sastanak proslava

reunite ['ri:ju:'nait] ponovo (se) sjediniti
revalorization [ri:vælərai'zeiʃn] revaluation
revalorize [ri:'vælju'eiʃn] revalorizacija
revalorize [ri:'væljuəraiz] revalue [ri:'vælju:] ponovo procijeniti
reveal [ri'vi:l] otkriti; objaviti; ~ing iz čega se mnogo može zaključiti
revelation [revi'leiʃn] otkriće, objavljivanje
revenge [ri'vendʒ] 1. osveta, revanš (u igri) 2. osvetiti; ~ful (~ly) osvetljiv; ~fulness osvetljivost; ~er osvetnik
revenue ['revinju:] dohodak; ~s pl prihodi; ~ board, ~ office ured za financije; ~ cutter carinski brod; ~ officer carinik
revere [ri'viə] (po)štovati
reverence ['revərəns] 1. (po)štovanje; strahopoštovanje, Your ~ velečasni 2. poštovati
reverend ['revərənd] 1. častan 2. svećenik
reverie ['revəri] sanjarenje
reversal [ri'və:sl] preokret; obrat
reverse [ri'və:s] 1. protivnost; naličje; poraz; in ~ u obrnutom smislu, 2. (~ly) obrnut, protivan; ~ side druga strana 3. obrnuti, okrenuti
review [ri'vju:] 1. ponovno ispitivanje; smotra; parada; pogled unatrag; pregled; recenzija; časopis, revija 2. v/t revidirati; (pre)ispitivati; pregledati; kritički ispitati, recenzirati, v/i pisati recenzije; ~er recenzent, kritičar
revision [ri'viʒn] revizija; prerada
revival [ri'vaivl] oživljenje; preporod; fig buđenje
revive [ri'vaiv] v/t ponovno oživiti; obnoviti; v/i ponovno oživjeti, procvati
revocable ['revəkəbl] opoziv, koji se može opozvati
revocation [revə'keiʃn] opoziv; ukidanje
revoke [ri'vouk] v/t opozvati, povući; v/i kartanje: ne odgovarati na boju
revolt [ri'vɔlt] 1. (po)buna, revolt 2. v/i (po)buniti se; v/t odbijati, ozljediti
revolution [revə'lu:ʃn] okretanje; pol prevrat, revolucija; ~ary 1. prevratnički; revolucionaran 2. (i revolutionist) revolucionar(ka)
revolutionize [revə'lu:ʃnaiz] pobuniti, radikalno izmijeniti
revolve [ri'vɔlv] v/i okretati se; v/t okretati; fig razmišljati; ~r revolver
revolving [ri'vɔlviŋ] koji se okreće

revue [ri'vju:] revija
reward [ri'wɔ:d] 1. nagrada; plaća 2. nagraditi; platiti
rewrite [ri:'rait] irr (write) iznova napisati, prepisati
rhapsody ['ræpsədi] rapsodija; fig ushit
rhetoric ['retərik] retorika, govorništvo; ~al (~ly) retorički
reumatic [ru:'mætik] (~ally) reumatičan; ~s pl, **rheumatism** ['ru:mətizm] reumatizam
rhino ['rainou] 1. slang novac 2. **rhinoceros** [rai'nɔsərəs] nosorog
rhyme [raim] 1. srok, rima 2. sricati (se); ~less (~ly) bez rime; ~er, ~ster stihotvorac
rhytm [riðm] ritam
rib [rib] 1. rebro; 2. narebriti
ribbed [ribd] rebrast
ribbon ['ribən] vrpca, pruga; trak; ~s pl dronjci; slang uzde
rice [rais] riža
rich [ritʃ] (~ly) bogat; sjajan; skupocjen; plodan; mastan (jelo); snažan, jak (miris, vino); sadržajan; ~ in meaning značajan; ~es pl bogatstvo, ~ness bogatstvo, obilje
rickets ['rikits] sg ili pl rahitis
rickety ['rikiti] rahitičan; trošan
rid [rid] irr osloboditi, izbaviti; get ~ of riješiti se, osloboditi se
ridden ['ridn] pp od ride; u složenicama: tlačen, mučen čime
riddle ['ridl] 1. zagonetka 2. odgonetati 3. grubo sito 4. prosijati
ride [raid] 1. jahanje; vožnja; šumska staza 2. irr v/i jahati; voziti se; biti nošen; fig lebdjeti; ležati; v/t jahati (konja itd); tlačiti; mučiti; ~ on a bicycle voziti bicikl;
~r jahač(ica); onaj koji se vozi; dodatna klauzula; privjesak
ridge [ridʒ] 1. greben, hrbat; kosa (čovječja): zabat 2. brazdati se
ridicule ['ridikju:l] 1. smiješnost; ruglo 2. učiniti smiješnim, podrugivati se
ridiculous [ri'dikju:ləs] (~ly) smiješan, apsurdan; ~ness smiješnost
riding ['raidiŋ] 1. jahanje 2. jahači
rifle ['raifl] 1. opljačkati, porobiti 2. puška; ~s strijelci 3. žlijebiti; ~ man lovac, strijelac
rift [rift] napuklina, jaz

rig [rig] 1. *slang* varka, podvala 2. utjecati (na tržište u svrhu podizanja cijena) 3. snast; *fig* nakit, odjeća; *Am* sprega 4. (i ~ out, up) osnastiti; *fig* nakititi; ~ger jedrar
right [rait] (~ly) 1. točan, ispravan; normalan; desni 2. *adv* pravo, ispravno; desno; ravno; direktno; potpuno 3. desna strana; desnica; pravo, pravica 4. pribaviti (kome njegovo pravo); ispraviti (što); uspraviti se
right ... ~ **angle** pravi kut
 be ~ imati pravo; biti u redu
 all ~! u redu! dobro!
 ~ **away** odmah, smjesta
 ~ **on** ravno
 by ~ **of** na temelju
 on (ili **to**) **the** ~ nadesno
 ~ **angled** pravokutan
righteous ['raitʃəs] pravedan, pravičan; ~**ness** pravičnost
rightful ['raitful] (~ly) zakonit, pravedan
right-handed ['rait'hændid] (~ly) desnoruk
rigid ['ridʒid] (~ly) ukočen; *fig* krut; ~ity ukočenost, krutost
rigor ['raigɔ:] groznica
rigorous ['rigərəs] (~ly) strog, oštar
rigo(u)r ['rigə] strogost, krutost
rim [rim] rub, ivica, obruč
rime [raim] 1. rima 2. *poet* mraz, inje
ring [riŋ] 1. prsten; krug; kolut; boksački ring; arena, cirkus 2. prstenovati; okružiti 3. zveka, jek; zvonjava; znak zvona 4. *v/i* zvoniti; zvečati; odzvanjati; *v/t* (za)zvoniti; ~ **the bell** pozvoniti; ~ **a p up** nazvati koga
rinse [rins] 1. ispirati (često **out**) 2. ~**ing** ispiranje; pranje
riot ['raiət] 1. buka, graja; metež; buna 2. galamiti, bjesnjeti; dizati bunu; ~**er** izgrednik, buntovnik
rip [rip] 1. poderotina, raspor; *v/t* (ras)parati; (po)derati; *v/i* pući, rastrgati se 2. kljuse; ništarija
ripe [raip] (~ly) zreo, sazreo
ripen ['ra:ipən] rasparač, oruđe za paranje, stroj za paranje
rise [raiz] 1. dizanje, povišenje; uspinjanje; rast; skok; povišica plaće; izlaz sunca; prirast; uzrok 2. *irr* dizati se; ustati; popeti se; uskrsnuti; izlaziti (sunce); rasti; pobuniti se; izvirati
risen ['rizn] *pp* od **rise**

rising ['raiziŋ] 1. penjanje; ustajanje; izlazak; ustanak 2. koji dolazi, nastaje
risk [risk] 1. opasnost; rizik; **at the** ~ **of uz** rizik da 2. stavljati na kocku, riskirati; ~y (~ly) riskantan, pogibeljan
rite [rait] obred
ritual ['ritjuəl] (~ly) 1. obredni, ritualan 2. ritual
rival ['raivl] 1. rival, suparnik 2. suparnički, konkurentski
river ['rivə] rijeka; potok; ~ **horse** vodeni konj
rivet ['rivit] 1. zakovica 2. zakivati; *fig* pričvrstiti, prikovati; ~**ing** zakivački
road [roud] cesta, put; ~ **race** cestovne utrke;
roam [roum] *v/i* lutati, tumarati; *v/t* proputovati, prokrstariti; ~**er** skitnica, putnik
roar [rɔ:] 1. urlati, rikati; bučati; grmjeti; grohotom se smijati 2. rika, urlanje; tresak; grohot; ~**ing** rika, urlanje 2. (~ly) bučan, buran; žestok; napredan
roast [roust] 1. peći; (is)pržiti; *slang* peckati (koga) 2. pečen, pržen 3. **rule the** ~ biti gospodar u kući
rob [rɔb] orobiti; ~**ber** razbojnik; ~**bery** razbojstvo
robe [roub] 1. službena odjeća; haljina; ~**s** *pl* službena odora
robin ['rɔbin] crvendać
robot ['roubɔt] 1. robot; automat 2. automatski; mehanički
robust [ro'bʌst] (~ly) robustan, krepak; ~**ness** snaga, krepost
rock [rɔk] 1. stijena, hrid; kamenjak; *v/t* ljuljati; uspavati; *v/i* njihati se, teturati
rock-bottom ['rɔk'bɔtəm] najniži (cijena)
rocket ['rɔkit] 1. raketa; ~ **propulsion** raketni pogon 2. osak, strižuša
rocking-chair ['rɔkintʃeə] stolica za ljuljanje
rocky ['rɔki] kamenit, kršan
rococo [rə'koukou] rokoko
rod [rɔd] šiba, štap; palica; šipka; *Am slang* pištolj
rode [roud] *pret* od **ride**
rodeo [rou'diou] natjecanje u kaubojskim vještinama; skupljanje stoke; rad; žigosanje
roe [rou] 1. ikra 2. srna; ~-**buck** srndać
rogue [roug] lupež, vragolan
role [roul] uloga

roll [roul] 1. svitak, smotak; popis; povelja; zemička; tutnjava; bubnjava; valjanje 2. *v/t* valjati; koturati; (za)motati; *v/i* kotrljati se; voziti se; vrtjeti se, tutnjeti; ~ **call** prozivanje, prozivka; **~er** valjak; žični kotur; veliki val; *Am* ~ **coaster** tobogan; ~ **scate** koturaljka

rolling ['rouliŋ] 1. koji se kotrlja 2. kotrljanje, valjanje

Roman ['roumən] 1. rimski; Rimljanin; Rimljanka

romance [rə'mæns] 1. romanca; roman; *fig* romantika, bajka 2. *fig* pretjerivati 3. romanski; **~er** pisac romanca; lažac

Romanesque [roumə'nesk] romanski (stil)

Romanic [rou'mænik] romanski; ~ **peoples** *pl* Romani

romantic [rou'mæntik] (**~ally**) romantičan 2. većinom romantičar(ka); **~ism** romantizam

roof [ru:f] krov 2. pokriti krovom; **~ing** 1. pokrivanje krovom; krovište 2. krovni

rookie ['ruki] *slang* novak regrut; *fig* novajlija; početnik

room [rum, ru:m] prostor; mjesto; soba; prilika; mogućnost; **~s** *pl* stan; ~ **mate** sobni drug; **~er** podstanar; **~y** (**~ly**) prostran

roost [ru:st] 1. kokošinjac; mjesto počinka ptice 2. poći na počinak; **~er** pijetao

root [ru:t] 1. korijen 2. ukorijeniti; ~ **out** iskorijeniti; **~ed** ukorijeniti; duboko usađen u 3. *v/t* preorati, izrovati; ~ **out** isčupati; *v/i* rovati; **~er** *Am slang* navijač

rope [roup] 1. uže, konop; uzica; niz bisera itd. 2. *v/t* koncem svezati, odijeliti; *v/i* vezati se užetom; ~ **dancer** plesač na užetu

rosary ['rouzəri] *eccl* krunica, ružičnjak

rose [rouz] 1. ruža; škropica; ružičasta boja 2. *pret* od **rise**

rosemary ['rouzməri] ružmarin

rosy ['rouzi] (**~ly**) ružičast

rot [rɔt] 1. trulež, gnjlež; *slang* glupost 2. *v/t* prouzročiti trulenje; *slang* pokvariti planove; zbijanje šale s kim; *v/i* gnjiliti, truniti

rotary ['routəri] obrtni; rotacioni; ~ **current** trofazna struja

rotate [rou'teit] vrtjeti (se); kotirati

rotation [rou'teiʃn] okretanje, vrtnja; izmjenjivanje

rotor ['routə] rotor, kolo

rotten ['rɔtn] (**~ly**) gnjio, truo; *slang* odvratan

rotund [rou'tʌnd] okrugao, pun

rouble ['ru:bl] rubalj

rouge [ru:ʒ] 1. rumenilo, ruž 2. šminkati [se] rumenilom

rough [rʌf] (**~ly**) 1. grub; surov; *fig* opor; trpak 2. grubost, surovost; prostak, neotesanac 3. učiniti grubim; grubo obraditi; **~en** učiniti hrapavim; **~ness** surovost; neotesanost

round [raund] (**~ly**) okrugao; pun; brz; gladak (stil) prost; ~ **game** društvena igra; ~ **trip** kružno putovanje 2. *adv* (na)okolo, unaokolo; **all** ~ sa svih strana; *fig* odreda; ustom; **all the year** ~ kroz cijelu godinu 3. *prep* oko, (na)okolo (često **about**) 4. oblina, krug; ophodnja; kolo, kanon; runda 5. *v/t* zaobliti, okružiti, zaobići; *v/i* zaokružiti se; okrenuti se

roundabout ['raundəbaut] 1. zaobilazan; neizravan, kružni promet; 2. zaobilazan put; vrtuljak

rouse [rauz] *v/t* (pro)buditi; pobuditi; istjerati divljač; razdražiti

rout [raut] 1. rulja, svjetina 2. divlji bijeg; poraz

route [ru:t, raut] put; maršruta; **~-march** marš za vježbanje

routine [ru:'ti:n] 1. rutina, 2. šablonski; uobičajen

rove [rouv] skitati se; **~er** skitnica; gusar

row [rou] 1. red; niz 2. veslati 3. veslanje; vožnja čamcem na vesla 4. prizor; tučnjava; gungula 5. izazvati strku; ~ **boat** čamac na vesla; **~er** veslač(ica); **~ing boat** čamac na vesla

royal ['rɔiəl] (**~ly**) 1. kraljevski; sjajan 2. vršno jedro; **~ism** rojalizam; **~ist** rojalist; **~ty** kraljevstvo; kraljevska osoba; autorski honorar, tantijema

rub [rʌb] 1. trljanje; teškoća; preskok; *fig* neprilika; udarac; **there in the** ~ **u tom grmu leži zec** 2. *v/t* trljati; brisati; nažuljiti; ~ **in** utrti; brisati; nažuljiti; natrljati; ~ **out** izbrisati; ~ **up** osvježiti; rastrljati boju; *v/i* trljati se o; *fig* ~ **along, on, through**, probijati se

rub-a-dub ['rʌbədʌb] tam tam (bubnjanje)

rubber ['rʌbə] guma; gumica; maser(ka); otirač; gumen obruč; *Am* **~s** galoše; *attr*

gumeni 2. *Am fig* ponavljač tuđih riječi
rubbish ['rʌbiʃ] smeće; otpaci;*fig* besmislica
rubric ['ru:brik] rubrika; *eccl* liturgijska uputa
ruby ['ru:bi] 1. rubin; rubinova crvena boja 2. crven kao rubin
rucksack ['ruksæk] naprtnjača
rudder ['rʌdə] kormilo
ruddiness ['rʌdinis] crvenilo
rude [ru:d] (~ly) grub; surov; neciviliziran; neodgojen; divlji; snažan; zdrav
rudiment ['ru:dimənt] rudiment; ~s *pl* osnovni elementi; ~ary rudimentalan
rue [ru:] 1. rutvica 2. oplakivati; žaliti; ~ful pokajnički; ~fulness tuga, jad
ruffle ['rʌfl] 1. nabor; mreškanje (vode) 2. *v/t* nabrati;*fig* uznemiriti; pomutiti
rug [rʌg] debeo pokrivač; prostirač
rugby ['rʌgbi] ragbi
rugged ['rʌgid] (~ly) grub; hrapav; smežuran; ~ness grubost
ruin ['ru:in] propadanje; slom; većinom ~s ruševine 2. uništiti, razoriti; pokvariti; ~ation propast, razorenje
rule [ru:l] 1. pravilo; propis; odluka; rješenje; vladavina; ravnalo; as a ~ u pravilu 2. *v/t* odrediti; ravnati; vladati; riješiti; odlučiti; ~ out isključiti; *v/i* vladati; notirati (cijenu); ~er vladar; ravnalo; ~ing 1. odluka 2. ~ price tržna cijena
rum [rʌm] 1. rum; *Am* alkohol 2. *slang* čudan
Rumanian [ru:'meinjən] 1. rumunjski 2. Rumunj(ka); rumunjski jezik
rumble ['rʌmbl] 1. tutnjava; klopot; stražnje; pomoćno sjedalo; *Am* obračun između ganstarskih bandi 2. tutnjeti; grmjeti, 3. *slang* tresnuti, izlanuti (što)
ruminant ['ru:minənt] 1. koji preživa 2. preživač
ruminate ['ru:mineit] preživati;*fig* razmišljati
rumination [ru:mi'neiʃn] preživanje; razmišljanje
rummage ['rʌmidʒ] 1. pretraživanje; ostaci, restli (većinom ~ goods *pl)*; ~ sale rasprodaja ostataka robe 2. *v/t* premetati, pretraživati; *v/i* pretvarati, rovati
rummy ['rʌmi] (~ly) 1. *slang* čudan 2. remi
rumo(u)r ['ru:mə] 1. glas(ina) 2. razglasiti; ~-monger širitelj, glasina
rump [rʌmp] 1. stražnjica; trtica 2. trtični

rumpsteak ['rʌmpsteik] ramstek, odrezak govedine
run [rʌn] 1. *irr v/i* trčati; prometovati, teći; biti u pogonu; vrijediti; biti na snazi; prikazivati se; bježati; juriti; kolati; kružiti; formirati se (cijene) *Am* objaviti (novinski oglas) 2. *irr v/t* trčati; pretrčati; krenuti; staviti u pokret; pustiti u pogon; tjerati; prevoziti; lijevati; taliti; utrkivati se sa; krijumčariti robu; prošivati 3. trčanje; utrka; tok; tijek; putovanje; navala; velika potražnja za; *Am* potok; tor; juriš
run ... ~ across a p naići na koga
~ **away** pobjeći
~ **down** teći dolje;*fig* malaksati
~ **dry** presušiti
~ **for** truditi se, natjecati se za, kandidirati se za
that ~s in the blood (family) to leži u krvi (porodice)
~ **into** utrčati; doživjeti; dospjeti
~ **into** a p naletjeti na koga
~ **low** opadati
~ **mad** poludjeti
~ **off** pobjeći
~ **on** nastavljati se; dalje govoriti
~ **out** istrčati; iscrpsti se; ponestati
~ **short of** ostati bez čega
~ **throught** protrčati; preletjeti očima
~ **up** trčati gore; istjerivati; rasti
~ **(up)on** naletjeti na, nasukati se na, baviti se, ticati se
~ **down** pregaziti; podcjenjivati; ogovarati
~ **errands** obavljati (sitne, kurirske) poslove
~ **over** pregaziti koga; letimice pregledati
in the long ~ na koncu, konačno na duge staze
in the short ~ za neposrednu budućnost
runabout ['rʌnəbaut] 1. koji luta; skitalački 2. skitnica 3. mali automobil ili čamac
runaway [rʌnəwei] bjegunac; odbjegli konj
rune [ru:n] runa
rung [rʌŋ] *pp* od ring žuditi itd. 2. prečka na ljestvama;*fig* stepenice
runner ['rʌnə] trkač; kurir; teklić; pokretni valjak; ~ up *sport* onaj koji se plasirao na drugo mjesto

running ['rʌniŋ] 1. tekući; **two days ~** dva dana uzastopce 2. trčanje
runway ['rʌnwei] pista; put; prolaz
rupture ['rʌptʃə] 1. raskid; prekid; kila 2. raskinuti se, puknuti
rural ['ruərəl] (~ly) seoski
rush [rʌʃ] rogoz; *fig* uz negaciju mrva 2. navala, jurnjava; prodor; juriš; **~ hours** *pl* satovi najvećeg prometa; *v/i* navaliti, jurnuti; **~ at** nasrnuti na; *v/t* tjerati, goniti; *fig* jurišati; požurivati; **~ing** (~ly) silovit, žestok
rusk [rʌsk] dvopek
Russia ['rʌʃə] Rusija

Russian ['rʌʃən] Ruskinja; ruski jezik; Rus
rust [rʌst] 1. hrđa 2. (za)hrđati; *fig* propadati
rustic ['rʌstik] (ally) 1. seoski, ladanjski, *fig* seljački; grubo izrađen 2. seljak
rustle ['rʌsl] 1. škripati; šuštati; *Am* krasti stoku 2. šuštanje
rusty ['rʌsti] hrđav, zahrđao; izblijedio; riđ
rut [rʌt] 1. parenje 2. pariti se, tjerati se 3. kolotečina; trag 4 utrti trag; izbrazdati
ruthless ['ru:θlis] (~ly) nemilosrdan, okrutan; **~ness** nemilosrdnost, okrutnost
rye [rai] raž; *Am* rakija od raži

S

sabbath ['sæbəð] dan odmora, sabat nedjelja
sable ['seibl] samur(ovina); crnina
sabotage ['sæbota:ʒ] 1. sabotaža; sabotirati
sabre ['seibə] 1. sablja 2. presjeći sabljom
sach [sæk] 1. vreća; ogrtač; kratak kaput; **get (give) the ~** dobiti (dati) otkaz službe 2. staviti u vreću; izbaciti iz službe; dati otkaz 3. pljačka(nje) 4. pljačkati
sacrament ['sækrəmənt] sakrament; otajstvo; **~al** (**~ly**) svetootajstven
sacred ['seikrid] (**~ly**) svet, posvećen; duhovni; **~ ness** svetost
sacrifice ['sækrifais] 1. žrtva, žrtvovanje 2. žrtvovati; prodavati s gubitkom
sacrificial [sækri'fiʃl] žrtveni; prodan s gubitkopm
sacrilege ['sækrilidʒ] svetogrđe
sacrilegious [sækri'lidʒəs] svetogrdan; zločinački
sacristy ['sækristi] *eccl* sakristija
sad [sæd] (**~ly**) žalostan; jadan; zao; opak; taman
sadden ['sædn] (ra)žalostiti
saddle ['sædl] 1. sedlo; 2. osedlati; *fig* opteretiti; **~ry** sedlarstvo; sedlarija
sadism ['sædizm] sadizam
sadness ['sædnis] žalost, tuga, safari [sə'fa:ri] lovački pohod
safe [seif] (**~ly**) 1. siguran; zdrav; neškodljiv; pouzdan; **~ and sound** živ i zdrav; zdrav i čitav; **to be on the ~ side** da bi čovjek mogao biti posve siguran 2. (odjelna) blagajna; sef; spremnica za hranu; **~ deposit** prostorija sa sefovima; **~ conduct** propusnica; provodno pismo; **~guard** 1. zaštita; jamstvo 2. štitni; osigurati; **~ness** sigurnost
safety ['seifti] 1. sigurnost 2. sigurnosni; **~lock** sigurnosna brava, osigurač (na vatrenom oružju); **~-pin** pribadača; **~ razor** brijači aparat
saffron ['sæfrən] 1. šafran; boja šafrana

sag [sæg] 1. uleknuti se, objesiti se; skrenuti sa smjera 2. uleknuće; provjes
saga ['sa:gə] saga (priča)
sage [seidʒ] (**~ly**) 1. mudar, pametan; 2. mudrac 3. kadulja
said [sed] *pret* i *pp* od **say**
sail [seil] 1. jedro; jedrenje 2. *v/i* (od)jedriti; *fig* dostojanstveno hodati; *v/t* prejedriti; upravljati (brodom); **~-boat** jedrilica; **~-cloth** platno za jedra; **~ing-ship**, **seiling vessel** jedrenjak; **~or** mornar
saint [seint] 1. svetac; bogomoljac; božji izabranin; blažen, 2. proglasiti svetim, posvetiti; **~ed** svet, pokojni; **~liness** svetost; **~ly** *adj* svet, pobožan
sake [seik] **for the ~ of** radi; (dati) za volju; **for my ~** poradi mene; **for god's ~** za ime božje
salad ['sæləd] salata
salame, salami [sə'la:mi] salama
salary ['sæləri] 1. (mjesečna) plaća (činovnička) 2. davati plaću (kome)
sale [seil] prodaja; prođa; rasprodaja; (i **public ~**) dražba; **for ~, on ~** na prodaju, za prodaju;
sales ['seilz] **~man**; **~girl**; **~-woman** prodavač(ica)
salience ['seiliəns] izbočenost; stršenje
salient ['seiliənt] (**~ly**) izbočen; izbočina; *fig* znamenit; glavni
saline ['seilain] 1. slan, koji sadržava soli 2. [sə'lain] salina; otopina soli
saliva [sə'laivə] slina; **~tion** slinjenje; izlučivanje sline
sally ['sæli] 1. ispad (iz tvrđave) juriš; duhovita upadica 2. provaliti (iz tvrđave)
salmon [sælmən] 1. losos; narančasto-ljubičasta boja lososova mesa 2. narančasto-ljubičast
saloon [sə'lu:n] salon; društvena dvorana; prvi razred (na brodovima) *Am* krčma; **~-car** salonska kola; limuzina
salt [sɔ:lt] 1. sol; *fig* začin 2. slan, (po)soljen,

fig papren 3. (po)soliti; usoliti; ~ness slanost; ~y slan
saltpetre ['sɔltpi:tə] salitra
salubrious [sə'lu:briəs] **salutary** [sæljutəri] ljekovit, zdrav
salubrity [sə'lu:briti] **salutariness** [sæljutərinis] ljekovitost, zdravost
salutation [sælju'teiʃn] pozdrav
salutatory [səl'ju:tətəri] pozdravni
salute [sə'lu:t] 1. pozdrav; počasna paljba 2. pozdraviti; salutirati
salvage ['sælvidʒ] 1. spasavanje; spasena roba; nagrada za spasavanje 2. spasiti, dići (brod) s dna mora
salvation [sæl'veiʃn] spasenje; spas (duše) *fig* oslobođenje; ~ army armija spasa
salve [sælv] 1. spasiti 2. većinom *fig* melem, pomast 2. većinom *fig* liječiti, vidati
salvo ['sælvou] ograničenje, uvjet 2. (*pl* salvoes) salva, plotun; ~r spasitelj
samaritan [sə'mæritn] 1. samaritanski; samaritanac, samaritanka
same [seim] the ~ isti, rečeni, spomenuti; all the ~ (pa) ipak; it is all the ~ to me svejedno mi je; ~ness jednakost, istovjetnost
sample ['sa:mpl] 1. uzorak, muštra; primjerak 2. uzeti ili dati uzorak, iskušati
sanatorium [sænə'tɔ:riəm] sanatorij; liječilište
sanctification [sæŋktifi'keiʃn] posvećenje, posveta
sanctify ['sæŋktifai] posvetiti, proglasiti svecem
sanctimonious [sæŋkti'mounjən] licemjeran
sanction ['sæŋkʃn] 1. sankcija; potvrda; odobrenje; prisilne mjere 2. potvrditi ovlastiti
sanctuary ['sæŋktjuəri] svetište; utočište
sand [sænd] 1. pijesak; *Am slang* odvažnost; ~s *pl* pješčara; pješčana pustinja 2. posuti pijeskom
sandal ['sændl] 1. sandala 2. ~ **wood** sandalovina
sandwich ['sændwidʒ] ['sænd'witʃ] 1. sendvič 2. ugurati, pritijesniti; ~ **man** (ulični) nosač plakata
sandy ['sændi] pjeskovit; pješčani, boje pijeska
sane [sein] zdrava razuma; razborit
sang [sæŋ] *pret* od **sing**
sanguine ['sæŋgwin] sangviničan; vatren

sanitary ['sænitəri] zdravstven; higijenski; sanitaran
sanitation [sæni'teiʃn] zdravstvo; sanitarni uređaji
sanity ['sæniti] zdrav razum; zdrav duh
sank [sæŋk] *pret* od **sink**
Sanskrit ['sænskrit] sanskrit
sap [sæp] 1. sok; *fig* životna snaga; *slang* budala 2. rov; potkop; štreber; bubanje 3. *v/t* kopati rov; *slang* bubati; štrebati; *v/t* podrovati; potkopati
sapling ['sæpliŋ] mladica, mlado stablo; *fig* žutokljunac
sapphaire ['sæfaiə] safir
sappy ['sæpi] sočan; *fig* snažan; *slang* blesav
sarcasm ['sa:kæzm] sarkazam
sarcastic, **sarcastical** [sa:'kæstik] sarkastičan, zajedljiv
sarcophagus (*pl* **sarcophagi**) [sa:'kɔfəgəs, sa:'kɔfədʒai] sarkofag
sardine [sa:'di:n] sardina, sardela
sat [sæt] *pret* i *pp* od **sit**
satan ['seitən] sotona; ~ic sotonski
satchel ['sætʃl] dačka torba
sateen [sə'ti:n] saten, pamučni atlas
satelite ['sætəlait] satelit, pratilac
satiate ['seiʃieit] (pre)zasititi
satiation [seiʃi'eiʃn] zasićenje
satiety [sə'taiəti] sitost; (pre)zasićenost; odvratnost
satin ['sætin] atlas (thanius)
satire ['sætaiə] satira
satirical [sə'tirikl] satiričar
satirist ['sætərist] satiričar
satirize ['sætəraiz] ismjehivati; izvućiruglu
satifaction [sætis'fækʃn] zadovoljenje; zadovoljstvo
satisfactory [sætis'fæktəri] (~ly) zadovoljavajući; dovoljan
satisfied ['sætisfaid] zadovoljan; uvjeren da
satisfy ['sætisfai] zadovoljiti; udovoljiti; odštetiti
saturate ['sætʃəreit] zasititi
saturation [sætʃə'reiʃn] zasićenje; zasićenost
Saturday ['sætədi] subota
saturn ['sætən] saturn
satyr ['sætə] satir
sauce [sɔ:s] 1. umak, sok; *fig* začin; drskost 2. začiniti; biti bezobrazan s kime; ~r tanjurić pod šalicom

sauciness ['sɔ:sinis] drskost
saucy ['sɔ:si] drzak; obijestan
saunter ['sɔ:ntə] 1. tumaranje 2. tumarati; ~er tumaralo, besposličar
sausage ['sɔsidʒ] kobasica
savage ['sævidʒ] (~ly) 1. divlji; grub; pust; bijesan 2. divljak; *fig* barbar 3. napasti, navaliti na koga (o životinji)
savageness , savagery ['sævidʒnis] divljaštvo; surovost
savanna [h] [sə'vænə] savana
save [seiv] 1. *v/t* spasiti; izbaviti; sačuvati; (u)štedjeti, *v/i* štedjeti 2. *rhet prep* i osim; for izuzevši
saver ['seivə] spasitelj, izbavitelj(ica)
saving ['seiviŋ] (~ly) 1. štedljiv 2. spase(nje); ~s *pl* uštedevina
savings ['seiviŋz] ~ **bank** štedionica; ~-**deposit** štedni ulog
savio(u)**r** ['seivjə] 1. ček; *fig* okus 2. *v/i fig* imati tek, mirisati (po); *v/t fig* dati naslutiti što; kušati, izabirati; ~**isness** prijatan okus; prijatan miris; ~ **less** bez ukusa, bez mirisa; ~**y** (~ly) ukusan; mirisan; pikantan
saw [sɔ:] *pret* od **see** 2. poslovica, izreka 3. pila 4. *irr* piliti
sawn [sɔ:n] *pp* od **saw**
sawyer ['sɔ:jə] pilar
Saxon ['sæksn] 1. (anglo) saski 2. sas(kinja)
saxophone ['sæksəfoun] saksofon
say [sei] 1. *irr* kazati, reći; izjaviti; **that is to** ~ to jest; **I** ~ ! hej! čujte! 2. riječ, govor; ~**ing** govor, kazivanje, izreka
scald [skɔ:ld] opeklina (od vrele vode) (p)opariti
scale [skeil] 1. ljuska ribe itd; zubni kamenac; korice džepnog noža 2. *v/t* ostrugati ljuske; ljuštiti; skinuti kamenac na zubu; *v/i* ljuštiti se (često off) 3. zdjela vage; ~**s** *pl* vaga 4. vagati 5. ljestve; ljestvica, skala; *fig* mjerilo 6. popeti se, verati se; u mjerilu povećati (~ **up**) ili umanjiti (~ **down**)
scalp [skælp] 1. skalp, koža lubanje 2. skalpirati, odrati kožu s lubanje
scalpel ['skælpəl] skalpel
scandal ['skændl] skandal; sramota; kletva; ~**ize** užasnuti koga; ~**ous** (~ly) sramotan; sablažnjiv
Scandinavian [skændi'neivjən] 1. skandinavski 2. skandinavac, skandinavka
scar [ska:] 1. brazgotina; ožiljak; *fig* ljaga 2. *v/t* načiniti brazgotinu, ogrepsti; *v/i* zacijeliti 3. litica; vrlet
scarce ['skɛəs] rijedak; oskudan; ~**ly** jedva
scarcity ['skɛəsiti] rijetkost, oskudica
scare [skɛə] preplašiti, plašiti; strašiti ptice; ~**d** zbunjen, smeten 2. panika; strava; ~**crow** strašilo za ptice; ~ **monger** paničar
scarf [ska:f] 1. šal; marama; širok pojas; kravata 2. zglobljenje; 3. zglobiti, spojiti
scarlet ['ska:lit] 1. grimiz; skrlet 2. grimizan; ~ **fever** šarlah
scarp [ska:p] ukositi; ~**ed** strm 2. nagib, pristanak
scary ['skɛəri] jeziv; plah
scatter ['skætə] rasuti (se); razasuti; raširiti (se); ~**ed** raštrkan
scavenge ['skævindʒ] mesti (ulice); ~**r** pometač ulica
scenario [si'nariou] knjiga snimanja
scene [si:n] scena; mjesto radnje; pozornica; poprište; ~**s** dekoracija kulisa
scenery ['si:nəri] predjel, kraj, krajobraz 2. kulise; prizor; slika
scenic ; scenical ['si:nik(l)] (~ly) scenski; kazališni; dramatičan
scent [sent] 1. (mio)miris; parfem; njuh; trag; 2. nanjušiti; namirisati; parfumirati; ~**ed** mirisan; ~**less** bez mirisa
sceptic ['skeptik] skeptik, sumnjičav; ~**al** (~ly) skeptičan, sumnjičav
sceptre [septə] žezlo
schedule [´ʃedju:l, *Am'* skedju:l] 1. popis; tabela; vozni ili plovidbeni red; **on** ~ **na vrijeme, prema planu** 2. sastaviti popis, napraviti raspored; odrediti dodati; ~**d for** predviđen za
scheme [ski:m] 1. shema; plan; nacrt 2. *v/t* planirati; zasnovati; *v/i* praviti planove; spletkariti; ~**r** onaj koji kuje planove; spletkar
scholar ['skɔlə] učenik, učenica, učenjak; *univ* stipendist; ~**ship** (klasična naobrazba) *univ* stipendija
scholastic [skɔ'læstik] (~**ally**) 1. skolastički; školski 2. skolastik
school [sku:l] 1. jato 2. škola; *fig* pravac, škola 2. školovati; odgajati
school ... public ~ engleski: privatna srednja škola; američki i škotski: osnovna škola
  grammar ~ srednja škola klasičnog smjera
  high ~ engleski: visoka škola; američki

i škotski: gimnazija
primary ~ osnovna škola, škola prvog stupnja; **secondary** ~ škola drugog stupnja; srednja škola
~ **boy** učenik
~ **fellow** , ~ **mate** školski drug
~ **girl** učenica
~**ing** školovanje; školarina
~**man** skolastik
~**master** učitelj
~**mistress** učiteljica
~**room** školska soba, razred
science ['saiəns] znanost; prirodne nauke; znanje
scientific [saiən'tifik] (~**ally**) (prirodo)znanstven; sport koji odgovara svim pravilima; ~ **man** učenjak
scientist ['saiəntist] učenjak, prirodnjak
scission ['siʒn] rez, rascjep
scissors ['sizəz] *pl* (**a pair of** ~) škare
sclerosis [skliə'rousis] skleroza
scold [skould] 1. svadljiva žena 2. (iz)grditi; ~**ing** grdnja
scoop [sku:p] 1. lopatica, nož (za sir, jabuke), *slang* velika dobit, *slang* senzacionalna prva vijest u novinama, (iz)grabiti; (iz)dupsti; *slang* zgrtati dobit
scooter ['sku:tə] romobil; (moto) skuter, brzi čamac
scope [skoup] doseg, domet; vidokrug; djelokrug; polje rada
score [skɔ:] rovaš; račun; dvadeset (komada); *sport* bod; razlog; uzrok; partitura u širem smislu glazba; *slang* sreća; mnoštvo; **what's the score** ? kako napreduje igra?, Koliko je bodova postignuto?; **get the** ~ dobiti igru 2. *v/t* urezati u (rovaš); zabilježiti; *sport* postići bodove; sastaviti partituru, instrumentirati; *Am* iskritizirati; *v/i* voditi rovaš; postići bodove; nogomet postići zgoditak; *slang* imati sreću; ~**er** onaj koji bilježi ili postiže bodove
scorn [skɔ:n] 1. prezir; poruga 2. prezirati; ~**er** onaj koji prezire; ~**ful** (~**ly**) preziran
scorpion ['skɔ:piən] škorpion
Scot [skɔt] škot
Scotch [skɔtʃ] 1. škotski, škotski jezik 2. urez, rez, rana 3. urezati; raniti 4. zakočiti
Scotchman ['skɔtʃmən] Škot
Scots [skɔts] **Scotsman** Škot; Škotlanđanin

Scottish ['skɔtiʃ] škotski
scour ['skauə] 1. (is)trljati; (o)čistiti; *v/i* žuriti, juriti; *v/t* pretražiti, prokrstariti
scourge [skə:dʒ] 1. bič 2. bičevati
scout [skaut] 1. izviđač; izvidnički brod, *univ* podvornik; Boy ~**s** *pl* izviđači, skauti; ~ **party** izviđački odred 2. izviđati, uhoditi 3. prezirno odbiti
scrabble ['skræbl] (po)šarati; škrabati
scrag [skræg] 1. *fig* kostur (mršav čovjek) 2. *slang* (za)daviti; ~**gy** (~**ly**) mršav, koštunjav
scramble ['skræmbl] 1. verati se; otimati se; ~**d eggs** *pl* kajgana 2. veranje; gužva, jagma
scarp [skræp] 1. komadić, trun; izrezak iz novina, izrezana slika; ~**s** otpaci, ostaci; ~ **of paper** komad papira (nepouzdana isprava) 2. baciti u staro željezo; rashodovati; sasijeći; ~-**book** knjiga za ulijepljivanje izrezaka, slika; uspomena
scrape [skreip] 1. struganje, grebanje; škripac; neprilika 2. *v/t* grepsti, (o)strugati; *v/i* grepsti, strugati; klanjati se; ~**er** strugalo; ~**ing** strugovina; ~**s** *pl fig* teško stečen novac
scrappy ['skræpi] (~**ly**) fragmentalan, sklepan
scratch [skrætʃ] 1. (o)grebotina; struganje; *sport* polazna točka utrke 2. skrpljen; trke bez prednosti 3. *v/t* (iz)grepsti; (sa)strugati, *parl* i *sport* izbrisati s popisa; ~ **out** izgrepsti; precrtati; izbrisati; *v/i* grepsti; *sport* povući prijavu za takmičenje; ~**y** načrčkan; škripav; *sport* neizjednačen
scream [skri:m] 1. vrisak 2. vrisnuti; ~**ing** (~**ly**) vrištav; vrlo smiješan; ~**y** oštar, prodoran
screen [skri:n] 1. paravan, zaslon; platno; ekran; sito, rešeto; podrška; zaštita; *mot* vjetrobran; **the** ~ film(ska umjetnost); filmski svijet; ~ **wiper** brisač vjetrobrana 2. zaklanjati, štititi; kamuflirati; zasjeniti; projicirati na platno; prosijati; *fig* prorešetati
screw [skru:] 1. vijak; zavrtanj; zavitak; *fig* škrtac; 2. (za)šarafiti; *fig* tlačiti; okretati; ~ **round** sasvim okrenuti; ~ **up** pritegnuti; iskriviti usta; ~ **driver** odvijač
scribble ['skribl] 1. črčkanje; piskaranje, 2. črčkati; ~**r** škrabalo

script [skript] rukopis; pismo; knjiga snimanja
Scripture ['skriptʃə] Sveto pismo
scrub [skrʌb] 1. šikara, grmlje; patuljak, kržljavac 2. ribati, trljati 3. *Am sport* druga (rezervna) momčad
scruple [skru:p] 1. skrupula, dvojba; učiniti bez oklijevanja; ljekarnička jedinica težine (1,296 grama) 2. oklijevati, kolebati se
scrupulous ['skru:pjuləs] (~**ly**) skrupulozan, krajnje savjestan; brižljiv
scrutineer [skru:ti'niə] skrutator, brojitelj glasova
scrutinize ['skru:tinaiz] pomno ispitati, istražiti
scrutiny ['skru:tini] pomno ispitivanje; istraživanje
scuff [skʌf] vući noge, strugati nogama
scuffle [skʌfl] 1. tučnjava, hrvanje; 2. tući se, hrvati se
sculptor ['skʌlptə] kipar
sculpture ['skʌlptʃə] 1. kiparstvo; skulptura; 2. (is)klesati
scum [skʌm] pjena; *fig* talog, izmet
scurf [skə:f] prhut, perut
scurry ['skʌri] 1. *v/i* juriti, trčkarati; v/t goniti 2. žurba, jurnjava
scurvy ['skə:vi] 1. skorbut 2. podao
sea [si:] more; veliki val; **at** ~ na moru; *fig* zbunjen u nedoumici; **got to** ~ postati mornar
seal [si:l] 1. tuljan 2. pečat; žig; jamstvo; 3. zapečatiti; *fig* potvrditi; *fig* ~ **off** zaključiti; ~ **up** (čvrsto) zatvoriti, zabrtviti
seaman ['si:mən] pomorac
seamew ['si:mju:] galeb
seamstress ['semstris] švelja
seaplane ['si:plein] hidroplan
seaport ['si:pɔ:t] morska luka
sear [siə] osušiti; opržiti, ispaliti
search [sə:tʃ] 1. traženje, istraživanje; pretraživanje 2. *v/t* tražiti, pretraživati; sondirati; *v/i* tražiti istraživati
search ... in ~ **of** u potrazi za
 ~ **into** proniknuti u
 ~**er** tražitelj; istraživač
 ~**ing** (~**ly**) koji traži; pronicav; temeljit
 ~**-light** reflektor
 ~**-warrant** nalog za izvršenje premetačine
seashore [si:'ʃɔ:] morska obala

seasick ['si:sik] bolestan od morske bolesti; ~**ness** morska bolest
seaside [si'said] morska obala
season ['si:zn] 1. godišnje doba; sezona; (pravo) vrijeme; **height of** ~ glavna sezona; **in (good ili due)** u pravi čas; **out of** ~ u nezgodno vrijeme, neumjesno 2. *v/t* ostaviti da dozrije; začiniti; očeličiti; *v/i* odležati (građevno drvo); ~**able** (~**ly**) pravodoban, primjeren; ~**al** (~**ly**) sezonski; ~**ing** začin
seat [si:t] 1. sjedalo; sjedište; stolica; boravište; mjesto (u kazalištu); ~ **of war** poprište rata, 2. (po)sjesti; ustoličiti; imati sjedala za; **be** ~**ed** sjediti, sjesti; imati sjedište; ~**ed** koji sjedi
sea-urchin [si:'ə:tʃin] morski jež
secession [si'seʃn] odjeljivanje; odcjepljenje; secesija; ~**ist** otpadnik; secionista
second ['sekənd] (~**ly**) drugi; slijedeći; **on** ~ **thoughts** kad se bolje promisli 2. onaj koji je u čemu drugi; sekundant; pomoćnik; sekunda; ~**s** *pl* roba druge vrste 3. sekundirati; podupirati
second [si'kʌnd] prekomandirati časnika
secondary ['sekəndəri] (~**ly**) sekundaran, podređen; sporedan; pomoćni
second-hand ['sekənd'hænd] iz druge ruke; rabljen; ~ **bookshop** antikvarijat; ~ **shop** trgovina starih stvari
secondly ['sekəndli] drugo, na drugom mjestu
second-rate ['sekənd'reit] drugorazredan; ~ **quality** kvaliteta druge vrste
secrecy [si'krisi] tajnovitost; šutnja
secret ['si:krit] (~**ly**) 1. tajan; šutljiv 2. tajna; **in** ~ u tajnosti
secretary ['sekrətri] tajnik, sekretar; ~ **of State** državni sekretar, ministar
secrete [si'kri:t] (sa)kriti; izlučivati (žlijezda)
secremon [si'kri:ʃn] sakrivanje; izlučivanje (žlijezda)
secretive [si'kr:tiv] (~**ly**) tajnovit; zatvoren
sect [sekt] sekta
section ['sekʃn] sekcija, rez, rezanje; dio; presjek; odlomak, paragraf; ~ **mark** znak za početak novog odlomka, paragraf
sector ['sektə] sektor, isječak
secular ['sekjulə] (~**ly**) sekularan; stoljetni; svjetovni; ~**ity** svjetovnost; ~**ize**

sekularizirati; izuzeti ispod crkvenog vodstva
secure [si'kjuə] (~ly) 1. siguran 2. osigurati; zaštititi, obezbijediti (koga) pribaviti
security [si'kjuəriti] sigurnost; pouzdanje; jamstvo; kaucija; securities pl vrijednosni papir
sedan [si'dæn] nosiljka (i ~ chair) limuzina
sedate [si'deit] (~ly) staložen; miran; ~ness staloženost, mirnoća
sedative ['sedətiv] 1. sedativ, sredstvo za umirenje 2. sedativan, koji umiruje
sedge [sedʒ] šaš
sediment ['sedimənt] talog; naslaga; ~ary sedimentaran; tložan
sedition [si'diʃn] (po)buna
seditious [si'diʃəs] (~ly) buntovan
seduce [si'dju:s] zavesti; ~r zavodnik
seductive [si'dʌktiv] (~ly) zavodljiv
see [si:] 1. irr v/i vidjeti; fig uvidjeti; v/t vidjeti; promatrati; shvatiti, posjećivati
see... I ~ razumijem
~ about a th (po)brinuti se za što
~ to pobrinuti se, pripaziti na
~ a p home otpratiti koga kući
~ off otpratiti koga
~ out ispratiti koga
(live) to ~ doživjeti
seed [si:d] 1. sjeme, sjemenka, klica 2. v/t (za)sijati; izvaditi koštice iz voća; sport razvrstati natjecatelje; v/i ići u sjeme
seeing ['si:iŋ] 1. viđenje; worth ~ vrijedan da se vidi
seek [si:k] irr (i ~ after, for) tražiti; nastojati; još nedostajati; trebati još da se nađe; ~er tražitelj
seem [si:m] činiti se, izgledati; ~ing (~ly) 1. prividan, tobožnji 2. providnost; ~ly doličan, koji priliči
seen [si:n] pp od see
seesaw [si:'sɔ:] 1. ljuljanje; ljuljačka 2. ljuljati se
segregate ['segrigeit] odijeliti, odvojiti
seismograph ['saizmogra:f] seizmograf
seize [si:z] v/t zgrabiti, ščepati; oteti; zalijepiti; shvatiti; pričvrstiti povezicom; v/i zapeti, zakočiti se; ~ upon dočepati se čega
seizure ['si:ʒə] otimanje; zapljena; napadaj
seldom ['seldəm] rijetko
select [si'lekt] 1. odabrati, izabirati 2. odabran; ekskluzivan; ~ion izbor; selekcija;
~ive (~ly) koji odabire, selektivan
self [self] 1. pron sam; ili myself itd 2. adj jednobojan 3. pl selves [selvz] svoje "ja", osobnost; ~ centred egocentričan
self... ~-command samosvladavanje
~-conceit uobražavanje
~-conceited uobražen
~-confidence samopouzdanje
~-consiuon zbunjen, smeten
~-contained šutljiv, zatvoren
~-control vladanje samim sobom
~-defence samoobrana
~-denial samoprijegor
~-determination samoodređenje
~-evident bjelodan, očit
~-interest koristoljublje
~-ish (~ly) sebičan
~-made koji je netko sam učinio
~-possession hladnokrvnost
~-preservation samoodržavanje
~-regard štovanje sama sebe
~-reliance samopouzdanje
~-service restauracija sa samoposluživanjem
~-starter elektropokretač
~-sufficiency samoodrzanost; neovisnost
~ will samovolja
sell (sel) irr 1. v/t proda(va)ti; fig izdati; Am nametnuti, naturiti; ~ out nasamariti koga; ~ off rasprodati; v/i trgovati; nailaziti na prođu; ~ off; ~ out (iz)vršiti rasprodaju 2. smicalica, prijevara; ~er prodavač
semantics [si'mæntiks] semantika
semaphore ['semәfɔ] 1. semafor; semaforska signalizacija 2. signalizirati
semicircle ['semi,sə:kl] polukrug
semicolon [semi'koulən] točka sa zarezom
semidetached [semidi'tætʃt] (kuća) koji ima zajednički zid samo s jednim susjedom
semi-final [semi'fainl] polufinalan
seminary ['seminəri] rasadište, sjemenište
Semite ['si:mait] Semit(kinja)
semivowel ['semi'vauəl] poluvokal
sempstress ['sempstris] švelja
senate ['senit] senat
senator ['senətə] senator
send [send] irr (po)slati; otpremiti 2. ~ for poslati po, pozvati; ~ forth odaslati; ~ off otposlati; otpustiti
senile ['si:nail] staračka, senilan

187

senility [si'niliti] senilnost
senior ['sinjə] 1. stariji (to od, nego), pretpostavljan, viši; *univ slang* ~ **man** student starijih godišta 2. stariji; pretpostavljeni; senior; **he is a year my** ~ stariji je od mene za godinu dana
seniority [si:ni'ɔriti] starija dob
sensation [sen'seiʃn] osjet, osjećaj, dojam, senzacija; **~al** (**~ly**) osjetni; senzacionalan
sense [sens] 1. opći smisao; osjet; osjećaj; razum; značenje; **common** (ili **good**) ~ zdrav razum; **make** ~ imati smisla 2. osjećati, naslućivati; **~less** (**~ly**) besmislen; nerazuman; bešćutan
sensible ['sensəbl] (**~ly**) osjetan; razuman; pametan; osjetljiv za; **~ness** osjetljivost; razboritost
sensitive ['sensitiv] (**~ly**) osjetljiv na; osjećajan; **~ness**, **sensitivity** osjetljivost (na)
sensorial [sen'sɔ:riəl] **sensory** [sen'səri] osjetilni; čulni; osjetni
sensual ['sensjuəl] (**~ly**) čulni, puten; **~ism** čulnost, putenost; **~ist** puten čovjek; **~ity** putenost
sensuous ['sensjuəs] osjetilni; puten
sent [sent] *pret* i *pp* od **send**
sentence ['sentəns] osuda, presuda; *gram* rečenica 2. izreći osudu nad; osuditi
sentiment ['sentimənt] osjećaj, čuvstvo, mišljenje, nazor; **~al** (**~ly**) sentimentalan; čuvstven; **~ality** sentimentalnost; čuvstvenost
sentinel ['sentinl] **sentry** (sentry) straža
sepal [si:pl] latica
separability [sepərə'biliti] odjeljivost
separable ['sepərəbl] (**~ly**) odvojiv, djeljiv
separate ['seprit] (**~ly**) poseban, odvojen, odijeljen 2. [sepəreit] rastaviti (se); odijeliti (se)
separation [sepə'reiʃn] odjeljivanje; rastava
september [sep'tembə] rujan
sepulture ['sepəltʃə] pogreb
sequel ['si:kwəl] posljedica; zaključak; nastavak priče
sequestrate [si'kwestreit] zaplijeniti
sequestration [si:kwes'treiʃn] odijeljenost, sekvestracija
sequoia [si'kwɔiə] mamutovac
Serb, **Serbian** [sə:b, 'sə:bjən] 1. srpski; srpski jezik

serenade [seri'neid] 1. serenada, podoknica 2. pjevati ili svirati
serene [si'ri:n] vedar; miran
serenity [si'reniti] vedrina; spokojstvo; presvijetlenost
serf [sə:f] kmet
sergeant ['sa:dʒnt] narednik, vodnik; stražar; ~ **major**, stariji vodnik, nadstražar
serial ['siəriəl] (**~ly**) 1. serijski; koji izlazi u nastavcima 2. pripovjetka u nastavcima
series ['siəri:z] *sg* i *pl* niz, red; serija; *biol* grupa;
serious ['siəriəs] (**~ly**) ozbiljan, opasan, težak; **~ness** ozbiljnost
sermon ['sə:mən] propovijed; bukvica; **~ize** *v/i* propovijedati; *v/t* očitati kome bukvicu
serpent ['sə:pənt] zmija; **~ine** [sə:pəntain] zmijolik; zmijski
serum ['siərəm] serum
servant ['sə:vənt] sluga, sluškinja (i **~-girl**, **maid**); civil ~ državni činovnik; **~s** *pl* služinčad
serve [sə:v] 1. *v/t* služiti; poslužiti; dvoriti koga; postići svrhu; biti od koristi; uručiti; (it) **~s him right** pravo mu budi; *v/i* služiti; pomagati; biti koristan; poslužiti kao 2. tenis servis
servile [sə:'vail] (**~ly**) ropski, robovski; servilan
service ['sə:vis] služba; služenje; usluga; pogon; servis; ~ **station** benzinska stanica
servility [sə:'viliti] ropstvo, servilnost
serving ['sə:viŋ] obrok, porcija jela
servitude ['sə:vitju:d] ropstvo, robovanje
session ['seʃn] (i sudbeno) zasjedanje; sjednica
set [set] 1. *irr v/t* staviti; postaviti, položiti; namjestiti; (po)saditi; zadati; nabrusiti nož; razapeti jedro; utvrditi vrijeme; zgrušati; urediti; zagladiti 3. ukočen; nepokretan; propisan; ustaljen; ~ **with** zaposjednuti čime 4. niz, zbirka, serija, skup; garnitura; servis; pribor za jelo; radio; aparat; kolekcija; društvo; rulja; sadnica; (tenis) set; smjer; tok; kroj; kazališni dekor
set... ~ **sail** zajedriti
~ **against** nahuškati protiv koga
~ **apart** staviti na stranu
~ **aside** spremiti na stranu; *fig* ukinuti, opozvati

~ **at ease** umiriti
~ **at liberty** osloboditi
~ **down** položiti; napisati; pripisati
~ **forth** dokazati; razložiti; poredati
~ **off** istaći; namiriti
~ **on** nagovoriti na
~ **out** planirati; izložiti; *fig* istaknuti
~ **up** postaviti; iznijeti mišljenje; okućiti koga; podići viku; osnovati poslovnu tvrtku; *v/i* zaći (sunce); stisnuti se; pristajati (odijela itd.)
~ **forth** krenuti, poći
~ **forward** krenuti dalje; pomaći se naprijed
~ **off** krenuti na put
~ **(up) on** navaliti; napasti
~ **out** otputovati, krenuti na put, *fig* proizaći
~ **to** dati se na, započeti
~ **up** uvesti se (**as** kao)
~ **up for** izdavati se za
setback [set'bæk] *fig* nazadovanje, pogoršanje
setter ['setə] seter, dugodlaki prepeličar
setting ['setiŋ] postavljanje; ukručivanje; sitnjavanje; *ast* zalazak; smjer vjetra; *fig* ambijent; kompozicija
settle ['setl] 1. klupa s naslonom 2. *v/t* ustanoviti; opskrbiti; smjestiti, urediti; zaključiti posao; obaviti; namiriti račun; umiriti; odrediti rentu; naseliti; *v/i* (često ~ **down**) spustiti se; nastaniti se; okućiti se; smiriti se; staložiti se; složiti se sa
settlement ['setlmənt] uglavljenje; osnutak; zavičajnost; opskrbljenje; nagodba; naselje; naseobina; prijenos
seven ['sevn] sedam; sedmica; brojka sedam; ~**fold** sedmostruk; ~**teen** (th) [sevn'ti;n] sedamnaest(i); ~**ty** 1. sedamdeset 2. broj sedamdeset
several ['sevrəl] zaseban; pojedini; nekoliko; više njih; ~**ly** napose, pojedinačno
severe [si'viə] (~**ly**) strog; žestok; ljut; ozbiljan; težak
sew [sou] *irr* šivati; ~ **up** sašiti, zašiti
sewage ['sju:idʒ] blato kanalizacije
sewer ['souə] šivač(ica) 2.[sjuə] odvodni kanal
sewerage ['sjuəridʒ] kanalizacija
sewing ['souiŋ] 1. šivanje 2. šivaći
sewn [soun] *pp* od **sew**
sex [seks] spol, kod; *attr* seksualni; ~ **appeal** spolna privlačnost

sexagenarian [seksədʒi'nɛəriən] šezdesetogodišnjak
sexennial [sek'senjəl] (~**ly**) šestogodišnji
sexual ['seksjuəl] (~**ly**) spolni, seksualni; ~ **intercourse** spolno općenje; ~**ity** spolnost
shabbiness ['ʃæbinis] otrcanost
shabby ['ʃæbi] (~**ly**) otrcan *fig* jadan
shack [ʃæk] *Am* koliba, daščara
shackle ['ʃækl] 1. karika; *fig* ~**s** *pl* okovi; karika u lancu; 2. okovati
shade [ʃeid] 1. hlad, hladovina, sjena; sjenilo; osjenčenje 2. zasjeniti; potamniti; štititi; šatirati
shadow ['ʃædou] 1. sjena; sjenka; zaštita 2. zasjeniti; natuknuti, nejasno nagovijestiti; ~**y** sjenovit, taman; nejasan
shady ['ʃeidi] sjenovit, taman; zloglasan
shaft [ʃa:ft] koplješte; motka; strelica; vreteno; rudo; okno, rov
shake [ʃeik] 1. *irr v/t* tresti (pro)drmati; potresti; ~ **hands** rukovati se; ~ **up** protresti; promućkati; prodrmati; *v/i* tresti se, drhtati; ~ **down** uživjeti se 2. trešnje; potresanje; drhtanje; ~ **of the hand** stisak ruke
shaken ['ʃeikn] *pp* od **shake** 2. *adj* potresen
shaky [ʃeiki] (~**ly**) klimav, drhtav, kolebljiv
shall [ʃæl] *irr v/aux* treba da; ću, ćemo
shallow ['ʃælou] 1. plitak; *fig* površan 2. pličak 3. postati plitak; ~**ness** plitkost
sham [ʃæm] 1. patvoren; lažan 2. varka, prijevara, patvorina 3. *v/t* hiniti; *v/i* pretvarati se; simulirati
shame [ʃeim] 1. stid; sramota; ~ **on you** ! srami se! 2. posramiti, osramotiti; ~**ful** (~**ly**) sramotan; ~**fulness** sramotnost; ~**less** (~**ly**) besraman
shampoo [ʃæm'pu:] 1. prati glavu; trljati tijelo 2. pranje glave; šampon
shan't [ʃa:nt] **shall not**
shape [ʃeip] 1. oblik, lik; kalup 2. *v/i* oblikovati; prilagoditi; *v/t* oblikovati se; razvijati se; ~**less** bezličan; nepravilan; ~**ly** skladan, lijep
share [ʃɛə] 1. dio; doprinos; kontigent; dionica; akcija; **original** ~; **prefered** ~, **priority** ~ prioritetna dionica; **have a** ~ **in** sudjelovati u 2. *v/t* dijeliti; sudjelovati u; *v/i* imati udjela; ~ **holder** dioničar; akcionar
shark [ʃa.k] 1. morski pas; *fig* lupež 2. pljačkati

sharp [ʃa:p] (~ly) oštar; bridak; pronicav; dosjetljiv; lukav; ~**en** naoštriti; povisiti; ~**ness** oštrina; britkost; oštroumlje; ~-**sighted** oštrovidan; ~-**witted** oštrouman

shave [ʃeiv] 1. *irr v/t* brijati; blanjati; prošišati pokraj; *v/i* brijati se; ~ **through** provući se 2. brijanje; ~**er** brijač, aparat za brijanje

shaving ['ʃeiviŋ] 1. brijanje; ~**s** *pl* blanjevine 2. brijaći..

shawl [ʃɔ:l] šal, marama

she [ʃi:] 1. ona; žena, žensko; **she-**... ženka životinje

shear [ʃiə] 1. *irr* (o)strići; ošišati 2. (a pair of) ~**s** *pl* velike škare

sheave [ʃi:v] kolotur

shed [ʃed] 1. *irr* (pro)lijevati; bacati svijetlo; širiti miris; gubiti lišće, zube 2. suša, štagalj, hangar

sheep [ʃi:p] ovca, ovce; stado; ovčja koža; ~-**dog** ovčarski pas; ~-**fold** tor, obor za ovce; ~**man** *Am* farmer-ovčar

sheer [ʃiə] 1. *adj* i *adv* puki, čisti; krajnji, strm; okomit 2. skretati s kursa 3. skretanje s kursa

sheet [ʃi:t] 1. ploča metala, stakla; arak papira; list; plahta; uzda jedra; ~ **copper**, **iron**, **zinc** bakreni, željezni, cinčani lim

shelf [ʃelf] (*pl* **shelves**) polica; pretinac; podvodni greben

shell [ʃel] 1. ljuska, ljuštura; školjka; kućica puža; čahura; okosnica; kostur; granata; među-razred 2. ljuštiti, skinuti koru; ~ **fire** paljba granatama; ~-**work** školjke

shelter ['ʃeltə] 1. nadstrešnica; sklonište; *fig* zaklon; utočište 2. *v/t* (za)štititi; zakloniti; *v/i* skloniti se

shelve [ʃelv] snabdjeti policama; staviti na policu; zabaciti; *fig* otpustiti iz službe; škartirati

shelves [ʃelvz] *pl* od **shelf** polica, pretinac

shepherd ['ʃepəd] 1. ovčar, pastir 2. čuvati, voditi; ~**ess** pastirica, ovčarica

sheriff ['ʃerif] šerif (engleski: okružni načelnik, USA: okružni sudac)

sherry ['ʃeri] šeri (vino)

shield [ʃi:ld] štit; grb; zaštita 2. štititi; ~**less** nezaštićen

shift [ʃift] 1. promjena, izmjena; pomoć za nuždu; lukavština, trik; smjena; šihta 2. *v/t* pomicati; premještati; pretovariti; mijenjati; *v/i* mijenjati mjesto; premjestiti se; preseliti se; ~**ing** promjenjiv; ~**less** bespomoćan; *fig* nespretan; ~**y** (~**ly**) lukav, prepreden

shine [ʃain] 1. sjaj, blistanje 2. *irr* sjati (se); svijetliti; *fig* blistati

shiny ['ʃaini] sjajan, blistav

ship [ʃip] 1. brod 2. *v/t* ukrcati na brod; ~ **off** otpremiti; *v/i* ukrcati se (kao mornar)

ship ... ~ **board** (**on** ~) na brodu
~ **builder** brodograditelj
~ **building** brodogradnja
~ **chandler** snabdjevač broda
~**ment** otprema, pošiljka
~ **owner** brodovlasnik
~**ping** 1. otprema, špedicija; brodovlje; trgovačka mornarica 2. pomorski; robni
~**wreck** 1. brodom 2. razbiti se
~**wright** brodograditelj
~**yard** brodogradilište

shire ['ʃaiə, u složenicama... ʃiə] grofovija

shirt [ʃə:t] muška košulja; bluza 2. bez formalnosti; *Am* ~ **diplomacy** otvorena diplomacija

shiver ['ʃivə] 1. trijeska, krhotina 2. *v/t* i *v/i* razbiti u komade 3. drhtavica; **the** ~**s** *pl* groznica 4. drhtati, tresti se

shoal [ʃoul] 1. jato (riba i *fig*) 2. javiti se 3. pličina 4. postajati sve plići 5. plitak

shock [ʃk] 1. udarac, sraz, sukob; napada; slom živaca 2. *fig* povrijediti; sablazniti; potresti (živce) 3. (**of hair**) kuštrava kosa; ~**ing** (~**ly**) uvredljiv; strašan; sablažnjiv

shoe [ʃu:] 1. cipela; potkova; željezni okov 2. *irr* obuti; okovati; potkovati

shoe ... ~ **black** čistač cipela
~ **blacking** crno laštilo za cipele
~**lace** vezica za cipele
~**maker** postolar
~ **string** *Am* vezica za cipele; *Am* tričava svota novca

shone [ʃɔn] *pret* i *pp* od **shine**

shoo [ʃu:] plašiti, tjerati ptice

shook [ʃuk] *pret* od **shake**

shoot [ʃu:t] 1. lov; mladica; oluk; *fig* munjevita kretnja 2. *irr v/t* opaliti, odapeti; snimati film; prostrijeliti; nicati; derati; ubrizgati; *v/i* pucati na; *fig* boljeti; probadati, juriti; sunovratiti se; premjestiti se (teret); ~**er** strijelac; ~**ing** 1. strijeljanje; pucanje; lov; lovište; **go** ~ ići u lov; ~ **of a film** snimanje filma 2. koji trga, probada

shop [ʃɔp] 1. dućan; radionica; struka, zvanje 2. ići kupovati (većinom **go** ~**ing**); ~ **keeper** dućandžija; trgovac na malo; ~**lifter** kradljivac po dućanima; ~**ping** kupovanje po dućanima; ~ **window** izlog
shore [ʃɔ:] 1. obala; žal; **on** ~ **na** kopno 2. potporanj 3. ~ **up** poduprijeti
short [ʃɔ:t] 1. kratak; nizak, malen; oskudan; loman; krhak (kovina); **in** ~ **u** kratko; ~ **of** bez čega; osim; **cut** ~ prekinuti 2. *gr* kratak samoglasnik; kratkometražni film
short ...~**s** *pl* kratke hlače
~**age** manjak, nestašica
~ **circuit** (napraviti) kratki spoj
~**coming** nedostatak, mana
~**cut** prečica
~**en** *v/t* skratiti; *v/i* skraćivati se
~**hand** stenografija
~**ly** *adv* nedavno, uskoro
~ **sighted** kratkovidan
~ **term** kratkoročan
shot [ʃɔt] 1. *pret* i *pp* od **shoot** 2. hitac, metak, kugla; strijelac; *sport* udarac; *phot, film* snimak; injekcija
shot ... **have a** ~ **at** pokušati što
not by a long ~ ni izdaleka
within (out of) ~ na domet (izvan dometa)
big ~ velika zvjerka
~~-**gun** sačmarica (puška)
should [ʃud] treba da, bih, bismo (*pret* od **shall**)
shoulder ['ʃouldə] 1. rame; plećka 2. natovariti na leđa; *fig* uzeti na se
shout [ʃaut] 1. povik, vika; vikati; dozivati; vrištati
shove [ʃʌv] 1. guranje; gurati
shovel ['ʃʌvl] 1. lopata, lopatica 2. lopatom grabiti
show [ʃou] 1. irr *v/t* pokazati; izložiti; navesti razloge
show ... ~ **in** uvesti
~ **off** isticati
~ **out** ispratiti, izvesti
~ **up** odvesti gore; raskrinkati; *v/i* pokazati se, pojaviti se
~ **of** isticati se; producirati se 2. predstava; izložba; izvedba; revija
shower ['ʃauə] 1. pljusak; tuš(iranje); *fig* obilje 2. pljuštati (i fig); izliti se; ~ **bath** tuš(iranje) kupaonica s tušem; ~**y** kišovit; kišan

showman ['ʃoumən] organizator putujućih izložbi, vlasnik putujućeg kazališta
shown [ʃoun] *pp* od **show**
shrank [ʃræŋk] *pret* od **shrink**
shred [ʃred] 1. komadić; mrva; krpica; dronjak, *irr* poderati, rasparčati
shrew [ʃru:] goropadnica
shrewd [ʃru:d] oštrouman, lukav, pronicav; ~**ness** oštroumnost; pronicavost
shriek [ʃri:k] 1. vrisak; zvižduk 2. vrištati
shrill [ʃril] 1. vrištav, prodoran 2. *v/i* vrištati; *v/t* vrištavo kriknuti
shrimp [ʃrimp] [morski] rak; škamp
shrine [ʃrain] svetište, oltar
shrink [ʃriŋk] *irr* skvrčiti se; smanjiti se; *v/t* pustiti da se stegne
shrivel ['ʃrivl] (i ~ **up**) skvrčiti (se); smežurati (se)
shrub [ʃrʌb] grm, žbun
shrug [ʃrʌg] 1. slegnuti (ramenima) 2. slijegati ramenima
shrunk [ʃrʌŋk] *pret* i *pp* od **shrink** ; ~**en** *adj* skvrčen
shuffle ['ʃʌfl] 1. *v/t* gurati; miješati karte; ~ **away** neopazice ukloniti, brzo sakriti; ~ **off** skinuti sa sebe; svući; *v/i* gurati; kartanje: miješati 2. guranje; miješanje karata; težak hod; izmotavanje
shun [ʃʌn] izbjegavati, kloniti se
shut [ʃʌt] *irr v/t* zatvoriti; *v/i* umuknuti
shut ... ~ **down** obustaviti pogon
~ **in** zatvoriti, opkoliti
~ **out** isključiti; ne dati ući
~ **up** zatvoriti
~ **up!** šuti! jezik za zube!
shy [ʃai] (~**ly**) 1. plah; plašljiv; 2. plašiti se čega, 3. baciti, 4. bacanje hitac
Siamese [saiə'mi:z] 1. sijamski 2. Sijamac, Sijamka, sijamski jezik
Siberian [sai'biəriən] 1. sibirski 2. Sibirac 3. Sibirka
sibilant ['sibilənt] (~**ly**) piskav 2. piskav suglasnik, sibilant
Sisilian [si'siljən] sicilijanski 2. Sicilijanac, Sicilijanka
sick [sik] bolestan; sit (čega); koji osjeća mučninu; ~**en** *v/i* oboljeti; ~ **at** zgaditi se; *v/t* napraviti koga bolesnim; zgaditi kome što; ~- **leave** bolovanje; ~**ness** bolest; mučnina
side [said] 1. strana; obala; obronak; stranka; ~ **by** ~ jedan uz drugoga; uporedo 2. sporedan, nevažan, 3. pristajati uz

side ... ~ face profil
~-line sporedna pruga; sporedno zanimanje
~long *adv* postrance; *adj* prostran
~-stroke bočni stil plivanja
~-track sporedni kolosjek; *Am* odgoditi
~ walk *Am* nogostup
~ ward *adj* prostran; *adv* (i sidewards ; sideways , sidewise) prostrance
siege [siːdʒ] opsada
sift [sift] prosijavati; ~er sito, rešetar
sight [sai] 1. uzdah 2. uzdisati
sight [sait] 1. vid; *fig* oko; vidik; pogled; prizor; nišan puške; masa (vrlo mnogo) sight .. ~s znamenitosti
at ili on ~ na prvi pogled
catch ~ of ugledati
lose ~ of izgubiti iz vida
within ~ na domaku oka; u vidokrugu
out of ~ izvan vidokruga
long ~ed dalekovidan
short ~ed kratkovidan
sightseeing ['sait,siːŋ] razgledavanje znamenitosti
sign [sain] 1. znak, mig; ~ manual vlastoručni potpis 2. *v/i* mahnuti, dati znak; *v/t* potpisati, obilježiti; ~ on *v/t* najmiti (brodsku posadu); *v/i* ukrcati se (kao mornar)
signal ['signl] 1. signal; ~s *pl* služba veze; busy ~ signal zauzetosti linije 2. (~ly) osobit; naročit 3. signalizirati; saopćiti pomoću signala; ~ize istaći; podati važnost
signature ['signitʃə] signatura, potpis
significance, significancy [sig'nifikəns(i)] značenje; važnost
significant [sig'nifikənt] (~ly) značajan
signification [signifi'keiʃn] značenje, smisao
significative [sig'nifikətiv] značajan za
signify ['signifai] označiti; naznačiti
silence ['sailəns] 1. šutnja; mir; ~ ! tišina 2. ušutkati; ~r prigušivač
silent ['sailənt] (~ly) tih, šutljiv; miran
silhouette [siluː'et] 1. silueta
silk [silk] 1. svila 2. svilen; ~en svilenkast; ~y (~ly) svilenkast, poput svile
sill [sil] prag; daska prozora
silliness ['silinis] glupost
silly ['sili] (~ly) glup, budalast
silver ['silvə] 1. srebro; srebrni novac; srebrnina 2. srebrn(ast) 3. posrebriti
similar ['similə] (~ly) sličan; ~ity sličnost

simmer ['simə] uzeti; *fig* kipjeti
simper ['simpə] 1. smijuljenje; 2. smijuljiti se
simplicity [sim'plisiti] jednostavnost; prostodušnost
simplification [simplifi'keiʃən] pojednostavljenje
simplify [simpli'fai] pojednostavniti
simply ['simpli] *adv* jednostavno; naprosto, samo
simulate ['simjuleit] hiniti, simulirati
simultaneity [siməltə'niəti] istodobnost
simultaneous [siməl'teinjəs] istodoban; ~ness istovremenost
sin [sin] 1. grijeh 2. (sa)griješiti
since [sins] 1. *prep* od 2. *adv* odonda, otada 3. *cj* otkako; budući da; jer
sinful ['sinful] (~ly) griješan
sine [siŋ] *irr* pjevati; otpjevati; ~er pjevač(ica); ~ing pjev(anje)
single ['siŋgl] (~ly) 1. jedan; jedini; pojedinačan; jednostruk; neoženjen; neudata; ~ bill solo mjenica; 2. tenis igra pojedinaca 3. izabrati, izlučiti; ~-handed samostalno, bez tuđe pomoći
~hearted (~ly) ~-minded (~ly) pošten; iskren; usmjeren prema jednom cilju
singular ['siŋgjulə] (~ly) neobičan; osobit; jedinstven; *gr* singularan 2. *gr* (i ~ number) singular, jednina; ~ity osobitost; neobičnost
sinister ['sinistə] koban; zlosutan; mračan
sink [siŋk] 1. *irr v/t* (po)tonuti; uleknuti se; prodrijeti u; klonuti; *v/t* spustiti; potopiti (brod); dupsti (okno); otplaćivati dug; napustiti 2. izljev; slivnik; ~ing potonuće; malaksalost
sinless [sinlis] bezgrešan
sinner ['sinə] grešnik, grešnica
Sinn fein ['ʃin'fein] (mi sami) nacionalni pokret u Irskoj
sip [sip] 1. gutalj 2. srkati; pijuckati
sir [səː] (vokativ) gospodine; Sir (plemićka titula)
sire ['saiə] većinom *poet* otac; predak; praotac; mužjak za rasplod
siren ['saiərin] sirena
sissy ['sisi] *Am* slabić, mekušac
sister ['sistə] sestra; redovnica; bolničarka; ~ of charity (mercy) milosrdna sestra; ~hood sestrinstvo; ~-in-law šurjakinja
sit [sit] *irr v/i* sjediti; zasjedati; ~ down sjesti; ~ up uspraviti se; uspravno sjesti;

prenuti se; *v/t* sjediti na čemu
site [sait] 1. položaj; teren; gradilište 2. premjestiti na drugi teren
sitter ['sitə] onaj koji sjedi; kvočka koja sjedi; *Am* osoba koja (uz naplatu) pazi na tuđe dijete
sitting ['sitiŋ] sjednica; ~ **room** soba za dnevni boravak
situated ['sitjueitid] smješten, položen
situation [sitju'eiʃn] položaj; smještaj; služba
six [siks] 1. šest; šestica; ~**fold** šestostruk(o); ~**teen** šesnaest; ~**th** 2. šesti 3. šestina; ~**tieth** šezdeseti
size [saiz] 1. veličina, obujam; format 2. redati po broju; sortirati po veličini; ~**d** ...veličine 3. ljepilo, lijepiti
skate [skeit] 1. klizaljka (**roller** ~ koturaljka), 2. klizati se na klizaljkama ili koturaljkama; ~**er** klizač(ica)
skeleton ['skelitn] 1. kostur; okosnica; trkaće saonice; mirnodopski kadar 2. skeletni; u nacrtu; skiciran; mirnodopski; osnovni
sketch [sketʃ] 1. skica; nacrt; obris; skeč 2. skicirati
ski [ski:] skija; skijanje; ~**er** skijaš(ica); ~**ing** skijanje
skil(l)ful ['skilful] (~**ly**) vješt; spretan; iskusan; ~**ness** spretnost, vještina
skill [skil] spretnost; vještina
skilled [skild] vješt; izučen; kvalificiran
skin [skin] 1. koža; omotač; ljuska; kora; krzno; oplata 2. *v/t* oderati kožu; oljuštiti; oguliti; *v/t* zacijeliti; ~-**deep** (samo) površno; ~**ny**; mršav, kožast; škrt
skip [skip] 1. skok; *v/i* skakutati; v/t preskočiti (i ~ **over**)
skipper ['skipə] 1. poskakivač(ica) 2. zapovjednik, *sport* kapetan momčadi
skirt [skə:t] 1. suknja; (često ~**s** *pl*) obrub, skutovi 2. *v/t* obrubiti; *v/t* i *v/i* ići, teći
skittle ['skitl] čunj; *kuglane* ; **play at** ~**s** kuglati se
skull [skʌl] lubanja (*fig* mozak)
skunk [skʌŋk] tvor, skunk; podlac
sky [skai] (često **skies** *pl*) nebo; nebeski svod

sky... ~-**blue** plav kao nebo
~-**lark** 1. ševa 2. šegačiti se
~-**line** obzorje; silueta
~-**rocket** *Am* naglo se dignuti; silovito povisiti

~-**scraper** neboder
~-**ward** (s) prema nebu
slack [slæk] 1. labav; mlitav 2. labavi kraj konopca; mrtva sezona 3. ~**en** ljenčariti; ~**er** ljenčina
slain [slein] *pp* od **slay**
slam [slæm] 1. udarac; tresak; lupa 2. zalupiti vrata; tresnuti
slander ['sla:ndə] 1. kleveta(nje); 2. oklevetati; ~**er** klevetnik; ~**ous** (~**ly**) klevetnički
slang [slæŋ] 1. slang; šatrovački jezik 2. (iz)grditi koga
slant [sla:nt] 1. kosina, nagib; *Am* gledište; stav 2. koso položiti; nakriviti se
slap [slæp] 1. pljuska, udarac; ~ **in the face** ćuška 2. udariti; pljusnuti 3. pljus! točno, ravno, baš
slash [slæʃ] 1. udarac; prorez; rez(otina) 2. *v/t* razrezati; rasporiti; šibati; *Am* drastično sniziri plaću itd; *v/i* mlatiti (oko sebe); zamahivati
slate [sleit] 1. škriljevac 2. pokriti crijepom od škriljevca
slaughter ['slɔ:tə] 1. klanje, pokolj, krvoproliće 2. mesariti, koljački 3. (po)klati; ~**er**, mesar, koljač; ~-**house** , klaonica
slave [sleiv] rob, ropkinja 2. mučiti se ili raditi kao rob
slavery ['sleivəri] (~**ly**) ropstvo; robovanje
Slavic ['slævik] 1. slavenski 2. slavenski jezik
slavish ['sleiviʃ] (~**ly**) ropski
slay [slei] *irr* pogubiti; ~**er**, ubica
sled [sled] većinom **sledge** [sledʒ] 1. saonice; 2. voziti se saonicama 2. kovački bat (i ~-**hammer**)
sleep [sli:p] 1. *irr v/i* spavati; mirovati; ~ (**up**)**on** ili **ever** , prespavati; *v/t* dati komu prenoćište 2. san, spavanje; ~**er**, spavač(ica); spavaća kola
sleeping ['sli:piŋ] ~ **Beauty** , Trnoružica; ~-**bag**, vreća za spavanje; ~-**car**, ~- **carriage** , spavaća kola
sleepless ['sli:plis] (~**ly**) besan; nemiran; ~**ness** , besanica
sleepwalker ['sli:pwɔkə] mjesečar(ka)
sleepy ['sli:pi] pospan, snen
sleet [sli:t] 1. susnježica, solika 2. susnježiti
sleeve [sli:v] 1. rukav; čahura; tuljac 2. snabdjeti rukavima

sleigh [slei] 1. saonice 2. voziti se na saonicama
sleight [slait] (većinom ~ **of hand**) vještina, trik; majstorluk
slender ['slendə] (~ly) vitak; nježan; oskudan; ~**ness**, vitkost
slept [slept] *pret* i *pp* od **sleep**
slew [slu:] 1. *pret* od **slay** 2. okrenuti se
slice [slais] 1. kriška, komad 2. narezati u kriške; odrezati (krišku)
slick [slik] 1. *adv* brzo; glatko 2. ~ **paper**, *Am slang* otmjen časopis; ~**er**, *Am* varalica; kišni kaput
slid [slid] *pret* i *pp* od **slide**
slide [slaid] 1. *irr v/i* kliziti, sklizati se, poskliznuti se; *v/t* napraviti da što sklizi 2. klizanje; tobogan; jezičak, šiber; ~**er**, klizač; ~-**rule**, logaritamsko računalo
sliding ['slaidiŋ] 1. klizanje 2. koji klizi; pomičan
slight [slait] (~ly) 1. slab; lagan; neznatan 2. prezir, omalovažavanje 3. omalovažavati; ~**ness**, neznatnost; krhost
slim [slim] (~ly) 1. vitak, slabašan; *slang* lukav 2. praviti kuru mršavljenja
slime [slaim] mulj; sluz
slimness ['slimnis] vitkost
slimy ['slaimi] (~ly) muljevit; sluzav
sling [sliŋ] 1. omča, petlja; povoj; traka; hitac 2. *irr* zavitlati; objesiti na
slip [slip] 1. *v/i* (po) skliznuti se; izmaknuti, izmaći se; pogriješiti; *v/t* turnuti; pustiti; odriješiti; izmaći 2. okliznuće; posrtaj; pogreška; ceduljica; jastučnica; kombine; navoz; ~**s** *pl* kupaće gaćice; ~**per**, papuča; ~**pery**, (~ly) sklizav; *fig* škakljiv
slit [slit] 1. razrez, rasporak (šlic) 2. *irr* rasporiti, zarezati
sliver ['slivə] 1. trijeska, iver 2. cijepati se
slobber ['slɔbə] 1. slina, baljenje 2. zasliniti, baliti; ~**y**, slinav, balav
sloggan ['slougən] bojni poklič; lozinka, parola
slope [sloup] 1. obronak, padina; nagib 2. *v/t* učiniti kosim, nagnuti, ukositi; *v/i* spuštati se; biti nagnut
sloppy ['slɔpi] (~ly) mokar; prljav; razvodnjen; sladunjav
slot-machine ['slɔtməʃi:n] automat
Slovak ['slouvæk] 1. slovak(inja); slovački jezik
Sloven ['slʌvn] prljavac; aljkavac; ~**liness** prljavost; aljkavost; ~**ly** prljav, aljkav

slow [slou] (~ly) 1. spor, polagan; trom; koji teško shvaća; dugotrajan; dosadan 2. *adv* polako, sporo 3. (često ~ **down**, **up**, **off**) usporiti; *v/i* ići polaganije; postati sporiji
slug [slʌg] puž balavac
sluggard ['slʌgəd] lijenčina
sluggish ['slʌgiʃ] (~ly) trom, lijen
sluice [slu:s] 1. brana, ustava 2. pustiti vodu iz ustave
slum [slʌm] prljava ulica; prljava gradska četvrt, sirotinjski dio grada
slumber ['slʌmbə] 1. drijem(ež) 2. drijemati
slur [slə:] 1. mrlja; *fig* ljaga; predbacivanje; spojka 2. *v/t* prijeći preko; povezivati
sly [slai] lukav, preprden; ~**ness** lukavost, prepredenost
small [smɔ:l] 1. malen; slab; lagan; tijesan; sitničav 2. tanak dio; ~ **pox** *pl* kozice; ~-**talk** čavrljanje; ćaskanje
smart [sma:t] (~ly) 1. oštar; žustar, brz; spretan; pametan; lukav; otmjen; elegantan 2. bol 3. (za)boljeti; ~**en** dotjerati (se); ~**ness** oštrina, živahnost; lukavost; dotjeranost
smash [smæʃ] 1. *v/t* smrskati, rastreskati *fig* uništiti; *v/i* smrskati se; skrhati se; pasti pod stečaj 2. sraz; silom; lom; stečaj, (tenis) oštra lopta; ~-**up** sudar; slom; propast
smear [smiə] 1. na -, za -, raz-mazati; 2. mrlja
smell [smel] 1. miris, vonj, njuh, *irr* mirisati; vonjati; zaudarati
smelt [smelt] *pret* i *pp* od **smell** 2. *metall* taliti; ~**er** talioničar; ~-**ing-furnace** talionička peć
smile [smail] 1. smiješak 2. (na)smiješiti se
smith [smiθ] kovač; ~**y** kovačnica
smog [smɔg] 1. dim; cigareta, cigara, duhan 2. *v/i* pušiti (se), dimiti se; *v/t* pušiti; (za)dimiti se; *v/t* pušiti; (za)dimiti; sušiti u dimu; zamagliti; ~**er** pušač; sušitelj mesa; kola ili kupe za pušače
smoking ['smoukiŋ] 1. pušenje; **no** ~ ! zabranjeno pušenje;
smoky ['smouki] (~ly) koji se dimi; zadimljen
smooth [smu:ð] (~ly) 1. gladak; *fig* koji glatko teče; mekan; miran; umiljat 2. (često ~ **out**, **down**) izgladiti; poravnati;

smiriti se; ~ing 1. glačanje 2. koji glača, izglađuje; ~ness glatkoća

smudge [smʌdʒ] 1. v/t zaprljati; okaljati, v/i umrljati se; razmazati se 2. prljavština; mrlja

smuggle ['smʌgl] krijumčariti; ~r krijumčar

snack [snæk] zalogaj; ~-bar, bife, zalogajnica

snail [sneil] puž

snake [sneik] zmija

snap [snæp] 1. ugriz; škljocaj; *fig* polet, zamah; pucketanje prstima; *phot* snimak; cold ~ val hladnoće 2. v/i naglo posegnuti za; škljocnuti; prasnuti; v/t ščepati; zgrabiti; *phot* snimiti; ~pish (~ly) zajedljiv; koji grize; otresit; ~ short 1. hitav bez ciljanja; *phot* snimka; fotografija 2. snimiti; fotografirati

snare [snɛə] 1. omča, zamka 2. uhvatiti omčom; *fig* namamiti u stupicu

snarl [sna:l] 1. režati 2. režanje

snach [snætʃ] 1. hitri zahvat; mah; komadić; čast; by ~es na mahove, nerodovito 2. zgrabiti, šćepati; oteti; ~ at posegnuti za

sneak [sni:k] 1. v/i šuljati se; v/t zdipiti 2. podlac, puzavac; ~ers platnene cipele s gumenim džonom; ~ing puzav, pritajen

sneen [sniə] 1. preziran smijeh; poruga 2. podsmijehivati se; podrugivati se; ~er podrugljivac; ~ing podrugljiv

sneeze [sni:z] 1. kihati; 2. kihanje

sniff [snif] 1. v/i [pri]njušiti; frkati nosom; v/t (o)njušiti 2. njuškanje; šmrkanje; frkanje nosom; ~y preziran; neugodna mirisa

snipe [snaip] 1. šljuka; 2. gađati kao snajper; ~r snajper

snob [snɔb] snob; ~bery snobizam; ~bish (~ly) snobovski

snoop [snu:p] *Am slang* 1. njuškati 2. njuškanje; njuškalo

snore [snɔ:] 1. hrkanje; hrkati

snout [snaut] njuška

snow [snou] 1. snijeg; *slang* kokain; 2. sniježiti

snow ... ~ball 1. gruda snijega 2. grudati (se)
~-drift sniježni zapuh
~drop visibaba
~y (~ly) sniježan

so [sou] tako; dakle, tako dakle; ~ far dosad

soak [souk] 1. v/t (na)močiti; promočiti; v/i namakati se 2. namakanje; pljusak; pijanka

so-and-so ['souənsou] taj i taj, neki izvjesni

soap [soup] 1. sapun; *slang* ćaskanje 2. (na)sapunati; ~ opera *Am* sentimentalna televizijska drama u nastavcima; ~y sapunast

sob [sɔb] 1. jecaj; jecanje 2. jecati

sober ['soubə] (~ly) 1. trijezan 2. otrijezniti se; ~ness, trezvenost

sobriety [sou'braiəti] trezvenost

so-called ['sou'kɔ:ld] takozvan

soccer ['sɔkə] nogomet

sociability [souʃə'biliti] društvenost

sociable ['souʃəbl] (~ly) društven; druževan 2. otvorena kočija s poprečnim sjedištima; *Am* društvo

social ['souʃl] (~ly) društven; druževan; socijalan 2. društvo, društvance

social ... ~ insurance socijalno osiguranje
~ services socijalne ustanove
~ism socijalizam
~ist socijalist(kinja)
~ite [souʃəlait] pripadnik otmjenih društvenih krugova
~ize socijalizirati

society [sə'saiəti] društvo; udruženje

sociological [sousiə'lɔdʒikl] sociološki

sociologist [sousi'ɔlədʒist] sociolog

sociology [sousi'ɔlədʒi] sociologija

sock [sɔk] 1. kratka čarapa; uložak za cipele 2. udarac batine 3. izlemati, maznuti

socker ['sɔkə] soccer

socket ['sɔkit] tuljac; utikačka kutija

sod [sɔd] 1. tratina, ledina 2. pokriti tratinom 3. *vulg* homoseksualac

soda ['soudə] soda

sodium ['soudjəm] natrij

soever [sou'evə] ma kako, kakav god

sofa ['soufə] sofa

soft [sɔft] (~ly) 1. mekan; blag; tih; nježan; gladak; ~ drink bezalkoholno piće 2. *adv* lagano; tiho; meko 3. glupan, budala; ~en [sɔfn] umekšati; ublažiti; omekšati; ~ness mekoća; blagost; ~y glupan, budala

soil [sɔil] 1. tlo (oraća) zemlja 2. mrlja; prljavština 3. uprljati; okaljati

sojourn ['sɔdʒəːn] 1. boravak 2. prebivati:popraviti; ~er gost, stranac
solar ['soulə] sunčan
sold [sould] *pret* i *pp* od sell
solder ['sɔldə] 1. lem, lemiti; ~ing-iron lemilo
soldier ['souldʒə] 1. vojnik; biti vojnik; go ~ing poći u vojsku; ~ship vojnička sposobnost
sole [soul] (~ly) 1. jedini 2. potplat, đon, taban 3. podoniti 4. *icht* list
solemn ['sɔləm] (~ly) svečan; ozbiljan; ~ity [səlemniti] svečanost; ozbiljnost; ~ization [sɔləmnai'teiʃn] proslava; ~ize proslaviti; svetkovati
solicit [sə'lisit] moliti; nagovarati; tražiti; ~ation molba; moljenje; salijetanje; ~or odvjetnik; *Am* zastupnik; akviziter; ~ude [sə'lisittjuːd] zabrinutost; briga; nastojanje
solid ['sɔlid] (~ly) 1. čvrst; krut; trajan; zbit; trodimenzionalan; kubičan; solidan; jednoglasan 2. kruto tijelo; ~arity solidarnost
soliloquy [sə'liləkwi] razgovor sa samim sobom, monolog
solitaire [sɔli'tɛə] pasijans
solitary ['sɔlitəri] (~ly) samotan; pust
solitude ['sɔlitjuːd] osamljenost, samoća
solo ['soulou] solo;
solubility [sɔlju'biliti] topivost; rješivost
soluble ['sɔljubl] topiv; rješiv
solution [sə'luːʃn] rastopina, otopina; rješenje
solvable ['sɔlvəbl] rješiv
solve [sɔlv] (raz)riješiti
solvency ['sɔlvənsi] sposobnost plaćanja, solventnost
sombre, *Am* **somber** ['sɔmbə] mračan, sumoran
some [sʌm, naglašeno səm] 1. *pron* i *adj* neki, nekakav; izvjesni; nekoliko; oko; otprilike; nekih 2. *adv* nešto *Am* prilično; ~body, ~one netko; ~how nekako
somersault ['sʌməsɔːlt] **somerset** [sʌməset] salto; prekobacivanje
something ['sʌmθiŋ] nešto; tako nešto
sometime ['sʌmtaim] 1. jednom, nekad 2. bivši, nekadašnji; ~s katkad
somewhat ['sʌmwət] nešto, prilično
somewehre ['sʌmwɛə] negdje; bilo gdje; bilo kamo

somnabulism [sɔm'næmbjulizm] mjesečarstvo
somnambulist [sɔm'næmbjulist] mjesečar(ka)
son [sʌn] sin
sonata [sə'naːtə] sonata
song [sɔŋ] pjev(anje); pjesma; ~ stress pjevačica
son-in-law ['sʌn -in lɔː] zet
sonnet ['sɔnit] sonet
sonny ['sʌni] sinčić
soon [suːn] (na) skoro; (u)brzo; rado, as (ili što) ~ as čim; ~er prije; kasnije, radije
sooth [suːθ] in ~ uistinu, zaista
soothe [suːð] (u)miriti; ublažiti
sophistical [so'fistik(l)] (~ly) sofistički
sophisticate [so'fistikeit] (sofistički) iskriviti; izopačiti; ~d profinjen; kultiviran
sophomore ['sɔfəmɔː] *Am* student druge godine
soprano [sə'praːnou] sopran
sorcerer ['sɔːsərə] čarobnjak
sorcereress ['sɔːsəris] čarobnica
sorcery ['sɔːsəri] čarobnjaštvo
sordid ['sɔːdid] (~ly) prljav (fig prost) ~ness prljavost; prljavština
sore [sɔː] 1. bolan, osjetljiv; upaljen; *fig* mučan; ~ throat , grlobolja; ~ head , *Am fig* gunđalo; ~ly *adv* bolno, jako; ~ness bolnost; osjetljivost
sorrel ['sɔrel] 1. riđ; 2. riđan (konj) 2. kiselica
sorrow ['sɔrou] 1. žalost; jad; patnja 2. žaliti; tugovati; žalostiti se; ~full (~ly) tužan; žalostan
sorry ['sɔri] (~ly) žalostan; zabrinut; bijedan; (I am) ~ ! žao mi je, žalim! oprostite!
sort [sɔːt] 1. vrsta; način; kakvoća; in some ~, ~ of donekle 2. razvrstati; sortirati
sot [sɔt] pijanica
sought [sɔːt] *pret* i *pp* od **seek**
soul [soul] duša; ~less (~ly) bezdušan
sound [saund] (~ly) bezdušan
sound [saund] (~ly) 1. zdrav; razborit; čvrst; solidan; zakonit 2. zvuk; glas; ~ film , zvučni film 3. *v/i* zvučati (za)oriti se; *v/t* napraviti da što zvuči; izgovoriti 4. morski tjesnac; riblji mjehur 5. sonda 6. sondirati; mjeriti dubinu
soup [suːp] 1. juha 2. *Am slang* konjska snaga 3. ~ up frizirati motor

sour ['sauə] (~ly) 1. kiseo; ogorčen, *fig* zlovoljan 2. *v/t* (za)kiseliti; *fig* ogorčito; *v/i* skisnuti se
source [sɔ:s] izvor, vrelo; podrijetlo
souse [saus] 1. (u)soliti; (u)močiti 2. uronjenje; pad u vodu 3. pljus! pljas!
south [sauθ] 1. jug 2. južni; južno
south east ['sauθ'i:st] 1. jugoistok 2. jugoistočni
southerly ['sʌðəli] južni
southern ['sʌðən] južni; ~er južnjak(inja); *Am* stanovnik južnih država
southernmost ['sʌðənmoust] najjužniji
southward, southwardly ['sauθwəd(li)] *adj* i *adv* (koji je) prema jugu; ~s *adv* južno, na jug
south-west ['sauθwest] 1. jugozapad 2. jugozapadni (i ~ westerly ; ~-western)
souvenir ['su:vəniə] uspomena, suvenir
sovereign ['sɔvrin] (~ly) 1. vrhovni, najviši; suveren; ~ty, vrhovna vlast, suverenost
sow 1. [sau] krmača; poluga sirovog željeza 2. [sou] *irr* (za)sijati, rasijati; posuti; ~er sijač(ica); ~n [soun] *pp* od sow
space [speis] 1. prostor; razmak; rok; spacij 2. (i ~ out) razmaknuto poredati
spacious ['speiʃəs] (~ly) prostran; opsežan
span [spæn] 1. (i vremenski) razmak; pedalj (22,5 cm); raspon; *Am* sprega 2. premostiti; presvoditi; (iz)mjeriti 3. *pret* od spin
Spaniard ['spænjəd] Španjolac, Španjolka
spank [spæŋk] 1. (is)tući; ~ along , juriti 2. udarac, pljesak; ~ing (~ly) brz, jak; elegantan; batine
spare [spɛə] (~ly) 1. oskudan; suvišan; naknadan; rezervni; ~ time , slobodno vrijeme 2. doknadni dio 3. *v/t* štedjeti; (kome što) uštedjeti; ustupiti; biti bez čega; poštedjeti koga; *v/i* štedjeti, biti štedljiv
sparing ['spɛəriŋ] (~ly) štedljiv; oskudan; ~ness , štedljivost
spark [spa:k] 1. iskra, bljesak 2. *v/i* iskriti se, izbacivati iskre; *v/t* elektrizirati 3. veseljak; kicoš; ljubavnik
sparkle ['spa:kl] 1. iskra; *fig* živahnost 2. caklili se, iskriti se; pjenušati se (vino)
sparrow ['spærou] vrabac
spasm [spæzm] grč; ~odic , ~odical (~ly), grčevit
spatial ['speiʃl] (~ly) prostoran
spatula ['spætjulə] lopatica

spawn [spɔ:n] 1. mrijest 2. mrijestiti se
speak [spi:k] *irr v/i* govoriti; (za)zvučati; ~ out, glasno (i jasno) govoriti; ~ up, otvoreno kazati; ~up!, (govori) glasnije!; *v/t* kazati, reći; izgovoriti; ~er, govornik; *parl* predsjednik, predsjedatelj
speaking ['spi:kiŋ] koji govori; izrazit
spear [spiə] 1. koplje; osti 2. nabosti na koplje, probosti
special ['speʃl] (~ly) 1. osobit, naročit, specijalan 2. pomoćni policajac (~ **constable**); posebno izdanje (~ **edition**); posebni vlak (~ **train**); *Am* posebna ponuda (u dućanu); *Am* (dnevni) specijalitet (u restoranu)
specialist ['speʃəlist] specijalist, stručnjak
specialty ['speʃlti] vidi **speciality** ; zapečaćen ugovor
specie ['spi:ʃi:] kovani novac
species ['spi:ʃi:z] *pl* i *sg* vrsta, rod
specific [spi'sifik] (~ally) 1. specifičan; osobit; određen 2. specifikum
specification [spesifi'keiʃn] specifikacija
specify ['spesifai] pobliže označiti, specificirati
specimen ['spesimin] primjerak, uzorak
spectacle ['spektəkl] gluma; prizor; **a pair of** ~, naočale
spectacular [spek'tækjulə] (~ly) 1. osobit; napadan 2. *Am* raskošna revija
spectator [spek'teitə] gledalac
spectrum ['spektrəm] spektar
speculate ['spekjuleit] razmišljati, mozgati; spekulirati
speculation [spekju'leiʃn] razmišljanje, umovanje
speculative ['spekjulətiv] spekulativan; teoretski
speculator ['spekjuleitə] mislilac; spekulant
sped [sped] *pret* i *pp* od **speed**
speech [spi:tʃ] govor; ~less (~ly), zanijemio
speed [spi:d] 1. brzina; žurba 2. *irr v/i* žuriti se, juriti; ići odruke; **no** ~ing! zabranjena brza vožnja; *v/t* požuriti; zaželjeti sreću
speed ... ~ **up** ubrzati
~ **limit** najveća dopuštena brzina
~**ometer** [spi'dɔmitə] brzinomjer
~**way** *Am* trkaća staza, cesta (ili prometna traka) za brzu vožnju
~**y** (~ly) brz

spell [spel] 1. vrijeme (rada); smjena; razdoblje 2. čarolija 3. *irr* spelovati, sricati; pravilno pisati; ~**out**, dešifrirati; ~**bound** ;*fig* očaran, začaran; ~**ing**, pravopis
spelt [spelt] *pret* i *pp* od **spell**
spend [spend] *irr v/t* (po)trošiti; utrošiti na; protratiti; provoditi vrijeme; *v/i* trošiti novac; ~**er**, trošilac, rasipnik
spent [spent] 1. *pret* i *pp* od **spend** 2. *adj* iscrpljen, utrošen
sperm [spə:m] sperma, muško sjeme
spew [spju:] (iz)bljuvati
sphere [sfiə] kugla; nebesko tijelo; zemaljska kugla; *fig* sfera; područje
spice [spais] 1. mirodija; *fig* začin; prizvuk 2. začiniti mirodijama
spick and span ['spikən'spæn] nov novcat; besprijekorno uredan
spicy ['spaisi] (~**ly**) začinjen mirovinama; *fig* pikantan
spider ['spaidə] pauk
spike [spaik] 1. klin; šiljak 2. pribosti klinovima
spill [spil] 1. *irr v/t* proliti; prosuti; liti; izbaciti iz sedla, *v/i* proliti se; preliti se 2. pad (s konja itd) 3. trijeska za pripaljivanje (lule)
spilt [spilt] *pret* i *pp* od **spill** ; **cry over** ~ **milk** žaliti zbog nečeg što se više ne može popraviti
spin [spin] 1. *irr v/t* presti; (za)vrtjeti; okretati se 2. vrtnja, okretanje; brza vožnja
spinach ['spinidʒ] špinat
spinal ['spainl] hrptenični; ~ **column** hrptenjača; ~ **cord**, ~ **marrow** leđna moždina
spindle ['spindl] vreteno
spine [spain] kralježnica; hrptenjača; bodljika; trn; hrbat knjige; gorska kosa
spinning -mill ['spiniŋmil] predionica
spinning -wheel ['spiniŋwi:l] kolovrat
spintster ['spinstə] neudata djevojka; usidjelica
spiral ['spaiərəl] (~**ly**) 1. spiralan; zavojit 2. spirala, zavojnica 3. kretati se u spirali
spirit ['spirit] 1. duh; duša; raspoloženje; temperament; špirit; benzin; ~**s** *pl* raspoloženje; alkoholna pića; **in** (**high**) ~**s** dobro raspoložen
spirited ['spiritid] (~**ly**) živahan; duhovit; odvažan
spiritism ['spiritizm] spiritizam

spiritual ['spiritjuəl] (~**ly**) duševni; duhovni; nadahnut; ~**ity** duhovnost; ~**ize** produhoviti
spirituous ['spiritjuəs] alkoholni
spit [spit] 1. ražanj; rt 2. nabosti na ražanj 3. pljuvačka 4. *irr v/i* pljuvati, sipiti (kiša); ~ **at** popljuvati; *v/t* (većinom ~ **out**) (is)pljunuti 5. dubina lopate
spite [spait] 1. prkos; pakost; **in** ~ **of** usprkos 2. ljutiti, prkositi
spiteful ['spaitful] zloban; pakostan
spitfire ['spitfaiə] prgavac; usijana glava
splash [splæʃ] 1. štrcanje; pljuskanje 2. poprskati; štrcati; pljuskati; ~ **board** blatobran; ~**y** (~**ly**) koji štrca; poprskan; blatan
spleen [spli:n] slezena; zlovolja; ~**ful**, **spleeny** mrzovoljan
splendid ['splendid] (~**ly**) sjajan; divan
splendo[u]r ['splendə] sjaj; krasota
split [split] 1. pukotina, raspuklina; *fig* raskol 2. raskoljen 3. *irr v/t* raskoliti; odvojiti; ~ **hairs** cjepidlačiti; *v/i* pući, razilaziti se
spoil [spoil] 1. (često ~**s** *pl*) plijen; pljačka, *fig* dobitak 2. *irr v/t* (o)pljačkati; porobiti; pokvariti; razmaziti; *v/i* kvariti se
spoilt [spoilt] *pret* i *pp* od **spoil**
spoke [spouk] 1. *pret* od **speak** 2. žbica; prečka (ljestava)
spoken ['spoukn] *pp* od **speak**
spokesman ['spouksmən] predstavnik (koji u nečije ime daje izjave)
sponge [spʌndʒ] 1. spužva 2. *v/t* (o)čistiti spužvom; ~ **up** upiti; *v/i* živjeti na tuđi račun
sponsor ['spɔnsə] 1. kum(a); jamac; pokrovitelj; zaštitnik 2. kumovati; financirati; ~**ship** kumstvo; jamstvo; pokroviteljstvo
spontanneity [spɔntə'ni:iti] spontanost; svojeglavost
spontaneous [spɔn'teiniəs] spontan; neusiljen; samonikao
spook [spu:k] sablast
spoon [spu:n] 1. žlica; zaljubljena budala, *slang* **be** ~**s on** biti zateleban u koga 2. žlicom grabiti; *slang* biti zateleban u koga; ~**ful** žlica, količina koja stane u žlicu
sport [spɔt] 1. sport; igra; zabava 2. *v/i* zabavljati se; igrati se; šaliti se, *v/t* razmetati se čime

sport ... ~**ing** (~**ly**) sportski; (ribo)lovni
~**ive** (~**ly**) veseo; šaljiv
~**sman** sportaš; lovac
~**s-wear** sportska odjeća
~**s-woman** sportašica
spot [spɔt] 1. mrlja; ljaga; točka; pjega; prištić; mjesto 2. plativ (ili isporučiv) smjesta 3. *v/t* (za)mrljati; okaljati; prepoznati; opaziti; *v/i* zamrljati se
spot ... ~**s** *pl* roba koja se prodaje za gotov novac
on the ~ na mjestu, bez odlaganja
~**less** (~**ly**) bez mrlje; neokaljan
~**light** *theat, mot* reflektor; svjetlo reflektora
~**ted** mrljav
~**ty** mrljav, pjegav
spouse [spauz] supruga, bračni drug
spout [spaut] 1. njuška, gubica; kljun; vodeni mlaz 2. štrcati; briznuti; frazirati; deklamirati
sprain [sprein] 1. iščašenje 2. iščašiti
sprang [spræŋ] *pret* od spring
spray [sprei] 1. grančica 2. vodena prašina; pjena 3. raspršiti, škropiti; ~ **er** raspršivač
spread [spred] 1. *irr v/t* (i ~ **out**) (ra)širiti; protezati; presvući; (na)mazati; *v/i* širiti se, prostirati se, protezati se 3. pružanje; prostiranje; raspon; površina; *Am* pokrivač; jelo za mazanje (na kruh)
spree [spri:] veselje, zabava; pijanka; **go on the** ~ poći na lumpanje
spring [spriŋ] 1. (od)skok; opruga; elastičnost; vrelo; izvor; *fig* podrijetlo; proljeće 2. *irr v/t* uzrokovati da što skoči; raskoliti; *v/i* (po)skočiti; proizilaziti; izbiti; niknuti; ~**board** odskočna daska
sprinkle ['spriŋkl] *v/t* posipati; (po)škropiti; *v/i* sipiti; rominjati; ~**r** prskalica
sprinkling ['sprinkliŋ] rominjanje, sitna kiša
sprint [sprint] 1. *sport* sprint 2. kratkoprugaški 3. sprintati; ~**er** sprinter; kratkoprugaš
sprite [sprait] duh; malik
sprout [spraut] 1. klijati; nicati 2. mladica
~**s** *pl* prokulice
sprung [sprʌŋ] *pret* i *pp* od spring
spun [spʌn] *pret* i *pp* od spin
spur [spə:] 1. ostruga, mamuza; bodljika; *fig* poticaj

sputter ['spʌtə] 1. nesuvisao (srdit) govor 2. brzo i nejasno govoriti; *v/t* pištati; cvrčati
spy [spai] 1. uhoda; izvidnik 2. otkriti; uhoditi; paziti; ~ (**up**)**on a** *p* uhoditi koga
squabble ['skwɔbl] 1. prepirka, rječkanje 2. prepirati se, rječkati
squad [skwɔd] odjeljenje, desetina
squadron ['skwɔdrən] odred; eskadrila, eskadra
squander ['skwɔndə] (po)tratiti
square [skwɛə] (~**ly**) 1. četverokutan; kvadratan; uredan; izravan; namiren; pošten; ~ **mile** četvorna milja; ~ **root** (raditi) drugi korijen 2.kvadrat (nekog broja); četverokut; četvorina; kutomjer 3. *v/t* napraviti što četverokutnim; kvadrirati; prilagoditi; urediti; izravnati; namiriti; *v/i* (**with**) pristajati, biti u skladu s; ~-**built** plećat
squash [skwɔʃ] 1. sok; kaša; gužva 2. zgnječiti; zdrobiti
squat [skwɔt] 1. koji čuči; zdepast 2. čučati; ~**er** naseljenik na posjedu koji nema zakonita prava
squaw [skwɔ:] (indijanska) žena
squawk [skwɔ:k] 1. krljeŠtati, kričati 2. krijeŠtanje, vrisak
squeak [skwi:k] 1. cičati; škripati; *slang* izdati 2. cika, škripanje; ~**y** (~**ly**) vrištav; škripav
squeamish ['skwi:miʃ] (~**ly**) (pre)osjetljiv; gadljiv; izbirljiv; ~**ness** gadljivost; izbirljivost
squeeze [skwi:z] 1. stisnuti (se); gnječiti (se); *fig* mučiti 2. stisak; gužva; stiska
squid [skwid] lignja
squint [skwint] 1. škiljiti 2. škiljenje
squire ['skwaiə] 1. posjednik; vlastelin; štitonoša 2. pratiti damu
squirrel ['skwirəl] vjeverica
stab [stæb] 1. (u)bod 2. *v/t* (u)bosti; *v/i* bosti
stability [stə'biliti] stabilnost; stabilitet
stabilization [steibilai'zeiʃn] stabilizacija
stabilize ['steibilaiz] stabilizirati; ~**r** stabilizator
stable ['steibl] (~**ly**) 1. stabilan; postojan; trajan 2. staja; konjušnica 3. smjestiti u staju
stack [stæk] 1. stog, plast; hrpa; gomila; dimnjak; litica, stijena; *Am* glavno skla-

dište biblioteke; masa 2. složiti u hrpu; plastiti

stadium ['steidiəm] stadion

staff [sta:f] 1. štap, motka; potporanj; (*pl* **staves** [steivz]) crtovlje 2. štab; personal; osoblje; činovnici 3. snadbjeti osobljem; sačinjavati nastavno osoblje

stage [steidʒ] 1. skele; *theat* pozornica, *fig* mjesto zbivanja; stadij; stupanj; etapa 2. postaviti na pozornicu, inscenirati; **~-coach** poštanska kočija, diližansa; **~fright** trema, strah kod javnog nastupanja; **~ manager** redatelj

stagger ['stægə] 1. *v/i* teturati, posrtati; *fig* kolebati; *v/t* uskolebati; osupnuti; razmetnuto poredati 2. posrtanje, teturanje

stagnancy ['stægnənsi] zastoj, stagnacija

stagnant ['stægnənt] ustajao; koji stagnira

stagnate [stæg'neiʃn] stagnacija, zastoj

stain [stein] 1. mrlja; *fig* ljaga; boja 2. (za)mrljati, *fig* okaljati; obojiti; **~ less** (**~ly**) neumrljan, *fig* neokaljan, koji ne hrđa

stair [stɛə] stepenica; **~s** *pl* stube, **flight of ~s** stepenište; **~case** stubište; **~way** stubište; **moving ~** pomične stepenice

stake [steik] 1. stup, kolac; lomača; uložak (u igri ili okladi i *fig*); **~s** *pl* zgoditak u okladama kod konjskih utrka; *Am* **pull up ~s** pokupiti se, otići; **be at ~** biti na kocki 2. okružiti (ili poduprijeti) kolcima; staviti na kocku; uložiti novac u igru

stale [steil] (**~ly**) 1. star; ustajao; loš; zagušljiv, istrošen, pljesniv; otrcan; pohaban 2. mokriti (konj itd) 3. mokraća

stalemate ['steil'meit] 1. u šahu: pat *fig* zastoj 2. dovesti koga do pata

stalk [stɔ:k] 1. stabljika; vlat; stalak čaše 2. *v/i* šepiriti se; prikradati se; prišunjati se; *v/t* kradom slijediti 3. lov; **~er** lovac (koji sam lovi); **~ing-horse** *fig* izlika, krinka

stall [stɔ:l] 1. pregradak (za konja u staji); prodajni štand; *theat* sjedalo u serklu 2. *v/t* držati u staji; *v/i* zatajiti; pokolebati se zbog gubitka brzine

stallion ['stæljən] pastuh

stamen ['steimen] prašnik

stamina ['stæminə] otpornost, izdržljivost

stammer ['stæmə] 1. mucati 2. mucanje; **~er** mucavac

stamp [stæmp] 1. toptanje; žig; otisak; marka; biljeg 2. *v/t* gaziti; tapkati; žigosati; frankirati; biljegovati; *v/i* topotati

stand [stænd] 1. *irr v/i* stajati; nalaziti se; ostajati; ustrajati; zaustaviti se (većinom **~ still**) 2. *irr v/t* (po)staviti; trpjeti; podnositi; izdržati 3. zastoj; stajalište; gledište; položaj; stalak; polica; štand; tribina za gledaoce; *Am* prodavaonica novina

stand ... ~ aside stajati po strani; stupiti na stranu

~ by biti prisutan; *fig* pristajati uz; biti spreman; **~radio** ostati uz prijemnik

~ for kandidirati za; zastupati

~ out isticati se; *fig* izdizati se; ustrajati; isploviti na pučinu

~ up ustati

~ up for zauzeti se za

standard ['stændəd] 1. stijeg, zastava; stup; jedinstvena mjera; standard; mjerilo; norma; valuta; **above ~** iznad normale; **~ of living** životni standard 2. standaran; normalan; **~ ization** standarizacija, normiranje; **~ ize** standarizirati, normirati

stand -by ['stændbai] pomoć(nik)

stand -in ['stændin] filmski dvojnik, dublet

standing [stændiŋ] (**~ly**) 1. koji stoji; uspravan; čvrst 2. stajanje; položaj; rang; zanimanje; poziv; trajanje

standpoint ['stændpoint] stajalište; gledište

standstill ['stændstil] zastoj, mirovanje

star [sta:] 1. zvijezda; glasovit pjevač ili glumac; **~s and stripes** *pl Am* zastava SAD 2. obasuti zvijezdama; igrati glavnu ulogu;

starboard ['sta:bəd] 1. desna strana (broda) 2. skrenuti (kormilom) nadesno

starch [sta:tʃ] 1. škrob; *fig* ukočenost 2. škrobiti; **~y** (**~ly**) ukočen

stare [stɛə] 1. zurenje, buljenje; ukočen pogled; 2. zuriti; buljiti u

starlit ['sta:lit] obasjan zvijezdama

starring ['sta:riŋ] *film* u glavnoj ulozi

start [sta:t] 1. prenuće, trgnuće; *sport* polazak; start; početak 2. *v/i* trgnuti se; skočiti; prepasti se; *sport* krenuti; startati; otputovati; početi; *v/t* pokrenuti; *sport* startati; *fig* početi, potaći

starter ['sta:tə] starter; *sport* onaj koji daje znak za početak natjecanja, *mot* (elektro)pokretač

starting ['sta:tiŋ] polazak; **~-point** polazna točka

startle ['sta:tl] preplašiti; ~ing (~ly) koji zapanjuje; plaši; ~er iznenađenje
starvation [sta:'vei∫n] skapavanje; smrt od gladi
starve [sta:v] izgladnjeti; *fig* čeznuti za; ~ling 1. onaj koji gladuje; *fig* kržljavac 2. izgladnio; *fig* zakržljao
state [steit] 1. stanje; prilike; raskoš; *pol* država; *hist* ~s sabor, staleži, be in a ~ biti vrlo uzbuđen 2. državni 3. navoditi; iznositi; ustanoviti; izjaviti; prikazati
state ... ~less bez državljanstva ~liness sjaj; dostojanstvo; svečanost ~ly svečan; sjajan; dostojanstven ~ment izjava; navod; konstatacija
statesman ['steitsmən] državnik; ~like državnički; ~ship državništvo, državnička vještina
static ['stætik] nepokretan, statičan; ~s *pl* ili *sg* statika; samo *pl* radio atmosferske smetnje
station ['stei∫n] 1. stajalište; mjesto; položaj; baza; stanica; postaja; kolodvor; stalež; zanimanje; posao 2. postaviti, stacionirati; ~ ary (~ly) nepokretan; stacioniran; ~ery papirnata roba i pisaći pribor; ~ waggon *Am mot* karavan kombi
statistical [stə'tistikl] (~ly) statistički
statistics *pl* (kao nauka *sg*) [stə'tistiks] statistika
statuary ['stætjuəri] 1. kiparski 2. kiparstvo; kipar
statue ['stætju:] kip; statua
stature ['stæt∫ə] stanje; položaj, rang
status ['steitəs] stanje; položaj; rang
statute ['stætju:t] statut; zakon
stay [stei] 1. boravljenje; boravak; zadržavanje; spriječavanje; *fig* potpora; konop koji podržava jarbole ili križ; upora 2. *v/t* zaustaviti; kočiti; podupirati; *v/i* ostati; boraviti; zadržavati se; pričekati; ~ in ostati kod kuće; ~ put ostati na mjestu; *slang* ni mrdnuti; ~ up ostati budan
steadiness ['stedinis] stalnost, čvrstoća
steady [stedi] (~ly) 1. stabilan, čvrst; siguran; nepokolebljiv; stabilan; pouzdan 2. učvrstiti; ustaliti (se); poduprijeti; umiriti (se) 3. *Am* stalan momak; čvrst odnos momka i djevojke
steak [steik] odrezak, šnicla
steal [sti:l] 1. *irr v/t* (u)krasti, *v/i* šuljati se 2. *Am* korupcionizam
steam [sti:m] 1. para 2. parni 3. *v/i* ploviti (na paru); pušiti se; *v/t* isparivati; izložiti djelovanju pare
steam ... ~-boiler parni kotao ~ed zamagljen (prostor) ~-engine parni stroj ~er parobrod ~-roller parni valjak ~y (~ly) zaparen; koji se puši
steel [sti:l] čelik; mesarsko (oštrilo) 2. čeličan 3. očeličiti
steep [sti:p] 1. strm; nevjerovatan 2. *poet* strmina vrlet 3. močilo; lužilo 4. močiti; namakati; *fig* ogreznuti; ~ness strmina
steer [stiə] 1. junac 2. kormilariti; ~age kormilarenje; međupalublje; ~ing - wheel kormilarski kotač; volan
steersman ['stiazmən] kormilar
stem [stem] 1. deblo; stabljika; osnova; korijen riječi; stalak čaše, 2. osloboditi peteljke; *Am* potjecati od 3. pramčana statva 4. *v/t* suprostaviti se; priječiti; *v/i* skijanje, voziti mijenjajući smjer unakrsnim okretima
stensil ['stensl] 1. šablona, matrica 2. slikati pomoću šablone
stenographer [ste'nɔgrəfə] stenograf(kinja)
stenography [ste'nɔgrəfi] stenografija
step [step] 1. korak; stepenica; stopa, (a pair of) ~s ljestve 2. *v/i* stupati; koračati; ~ in! uđite; ~ on it! *slang* požuri!; ~ out izaći, sići, *v/t* korakom izmjeriti 3. u složenicama npr. ~-father očuh
steppe [step] stepa
stereo ['steriou] stereotip, kliše; [steriə]; ~ scope , stereoskop; ~ type , stereotip, stereotipizirati
sterile ['sterail] sterilan; jalov; siromašan; *fig* uzaludan
sterility [ster'iliti] neplodnost
sterilize ['sterilaiz] sterilizirati
sterling ['stə:liŋ] punovrijedan; pravi; čist; a pound ~, funta sterlinga
stern [stə:n] 1. ozbiljan, mrk 2. krma
stethoscope ['steθəskoup] stetoskop (slušalica)
stew [stju:] 1. pirjati, dinstati 2. pirjano jelo; uzbuđenje
steward ['stjuəd] majordomus; upravitelj imanja, ekonom; konobar, stjuard; ~ess , stjuardesa
stick [stik] 1. štap, palica; držalo metle itd.; nespretnjaković; ~s *pl* pruće 2. potkolčiti 3. *irr v/i* zapeti; zalijepiti se za; *fig* us-

trajati; ~ **up for a p**, zauzeti se za koga; v/t (pro)bosti, zabosti; prilijepiti; *slang* nasamariti koga; ~**er**, nalijepnica; ~**iness**, ljepljivost

stick-up ['stikʌp] (ili ~ **collar**) uspravan okovratnik; *Am slang* razbojnički prepad

sticky ['stiki] (~**ly**) ljepljiv; *slang* odvratan

stiff [stif] (~**ly**) 1. ukočen, krut; težak 2. *slang* lješina; *Am slang* tupoglavac; ~**en**, ukočiti se, ukrutiti; *fig* ojačati

still [stil] 1. *adj* miran; ~ **wine**, nepjenušavo vino 2. *film* slika bez pokreta 3. *adv* još (vijek) 4. cj ipak 5. umiriti 6. aparat za destilaciju, destilerija; ~**-born**, mrtvorođen

stimulant ['stimjulənt] 1. stimulativan 2. stimul(ans)

stimulate ['stimjuleit] poticati, stimulirati

stimulative ['stimjuleitiv] koji podražuje, pobuđuje

stimulus ['stimjuləs] poticaj, podražaj

sting [stiŋ] 1. žalac; ubod; pobuda 2. *irr* ubosti, žacnuti; *fig* uvrijediti; zaboljeti; potaknuti

stinginess ['stindʒinis] škrtost

stingy ['stindʒi] (~**ly**) škrt; oskudan

stink [stiŋk] 1. smrad 2. *irr v/i* smrdjeti, zaudarati; *v/t* zasmraditi

stipulate ['stipjuleit] ugovoriti, uglaviti

stipulation [stipju'leiʃn] pogodba; klauzula

stir [stəː] 1. kretanje, pokret; komešanje; strka; senzacija 2. *v/t* pokretati; miješati; poticati; ~ **up**, uzmiješati, uzbuditi; *v/i* kretati se; uskomešati se

stirrup ['stirəp] stremen

stitch [stitʃ] 1. (u)bod iglom, štih 2. šav, očica 3. šiti, prošiti

stock [stɔk] 1. panj, klada, deblo; kundak; loza; rod, koljeno; podrijetlo; zalihe; kožnat okovratnik; skladište; stoka (često **live** ~); inventar, oruđe (često **dead** ~); (temeljna) glavnica 2. na skladištu, gotov; spreman; *theat* stalan 3. opskrbiti, opremiti, snabdijeti; nagomilati; (i ~ **up**) držati na skladištu; obogatiti duh

stock ... ~**s** *pl* efekti, dionice; državni papiri; škver

~ **on hand** zaliha robe

rolling ~ kolni park

in ~ na skladištu; u zalihi

~ **play** repertoarni komad

~ **broker** burzovni mešetar

~ **exchange** efektna burza

~ **holder** vlasnik vrijednonosnih papira, dioničar(ka)

stocking ['stɔkiŋ] čarapa

stockist ['stɔkist] skladištar

stock-jobber ['stɔk,dʒɔbə] *Am* burzovni mešetar

stoic ['stouik] 1. stoički 2. stoik; ~**al** (~**ly**) *fig* stoički

stole [stoul] 1. stola 2. *pret* **stolen** *pp* od **steal**

stolid ['stɔlid] (~**ly**) ravnodušan; tup; ~**ity**, ravnodušnost; tupost

stomach ['stʌmək] 1. želudac, trbuh; *fig* sklonost 2. probaviti; *fig* podnijeti

stone [stoun] 1. kamen; koštica 2. od kamena, kamen 3. kamenovati; vaditi koštice iz voća

stone ... ~**-blind** posve slijep

~**-dead** posve mrtav

~**-fruit** koštičavo voće

~**-pit** kamenolom

stony ['stouni] kamenit; *fig* od kamena; ~ **broke**, propao, bankrotirao

stool [stuːl] stolac bez naslona; stolica; mladica bez korijena

stoop [stuːp] 1. *v/i* sagnuti se; poniziti se; hodati pognuto; *v/t* sagnuti, nagnuti glavu itd. 2. pognuto držanje; *Am* trijem, veranda

stop [stɔp] 1. *v/t* začepiti; zatvoriti; obustaviti, zaustaviti, prekinuti; plomirati zub; *v/i* stati, zaustaviti se; ostati; prestati 2. zaustavljanje; stanka, pauza; odbojnik; obustava, stanica, stajalište; plomba; *gr* (i **full** ~) točka; ~**per**, čep, zapor; začepiti; ~**ping**, plomba

storage ['stɔːridʒ] uskladištenje; pohrana; ~**battery**, akumulator

store [stɔː] zaliha; *fig* (i ~**s** *pl*) obilje, (i ~**s** *pl*) skladište; žitnica; *Am* dućan; prodavaonica; ~**s** *pl* robna kuća; **in** ~ u zalihi; na skladištu 2. nagomilati (i ~ **up**); uskladiti; opskrbiti; snadbjeti; ~ **house** skladište *fig* riznica; ~ **keeper** skladištar; *Am* vlasnik dućana; ~ **room** spremnica, magazin

storm [stɔːm] 1. oluja; juriš, **take by** ~ osvojiti na juriš 2. bjesnjeti; jurišati; ~ **y** (~**ly**) olujni

story ['stɔːri] 1. pripovijetka; povijest; prilika; radnja; bajka; laž; **short** ~ novela 2. kat

story-teller ['stɔːritelə] pripovjedač(ica); lažljivac

stout [staut] (~ly) 1. jak; krupan; debeo; hrabar 2. jako, tamno pivo; ~ hearted srčan, odvažan; ~ness krepost, snaga; izdržljivost

stove [stouv] 1. peć; klijalište 2. sušiti; dezifincirati toplinom; ~ pipe pećna cijev *Am* cilindar

stow [stou] slagati, tovariti; ~age slaganje tereta; prostor za teret; ~ away slijepi putnik

straddle ['strædl] raskoračiti se; zajašiti; opkoračiti; upucavati se, obuhvaćati, *Am* kolebati se

straggle ['strægl] raštrkavati se; tumarati; *fig* zastraniti; ~r tumaralo; ~ing (~ly) raštrkan; koji luta

straight [streit] 1. *adj* ravan; *fig* pošten, ispravan, *Am* čist (nerazrijeđen) 2: *adv* ravno, pravo; ~en izravnati, ispraviti (se); ~ out izgladiti; ~-forward (~ly) izravan; iskren; pošten

strain [strein] 1. naprezanje, djelovanje sile, napetost, napon; napor; pritisak; uganuće; ton; većinom ~s *pl* zvukovi pjesme, melodija; način; put a great ~ on mnogo tražiti od 2. *v/t* napinjati; naprezati; prenapeti; pretegnuti, *v/i* napinjati se; naprezati se; prionuti uz 3. kod, podrijetlo; vrsta; ~er cjedilo; filtar

strait [streit] (u vlastitim imenima ~s *pl*) tijesnac, moreuz

strait ... ~s *pl* škripac, neprilika ~ packet , ~ waistcoat ludačka košulja ~en ograničiti ~ness tjesnoća; škripac; neprilika

strand [strænd] 1. obala, žal 2. *v/t* nasukati; *mot* u efektu; *v/i* nasukati se 3. struk konopa; pramen kose; *fig* žila

strange [streindʒ] (~ly) stran; čudan; neobičan; ~ness neobičnost; ~er stranac

strangle ['strængl] (za)daviti; *fig* ugušiti; ~ hold smrtni stisak; (hrvanje) "kravata"

strangulate ['stræŋgjuleit] podvezati, stisnuti (žilu itd.)

strangulation [stræŋgju'leiʃn] gušenje; stiskanje (žile)

strap [stæp] 1. remen; pojas 2. pričvrsiti remenom; tući remenom

strategic [strə'ti:dʒik] ~ally strateški

strategist ['strætidʒist] strateg

strategy ['strætidʒi] strategija

stratosphere ['streitousfiə] stratosfera

stratum , *pl* strata ['streitə(m)] naslaga, sloj

straw [strɔ:] 1. slama; slamka, (većinom ~ hat) slamnat šešir 2. slamnat; ~berry jagoda; ~y slamnat

stray [strei] 1. (za) lutati; zastraniti 2. (i ~ed) zalutao; osamljen; pojedinačan 3. zalutala živina ; *radio* ~s *pl* atmosferske smetnje; ~er onaj koji je zalutao

streak [stri:k] 1. crta, pruga; *fig* tračak, žila 2. isprugati; ~y (~ly) prugast

stream [stri:m] 1. potok, rječica, rijeka; struja(nje); tok; tijek 2. *v/i* teći; strujati; izlijevati se; *v/t* lijevati; činiti da što teče; ~let potočić

streamline ['stri:mlain] aerodinamična linija; *attr* koji ima aerodinamičnu liniju (i streamlined)

street [stri:t] ulica; ~ car *Am* tramvajska kola

strenght [strenθ] snaga, moć; brojno stanje; ~en *v/t* (p)ojačati; (pot)krijepiti; *v/i* ojačati, okrijepiti se

stress [stres] pritisak; važnost; naglasak; žestina vremena; napon; opterećenje 2. naglasiti; opteretiti

stretch [stretʃ] 1. *v/t* ispružiti; rastegnuti; napeti; nategnuti; *fig* pretjerati; *v/i* protezati se; pružati se; *fig* pretjerivanje, *v/i* protezati se; pružati se; *fig* pretjerivanje 2. rastezanje; natezanje; naprezanje; napetost; pretjerivanje; ~er razapinjač; nosila

stricken ['strikən] udaren; pogođen; obolio od; ~ in age ostario

strict [strikt] strog; točan; ~ness točnost; strogost

stridden ['stridn] *pp* od **stride**

stride [straid] 1. *irr v/t* prekoračiti; opkoračiti 2. (dugačak) korak

strident ['straidnt] (~ly) škripav; krikještav (glas)

strike [straik] 1. obustava rada, štrajk; *Am* pogodak; be on ~ šrajkati; go on ~ stupiti u štrajk 2. *irr v/t* pogoditi, udariti, tući; kovati; otkriti; pronaći; spustiti (jedra, zastavu); precrtati riječi; zapaliti (šibicu); *v/i* udariti; nasukati se; spustiti (zastava); štrajkati; prekinuti rad; zapaliti se (šibice); ~-breaker štrajkolomac; ~er udarač; štrajkaš; udarni mehanizam

striking ['straikiŋ] napadan; izvanredan; dojmljiv

string [striŋ] 1. vrpca; uzica; traka; konopac; vlakno; struna; niz; lanac; povorka;

~s *pl* žičani instrumenti 2. *irr* napeti, nategnuti; nanizati (bisere); ~ed gudački; sa strunama; ~y vlaknast; žilav
strip [strip] 1. *v/t* svući; lišiti (čega); *fig* opljačkati; raspremiti; *v/i* svući se 2. pruga, traka; ~ **tease** striptiz
stripe [straip] 1. trak, pruga 2. isprugati
strive [straiv] *irr* težiti; nastojati; truditi se; ~n *pp* od strive
strode [stroud] *pret* od stride
stroke [strouk] 1. udarac; kap; hod klipa; odbijanje sata; ~ **of genius** genijalni potez; ~ **of luck** sretan slučaj 2. (po)gladiti; veslati kao krmeni veslač
stroll [stroul] 1. lunjati; lutati; šetati 2. lunjanje; šetnja; ~**er** putujući glumac
strong [strɔŋ] (~**ly**) jak; snažan; *fig* čvrst, energičan; ~ **hold** tvrđava; *fig* utočište; ~-**minded** jake volje, energičan
strophe ['stroufi] strofa
strove [strouv] *pret* od strive
struck [strʌk] *pret* i *pp* od **strike**
structural ['strʌktʃrəl] građevni; strukturalni
structure ['strʌktʃə] građa; struktura; sastav; zgrada
struggle ['strʌgl] 1. boriti se; mučiti se; koprcati se; naprezati se; otimati se 2. naprezanje; napor; borba; otimanje
strung [strʌŋ] *pret* i *pp* od **string**
stub [stʌb] 1. panj; batrljak; čik, opušak; *Am* kupon 2. (većinom ~ **up**) iskrčiti
stubborn ['stʌbən] (~**ly**) tvrdoglav; svojeglav
stuck [stʌk] *pret* i *pp* od **stick**; ~ **on** *Am* zatreskan u koga
stud [stʌd] 1. stup; zavrtanj; bezglavac 2. obiti; optočiti 3. ergela; pastuharnica; ~-**horse** rasplodni pastuh
student ['stju:dənt] student(ica); đak; istraživač; ~ **ship** stipendija
studio ['stju:diou] atelje; radio studio
studious ['stju:djəs] (~**ly**) marljiv; revan; brižan; ~**ness** marljivost; sklonost nauci
study ['stʌdi] 1. studij; učenje; radna soba; paint itd., studija 2. *v/i* studirati, učiti; *v/t* proučavati; truditi se
stuff [stʌf] 1. tvar, građa; stvar; tkanina 2. *v/t* (na)trpati; napuniti; ~ **up** ispuniti; začepiti; *v/i* (na)puniti se, naguravati se; ~**ing** punjenje; nadjev; ~**y** (~**ly**) zagušljiv; sparan; dosadan

stumble ['stʌmbl] 1. spoticanje; pogreška 2. spotaknuti se; posrnuti
stun [stʌn] zaglušiti; osupnuti
stung [stʌŋ] *pret* i *pp* od **sting**
stunner ['stʌnə] divna stvar; sjajan momak
stunning ['stʌniŋ] (~**ly**) sjajan, divan
stunt [stʌnt] 1. majstorija; ekshibicija; novinska senzacija; reklamni trik; akrobacija 2. praviti akrobacije 3. sprječavati u rastu
stupendous [stju:'pendəs] silan; koji zapanjuje
stupid ['stu:pid] (~**ly**) glup, budalast; tup; ~**ity** glupost
stupor ['stju:pə] ukočenost, omamljenost
sttuter ['stʌtə] mucati
sty [stai] 1. svinjac, kotač 2. ječmenac na oku
style [stail] 1. pisaljka; igla; sonda; stil; titula; kroj 2. osloviti, titulirati
stylish ['stailiʃ] stilski; u stilu; elegantan; ~**ness** otmjenost
stylist ['stailist] stilist(kinja)
sub [sʌb] 1. *abbr* **subordinate**; **subscription**; **substitute**; **submarine** 2. većinom pod..; nuz..; niži...; pomoćni...;
subcommitee ['sʌbkəmiti] pododbor
subdivide [sʌbdi'vaid] još (se) dalje dijeliti
subdivision ['sʌbdiviʒn] podvrsta; podrazdjel
subdue [səb'dju:] podjarmiti; podvrći, obuzdati; prigušiti
subhead [ing] ['sʌbhed(iŋ)] podnaslov
subjacent [sʌb'dʒeisənt] koji leži niže; donji; niži
subject ['sʌbdʒikt] 1. podložan; podvrgnut; ~ **to** uvjetan čime; ovisan o 2. *adv* ~ **to** ovisno o; pod uvjetom da 3. podanik; *gr* subjekt; pacijent; sadržaj; predmet; tema; povod, struka, [səb'dʒekt] podvrći; ~**ion** podvrgavanje; ~**ive** (~**ly**) subjektivan
subjugate ['sʌbdʒugeit] podjarmiti
subjugation [sʌbdʒu'geiʃn] podjarmivanje
subjunctive [səb'dʒʌŋktiv] (ili ~ **mood**) *gr* konjuktiv
sublease [sʌb'li:s] **sublet** [sʌb'let] dati u podnajam
sublimate ['sʌblimit] 1. sublimat 2. [sʌblimeit] sublimirati
sublimation [sʌbli'meiʃn] sublimacija

sublime [sə'blaim] (~ly) uzvišen 2. the ~ ono, što je uzvišeno 3. sublimirati; *fig* oplemeniti
sublimity [sə'blimiti] uzvišenost
submarine ['sʌbməri:n] 1. podmorski 2. podmornica
submerge [səb'məːdʒ] uroniti (i *v/i*); preplaviti; potopiti
submersion [səb'məːʃən] zaronjivanje; potapanje
submission [səb'miʃn] pokornost (komu, čemu); podnošenje, davanje na uvid
submit [səb'mit] *v/t* podvrći; podnijeti; *v/i* (i ~ **oneself**) podvrći se; prepustiti se
subordinate [sə'bɔːdnit] (~ly) podređen; *gr* ~ **clause** zavisna rečenica 2. podređeni 3. [səbɔːdineit] podrediti
subpoena [səb'piːnə] 1. sudski poziv 2. pozvati na sud
subscribe [səb'skraib] *v/t* potpisati; upisati prilog u novcu; *v/i* potpisom se obvezati na davanje priloga; pretplatiti se na; ~r potpisnik; pretplatnik
subscription [səb'skripʃn] potpis(ivanje); prilog; doprinos; pretplata
subsequence ['sʌbsikwəns] ono što slijedi
subsequent ['sʌbsikwənt] (~ly) slijedeći; ~ly kasnije, poslije
subside [səb'said] utonuti; opadati; popuštati; jenjati; ~ **into** utonuti u
subsidiary [səb'sidjəri] (~ly) 1. dopunski, pomoćni, sporedan; ~ **company** podružnica, filijala 2. podružnica
subsidize ['sʌbsidaiz] subvencionirati
subsidy ['sʌbsidi] subsidij, novčana potpora
subsist [səb'sist] *v/i* postojati; živjeti (od neke hrane, od nekog zanimanja); *v/t* uzdržavati koga; ~**ence** postojanje; sredstvo za život; ~ **money** predujam plaće
substance ['sʌbstəns] supstanca; bit *fig* jezgra; srž; sadržaj; zbilja; imetak; tvar
substantial [səb'stænʃl] stvaran; bitan; krepak; jak; znatan; ~**ity** (~ly) stvarnost; bitnost; čvrstoća
substantiate [səb'stænʃieit] potkrijepiti; dokazati
substantival [sʌbstən'taivl] imenički
substantive ['sʌbstəntiv] (~ly) 1. samostalan; *gr* koji izražava postojanje; stvaran 2. *gr* imenica, supstantiv
substitute ['sʌbstitjuːt] 1. nadomjestiti; zamjeniti 2. zastupnik; zamjenik; nadomjestak; zamjena; surogat
substitution [sʌbsti'tjuːʃn] zamjena; supstitucij; zastupanje; podmetanje
substenant [sʌb'tenənt] podstanar; podzakupnik
subterranean [sʌbtə'reinən] podzeman
subtle [sʌtl] (~ly) fin, nježan; lukav; podmukao; ~**ty** finoća; istančanost; cjepidlačenje
subtract [səb'trækt] oduzimati; odbijati; ~**ion** oduzimanje
suburb ['sʌbəːb] predgrađe; ~**an** predgradski
subvention [səb'venʃn] 1. subvencija, pripomoć; potpora 2. subvencionirati
subversion [səb'vəːʃn] prevrat; subverzija
subversive [səb'vəːsiv] subverzivan; rušilački; prevratnički
subway ['sʌbwei] podzemni hodnik; podvožnjak; *Am* podzemna željeznica
success [sək'siːd] slijediti; uspjeti; poći za rukom; ~ **to** naslijediti koga
success [sək'ses] uspjeh; posljedica; ~**ful** (~ly) uspješan; sretan
succession [sək'seʃn] slijed, niz; nasljedstvo; in ~ uzastopce
successor [sək'sesə] nasljednik; ~ **to the throne** prijestolonasljednik
succo (u)r ['sʌkə] 1. pomoć; pojačanje 2. pomoć
succulence ['sʌkjuləns] sočnost
succulent ['sʌkjulənt] sočan
succumb [sə'kʌm] podleći
such [sʌtʃ] 1. *adj* takav; ovakav; tako velik 2. *pron* (neki) takav; ~ **like** takav, sličan
suck [sʌk] 1. (u)sisati; isisati 2. sisanje; usisavanje; ~**ing** sisanje; usisavanje; ~**le** [sʌkl] dojiti; hraniti; ~**ling** dojenče
suction [sʌkʃn] 1. sisanje; usisavanje 2. usisni
sudden ['sʌdn] (~ly) (iz)nenadan; ~**ness** nenadanost
suds [sʌdz] *pl* sapunica; ~**y** *Am* pjenušav; sapunast
sue [sju] *v/t* tužiti sudu; podnijeti tužbu; optužiti; *v/i* moliti (koga za što); tužiti se
suede [sweid] antilop
suffer ['sʌfə] *v/i* trpjeti; *v/t* (pre)trpjeti; podnositi; (do)pustiti; ~**er** onaj koji trpi, patnik; ~**ing** patnja
suffice [sə'fais] dostajati
sufficiency [sə'fiʃnsi] dostatnost

sufficient [sə'fiʃnt] (~ly) dovoljan; dostatan
suffix [sə'fiks] (pri)dodati 2. ['sʌfiks] dometak, sufiks
suffocate ['sʌfəkeit] (u)gušiti (se)
suffocation [sʌfə'keiʃn] (u)gušenje
sugar ['ʃugə] 1. šećer; (za)šećeriti; ~ **cane** šećerna trska; ~-**coat** presvući šećerom; ~-**loaf** glava šećera
suggest [sə'dʒest] sugerirati; predložiti; ~**ion** poticaj; prijedlog; sugestija
suggestive [sə'dʒestiv] koji pobuđuje, sugestivan; ~**ness** sugestivnost
suicidal [sjui'saidl] 1. samoubilački 2. *Am* izvršiti samoubojstvo
suicide ['sjuisaid] samoubojstvo, samoubojica
suit [sju:t] 1. niz; garnitura; odijelo; parnica; kartanje; boja 2. prilagoditi; uskladiti sa; pristajati; odgovarati
suit... ~**ed** prikladan
 ~**ability** prikladnost
 ~**able** (~ly) prikladan
 ~**ableness** sensibility
suite [swi:t] pratnja; nit; svita; apartman; garnitura
suitor [sju:tə] prosci; tužitelj
sulk [sʌlk] 1. biti zlovoljan; mrgoditi se; ~**y** (~ly) mrzovoljan; mrk
sullen ['sʌlən] (~ly) neprijazan; zlovoljan; ~**ness** zlovoljnost
sully ['sʌli] *fig* okaljati
sulphur ['sʌlfə] 1. sumpor; sumporati
sultan ['sʌltən] sultan
sultriness ['sʌltrinis] sparina
sultry ['sʌltri] (~ly) sparan
sum [sʌm] 1. suma; svota; *fig* bit; srž 2. (većinom ~ **up**) zbrajati; rezimirati
summarize ['sʌməraiz] rezimirati
summary ['sʌməri] (~ly) sažet; kratak 2. kratak sadržaj; rezime; sažetak
summer ['sʌmə] 1. ljeto; ~ **resort** ljetovalište 2. ljetovati; ~-**house** vrtna kućica, sjenica; ~ **like**, **summerly** ljetnji
summit ['sʌmit] vrh(unac) i *fig*
summon ['sʌmən] pozvati; sazvati; pozvati na sud; ~**er** glasnik; ~**s** poziv; poziv na sud
sun [sʌn] 1. sunce; sunčan; sunčati se; ~ **beam** sunčana zraka
sunburn ['sʌnbə:n] opeklina od sunca; ~**t** opaljen od sunca
Sunday ['sʌndi] nedjelja
sundown ['sʌndaun] zalaz sunca

sundry ['sʌndri] 1. različit, raznovrstan 2. **sundries** *pl* razna roba; izvanredni izdaci
sung [sʌŋ] *pret* i *pp* od **sing**
sunk [sʌŋk] *pret* i *pp* od **sink**
sunken ['sʌŋkən] 1. *pp* od **sink** 2. *adj* uleknuti; *fig* upao
sunlit ['sʌnlit] obasjan suncem
sunniness ['sʌninis] sunčanost, vedrina
sunny ['sʌni] (~ly) sunčan
sunrise ['sʌnrais] izlazak sunca
sunset ['sʌnset] zalazak sunca; večer
sunshade ['sʌnʃeid] suncobran
sunshine ['sʌnʃain] sunčev sjaj; *fig* vedrina
sunstroke ['sʌnstrouk] sunčanica
sunup ['sʌnʌp] *Am* izlazak sunca
sup [sʌp] *v/i* večerati; *v/t* dati komu večeru
super ['sju:pə] 1. *theat* statist(kinja); glavni film 2. četvorni; kvadratni 3. prima kvalitete 4. (iz)nad; povrh; preko; ~ **abound** obilovati; ~ **abundant** (~ly) preobilan
superb [sju:'pə:b] divan; sjajan
superficial [sju:pə'fiʃəl] (~ly) površan; plitak; ~**ity** površnost
superfluity [sjupə'fluiti] suvišak; pretek
superfluous [sju'pə:fluəs] (~ly) obilan; preobilan; suvišan; nepotreban
superhuman [sju:pə'hju:mən] (~ly) nadljudski; nadčovječji
superintend [sju:prin'tend] nadzirati; ~**ence** nadziranje; ~**ent** nadzornik; nadzorni
superior [sju:'piəriə] (~ly) 1. gornji; viši; nadmoćniji; odličan; ~ **officer** viši činovnik ili časnik 2. pretpostavljeni; starješina, *eccl* poglavar; ~**ity** nadmoćnost
superlative [sju:'pə:lətiv] (~ly) najviši; izvanredan; *gr* superlativ
superman ['sju:pəmæn] natčovjek
supernatural [sjupə'nætʃrəl] (~ly) nadnaravni
superscribe [sju:pə'skraib] napisati (svoje ime itd.) na čelu kakva spisa; napisati ime na omot paketa
superscription [sjupə'skripʃn] natpis, naslov; adresa
supersede [sjupə'si:d] nadomjestiti; istisnuti; ukinuti; *fig* prestići
supersession [sjupə'seʃn] nadomještanje, ukidanje
supersonic [sjupə'sɔnik] nadzvučni
superstition [sjupə'stiʃn] praznovjerje
superstitious [sjupə'stiʃəs] (~ly) praznovjeran

supervene [sjupə'vi:n] pridoći; iznenada se pojaviti
superventuion [sjupə'venʃn] pridolazak
supervise ['sju:pəvaiz] nadgledati; nadzirati
supervision [sjupə'viʒən] nadzor
supervisor [sjupə'vaizə] nadzornik, inspektor
supper ['sʌpə] večera
supplement ['sʌplimənt] 1. dopuna, dodatak; prilog; [sʌpliment] nadopuniti; ~al (~ly) **supplementary** dopunski; dodatni; naknadni
supplicate ['sʌplikeit] ponizno moliti; zaklinjati
supplication [sʌpli'keiʃn] ponizna molba
suplicatory ['sʌplikətəri] koji ponizno moli
supplier [sə'plaiə] opskrbljivač(ica), dobavljač(ica)
supply [sə'plai] 1. dobavljati; nadomještati 2. pripomoć; zastupanje; skladište; zaliha; ponuda; većinom ~s zalihe hrane itd.; budžet; ratne zalihe; **on** ~, u zamjeni
support [sə'pɔ:t] 1. potpora; naslon; oslonac; podupirač; ležište 2. podupirati; podržavati; bodriti; ~**able** (~**ly**) podnošljiv; koji se može podupirati; braniti; ~**er** pomagač(ica); pristaša
suppose [sə'pouz] smatrati; pretpostaviti; misliti; **he is** ~**d to do**, od njega se očekuje (ili traži) da učini; ~ ili ~**ing that**..., uzevši (da)...
supposed [sə'pouzd] (~**ly**) tobožnji, navodni
supposedly [sə'pouzidli] navodno, vjerojatno
supposition [sʌpə'ziʃn] pretpostavka; predmnijevanje
suppository [sə'pɔzitəri] čepić (lijek u obliku čepića)
suppress [sə'pres] ugušiti, svladati; ~**ion**, ugušenje, zatomljenje; ~**ive** (~**ly**) koji ugušuje, potiskuje; ~**or**, tlačitelj
supremacy [sju'preməsi] nadmoć, prevlast; prvenstvo
supreme [sju'pri:m] (~**ly**) vrhovni; najveći, najviši; krajnji
surcharge [sə:'tʃa:dʒ] 1. preopteretiti; naplatiti globu 2. ['sə:tʃa:dʒ] preopterećenje; nadoplata; kaznena poštarina

surd [sə:d] iracionalan (broj)
sure [ʃuə] (~**ly**) siguran; pouzdan; ~! dakako, svakako!; ~**ly** sigurno; ~**ness** sigurnost; ~**ty** jamac, jamstvo
surf [sə:f] razbijanje valova o obalu; surfati
surface ['sə:fis] 1. površina 2. izroniti
surfeit ['sə:fit] 1. prezasićenost; gađenje 2. prezasititi (se)
surgeon ['sə:dʒn] kirurg; vojni liječnik, mornarički liječnik
surgery ['sə:dʒəri] kirurgija; kirurški zahvat; (kirurška) ordinacija
surgical ['sə:dʒikl] (~**ly**) kirurški
surliness ['sə:linis] mrzovolja; otresitiost
surly ['sə:li] (~**ly**) mrzovoljan; neprijazan
surmount [sə:'maunt] prijeći; fig svladati; ~**able**, koji se može prijeći; savladiv
surname ['sə:neim] 1. prezime 2. dati komu prezime; ~**d**, s prezimenom
surpass [sə:'pa:s] fig nadvisiti, nadmašiti; ~**ing** (~**ly**) nenadmašiv, izvanredan
surplus ['sə:pləs] 1. (su)višak 2. koji preostaje
surprise [sə'praiz] 1. iznenađenje; prepad 2. iznenađen 3. iznenaditi; ~**ing** (~**ly**) koji iznenađuje, neočekivan
surrealism [sə'riəlizm] nadrealizam
surrealist [sə'riəlist] nadrealist
surrender [sə'rendə] 1. predaja; izručenje 2. *v/t* predati, izručiti; ustupiti; *v/i* predati se
surrogate ['sʌrogit] 1. namjesnik (biskupov) 2. surogat, nadomjestak
surround [sə'raund] okruživati; opkoliti; ~**ing**, okolni; ~**ings** *pl* okolina
surveillance [sə:'veiləns] nadzor
survey [sə:'vei] 1. pregledati; razgledati 2. [sə:vei] pregled; razgledavanje; istraživanje; ~**or**, nadglednik, geometar
survival [sə'vaivl] preživljenje; održanje; opstanak
survive [sə'vaiv] *v/t* preživjeti; *v/i* preživjeti; održati se
survivor [sə'vaivə] onaj koji je preživio, preživjeli; spašena osoba
susceptibility [səseptə'biliti] osjetljivost na; dojmljivost
susceptible [sə'septəbl] (~**ly**) osjetljiv (**susceptive**)
suspect [səs'pekt] 1. sumnjati, osumnjičiti 2. ['sʌspekt] sumnjivac 3. sumnjiv (i ~**ed**)

suspend [səs'pend] objesiti; odložiti; odgoditi; suspendirati; ~ed, objesen
suspension [səs'penʃn] vješanje; odgoda; suspenzija
suspensive [səs'pensiv] (~ly) odgodiv
suspensory [səs'pensəri] koji visi; suspenzivan
suspicion [səs'piʃn] sumnja; slutnja
suspicious [səs'piʃəs] sumnjičav; sumnjiv; ~ness, sumnjičavost; sumnjivost
sustain [səs'tein] podupirati; *fig* podržavati; održavati; uzdržavati; podnositi; nositi; ~able, koji se može podržavati; dokazati; ~ed, neprekidan, trajan
swagger ['swægə] 1. šepiriti se; razmetati se 2. elegantan 3. šepirenje, razmetanje
swallow ['swɔlou] 1. lastavica 2. ždrijelo; gutljaj 3. *v/t* (pro)gutati; *v/i* gutati
swam [swæm] *pret* od swim
swamp [swɔm] 1. močvara 2. preplaviti; potopiti; *fig* ugušiti; ~y, močvaran
swan [swɔn] labud
swap [swɔp] mijenjati; trampiti
swarm [swɔ:m] 1. roj; gomila 2. rojiti; vrvjeti 2. penjati se
swash [swɔʃ] 1. *v/i* pljuskati; bućkati; *v/t* (za)pljuskati; (po)prskati 2. pljusak (valova)
swathe [sweið] 1. (po)voj; zavoj 2. zaviti, omotati
sway [swei] 1. njihanje; kolebanje; moć 2. *v/t* njihati; utjecati; (pre)vladati; *v/i* njihati se; kolebati se
swear [swɛə] 1. *irr v/i* kleti se; pouzdati se; priseći; kleti; *v/t* prisezati, priseći 2. kletva
sweat [swet] 1. znoj 2. *irr v/i* znojiti se; *v/t* uznojiti; zavariti (kabel); ~y, znojan; vruć
Swede [swi:d] Šveđanin, Šveđanka
Swedish ['swi:diʃ] 1. švedski 2. švedski jezik
sweep [swi:p] 1. *irr v/t* (po)mesti; *fig* (većinom s *adv*) tjerati, goniti; obasipati; *v/i* mesti, pometati; *fig* letjeti; prohujati; prostirati se 2. metenje, čišćenje; *fig* zamah, polet; pružanje; dimnjačar; ~er pometač: stroj za metenje ulica; ~ing (~ly) širok; dalekosežan; poletan
sweet [swi:t] (~ly) 1. sladak; ugodan; prijazan; drag; lagan; ~oil maslinovo ulje 2. dragi, draga; ~s, slastice; ~en zasladiti; ~ shop bombonijera, trgovina slatkišima

swell [swel] 1. *irr v/i* oticati, naticati; nabubriti; *v/t* naduti, nadimati 2. elegantan, otmjen; *slang* prima 3. nateklina; bujanje; talasanje; veliki gospodin; velika dama; ~ing oticanje, oteklina; (~ly) koji raste, buja; nadut
swept [swept] *pret* i *pp* od sweep
swift [swift] (~ly) 1. brz, hitar 2. velika zidarska lasta; ~ness brzina
swig [swig] 1. gutljaj 2. gucnuti; opiti se
swim [swim] 1. *irr v/i* plivati; plutati; *v/t* preplivati; preplaviti 2. plivanje
swimming ['swimiŋ] 1. plivanje 2. koji pliva; ~-pool bazen za plivanje
swindle ['swindl] 1. *v/t* prevariti; *v/i* varati 2. prijevara; ~r, varalica
swine [swain] samo *rhet*, *zoo* ili *fig* svinja
swing [swiŋ] 1. *irr v/i* njihati se, ljuljati se; *v/t* zamahivati; zaljuljati 2. zamah; njihanje; ljuljanje; ljuljačka; slobodan hod; sving 3. pokretan, koji se okreće; ~ door (dvokrilna) okretna vrata; ~ing (~ly) koji se njiše; pun zamaha
swirl [swə:l] 1. praviti virove, kovitlati se 2. vrtlog, vir
Swiss [swis] 1. švicarski 2. Švicarac, Švicarka
switch [switʃ] 1. šiba, prut; skretnica; prekidač; ~ board razvodna ploča; ~box prekidačka kutija
swollen ['swouln] *pp* od swell
swoon [swu:n] 1. nesvjestica 2. onesvijestiti se
swoop [swu:p] 1. (većinom ~ down) oboriti se 2. nasrt(aj); prepad
swop [swɔp] mijenjati; trampiti
sword [sɔ:d] mač
swordsman ['sɔ:dzmən] mačevalac; ~ship mačevalačka vještina
swore [swɔ:] *pret* od swear
sworn [swɔ:n] *pp* od swear
swum [swʌm] *pp* od swim
swung [swʌŋ] *pret* i *pp* od swing
syllabic [si'læbik] (~ally) silabičan
syllable ['siləbl] slog
syllabus ['siləbəs] pregled, popis; nastavni plan
symbiosis [simbi'ousis] simbioza
symbol ['simbəl] simbol, znak; ~ic (~al) simboličan; ~ism simbolizam; ~ize simbolizirati
symmetrical [si'metrikl] (~ly) simetričan
symmetry ['simitri] simetrija

sympathetic [simpə'θetik] (~ally) *anat* simpatičan; sućutan; suosjećajan; simpatetičan
sympathize ['simpəθaiz] simpatizirati; suosjećati
sympathy ['simpəθi] simpatija; sućut
symphonic [sim'fɔnik] simfoničan, simfonijski
symphony [sim'fɔni] simfonija
symptom ['simptəm] simptom; ~atic (~ally) simptomatičan
sinagogue ['sinəgɔg] sinagoga
synchronism ['siŋkrənizm] istovremenost
synchronise ['siŋkrənaiz] *v/i* biti istovremen, slagati se u vremenu; *v/t* vremenski uskladiti; sinkronizirati
synchronous ['siŋkrənəs] (~ly) istodoban, sinkron
syndicate ['sindikit] 1. sindikat 2. [sindikeit] udružiti se u sindikat
synonym ['sinənim] sinonim; ~ous (~ly) sinoniman; istog značenja
synopsis [si'nɔpsis] *pl* **synopses** , pregled, opći osvrt
syntax ['sintæks] sintaksa, nauka o rečenici
synthesis ['sinθisiz] pl syntheses sinteza, spajanje
synthesize ['sinθisaiz] sintetizirati, spajanjem izgraditi
synthetic (~al) [sin'θætik(l)] (~ly) sintetičan
syphilis ['sifilis] sifilis
Syrian ['siriən] 1. sirijski 2. Sirijac, Sirijka
syringa [si'riŋgə] jorgovan
syrup ['sirəp] sirup
system ['sistim] sistem, sustav; ~atic (~ally) sistematski; sistematičan; planski

T

t [ti:] t; **to a ~** , (točno) u dlaku
tab [tæb] resa, uška; jezik na cipeli; etiketa; *Am* **pick the ~** platiti račun; **keep ~(s) on a** *p* stalno koga nadzirati
table ['teibl] 1. stol; ploča; ploha; tabela, popis; *fig* hrana 2. staviti na stol; predložiti; podnijeti prijedlog
table ... ~ cloth stolnjak
~-linen stolno rublje
~-napkin ubrus
~-spoon velika žlica
tablet ['tæblit] pločica (i **~s** *pl*); blok; komad sapuna; *pharm* tableta
table tennis ['teibl'tenis] stolni tenis
tabloid ['tæblɔid] *med* tableta, pastila; novine sa sažetim vijestima
taboo [tə'bu:] 1. tabu; zabranjen, u koji se ne smije dirnuti 2. zabrana 3. zabraniti
tabular ['tæbjulə] (~ly) pločast; tabelaran
tabulate ['tæbjuleit] tabelarno poredati
tacit ['tæsit] (~ly) šutljiv; prešutan; **~urn** (~ly) mučaljiv; **~urnity** šutljivost
tack [tæk] 1. klinac, čavlić; dugi bod kod šivanja; **on the wrong ~** na krivu putu 2. *v/t* pribadati; *v/i* kositi
tackle ['tækl] 1. pribor; koloturnik; vitao 2. latiti se; prihvatiti; izaći na kraj
tacky ['tæki] ljepljiv; *Am* otrcan
tact [tækt] takt
tact ... ~ful (~ly) taktičan, obazriv
~ical taktičan
~tician taktičar
~ics *pl* i *sg*, taktika
~less (~ly) netaktičan
tadpole ['tædpoul] punoglavac
taffy ['tæfi] (i tofee [tɔfi]) karamela; *Am* ćaskanje
tag [tæg] 1. okrajak; privjesak; etiketa; privješena cedulja; uzrečica 2. staviti privjesak; opšiti; etiketirati
tail [teil] 1. rep; skut; povlaka; naličje; pismo (kovana novca); zadnji kraj; **~s** *pl* frak 2. *v/t* dodati rep čemu; *fig* sačinjavati kraj povorke; nanizati; pripojiti; potkresati; *v/i* zaostajati, protezati se
tail ... ~ off smanjiti se, nestajati
~-coat frak
~ed repat
~less bez repa
~ light *mot* stražnje svjetlo
tailor ['teilə] 1. krojač 2. krojiti; **well ~ed** dobro odjeven; **~-made** načinjen po mjeri, izrađen kod krojača; **~ skid** stražnji trap
taint [teint] 1. mrlja, pjega; ljaga 2. *v/t* okaljati; pokvariti; *v/i* pokvariti se
take [teik] 1. *irr v/t* uzeti; oduzeti; zgrabiti; odvesti; odnijeti; zauzeti; jesti hranu, obrok; piti piće; preuzeti zadatak; položiti zakletvu; *phot* film snimati; prihvatiti; preuzeti; shvatiti, razumijeti; dobiti; držati; smatrati 2. *irr v/i* djelovati; primati se; svidjeti se; naići na odaziv
take ... I ~ it that držim da
~ air izići na glas
~ the air izići na svjež zrak
~ a (deep) breath (duboko) udahnuti
~ comfort tješiti se
~ councel savjetovati se
~ a drive izvesti se (u šetnju)
~ fire zapaliti se
~ in hand preuzeti, poduzeti
~ hold of zgrabiti
~ it dobiti svoje
~ pity on smilovati se komu
~ place dogoditi se, odigrati se
~ rest odmarati se
~ a rest otpočinuti
~ ship ukrcati se na brod
~ a view of zauzeti stajalište o
~ a walk prošetati se
~ my word for it u to možeš biti siguran
~ down skinuti, srušiti
~ for smatrati za
~ from oduzeti, odbiti od

~ in uzeti; primati goste u stan; suziti odjeću; preuzeti posao; biti pretplaćen na; nasamariti koga
~ off skinuti; (od)uzeti; svući; sniziti cijenu; odvesti; otrgnuti; odskočiti; uzletjeti; krenuti
~ on uzeti u službu; biti ganut, uzeti k srcu
~ on with spetljati se sa
~ over preuzeti (službenu) dužnost
~ out izvaditi; izvesti; pribaviti
~ to ponijeti u
~ to pieces rastaviti, razlagati
~ up (po)dići; ponijeti gore; prihvatiti se posla; latiti se (oružja); uhititi; oduzeti vrijeme; uzeti stan
~ upon oneself uzeti na se, preuzeto
taken ['teiken] *pp* od take
taken ... be ~ biti zauzet
be ~ with biti oduševljen s
be ~ ill oboljeti
be ~ in biti prevaren
be ~ up with biti zabavljen s
take off ['teik'ɔ:f] oponašanje; karikatura; odskok; uzlijetanje 2. skinuti (šešir, kaput); uništiti; sniziti (cijenu) popiti; progutati
taker ['teikə] koji uzima; pobjednik
taking ['teikiŋ] (~ly) 1. privlačan 2. uzimanje; uzbuđenje; ~s *pl* utržak
tale [teil] pripovijetka; priča; bajka; tell ~s brbljati; pričati izmišljotine
talent ['tælənt] talenat, darovitost; ~ed talentiran; darovit
tales ['teili:z] zamjenici porotnika
talisman ['tælizmən] talisman; hamajlija; zapis
talk [tɔ:k] 1. razgovor; govor; brbljanje; predavanje 2. govoriti; pripovijedati; pričati; ~ative (~ly), brbljav; razgovorljiv; ~er, brbljavac; ~ing, brbljanje; ćaskanje
tall [tɔ:l] visok, stasit, velik; ~ness visina, veličina
tallow ['tælou] loj, lojan
tally ['tæli] 1. oznaka; znak; obračunski arak; rovaš 2. podudarati se; odgovarati čemu
talon ['tælən] pandža; čaporak
tamable ['teiməbl] ukrotiv
tame [teim] (~ly) pitom; krotak 2. (u)krotiti; pripitomiti; ~ness krotkost; ~er krotitelj(ica)

tamper ['tæmpə] ~ with pačati se u što; šurovati s kim; nuditi mito; falsificirati
tampon ['tæmpən] tampon; čep od gaze
tan [tæn] 1. trijeslovina; žuto-smed; brončana boja 3. štaviti kožu; preplanuti
tandem ['tændəm] tandem
tangent ['tændʒənt] tangenta, ~ial (~ly) tangencijalni
tangibility [tændʒi'biliti] opipljivost
tangible ['tændʒəbl] (~ly) opipljiv
tangle ['tæŋgl] 1. zbrka; zamršenost 2. zaplesti se; zamrsiti se
tango ['tæŋgou] tango
tankl [tæŋk] 1. cisterna; tank; punjenje gorivom
tanker ['tæŋkə] tanker
tanner ['tænə] 1. štavljač 2. *slang* novčić od šest penija; ~y štavionica
tantalize ['tæntəlaiz] mučiti
tantamount ['tæntəmaunt] jednak, istog značenja
tantrum ['tæntrəm] srdžba, bijes
tap [tæp] 1. tapšanje; lagani dodir 2. (po)tapšati; dirnuti; kucnuti 3. čep; slavina; vrsta; marka pića; on ~ načet (bačva) 4. načeti (bačvu)
tap-dance ['tæpda:ns] step (ples)
tape [teip] traka, vrpca; magnetofonska vrpca; red ~ birokratizam,
~recorder magnetofon
taper ['teipə] 1. voštanica 2. *adj* zašiljen 3. *v/i* biti zašiljen, *v/t* zašiljiti
tapestry ['tæpistri] goblen
tape-worm ['teipwə:m] trakavica
tap-room ['tæprum] točionica, šank
taps [tæps] *Am pl* povečerje
tapster ['tæpstə] pipničar
tar [ta:] 1. katran 2. namazati katranom
tarantula [tə'ræntjulə] tarantula
target ['ta:git] meta; *fig* cilj; norma
tariff ['tærif] [carinska] tarifa
tarnish ['ta:niʃ] 1. *v/t* oduzeti sjaj, boju; *fig* okaljati, *v/i* izgubiti sjaj, potamnjeti 2. gubitak sjaja; obloga; prevlaka
tart [ta:t] (~ly) 1. trpak, jedak 2. (voćni) kolač; *slang* drolja, djevojčura
tartan ['ta:tən] tartan (sukno - škotska karirana tkanina) plast od tartana
Tartar ['ta:tə] Tatarin; *fig* prostak 2. zubni kamenac; srijež, brisa
task [ta:sk] 1. zadaća, zadatak; rad 2. odrediti posao; opteretiti; napregnuti; ~ force udarna eskadra; operativni sastav

taste [teist] 1. okus; ukus; kušanje; **to ~ po ukusu, po volji** 2. *v/t* okusiti; probati; doživjeti; uživati; *v/i* imati ukus na; **~ful** (**~ly**) ukusan; **~less** (**~ly**) neukusan; **~lessness** neukusnost
tasty ['teisti] (**~ly**) ukusan, tečan
ta-ta ['tæ'ta:] doviđenja; pa-pa!
tatter ['tætə] 1. razderati 2. **~s** *pl* dronjci, krpe
tattle ['tætl] 1. brbljati; ogovarati; **~r** brbljivac
tattoo [tə'tu:] 1. mirozov 2. svirati povečerje 3. tetovirati 4. tetoviranje
taught [tɔ:t] *pret* i *pp* od **teach**
taunt [tɔ:nt] 1. podrugivanje 2. rugati se; **~ing** (**~ly**) podrugljiv
tavern ['tævən] gostionica, krčma
tawdriness ['tɔ:drinis] napirlitanost
tawdry ['tɔ:dri] (**~ly**) napirlitan; jeftin
tawny ['tɔ:ni] žutosmeđ
tax [tæks] 1. porez; *fig* opterećenje 2. oporezovati;
tax... ~ evasion utaja poreza
~able (**~ly**) oporeziv
~ation porez(i); oporezivanje; procjena
~-collector poreznik
taxi [tæksi] 1. **~-cab** (auto) taksi; voziti se taksijem; **~ driver** vozač taksija; **~meter** taksimetar; **~-rank** stajalište autotaksija
tax payer ['tækspeiə] porezni obveznik
tea [ti:] 1. čaj 2. piti čaj; večerati
tea... black ~ fermentirani čaj
green ~ samo na suncu sušeni čaj
afternoon ~ mala užina s čajem u pet sati
high ~, meat ~ laka večera s čajem oko šest sati
~ cup šalica za čaj
teach [ti:tʃ] *irr* podučavati; učiti koga; **~able** (**~ly**) koji se može podučavati; **~er** učiteljica, nastavnik; **teacher -training college** učiteljska škola
teak [ti:k] tik, tikovina
team [ti:m] momčad, ekipa; zapreka; **~-work** kolektivni rad
tea-pot ['ti:pɔt] čajnik
tear [tɛə] 1. *irr v/t* (o)derati; proderati; *v/i* cijepati se, poderati se;
~s *adv* ili *prep* juriti 2. poderotina
tear [tiə] suza
tearful ['tiəful] suzan; u suzama
tear-gas ['tiə'gæs] plin suzavac
tearing ['tɛəriŋ] *fig* silovit, nagao

tearless ['tiəlis] (**~ly**) bez suza, bešćutno
tease [ti:z] 1. grebenati; češljati (lan, vunu), *fig* dražiti; peckati; bockati; rugati se 2. zadirkivati; gnjavator
teastrainer ['ti:streinə] cjedilo za čaj
teat [ti:t] sisa, bradavica na sisi
technic ['teknik] (i **~s** *pl* ili *sg*) **technique** ; **~al** tehnički, stručni; **~ality** tehnička osobina; stručni izraz; **~ian** [tek'niʃən] tehničar(ka)
technique [tek'nik] tehnika; vještina
technology [tek'nɔlədʒi] tehnologija; **school of ~** tehnička škola
tedious ['ti:diəs] dosadan; zamoran, **~ness** dosadnost
tedium ['ti:diəm] dosada; jednoličnost
teenager ['ti:neidʒə] mladić ili djevojka u dobi od 13 do 19 godina
teens [ti:ns] *pl* godine starosti od 13 do 19
teeth [ti:θ] [*pl* od **teeth**] zubi
teethe [ti:ð] dobivati zube
teetotal [ti:'toutl] trezvenjački; **~er** trezvenjak; apstinent
telegram ['teligræm] telegram
telegraph ['teligra:f] 1. brzojav, telegraf 2. telegrafski
telegraph ... ~ic (**~ally**) telegrafski; telegramski
~ist telegrafist(ica)
~y telegrafija
telephone ['telifoun] 1. telefon; **~ girl** telefonistica; **~ line** telefonska linija 2. telefonirati
telephonic [teli'fɔnik] (**~ally**) telefonski
telephonist [ti'lefənist] telefonist(ka)
telephoto [teli'foutou] (ili **~ lens**) teleobjektiv
teleprinter ['teliprintə] teleprinter
telescope ['teliskoup] teleskop 2. sklopiti se (kao dalekozor); zabušiti se jedni u druge (vagoni kod sudara)
telescopic [telis'kɔpik] teleskopski
televise ['telivaiz] prenositi televizijom
television ['teli'viʒn] televizija; *attr* televizijski
televisor ['telivaizə] televizor
tell [tel] *irr v/t* reći, kazati; saopćiti; raspoznati; brojiti (glasove)
tell ... ~ off prebrojiti; izgrditi; *v/i* pripovijedati; kazivati; odraziti se; pogoditi (hitac)
~er pripovjedač; blagajnik; brojač
~ing (**~ly**) djelotvoran; izrazit

~ tale 1. izdajnički; brbljav 2. brbljivac; tužibaba; indikator
temper ['tempə] 1. ublažiti, razblažiti; popraviti: modificirati; temperirati; razmutiti; miješati (boju, vapno); kaliti čelik 2. prava mješavina; kakvoća; tvrdoća; narav; temperament; ćud; raspoloženje; razdraženost; gnjev; lose one's ~ uzrujati se
temper ... ~ament temperament, ćud
~ance 1. umjerenost 2. bezalkoholan
~ate (~ly) ['tempritʃ] umjeren
~ature ['tempritʃə] temperatura
~ed ['tempəd] okaljen; good ~ dobroćudan
tempest ['tempist] oluja; ~ous (~ly) buran, žestok
temple [templ] 1. hram 2. londonska advokatska komora 3. sljepoočica
temporal ['tempərəl] vremenski; svjetovni; ~ities pl [tempə'rælitiz] zemaljska dobra
temporariness ['tempərərinis] prolaznost; privremenost
temporary ['tempərəri] privremeni; prolazan
tempt [tempt] iskušavati koga; mamiti; zavoditi
tempt .. ~ation iskušenje; napast
~er napasnik, zavodnik
~ing (~ly) zavodnički; zamaman
~ress zavodnica
ten [ten] 1. deset 2. desetica
tenalious [ti'neiʃəs] (~ly) žilav; uporan; postojan
tenacity [ti'næsiti] žilavost, upornost
tenancy ['tenənsi] zakup(ljeni posjed)
tenant ['tenənt] 1. zakupnik; podstanar; fig stanovnik 2. imati u najmu
tend [tend] 1. smjerati, naginjati; težiti; biti sklon 2. njegovati bolesne; čuvati stoku; posluživati stroj; ~ance njega; čuvanje; posluživanje
tendency ['tendənsi] sklonost; naginjaje; tendencija; namjera
tendentious [ten'denʃəs] tendenciozan
tender ['tendə] 1. nježan, mek; osjetljiv (zub), delikatan 2. ponuda; predračun 3. nuditi; staviti na raspolaganje; podnijeti ostavku 4. njegovatelj(ica) tender; matični broj
tenderfoot ['tendəfut] Am novajlija; početnik
tenderness ['tendənis] nježnost

tendon ['tendən] tetiva
tenement ['tenimənt] kuća; stan; nastamba; stalni posjed; ~ house stambena zgrada
tenet ['ti:net] doktrina, načelo
tenfold ['tenfould] desetorostruk
tennis ['tenis] tenis; ~-court tenisko igralište
tenor ['tenə] tijek; tok; sadržaj; tenor
tense [tens] 1. gr vrijeme 2. (~ly) napet; krut; ~ness napetost
tensile ['tensail] rastezljiv
tension ['tenʃn] napetost; high ~ visoki napon
tent [tent] 1. šator 2. tintno vino
tentacle ['tentəkl] ticalo; krak (hobotnice)
tentative ['tentətiv] (~ly) 1. pokusni; provizoran 2. pokus
tenth [tenθ] 1. deseti 2. desetina; ~ly, deseto
tenuity [te'njuiti] rijetkoća; prorijeđenost; oskudnost
tenuous ['tenjuəs] (~ly) rijedak; oskudan
tenure ['tenjuə] posjed(ovanje); leno
tepid ['tepid] (~ly) mlak, mlačan; ~ity, ~ness , mlakost
tercentenary [tə:sen'ti:nari], tercentennial 1. tristogodišnji 2. tristogodišnjak
term [tə:m] 1. rok, termin; dan plaćanja; semestar; pojam; ~s pl uvjeti; honorar; cijene; odnosi; in ~ s of u govoru, riječima; pomoću; u obliku; be in good (bad) ~s with biti u dobrim (lošim) odnosima s; come to ~s, make ~s, 1. složiti se, nagoditi se 2. (na)zvati; označiti
terminable ['tə:minəbl] (~ly) (vremenski) ograničen; vezan rokom
terminal ['tə:minəl] (~ly) 1. konačan; terminski; ~ly u svakom; kraj, završetak; vrh
terminate ['tə:mineit] v/t ograničiti; v/i svršiti se, prestati
termination [tə:mi'neiʃn] svršetak, prestanak; gr dočetak
terminology [tə:mi'nɔlədʒi] terminologija, stručno nazivlje
terminus ['tə:minəs] pl termini [tə:minai] konac, kraj(nja) točka
termite ['tə:mait] termit, bijeli mrav
tern [tə:n] čigra
terrace ['terəs] terasa, red gradskih kuća na obronku; ~d u obliku terase, ravan (krov)

terrain ['terein] teren
terrene [te'ri:n] (~ly) zemljan, strmni
terrestrial [ti'restriəl] (~ly) zemaljski; kopneni
terrible ['terəbl] (~ly) užasan; strašan; ~ness strahota, grozota
terrier ['teriə] terijer (pasmina pasa)
terrific [tə'rifik] (~ally) strahovit; silan
terrify ['terifai] v/t (pre)strašiti
territorial [teri'tɔriəl] 1. (~ly) teritorijalan, zemljišni; ~ **army**, **force** teritorijalna armija, domobranstvo
territory ['teritəri] teritorij, područje; *Am* pokrajina koja nema rang savezne države
terror ['terə] strava, strah, jeza; ~ism strahovlada, teror; ~ize zastrašivati, terorizirati
test [test] 1. test, pokus, proba; *fig* kušnja 2. podvrći ispitivanju; testirati
testament ['testəmənt] zavjet, oporuka
testator [tes'teitə] oporučitelj
testatrix [tes'teitriks] oporučiteljka
tester ['testə] 1. baldahin; nebo nad krevetom 2. ispitivač; sprava za ispitivanje
testicle ['testikl] *anat* testis
testifier ['testifaiə] svjedok(inja) za;
testify ['testifai] v/t (po)svjedočiti, potvrditi; v/i svjedočiti da, iskazati kao svjedok
testimonial [testi'mounjəl] karakteristika, svjedodžba; počasna nagrada
testimony ['testiməni] svjedodžba, dokaz
testiness ['testinis] razdražljivost
tetragon ['tetrəgən] četvorokut; ~al četvorokutan
tetter ['tetə] lišaj
Teuton ['tju:tən] German, Teuton; ~ic germanski, teutonski
text [tekst] tekst; citat iz Svetog Pisma; ~book priručnik
textile ['tekstail] 1. tekstilni; tkalački 2. ~s *pl* tekstil, tekstilna roba
textual ['tekstjuəl] (~ly) tekstualan; doslovan
texture ['tekstʃə] tkivo, građa; debljina (papira)
than [ðæn, nenaglašeno ðən] iza komparativa: nego, od, do
thank [θæŋk] 1. zahvaliti; ~ **you** hvala 2. ~s *pl* hvala, zahvaljivanje; ~s to zahvaljujući (komu, čemu); ~ful (~ly) zahvalan; ~less (~ly) nezahvalan

thanksgiving [θæŋks'giviŋ] zahvaljivanje; zahvalnica; *Am* ~ **Day** svetkovina zahvalnosti (posljednji četvrtak u studenom); ~worthy pohvalan
that [ðæt] 1. *pron* (*pl* **those**) onaj, ona, ono; taj, ta, to; [nenaglašeno ðət] koji, koja; koje 2. *cj* da; jer; budući da; pošto
thaw [θɔ:] 1. topljenje; jugovina 2. topiti (se); kopnjeti; zajužiti
the [ði:; pred vokalom ði, pred konsonantom ðə] 1. određeni član: taj, ta, to 2. *adv* ~... ~ što... to; što više... to više
theatre, *Am* **theater** ['θiətə] kazalište; *fig* pozornica
theatric, **theatrical** [θi'ætrik(l)] kazališni
thee [ði:] tebe; tebi
theft [θeft] krađa
their [ðɛə] njihov, njihova, njihovo; ~s njihov, njihova, njihovo
them [ðem, ðəm] njih, njima
theme [θi:m] tema, zadatak; *gr* osnova
themselves [ðəm'selvz] (oni) sami; sebi; sebe, se
then [ðen] 1. *adv* onda, tada; nato; dakle 2. *cj* onda, dakle, prema tome 3. *adj* tadašnji
thence [ðens]*lit* odatle; stoga; forth, lit otada, od onog vremena
theologian [θiə'loudʒiən] teolog; bogoslov
theological [θiə'louʒikl] (~ly) teološki
theology [θi'ɔlədʒi] teologija, bogoslovlje
theorem ['θiərəm] teorem, postavka
theoretic (**al**) [θiə'retik(l)] teoretski
theorist ['θiərist] teoretičar
theorize ['θiəraiz] teoretizirati
theory ['θiəri] teorija
therapeutics [θerə'pju:tiks] većinom *sg* terapeutika
therapy ['θerəpi] terapija
therapist ['θerəpist] terapeutičar
there [ðɛə] 1. *adv* tamo, ondje, onamo; u tome; ~ **is**, ~ **are** ima, jest, nalazi se, nalaze se 2. *int* gle!
there ... ~**about** (s) tu negdje; otprilike; toliko
~**after** zatim, prema tome
~**by** uslijed toga, time
~**fore** zato, zbog toga; dakle
~**in** u tome
~**of** o tome, od toga; toga, te, tih
~**upon** nato, zatim
~**with** (s) tim; na to
thermal ['θə:məl] termalan, toplinski

thermic ['θəːmik] (~ally) termički
thermometer [θə'mɔmitə] toplomjer, termometar
thesaurus [θi'sɔːrəs] riznica (znanja); enciklopedija
these [ðiːz] (pl od this) ovi, ove, ova
thesis ['θiːsis] pl **thesis** [θiːsiːz] teza; disertacija
they [ðei] oni, one, ona
thick [θik] (~ly) 1. debeo; gust; pun; hrapav; promukao (glas); intiman, prisan; ~ **with** nabit, naguran 2. najdeblji dio; zadebljenje, ~**en** v/t udebeliti; pojačati; zgusniti; v/i odebljati; zgusnuti se; zamutiti se; pojačati se
thick ... ~et guštara
~-headed tupoglav
~ness debljina; gustoća; promuklost; hrapavost
thief [θiːf] pl **thieves** [θiːvz] kradljivac, lopov
thieve [θiːv] krasti
thievery ['θiːvəri] krađa
thievish [θiviʃ] lopovski; ~**ness** lopovština, kradljivost
thigh [θai] bedro, stegno
thin [θin] (~ly) tanak, mršav; lagan; oskudan 2. v/t (s)tanjiti; razrijediti; v/i omršaviti; prorijediti se
thine [ðain] tvoj, moja, tvoje
thing [θiŋ] stvar; predmet; biće; ~**s**, stvari, roba; pribor; poslovi; prilike; **of all ~**, u prvom redu, prije svega
think [θiŋk] irr v/i misliti, razmišljati; sjetiti se; biti mišljenja; v/t misliti što, pomisliti; smatrati za; ~**able**, ~**er** zamisliv; ~**ing** koji misli, uman
thiness ['θinnis] tankoća, rijetkost
third [θəːd] 1. treći 2. trećina; terca; ~**ly** treće
thirst [θəːst] 1. žeđ[a]; ~**y** (~ly) žedan; suh, isušen
thirteen [θəː'tiːn] trinaest; ~**th** trinaesti
thirty ['θəːti] trideset
this [ðis] (pl these) ovaj, ova, ovo; taj, ta, to
thither ['ðiðə]lit onamo
thorn [θɔːn] trn; ~**y** trnovit
thorough ['θʌrə] (~ly) temeljit; potpun; savršen; ~**ly** sasvim; ~**ness** potpunost, temeljitost
those [ðouz] (pl od that) oni, ti
thou [ðau] bibl, rhet, poet ti
though [ðou] iako, premda; makar (većinom na kraju rečenice); (pa) ipak, uostalom, uza sve to; **as** ~ kao da
thought [θɔːt] 1. pret i pp od think 2. misao, razmišljanje
thouhtful ['θɔːful] (~ly) zamišljen; pažljiv prema; zabrinut za; ~**ness** zamišljenost; zabrinutost; obzirnost
thoughtless ['θɔːtlis] (~ly) nepromišljen, lakomislen; bezobziran; ~**ness** nepromišljenost; bezobzirnost
thousand ['θauzənd] 1. tisuću 2. tisuća; ~**th** tisući; tisućina
thrash [θræʃ] v/t (iz)mlatiti; pobijediti; v/i mlatiti; probijati se; ~**ing** mlaćenje, batine
thread [θred] 1. konac, niz; vlakno 2. provući; navoditi konac u iglu; (na)nizati; provući se kroz; ~**y** končast, vlaknat
threat [θret] prijetnja; ~**en** v/t ugrožavati; v/i groziti se
three [θriː] 1. tri 2. trojka; ~**-fold** trostruk(o); ~**-pence** [θrepəns] novčić ili svota od tri penija; ~**penny** koji vrijedi tri penija
treshold ['θreʃhould] prag
threw [θruː] pret od throw
thrice [θrais] triput
thrift (**iness**) ['θrift(inis)] štedljivost, štednja; ~**less** (~ly), rasipan; ~**y** (~ly), štedljiv
thrill [θril] 1. v/t prožeti, prodrijeti; fig obuzeti; v/i zgroziti se, užasnuti se, biti dirnut, usplahiren 2. ganuće; trnci, jeza; ~**er** jezovit roman, drama, film; ~**ing** uzbudljiv, jezovit; senzancionalan
thrive [θraiv] irr napredovati, uspijevati; fig cvasti; ~**n** pp od thrive ; ~**ing** (~ly) koji napreduje, cvatući
throat [θrout] grlo, ždrijelo, grkljan; ~**y** (~ly) grlen, promukao
throb [θrɔb] 1. kucati, udarati (srce itd); pulsirati 2. udaranje, kucanje, bilo
thrombosis [θrɔm'bousis] tromboza
throne [θroun] 1. prijesto(lje) 2. v/t ustoličiti; v/i stolovati, vladati
through [θruː] 1. kroz 2. koji ide skroz; izravan
throughout [θruː]'aut] 1. prep kroz sve, preko svega; prostorno; diljem; u svemu; za vrijeme, preko 2. skroz nazkroz; cijelo vrijeme
throve [θrouv] pret od thrive uspijevati itd.

throw [θrou] 1. *irr v/t* baciti, bacati 2. bacanje, hitac
throw ... ~ **at** baciti na
~ **away** odbaciti, tratiti
~ **in** ubaciti, dodati
~ **off** odbaciti
~ **out** izbaciti; *parl* odbaciti; natuknuti
~ **over** napustiti; prebaciti
~ **up** baciti u vis, dići; izbacivati; izbljuvati; povratiti; kockati se
thrown [θroun] *pp* od throw
thru [θru:] *Am* through, skroz
thrust [θrʌst] 1. udarac, ubod; *fig* napad 2. *irr v/t* gurati, rinuti; *v/i* udarati
thug [θʌg] razbojnik, razbijač
thumb [θʌm] 1. palac 2. zaprljati palcem; ~-**print** otisak palca
thunder ['θʌndə] 1. grmljavina 2. grmjeti
thunder ... ~**bolt** grom, munja
~**cloud** olujni oblak
~**ous** (~**ly**) *fig* koji grmi; snažan
~**storm** oluja s grmljavinom
~**struck** ošinut gromom
~**y** sparan
Thursday ['θə:zdi] četvrtak
thus [ðʌs] tako; prema tome
twart [θwɔ:t] 1. osujetiti; pomrsiti 2. veslačka klupa
thy [ðai] *biblija* , *rhet*, *poet* tvoj, tvoja, tvoje, ~ **self** ti, ti sam; sebi, sebe; se
tick [tik] 1. krpelj 2. presvlaka 3. **on** ~, na kredit, na dug 4. kucanje (sata); trenutak; oznaka kvačicom 5. *v/i* kuckati, tiktakati; *v/t* označiti kvačicom
ticket ['tikit] 1. ceduljica; (vozna, kazališna, članska itd) karta; ulaznica; priznanica; srećka 2. obilježiti ceduljicom, etikirati; ~- **collector** , pobirač voznih karata; ~- **inspector** , kontrolor voznih karata
tickle ['tikl] škakljati, golicati; ~**er** *slang* ručna granata
ticklish ['tikliʃ] (~**ly**) škakljiv
tidal ['taidl] (~**ly**) plimni; ~ **wave** plimni val
tide [taid] 1. morske mijene (obično ~**s** *pl*); **high** ~ plima; **low** ~ oseka; *fig* struja, tok; **turn of the** ~ promjena plime, *fig* sreće 2. ići strujom
tidiness ['taidinis] čistoća, urednost
tidings *pl* ili *sg* ['taidiŋz] vijesti, novosti
tidy [taidi] 1. uredan 2. štitnik za naslon itd; kutija za pribor; ~ **up** počistiti, pospremiti

tie [tai] 1. veza, vrpca; kravata; vezivanje; *fig* čvor; obaveza; *sport* , *parl* jednak broj bodova, glasova; *sport* odlučujuća igra 2. *v/t* sputanost, zastoj; *Am* štrajk
tie ... ~ **down** *fig* obavezati (dužnošću)
~ **up** privezati, zavezati; *v/i sport* postići neodlučen rezultat
~-**up** sputanost, zastoj; *Am* štrajk
tiger ['taigə] tigar; ~**ish** (~**ly**) *fig* divlji, tigarski
tight [tait] (~**ly**) čvrst(o) (građen); gust, zbijen; tijesan; koji ne propušta (vodu); napet; oskudan, škrt; nakresan
tight ... **hold** ~ čvrsto držati
~**en** stisnuti (se); nategnuti; (i ~ **up**) pritegnuti (zavrtanj, uzde); sapeti
~-**fisted** škrt
~-**laced** čvrsto stegnut; uskogrudan
~**ness** čvrstoća, gustoća
~ **rope** napet konop
~**s** *pl* triko (akrobata itd), tijesne hlače
tigress ['taigris] tigrica
tile [tail] 1. crijep; kalj 2. pokriti crijepom
till [til] 1. dućanska blagajna (ladica) 2. *prep* do; *cj* dok 3. obrađivati zemlju; ratarstvo; oranica; ~**er** rudo kormila
tilt [tilt] 1. platneni krov (na kolima itd) 2. nagib, kosina; viteški turnir, alka; *v/t* nagnuti; *v/i* nagnuti se; boriti se; ~**ing** nagibni; turnirski
timber ['timbə] 1. (građevno) drvo; drvne mase; rebro (broda) 2. tesati
time [taim] 1. vrijeme; takt; tempo; *parl* ~! kraj, gotovo! 2. *v/t* odrediti vrijeme za; učiniti u pravo vrijeme; davati takt; mjeriti vrijeme; *v/i* držati takt; suglasiti se sa
time ... ~ **and again** opetovano
at ~**s** s vremena na vrijeme
at a ~, **at the same** ~ istovremeno
for the ~ **being** zasada
have a good ~ dobro se zabavljati
in (good) ~ pravovremeno
on ~ točno, u pravo vrijeme
~-**limit** krajnji rok
~**ly** pravodoban; aktualan
~-**table** satnica, raspored sati
timid ['timid] (~**ly**) plah, bojažljiv; ~**ity** [ti'miditi] plahost, bojažljivost
timing ['taimiŋ] tempiranje
tin [tin] 1. kositar; bijeli lim; limenka, konzerva 2. kositren; limen 3. pokostriti; stavljati u limenke

tincture ['tiŋktʃə] 1. boja; *fig* obojenje, primjesa; tinktura 2. obojiti; prožeti
tinfoil [tin'fɔil] staniol
tinge [tindʒ] 1. boja, obojenje; *fig* primjesa 2. (o)bojiti; *fig* dati primjesu
tingle ['tiŋgl] zvoniti; brujati, zujati
tinker ['tiŋkə] 1. kotlokrpa 2. *v/t* (po)krpati; *v/i* krpati; ~ **up** skrpiti
tinkle ['tiŋkl] 1. zveckati 2. zveket
tinman ['tinmən] limar
tinny ['tini] limen (zvuk)
tin-plate ['tinpleit] kositrena ploča; bijeli lim
tint [tint] 1. lako obojenje; boja; ton; nijansa 2. obojiti, nijansirati
tinware ['tinwɛə] limena roba
tiny ['taini] sićušan
tip [tip] 1. vrh; zaporni prsten; napojnica; mig, savjet; lagan udarac, dodir 2. *v/t* snabdijeti šiljkom; okovati; dati napojnicu; dati mig, savjet; *v/i* nagnuti se, izvrnuti se; ~-**off** mig, savjet
tipple ['tipl] 1. častiti, gostiti (se) 2. piće; ~**r** pijanica
tipsy ['tipsi] pripit; klecav
tiptoe ['tip'tou] **on** ~ na vršcima prstiju
tiptop ['tip'tɔp] 1. najniža točka 2. odličan, fin
tire ['taiə] 1. (automobil) gumeni kotač; gumena navlaka 2. umoriti se
tire... ~**d** umoran
~**less** (~**ly**) neumoran
~**some** (~**ly**) zamoran, dosadan
~-**value** ventil zračnice
tissue ['tisju:] tkivo; fina tkanina; koprenina
tit [tit] 1. ~ **for tat** milo za drago 2. *Am* teat sisa itd.
Titan ['taitən] titan; ~**ic** titanski
title ['taitl] 1. naslov (knjige, počasni itd); natpis; (pravni) temelj, zahtjev; titula 2. nasloviti, titulirati, nazvati; ~**d** koji ima (obično plemićki) naslov
titter ['titə] 1. hihotati 2. hihotanje
titular ['titjulə] naslovni, titularni; poimenu
to [tu:; u rečenici većinom tu, pred suglasnikom tə] 1. pred infinitivom da; za; oznaka infinitiva 2. *prep* k, ka, prema, na, za, sve do 3. vremenski do, sve do 4. namjera za 5. svrha, djelovanje na, u, u svrhu, radi 6. za tvorbu (naglašenog) dativa: ~ **me**, ~ **you** itd meni, vama itd 7. odnos, pripadanje: **alive** ~ **a th**, svjestan čega 8. skraćujući zavisnu rečenicu: **I weep** ~ **think of it**, plačem kad na to pomislim
to... **here's** ~ **you**! u tvoje zdravlje, živio!
~ **and fro** amo tamo, gore dolje
toad [toud] žaba krastača
toady ['toudi] 1. ulizica 2. ulizivati se; ~**ism** ulagivanje
toast [toust] 1. prepečenac, tost; zdravica 2. pržiti; *fig* zagrijati; nazdraviti
tobacco [tə'bækou] duhan; ~**nist** prodavač duhana
to-day [tə'dei] danas
toe [tou] 1. nožni prst; vrh 2. taknuti nožnim prstima
toffee, toffy ['tɔfi] karamela
together [tə'geðə] mjesno zajedno; vremenski odjednom, bez prekida
toil [tɔl] 1. težak rad, muka 2. mučiti se; ~**er** trudbenik
toilet ['tɔilit] toaleta (odjeća; haljina; kupaonica, zahod); ~-**paper** toaletni papir
token ['toukən] znak, znamen; uspomena; dar; **in** ~ **of** u znak čega
told [tould] *pret* i *pp* od **tell**
tolerable ['tɔlərəbl] tolerancija, snošljivost
tolerance ['tɔlərəns] tolerancija, snošljivost
tolerant ['tɔlərənt] (~**ly**) tolerantan, snošljiv
tolerate ['tɔləreit] podnositi, trpjeti
toleration [tɔlə'reiʃn] snošljivost
toll [toul] 1. cestarina; namet, taksa, porez, daća; majstorija; **take** ~**of** naplaćivati pristojbe 2. zvoniti; svečana zvonjava
tom [tɔm] mužjak (malih životinja)
tomahawk ['tɔməhɔ:k] 1. bojna sjekira sjevernoameričkih Indijanaca 2. ubiti bojnom sjekirom
tomato [tə'ma:tou]*Am* [tə'meitou] rajčica
tomb [tu:m] grob(ni) (spomenik)
tome [toum] svezak, knjiga
tommy ['tɔmi] *slang* britanski vojnik; hrana
tomorrow [tə'mɔrou] sutra
ton [tʌn] tona; ~**s** *pl* masa, mnogo
tnality [to'næliti] tonalitet
tone [toun] 1. ton; zvuk; glas 2. *v/t* dati ton; ugađati, udesiti; ~ **paint** nijansirati; *v/i* slagati se
tongue [tʌŋ] opći jezik; *fig* ljudski govor; rt; jezičac (vlage itd.); ~**less** bez jezika; *fig* njem; ~-**tied** koji ima jezičnu manu; *fig* nijem

tonic ['tɒnik] (~ally) 1. toničan 2. tonika, osnovni ton; tonikum
tonight [tə'nait] večeras
tonnage ['tʌnidʒ] tonaža, nosivost; tonarina
tonsil ['tɒnsl] krajnik, tonsila; ~itis upala krajnika
too [tu:] pre(više); također, usto
took [tuk] *pret* od **take**
tool [tu:l] 1. alat, oruđe; obrađivati alatom; ~ **bag**, ~ **kit** torba za alat
toot [tu:t] 1. (za)trubiti 2. trubljenje
tooth [tu:θ] zub
tooth ... ~**ache** zubobolja
  ~**brush** četkica za zube
  ~**ed** nezubljen, zubat
  ~**ing** ozupčenje
  ~**less** (~ly) bezub
  ~**paste** pasta za zube
  ~**pick** čačkalica
top [tɒp] 1. vrh, vršak; najgornji dio; glava, tjeme; krov; čuperak, pramen kose; površina (vode); **at the** ~ na vrhu, gore, povrh; **on** ~ povrh toga, k tomu 2. najgornji; glavni 3. pokriti; okruniti 4. zvrk, čigra
topee ['toupi] tropski šljem
topic [tɒpik] predmet, tema; ~**al** (~ly) mjesni, lokalni; aktualan
topography [tə'pɒgrəfi] topografija
topsyturvy ['tɒpsi'tə:vi] pobrkan, naopak
tor [tɔ:] hrid
torch [tɔ:tʃ] baklja
tore [tɔ:] *pret* od **tear**
torment ['tɔ:mənt] muka, mučenje; bol 2. [tɔ:'ment] mučiti; ~**or** mučitelj
torn [tɔ:n] *pp* od **tear**
tornado [tɔ:'neidou] tornado
torpedo [tɔ:'pi:dou] 1. *ichth* drhtulja; torpedo; mina 2. torpedirati
torpid ['tɔ:pid] (~ly) ukočen, odrvenio; *fig* apatičan; trom
torque [tɔ:k] okretni moment
torrent ['tɒrənt] bujica; ~**ial**, (~ly) koji je poput bujice
torrid ['tɒrid] isprežen; žarki; ~ **zone** tropski pojas
tortoise ['tɔ:tʃə] kornjača; ~ **shell** kornjačevina
torture ['tɔ:tʃə] 1. mučenje, tortura 2. mučiti, kinjiti; ~**er** mučitelj
Tory ['tɔ:ri] 1. torijevac (engleski konzervativac) 2. torijevski; ~**ism** torijevstvo

toss [tɒs] 1. bacanje (uvis), hitac; zabacivanje glave 2. *v/t* bacati amo tamo; trzati; (za)baciti; (i ~**up**) baciti uvis
total ['toutl] (~ly) 1. cio, cjelokupan 2. ukupna svota, suma 3. iznositi, vrijediti
total... ~**itarian** totalitaran
  ~**itarianism** totalitarizam
  ~**ity** ukupnost; potpunost
  ~**izator** totalizator
  ~**ize** zbrojiti
totter ['tɒtə] teturati; gegati se; ~ **ing** (~ly), ~**y** klimav, koji tetura
touch [tʌtʃ] 1. *v/t* (do)dirnuti, (do)taknuti; udariti; (o)pipati; *fig* ganuti; prebirati žice; obojiti, *v/i* dodirnuti se 2. dodir; opip; potez, crta; umijeće, spretnost; **get in** ~ **with** doći u dodir, stupiti u vezu; ~ **and go** 1. vratolomija 2. površan; kritičan; opasan; ~**iness**, osjetljivost; ~**ing** (~ly) 1. dirljiv 2. *prp* što se tiče, u pogledu; ~**y** (~ly), osjetljiv
tough [tʌf] 1. žilav; težak; *slang* odvratan; zao 2. *Am* razbijač, nasilnik; ~**en** otvrdnuti, postati žilav; ~**ness** žilavost
tour [tuə] 1. (kružno) putovanje, turneja 2. (pro)putovati; ~**ing** putni; ~**ist** turist(kinja)
tournament ['tuənəmənt], **tourney** ['tuəni] turnir
tow [tou] 1. teglenje; tegalj 2. tegliti; ~**age** teglenje i tegljarina
toward (s) [tə'wɔ:d(z),tɔ:d(z))] k, ka, prema; za
towel ['tauəl] 1. ručnik 2. otrljati; *slang* izlemati
tower ['tauə] 1. toranj; kula; *fig* zaštita 2. dizati se (uvis); ~**ed** s tornjevima, kulama
town [taun] 1. grad; gradski
town ... ~**council** gradsko vijeće
  ~**hall** gradska vijećnica
  ~-**planning** urbanistika
  ~**ship** gradska općina; područje grada
  ~**sman** građanin, stanovnik grada
toxic, **toxical** ['tɒksik(l)] toksičan, otrovan
toxin ['tɒksin] toksin, otrov
toy [tɔi] 1. igračka; tričarija 2. minijaturni 3. igrati se; ~ **shop** trgovina s igračkama
trace [treis] 1. trag; nacrt; tlocrt 2. tragati; *fig* slijediti 3. uže za vuču
traceable ['treisəbl] (~ly) kome se može ući u trag; koji se može dokazati
trachea [trə'ki:ə] dušnik

tracing ['treisiŋ] kopiranje pomoću paus papira; ~-**paper** paus papir
track [træk] 1. trag; kolotečina; *sport* staza; pruga 2. *v/t* tragati, slijediti, *v/i* slijediti trag; ~**down**, ~**out** pronaći, naći trag; ~**er** tragač
trackt [trækt] 1. područje, predjel; *anat* trakt 2. traktat, rasprava
traction ['trækʃn] vučenje
tractive ['træktiv] vučni
tractor ['træktə] traktor
trade [treid] 1. trgovina; promet; zanat; struka 2. *v/i* trgovati; pogađati se s; *v/t* mijenjati (za)
trade ... **Board of**~ Ministarstvo trgovine; *Am* trgovinska komora
~ **on** iskoristiti što
~-**fair** sajam (uzoraka)
~**mark** trgovački znak
~**name** ime firme, oznaka robe
~**r** trgovac
~**school** zanatska škola
~**sman** trgovac, obrtnik
~-**s-union** radnički strukovni savez; sindikat
~ **wind** pasatni vjetar
tradition [trə'diʃn] tradicija; stari običaj; ~**al** (~**ly**) tradicionalan, običajan
traffic ['træfik] 1. trgovina; promet; ~ **jam** zastoj prometa; *pejor* cicijašenje; ~ **light** prometni znak 2. *v/i* trgovati, *pejor* cicijašiti čime; *v/i* rasprodati; ~**er** trgovac; *pejor* cicija
tragedy ['trædʒidi] tragedija
tragicomedy ['trædʒi'kɔmidi] tragikomedija
trail [treil] 1. trag; put, utrta staza; povlaka; *fig* rep 2. *v/t* vući, povlačiti; ići za čijim tragom, *v/i* vući se; povlačiti se; rasti, bujati; ~**ler** hunt, pas tragač; prikolica; *fillm* odlomci iz novog filma (kao predigra)
train [trein] 1. vlak; niz; lanac; povorka; *fig* razvoj; pratnja; svita; **by**~ vlakom; **in** ~ u toku, u pokretu 2. *v/t* odgojiti, uzgajati; *sport* trenirati; dresirati, obučavati; nanišaniti, *v/i* vježbati se; trenirati; ~ (**it**) putovati vlakom
training ['treiniŋ] obrazovanje; vježba(nje); *sport* trening; **physical** ~ tjelesni odgoj; ~-**college** viša pedagoška škola; učiteljska škola
trait [treit] osobina, crta

traitor ['treitə] izdajica; ~**ous** (~**ly**) izdajnički
traitress ['treitris] izdajnica
tram [træm] tramvaj; željeznička pruga tramvaja
tramp [træmp] 1. gaženje; topot(anje); pješačenje; skitnja; skitnica 2. *v/i* koračati; pješačiti; potucati se; *v/t* propješačiti, proputovati
tramway ['træmwei] tramvaj
trance [trɑːns] trans; zanos
tranquil ['træŋkwil] (~**ly**) miran; ~(**l**)**ity** tišina; ~**ization** umirenje; ~(**l**)**ize** umiriti
transaction [træn'zækʃn] izvođenje; obavljanje; (trgovački) posao, transakcija
transantlantic ['trænzət'læntik] prekooceanski, prekomorski
transcend [træn'send] prekoračiti; nadmašiti; ~**ence** ~**ency** izvrsnost; transcendentalnost; ~**ent** (~**ly**) nadmoćan; izvrstan; ~**ental** (~**ly**) transcendetantan; fantastičar
transcribe [træns'kraib] prepisati; transkribirati
transcript ['trænskript] prijepis; ~**ion** prijepis, transkripcija
transfer [træns'fəː] *v/t* prenijeti (na koga); premjestiti; *v/i* prelaziti 2. ['trænsfə] prijenos; transfer; doznaka; otisak
transfer ... ~**able** prenosiv
~**ee** [trænsfə'riː] cesionar, preuzimač
~**ence** prijenos
transfiguration [trænsfigjuə'reiʃn] preobražaj; preobraženje
transfigure [træns'figə] pretvoriti; preobraziti
transfix [træns'fiks] probosti; ~**ed** *fig* ukočen; okamenjen
transform [træns'fɔːm] preobraziti; preinačiti; ~**ation** preinaka, transformacija; ~**er** transformator
transfuse [træns'fjuːz] preliti; pretvoriti; izvršiti transfuziju
transfusion [træns'fjuːʒn] prelivanje; prenošenje; transfuzija
transgress [træns'gres] *v/t* prekoračiti; prekršiti; *v/i* ogriješiti se; ~**ion** prekoračenje, pogreška; ~**or** prekršitelj
transient ['trænziənt] 1. prolazan; kratkotrajan 2. *Am* prelazni putnik; ~**hotel** hotel za prolazne goste; ~**ness** prolaznost
transit ['trænsit] prolaz; tranzit

transit ... ~ion prijelaz
~ional (~ly) prijelazni
~ive (~ly) *gr* prijelazan
~ory (~ly) prolazan; kratkotrajan
translatable [traːnsˈleitəbl] prevodiv
translate [traːnsˈleit] prevesti, prevoditi; *fig* pretvoriti u
translation [traːnsˈleiʃn] prijevod
translator [traːnsˈleitə] prevoditelj
translucence, **translucency** [trænzˈluːsns(i)] prozračnost
translucent [trænzˈluːsnt] prozračan, *fig* svijetao
transmissible [trænzˈmisəbl] prenosiv
transmission [trænzˈmiʃn] prenošenje; transmisija
transmit [trænzˈmit] otpremiti; prenijeti; *tel*, *radio* slati, odašiljač; ~ter otpremač(ica); odašiljač
transparency [trænsˈpærənsi] prozirnost
transparent [trænsˈpærənt] proziran
transpiration [trænspiˈreiʃn] isparivanje
transpire [trænsˈpaiə] isparivanje; znojiti se
transplant [trænsˈplaːnt] presaditi; ~ation presađivanje
transport [trænsˈpɔːt] (pre)voziti; transportirati 2. [ˈtrænspɔːt] prijevoz, otprema, transport; ~able prenosiv; ~ation prijevoz, otprema, transport
transposition [trænsˈpouziʃn] premještanje
transversal [trænzˈvəːsl] (~ly) poprečan, transverzalan
transverse [trænzˈvəːs] koji presijeca; poprečan
trap [træp] 1. zamka; klopka; sifon (odvodna cijev) 2. loviti u zamke; *fig* uloviti u stupicu 3. trap, eruptivno kamenje
trapeze [trəˈpiːz] trapez
trapezium [trəˈpiziəm] trapez
trapper [ˈtræpə] traper, lovac na krznaše
trash [træʃ] smeće; otpaci; *fig* besmislica; kič
travel [ˈtrævl] *v/i* putovati; kretati se; odjuriti, *v/t* proputovati 2. putovanje; ~(l)er putnik; ~(l)ing putni; pokretan
traverse [ˈtrævəːs] prelaženje poprijeko; traveziranje; pravni prigovor; poprečna greda 2. *v/t* ukrstiti; priječi popreko; *fig* istražiti; osjetiti; prigovoriti; *v/i* ići poprijeko; treverzirati

tray [trei] poslužavnik; plitica
treacherous [ˈtretʃərəs] izdajnički, nevjeran; ~ness treachery izdaja, izdajica
tread [tred] 1. *irr v/i* stupati; koračati; *v/t* gaziti; tlačiti; pariti (o pticama i peradi) 2. korak, hod; gaženje; parenje; stepenica (stubište); papuča (na vozilu); ~le 1. pedal, podnožnik 2. tjerati, gazeći na pedalu
treason [ˈtriːzn] izdaja; ~able (~ly) izdajnički
treasure [ˈtreʒə] 1. blago 2. sakupljati; gomilati blago; ~r rizničar; blagajnik
treasury [ˈtreʒəri] riznica; državna blagajna; blago; ~ Department Ministarstvo financija
treat [triːt] 1. *v/t* postupati, tretirati; častiti; obrađivati; *v/i* ~ of raspravljati, govoriti, pisati o 2. slavlje; čašćenje, gozba
treat ... it is my ~ ja plaćam, častim
~er ugovarač; onaj koji časti
~ize [triːtiz] rasprava; traktat
~y (međunarodni) ugovor
tree [triː] 1. stablo 2. potjerati na stablo
trefoil [ˈtrefɔil] djetelina; trolist
tremble [ˈtrembl] 1. drhtati 2. drhtanje
tremendous [triˈmendəs] (~ly) strašan; ogroman
tremor [ˈtremə] drhtanje, trzaj; strah
tremoluous [ˈtremjuləs] (~ly) drhtav; ~ness drhtanje, kolebanje
trench [trentʃ] 1. jarak; rov; *fig* brazda 2. *v/t* izbrazdati, *v/i* iskopati rovove
trend [trend] 1. smjer, nagib; *fig* tok; tijek; tendencija; trend 2. priklanjati se, naginjati
trepidation [trepiˈdeiʃn] drhtanje, strepnja
trespass [ˈtrespəs] 1. prestupak, prekršaj; smetanje posjeda 2. smetati tuđi posjed; zloupotrebljavati čiju strpljivost; ~er prekršitelj; onaj koji neovlašteno stupa na tuđi posjed; ~ers will be prosecuted neovlaštenima pristup zabranjen pod prijetnjom globe
trial [ˈtraiəl] pokus; proba; ispitivanje; *fig* iskušenje; jad
triangle [ˈtraiæŋgl] trokut; triangl
triangular [traiˈæŋgjulə] trokutan
tribal [traibl] plemenski, rodovni
tribe [traib] pleme; rod
tribunal [triˈbjuːnl] sudsko sjedište; sud(ište)
tribune [ˈtribjuːn] tribun; tribuna

tribute ['tribju:t] tribut, porez; *fig* danak
trick [trik] 1. smicalica, lukavština; trik; majstorija; šala; ~ery lukavština, prijevara
trickle ['trikl] 1. kapati, sipiti 2. kapanje; rominjanje
tricky ['triki] (~ly) spletkarski, smutljiv, prepreden; zapleten
tricycle ['traisikl] trokolica
trifle ['traifl] 1. sitnica, malenkost; *fig* mrvica 2. *v/i* igrati se, šaliti se; *v/t* ~ **away** prodangubiti; ~r besposličar(ka)
trif fling ['traifliŋ] 1. igra, titranje 2. (~ly) neznatan; tričav
trigger ['trigə] obarač; okidač puške, fotoaparata
trigonometry [trigə'nɔmitri] trigonometrija
trill [tril] 1. triler, treperenje (zvuka, glasa) 2. ćurlikati; treperiti
trillion ['triljən] trilijun; *Am* bilijun
trim [trim] (~ly) 1. uredan; lijep; pristao; dotjeran 2. urednost; uravnoteženost; nakit 3. *v/t* urediti, namjestiti; nakititi, *v/i fig* kolebati se; ~er čistač(ica)
Trinity ['triniti] (sveto) trojstvo
trio [tri:ou] trio
trip [trip] 1. tapkanje, skakutanje; izlet; putovanje; *fig* pogrešan korak; posrtaj 2. *v/i* skakutati, poigravati; posrnuti; poći na izlet; *v/t* podmetnuti kome nogu (većinom ~**up**)
tripe [traip] (i ~s pl) drob; tripe, fileci; *fig* koještarija
triple ['tripl] (~ly) trostruk
triplet ['triplit] trojka; triplet; ~s *pl* trojci
triplex ['tripleks] trostruk
triplicate ['triplikit] 1. trostruk 2. (**triplikeit**) potrostručiti
tripper ['tripə] izletnik; ~ing, (~ly) 1. brz, okretan 2. skakutanje; podmetanje noge
triumph ['traiəmf] 1. trijumf 2. trijumfirati; ~**al** [trai'mfəl] trijumfalan; ~**ant** (~ly) pobjednički; koji trijumfira
trivial ['triviəl] beznačajan; svakidašnji; ~**ity** beznačajnost, trivijalnost
trod [trɔd] *pret* **trodden** *pp* od **tread**
troll [ey] ['trɔli] 1. kolica; pokretno vitlo; *Am* tramvajska kola; ~-**bus** trolejbus; ~-**car** *Am* tramvajska kola
trollop ['trɔləp] 1. drolja; bludnica 2. vući noge

trombone [trɔm'boun] trombon
troop [tru:p] 1. trupa, četa; mnoštvo; ~s *pl* trupe, vojska 2. sakupljati se, sjatiti se; ~**er** kavalerist; (u prenesenom smislu) obični vojnik; kavalerijski konj; brod za prijevoz trupa
trophy ['troufi] trofej, ratni plijen
tropic ['trɔpik] obratnik; obratnica; ~s tropi; tropski; žarki
trouble ['trʌbl] 1. nevolja, briga; patnja; nemir; pogreška; **be in** ~**s** biti u stisci, nevolji; **look for** ~ izazivati neprilike; **take (the** ~**)** nastojati; potruditi se 2. *v/t* smetati; nastojati; truditi se; davati brige; mučiti, *v/i* potruditi se; ~**some** (~ly) neugodan, dosadan, mučan
troupe [tru:p] trupa
trousers ['trauzəz] *pl* hlače
trout [traut] pastrva
truancy ['tru:ənt] 1. dokon, koji dangubi 2. danguba, zabušant; markirant; **play** ~ markirati; izbivati s nastave
truce [tru:s] primirje
truck [trʌk] 1. kotač; kamioni; kolica; teretna kola 2. trgovati, mijenjati; trampiti 3. trampa; promet
truckman ['trʌkmən] vozač kamiona
truculence , truculency ['trʌkjuləns(i)] divljaštvo; divlji; surov; okrutan
true [tru:] (*adv* **truly**) istinit; prav; istinski; zbiljski; vjeran; točan; **it is**~ istina (je); doduše, dabome; **come** ~ obistiniti se, ispuniti se; ~**ness** istinitost; vjernost
truly ['tru:li] istinito; iskreno; zaista; vjerno; **yours** ~ s poštovanjem; Vaš odani
trump [trʌmp] 1. kartanje adut; ~**up** zamisliti, snovati; ~**ery** 1. bezvrijedan nakit, kič 2. bezvrijedan, tričav
trumpet ['trʌmpit] 1. truba; zvučnik; *mot* sirena 2. trubiti; ~**er** trubač
truncheon ['trʌntʃn] (policijska) palica, pendrek
trunk [trʌŋk] deblo stabla; trup; rilo; veliki kovčeg
trunk ... ~-**call** međugradski razgovor
  ~-**exchange** međugradska centrala
  ~-**line** glavna pruga; *teleph* međugradska linija
  ~**s** *pl Am* sportske kupaće gaće
trust [trʌst] 1. povjerenje; vjera; polog; depozit; starateljstvo; tutorstvo; trust; ~ **company** fiducijarno društvo; **in** ~ u pohrani; deponiran; **on** ~ na povjerenje;

na kredit 2. *v/t* vjerovati (komu); povjeriti (komu, što); uzdati se u, *v/i* uzdati se
trustee [trʌs'tiː] upravitelj, skrbnik; ~**ship** starateljstvo; kuratela
trustful ['trʌstful] (~**ly**); trusting (~**ly**) pun povjerenja
trustworthiness ['trʌstwəːði] dostojan povjerenja; pouzdan
truth [truːθ] istina, zbilja; istinitost; točnost
truthful ['truːθful] (~**ly**) istinit, istinski; ~**ness** istinitost
try [trai] 1. *v/t* probati, kušati; iskušati; ispitivati; istraživati; preslušavati; voditi istragu; prenapregnuti (vid); rafinirati; ~**on** probati (odijelo); *v/i* pokušavati, mučiti se; truditi se; nastojati 2. pokušaj; have a ~ pokušati; ~**ing** (~**ly**) naporan, kritičan; ~**-on** proba (odijela); pokušaj; ~**-out** iskušavanje
tsar [zaː] (ruski) car
tub [tʌb] 1. bačva; kada; kupanje u kadi; čamac; *sport* naprava za vježbanje u veslanju 2. posaditi biljku u teglu; kupati u kadi; trenirati veslanje u spravi za vježbu na suhom; ~**by** bačvast, trbušast
tube [tjuːb] cijev; tuba; *mot* zračnica; tunel
tuber ['tjuːbə] gomolj
tuberculosis [tjubəːkjuˈlousis] tuberkuloza, sušica
tubular ['tjuːbjulə] cjevast, cjevni
tuck [tʌk] 1. bora, nabor; *slang* poslastice 2. opšiti, porubljivati; ~**up** uzvinuti, podviti noge; umotati
Tuesday ['tjuːzdi] utorak
tug [tʌg] 1. trzaj, vučenje; tegljač; remorker; *fig* napor 2. vući, potezati; tegliti; boriti se za
tuition [tjuˈiʃn] poučavanje, nastava
tulip ['tjuːlip] tulipan
tumble ['tʌmbl] 1. *v/i* pasti, prevrnuti se; prebaciti se; *v/t* srušiti; (z)baciti; isprematati 2. pad, nered, darmar; ~**down** trošan, ruševan, ~**r** akrobat, pelivan; čaša za vodu
tumid ['tjuːmid] (~**ly**) otekao; *fig* nadut; ~**ity** oteklina
tummy ['tʌmi] dječji jezik želudac, trbuh
tumo[u]**r** ['tjuːmə] tumor, izraslina
tumult ['tjuːməlt] buka, metež; ~**ous** [tjuːˈmʌltjuəs] bučan; žestok
tun [tʌn] 1. bačva, bure 2. staviti u bačve
tuna ['tjuːnə] tuna, tunj
tune [tjuːn] 1. napjev, melodija; pjesma; harmonija; in ~ usklađen(o); *fig* u skladu sa, out of ~ neusklađen(o) 2. ugađati, uskladiti; ~**ful** melodiozan; milozvučan; ~**less** (~**ly**) nemelodičan; ~**r** ugađač; radio: uređaj za udešavanje skale
tungsten ['tʌŋstən] volfram
tunic ['tjuːnik] tunika; bluza; *anat* opna
tunnel ['tʌnl] 1. tunel 2. probijati, prokopati tunel
tunny ['tʌni] tuna
tuny ['tjuːni] melodiozan
turbid ['təːbid] mutan; gust; ~**ness** mutnoća
turbine ['təːbin] turbina; ~**-powered** na turbinski pogon
turbulence ['təːbjuləns] nemir; bura
turbulent ['təːbjulənt] (~**ly**) nemiran; buran
turf [təːf] 1. tratina, ledina; trkalište; trkaći sport 2. pokriti tratinom
turgid ['təːdʒid] (~**ly**) otekao, nadut; ~**ity** otcklina, nadutost
Turk [təːk] Turkinja, Turčin
Turkey ['təːki] pura(n); ~ **carpet** ćilim 3. *Am slang thea , film* loš komad
Turkish ['təːkiʃ] turski; ~ **bath** parna kupelj
turmoil ['təːmɔil] buna, nemir; metež
turn [təːn] 1. *v/t* okretati, okrenuti; skrenuti; vrtjeti; usmjeriti; pretvoriti; svratiti; (za)obići; prenijeti; formirati; stvarati; prevesti; tokariti; zavrtjeti; smučiti; smutiti; **he has ~ed 40 he is ~ed (of) 40** prevalio je četrdesetu 2. *v/i* vrtjeti se, okretati se 3. okret(anje); zavoj; serpentina; skretanje; prekretnica; obrat; sklonost za; oblik, lik; promjena; sastav; izraz; redoslijed; usluga; točka (programa); uzbuđenje; strah; promijeniti se u; obratiti se; prihvatiti se čega; postati
turn ... ~ **a corner** skrenuti iza ugla
~ **aside** otkloniti
~ **away** otjerati, otkloniti
~ **down** podvinuti, saviti; oslabiti (svjetlo) itd.; odbiti, otkloniti prijedlog
~ **into** pretvoriti (se) u; ući
~ **off** odvratiti; otjerati
~ **off on** zatvoriti, otvoriti
~ **out** izvrnuti, otjerati; ugasiti (plin itd.); proizvoditi (robu)
~ **over** izokrenuti; *fig* predati
~ **up** okrenuti uvis; dići (ovratnik); okrenuti; otkriti (karte) itd.; izazvati mučninu

~ *about* okrenuti se
~ *away* odvratiti se
~ *back* vratiti se; osvrnuti se
~ *in* uvinuti se; ući; poći spavati
~ *off* skrenuti, račvati se
~ *on* zavisiti od
~ *out* izvrnuti se; obustaviti rad; ispasti; pokazati se kao; ustati (iz kreveta); izaći (iz kuće); izmarširati
~ *over* okrenuti se
~ *round* okrenuti se
~ *to* obratiti se na; pretvoriti se u; postati; (*adv*) latiti se; primiti se
~ *up* pojaviti se
~ *upon* vrtjeti se oko; usmjeriti se prema
in ~ uzastopce
it is my ~ na meni je red
take ~s izmjenjivati se
turning ['tə:niŋ] tokarenje; zavoj; okretanje; preokret; poprečna ulica; ~-**lathe** strug; ~-**point**, *fig* prekretnica
turpentine ['tə:pəntain] terpentin
turquoise ['tə:kwa:z] tirkiz
turtle ['tə:tl] 1. kornjača; **turn** ~ prevrnuti se; 2. grlica (većinom ~-**dove**)
Tuscan ['tʌskən] 1. toskanski; Toskanac; Toskanka; toskansko narječje
tut [tʌt] a što! koješta
tutelage ['tju:tilidʒ] tutorstvo, starateljstvo
tutelary ['tju:tiləri] skrbnički, zaštitnički
tutor ['tju:tə] 1. (privatni, kućni) učitelj; *univ* voditelj studija; instruktor; *Am univ* stariji asistent kome su povjerena predavanja; skrbnik 2. poučavati; odgajati; ~**ial** nastavnički, odgojiteljski; ~**ship** pouka; služba (privatnog) učitelja
tuxedo [tʌk'si:dou] smoking
tweed [twi:d] tvid (vunena tkanina)
tween [twi:n] **between** između
twelfth [twelfθ] 1. dvanaesti 2. dvanaestica
twelve [twelv] dvanaest
twentieth ['twentiiθ] 1. dvadeseti 2. dvadesetina
twenty ['twenti] dvadeset
twice [twais] dvaput; ~**as much** još jedanput toliko
twig [twig] 1. grančica, prut 2. promatrati; opaziti; shvatiti
twilight ['twailait] 1. sumrak, suton 2. nejasan, taman
twin [twin] 1. dvojni; dvostruk 2. blizanac

twine [twain] 1. upleten konop; zavoj 2. *v/t* (u)sukati; plesti; (is)preplesti; *v/i* ispreplesti se; vijugati se
twinkle ['twiŋkl] 1. svjetlucati (se); treptati 2. svjetlucanje
twist [twist] 1. okretanje; zaokret; okuka; smotak 2. *v/t* okretati; sukati; savinuti; iskriviti; izobličiti; *v/i* okrenuti se; vrtjeti se; (is)kriviti se; ~**er** užar, sukač; zamršeno pitanje; tvrd orah; *Am* tornado
twich [twitʃ] 1. trgnuti, čupati; štipati; trzati (se) 2. trzanje; štipanje
twitter ['twitə] 1. cvrkutati; pištati; hihotati 2. cvrkut
two [tu:] 1. dva, dvije, dvoje; oba, obje; in ~ nadvoje; popola; put ~ **and** ~ **together** zaključiti, domisliti se 2. dvojka; dvojica; dvoje; in ~**s** dva po dva; ~-**edged** dvosjekli
two... ~**fold** dvostruk
~**handed** dvoručan; koji je za dvije osobe
~**pence** [tʌpəns] (iznos od) dva penija
~-**stored** dvokatan
~-**stroke** dvokatan
tycoon [tai'ku:n] industrijski magnat
tympanum ['timpənəm] *anat* bubnjić; zabat
type [taip] 1. tip; slika; zname(nje); obilježje; model; uzor; primjer; *typ* štamparsko slovo 2. ~**write** pisati na pisaćem stroju, tiskati; ~**writer** pisaći stroj; daktilograf(kinja)
typhoon [tai'fu:n] tajfun
typhus ['taifəs] pjegavac, pjegavi tifus
typical ['tipikl] (~**ly**) tipičan; uzoran; karakterističan za
typist ['taipist] daktilograf(kinja); **shorthand** ~ stenotipist(kinja)
typographer [tai'pɔgrəfə] tiskar
typographic, **typographical** [taipo'græfik(l)] tipografski, tiskarski
typograpity [tai'pɔgrəfi] štamparstvo, tipografija
tyrannic, **tyrannical** [ti'rænik(l)] tiranski
tyranize ['tirənaiz] vladati kao tiranin; ~ **over** tiranizirati
tyranny ['tirəni] tiranija, nasilje
tyrant ['taiərənt] tiranin
tyre [taiə] vidi **tire**; vanjska guma na kotaču
Tyrolese [tiro'li:z] 1. tirolac, tirolka 2. tirolski
tzar [za:] [ruski] car

ubiquitous [ju'bikwitəs] svudašnji, koji se može svagdje naći
U-boat [ju:bout] njemačka podmornica
udder ['ʌdə] vime
ugh [ʌh, uh, əːh] uh, fuj
ugliness ['ʌglinis] ružnoća
ugly ['ʌgli] (~ly) ružan; zao, opasan (rana)
Ukrainian [juːˈkrainiən] 1. ukrajinski 2. Ukrajinac, Ukrajinka; ukrajinski jezik
ukulele [juːkəˈleili] ukulele (havajska gitara)
ulcer ['ʌlsə] čir; ~ation gnojenje; ~ous gnojan
ulterior [ʌlˈtiəriə] onostran; *fig* daljnji, udaljeniji; ~**motive** sakrivena misao
ultimate ['ʌltimit] (~ly) konačan, krajnji; osnovni; ~ly, napokon
ultimatum [ʌltiˈmeitəm] *pl* i **ultimata** [ʌltiˈmeita] ultimatum
ultimo ['ʌltimou] prošlog mjeseca
ultra ['ʌltrə] ultra ...; pretjeran, prekomjeran; ~**marine** prekomorski; ~**marine paint** ultramarin; ~**short wave** ultrakratki val; ~**violet** ultravioletan
umber ['ʌmbə] umbra, smeđa zemljana boja
umbilical [ʌmˈbilikl] pupčan; ~**cord** pupčana vrpca
umbrella [ʌmˈbrelə] kišobran, suncobran; *pol* kompromis; ~-**stand**, stalak za kišobrane
umpire ['ʌmpaiə] 1. (arbitražni ili sportski) sudar 2. suditi (kao arbitražni ili sportski sudac)
un [ʌn...] ne...; raz...; od...
unable ['ʌnˈeibl] nesposoban
unabridged ['ʌnəˈbridʒd] neskraćen
unaccented ['ʌnəkˈsentid] nenaglašen
unacceptable ['ʌnəkˈseptəbl] neprihvatljiv
unaccustomed ['ʌnəˈkʌstəmd] nenavikao; neuobičajen
unacknowledged ['ʌnəkˈnɔlidʒd] nepriznat; nepotvrđen

unacquainted ['ʌnəˈkweintid] ~ **with**, nepoznat sa, nevješt čemu
unadvisable ['ʌnədˈvaizəbl] nepreporučljiv
unadvised ['ʌnədvaizd] adv ['ʌnədvaizidli] nesmotren, nepromišljen
unaffected ['ʌnəˈfektid] nepromišljen; *fig* nedirnut; neizvještačen
unalterable [ʌnˈɔːltərəbl] nepromjenjiv
unambigous ['ʌnəmˈbigjuəs] nedvojben, nedvoličan
unanimity [juːnəˈnimiti] jednodušnost
unanimous [juːˈnænimɔs] (~ly) jednoglasan; jednodušan
unaproachable ['ʌnəˈproutʃəbl] (~ly) nepristupačan
unapt ['ʌnˈæpt] nepriklađan; nesposoban; nenaklonjen
unarmed ['ʌnˈaːmd] nenaoružan
unattached ['ʌnəˈtætʃt] nepripojen; *univ* eksterni, koji ne pripada ni jednom koledžu; stavljen na raspoloženje
unattainable ['ʌnəˈteinəbl] nedokučiv
unattended [ʌnəˈtendid] nepraćen, bez nadzora; bez njege
unattractive ['ʌnəˈtræktiv] neprivlačan, bez čara
unauthorised ['ʌnˈɔːθəraizd] neovlašten; neosnovan
unavailable ['ʌnəˈveiləbl] neraspoloživ; neupotrebljiv
unavoidable ['ʌnəˈvɔidəbl] (~ly) neizbježiv
unaware ['ʌnəˈwɛə] nesvjestan; **be ~of** ne opaziti, ne znati; ~**s** nenamjerno, nehotice; **be taken ~** biti zatečen
unabalance ['ʌnˈbæləns] neuravnoteženost; ~**d** neuravnotežen; neizravan
unbearable [ʌnˈbɛərəbl] nepodnošljiv
unbecoming ['ʌnbiˈkʌmiŋ] nepristao; nedoličan, neprikladan
unbelief ['ʌnˈbiliːf] nevjerovanje; nepovjerenje

unbelieveable ['ʌn'biliːvəbl] (~ly) nevjerojatan
unbelieving ['ʌn'biliːviŋ] (~ly) koji ne vjeruje
unbend ['ʌn'bend] *irr* (**bend**); *v/t* popustiti; izravnati; *v/i* popustiti; olabaviti; razvedriti se; ~**ing** (~ly) nepopustljiv; *fig* postojan
unbeseeming ['ʌnbi'siːmiŋ] neprikladan
unbid , **unbiden** ['ʌn'bid[n] nepozvan, nezvan
unbolt ['ʌn'boult] otkračunati; ~**ed** otkračunat
unborn ['ʌn'bɔːn] nerođen
unbound ['ʌn'baund] nevezan; ~**ed** (~ly) neograničen; neobuzdan
unbreakable ['ʌn'breikəbl] neslomljiv
unbridled [ʌn'braidld] nezauzdan; *fig* neobuzdan
unbroken ['ʌn'broukn] nerazvijen, nesalomljen; neprekinut
unbuckle ['ʌn'bʌkl] ot-, ras- kopčati
unburied ['ʌn'berid] nepokopan
unbusiness -**like** [ʌn'biznislaik] neposlovan
uncalled [ʌn'kɔːld] ne(po)zvan; ~-**for** nepoželjan; neistražen; neumjestan
uncandid ['ʌn'kændid] (~ly) neiskren
uncanny [ʌn'kæni] sablasan, neugodan
uncared ['ʌn'kɛəd] ~-**for**, neopažen, zapušten
uncertain [ʌn'səːtn] nesiguran, neizvjestan, nepouzdan; ~**ty**, nesigurnost
unchangeable ['ʌn'tʃeindʒəbl] unchanging (~ly), nepromjenjiv
unchristian ['ʌn'kristjən] nekršćanski
uncivil ['ʌn'sivil] neučtiv; ~**ized** [ʌn'sivilaizd] neciviliziran
uncle ['ʌŋkl] ujak, stric
unclean ['ʌn'kliːn] nečist, prljav
unclose ['ʌn'klouz] otvoriti (se)
unclothe ['ʌn'klouð] svući, ogoliti
unclouded ['ʌn'klaudid] nenaoblačen, vedar
uncoil ['ʌn'koil] odmotati (se)
uncollected ['ʌnkə'lektid] nesabran; neutjeran
uncolo [u]**red** ['ʌn'kʌləd] neobojen
uncomely ['ʌn'kʌmli] neugledan, neprivlačan
uncomfortable [ʌn'kʌmfətəbl] (~ly) neudoban
uncommon [ʌn'kɔmən] (~ly) *adv* neobičan

uncommuncative ['ʌnkə'mjuːnikeitiv] nekomunikativan, nerazgovorljiv
uncomplaining ['ʌnkəm'pleiniŋ] koji se ne tuži; ~**ness** strpljivost; predanost
uncompromising ['ʌn'kɔmprəmaiziŋ] beskompromisan, nepopustljiv
unconcern ['ʌnkən'səːn] bezbrižnost; ravnodušnost; ~**ed**, (~ly) bezbrižan; ravnodušan
unconditional ['ʌnkən'diʃnl] (~ly) bezuvjetan
unconfined ['ʌnkən'faind] neograničen; nesmetan
unconfirmed ['ʌnkən'fəːmd] nepotvrđen
uncongenial ['ʌnkən'dʒːnjəl] nesrodan; nesimpatičan
unconnected ['ʌnkə'nektid] (~ly) nepovezan
unconquerable [ʌn'kɔŋkərəbl] nesavladiv
unconscientious ['ʌnkɔnʃi'enʃəs] nesavjestan
unconscionable [ʌn'kɔnʃənəbl] (~ly) nesavjestan; nerazuman; pretjeran
unconscious [ʌn'kɔnʃəs] (~ly) nesvjestan, bez svijesti; **be** ~**of** ne slutiti 2. *psih* the ~ ono što je nesvjesno; ~**ness** nesvjesnost; nesvijest
unconsidered ['ʌnkən'sidəd] nepromišljen, nesmotren
unconstitutional ['ʌnkɔnsti'tjuːʃnl] protuustavan
uncontrollable [ʌnkən'troulǝbl] (~ly) koji se ne može kontrolirati, neobuzdan
unconventional ['ʌnkən'venʃnl] (~ly) nekonvencionalan, neusiljen
unconvinced ['ʌnkən'vinst] neuvjeren
uncorrupted ['ʌnkə'rʌptid] (~ly) nepokvaren; nepodmićen
uncountable ['ʌn'kauntəbl] neizbrojiv
uncover [ʌn'kʌvə] (raz)otkriti
uncrowned ['ʌn'kraund] neokrunjen
unction ['ʌŋkʃn] pomazanje; pomast
unctouous ['ʌŋktjuəs] (~ly) mastan; uljevit; *fig* usrdan (himbeno)
uncultivated ['ʌn'kʌltiveitid] neobrađen; *fig* neobrazovan
uncured ['ʌn'kjuəd] neizlijećen; neusoljen
undamaged [ʌn'dæmidʒd] neoštećen
undated ['ʌn'deitid] nedatiran
undaunted [ʌn'dɔːntid] (~ly) neustrašen
undecided ['ʌndi'saidid] neodlučan
undefined ['ʌndi'faind] neograničen; neodređen

225

undeniable ['ʌndi'naiəbl] neosporan; besprijekoran
under ['ʌndə] 1. *adv* dolje, ispod, niže 2. *prep* (is)pod; 3. u složenicama: pos...; ne...; nedovoljno; manjkavo
under ... ~**bid** *irr* (**bid**) nuditi nižu cijenu (u nadmetanju)
~**bred** neotmjen, neobrazovan
~**cut** ponuditi niže cijene
~**done** nedokuhan, nedopečen
~**estimate** podcijeniti
~**fed** neishranjen
~**feeding** neishranjenost
~**go** (*irr*) (**go**) pretrpjeti; podvrći se
~**graduate** *univ* student(ica)
~**ground** podzemni; podzemna željeznica
~**hand** ispod ruke; potajno
~**lay** [ʌndə'lei] *irr* (**lay**) 1. podložiti 2. [ʌndəlei] nepromočiva podloga
~**let** izdati u podnajam, ispod vrijednosti
~**lie** *irr* [**lie**] 1. ležati pod čim; *fig* činiti pozadinu 2. [ʌndəlain] tekst ispod ilustracije
~**linen** [ʌndəlinin] donje rublje
underling ['ʌndəliŋ] podređeni
undermine [ʌndə'main] minirati; *fig* potkopati
undermost ['ʌndəmoust] 1. *adj* najniži 2. *adv* najniže
underneath [ʌndə'ni:θ] pod, ispod, niže
undernourished ['ʌndə'nʌriʃt] neishranjen
under ... ~**pass** *Am* podvožnjak
~**pay** *irr* (**pay**) nedovoljno plaćati
~**pin** poduprijeti, podzidati
~**plot** sporedna radnja
~**privileged** koji je s manjim pravima nego drugi
~**rate** podcijeniti
~**score** podcrtati
~-**secretary** (državni) podsekretar, pomoćnik ministra
~**sell** *irr* (**sell**) ponuditi nižu cijenu, prodati u bescjenje
~**signed** potpisnik
~**staffed** s nedovoljno osoblja
~**stand** *irr* (**stand**) razumjeti; uvidjeti, shvatiti; saznati; čuti; podrazumijevati
~**standable** razumljiv
~**standing** 1. razum; shvaćanje, razumijevanje; sklad 2. pun razumijevanja, uviđavan
~**state** nedovoljno iskazati; podcijeniti; ublažiti
~**statement** nedovoljan navod, nedorečenost; preniska procjena
~**study** 1. *theat* zamjenik glumca koji uskače u slučaju potrebe 2. uskočiti umjesto glavnog glumca
~**take** *irr* (**take**) poduzeti, preuzeti; obvezati se da
~**taker** poduzetnik
~-**taker** pogrebnik
~**taking** 1. pothvat; obećanje; obveza 2. pogrebno poduzeće
~**tennant** podzakupnik, podnajamnik
~**value** podcijeniti
~**wear** donje rublje
~**weight** nedovoljna težina
~**wood** šikara, šipražje
~**write** *irr* (**write**) zaključiti osiguranje;
undesirable ['ʌndi'zaiərəbl] nepoželjan
undeveloped ['ʌndi'veləpt] nerazvijen
undigested ['ʌndi'dʒestid] neprobavljen
undignified [ʌn'dignifaid] nedostojanstven
undiminished ['ʌndi'miniʃt] nesmanjen
undiscerned ['ʌndi'sə:nd] (~ly) nezapažen
undiscerning ['ʌndi'sə:niŋ] koji se ne razlikuje, neuviđavan
undisciplined [ʌn'disiplind] nediscipliran
undiscriminating ['ʌndis'krimineitiŋ] koji ne pravi razlike, nekritičan
undisguised ['ʌndis'gaizd] neprerušen; neprikriven
undisposed ['ʌndis'pouzd] nesklon; neraspoložen; ~-**of** neprodan, neprodijeljen
undisputed ['ʌndis'pju:tid] (~ly) neosporan
undistrubed ['ʌndis'tə:bd] (~ly) nesmetan
undevided ['ʌndi'vaidid] (~ly) nepodijeljen
undo ['ʌn'du:] *irr* (**do**) otkopčati, odriješiti; otvoriti; popraviti učinjeno
undoing ['ʌn'du:iŋ] otvaranje; propast; uništenje
undone ['ʌn'dʌn] neučinjen, uništen, propao
undoubted [ʌn'dautid] (~ly) nesumnjiv; siguran
undress ['ʌn'dres] 1. svući, skinuti (se) 2.

kućna haljina; radna odjeća; ~ed neodjeven; neobrađen; neuredno obučen
undue ['ʌn'dju:] nedospio; koji još nije plativ; nedopušten; pretjeran
undulate ['ʌndjuleit] bibati (se); (za)lelujati
undying ['ʌn'daiiŋ] besmrtan; neprolazan
unearned ['ʌn'ə:nd] nezaslužen, nezarađen
uneasiness [ʌn'i:zinis] nemir, tjeskoba
uneasy [ʌn'i:zi] (~ly) nemiran, tjeskoban; neugodan
uneatable [ʌn'i:təbl] nejestiv
uneconomic, uneconomical ['ʌnikə'nɔmik(l)] neekonomski, neekonomičan
uneducated ['ʌn'edjukeitid] neobrazovan, neodgojen
unemotional ['ʌni'mouʃnl] neemocionalan, hladan
unemployed ['ʌnim'plɔid] nezaposlen; neiskorišten; neupotrebljen
unimployment ['ʌnim'plɔimənt] nezaposlenost
unending ['ʌn'endiŋ] (~ly) beskrajan; neprestan
unendurable ['ʌnin'djuərəbl] neizdržljiv
unengaged ['ʌnin'ge'dʒd] nevezan, koji nije zaručen; slobodan
un-english ['ʌn'iŋgliʃ] neengleski, koji nije engleski
unequal ['ʌn'i:kwəl] nejednak; ~(l)ed neusporediv
unequivocal ['ʌni'kwivəkl] javan, nedvosmisleno
unessential ['ʌni'senʃl] nebitan, nevažan
uneven ['ʌn'i:vn] nejednak, neravan; neparan (broj)
uneventful ['ʌni'ventful] neuzbudljiv
unexceptionable ['ʌnik'sepʃənəbl] (~ly) besprijekoran
unexpected ['ʌniks'pektid] (~ly) neočekivan
unexpired ['ʌniks'paiəd] koji još nije istekao
unexplained ['ʌniks'pleind] neobjašnjen
unexplored [ʌniks'plɔ:d] neistražen
unexpressed ['ʌniks'prest] neizražen
unfailing [ʌn'feiliŋ] nepogrešiv; neiscrpan
unfair ['ʌn'fɛə] (~ly) nepošten, nepravedan, neodlučan
unfaithful ['ʌn'feiθful] [~ly] nevjeran; nedoslovan; ~ness nevjernost
unfamiliar ['ʌnfə'miljə] nepoznat; neobičan

unfashionable ['ʌn'fæʃnəbl] (~ly) nemoderan
unfasten ['ʌn'fa:sn] odvezati; otvoriti
unfavo(u)rable ['ʌn'feivərəbl] (~ly) nepovoljan
unfeeling [ʌn'fi:liŋ] bezosjećajan
unfit ['ʌn'fit] (~ly) 1. neprikladan; nesposoban za 2. [ʌn'fit] onesposobiti; ~ness nesposobnost
unfold ['ʌn'fould] razviti, otvoriti (se); [ʌn'fould] razotkriti
unforseen ['ʌnfɔ:'si:n] nepredviđen
unforgettable ['ʌnfə'getəbl] (~ly) nezaboravan
unforgiving ['ʌnfə'giviŋ] nepomirljiv
unforgot, unforgotten ['ʌnfə'gɔt(n)] nezaboravljen
unfortunate [ʌn'fɔ:tʃənit] (~ly) 1. nesretan; jadan 2. nesretnik; ~ly na žalost
unfounded ['ʌn'faundid] neosnovan, bestemeljan
unfriendly ['ʌn'frendli] neprijazan, nepovoljan
unfulfilled ['ʌnful'fild] neispunjen
unfurnished ['ʌn'fə:niʃt] nenamješten, neopremljen
ungenerous ['ʌn'dʒenərəs] neplemenit; nedarežljiv
ungenial ['ʌn'dʒi:niəl] (~ly) neljubazan, koji nije nježan
ungentlemanly [ʌn'dʒentlmənli] neodgojen, negospodski
ungraceful ['ʌn'greisful] nedražestan, nezgrapan
ungracious ['ʌn'greiʃəs] nemilostiv, neprijatan
ungrateful [ʌn'greitfful] (~ly) nezahvalan
ungrounded ['ʌn'graundid] neosnovan; neuzemljen
unguarded ['ʌn'ga:did] (~ly) nezaštićen, nečuvan; neoprezan
unguided ['ʌn'gaidid] bez vodiča, bez vodstva
unguilty ['ʌn'gilti] (~ly) nedužan, bez krivnje
unhandsome [ʌn'hænsəm] neugledan, koji nije lijep
unhandly [ʌn'hændi] (~ly) nespretan; neudoban; nezgrapan za rukovanje
unhappiness [ʌn'hæpinis] nesreća
unhappy [ʌn'hæpi] (~ly) nesretan; jadan
unharmed ['ʌn'ha:md] nepovrijeđen
unhealthy [ʌn'helθi] nezdrav

unheard [ʌn'hə;d] nesaslušan; ~-of nečuven
unhesitating [ʌn'heziteitiŋ] koji ne oklijeva; spreman
unhistoric, **unhistorical** ['ʌnhis'tɔrik(l)] nehistorijski
unholy [ʌn'houli] bezbožan, nesvet; strašan
unhonoured ['ʌn'ɔnəd] neštovan, nehonoriran
unhoped - for [ʌn'houptfɔ:] neočekivan, nenadan
unhopeful [ʌn'houpful] beznadan
unhurt ['ʌn'hə:n] jednorog
unification [ju:nifi'keiʃn] ujedinjenje; stapanje
uniform ['ju:nifɔ:m] (~ly) 1. ujednačen; jednolik; jedinstven 2. odora, uniforma 3. uniformirati; ~ity, jednolikost, jednoličnost
unify ['ju:nifai] ujediniti; učiniti jedinstvenim
unilateral ['ju:ni'lætərəl] jednostran
unimaginable ['ʌni'mædʒinəbl] (~ly) nezamisliv
unimaginative ['ʌni'mædʒinətiv] koji je bez mašte
unimportant ['ʌnim'pɔ:tənt] (~ly) nevažan
unifluenced ['ʌn'influənst] koji nije pod utjecajem, nepristran
uniformed ['ʌnin'fɔ:md] neupućen
uninhabitable ['ʌnin'hæbitəbl] nenastanjiv
uninhabited ['ʌnin'hæbitid] nenastanjen
uninjured ['ʌn'indʒəd] neozlijeđen
uninstructed ['ʌnin'strʌktid] nepoučen; neupućen
uninsured ['ʌnin'ʃuəd] neosiguran
unintelligibility ['ʌnintelidʒə'biliti] nerazumljivost
unintended ['ʌnin'tendid] (~ly) nenamjeran
unintersting ['ʌn'intristiŋ] (~ly) neprekidan
uninvited ['ʌnin'vaitid] nepozvan
uninviting ['ʌnin'vaitiŋ] (~ly) neprivlačan
union ['ju:njən] ujedinjenje; bračna zajednica; unija, savez, jedinstvo; udruženje; sindikat; ubožnica
union ... ~ **Jack** nacionalna zastava Ujedinjenog kraljevstva
~**ism** unionizam, sindikalizam
~**ist** unionist; sindikalist
~**ize** sindikalno organizirati
unique [ju:'ni:k] (~ly) 1. jedinstven, jedini 2. unikum
unit ['ju:nit] jedinica, postrojenje; pojedina veličina ili broj
Unitarian [ju:ni'tɛəriən] 1. unitarist 2. unitaristički
unitary ['ju:nitəri] jedinstven, jedinični
unite [ju:'nait] ujediniti (se), spojiti
unite ... ~**d Kingdom** Ujedinjeno Kraljevstvo (Velike Britanije i Sjeverne Irske)
~**d Nations** Ujedinjeni Narodi
~**d States** (**of America**) Sjedinjene Države (sjeverne Amerike)
unity ['ju:niti] jedinstvo; jedinica
universal [ju:ni'və:sl] opći, sveopći, univerzalan; sveobuhvatan; ~ity, općenitost; mnogostranost
universe [ju:ni'vəs] svemir
university [ju:ni'vəsiti] sveučilište
unjust [ʌn'dʒʌst] nepravedan; ~ifiable (~ly) neopravdan
unkind [ʌn'kaind] neljubazan
unknowing ['ʌn'nouiŋ] nesvijestan, koji ne zna
unknown [ʌn'noun] 1. nepoznat, neznan 2. nepoznanica; nepoznata osoba
unlade ['ʌn'leid] *irr* (**lade**) iskrcati
unladylike ['ʌn'leidilaik] koji ne dolikuje dami; prost
unlawful ['ʌn'lɔ:ful] nezakonit, protuzakonit
unlearned ['ʌn'lə:nid] (~ly) neuk, neškolovan
unless [ən'les, ʌn'les] osim da, ako ne
unlettred ['ʌn'letəd] neobrazovan
unlicensed ['ʌn'laisənst] neovlašten, nekoncesioniran
unlike ['ʌn'laik] (~ly) nenalik (na koga); različit, drugačiji; za razliku od; ~lihood nevjerovatnost; ~ly nevjerovatan
unlimited [ʌn'limitid] neograničen; bezgraničan
unload ['ʌn'loud] istovariti; burza rasprodati (vrijednonosne papire)
unlock ['ʌn'lɔk] otključati; ~ed otključan, otvoren
unloose (n) ['ʌn'lu:s(n)] odriješiti, osloboditi
unlovable ['ʌn'lʌvəbl] neljubazan
unloving ['ʌn'lʌviŋ] (~ly) koji je bez ljubavi, koji ne ljubi

unlucky [ʌn'lʌki] (~ly) nesretan
unmake ['ʌn'meik] irr (make) poništiti, opozvati; razvrgnuti; svrgnuti
unmanageable [ʌn'mænidʒəbl] (~ly) nepodatan; nepovodljiv; kojim se teško rukuje; neposlušan
unmanly ['ʌn'mænli] nemuževan
unmarked ['ʌn'maːkt] nenaznačen, nezapažen
unmarried ['ʌn'mærid] neoženjen, neudat
unmatched ['ʌn'mætʃt] neusporediv; nedostižan
unmeaning [ʌn'miːniŋ] (~ly) beznačajan, besmislen
unmeant ['ʌn'ment] nenamjeran
unmeasured [ʌn'meʒəd] neizmjeran; neizmjeren
unmerciful [ʌn'məːsiful] (~ly) nemilosrdan
unmerited ['ʌn'meritid] nezaslužen
unmindful [ʌn'maindful] (~ly) bezobziran, koji se ne obazire na; nepažljiv
unmistakable ['ʌnmis'teikəbl] očevidan, jasan
unmodified [ʌn'mɔdifaid] nepreinačen
unmoral [ʌn'mɔrəl] amoralan, nećudoredan
unmoved ['ʌn'muːvd] *fig* neganut, nedirnut
unmoving [ʌn'muːviŋ] nepomičan
unnamed ['ʌn'neimd] bezimen
unnatural [ʌn'nætʃrl] (~ly) neprirodan
unnecessary [ʌn'nesisəri] (~ly) nepotreban
unnoted ['ʌn'noutid] nezapažen; nepoznat
unnoticed ['ʌn'noutist] neprimijećen
unobservant ['ʌnəb'zəːvənt] nepažljiv; koji se ne drži (čega)
unobserved ['ʌnəb'zəːvd] (~ly) neopažen
unobtainable ['ʌnəb'teinəbl] nedostižan; koji se ne može dobiti
unoccupied ['ʌn'ɔkjupaid] nenastanjen; nezaposjednut; nezaposlen
unofficial ['ʌnə'fiʃl] (~ly) neslužben
unorganised ['ʌn'ɔːgənaizd] neorganiziran
unpaid ['ʌn'peid] neplaćen; nefrankiran
unpardonable [ʌn'paːdnəbl] (~ly) neoprostiv
unpercieved ['ʌnpə'siːvd] neopažen
unperformed ['ʌnpə'fɔːmd] neizveden
unpersuadable ['ʌnpə'sweidəbl] neumoljiv
unpicked ['ʌn'pikt] neodabran, neizabran; neprobran; nesortiran

unplaced ['ʌn'pleist] nesmješten; *sport* neplasiran
unpleasant [ʌn'pleznt] (~ly) neprijazan, neugodan; ~ness neugodnost, neprijaznost
unpolished ['ʌn'pɔliʃt] nepoliran; *fig* neuglađen; neobrazovan
unpolluted ['ʌnpə'luːtid] neokaljan, nezagađen
unpopular ['ʌn'pɔpjulə] (~ly) nepopularan, neobljubljen; ~ity nepopularnost, neomiljenost
unpractical ['ʌn'præktikl] (~ly) nepraktičan
unpracticed, **unpractised** ['ʌn'præktist] nevješt
unprejudiced ['ʌn'predʒudist] nepristran, koji nema predrasuda
unprepared ['ʌnpri'pɛəd] (~ly) nepripravan
unpresentable ['ʌnpri'zentəbl] koji se ne može pokazati, predstaviti; neugledan
unpretending ['ʌnpri'tendiŋ] **unpretentious** (~ly) skroman
unprincipled ['ʌn'prinsəpld] neprincipijelan
unproductive ['ʌnprə'dʌktiv] (~ly) neproduktivan, neplodan
unprofessional ['ʌnprə'feʃnl] nestručan, neprofesionalan
unprofitable ['ʌn'prɔfitəbl] nerentabilan, neunosan; ~ness nerentabilnost, beskorisnost
unpromising ['ʌn'prɔmisiŋ] koji ne obećava mnogo; bezizgledan
unprotected ['ʌnprə'tektid] nezaštićen
unproved ['ʌn'pruːvd] nedokazan
unprovided ['ʌnprə'vaidid] nesnabdjeven; ~-for nepredviđen; nezbrinut (dijete)
unpublished ['ʌn'pʌbliʃt] neobjavljen
unpunished ['ʌn'pʌniʃt] nekažnjen; **go** ~ proći bez kazne
unqualified [ʌn'kwɔlifaid] (~ly) nesposoban; nekvalificiran; neovlašten
unquestionable [ʌn'kwestʃnəbl] (~ly) nesposoban; nesumnjiv
unquestioned [ʌn'kwestʃənd] neupitan; neosporan
unquestioning [ʌn'kwestʃəniŋ] (~ly) koji se ne pita, bezuvjetan
unquote ['ʌn'kwout] završiti citat; ~d burza; koji ne notira

unread ['ʌn'red] nečitan; nenačitan; ~**able** nečitljiv, nečitak
unreadiness ['ʌn'redinis] neispravnost; nespremnost
unready ['ʌn'redi] (~ly) nespreman, nepripravan
unreal ['ʌn'riəl] (~ly) nestvaran; ~**istic** nerealističan; ~**ity** nestvarnost; ~**izable**, neostvariv; koji se ne može kupiti; unovčiti
unreason ['ʌn'ri:zn] bezumnost; nerazuman; neopravdan; pretjeran
unrecognizable ['ʌn'rekəgnaizəbl] (~ly) koji se ne može prepoznati
unrecognized ['ʌn'rekəgnaizd] nepriznat
unrecorded ['ʌnri'kɔ:did] nezabilježen (u povijesti)
unregarded ['ʌnri'ga:did] nezapažen; neuvažan
unregistred ['ʌn'redʒistəd] neregistriran, neupisan; nepreporučen (pismo)
unrelated ['ʌnri'leitid] nesrodan, bez veza s
unreliable ['ʌnri'laiəbl] nepouzdan
unrepented ['ʌnri'pentid] neokajan
unreserved ['ʌnri'zə:vd] (~ly) nerezerviran, bez rezerve; neograničen
unresisting ['ʌnri'zistiŋ] bez otpora; koji se ne protivi
unresponsive ['ʌnris'pɔnsiv] ravnodušan, koji ne reagira na
unrest ['ʌn'rest] nemir; ~**ing** (~ly) nemiran; neumoran
unrestricted ['ʌnris'triktid] (~ly) neograničen
unrevealed ['ʌnri'vi:ld] neotkriven; neobjavljen
unrewarded ['ʌnri'wɔ:did] nenagrađen
unriddle ['ʌn'ridl] odgonetnuti
unrighteous [ʌn'raitʃəs] (~ly) nepravedan; opak
unripe ['ʌn'raip] nezreo
unruffled ['ʌn'rʌfld] gladak, nenabran; miran
unruly [ʌn'ru:li] buntovan, nepokoran
unsafe ['ʌn'seif] (~ly) nesiguran
unsaid ['ʌn'sed] neizrečen
unsal [e]able ['ʌn'seiləbl] koji se ne može prodati
unsalted ['ʌn'sɔ:ltid] nesoljen
unsanctioned ['ʌn'sæŋkʃnd] nedopušten; nepotvrđen
unsanitary ['ʌn'sænitəri] nehigijenski
unsatisfactory ['ʌnsætis'fæktəri] (~ly) unsatisfying (~ly) koji ne zadovoljava; nedovoljan
unsay ['ʌn'sei] *irr* (**say**) opozvati, povući riječ
unschooled ['ʌn'sku:ld] neškolovan; naravan
unscientific ['ʌnsaiən'tifik] (~ally) neznanstven
unscrew ['ʌn'skru:] odviti, odvrnuti
unscrupolous [ʌn'skru:pjuləs] beskrupulozan; nesavjestan
unsearchable ['ʌn'sə:tʃəbl] (~ly) nedokučiv, neistraživ
unseemliness ['ʌn'si:mlinis] nedoličnost
unseemly [ʌn'si:mli] *adj* nedoličan
unseen ['ʌn'si:n] 1. neviđen; nevidljiv 2. nepregledan 3. klauzura
unselfish ['ʌn'selfiʃ] nesebičan
unsentimental ['ʌnsenti'mentl] nesentimentalan
unsettle ['ʌn'setl] poremetiti, dovesti u nered; zbuniti; ~**d** poremećen; nesiguran, zbunjen; neisplaćen; nerješen (pitanje); nenaseljen (kraj); bez stalna prebivališta
unshaken ['ʌn'ʃeikn] postojan; nepokoleban
unshaven ['ʌn'ʃeivn] neobrijan
unship ['ʌn'ʃip] iskrcati; skinuti (kormilo); izvaditi (vesla)
unshrinkable ['ʌn'ʃriŋkəbl] koji se ne skuplja (tkanina)
unshrinking [ʌn'ʃriŋkiŋ] (~ly) neustrašiv
unsighted ['ʌn'saitid] koji nema vida
unsightly [ʌn'saitli] ružan, neugledan
unsigned ['ʌn'saind] nepotpisan
unskil [l]ful ['ʌn'skilful] (~ly) nespretan
unskilled [ʌn'skild] nevješt, nekvalificiran
unsleeping ['ʌn'sli:piŋ] besan, koji ne spava
unsociable [ʌn'souʃəbl] nedruževan
unsocial [ʌn'souʃl] nedruštven, asocijalan
unsold ['ʌn'sould] neprodan
unsolid ['ʌn'sɔlid] nesolidan; nepouzdan
unsolvable ['ʌn'sɔlvəbl] nerješiv
unsolved ['ʌn'sɔlvd] nerješen
unsophisticated ['ʌnsə'fistikeitid] nepatvoren, naravan; neprofinjen
unsound ['ʌn'saund] (~ly) nezdrav; pokvaren; istrunuo
unspeakable [ʌn'spi:kəbl] (~ly) neizreciv, neopisiv

unspecifed ['ʌn'spesifaid] nespecifiran
unspent ['ʌn'spent] nepotrošen; neiscrpljen
unspoken ['ʌn'spoukən] neizrečen; ~-of nespomenut
unstable ['ʌn'steibl] (~ly) nepostojan, nesiguran, labav
unsteady ['ʌn'stedi] (~ly) nestalan, nepostojan, kolebljiv; klimav
unstressed ['ʌn'strest] nenaglašen
unsubstantial ['ʌnsəb'stænʃl] (~ly) nebitan, nevažan; netjelesan, nestvaran
unsuccessful ['ʌnsək'sesful] (~ly) neuspješan; ~ness neuspješnost
unsuitable ['ʌn'sju:təbl] (~ly) nepogodan, nepriklatan
unsuited ['ʌn'sju:tid] nepodesan za
unsure ['ʌn'ʃuə] nesiguran
unsuspected ['ʌnsəs'pektid] nesumnjiv, neosumnjičen
unsuspecting ['ʌnsəs'pektiŋ] (~ly) nesumnjičav; bezazlen
untam[e]able ['ʌn'teiməbl] neukrotiv
untamed [ʌn'teimd] neukroćen
untangle ['ʌn'tæŋgl] razmrsiti
untaught ['ʌn'tɔ:t] ne(pod)učen
untaxed [ʌn'tækst] neoporezovan
unteachable ['ʌn'ti:tʃəbl] koji se ne da podučiti (osoba); koji se ne da naučiti (stvar)
untempered ['ʌn'tempəd] neublažen, nerazblažen; nekaljen (čelik)
untenable ['ʌn'tenəbl] neodrživ
untenanted ['ʌn'tenəntid] neiznajmljen; nenastanjen
unthankful ['ʌn'θæŋkful] nezamišljiv, neopisiv
unthinkable ['ʌn'θiŋkəbl] (~ly) nepromišljen
unthought ['ʌn'θɔ:t] ne(po)mišljen; ~-of neslućen
untidy [ʌn'taidi] neuredan
untie ['ʌn'tai] odvezati, odriješiti koga
until [ʌn'til,ən'til] 1. prep (sve) do; 2. cj dok (ne)
untimely [ʌn'taimli] u nevrijeme; prijevremen; nepravodoban; nezgodan
untiring [ʌn'taiəriŋ] (~ly) neumoran
unto ['ʌntu] k, ka itd.
untold ['ʌn'tould] neispripovijedan; neizmjeran; neizreciv
untouched ['ʌn'tʌtʃt] netaknut; fig nedirnut

untrained ['ʌn'treind] nedresiran, netreniran; neškolovan
untranslatable ['ʌntra:ns'leitəbl] neprevediv
untried ['ʌn'traid] neokušan; neisproban; nepresuđen
untroubled ['ʌn'trʌbld] nesmetan, nepomućun
untrue ['ʌn'tru:] (~ly) neistinit; nevjeran
untrustworthy ['ʌn'trʌstwə:ði] (~ly) nepouzdan
untruth ['ʌn'tru:θ] neistina
unused ['ʌn'ju:zd] neupotrebljen; ['ʌn'ju:st] nenaviknut na
unusual [ʌn'ju:ʒuəl] (~ly) neobičan
unvarying [ʌn'vɛəriiŋ] (~ly) nepromjenjiv
unvouched ['ʌn'vautʃt] ~-for nezajamčen
unwanted [ʌn'wɔntid] neželjen, nepoželjan
unwarrantable [ʌn'wɔrəntəbl] (~ly) neodgovoran
unwarranted [ʌn'wɔrəntid] neovlašten; nezajamčen
unwary ['ʌn'wɛəri] (~ly) neoprezan
unweigh [ʌn'wei] rasteretiti
unwelcome [ʌn'welkəm] koji nije dobro došao; nezgodan
unwell ['ʌn'wel] koji se loše osjeća, bolestan
unwilling ['ʌn'wiliŋ] (~ly) nesklon, nerad; be ~ to do ne htjeti učiniti
unwind ['ʌn'waind] irr (wind) odmotati (se)
unwisdom ['ʌn'wizdəm] nerazboritost
unwise ['ʌn'waiz] (~ly) nerazuman
unwished [ʌn'wiʃt] neželjen; ~-for nepoželjan
unwanted [ʌn'wountid] (~ly) nenaviknut na; neobičan
unworthy [ʌn'wə:ði] (~ly) nedostojan
unwrap ['ʌn'ræp] odmotati, razmotati
unwritten ['ʌn'ritn] ne(na)pisan (zakon); neispisan (stranica)
unyielding ['ʌn'ji:ldiŋ] (~ly) nepopustljiv
up [ʌp] 1. adv gore, prema gore; uspravno; na nogama; istekao (vrijeme); izašao (sunce); u pokretu; u uzbuđenju; ~ to (sve) do; be ~ to a th biti dorastao čemu, biti pripravan na što; slang what's ~?, što se to zbiva? 2. int ustaj, na noge! 3. prp gore 4. adj ~ train vlak koji vozi prema (glavnom) gradu 5. Am the ~ s and

downs sreća i nesreća (u životu) 6. *vb*, dići (se)
upbringing ['ʌpbriŋiŋ] odgoj, odgajanje; uzgajanje
upheaval ['ʌp'hi:vl] *geol* dizanje zemljine kore; *fig* preokret
uphill ['ʌp'hil] uzbrdo; teško
uphold ['ʌp'hould] *irr* (hold) držati uspravno; poduprijeti; ~er *fig* oslonac
upholster [ʌp'houlstə] tapetirati pokućstvo; dekorirati sobu; ~er tapetar, dekorater; ~y tapetarski proizvodi; tapetarstvo; dekoracija soba itd.
upland ['ʌplənd] 1. većinom *pl* visoravan 2. visinski
uplift [ʌp'lift] 1. uzdignuti 2. [ʌplift] uzvisina; *fig* uzdignuće; *Am* duhovna okrjepa, polet
upon [ə'pɔn] ~ on, na itd.
upper ['ʌpə] 1. gornji, viši; *fig* uzvišeniji; ~-most (naj)gornji, najviši
upraise ['ʌp'reiz] podignuti
uprear [ʌp'riə] uspraviti
upright ['ʌp'rait] (~ly) 1. uspravan; *fig* [ʌprait] ispravan, čestit 2. stup; stalak; pianino
uprisiing [ʌp'raiziŋ] ustajanje; ustanak, pobuna
uproar ['ʌprɔ:] *fig* metež, buka; ~ious (~ly) bučan; buran
uproot [ʌp'ru:t] iskorijeniti; isčupati
upset [ʌp'set] 1. *irr* (set) izvrnuti; *fig* oboriti; poremetiti 2. izvrnuće; uzbuđenje 3. ~ **price** početna cijena na dražbi
upshot ['ʌpʃɔt] ishod, rezultat; **in the ~** na kraju, konačno
upside ['ʌpsaid] *adv* ~ **down** obrnuto, naglavce; *fig* pobrkano; naopako; **turn ~ down** postaviti naglavce
upstairs ['ʌp'stɛəz] gore u kući; na gornjem katu; uza stepenice
upstate ['ʌp'steit] *Am* unutarnji; gornji dio države (osobiti sjeverno od New Yorka)
upstream ['ʌp'stri:m] uzvodno
uptake ['ʌpteik] shvaćanje; **be slow (quick) in (ili on) the ~** sporo (brzo) shvaćati
upthrow ['ʌpθrou] preokret
uptown [ʌp'taun] 1. u gornjem gradu, u gornji grad, prema gradu; *Am* u otmjenom dijelu grada 2. gornjogradski
upturn [ʌp'tə:n] uspraviti; okrenuti prema gore

upward ['ʌpwəd] 1. *adj* okrenut u vis 2. *adv* **upwards** uvis, iznad
uranium [juə'reiniəm] uran
urban ['ə:bən] gradski
urbane [ə:'bein] (~ly) uljudan; obrazovan
urbanity [ə:'bæniti] uljudnost
urbanization [ə:bənai'zeiʃn] urbanizacija
urbanize ['ə:bənaiz] urbanizirati, učiniti gradskim
urge [ə:dʒ] 1. požurivati, tjerati, natjerati; nagovarati; predočiti; isticati; *fig* podbadati 2. poriv, poticaj
urge ... ~**ful** emfatičan
~**ncy** hitnost, požurivanje
~**nt** (~ly) hitan
urinal ['juərinl] mokraćovod; guska; pisoar
urinary ['juərinəri] mokraćni
urinate ['juərineit] mokriti
urine ['jurin] urin, mokraća
urn [ə:n] urna; (većinom **tea ~**), čajnik
us [ʌs, nenagl əs] nas, nama; se, sebe
usable ['ju:zəbl] upotrebljiv
usage ['ju:zidʒ] navika; uzanca; jezični osjećaj; postupak
usance ['ju:zəns] uzanca; **bill at ~**, običajna mjenica
use [ju:s] 1. upotreba, primjena; navika, običaj; korisnost 2. [ju:z] upotrebljavati, služiti se, rukovati, baratati; primijeniti; postupiti
use ... **be of ~** koristiti
have no ~ for ne trebati što
~ **up** potrošiti, istrošiti
I ~d [ju:s(t)] **to do** običavao sam činiti
~**d** činiti
~**ful** (~ly) upotrebljiv, koristan
~**less** (~ly) beskoristan, neupotrebljiv
~**r** [ju:zə] korisnik
usher ['ʌʃə] 1. vratar; sudski sluga; biljeter-razvodnik 2. uvesti, najaviti (većinom ~ **in**)
usual ['ju:ʒuəl] (~ly) običan, uobičajen
usurer ['ju:ʒərə] lihvar
usurp [ju:'zə:p] prigrabiti, protuzakonito prisvojiti; ~**ation** otimanje, protuzakonito prisvajanje; ~**er** otimač, uzurpator
utensil [ju:'tensl] alat; posudba; ~**s** *pl*, potrepštine, pribor
uterus ['ju:tərəs] maternica
utilitarian [ju:tili'tɛəiən] 1. utilitarist 2. utilitaristički

utility [ju'tiliti] 1. korisnost, korist; **public ~** komunalna usluga 2 **~ goods** roba široke potrošnje
utilization [ju:'tilai'zeiʃn] korištenje
utilize ['ju:tilaiz] koristiti se, iskoristiti što
utmost ['ʌtmoust] krajnji
Utopian [ju:'toupjən] 1. utopijski 2. utopist

utter ['ʌtə] (**~ly**) 1. *fig* krajnji, potpun; odlučan 2. izreći, igovoriti, izustiti
utter ... ~ance izražavanje, izraz, izgovor
~er onaj koji izražava, izgovara
~most krajnji
uvula ['ju:vjulə] *anat* usna resica, jezičac; **~r** koji se tiče usne resice

vacancy ['veikənsi] 1. praznina, pustoš; prazan ili slobodan prostor, rupa; prazno, slobodno ili upražnjeno mjesto; nezaposlenost, dokolica
vacate [və'keit, *Am* 'veikeit] isprazniti, napustiti; osloboditi; odstupiti od čega
vacation [və'keiʃn] 1. školski i drugi praznici; *pl* ispražnjenje; napuštanje; odstupanje 2. osobito *Am* ljetovati, biti na ferijama; ~ist *Am* onaj koji je na ferijama
vaccinate ['væksineit] cijepiti
vaccination [væksi'neiʃn] cijepljenje
vaccinator ['væksineitə] liječnik, onaj koji cijepi
vaccine ['væksi:n] 1. vakcinalan; ~ matter cjepivo
vacilate ['væsileit] kolebati se
vacilation [væsi'leiʃn] kolebanje
vacuity [væ'kju:iti] praznina (većinom *fig*)
vacuous ['vækjuəs] prazan (većinom *fig*)
vacuum ['vækjuəm] *phys* vakuum; ~ cleaner usisivač prašine; ~flask, bottle termos boca
vademecum ['veidi'mi:kəm] priručnik
vagabond ['vægəbɔnd] 1. lutalački 2. skitnica, vagabund; ~age skitanje
vagary [və'gɛəri] mušica, hir, kapric
vagrancy ['veigrənsi] skitanje
vagrant ['veigrənt] 1. skitnički; *fig* nepostojan 2. vagabond, skitnica
vague [veig] (~ly) nejasan, mutan; neodređen
vain [vein] (~ly) tašt; *fig* ništav, isprazan; in ~ uzalud
vainglorious [vein'glɔ:riəs] hvalisav
vainglory [vein'glɔ:ri] hvalisanje
valediction [væli'diktəri] 1. oproštajni 2. oproštajni govor
valence ['veiləns] valentnost, valencija
valentine ['væləntain] Valentin; draga ili dragi odabrani na dan Sv. Valentina; st ~s day blagdan Sv. Valentina

valet [vælit] 1. sobar, komornik 2. služiti komu kao sobar
valetudinarian ['vælitju:di'nɛəriən] bolešljiv, hipohondričan (čovjek)
valiant ['væljənt] hrabar
valid ['vælid] (~ly) (puno) valjan, vrijedan, pravomoćan; ~ate proglasiti pravomoćnim; ~ity pravomoćnost; (pravo) valjanost
valley ['væli] dolina
valorization [vælərai'zeiʃn] valorizacija
valorize ['vælərais] valorizirati
valo[u]r ['vælə] (~ly) *rhet* hrabrost
valuable [væljuəbl] (~ly) 1. vrijedan, dragocijen 2. ~s *pl* dragocjenost
valuation ['vælju'eiʃn] procjena; procjenjena vrijednost
valuator ['væljueitə] procjenitelj
value ['vælju:] 1. vrijednost; valuta, važenje 2. (pro)cijeniti; *fig* štovati; ~less bezvrijedan
valve [vælv] zalistak; ventil cijevi
vamp [væmp] 1. gornja koža (cipele), komad takve kože; zakrpa; improvizirati 2. vamp, zavodnica 3. zavoditi
vampire ['væmpaiə] vampir
van [væn] 1. (zatvorena) kola za prijevoz pokućstva; (zatvoren) teretni vagon; poluteretni (zatvoreni) automobil 2. prethodnica; predstraža
Vandal ['vændl] 1. vandal; 2. (i **Vandalic**) vandalski; ~ism vandalizam
vanguard ['vænga:d] prethodnica, predstraža
vanilla [və'nilə] vanilija
vanish [væniʃ] nestati, isčeznuti
vanity ['væniti] taština; ispraznost; ~bag ručna torbica
vantage ['va:ntidʒ] *tenis*: prednost; ~ ground povoljan položaj
vapid ['væpid] (~ ly) bljutav
vapo(u)rize ['veipəraiz] ispari(va)ti; ~ r isparivač; raspršivač

vaporous ['veipərəs] (~ly) parovit; zaparen; *fig* maglovit
vapo[u]r ['veipə] 1. maglica; para; *fig* tlapnja; ~ **bath** parna kupelj 2. hvalisanje, hvastanje; ~y, **vaporous**
variability [vɛəriə'biliti] promjenjivost
variable ['vɛəriəbl] (~ly) promjenljiv 2. varijanta
variation [vɛəri'eiʃn] promjena; odstupanje; kolebanje; varijacija
varied ['vɛərid] raznolik, različit
variegate ['vɛərigeit] učiniti šarolikim
variety [və'raiəti] raznolikost; mnogostranost; podvrsta; izbor; mnoštvo; varijanta; ~ **theatre** noćni lokal sa zabavnim programom
variola [və'raiələ] velike ospice
various ['vɛəriəs] različit, raznolik
varnish ['va:niʃ] 1. lak, pokost; *fig* politura 2. lakirati; *fig* uljepšati
varsity ['va:siti] sveučilište
vary ['vɛəri] *v/t* mijenjati; promijeniti; varirati; *v/i* promijeniti se; mijenjati se; razlikovati se od
vascular ['væskjulə] žilni, vaskularni
vase [va:z] vaza
vassal ['væsl] vazal; *attr* vazalski
vast [va:st] (~ly) golem, ogroman; neizmjeran; ~ness pronstranstvo; golemost
vault [vɔ:lt] 1. svod; trezor; grobnica; vinski podrum 2. nadsvoditi 3. *v/i* skakati; *v/t* preskočiti 4. skok
veal [vi:l] teletina; **roast** ~ teleće pečenje
veer [viə] 1. okretati (se); ~ **round** ! okrenuti se; *fig* promijeniti mišljenje 2. zaokret
vegetable ['vedʒitəbl] 1. biljni 2. biljka; povrće (i ~s *pl*)
vegetarian [vedʒi'tɛəriən] vegetirati, životariti
vegetation [vedʒi'teiʃn] vegetacija
vegetative ['vedʒiteitiv] (~ly) vegetativan; rastlinski
vehemence ['vi:iməns] žestina; naglost
vehement ['vi:imənt] (~ly) žestok; nagao
vehicle ['vi:ikl] vozilo; prijevozno sredstvo; *fig* sredstvo; posrednik
vehicular [vi'hikjulə] (~ly) (prije)vozni, kolni
vein [vein] žila; *fig* sklonost; ~ed vlaknast, pun žila
velocity [vi'lɔsiti] brzina
velvet ['velvit] 1. baršun 2. baršunast; ~y baršunast; mekan

venal ['vi:nl] podmitljiv, kupovan; ~ity (pot)kupljivost
vend [vend] proda(va)ti; ~er, ~or, prodavač; ~ing **machine** prodajni automat
venerable ['venərəbl] (~ly) častan
venerate ['venəreit] poštovati, obožavati
veneration [venə'reiʃn] (po)štovanje; obožavanje
venerator [venər'eitə] (po)štovatelj
venereal [vi'niəriəl] spolni; ~ **disease** spolna bolest
Venetian [vi'ni:ʃn] 1. venecijanski, mletački 2. Venecijanac, Venecijanka
vengeance ['vendʒəns] osveta
venison ['venizn] divljač, srnetina
vent [vent] 1. otvor; ispuh; ventil; odvod 2. dati oduška, iskaliti
ventilate ['ventileit] prozračiti; ventilirati
ventilation [venti'leiʃn] ventilacija; provjetravanje
ventilator [venti'leitə] ventilator
ventriloquist [ven'triləkwist] trbuhozborac
ventriloquize [ven'triləkwaiz] govoriti iz trbuha
venture ['ventʃə] 1. smion pothvat; pustolovina; rizik; **at a** ~ na sreću 2. *v/t* odvažiti se, usuditi se, staviti na kocku; *v/i* odvažiti se nekamo poći..; ~(**up**)**on** odvažiti se na što; ~**some**, **venturous** (~ly) odvažan
veracious [və'reiʃəs] (~ly) istinit, vjerodostojan
veracity [və'ræsiti] istinoljubivost, istinitost
verb [və:b] *gr* glagol; ~al(~ly) verbalan; usmen
verdict ['və:dikt] pravorijek, verdikt; *fig* sud, mišljenje
verdure ['və:dʒə] zelenilo, zeleno raslinje
verge [və:dʒ] 1. službeni itd. štap 2. *fig* rub; granica; **on the** ~**of** na rubu čega; tik pred; tek što ne 3. naginjati se; ~(**up**)**on** graničiti s
verifiable ['verifaiəbl] provjeriv, dokaziv
verification [verifi'keiʃn] ovjerovljenje, potvrda
verify ['verifai] provjeriti; dokazati; potvrditi
verisimilitude [verisi'militju:d] vjerojatnost
veritable ['veritəbl] (~ly) istinit, stvaran
verity ['veriti] istinitost, zbilja

vermilion [vəˈmiljən] 1. cinober 2. boje cinobera; svjetlocrven
vermin [ˈvəːmin] gamad; ~ hunt štetočinja
verm[o]uth [ˈvəːmuːt] vermut, pelinkovac
vernacular [vəˈnækjulə] (~ly) 1. urođen; domaći 2. domaći, materinji, narodni jezik; žargon
vernal [ˈvəːnl] proljetni
versatile [ˈvəːsətail] (~ly) mnogostran, svestran; spretan; gibak
versatility [vəːsəˈtiliti] mnogostranost; pomičnost
verse [vəːs] stih, kitica, stihovi; pjesništvo, poezija; ~d verziran, vješt u čemu
versification [vəːsifiˈkeiʃn] stihotvorstvo; prozodija
versify [ˈvəːsifai] v/t prenijeti u stihove
version [ˈvəːʃn] prikaz, verzija; prijevod
versus [ˈvəːsəs] protiv, versus
vertebra [ˈvəːtibrə] pl **vertebrae** [vəːtibriː] kralježak
vertebral [ˈvəːtibrəl] (~ly) koji se odnosi na kralježnicu; ~ animal kralješnjak
vertex [ˈvəːteks] pl većinom **vertices** [vəːtisiːz] tjeme; vrh; vršak
vertical [ˈvəːtikəl] (~ly) vertikalan, okomit; zenitni
vertiginous [vəːˈtidʒinəs] vrtoglav
vertigo [ˈvəːtigou] vrtoglavica
very [ˈveri] 1. adv vrlo, veoma; baš; uistinu 2. adj pravi; zbiljski
vessel [ˈvesl] sud, posuda; brod
vest [vest] 1. potkošulja, maja; prsluk 2. v/t fig odjenuti; obući koga u što; dati u posjed komu; v/i biti dodijeljen; pripasti komu
vestibule [ˈvestibjuːl] predvorje; predsoblje; trijem
vestry [ˈvestri] eccl sakristija; crkvena općina
vet [vet] 1. veterinar; Am veteran 2. liječiti (fig temeljito pregledati)
veteran [ˈvetərən] 1. islužen; iskusan 2. veteran; bivši borac
veterinary [ˈvetnri] 1. veterinarski 2. veterinar (većinom ~ surgeon)
veto [ˈviːtou] 1. veto 2. uložiti veto protiv
vex [veks] dosađivati; šikanirati; mučiti
vex.. ~**ation** dodijavanje; mučenje; šikanacija
~**ations** (~ly) koji zadaje ljutnju; neugodan; dosadan

~**ed** (~ly) ljut(it)
~**ing** koji ljuti, iritantan
via [ˈvaiə] putem, preko, via
vibrant [ˈvaibrənt] titrav; drhtav
vibrate [vaiˈbreit] vibrirati, njihati se; drhtati
vibration [vaiˈbeiʃn] vibracija, njihanje
vibratory [ˈvaibrətəri] titrav, drhtav
vicar [ˈvikə] eccl vikar (pod)župnik
viariuos [vaiˈkɛəriəs] (~ly) namjesnički; zastupnički
vice [vais] 1. porok; mana 2. škripac, mengela 3. prep namjesto koga, čega 4. vice... pod... 5. zamjenik
vice... ~-**admiral** viceadmiral
~-**chairman** potpredsjednik
~-**chancellor** vicekancelar; univ rektor
~-**consul** vicekonzul
~-**presient** potpresjednik
viceversa [vaisiˈvəːsə] obrnuto, protivno
vicinage [ˈvisinidʒ] **vicinity** [viˈsiniti] blizina (čemu), susjedstvo
vicious [ˈviʃəs] (~ly) opak, pokvaren, zao, zloban
victim [ˈviktim] žrtva; ~**ize** žrtvovati; nasamariti koga; prisiliti koga na žrtvu
victor [ˈviktə] pobjednik
Victorian [vikˈtɔːriən] viktorijanski
victorious [vikˈtɔːriəs] (~ly) pobjednički
victory [ˈviktəri] pobjeda
video [ˈvidiou] video; televizijski; ~ **recorder** video rekorder
Viennese [vieˈniːz] Bečanin, Bečanka 2. bečki
view [vjuː] 1. vidik, pogled; prizor; promatranje; razgledavanje; fig mišljenje; nazor 2. razgleda(va)ti, motriti; prosuđivati
view... at first ~ na prvi pogled
in ~ na vidiku; vidljiv
in ~ of s obzirom na
in my ~ po mom shvaćanju
on ~ na ogled, izložen
out of ~ nevidljiv; koji nije na vidiku
with a ~ to, with the ~ of u svrhu, s ciljem, imajući u vidu
~**er** promatrač
~-**point** stanovište, gledište
~**y** (~ly) luckast
vigilance [ˈvidʒiləns] budnost, oprez, besanica
vigorous [ˈvigərəs] (~ly) snažan, jak, jedar
vigo(u)**r** [ˈvigə] jakost, snaga, krepost

vile [vail] (~ly) prost, podao
vilification [vilifi'keiʃn] sramoćenje, poniženje, ocrnjivanje
vilify ['vilifai] sramotiti; ponizivati; ocrniti
villa ['vilə] vila, ljetnikovac
village ['vilidʒ] selo; ~r seljanin
villain ['vilən] nitkov, hulja, lopov; ~ous (~ly) lopovski, lupeški; ~y podlost, lupeštvo
vindicate ['vindikeit] (o)braniti; opravdati; polagati pravo na
vindication [vindi'keiʃn] opravda(va)nje
vindicatori [vindi'keitəri] (~ly) koji opravdava, brani
vindicative [vin'diktiv] osvetnički, osvetljiv
vine [vain] čokot, trs (vinova) loza
vinegar ['vinigə] 1. (vinski) ocat 2. zakiseliti octom
vineyard ['vinjəd] vinograd
vintage ['vintidʒ] berba; vinsko godište; ~r berač grožđa
viola [vi'oulə] viola; 2. [vaiələ] ljubica
violable ['vaiələbl] (~ly) povrediv
violate ['vaiəleit] povrijediti, prekršiti; silovati; oskvrnuti
violation [vaiə'leiʃn] povreda, prekršenje; oskrvnuće, silovanje
violator ['vaiəleitə] (pre)kršitelj; oskrvnitelj; silovatelj
violence ['vaiələns] silovitost; žestina; nasilje
violent ['vaiələnt] (~ly) silovit; žestok; nasilan
violet ['vaiəlit] 1. ljubičica; ljubičast
violin [vaiə'lin] violina, gusle; ~ist violinist(kinja), guslač(ica)
violencelist [vaiələn'tʃelou] violončelo
viper ['vaipə] vipera, zmija (otrovnica); ~ine, ~oun (~ly) fig zmijski, otrovan
virgin ['və:dʒin] 1. djevica; 2. (~ly) djevičanski; nevin; čist; ~al(~ly) djevičanski; ~ity djevičanstvo
virile ['virail] muževan, muški
virility [vi'riliti] muževnost
virtu [və:'tu:] ljubav za umjetnine
virtual ['və:tjuəl] stvarni, zbiljski
virtue ['vətju:] vrlina, krepost; snaga; in (ili by) ~ of s pomoću, na temelju
virtuosity [vətju'ɔsiti] virtuoznost
virtuoso [vətju'ouzou] virtuoz; ljubitelj umjetnosti
virtous ['vətjuəs] (~ly) krepostan; častan

virulence ['virulənps] otrovnost; fig pakost
virulent ['virulənt] (~ly) otrovan; fig pakostan
virus ['vaiərəs] virus
viscount ['vaikaunt] vikont
visibility [vizi'biliti] vidljivost; vidnost
visible ['vizibl] vidljiv; fig očit; ono što je vidljivo
vision ['viʒn] vid; fig pronicavost; vizija; priviđenje; ~ary 1. vizionarski 2. vizionar; vidovnjak; sanjar
visit ['vizit] 1. v/t posjetiti; razgledati; fig utješiti; osvetiti, v/i ići u pohode; Am časkati, razgovarati 2. posjet
visit ... ~ation posjet; razgledavanje; pregled
 ~ing posjet(nički)
 ~card posjetnica
 ~or posjetilac, gost; inspektor
vista ['vistə] vidik; izgled; galerija; niz; drvored
visual ['vizjuəl] (~ly) vidni; vizualan; ~ize predočiti (sebi); dočaravati
vital ['vaitl] (~ly) vitalan, životni; ~ity vitalnost, životna snaga; ~ize oživiti; uliti života
vitamin ['vitəmin] **vitamine** [vitəmi:n] vitamin
vituperate [vi'tju:pəreit] izgrditi; psovati
vituperation [vitju:pə'reiʃn] psovanje, grđenje
vituperative [vi'tju:pəreitiv] (~ly) pogrdan
vivacious [vi'veiʃəs] (~ly) živ(ahan)
vivacity [vi'væsiti] živahnost
vivid ['vivid] (~ly) živ(ahan); ~ness živahnost
vivify ['vivifai] oživjeti; oživiti
vocabulary [və'kæbjuləri] vokabular, rječnik; bogatstvo riječi
vocal ['voukl] (~ly) glasovni; govorni; zvučan; gr vokalski, samoglasni; ~c(h)ord anat glasnica; ~ist pjevač(ica); ~ize gr (zvučno) izgovarati; vokalizirati; ~ly adv glasovno; glasno
vocation [vou'keiʃn] zanimanje, zvanje; nutarnji nagon; poriv; ~al(~ly) stručni, profesionalni
vocative ['vɔkətiv] gr vokativ (i < case)
vogue [voug] omiljenost; moda
voice [vɔis] 1. glass; **active** ~ aktiv; **passive** ~ pasiv 2. izgovoriti, izreći; ~less (~ly) gr bezvučan, nijem

void [vɔid] 1. prazan; bez 2. praznina; rupa 3. isprazniti; ukinuti; ~ness praznoća
volcanic [vɔl'kænik] (~ally) vulkanski
volcano [vɔl'keinou] vulkan
volition [vou'liʃn] htijenje, snaga volje
volley ['vɔli] 1. salva; *fig* bujica; (tenis) volej 2. *v/t* izliti bujicu riječi; *v/i* ispaliti bujicu riječi; ~-**ball** *sport* odbojka
volt [voult] volt; ~**age** voltaža, napon
volubility [vɔlju'biliti] brbljavost, blagogljagljivost
vouble ['vɔljubl] brbljav, blagoglagoljiv
volume ['vɔljum] svezak knjige; volumen; *fig* masa, množina; opseg glasa
voluminous [və'lju:minəs] opsežan, koji ima mnogo svezaka
voluntary ['vɔləntəri] (~ly) 1. dobrovoljan; *physiol* namjeran 2. dobrovoljni rad
volunteer [vɔlən'tiə] 1. dobrovoljac; *attr* volonterski, dobrovoljački 2. *v/i* dobrovoljno služiti; javiti se kao dobrovoljac; *v/t* dobrovoljno ponuditi; nepitan reći, nepozvan izjaviti
voluptuary [və'lʌptjuəri] razbludnik
voluptuous [və'lʌptjuəs] (~ly) razbludan; ~**ness** putenost
volute [və'lju:t] spirala; ~**ed** zavojit, spiralan
vomit ['vɔmit] 1. povraćati, pobljuvati (se) 2. bljuvotina
voodoo ['vu:du:] 1. čarobnjaštvo; začarati
voracious [vo'reiʃəs] (~ly) proždrljiv, lakom; ~**ness**, **voracity** proždrljivost, lakomost
vortex ['vɔ:teks] *pl* većinom **vortices** [vɔ:risi:z] vrtlog, vir

vote [vout] 1. glas(ovanje); pravo glasa; ~**of** (**no-**) **confidence** izglasavanje (ne)povjerenja; cast a ~ glasovati, dati glas; put to the ~ staviti na glasovanje; take a ~ glasovati (o čemu) 2. *v/t* izglasati; *v/i* glasovati; birati; ~**for** biti za što; ~**r** glasač, birač(ica)
voting ... ~-**booth** ['voutiŋbu:ð] glasačka kabina
 ~-**box** glasačka kutija
 ~-**paper** glasački listić
 ~-**power** pravo glasa
vouch [vautʃ] zajamčiti
vouch ... ~**for** jamčiti za
 ~**that** svjedočiti, da
 ~**er** namira, dokaz, potvrda; jamac, svjedok; blagajnička podloga
vow [vau] 1. zavjet; zakletva; svečana izjava 2. *v/t* zavjetovati se, svečano obećati
vowel ['vauəl] vokal
voyage [vɔidʒ] 1. (dugo) putovanje 2. putovati (morem, zrakom); ~**r** putnik (morem)
vulgar ['vʌlgə] (~ly) 1. običan; prost; vulgaran; prostonarodni 2. the ~ prosti puk; ~**ism** prostački izraz; ~**ity** prostota; ~**ize** vulgarizirati; popularizirati
vulnerability [vʌlnərə'biliti] ranjivost, povredivost
vulnerable ['vʌlnərəbl] (~ly) ranjiv, povrediv
vulpine ['vʌlpain] lisičji *fig* lukav, prepreden
vulture ['vʌltʃə] lešinar, sup, *fig* gulikoža
vulturine ['vʌltʃurain] strvinarski, koji nalikuje na lešinara

wacky ['wæki] *Am slang* luckast
wad [wɔd] 1. čepić, jastučić (od vate itd); svežanj novčanica 2. vatirati; obložiti
wade [weid] *v/i* gaziti (vodu); *fig* probijati se; *v/t* pregaziti (rijeku itd); ~s *pl* visoke čizme za vodu
wag [wæg] 1. *v/t* klimati, tresti; mahati (repom); *v/i* mahati 2. klimanje i mahanje 3. šaljivčina
wage [weidʒ] 1. voditi (rat), upustiti se; poduzeti 2. većinom ~s *pl* nadnica, plaća, zarada
wa(g)gon ['wægən] (teretna) kola; *Am* **be (go) on the** ~ ne piti
waif [weif] nađena stvar, stvar bez gospodara, naplavljen predmet; beskućnik; **~s and stays** zapuštena djeca, skitnice
wail [weil] 1. jadikovka 2. *v/t* oplakivati; *v/i* jadikovati
waist [weist] struk, pas; sredina gornje palube; **~-belt** pojas; **~-coat** prsluk, vesta; **~-deep** do pasa
wait [weit] 1. *v/i* čekati; (često ~ **at table**) posluživati; ~ **about** švrljati; **~for** (pri)čekati; **~(up)on** služiti koga; posjetiti; pratiti; *v/t* čekati, iščekivati 2. čekanje; ~s *pl* gradski glazbenici; **~er** konobar; pladanj za serviranje
waiting ['weitiŋ] čekanje; služba na dvoru itd; **~-maid** sobarica; **~-room** čekaonica
waitress ['weitris] konobarica
waive [weiv] okaniti se; odreći se prava
wake [weik] 1. brazda; zračni vir; *fig* trag 2. *irr v/i* bdjeti, *fig* (većinom ~**up**); probuditi se; *v/t* (pro)buditi 3. straža kraj mrtvaca; karmine; **~ful** (**~ly**), budan, bijesan; **~n** *v/i* (pro)buditi se; *v/t* probuditi; *fig* prodrmati
walk [wɔ:k] 1. *v/i* ići (pješice); šetati; hodati 2. hod(anje), šetnja, koračanje
walk ... **~about** lunjati, ići naokolo
~out on ostaviti na cjedilu; *v/t* voditi; povesti na šetnju; proći; prohodati; ~ **the hospital** vršiti kliničke vježbe (student medicine)
~of life životni položaj; zvanje
~er pješak; šetač(ica)
walkie-talkie ['wɔ:ki'tɔ:ki] prijenosni radio, prijemnik i odašiljač
walking ['wɔ:kiŋ] 1. šetanje 2. koji hoda; koji služi za šetnju
walkout ['wɔ:kaut] *Am* štrajk
walk-up ['wɔ:kʌp] *Am* kuća bez dizala
wall [wɔ:l] 1. zid, stijena; **give a p the** ~ ustupiti kome počasno mjesto; go to the ~ *fig* biti pritisnut o zid 2. okružiti zidom; obzidati; *fig* okružiti
wallet ['wɔlit] lisnica; novčanik; ranac; torba za alat
wallow ['wɔlou] 1. valjati se; *fig* plivati u 2. valjanje
wall-paper ['wɔ:peipə] (zidna) tapeta
walrus ['wɔ:lrəs] morž
waltz [wɔ:ls] 1. valcer; 2. plesati valcer
wand [wɔnd] dirigentski, zapovjednički štap; čarobni štapić
wander ['wɔndə] lutati; putovati; (i ~ **about**) lunjati; zalutati; bulazniti; **~er** putnik; **~ing** 1. (**~ly**) koji putuje; *fig* nestalan 2. putovanje; tumaranje; bulažnjenje
wane [wein] 1. opadati (mjesec); *fig* nestajati 2. opadanje
want [wɔnt] 1. oskudica; nestašica; pomanjkanje; potreba; nevolja; 2.*v/i* **be ~ing** nedostajati; *v/t* nemati; osjećati oskudicu; trebati, tražiti, htjeti, željeti; **~ed** traži se (u oglasima)
wanton ['wɔntən] (**~ly**) 1. obijestan, hirovit; raskalašen 2. bludnik, bludnica 3. bujno rasti; biti raskalašen; **~ness** objest, hirovitost
war [wɔ:] 1. rat; *attr* ratni; **at** ~ zaraćen; **make** ~ ratovati; zaratiti se
ward [wɔ:d] 1. zaštita; starateljstvo;

štićenik; štićenica: odjel, soba (u bolnici, zatvoru); kvart; in ~ pod starateljstvom 2. primiti u (bolnicu, ubožnicu)
ward ... ~**en** nadstojnik; upravitelj; *univ* rektor
~**er** stražar, čuvar, tamničar
~**robe** garderoba; ormar za odijela
~**ship** starateljstvo
ware [wɛə] roba; posuđe
warehouse ['wɛəhaus] (~ly) skladište; stovarište 2. [wɛə'hauz] uskladištiti; ~ **man** skladištar; veletrgovac; skladišni radnik
wariness ['wɔ:rinis] oprez(nost)
warlike ['wɔ:laik] ratnički, ratoboran
warm [wɔ:m] (~ly) 1. topao; vruć; *fig* strastven; bogat 2. grijanje 3. *v/t* ugrijati; ~**up** zagrijati; *v/i* (i~ up); (za)grijati se za; ~**ing** *slang* batine
warmonger ['wɔ:mʌŋgə] ratni huškač
warmth [wɔ:mθ] toplina
warn [wɔ:n] upozoriti; odvratiti; opomenuti; obavijestiti; ~**ing** upozorenje, opomena; obavijest
warrant ['wɔrənt] 1. punomoć; *fig* opravdanje; jamstvo; izvršni nalog; ovlast; skladišni list 2. ovlastiti; opravdati; jamčiti; garantirati
warrant ... ~**ed** garantiran
~**ee** onaj kome se jamči
~**-officer** palubni časnik
~**or** jamac
~**y** garancija; punomoć; ovlaštenje
warrior ['wɔriə] ratnik; **rainbow** ~**s** aktivisti Greenpeacea
warship ['wɔ:ʃip] ratni brod
wart [wɔ:t] bradavica; ~**y** bradavičast
wary ['wɛəri] (~ly) oprezan, pažljiv; budan
was [wɔz, wəz] *pret* od **be**
wash [wɔʃ] 1. *v/t* prati; isprati 2. pranje; umivanje; pranje rublja; razbijanje valova o obalu; naplavina; splačine; napoj
wash ... ~**ed out** ispran, izblijedjeo
~**up** prati suđe, *v/i* (o)prati se; dati se prati; biti naplavljen
~**able** koji se da prati; periv
~**-basin** umivaonik
~**ing** pranje; rublje za pranje; koji je za pranje
~**-out** *sl* neuspjeh, fijasko
wasp [wɔsp] osa
wastage ['weistidʒ] gubitak, rasipavanje
waste [weist] 1. pust; neupotrebljiv; suvišan; otpadni 2. rasipavanje, traćenje; otpaci; pustoš 3. *v/t* (o)pustošiti; rasipati, tratiti; *v/i* slabiti, opadati; venuti; propadati
wasre ... ~**ful** (~ly) rastrošan, rasipan
~**-paper basket** koš za papir
~**-pipe** odvodna cijev
~**er** rasipnik
watch [wɔtʃ] 1. straža; džepni ili ručni sat; **be on the** ~ **for** biti na oprezu, paziti na 2. *v/i* bdjeti (kraj, nad); ~**for** čekati; vrebati, *v/t* stražariti; motriti; čuvati; paziti na
watch ... ~**dog** pas čuvar
~**er** stražar, čuvar
~**ful** (~ly) pažljiv, oprezan
~**-maker** urar
~**man** (noćni) čuvar
~**word** lozinka, parola, deviza
water ['wɔ:tə] 1. voda; vode (na površini); ~**supply** opskrba vodom, vodovod; **high** ~ **plima**; **bow** ~ oseka; **by** ~ vodenim putem 2. *v/t* navodnjavati; zalijevati; napajati; razvodniti; *v/i* lučiti slinu; suziti; piti vodu; ići na pojilo
water ... ~**-borne** koji se prevozi vodenim putem
~ **closet** (pisano većinom W.C.) (engleski) zahod
~**-colo(u)r** vodena boja; akvarel
~**-course** vodeni tok; potok; rijeka; kanal; korito rijeke
~**fall** vodopad
~**-front** *Am* lučka obala
~**ing** navodnjavanje
~**-level** razina vode; vodostaj
~**-lily** lopoč
~**logged** natopljen, pun vode
~**man** lađar
~**-mark** vodeni žig, znak vodostaja
~**pipe** vodena cijev
~**-plane** hidroavion
~**-polo** vaterpolo
~**-power** vodena snaga
~**proof** nepromočiv; kišni kaput; impregnirati
~**side** obalni
~**-top** slavina za vodu
~**tight** nepromočiv; *fig* pouzdan
~**-wave** vodena ondulacija; praviti vodenu ondulaciju (frizuru)
~**way** vodeni put; plovni put

~works *pl* i *sg* vodovod
~y razvodnjen; vodenkast
watt [wɔt] vat
wave [weiv] 1. val; valovitost kose, ondulacija; mahanje; domahivanje; mig 2. *v/t* učiniti valovitim; ondulirati kosu; mahati, *v/i* bibati se (praviti valove); lepršati; domahnuti; domahivati
waver ['weivə] posrtati; kolebati se
wax [wæks] 1. vosak; ušna mast; postolarska smola 2. navoštiti; namaziti smolom 3. *irr* (po)rasti; rasti (mjesec) i (pred *adj*) postati
waxen ['wæksn] voštan
waxwork ['wækswək] voštane figure; ~s *pl*, ~ **show** muzej voštanih figura
way [wei] 1. put; cesta; pruga; smjer; staza; sredstvo; način; struka; zanimanje; obzir; stanje
way ... ~**in** ulaz
~**out** izlaz
this ~ ovuda
in some (ili **a**) ~ donekle
in no ~ nipošto
by the ~ usput; u prolazu
by ~ **of** (na putu) kroz; umjesto
on the (ili **one's**) ~ na putu
out of the ~ zabitan; neobičan
under ~ na putu; u vožnji
give ~ popustiti; uzmicati
have a ~ **with** znati ophoditi s
~**train** *Am* lokalni vlak 2. *adv Am* daleko
~**-bill** tovarni list
~**side** rub puta; **by the** ~ uz cestu; usputan, koji se nalazi uz cestu
wayward ['weiwəd] (~ly) mušićav; samovoljan; ~**ness** mušićavost, samovolja
we [wi, wi] mi
weak [wi:k] (~ly) slab; slabašan; nejak; ~**en** *v/t* slabiti; *v/i* (o)slabiti;
~ **ness** slabost
wealth [welθ] blagostanje; bogatstvo; ~y (~ly) bogat; imućan
weapon ['wepən] oružje; obrana; ~**less** bez obrane, nenaoružan
wear [wɛə] *irr* 1. *v/t* nositi na sebi (odjeću, obuću); istrošiti; iznositi; iscrpsti; zamoriti; *v/i* nositi se; držati se; (is)trošiti se; pohabati se; ~**out** iscrpsti se, pohabati se 2. nošenje; upotreba; odjeća; trošenje; habanje; **gentlemen's** ~ muška odijela; ~**able** koja se može nositi (odjeća)

weariness ['wiərinis] umor; zamorenost; *fig.* gađenje
weary ['wiəri] (~ly) *rhet* 1. umoran od; *fig* sit čega; zamoran 2. *v/t* zamoriti; dosađivati; *v/i* umoriti se
weasel ['wi:zl] lasica
weather ['weðə] 1. atmosfersko vrijeme 2. ~**side** privjetrina, strana broda okrenuta prema vjetru 3. *v/t* izložiti vremenu; vjetriti; zračiti; ~**ed** rastrošen od vremena; *v/i* raspadati se od vremena; ~**-beaten** otvrdnuo od vremena, oštećen od vremena
weather ... ~**-boarding** oplata
~**-bound** spriječen nevremenom
~**-bureau** meteorološki ured
~**-chart** sinoptička karta
~**cock** vjetrokaz
~**-forecast** prognoza vremena
~**-proof**, ~**-tight** otporan prema vremenu, nepropustan za vjetar
~**-station** meteorološka stanica
~**-worn** trošan od vremena
weave [wi:v] 1. *irr* tkati; isplesti; *fig* snovati 2. tkanje; ~**er** tkalac; ~**ing** tkanje; *attr* tkalački
weazen ['wi:zn] smežuran
web [web] paučina; tkivo; plivaća opna
wed [wed] vjenčati (se); ~**ded** bračni
wedding ['wediŋ] 1. vjenčanje 2. svadbeni; vjenčani; ~ **ring** vjenčani prsten
wedge [wedʒ] 1. klin 2. pričvrstiti klinom
wedlock ['wedlɔk] brak
Wednesday ['wenzdi] srijeda
weed [wi:d] 1. korov; duhan 2. plijeviti; iskorijeniti (i ~ **up**, **out**); ~y, korovit; obrastao korovom; mršav, dugonos
week [wi:k] tjedan
week ... **by the** ~ tjedno, na tjedan
this day ~ danas tjedan dana
~**-day** radni dan
~**-end** 1. vikend, kraj tjedna 2. provesti vikend
~**ly** 1. tjedno, sedmično 2. tjednik (i ~ **paper**)
weep [wi:p] *irr* plakati; ovlaživati; kapati; žalobna traka; ~**ing** 1. koji plače; žaloban 2. plakanje
weigh [wei] 1. *v/t* vagati, (od)vagnuti; prosuditi; *v/i* vagati; *fig* vrijediti; imati presudni utjecaj na; ~ (**up**) **on**, tištiti (koga) 2. **get under** ~ otploviti, zaploviti; ~**able**

koji se može vagati; ~ing-machine vaga, mosna vaga
weight [weit] 1. težina; teret; uteg; *fig* opteretiti; ~ness težina; važnost; ~y (~ly), težak; značajan
weird [wiəd] čudan, neobičan; sudbonosan
welcome ['welkəm] (~ly) 1. dobrodošao; you are ~ to it izvolite samo!; You are ~! molim! molim! (rado sam za vas to učinio) 2. dobrodošlica 3. zaželjeti dobrodošlicu; *fig* pozdraviti
weld [we:d] 1. zavarivati 2. (ili ~ing seam) varni šav; ~ing zavarivati
welfare ['welfɛə] dobrobit; blagostanje; ~ centre ured za socijalno staranje; ~work socijalno staranje; ~ worker socijalni radnik
well [wel] 1. zdenac; *fig* vrelo; jamsko okno; bušotina; spremište za vodu; stubište; šahta; 2. izvirati 3. *adv* dobro; ~off u dobrim prilikama, imućan 4. pred *adj* zdrav; dobar; I am not ~ ne osjećam se dobro 5. *int* no! dakle!; ~-advised promišljen; razborit
well... ~-being blagostanje
~-born otmjena roda
~-bred dobro odgojen
~-favo(u)red dobronamjeran
~-mannered lijepog ponašanja
~-timed pravovremen
~-to-do imućan
Welsh [welʃ] 1. velški; iz Walesa 2. velški jezik; the ~ Velšani; ~ man Velšanin; ~ woman Velšanka
went [went] *pret* od go
wept [wept] *pret* i *pp* od **weep**
were [wəː, wə] *pret* od **be**
west [west] 1. zapad; 2. zapadni; zapadno, prema zapadu; *slang* go ~ izgubiti se, umrijeti
westerly ['westəli] zapadni; prema zapadu
western ['westən] 1. zapadni, zapadnjački; *Am* roman ili film o Divljem zapadu; ~er zapadnjak; *Am* stanovnik zapadnih država SAD; ~most najzapadniji
westward(s) ['westwəd(z)] (okrenut) prema zapadu
wet [wet] 1. mokar, vlažan; *Am* koji nije pod prohibicijom; ~ through pokvašen 2. mokrina; vlaga 3. *irr* smočiti; zaliti
wetback ['wetbæk] *Am slang* ilegalni useljenik iz Meksika

wet-nurse ['wetnəːs] dojilja
whack [wæk] 1. (iz)batinati 2. udarac; udio; ~ing batine; silan, kolosalan
whale [weil] kit; ~r kitolovac
whaling ['weiliŋ] lov na kitove
wharf [wɔːf] 1. (lučka) obala 2. iskrcati; privezati uz (operativnu) obalu; ~age pristanište; pristojba za vezanje broda
what [wɔt] 1. što; koje 2. što? kako? koji? kakav?
what... ~ about...? a što je s...?
~ for? čemu? zbog čega?
~ of it? pa što onda
~ if...? kako bi bilo da...?
~(so)ever 1. što mu drago 2. koji mu je drago; svaki koji
wheat [wiːt] pšenica; ~en pšenični
wheel [wiːl] 1. kotač; *Am* bicikl; kolut; kolo; okret(aj) 2. *v/t* (za)okrenuti, voziti, gurati; *v/i* kotrljati se, vrtjeti se; zaokrenuti; voziti bicikl
wheel... ~base razmak osovina
~chair kolica za bolesnika
~ed koji ima kotače
~man kormilar; biciklist
wheeze [wiːz] 1. dahtati; soptati; krijestati 2. dahtanje
whelp [welp] 1. mlado; 2. imati mlade, okotiti (se)
when [wen] 1. kada? 2. kada; dok; pošto; ma da; kad ipak
whence [wens] odakle, prema tome
when (so)ever [wen(so)'evə] (ma) kada; bilo kada; uvijek kada
where [wɛə] gdje; kuda; kamo
whereabout(s) [wɛərə'baut[s]] 1. otprilike; negdje; nekuda; nekamo 2. (povremeno) boravište; boravak;
where... ~as međutim; uzevši u obzir da
~at pri čemu, a na to
~by čime
~fore zbog čega
~in u čemu
~of o čemu
~on našto
~so ever bilo kuda, bilo gdje, bilo kamo
~upon našto
~ever gdje mu drago, kuda mu drago, kamo mu drago
wherewithal [wɛəwi'ðɔːl] 1. čime 2. ono što je potrebno, potrebna sredstva
whet [wet] 1. brusiti, oštriti 2. brušenje, oštrenje

whether ['weðə] da li
whew [hwu:] hu! uh!
which [witʃ] 1. koji? koja? koje? 2. koji, koja, koje; što; ~**ever** bilo koji, bilo koja, bilo koje
whiff [wif] 1. dašak, ćuh; (jedan) dim (iz cigarete); mala cigara; lagani čamac 2. puhati; otpuhnuti dim kod pušenja
Whig [wig] 1. whig (engleski liberal) 2. koji pristaje uz stranku Whigovaca; ~**gism** politička načela Whigovaca, liberalizam
while [wail] 1. časak; vrijeme; for a ~ na neko vrijeme; worth ~ koji vrijedi truda 2. provoditi vrijeme; protratiti vrijeme 3. i whilist [wailist] dok, za vrijeme
whim [wim] mušica, hir; vitlo
whimper ['wimpə] 1. cmizdriti; cviljeti 2. cmizdrenje; cviljenje
whimsical ['wimzikl] (~ly) hirovit, ekscentričan; ~**ity**, ~**ness** hirovitost
whims (e)y ['wimzi] hir, mušica
whine [wain] 1. cmizdriti; cviljeti; plakati 2. cviljenje itd
whip [wip] 1. v/t bičevati; šibati; batinati koga; Am poraziti koga; mlatiti; opšiti; obrusiti; s adv i prep trgnuti 2. bič, korbač; kočijaš
whip ... ~**away** istrgnuti, oduzeti
~**off** otjerati, odbaciti; v/i (od)skočiti, poletjeti
~**cord** uzica biča
~**ping** bičevanje; batine
whirl [wə:l] 1. vrtjeti; okretati (se); 2. vrtlog; vir; ~**pool** vir, vrtlog; ~**wind** vihor, zračni vrtlog
whir (r) [wə:] 1. fijukati; zujati 2. fijuk; šibanje
wisk [wisk] 1. otirač; mahalica; (kuhinja) tuc(k)alo za snijeg; šibanje 2. v/t (po)mesti, obrisati; mahati; vitlati; ~**away** otjerati obrisati; v/i hujati, letjeti, šmugnuti; ~**er** dlake na njušci, brci; većinom (a pair of) ~**s** zalisci
whisk [e]y ['wiski] viski
whisper ['wispə] 1. šaptati, šapnuti 2. šapat, šaptanje; ~**er** šaptač, doušnik
whist [wist] 1. pst! 2. whist (igra kartama)
whistle ['wisl] 1. zviždati 2. zviždaljka; zviždu
white [wait] 1. bijel; čist; pristojan; bjeloputan 2. bijelo, bjelilo; bjelanjak; bjeloočnica
white ... ~ **bronze** bijeli metal

~ **heat** bijela usijanost
~ **lie** (bezazlena) laž iz nužde
~ **war** privredni rat
~**-collar** Am uredski, intelektualan
~**n** v/t (po)bijeliti, poblijediti; v/i pobijeliti, poblijediti
~**ness** bjeloća, bljedoća
~**smith** limar
~**wash** 1. kreč za bijeljenje; 2. (o)bijeliti, krečiti; fig rehabilitirati
whither ['wiðə] lit kuda, kamo
whitish ['waitiʃ] bjelkast
whitlow ['witlou] zanoktica, kukac
Whitsun ['witsn] duhovski; ~ **day** [wit'sʌndi] duhovska nedelja; ~**-tide**, duhovni
whittle ['witl] rezuckati, rezbariti; fig ~ away, smanjiti
whity ['waiti] bjelkast
whiz (z) 1. zujati, hujati 2. zujanje, hujanje
who [hu:] 1. koji, koja, koje; onaj koj, ona koja, ono koje 2. tko? Who's who? tko je tko (biografski leksikon)
whoever [hu:'evə] tko mu drago, koji bilo
whole [houl] (~ly) 1. cijeli, potpun; zdrav 2. cjelina
whole ... ~**-bound** uvezan u kožu
~**-hearted** (~ly) iskren, srdačan
~**-lenght** (portret) cijele osobe
~**-meal bread** kruh s mekinjama
~**sale** (većinom ~ trade) 1. trgovina na veliko 2. na veliko; fig sveopće
~**some** (~ly) zdrav
~**time** u radnom odnosu s punim radnim vremenom
wholly ['houli] adv sasvim, potpuno
whom [hu:m] acc od **who**
whoop [hu:p] (bojni) poklik; 2. urlati, vikati; Am slang ~ **it up** napraviti izgred; ~**ee** [wu:pi:] veselica; ~**ing-cough** hripavac
whop [wɔp] slang izlemati; ~**er**, slang grdosija; ~**ping** slang kolosalan, silan
whore [hɔ:] kurva, bludnica
whortleberry ['wə:tlberi] borovnica; **red** ~ brusnica
whose [hu:z] gen od **who**
whosoever [hu:sou'evə] koji god, tko bilo
who [wai] zašto? čemu?
wicked ['wikid] (~ly) zao, opak; ~**ness** opakost
wide [waid] (~ly) širok, prostran; dalek; širokogrudan

widen ['waidn] proširiti (se); ~**ness** širina, daljina; ~-**spread** rasprostranjen

widou ['widou] udovica; *attr* udovički; ~**er** udovac; ~**hood**, udovištvo

width [widθ] širina, daljina; *fig* širokogrudnost

wife [waif] supruga, žena

wig [wig] 1. perika, vlasulja 2. grdnja, ukor 3. izgrditi

wiggle ['wigl] micati, klimati (čime) vijugati

wild [waild] (~**ly**) divlji; pomaman; neobuzdan; pustolovan 2. ~**s** *pl* divljina

wild ... **run** ~ podivljati
~**cat** divlja mačka; *Am* posebni vlak
~**erness** [wildənis] divljina, pustinja
~-**fire** [waildfaiə], like ~-**fire** munjevito; kao razbuktao požar
~-**goose chase** *fig* uzaludan trud, jalov pothvat
~**ness** divljina

wile [wail] 1. lukavstvo; ~**s** *pl* trikovi 2. izvabiti

wilful ['wilful] (~**ly**) svojevoljan; namjeran

wiliness ['wailinis] lukavstvo, lukavština

will [wil] 1. želja; volja; oporuka; testament 2. *irr v/aux* he ~ **come** doći će 3. *v/t* i *v/i* htjeti; skloniti; pobuditi; ostaviti oporukom

will ... **at** ~ po volji
at one's own free ~ po slobodnom izboru
I ~ **do it** učinit ću to
~**ed** koji hoće, voljan

willing ['wiliŋ] (~**ly**) voljan, pripravan; sklon; ~**ness** spremnost, voljnost

willow ['wilou] vrba; grebeni; *attr* vrbov; ~**y** obrastao vrbama; *fig* vitak

wilt [wilt] 1. hoćeš 2. *v/i* (po)venuti; omlohaviti; *v/t* učiniti uvelim

wily ['waili] (~**ly**) prepreden, lukav

win [win] 1. *irr v/t* postići, dobiti; steći; *slang* organizirati, zadobiti, nagovoriti; *v/i* dobiti, pobijediti 2. *sport* pobjeda; dobitak

wince [wins] 1. trgnuti (se), prezati 2. trzaj, strah

wind [wind] 1. vjetar; *fig* dah, disanje; nadimanje; vjetrovi; duhački instrumenti 2. ~ **hunt** nanjušiti (trag); dati odaha 3. (waind) *irr v/t* (o)motati; vrtjeti; puhati u rog (*pret* i *pp* i ~**ed**); ~-**up** namotati, naviti sat; *fig* napeti; zaključiti posao; likvidirati; *v/i* vijugati; ovijati se; provući se

wind ... **be in the** ~ biti u tijeku; ležati u zraku
raise the ~ prikupiti novac
be ~**ed** biti bez daha
~**pipe** [windpaip] dušnik
~-**screen** *mot* vjetrobran
~**ward** okrenut prema vjetru; u privjetrini; privjetrina
~**y** (~**ly**) vjetrovit; *fig* isprazan; koji izaziva nadimanje; nadut

wine [wain] vino; ~-**merchant** veletrgovac vinom; ~-**vault** vinski podrum

winding ['waindiŋ] 1. zavoj, ovoj; namatanje 2. (~**ly**) vijugav; ~ **staircase** , ~**stairs** zavojite stepenice; ~**up** navijanje, namatanje; *fig* zaključak, kraj; likvidacija

windmill ['windmil] vjetrenjača

window ['windou] prozor

window ... ~-**dressing** aranžiranje izloga; *fig* pokazivanje lijepe strane
~**ed** koji ima prozore
~-**frame** okvir prozora
~-**ledge** prozorska daska
~ **shade** *Am* rolo (zastor u obliku svitka)
~**shutter** prozorski kapak
~**still** prozorska daska

wing [wiŋ] 1. krilo; mahaljka; *mot* blatobran; nosiva površina; zrakoplovni puk; eskadrila; (nogomet) lijevo ili desno krilo; *fig* biti u pokretu
2. *v/t* snabdjeti krilima; *fig* dati krila; *v/i* letjeti

wing ... ~**s** *pl theat* kulise
be on the ~ letjeti
~ **word** krilatica

wink [wiŋk] 1. mig, žmirkanje 2. treptati, žmirkati; ~**at** namignuti kome

winner ['winə] dobitnik; *sport* pobjednik

winning ['winiŋ] (~**ly**) 1. pobjednički, koji dobija 2. ~**s** *pl* dobitak u igri; ~-**post** (sport) cilj

winter ['wintə] 1. zima 2. zimovati, prezimiti

wintry ['wintri] zimski; *fig* hladan

wipe [waip] 1. (o)brisati; (o)čistiti; (o)sušiti; ~ **off** otrti; ~ **out** izbrisati; *fig* uništiti; skinuti (ljagu) 2. brisanje; udarac; ~**er** krpa za brisanje; brisač

wire ['waiə] 1. žica; telegram; *attr* žičani 2.

v/t snabdjeti žicama; pričvrstiti žicom; brzojaviti 2. slati vijesti preko radija
wire ... **~less** (~ly) bežičan
 on the ~ na radiju
 ~ (telegraphy) bežična telegrafija
 (air) ~ operator, radio-telegrafist
 ~ (set) radio-aparat
 ~ station radio-stanica
wiring ['waiəriŋ] žičana mreža; električni vod
wisdom ['wizdəm] mudrost; razboritost
wise [waiz] (~ly) 1. mudar, razborit, pametan; iskusan; **~guy** *Am slang* pametnjaković 2. način
wish [wiʃ] 1. (za)željeti 2. želja; **good ~es** *pl* dobre želje, pozdravi; **~ful** (~ly) koji čezne; pun želja
wistful ['wistful] zamišljen (~ly), čeznutljiv
wit [wit] 1. duhovitost (i **~s** *pl*); razbor, razum; duhovit čovjek 2. **to ~** to jest, naime
witch [witʃ] vještica, čarobnica; **~ craft, witchery** čarobnjaštvo, čarolija; **~ hunt**, *Am pol* lov na vještice
with [wið] s, sa; kod; od; pokraj; protiv; usprkos; zbog; radi
withal [wi'ðɔ:l] 1. *adv* istodobno, usto, osim toga 2. *prep* s, sa
withdraw [wið'drɔ:] *irr* (draw) *v/t* povući natrag, odvući; oduzeti; opozvati; *v/i* povući se; odstupiti; **~al** povlačenje, uzmak; opoziv; podizanje (novca iz banke)
wither ['wiðə] *v/i* (u)venuti; usahnuti; *fig* nestati; *v/t* isušiti
withhold [wið'hould] *irr* (hold) zadržati; spriječiti; nešto uskratiti (kome)
within [wið'in] 1. *lit adv* unutra, iznutra; kod kuće; **from ~** iz unutrašnjosti, iznutra 2. *prep* u, unutar; **~ doors** u kući
without [wið'aut] 1. vani, izvana, s vanjske strane; **from ~** izvana 2. *prep* bez; a da ne; *lit* izvan
withstand [wið'stænd] odoljeti; oduprijeti se
witless ['witlis] (~ly) nerazuman; bez duhovitosti; nemaran
witness ['witnis] 1. svjedok(inja); **bear ~** svjedočiti 2. *v/t* (po)svjedočiti; biti svjedok čega; *v/i* **~-box** *Am* **~-stand** mjesto (u sudnici) za svjedoke
witiness ['witinis] dosjetljivost; duhovitost
wittingly ['witiŋli] svjesno, namjerno

witty ['witi] (~ly) duhovit, domišljat
wives [waivz] *pl* od **wife**
wiz [wiz] *Am slang* **wizard** [wizəd], vještac, čarobnjak
wo(a) [wou] hej, stoj! (obično konjima)
wobble ['wɔbl] teturati; klimati se; treperiti
wo(e) [wou] *rhet* ili *co* jad, bol; **~ful** (~ly) jadan, bijedan
woke [wouk] *pret* i *pp* od **wake**
wolf [wulf] 1. vuk; *slang* ženskar; *fig* razbojnik 2. proždirati; **~ish** (~ly) vučji; *fig* proždrljiv
wolfram ['wulfrəm] volfram
wolves [wulvz] *pl* od **wolf**, vuk
woman ['wumən] (pl **women** [wimin]) 1. žena, ženska; **young ~** djevojka 2. ženski
woman ... hood ženskost
 ~ish (~ly) ženskast
 ~kind ženski svijet
 ~like ženski, ženstven, poput žene
 ~ly ženski
womb [wu:m] *anat* maternica; utroba; *fig* krilo
women ['wimin] *pl* od **woman**; **~s rights** ženska prava
won [wʌn] *pret* i *pp* od **win**
wonder ['wʌndə] 1. čudo, čudesno djelo; (za)čuđenje 2. čuditi se; htjeti znati; **~ful** (~ly) divan, čudesan, čudan; **~ing** (~ly) zadivljen, začuđen; začuđenje
wonderous ['wʌndrəs] (~ly) *rhet* prekrasan, začudan
won't [wount] 1. *pred* naviknut; **be ~ to do** običavati što raditi 2. navika; **~ed** naviknut
woo [wu:] vabiti, mamiti; zaprositi; snubiti; žudjeti
wood [wud] šuma; drvo; bačva; drveni duhački instrument
wood ... **~s** *pl* (skijanje) daske
 ~-carving drvorez
 ~craft poznavanje šuma
 ~cut drvorez
 ~cutter drvosječa
 ~ed pošumljen, šumovit
 ~en drven
 ~-engraver drvorezac
 ~land šumovit kraj, šume; šumski
 ~man lugar, drvosječa
 ~pecker žuna
 ~shavings *pl* blanjevine

~shed drvarnica
~-wind (ili ~ instruments *pl*) drveni puhači instrumenti
~-work drvena grada; stolarski radovi
~y šumovit; drven
wooer ['wu:ə] prosac, udvarač
wool [wul] vuna; ~ gathering rastresenost; rastresen; ~(l)en, vunen; ~(l)ens *pl*, vunena odjeća; ~(l)y vunast
word [wə:d] 1. riječ; (oba)vijest; geslo; lozinka; izreka 2. izraziti (riječima); stilizirati
word ... ~s *pl* tekst, libreto
by ~ of mouth usmeno
have ~s posvađati se
leave ~ ostaviti poruku
take a p at his ~ držati koga za riječ
~ book rječnik; libreto
~iness obilje riječi, rječitost
~-splitting cjepidlačenje
~y [wə:di] (~ly) rječit; frazerski
wore [wɔ:] *pret* od wear
work [wə:k] 1. rad, posao; radnja; djelatnost; djelovanje; tvorevina; ~s *pl* pogon; *v/t* (ob)raditi; iskoristiti; držati u pogonu; eksplodirati; staviti u pokret; upravljati; utjecati na 2. *irr v/i* raditi; djelovati; probijati se
work ... public ~s javni radovi
~ of art umjetničko djelo
at ~ na radu, pri poslu; u pogonu
be in (out of) ~ imati (ne imati) zaposlenje
out of ~ nezaposlen
set to ~ prihvatiti se posla
~ at raditi na čemu
~ out pokazati se; izaći (zbroj)
~ one's way (pro)krčiti sebi put
~ out izraditi; iscrpiti; riješiti; izračunati
workable ['wə:kəbl] (~ly) izradiv; izvediv; upotrebljiv
workday ['wə:kdei] radni dan
worker ['wə:kə] radnik; radnica
workhouse ['wə:khaus] ubožnica; *Am* odgojno popravni zavod
working ['wə:kiŋ] 1. rad, djelovanje; prerada; obrada; pogon; eksploatacija 2. koji radi, djeluje; radni
working ... ~association , ~ co-operation radna zajednica
~ unditions radni uvjet
~ day radni dan
~ expenses pogonski troškovi

~ process radni postupak
workman ['wə:kmən] radnik, obrtnik; ~ship spretnost, vještina; rad; izradba
work out ['wə:kaut] većinom *sport* trening
workshop ['wə:kʃɔp] radionica
workwoman ['wə:kwumən] radnica
world [wə:ld] svijet; what in the ~? zaboga što?; man of the ~ iskusan čovjek; ~liness svjetovnost; smisao za stvari ovog svijeta; ~ling svjetski čovjek
wordly ['wə:ldli] svjetovan, zemaljski
world wide ['wə:ld'waid] raspostranjen širom svijeta; svjetski
worm [wə:m] 1. crv; glista; *tech* alat spiralnog oblika; puž
worm ... ~-drive pužni pogon
~-eaten crvotočan
~-gear pužni prjenosnik
~-wheel pužni zupčanik
~wood pelin
~y crvljiv
worn [wɔ:n] *pp* od wear; ~-out istrošen; otrcan; *fig* umoran; iscrpljen
worriment ['wʌrimənt] muka, dosađivanje
worrit [wʌrit] mučiti; dosađivati
worry ['wʌri] 1. biti zabrinut; praviti sebi brige; daviti; gristi; *fig* mučiti (se); uznemirivati; (se); ljutiti (se); 2. briga; zabrinutost; griženje; jad; tjeskoba
worse [wə:s] 1. gori; lošiji; jadniji; bolesniji; (all) the ~ to gore 2. ono što je gore, lošije; ~en pogoršati (se) oštetiti
worship ['wə:ʃip] 1. obožavanje; štovanje; služba božja; kult 2. obožavati; moliti se; ~ful (~ly) u naslovima veleštovan; ~(p)er obožavatelj; vjernik (u molitvi)
worst [wə:st] 1. najgori, najlošiji 2. ono što je najlošije; at (the) ~ u najgorem slučaju 3. poraziti, pobijediti
worth [wə:θ] 1. vrijedan; to be ~ vrijediti 2. vrijednost
worth ... ~iness vrijednost, dostojnost
~less (~ly) bezvrijedan, nedostojan
~-while vrijedan (truda); koji se isplati
~y (~ly) vrijedan, ugledan; ugledna ličnost
would [wud] *pret* od will
would-be ['wudbi:] navodni; tobožnji; takozvani; providan
wouldn't ['wudnt] would not
wound [wu:nd] 1. rana, ozlijeda 2. raniti, povrijediti 3. [waund] *pret* i *pp* od wind

wove *pret* **woven** ['wouv(n)] *pp* od **weave**
wow [wau] *Am slang* senzacionalan uspjeh; sjajna stvar
wrangle ['ræŋgl] 1. svađati se, prepirati se 2. svađa, prepirka; ~r svađalo, prepirač; *Am* kravar, govedar
wrap [ræp] 1. *v/t* omotati (često ~up) zamotati; *fig* uplesti; *v/i* ~ up umotati se 2. ogrtač; prekrivač; kaput; plast; ovojni list duhana (na cigari); ~ping umatanje; omot; pakovanje
wrath [rɔ:θ] *rhet* ili *co* gnjev, bijes; ~ful (~ly) gnjevan
wreak [ri:k] izvršiti osvetu, iskaliti bijes
wreath [ri:θ] vijenac; girlanda
wreathe [ri:ð] *irr v/t* motati; omotati; *v/i* kovrčati se
wreck [rek] 1. olupina, podrtina; ruševina; brodolom; *fig* propast 2. upropastiti, razoriti, uništiti; demolirati
wreck ... **be ~ed** razbiti se, pretrpjeti brodolom
~**age** krhotine, ostaci (broda)
~**ed** koji je doživio brodolom; upropašten
~**er** kradljivac naplavljenih stvari; *fig* saboter
~**ing** krađa naplavljenih stvari
~ **service** *mot* služba pomoći i teglenja na cestama
wrench [rentʃ] 1. izvinuti; svinuti; oteti; uganuti; isčašiti 2. zaokret, trzaj; iščašenje; francuski ključ
wrest [rest] strgnuti, iskriviti; iznuditi
wrestle ['resl] 1. *v/i* hrvati se; *v/t* hrvati se s kim; ~r hrvač(ica)
wrestling ['resliŋ] hrvanje
wretch [retʃ] hulja, jadnik; *co* čovjek; **poor ~** bijednik
wretched ['retʃid] (~ly) bijedan; nesretan; ~ness bijeda, jad
wrick [rick] 1. iščašiti, uganuti 2. iščašenje, uganuće

wriggle ['rigl] koprcati se; vijugati se
wright [rait] u složenicama: tvorac, graditelj, pisac; **play ~** pisac drama
wring [riŋ] *irr* 1. stiskati; izažimati; mučiti; izvrnuti; iskriviti 2. cijeđenje; sažimanje; stiskanje
wrinkle ['riŋkl] 1. bora; nabor 2. naborati (se) 3. *mig*; trik
wrist [rist] ručni zglob, zglavak; ~**watch** ručni sat; ~**band** manšeta košulje; ~**let** (ristlit) narukvica
writ [rit] raspis; spis; odluka, rješenje; **holy ~** sveto pismo
write [rait] *irr v/t* (na)pisati; ispisati
~**down** napisati, zapisati
~**off** otpisati
~**out** prepisati
~**up** pismeno hvaliti; iscrpno prikazati; *v/i* pisati
writer ['raitə] pisac, književnik, spisatelj(ica); pisar; ~**ship** pisarska služba
writhe [raið] previjati se
writing ['raitiŋ] pisanje; pismo; književno djelo; rukopis; članak; napis; stil; način pisanja; ~ **paper** pisaći papir
written ['ritn] *pp* od **write**; *adj* (is)pisan, pismen
wrong [rɔŋ] (~ly) 1. neprav; kriv; naopak; **be ~** imati krilo; **go ~** zastraniti; poći krivim putom 2. nepravda; uvreda 3. učiniti krivo, nauditi komu; nanijeti nepravdu
wrong ... ~**doer** griješnik, zlotvor
~**doing** zlodjelo, nedjelo
~**ful** (~ly) nepravedan; nezakonit
~**headed** smušen, bezuman
~**ness** neispravnost, nepravednost
wrote [rout] *pret* od **write**
wroth [rouθ] gnjevan
wrought [rɔ:t] *pret* i *pp* od **work** (*arch*); ~**iron** kovano željezo
wrung [rʌŋ] *pret* i *pp* od **wring**
wry [rai] (~ly) kriv, iskrivljen, nakrivljen

x [eks] prva nepoznanica
Xmas ['krismǝs] Christmas
x-ray ['eks'rei] 1. ~s *pl*, x zrake, rentgenske zrake 2. rentgenski 3. zračiti x zrakama
xylographe r [zai'lɔgrǝfǝ] ksilograf

xylographic , **xylographical** [zailǝ'græfik(l)] ksilografski
xylography [zai'lɔgrǝfi] ksilografija (drvorez)
xylophone ['zailǝfoun] ksilofon

yacht [jɔt] 1. jahta, sportska jedrilica 2. voziti se na jahti; ~**er**, ~**sman** vlasnik jahte; sportski; ~**ing** *sport.* jedrenje
yahoo [jəˈhuː] zvijer u ljudskoj spodobi
yah [jæm] jam (tropska povijuša s jestivim korijenom)
yank [jæŋk] 1. *v/t* [is]trgnuti; *v/i* trzati, potezati 2. trzaj
Yank [jæŋk] *slang* - vidi **Yankee**
Yankee [ˈjæŋki] jenki (Sjevero-Amerikanac); ~**Doodle** sjevernoamerička pučka pjesma, neslužbena himna
yap [jæp] 1. štektati; blebetati 2. štektanje; *slang* brbljavac
yard [jaːd] (mjera za duljinu = 0,914 m); križ (jarbola) 2. dvorište; radilište; ~**-arm** *rt* križa; ~**-man** radnik na kolodvoru, škveru
yarn [jaːn] 1. pređa; uzica; *fig* nevjerojatna priča 2. pričati (priče)
yarrow [ˈjærou] stolisnik, hajdučka trava
yan [jɔː] skretati s kursa, zaošijati
yawl [jɔːl] 1. tuljenje, zavijanje 2. tuliti, zavijati
yawn [jɔːn] 1. zijevati; zijev(anje)
ye [jiː, ji] *poet ili co* vi; vas
yea [jei] 1. da, jest 2. glas za (kod glasovanja)
year [jəː, jiə] godina; ljeto, godište; ~**s** *pl* dob; **New ~ s Day** Nova godina (1. siječanj); **New ~s Eve** Silvestrovo (31. prosinac); ~**-book** godišnjak, ljetopis; ~**ling** godišnjak, životinja stara godinu dana
yearn [jəːn] čeznuti, žudjeti; ~**ing** žudnja, čežnja; ~**ingly** čeznutljiv
yeast [jiːst] kvas(ac); ~**ly** poput kvasca; pjenušav; *fig* koji vri; površan
yell [jel] 1. vikati; kriknuti 2. vrisak; krik
yellow [ˈjelou] 1. žut; kukavički; plašljiv; *Am* senzacionalistički; ~**brass** mjed, mesing; ~**fever**, ~**Jack** žuta groznica; ~**jandince** žutica 2. žuta boja 3. požuti-
ti, požutjeti; ~**back** jeftin (kriminalni) roman, krimić; ~**ish** žućkast
yelp [jelp] štektanje; štektati
Yen [jen] *Am slang* žudnja
yeoman [ˈjoumən] seoski maloposjednik; ~ **of the guard** gardist; ~**ry** seljaci maloposjednici; dobrovoljačka konjička policija
yep [jep] da, jest
yes [jes] 1. da, jest 2. jesni odgovor
yesterday [ˈjestədi] 1. jučer 2. jučerašnji dan
yet [jet] 1. *adv* još; dosad; štoviše; ipak; **as ~ dosad**(a); **not ~** još ne 2. *conj* (pa) ipak
yew [juː] tisa
Yidish [ˈjidiʃ] jidiš
yield [jiːld] 1. *v/t* (do)nositi, proizvesti plod, prirod; dati rezultat; dopustiti; ustupiti; popustiti; *v/i* roditi; donijeti plod; popustiti; uzmaknuti 2. plod, prirod; prihod; dobitak; ~**ing** (~**ly**) popustljiv; *fig* povodljiv
yip [jip] *Am* klicati
yodel, **yodle** [ˈjoudl] 1. jodlanje 2. jodlati
yo - ho [jouˈhou] ho ruk!
yoke [jouk] 1. jaram; par (volova); jarmenica 2. ujarmiti; upreći; zdužiti; ~**-fellow**, (bračni) drug
yokul [ˈjoukl] prostak, seljačina
yolk [jouk] 1. žumanjak, žumance 2. lanolin
yon [jɔn] **yonder** [ˈjɔndə] *lit* 1. onaj, ona, ono, tamo(šnji) 2. ondje
you [juː] vi, vas nam(a); ti, te(be); tebi; se
young [jʌŋ] (~**ly**) 1. mlad; *fig* nov, neiskusan, svjež (malen) 2. mlado, mladunčad; ~**ish** mlađahan; mladić, mladac, dijete
your [jɔː, juə] vaš, tvoj; ~**s** [jɔːz, juəz] vaš, tvoj; ~**self** *pl* ~**selves** se; ti sam; sebe samoga
youth [juːθ] mladost, mladenaštvo; mladež; mladić; ~**ful** (~**ly**) mladenački, mlađahan; ~**fulness** mladost; mlađahnost
Yule [juːl] *lit* Božić; božićno doba

Z

zeal [zi:l] revnost, žar, gorljivost
zealotry ['zelətri] fanatizam; zelotizam
zealous ['zeləs] (~ly) revan; gorljiv; prisan
zebra ['zi:brə] zebra
zebu ['zi:bu:] zebu, grbavo indijsko govedo
zenith ['zeniθ] zenit; *fig* vrhunac
zero ['ziərou] ništica; ništa; *fig* nula; početak, početna točka
zest [zest] 1. začin; polet, zanos; oduševljenje; užitak, veselje; ~for life volja za životom 2. začiniti
zig zag ['zigzæg] 1. cik cak 2. vijugav 3. vijugati se, krivudati
zinc [ziŋk] 1. cink 2. pocinčati
Zion ['zaiən] Sion; ~ism cionizam; ~ist, cionist(kinja) 2. cionistički
zip [zip] *fig* polet; energija
zip... ~code poštanski sortirni broj

~**fastener** patentni zatvarač
~**per** patentni zatvarač; snadbjeti patentnim zavaračem
~**py** živahan
ziter ['ziθə] citra
zodiac ['zoudiæk] zodijak; ~al zodijakalni
zonal ['zounl] (~ly) zonalni, pojasni
zone [zoun] zona; zemaljski pojas; *fig* područje
zoo [zu:] zoološki vrt
zoological [zouə'lɔdʒikl] zoološki; [zu'lɔdʒikl] zoološki vrt
zoologist [zou'ɔlədʒist] zoolog
zoology [zou'ɔlədʒi] zoologija
zoom [zu:m] *slang* 1. strmo se uspeti (avionom) 2. strm uzlet
zymotic [zai'mɔtik] koji izaziva vrenje, cinotičan; infekciozan; epidemički

Pregled gramatike

Nouns (imenice)

Razlikujemo rod, broj i padež

1. **ROD** nije gramatički već prirodni: živa bića   = he/she
   stvari   = it

2. **BROJ** - postoje dva broja: singular i plural

PLURAL = SINGULAR + S
   (hat → hats)

PLURAL = SINGULAR (ako završava na [s], [z], [ʃ], [ʒ], [tʃ], [dʒ] + ES [iz]
   dress → dresses, size → sizes, bush → bushes, bridge → bridges

PLURAL = SINGULAR (ako završava na suglasnik + y=i) + ES
   lady → ladies city → cities factory → factories

PLURAL = SINGULAR (ako završava na samoglasnik + y) + S
   boy → boys

PLURAL = SINGULAR (ako završava na f/fe=v) + ES
   shelf → shelves knife → knives

NEPRAVILNA MNOŽINA	ISTI OBLIK
man - men	sheep - sheep
woman - women	fish - fish
tooth - teeth	deer - deer
foot - feet	swine - swine
mouse - mice	
goose - geese	
ox - oxen	
child - children	

Pregled gramatike

Pronouns (zamjenice)

1. Osobne, posvojne i povratne zamjenice

Personal pron. (osobne zamjenice)		Possesive adj. (posvojni prid.)	Possesive pron. (posvojne zamje.)	Reflexive pron. (povratne zamj.)
Nom.	Obj. case			
I	me	my	mine	myself
you	you	your	yours	yourself
he	his	his	his	himself
she	her	her	hers	herself
it	it	its	its	itself
we	us	our	ours	ourselves
you	you	your	yours	yourselves
they	them	their	theirs	themselves

- Ostali padeži osobnih zamjenica izražavaju se pomoću prijedloga - **of, to, with** + padež objekta
- Posvojni pridjevi se upotrebljavaju samo uz imenicu.
- Posvojne zamjenice upotrebljavaju se samostalno.
- Povratne zamjenice se upotrebljavaju uz povratne glagole, ali i za isticanje. - He did it himself = On je to SAM uradio

2. Indefinite Pronouns (neodređene zamjenice)

SOME = POTVRDNE REČENICE

There is	**some**	coffee milk sugar	in the kitchen
There are		eggs bananas	

ANY = NEGATIVNE REČENICE

There isn't	**any**	coffee tea	in the kitchen
There aren't		eggs sandwiches	

Pregled gramatike

ANY = UPITNE REČENICE

Is there	any	tea / sugar	in the kitchen
Are there		eggs / bananas	

NO = not any

There is	no	tea / sugar	in the kitchen
There are		eggs / bananas	

EVERY - stoji uvijek ispred imenice.

Every student must be present.

SOME		body	za osobe
ANY	+	one	
NO		thing	za stvari
EVERY		where	za mjesto

- Te se složenice upotrebljavaju za izricanje istih vrsta rečenica kao i some, any, no, every.

3. Demonstrative Pronouns *(pokazne zamjenice)*

	jednina	množina
za nešto što je blizu	this → •	these →
za nešto što je dalje	that → •	those →

4. Interrogative Pronouns *(upitne zamjenice)*

NOMINATIV	who?	what?	which?
GENITIVE	whose?	of what?	of which?
DATIV	to whom?	to what?	to which?
AKUZATIV	whom?	what?	which?

Pregled gramatike

Article *(član)*

ODREĐENI - Definite Article *the*
NEODREĐENI Indefinite Article *a* ili *an* ispred samoglasnika

OSNOVNA PRAVILA:

1. A/an - može stajati jedino uz imenice u jednini koje se mogu brojiti i koje su neodređene

> They live in *a* nice flat.
> I'm watching *a* film.

2. Određeni član **the** stoji ispred bilo koje imenice u jednini ili množini koja je određena ili poznata.

> **The** house they are living in, is near the station
> **The** books which are on the table, are mine

član THE

a) ispred imenica koje su predstavnici vrste
the President
the Earth
the Queen
b) imena obitelji u pluralu;
The Browns
c) uz vlastita imena zgrada, instituta, društva, kina, hotela, brodova, parkova i lokaliteta;
The Houses of Parlament
The Odeon (Cinema)
The Imperial (Theatre)
The Titanic
The Limski kanal
d) uz vlastita imena geografskih zajedničkih imenica:
the Mississippi River
the Sahara
the Mediterranean
e) uz imena naroda u množini;
the Croats
the English
f) ispred rednih brojeva;
the first

g) ispred superlativa
this is **the** best way
h) u nekim frazama;
run **the** risk
play **the** piano

član a/AN

a) ispred imenice koja označuje karakteristike drugih:
a cat is **an** animal
b) ispred dozen hundred, million
a hundred questions
c) s razlomcima
a half
a fifth
d) u frazama;
I have **a** toothache
give **a** chance
take **a** seat

bez člana

a) ispred osobnih imena;
Peter, Zagreb, Europe, Croatia, Oxford Street, Hyde Park
b) mislene imenice: libery, beauty
c) gradivne imenice; iron, copper, milk
d) imena planina u jednini;
Triglav, Mt. Everest
e) imena godišnjih doba, mjeseci, dana;
In spring
in May
on Monday
f) ispred imena bolesti;
He suffers from bronchitis
g) uz superlativ priloga;
Petar runs quickiest
h) u frazama
By accident...
On purpose...
On top of...

Pregled gramatike

Verbs and Tenses *(glagoli i glagolski oblici)*

1. AUXILIARES *(POMOĆNI GLAGOLI)*
2. MODAL VERBS *(MODALNI GLAGOLI)*
3. MAIN VERBS *(GLAVNI GLAGOLI)*

1. Auxiliaries *(pomoćni glagoli)*
1.1. BE

Inf.	Present T.	Past Simple	"ING" form	Past Pariciple
BE	'M/AM 'S/IS 'RE/ARE	WAS* WERE	BEING	BEEN

* 1. lice sing. + 3. lice sing.

1.2. DO

Inf.	Present T.	Past Simple	"ING" form	Past Participle
DO	DO DOES	DID	DOING	DONE

1.3. HAVE

Inf.	Present T.	Past Simple	"ING" form	Past Participle
HAVE	'VE/HAVE 'S/HAS (3. p.s.)	'D/HAD	HAVING	HAD

2. Modal Verbs *(modalni glagoli)*

OSOBINE:
- **infinitiv bez "to"**
- **nemaju s u 3.1. singularu prezenta** *(He can)*
- **upitni oblik tvore inverzijom** *(Can he?)*
- **imaju samo jedan ili dva oblika**

Present	Past Tense
can	*could*
may	*might*
shall	*should*
will	*would*
must	
ought to	

Pregled gramatike

CAN

I you He	can/can't (cannot)	swim play tennis

Can	I you he	ask a question? ride a bycicle

Yes,	I you he	can.
No,	I you he	can't

CAN - zamjena - **BE ABLE TO**

Izriče: **Sposobnost** *She can speak Chinese.*
Mogućnost *He can win the race.*
Vjerojatnost "
Uljudno pitanje *Can you pass the salt, please?*

 Can't = zabrana! *You can't smoke, you are too young.*
Can't = negativno izražavanja sigurnosti. *It can't be John!*

COULD

Izriče: **Vjerojatnost** (slabija od can) *He could win the race.*
Uljudno pitanje *Could I borrow your book?*
Zamjenjuje would u kondicionalnim rečenicama
You could speak better if you worked harder.
Sposobnost: *She could speak Chinese when she was young.*

MAY - zamjena - BE ALLOWED TO

Izriče: **Mogućnost** *We may go to the seaside next summer.*
Dopuštanje: *Will you be allowed to come with us?*

MIGHT

Izriče: **Mogućnost** *It might rain.*
Sugestiju *What are we goint to do?*
  We **might** go to Opatija.

SHOULD

Izriče **Obvezu i očekivanje** *You should drive more carefully.*

WOULD
Izriče   **radnju koju smo običavali vršiti u prošlosti**
He would play tennis every Sunday.

MUST - zamjena - HAVE TO
Izriče: **Jaku obvezu**   *We must stop the war.*
          Zabranu   *You mustn't smoke in this room.*

⚠️ Odsutnost obveze izražava se pomoću DON'T/DOESN'T HAVE TO i NEEDN'T
        You don't have to work, you are rich.
        You needn't work, you are rich.

OUGHT TO
Izriče: **Savjet ili obvezu**   *You ought to drive more carefully.*

PROŠLO VRIJEME MODALNIH GLAGOLA
Modalni glagoli ostaju nepromjenjivi, a glagol koji slijedi je u infinitivu prošlom = have + verb u participu prošlom
        You should have told him the truth.
        They must have arrived by car.

3. Main Verbs *(glavni glagoli)*
3.1. REGULAR VERBS *(PRAVILNI GLAGOLI)*

V	V+S	V+ED	V+ING
WORK inf. + pres.	WORKS 3. p. pres.	WORKED Past Tense	WORKING Past Pariciple

3.2. IRREGULAR VERBS *(NEPRAVILNI GLAGOLI)*

Infinitiv + Present	Past Tense	Past Participle
put	put	put
eat	ate	eaten
bring	brought	brought

U engleskom jeziku postoji:
TIME   - da izriče vrijeme
ASPECT   - kako onaj koji govori vidi radnju
    She's reading a book. (TIME: prezent, ASPECT: now=trajna radnja)

Pregled gramatike

Tenses (glagolska vremena)

1. Present Tense
1.1. PRESENT SIMPLE

She goes to school by bus.
I like tea.

+	I you we they	play every day	–	I you we they	don't (do not)	play every day
	he she it	play every day		he she it	doesn't (does not)	play every day
?	Where	do	I you we they	play?	SHORT ANSWERS *Does he live in Rijeka?* *Yes, he does.* *No, he doesn't.* *Do you like pop music?* *Yes, I do.* *No, I don't.*	
		does	he she it	play?		

- Uporaba;

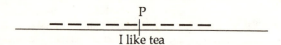

Present (P)
John always goes to school by bus

```
       P
———————|———————
   I like tea
```

- Za izricanje radnji ili stanja koji su uobičajeni u sadašnjosti.
- Obično uz priloge učestalosti kao što su: always, sometimes, after, rarely, never.
- Za općenite izjave i istine.

1.2. PRESENT CONTINUOUS TENSE

SUBJECT + VERB TO BE + PRESENT PARTICIPLE (VERB + ING)

Pregled gramatike

+	I'm *(am)* you're *(are)* he, she, it's *(is)* we, you, they're *(are)*	play*ing*	–	I'm *not* you're *not* he, she, it's *not* we, you, they're *not*	play*ing*
?	*am* I *are* you *is* he, she, it *are* we, you, they	play*ing*?		SHORT ANSWERS: *Are you watching TV?* *Yes, I am.* *Is he going to the bank?* *No, he isn't.*	

```
                P
    ━━━━━━━━▓▓▓▓▓▓▓━━━━━━━━
              │
```
John is going to school (now).

Izriče nesavršenu trajnu radnju koja se vrši u vrijeme kada se govori.

⚠️ *Present Continuous se NE upotrebljava:*
a) s glagolima stanja: be, seem, look.
b) glagolima percepcije: hear, see, smell, touch, taste.
c) glagolima koji označavaju emocije: like, love, hate, want, prefer.
d) glagolima koji označavaju mentalni proces: understand, believe, know, think, remember.

2. Past Tense
2.1. PAST TENSE SIMPLE

+	I you he, she, it we, you, they	play*ed*	–	I you he, she, it we, you, they	*didn't play* *(did not)*
?	*Did*	I you he, she, it we, you, they	play?	SHORT ANSWERS: *Did you visit Egypt two years ago?* *Yes, I did.* *No, I didn't.*	

```
            P
   ━━━▓▓▓▓━━┼━━━━━━━━━━━━━━
```
I went to Greece last summer.

- Izriče radnju koja se dogodila i završila u prošlosti. Prošlo vrijeme je obično izrečeno oznakama prošlog vremena: last year, yesterday, in 1960, two days ago.

Pregled gramatike

2.2. PAST CONTINUOUS TENSE

SUBJECT + WAS/WERE + PRESENT PARTICIPLE

+	I / you / he, she, it	was / were / was	play*ing*	−	I / you / he, she, it	wasn't / weren't / wasn't	play*ing*
	we / you / they	were			we / you / they	weren't	

?	Was / Were / Was / Were	I / you / he, she, it / we, you, they	play*ing*?	SHORT ANSWERS: *Was he dirving his car? Yes, he was. No, he wasn't.*

```
                 I was watching TV        P
────────────────────▄▄▄▄▄▄▄▄──────────────┼──────
                        ●
                  when he entered
```

- Upotrebljava se za izricanje radnji koje su trajale u prošlosti.

3. Present Perfect Tense
3.1. PRESENT PERFECT SIMPLE

SUBJECT + HAVE/HAS + PAST PARTICIPLE

+	I / you / we / they	've (have)	played	−	I / you / we / they	haven't (have not)	played.
	he, she, it	's (has)			he, she, it	hasn't (has not)	

?	Have	I / you / we / they	played?	SHORT ANSWERS: *Has he arrived? Yes, he has. No, he hasn't.*
	Has	he, she, it		

3   Uporaba: a) Radnja je počela u prošlosti i nastavlja se do sadašnjosti.

He's been a teacher for ten years. / I haven't seen him since Monday.

260

Pregled gramatike

b) Radnja se dogodila u prošlosti, ali ne znamo ili nas ne zanima kada.

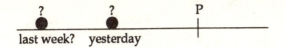

He's been to China.
They've seen this film.

c) Radnja se dogodila u prošlosti, ali su rezultati očiti u sadašnjosti

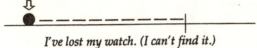

I've lost my watch. (I can't find it.)
He's cut his finger. (It's bleeding.)

 Ovo vrijeme ne postoji u hrvatskom jeziku. Prevodi se našim prezentom ili prošlim vremenom. *(On je već deset godina nastavnik; Nisam ga vidio od ponedjeljka.)*

3.2. PRESENT PERFECT CONTINUOUS TENSE

SUBJECT + HAVE/HAS + BEEN + PRESENT PARTICIPLE

+	I you we they	've (have) been playing	−	I you we they	haven't been playing
	he, she it	's (has) been playing		he, she, it	hasn't been playing.
?	Have	I we they	been playing?	SHORT ANSWERS: Has he been studying? Yes, he has. No, he hasn't
	Has	he, she, it		

I've been learning English for 2 years.

3 Izriče radnju koja je počela u prošlosti, još uvijek traje i vjerojatno će trajati u budućnosti.

Pregled gramatike

4. Future Tense
4.1. SHALL/WILL FUTURE

SUBJECT + WILL + BASE FORM OF VERB

+	I he they	'll (will)	play	–	I he they	won't (will not)	play.
?	Will	I he they	play?			SHORT ANSWERS: Will they come on time? Yes, they will. No, they won't.	

- Izriče predviđanja u buduććnosti. *In future computers will do all the work.*
- Izriče namjeru u budućnosti odlučenu u momentu izricanja. *The telephone is ringing. I'll answer it.*

 U formalnom obraćanju (poslovna pisma) još se uvijek upotrebljava za 1. l. jednine i množine SHALL. U govornom jeziku upotrebljava se skraćenika '*ll*. U upitnom obliku SHALL je obavezan u 1. l. jednine i množine ako izričemo ponudu: *Shall I help you? Shall we go out?*

4.2. *GOING TO* FUTURE

SUBJECT + VERB TO BE + GOING + INFINITIVE

+	I'm (am) she's (is) they're (are)	going to play	–	I'm not she isn't they aren't	going to play.
?	am is are	I she they	going to play?		SHORT ANSWERS: Is he going to stay? Yes, he is. No, he isn't.

4.3. PRESENT CONTINUOUS FOR FUTURE

We are leaving tonight.
She is getting up early tomorrow.

- Izriče radnju koja je u budućnosti ugovorena ili planirana.

5. Past Perfect Tense
5.1. PAST PERFECT SIMPLE

SUBJECT + HAD + PAST PARTICIPLE

+	I she they	d' (had) play*ed*	–	I she they	**hadn't** play*ed* *(had not)*
?	**Had**	I he was	play*ed*?		

Past   P

I had finished my work when you arrived.

- Izriče radnju koja se dogodila u prošlosti neke druge prošle radnje.

5.2. PAST PERFECT CONTINUOUS

SUBJECT + HAD + BEEN + PRESENT PARTICIPLE

+	I you they	'd (had) been play*ing*	–	I he we	**hadn't been** play*ing* *(had not)*
?	**Had**	I she we	been play*ing*?		

Past   P

We had been playing for an hour when you came.

- Izriče prošlu radnju koja je trajala neko vrijeme prije neke druge prošle radnje.

Used to + infinitive

> We used to go skiing in winter.
> Did you use to go there often?
> I didn't use to go to the cinema on Sundays.

- Izriče prošle radnje i stanja koja su se često događala. Upotrebljava se samo u prošlom vremenu.

Be/get used to + noun or gerund

> I thought it was very difficult but I'm used to getting up early now.
> I couldn't get used to the wet climate in Africa.
> He's getting used to studying hard.

- Izriče radnju koja je bila neobična, ali više nije *I'm used to* = *accustomed to* = biti priviknut. *Get* izriče proces promjene.

Passive voice

SUBJECT + VERB TO BE + PAST PARTICIPLE

1. ACTIVE: Columbus discovered America. (S, O)

   PASSIVE: America was discovered by Columbus. (S, O)

2. ACTIVE: They will give Peter present. (S, I.O., D.O.)
   PASSIVE: a) **A present** will be given to Petar
   b) **Peter** will be given a present.

- Trpni lik se često upotrebljava u engleskom jeziku.
  a) Ako želimo više istaći objekt od subjekta.
  b) Ako ne znamo ili ne želimo spomenuti vršitelja radnje.

⚠ Ako postoje dva objekta (indirektni i direktni), dvije preobrazbe su moguće. U trpnom obliku se izostavlja vršitelj radnje koji nije značajan.

⚠ U hrvatskom jeziku se prevodi kad god je moguće povratnim glagolom (zamjenicom se).

Pregled gramatike

Reported speech *(direktni i indirektni govor)*

1. Statements (izjavne rečenice)

	Preobrazbe
He said, "I'll come back tomorrow." He said he'd come back the following day.	I → he I'll come → He'd come tomorrow → the following day
He said to me, "I'm leaving." He told me (that) he was leaving	say → tell said → told
He said, "I can swim." He said he could swim	can → could will → would
	Bez preobrazbe
He said to his mother, "It might rain." He told his mother it might rain	would → would should → should might → might could → could must → must or had to

- Ako je glagol u rečenici koja uvodi indirektni govor, u prezentu ili budućem vremenu glagolski oblici se ne mijenjaju
- Ako je glagol koji uvodi indirektni govor u prošlom vremenu dolazi do pomicanja glagolskih vremena unatrag *"One tense back rule"*.

   present → past
   present perfect → past perfect
   past → past perfect
   will → would

U hrvatskom jeziku se ta promjena ne događa!

2. Reported commands *(indirektne zapovjedi)*

He said to me, "Bring me my book."

He	told asked ordered	me *to bring him his* book.	imperative → infinitive

He said, "Don't go out." He advised me *not to go* out.	negative imperative → not + infinite

265

Pregled gramatike

3. Reported questions *(indirektna pitanja)*

He said, "What are you doing?"			Vrijedi pravilo pomicanja vremena - *One tense back rule*
He	*asked* *wanted to know* *was interested*	what I *was* doing	Ne upotrebljava se red riječi upitne rečenice
He said "Do you come from Zagreb?"			Ako pitanje počinje s glagolom uvode se if ili whether
He asked	**if** **whether**	I came from Zagreb	do / did = nepotrebni

If clauses *(kondicionalne rečenice)*

Realna pogodba

If Clause (zavisna rečenica)	*Main Clause* (glavna rečnica)
If you learn hard., (ako učite marljivo)	a) you'll pass the exam (položit ćete ispit)
If you go to England, (Ako odeš u Englesku)	b) *write to me.* (piši mi)
If you are hungry (Ako si gladan)	c) *you can have lunch.* (možeš ručati)
PRESENT	a) FUTURE b) IMPERATIVE c) PRESENT

Potencijalna pogodba

If Clause (zavisna rečenica)	*Main Clause* (glavna rečnica)
If I had money, (Kad bih imao novaca)	*I'd travel round the world* (putovao bih svijetom)
If I were you, (Da sam na tvom mjestu)	*I wouldn't do it.* (ne bih to učio.)
PAST SIMPLE	WOULD + BASE FORM OF VERB

Nestvarna ili irealna pogodba

If Clause (zavisna rečenica)	*Main Clause* (glavna rečenica)
If he had arrived on time, (Da je on došao na vrijeme)	*we would have gone to the cinema.* (bili bismo otišli u kino.)
PAST PERFECT	WOULD + HAVE + PAST PARTICIPLE

LIST OF IRREGULAR VERBS

(1) ISTI OBLIK

Base Form = Past Simple = Past Participle

cost	stajati, koštati
cut	rezati
hit	udariti
hurt	raniti, ozlijediti
let	pustiti, dopustiti
put	metnuti, staviti
set	položiti, postaviti
shut	zatvoriti

(2) DVA OBLIKA

Base Form | Past Simple = Past Participle

bend	bent	svinuti, saviti
bring	brought	donijeti
build	built	(sa)graditi
burn	burnt	spaliti, goriti
buy	bought	kupiti
catch	caught	uhvatiti
dig	dug	kopati
dream	dreamt	sanjati
feed	fed	hraniti
feel	felt	osjećati
find	found	naći
get	got	dobiti
have	had	imati
hear	heard	čuti
hold	held	držati
keep	kept	držati, čuvati
lay	laid	položiti
leave	left	ostaviti, napustiti
lend	lent	posuditi (nekome)
lose	lost	izgubiti

make	made	(u)činiti, tvoriti
mean	meant	značiti
meet	met	(su)sresti
read	read	čitati
say	said	reći
send	sent	poslati
shine	shone	sijati
shoot	shot	pucati
sleep	slept	spavati
smell	smelt	mirisati
spend	spent	provesti
stand	stood	stajati
teach	taught	poučavati
tell	told	reći
think	thought	misliti
understand	understood	razumjeti
win	won	pobijediti

(3) DVA OBLIKA: BASE FORM = PAST PARTICIPLE

Base Form	Past Simple	Past Participle	
become	became	become	postati
come	came	come	doći
run	ran	run	trčati

(4) TRI OBLIKA

Base Form	Past Simple	Past Participle	
be	was/were	been	biti
begin	began	begun	početi
blow	blew	blown	puhati
break	broke	broken	slomiti
choose	chose	chosen	izabrati
do	did	done	učiniti

Base Form	Past Simple	Past Participle	
drink	drank	drunk	piti
drive	drove	driven	voziti
eat	ate	eaten	jesti
fall	fell	fallen	pasti
fly	flew	flown	letjeti
forget	forgot	forgotten	zaboraviti
freeze	froze	frozen	smrznuti
give	gave	given	dati
go	went	gone	ići
hide	hid	hidden	sakriti
know	knew	known	znati
lie	lay	lain	ležati
ride	rode	ridden	jahati
see	saw	seen	vidjeti
sing	sang	sung	pjevati
speak	spoke	spoken	govoriti
steal	stole	stolen	ukrasti
swim	swam	swum	plivati
take	took	taken	uzeti
tear	tore	torn	razderati
throw	threw	thrown	baciti
wear	wore	worn	nositi
write	wrote	written	pisati

a conj	and; but; whereas	alatničar m	toolmaker
abeceda f	alphabet	Albanac m	Albanian
abolicija f	abolition	Albanija f	Albania
administracija f	(uprava) administration; (posao) paper work	albanski adj	Albanian
		album m	album
administrator m	administrator	alergičan adj	allergic (to)
adresa f	address	alergija f	allergy (to)
afirmacija f	recognition, reputation	alga f	marine algae
Afrika f	Africa	ali conj	but, however
Afrikanac m	African	alibi m	alibi
afrički adj	African	alimentacija f	alimony
agencija f	(ured) agency; putnička - travel agency; agent m agent, broker	alkohol m	alcohol; coll booze
		alkoholičar m	alcoholic
		alkoholizam m	alcoholism, alcohol addiction
agrumi m pl	citrus fruits		
akcent m	accent, stress	alpinist m	rock climber, Alpinist
akcept f	acceptance	alt m	alto
akceptirati v	accept.	alternetiva f	alternative, option, choice
akcija f	(radnja)action; vidi dionica		
		aluminij m	Br aluminium; Am aluminum
ako conj	if		
akontacija f	(cash) advance, loan	aluzija f	allusion (to), hint (at)
akonto adv	(cash) advance, loan	amandman m	amendment
akord m	chord, harmony	amater m	amateur
akreditirati v	accredit	amaterizam m	amateurism
akreditiv m	letter of credit	ambalaža f	packaging, packing
aksiom m	axiom	ambicija f	ambition; aspiration
akt m	nude; (spis) written document	ambijent m	ambiance; environment, surroundings
aktiva f	assets	ambulanta f	Br surgery, Am clinic
aktivan adj	active	američki adj	American
aktovka f	(torba) brief-case; (jednočinka) one-act play	Amerika f	America
		Amerikanac m	American
aktualan adj	actual, real	amfora f	amphora
akumulacija f	accumulation	amnestija f	amnesty
akumulator m	(storage) battery	amnezija f	amnesia
akustičan adj	acoustic(al)	amonijak m	(plin) ammonia; (tekućina) ammonia water
akutan adj	acute		
akvarel m	water-colour	amoralan adj	amoral
akvarij m	aquarium	amortizacija f	amortization, depreciation
akviziter m	solicitor; sales agent		
alarm m	alarm	amortizer m	shock-absorber
alat m	tools; (alatka) tool	amputirati v	amputate; cut off

271

analitički adj	analytic(al)	apoen m	appoint; balance; **u -ima od 1 dolara** in one dollar notes
analiza f	analysis		
analogija f	analogy		
anamneza f	anamnesis, case history	apokalipsa f	apocalypse; *Bibl* Revelation of St. John
anarhija f	anarchy		
anatomija f	anatomy	apostol m	apostle
anatomski adj	anatomic(al)	apsolutno adv	absolutely
anđeo m	angel	apsolvirati v	to complete all requirements for a full course of studies
anegdota f	anecdote		
aneksija f	annexation		
anemičan adj	an(a)emic	apsorbirati v	absorb, take in
anemija f	an(a)emia	apstrakcija f	abstraction
anestezija f	an(a)esthesia; **anestetičar** an(a)esthetist	apsurd m	absurdity
		arak m	(double) sheet; **papir u arcima** sheet paper
angažirati v	engage; hire		
angažman m	engagement	aranžman m	arrangement, deal; (*izložaka*) display
angina f	tonsillitis; **gnojna -** quinsy		
		arbitar m	arbiter, umpire
anglistika f	English studies	arbitraža f	arbitration
angloamerički adj	Anglo-American	arena f	arena
animator m	animator	argument m	argument
animirati v	animate; entertain	arheolog m	archaeologist
anketa f	(opinion) poll	arheologija f	archeology
anketirati v	poll, take a poll, interview	arhipelag m	archipelago
		arhitekt m	architect
anketni adj	poll; **- listić** questionnaire	arhiva m	archive(s), records office
		arija f	tune, melody; (*operna*) aria
anoda f	anode		
anomalija f	anomaly	aristokracija f	aristocracy, peers
anoniman adj	anonymous; unsigned	aritmetika f	arithmetic
anonimnost f	anonymity; obscurity	aritmija f	arrhythmia
antena f	*Br* aerial, *Am* antenna	arktički adj	arctic
antibiotik m	antibiotic	armatura f	armature, reinforcement
anticiklona f	anticyclone, high-pressure area	armija f	army
		armirati v	reinforce
antički adj	antique, ancient	arogancija f	arrogance, high-headedness
antika f	antiquity, ancient times		
antikvarijat m	second-hand bookshop; antique shop	aroma f	aroma; flavour
		arsenal m	arsenal
antipatičan adj	unlik(e)able, dislik(e)able	arterija f	artery
		artikl m	article, commodity, item
antipatija f	dislike	artikulacija f	articulation
antologija f	anthology	artist m	variety artist
antropologija f	anthropology	artritis m	arthritis
anuitet m	annuity	as m	ace
aorta f	aorta	aseptičan adj	aseptic
apartman m	suite	asfalt m	asphalt
apatija f	apathy	asimetričan adj	asymmetrical
apelirati v	appeal	asimilacija f	assimilation
aperitiv m	aperitif	asistent m	assistant; *univ* assistant lecturer
apetit m	appetite		
		asortiman m	assortment
		aspekt m	aspect

astma f	asthma	autobus m	bus; - na kat double-decker
astrolog m	astrologer		
astronaut m	astronaut	autocesta f	Br motorway, Am super-highway
astronom m	astronomer		
astronomija f	astronomy	autogram m	autograph
ataše m	attaché	automat m	automat, automatic device
ateist m	atheist		
atelje m	studio, atelier	automatizacija f	automation
atentat m	(assassination) attempt	automobil m	car, motor-car, automobile
atest m	attest, certificate		
atlas m	atlas	autonomija f	autonomy, self-government
atletičar m	athlete		
atletika f	athletic sports	autoportret m	self-portrait
atmosfera f	atmosphere	autopsija f	autopsy
atom m	atom	autor m	author
atomski adj	atomic; nuclear	autoritativno adv	authoritatively, with authority
atrakcija f	attraction		
atraktivan adj	attractive		
audicija f	audition; (filmska) screen test	autoritet m	authority
		autostopist m	hitch-hiker
audijencija f	audience	avangarda f	avant-garda
audiovizualan adj	- pomagala audio-visual aids	avans m	advance, cash advance
		avantura f	adventure; ljubavana - (love) affair
auditorij m	(dvorana) auditorium; (publika) audience		
		avanturist m	adventurer
aukcija f	auction, public sale	avenija f	three-lined boulevard; (u SAD) avenue
aureola f	halo, glory		
Australac m	Australian	averzija f	aversion, dislike
Australija f	Australia	avitaminoza f	avitaminosis
australski adj	Australian	azbest m	asbestos
Austrija f	Austria	Azija f	Asia
Austrijanac m	Austrian	azijski adj	Asian, Asiatic
austrijski adj	Austrian	azil m	asylum, refuge
autentično adv	authentically	azimut m	azimuth
auto m	vidi automobil	ažuran adj	prompt; up-to-date
autobiografija f	autobiography	ažurirati v	bring up to date, update

B

babica f	midwife	balzam m	balsam, balm
bacač m	thrower, pitcher	bambus m	bamboo
bacil m	bacillus	ban m	governor, warden
baciti v	throw, cast, fling; - u zrak blow up	banalan adj	commonplace, banal
		banda f	band, gang, mob
bačva f	barrel, cask	bandit m	bandit, highwayman
bačvar m	cooper	banka f	bank
bačvast adj	barrel-shaped	bankar m	banker
badava adv	free of cost/charge	bankarski adj	banker's, bankers'
badnjak m	yule-log	banket m	banquet, (gala/public) dinner
bager m	(*kopneni*)excavator; (*plovno*) dredge(r)		
		banknota f	*Br* (bank-)note; *Am* bill
bahat adj	arrogant, haughty	bankomat m	automatic teller mashine
bajka f	fairy-tale	bankrot m	bankrupcy
bajonet m	bayonet; **nataknuti** - fixed bayonet	bariton m	baritone
		bar m	night-club; (*šank*) bar
baka f	grandmother, granny, grandma	bara f	pool, pond
		baraka f	hut, shack
bakalar m	cod(-fish); (*sušen*) stockfish	barbar m	barbarian
		barikada f	barricade; road block
bakar m	copper	barjak m	flag, banner
baklja f	torch	barka f	boat
bakren adj	copper-; **-a ruda** copper ore	barometar m	barometer
		barun m	baron
bakrenjak m	copper coins; *coll* coppers	barut m	powder, gunpowder
		bas m	bass
bakropis m	etching	basna f	fable, animal story
bakrorez m	engraving	baš adv	just, precisely, exactly, quite; in fact
bakterija f	bacterium		
bal m	(dress-) ball	baština f	inheritance, heritage
bala f	bale; pack; (*tkanine*) bolt, roll; (*žice*) roll	bat m	hammer; (*drveni*) mallet
		batak m	leg, *coll* drumstick
balada f	ballad	baterija f	battery, dry cell, power cell
balansirati v	(keep one's) balance; (*knjigovodstvo*) balance		
		batina f	(*toljaga*) club; (heavy) stick
balast m	ballast		
balavac m	whipper-snapper	baviti se v	occupy oneself with, pursue, practice; deal with
balerina f	ballet-dancer		
balet m	ballet	baza f	base, basis
Balkan m	the Balcans	bazen m	(swimming-)pool
balkon m	balcony	baždariti v	gauge, measure
balon m	balloon	bdjeti v	keep vigil; stay up
balvan m	beam	beba f	(*lutka*) doll; (*dijete*) baby

Beč m	Vienna	bezdan m	abyss, chasm, gulf
bečki adj	Viennese	bezdušan adj	callous, heartless
bedem m	wall, town/fortress wall	bezglasan adj	soundless, noiseless
bedro n	thigh	bezgotovinski adj	- promet cashless transactions
beletristika f	fiction		
Belgija f	Belgium	bezgraničan adj	infinite, boundless; unfathomable
Belgijanac m	Belgian		
belgijski adj	Belgian	bezgrešan adj	sinless, impeccable
beneficija f	benefit	bezimen adj	nameless, anonymous
benzin m	Br petrol; Am gasoline	bezizražajan adj	exspressionless; (lice) impassive, blank
benzinski adj	Br petrol-, petrol-powered; Am gas-, gasoline-picker, harvester		
berač m		beznačajan adj	insignificant
berba f	picking, harvesting, gathering; (grožđa) vintage	beznadan adj	hopeless
		bezobrazan adj	impudent; coll cheeky
		bezobziran adj	ruthless, unscrupulous
		bezopasan adj	harmless, innocuous
besanica f	insomnia, sleeplessness	bezosjećajan adj	unfeeling, unsentimental
beskamatan adj	interest-free	bezumlje n	insanity, dementia
beskoristan adj	useless, futile	bezuspješan adj	unsuccessful
beskraj m	infinity, immenseness	bezuvjetan adj	unconditional, absolute
beskrajan adj	endless, interminable	bezvlađe n	anarchy
beskrupulozan adj	unscrupulous, without scruple(s)	bezvoljan adj	listless, apathetic
		bežičan adj	wireless; bežični telefon cordless telephone
beskućnik m	homeless person		
besmislica f	absurdity; (glupost) nonsense	beživotan adj	lifeless
		Biblija f	the Bible, the Scriptures
besmrtan adj	immortal, deathless	biblijski adj	biblical, scriptural
besplatno adv	free, gratis	bibliografija f	bibliography
bespomoćan adj	helpless, frustrated	biblioteka f	library
besposlen adj	idle, at leisure	bicikl m	bicycle, coll bike
bespravan adj	rightless, outlawed	biciklist m	bicycle rider, cyclist
besprijekoran adj	faultless; impeccable, immaculate	biciklistički adj	cycling
		bič m	whip
bespuće n	lack of roads, roadlessness	bičevati v	whip, flog
		biće n	being, creature
bestidan adj	shameless	bide m	bidet
bestseler m	best seller	bife m	(lokal) bar (room), snack-bar; (stol s posluženim namirnicama) refreshment counter
besvijest f	unconsciousness; insensibility		
bešuman adj	noiseless, soundless		
beton m	concrete; armirani - reinforced concrete	biftek m	beefsteak
		bigamija f	bigamy
betonirati v	concrete	bijeda f	misery; (neimaština) extreme poverty
bez prep	without		
bezalkoholan adj	non-alcoholic	bijedan adj	miserable
bezazlen adj	artless, guileless; harmless, innocuous	bijednik m	wretch
		bijeg m	flight, escape; coll getaway
bezbojan adj	colourless		
bezbolan adj	painless	bijel adj	white
bezbožnik m	ungodly person; atheist	bijelac m	white (person), white man
bezbrižnost f	light-heartedness, carelessness	bijeliti v	make white; (platno) bleach; (vapnom) whitewash
bezbroj m	myriad		

bijes m	rage, fury, wrath	bitan adj	essential
bijesan adj	furious, raging	bitanga f	good-for-nothing
bik m	bull	biti v	be, exist; (*boraviti*) stay; (*ležati, smještaj*) lie, be situated; **toplo/vruće/ hladno mi je** I am warm/ hot/cold
bikini m	bikini		
bilanca f	balance; (*izvještaj*) balance sheet		
bilateralan adj	bilateral		
bilijun num	*Br* billion; *Am* trillion	bitka f	battle, fight, skirmish, action, combat
bilten m	bulletin, newsletter		
biljar m	billiards; Am pool	bitumen m	bitumen
biljeg m	(*marka*) revenue/fiscal/ duty stamp	bitva f	(*brodska*) bitt, bollard; (*na obali*) poll bitt
bilješka f	note, annotation	bivati v	use to be
bilježiti v	take notes	bivol m	buffalo
bilježnica f	*Br* exercise-book; *Am* notebook	bivši adj	former, onetime, ex-, late
		bizaran adj	bizarre
bilježnik m	notary, clerk	bižuterija f	costume/fancy jewellery, trinkets
biljka f	plant		
biljni adj	vegetable, vegetal	bjanko adj	blank
biljojed m	herbivore, plant-eating animal	bjegunac m	fugitive, runaway
		bjelančevina f	protein
binaran adj	binary	bjelanjak m	white (of an egg)
biografija f	biography; (*za namještenje*) curriculum vitae	bjeličast adj	vidi bjelkast
		bjelilo n	white paint; (*za rublje*) bleach; (*razmućeno vapno*) whitewash
biolog m	biologist		
biologija f	biology		
biološki adj	biological	bjelina f	whiteness
birač m	constituent, elector; (*glasač*) voter	bjelkast adj	whitish
		bjelkinja f	white woman
biralište n	polling-place; **izaći na -a** go to the polls	bjelogorica f	deciduous/broadleaf trees, leaf forest
birati v	choose, pick (out); *pol* elect	bjelogorični adj	deciduous, broadleaf
		bjeloočnica f	white (of the eye), eyewhite
biro m	bureau, office; agency		
birokracija f	bureaucracy, red tape	bjelouška f	ring(ed) snake, grass snake
biser m	pearl		
bisernica f	pearl-shell	bjesnoća n	(*kod životinja*) rabies; (*kod čovjeka*) hydrophobia
biskup m	bishop		
biskupija f	(*područje*) diocese, bishopric; (*sjedište*) see		
		bježati v	run away, flee, escape, make off
biskvit m	*Br* sweet biscuit; *Am* cookie		
		blag adj	mild, gentle
bista f	vidi poprsje	blagajna f	paying desk, cash desk; (*za ulaznice i putne karte*) ticket office
bistar adj	clear, limpid; (*pametan*) bright, clever, smart		
bistrina f	clearness, clarity; (*pamet*) brightnees, cleverness, smartness	blagajnički adj	cashier's, treasurer's
		blagajnik m	cashier, (*bankovni*) teller
		blagdan m	holiday; **državni -** national holiday
bistro adv	clearly, limpidly; (*pametno*) brightly, cleverly, smartly		
		blago n	treasure
		blago adv	mildly, gently
bit f	essence, substance; core Being	blagodat f	blessing, boon; benefit
bitak m		blagonaklon adj	benevolent

blagoslov m	blessing, benediction	boćanje n	bowling
blagost f	mildness, gentleness	bod m	(*iglom i u pletenju*)
blagostanje n	prosperity, well-being		stitch; (*poen*) point
blagovaonica f	dining-room	bodež m	dagger
blamaža f	disgrace, loss of face	bodlja f	(*šiljak*) barb, spike; zool-
blanja f	plane		prick
blatan adj	muddy, mud-covered	bodljikav adj	prickly, thorny
blato n	mud, dirt	bodovati v	score; evaluate (on
blatobran m	Br mudgard, wing; Am		points)
	fender	bodovni adj	points-, points-system
blažen adj	blissful; RC blessed	boem m	bohemian
blaženstvo n	bliss; *eccl* beatitude	Bog m	God, the Lord
blebetati v	chatter, babble	bog m	god
blef m	bluff	bogalj m	cripple, disabled person,
blejati v	bleat		invalid
blesan m	imbecile, moron	bogat adj	rich, wealthy
blesav adj	imbecile, moronic	bogataš m	rich man
blijed adj	pale, pallid	bogatiti se v	become rich, make a for-
blieštiti v	blaze, flash, glare		tune
blindiran adj	armo(u)red, mailed; (*li-muzina*) bullet-proof	bogatstvo n	(*imetak*) wealth; (*svojstvo*) richness; (*obilje*)
bliskoistočni adj	Near-East(ern)		abundance
bliskost f	closeness, intimacy	boginja f	goddess
blistati v	glitter, glimmer, flash, blaze	boginje f pl	velike - small-pox, variola; male - vidi ospice
blitva f	Swiss chard	Bogorodica f	Mother of God, the Holy
blizak adj	close, intimate		Virgin, Our Lady
blizanac m	twin (brother)	bogoslovija f	(*srednja škola*) theologi-
blizu adv	near, close to		cal school; (*fakultet*)
bližnji adj	fellow being		theological faculty
blok m	block	bogovski adj	coll superbly, splendidly
blokada f	blockade	boj m	battle, combat
blokirati v	block; obstruct	boja f	colour;(*ličilačka*) paint;
blokovski adj	bloc		(*za tkaninu i kosu*) dye
blud m	debauchery, fornication	bojati se v	be afraid/frightened (of),
bludnik m	fornicator		fear
bluza f	blouse	bojažljiv adj	timid, shy
bljedilo n	paleness, pallor	bojice f pl	coloured pencils
bljedolik adj	pale-faced, pallid	bojište n	battlefield; front
bljesnuti v	flash	bojiti v	colour; (*kistom*) paint;
blještav adj	glittering, blazing		(*kosu, tkaninu*) dye
blještavilo n	dazzle, glare	bojkot m	boycott
bljutav adj	insipid, tasteless	bojna f	battle, combat, war; *mil*
bljuvati v	vomit, *coll* throw up		battalion
bljuzgavica f	slush	bojnik m	major
bobica f dem	berry	bok m	side, (*kuk*) hip, haunch
boca f	bottle	bokal m	jug
bockati v	prick, sting	bokobran m	fender
bockav adj	prickly	boks m	(*pregrada*) box; (*sport*)
bocun m	flask		boxing
bočica f dem	little bottle; (*za lijekove*) phial	boksač m	boxer
bočni adj	lateral, side-	boksati v	box

277

bol m	pain, pang, hurt; (*duševni*) anguish		sting; (*komarac, muha*) bite; (*rogovima*) butt, toss
bolesnik m	sick person, patient		
bolest f	sickness, ilness; disease, complaint	botaničar m	botanist, plant scientist
		botanika f	botany
bolestan adj	ill, sick	bova f	buoy
bolnica f	hospital	božanski adj	divine, godlike
bolničar m	male nurse	božanstvo n	divinity, deity, god
bolničarka f	nurse	Božić m	Christmas; **Djed božićnjak** Santa Claus; **Sretan Božić!** Merry Christmas!
bolno adv	painfully		
bolovanje n	sick-leave		
bolje adv comp	better		
boljeti v	hurt, pain, ache	božični adj	Christmas; **praznici** Christmas holidays
bomba f	bomb; (*ručna*) hand-granate		
		božićnica f	Christmas gift/present
bombarder m	bomber	božji adj	divine, God's
bombardirati v	bomb; (*artiljerijom*) shell	braća collect	brothers
bombastičan adj	bombastic	brada f	(*dio vilice*) chin; (*dlake*) beard
bombon m	*Br* sweet; *Am* candy		
bombonijera f	chocolate box, candy box; (*dućan*) *Br* sweet shop, *Am* candy store	bradat adj	bearded
		bradavica f	wart; (*na dojci*) nipple, teat
bon m	voucher; (*za menzu*) meal ticket; (*racioniranog snabdijevanja*) point	brak m	marriage
		brana f	dam; hydro-electric dam
		branič m	(*nogomet*) (full) back
bonaca f	(dead) calm	branik m	ramport, bulwark; (*na cesti*) guard-rail
bonifikacija f	allowance		
bonitet m	intrinsic value; (*kreditna sposobnost*) credit rating	branitelj m	defender; *jur* counsel for the defence
bonton m	(good) manners; etiquette	braniti v	defend; protect, guard
		brašnast adj	mealy, floury
bor m	pine, pine-tree; **božićni -** Christmas tree	brašno n	flour; **pšenično -** wheat flour
bora f	wrinkle, line	brat m	brother
borac m	fighter, combatant	brati v	pick, pluck, gather
boravak m	stay, sojourn; (*stalni*) residence; (*u stanu*) living-room	bratovština f	confraternity; (*zanatlija*) guild
		bratski adj	brotherly, fraternal
		bratstvo n	brotherhood, fraternity
boravišni adj	**boravišna taksa** sojourn tax	brava f	lock; (*patentna*) latch; (*električna*) (door) buzzer
borba f	struggle, fight, battle		
bordel m	brothel		
borilište n	scene of contest, arena, ring; sports ground	bravar m	locksmith
		brazda f	furrow
boriti se v	struggle, fight, combat, battle	brbljati v	chat, chit-chat, prattle
		brbljavac m	chatty person
borovica f	(*kleka*) juniper tree	brdo n	mountain, hill; (*hrpa*) heap, pile
borovina f	pine-wood		
borovnica f	bilberry	brdovit adj	hilly, mountainous
bos adj	barefoot	brdski adj	mountain-
bosiljak m	sweet/common basil	brđanin m	mountain-dweller, highlander
bosti v	(*iglom*) prick, stick; (*nožem*) stab; (*pčela, osa*)		
		breme n	burden, load

breskva f	peach; - **kalanka** freestone peach
brežuljak m dem	(small) hill, hummock
brid m	edge
bridak adj	sharp, cutting
bridž m	bridge
briga f	worry, trouble; **baš me -**! who cares!; **bez brige** carefree
brigada f	brigade
brigadir m	brigadier
brigadni adj	brigade-; - **general** brigadier (general)
brijač m	barber
brijački adj	barber, barber's, barbers'
brijačnica f	*Br* barber's, *Am* barber shop
brijati v	shave, give a shave
brijeg m	vidi brdo
brinuti se v	worry about, be worried
bris m	swab
brisač m	wiper
brisani adj	- **prostor** fire-swept zone; open field
brisati v	(*krpom*) wipe; (*mokar pod*) mop; (*prašinu*) dust; (*gumicom*) erase
britanski adj	British; **Britanska zajednica naroda** the British Commonwealth; **Britanski otoci** the British Isles
britko adv	keenly
britva f	razor
briznuti v	spout; **u plač** burst into tears
brižan adj	attentive, thoughtful
brižljivo adv	carefully
brk m	moustache; (*u mačke*) whisker
brkat adj	moustached
brkati v	confuse, mix up
brklja f	barrier; (*mitnice*) toll-bar
brlog m	den; (*manje životinje*) burrow, hole
brod m	ship, vessel; (*manji*) boat, craft; **na -u** aboard; **parni -** steamer; **motorni -** motorship; **prekooceanski -** liner; **trgovački -** merchant ship; **teretni -** cargo ship, freighter; (*slobodne plovidbe*) tramp (ship); - **za rasuti teret** bulk carrier; - **spasilac** salvage ship; **ratni -** warship
brodar m	ship operator
brodarstvo n	shipping industry
brodogradilište n	shipyard, dockyard; **remontno** repairing yard, repair yard
brodograditelj m	shipbuilders
brodolom m	shipwreck
brodovlasnik m	shipowner
brodski adj	ship-, boat-; **-motor** marine engine; - **prostor** freight/shipping space
broj m	number; (*brojka*) figure; (*časopisa*) copy; (*odjeće, obuće*) size; (*ploča na automobilu*) number plate; (*na molbi, spisu*) reference number; **arapski** - Arabic numeral; **rimski** - Roman numeral; **glavni** - cardinal number; **redni** - ordinal number
brojač m	(*osoba*) counter
brojati v	count, enumerate
brojčanik m	(*sata*) face, dial; (*telefona*) dial
brojilo n	(automatic) counter; **električno** - electricity meter
brojka f	vidi broj
brojnost f	numerousness
broker m	(stock-)broker
bronca f	bronze
bronhitis m	bronchitis
broš m	brooch, pin
brošura f	brochure, booklet
bršljan m	ivy
brtva f	gasket
brtvilo n	*eng* packing (material)
brtviti v	pack, seal
brucoš m	freshman
brujati v	drone, hum
brus m	(*ručni*) whetstone; (*kolo*) grindstone
brusač m	sharpener; (*noževa*) knife-grinder; (*dragulja*) gem-cutter
brusilica f	grinder
brusiti v	grind; (*dragulj, staklo*) cut
brutalan adj	brutal

bruto adv	gross; - **težina** gross weight	budućnost f	future; time(s) to come, hereafter
brvnara f	log-cabin	budžet m	budget; **neuravnotežen** - adverse budget; **izglasati** - pass the budget; **prijedlog -a** budget proposal
brvno n	foot-bridge, plank-bridge		
brz adj	fast, rapid, quick		
brzak m	rapids		
brzina f	rapidity, quickness, swiftness; **na brzinu** in a hurry; (*kod automobila*) gear; **maksimalnom brzinom** at top speed; **brzinom od 100 km na sat** at a speed of 100 km per hour; **u baciti u brzinu** shift into gear;	Bugarin m	Bulgarian
		Bugarska f	Bulgaria
		bugarski adj	Bulgarian
		buha f	flea
		bujan adj	exuberant;(*raslinje*) luxuriant, lush; (*mašta*) rich
		bujati v	swell, expand
		bujica f	torrent
brzinomjer m	speed counter	buka f	din, racket, noise
brzojav m	telegram, *coll* wire; (*prekomorski*) cable	buket m	bunch, bouquet
		buknuti v	(*vatra*) blaze up, burst into flames
brzonog adj	quick-footed	bukovina f	beech(wood)
brzoplet adj	hasty, rash	buktinja f	vidi baklja
brže adv comp	faster; -! quick! hurry (up)!; --**bolje** hastily	bukva f	beech
		buldožer m	bulldozer
buba f	bug; vidi kukac, svilena -, žohar; *coll* (*folkswagen*) the beetle	buljiti v	stare, gape
		bum m	*econ* boom
		bumbar m	bumble-bee
bubamara f	ladybird, ladybug	bumerang m	boomerang
bubanj m	drum	buna f	rebellion
bubnjar m	drummer; (*koncertni*) timpanist	bunar m	(water-)well
		buncati v	talk in one's sleep; (*u bolesti*) be delirious, rave
bubnjić m dem (anat) ear-drum, tympanum			
bubreg m	kidney; **upala -a** nephritis; **živjeti kao - u loju** live in clover	bunda f	fur coat
		bundeva f	vidi tikva
		bunilo n	delirium
bubriti v	swell, puff up, expand	buniti se v	rebel, revolt
bubuljica f	pimple, acne	bunker m	pillbox, concrete dugout
bučan adj	noisy, loud, roaring	bunt m	vidi buna, pobuna
bučati v	make noise/racket/din	buntovan adj	rebellious
bućkati v	churn, splash, paddle	buntovnik m	rebel; (*bundžija*) troublemaker
budak m	mattock		
budala f	fool, simpleton, *coll* nitwit, dope, jerk	bura f	north-eastern wind, bora; gale storm; (*"reful"*) squall, gust
budalaština f	nonsense, folly, foolishness		
budan adj	awake; **sasvim** - wide awake	buran adj	stormy, tempestuous
		burza f	exchange, *coll* market; **efektna** - stock-exchange; **špekulirati na burzi** play the market; **slom burze** market crash/collapse; - **rada** *Br* employment exchange, *Am* public employment office
budilica f	alarm-clock		
buditi v	wake (up); *fig* rouse, arouse, awaken		
budnica f	patriotic song		
budnost f	vigilance, alertness		
budući adj	future, forthcoming; - **pravnik** lawyer to be		
budući conj	- **da** as, since; whereas		

280

burzovni adj stock-exchange; - **mešetar** (stock-)broker
busola f vidi kompas
bušač m driller, borer
bušilica f (*ručna*) hand-drill; drilling machine

bušiti v drill; bore; (*probijati*) punch, pierce, perforate
bušotina f bore; (*naftna*) oil-well
but m vidi bedro; *cul* leg
butan m butane
butina f vidi but, bedro, šunka

C

car f	emperor; (*ruski*) czar, tsar; **-u carevo** render unto Caesar...	ceriti se v	grin, make grimaces
carević m	emperor's son; crown prince; (*ruski*) czarevitch, tsarevitch	cesta f	road, highway; **- s dva traka** two-lane road; **asfaltirana** - asphalt road; **seoska** - country road
carina f	the customs; (*pristojba*) duty; **prijaviti na carini** declare	cestar m	roadman
		cestarina f	toll, road-toll
		cestovni adj	road, highway; **- radnik** road-construction worker
carinarnica f	custom-house		
carinik m	customs officer	cičati v	squeak, squeal
carski adj	imperial	Ciganin m	Gipsy
carstvo n	empire; **životinjsko** animal kingdom; **- nebesko** Kingdom of Heaven	cigara f	cigar
		cigareta f	cigarette; **kutija** - *Br* a packet (A pack) of cigarettes; (*"šteka"*) carton; **ugasiti cigaretu** crush/ stub out a cigarette
cedulja f	note; (*papirić*) scrap of paper		
ceh m	guild; (*račun*) bill		
celer m	celeriac	cigla f	brick; **zidanje ciglom** brick-laying
celofan m	cellophane		
celuloid m	celluloid	ciglana f	brickyard, brickworks
celuloza f	cellulose; wood-pulp	ciglar m	brickmaker
cement m	cement	cijediti v	strain, filter; (*limun*) squeeze
centar m	centre; **opskrbni -** shopping centre; **ravno u -!** a bull's eye!; **- grada** centre of a town, *Am* downtown		
		cijel adj	whole, entire, complete
		cijelost f	wholeness, completeness
		cijena f	price; **ponuđena -** quotation; (*naplata*) charge; (*trošak*) cost; **tvornička -** ex-work price; **- na malo** retail price; **ispod cijene** at a loss; **skok -** price increase; **sniziti cijenu** cut/ reduce the price
centimetar m	centimetre; **krojački -** tape measure		
centrala f	headquarters; (*energetska*) power plant; (*pri telefoniranju*) operator		
centralizacija f	centralization		
centrifuga f	centrifuge; (*za rublje*) spin-drier	cijeniti v	esteem, appreciate, value
		cijenjen adj	esteemed; (*pri naslovljavanju pisma*) Dear Sir/ Madam
cenzura f	censorship		
cenzurirati v	censor		
cenzus m	census; poll tax	cijepati v	(*drva*) shop
cepin m	ice-ax(e)	cijepiti v	vaccinate, inoculate
cerada f	tarpaulin	cijev f	tube, pipe; (*za polijevanje*) hose; (*oružja*) barrel; **ispušna -** exhaust pipe;
ceremonija f	ceremony		
ceremonijalan adj	ceremonial		

cika f	shrieks, screams	odvodna - discharge pipe	
cik-cak adv	zigzag		cjenik m — price-list
cikla f	beetroot		cjenkati se v — haggle (about), bargin (for)
ciklama f	cyclamen		cjepanica f — (split) log
циклички adj	cyclically, in cycles		cjepidlačiti v — split hairs
ciklon m	*met* cyclone; *Am* tornado, hurricane		cjepidlaka f — hair-splitter; (*u vezi novca*) fuss-budget
ciklona f	*met* low-pressure area		cjepivo n — vaccine, serum
ciklus m	cycle		cjevanica f — long bone
cilindar m	(*šešir*) top hat; *eng* cylinder		cjevast adj — tubular
			cjevčica f dem — thin/fine tube
cilj m	object, aim, goal, end; (*puta*) destination; (*meta*) target, mark		cjevovod m — pipe-line
			crijep m — tile, roofing-tile; **žljebnjak** *Br* half-round tile, *Am* mission tile; **kuća pokrivena crijepom** tile-roofed house
cimet m	cinnamon		
ciničan adj	cynical		crijevni adj — intestinal
cinik m	cynic		crijevo n — intestine, gut; **slijepo** - appendix
cinizam m	cynicism		
cink m	zinc		crknuti v — die, perish
cipela f	shoe; (*s vezicama*) lace shoe; **sportska** - walking shoe; **salonka** court shoe; **obuti/izuti cipelu** put on/take off one's shoes		crkva f — church; **župna** - parish church
			crkveni adj — ecclesiastic(al), church-
			crkvica f dem — small church; chapel
			crn adj — black
			crnac m — black (man), Negro, coloured person
cirkulacija f	circulation		crnački adj — black, Negro
cirkulirati v	circulate		crnčiti v — drudge, grub, slave
cirkus m	circus; (*uzbuna*) fuss		crnilo n — black (pigment/dye)
cirkusant m	circus artiste		crnina f — mourning, (widow's) weeds
cirkuski adj	circus		
ciroza f	cirrhosis		crnka f — brunette
cirus m	cirrus		crnogorica f — coniferous wood; conifers
cista f	*med* cyst		
cisterna f	cistern, tank; **auto-cisterna** *Br* tank(er) lorry, *Am* tank truck		crnokos adj — black-haired
			crnomanjast adj — dark, dark-complexioned
			crnook adj — black-eyed
citat m	quotation; **početak citata!** quote; **kraj citata!** unqote		crpilište n — pump(ing) site; (*nafte*) production well
			crpka f — pump
citirati v	quote, cite		crpsti v — absorb, draw water, work a pump
civil m	civilian; **civilno odijelo** plain clothes		
			crta f — line; (*potez*) stroke; (*na hlačama*) crease; (*lica*) feature; **u zračnoj crti** as the crow flies
civilizacija f	civilisation		
civilizirati v	civilize		
cjedilo n	(*za tjesteninu i povrće*) colander		crtač m — sketcher, drawer; **tehnički** - draughtsman
cjelina f	entirety, whole		
cjelodnevan adj	whole-day, all-day		crtanka f — drawing-book
cjelokupan adj	total, entire, complete		crtanje n — drawing, sketching; **tehničko** - drafting
cjelovečernji adj	(*film*) feature-length		
cjelovit adj	integral, complete		

crtaonica f	drawing room	curiti v	trickle, drip; leak
crtati v	draw, sketch	cvat m	inflorescence
crtež m	drawing, sketch; - olovkom pencil drawing; tehnički - draft	cvijeće n collect	flowers; - u loncima pot flowers; rezano - cut flowers
crtica f dem	(znak) hyphen; dash	cvijet m	flower; (na stablu) blossom; u cvijetu mladosti in one's prime
crtovlje n	staff, stave		
crv m	worm; raditi kao - work like an ant	cviliti v	whine; (od bola) yelp
crven adj	red; - u licu ruddy; - od stida blushing	cvjećar m	florist
		cvjećarnica f	florist's, flower shop
crvendać m	robin	cvjećarstvo n	flower-growing
crvenica f	red soil	cvjetača f	cauliflower
crvenilo n	red, redness; (od stida) blushing	cvjetati v	flower, bloom, (stabla) blossom
crveniti v	make red, redden	cvjetić m dem	small/little flower
Crvenkapica f	Little Red Riding-Hood	cvjetni adj	floral, flower-
crvenkast adj	reddish	Cvjetnica f	eccl Palm Sunday
crvenokos adj	red-haired	cvokotati v	chatter
crvenokožac m	redskin	cvrčak m	cicada
crvić m dem	little worm	cvrčati v	(cvrčak) chirr, chirp; (na vatri) sizzle, hiss
crvotočina f	worm-hole; pun - worm eaten		
		cvrkut m	twitter, chirp
cura f	girl, lass	cvrkutati v	(vrapci) twitter, chirp; (pjevice) warble
curica f dem	little girl; baby daughter		

čabar m	wooden pail/bucket	časak m	(brief) instant
čačkalica f	toothpick	časnik m	officer; **aktivan/pričuv-**
čačkati v	(*zube, uši*) pick; (*po ne-*		**ni** - career/reserve offic-
	čemu) poke probe		er; **visoki** - high-ranking
čađa f	soot		officer; **prvi časnik** (*na*
čađav adj	sooty, soot-covered		*brodu*) first (chief) mate
čahura f	(cartridge) case; (*ličinke*)	časno adv	honourably, with honour
	capsule; **svilčeva** - co-	časopis m	periodical; journal, mag-
	coon		azine, review
čaj m	tea; **pravi** - proper tea; -	čast f	*Br* honour, *Am* honor;
	u filter vrećicama tea-		(*položaj*) dignity
	bags;	častiti v	honour; (*gostiti*) feast; **ja**
čajanka f	tea-party		**častim!** it's my treat,
čajnik m	tea-pot		drinks are on me
čak adv	even; no less than	častohlepan adj	greedy for fame
čaklja f	boat-hook	čaša f	glass; - **s nogom** stem
čamac m	boat; - **na vesla** rowing		glass; **ispiti gorku čašu**
	boat; **veslački** - racing		swallow a bitter cup; **ča-**
	shell; **brodski** - skiff; **gu-**		**ša se prelila** the cup has
	meni - life-raft; - **za spa-**		overflown
	šavanje life-boat	čašica f dem	(*pića*) drink, drop
čamiti v	languish, pine	čavao m	nail; (*veliki*) spike
čangrizav adj	peevish, grumbling	čavrljati v	chat, prattle
čar m	charm, enchantment	čedan adj	chaste; (*skroman*) mod-
čarapa f	stocking; **dokoljenka**		est
	knee-sock; (*kratka*) sock;	čedomorstvo n	infanticide
	najlonke nylon stock-	čegrtaljka f	rattle
	ings; **hulahopke** *Br*	ček m	*Br* cheque, *Am* check;
	tights, *Am* pantyhose		**obračunski** - not nego-
čarati v	practise magic/witch-		tiable ch.; **turistički** -
	craft, cast spells		travellers ch.; - **bez po-**
čarka f	skirmish		**krića** bad ch.; **izdavalac/**
čaroban adj	magic(al); enchanting		**trasant čeka** drawer of a
čarobnjak m	magician, sorcerer, wiz-		ch.; **trasat čeka** drawee
	ard		of a ch.; **korisnik čeka**
čarolija f	sorcery, witchcraft, mag-		payee of a ch.; **izdati** -
	ic		draw a ch. on, issue a ch.
čarter m	(*let*) charter(ed) flight		to; **naleđiti** - endorse a
čas m	moment, instant, minute;		ch.; **unovčiti** - cash/col-
	samo -! just a moment; **u**		lect a ch.; **isplatiti** - ho-
	pravi - just in time; **kuc-**		nour a ch; **odbiti isplatu**
	nuo je - the hour has		**čeka** dishonour a ch.;
	come		**plaćati čekom** pay by ch.

čeka f	high/shooting stand	češkati v	scratch lightly
čekaonica f	waiting-room; (*za gradski promet*) shelter	češljati v	comb
		češnjak m	garlic
čekati v	wait (for), await; (*u redu*) queue	četiri num	four
		četka f	brush; - **za odijelo** clothes-brush
čekić m	hammer; (*bat*) sledge; (*predsjedavatelja*) gavel; **udarati čekićem** (beat with) hammer	četkica f dem	(*za zube*) tooth-brush
		četrdeset num	forty
		četrnaest num	fourteen
čekinja f	bristle; (*neobrijana brada*) stubble	četverokut m	quadrilateral
		četveronoške adv	on all fours
čekovni adj	(*knjižica*) Br chequebook, Am checkbook; (*račun*) drawing/bank account	četveronožac m	four-legged animal, quadruped
		četvorica f	four men
		četvorina f	square
čekrk m	winch (gear)	četvorni adj	four-part; - **metar** square metre
čelični adj	steel-, (made) of steel		
čelik m	steel; **čeličana** steel-mill; **nehrđajući** - stainless steel; **betonski** - reinforcement steel	četvrt f	(*dio cjeline*) one quarter, **četvrtina** one fourth; (*dio grada*) district; (*mjena Mjeseca*) quarter
čelni adj	front-rank man	četvrtak m	Thursday
čelnik m	leader	četvrtast adj	square
čelo n	forehead	četvrti num	the fourth
čeljust f	jaw; **gornja/donja** - upper/lower jaw; **izbočena** - jutting jaw	čeznuti v	yearn, long; (*za domom*) be homesick
		čežnja f	yearning, longing; homesickness
čemer m	distress, affliction, heartbreak	čičak m	burdock
		čiji pron	whose
čempres m	cypress	čim conj	as soon as, immediately
čep m	cork; stopper	čimpanza m	chimpanzee, *coll* chimp
čepić m	dem (med) suppository	čin m	act, action, deed; *mil* rank; *theat* act
čeprkati v	rummage, poke, probe; (*nos, uši*) pick, vidi **čačkati**		
		činilac m	doer, performer
čerupati v	pluck (feathers)	činiti v	do, make, perform
čest adj	frequent; common	činovnik m	office worker; **državni** - civil servant; **bankovni** - bank clerk
čestica f	particle, fragment		
čestit adj	proper, thorough		
čestitati v	congratulate, compliment	činjenica f	fact; - **je da** it is a fact that
čestitka f	congratulatory message; greeting letter/card; **božićna** - Christmas card	čipka f	lace
		čipkast adj	lacy, lace-like
		čir m	boil, *med* furuncle; carbuncle; (*otvoreni, želučani*) ulcer
često adv	often, frequently		
češalj m	comb		
češati v	scratch	čist adj	clean; **kao sunce** as clean as a whistle; **čista ludost** pure madness; **čista vuna** all wool
češće adv comp	oftener, more frequently		
češer m	cone		
Češka f	the Czech Republic; *hist* Bohemia		
		čistač m	cleaner
Čeh m	Czech	čistilište n	Purgatory
češki adj	Czech, Bohemian	čistina f	clearing, opening

čistionica f	cleaning shop; **kemijska - dry cleaner's**	čovjek m	man, human (being); (*odrastao*) adult; (*stvor*) fellow, creature; **obi-čan - the man in the street**; - **za sve** Jack of all trades; **prava čovjeka** human rights
čistiti v	clean; (*mrlje*) remove; (*grašak*) shell		
čisto adv	cleanly, purely		
čistoća f	cleanliness; (*metala*) purity		
čistokrvan adj	thoroughbred, pure-blooded	čovjekolik adj	man-like, anthropomorphous; **čovjekolika bića** hominids
čitač m	*tech* scanner		
čitanka f	reading-book	čovjekoljubiv adj	philanthropic; humanitarian
čitaonica f	reading-room; information centre		
		čovjekoljublje n	philanthropy; humanitarianism
čitatelj m	reader		
čitateljstvo n	reading public	čučanj m	squat
čitati v	read; - **na preskok** browse; **krivo - misread**	čudak m	eccentric (person), odd fellow
čitav adj	intact, safe	čudesno adv	miraculously
čitko adv	legibly	čuditi se v	be surprised (at), wonder (at)
čizma f	*Br* high boot, *Am* boot; **gumene čizme** *Br* wellintons, *Am* rubber/gum boots	čudno adv	strangely, oddly
		čudo n	wonder; marvel; miracle; - **od djeteta** child prodigy, wunderkind; **svako - za tri dana** a nine day's wonder; **biti u čudu** be at loss
član m	member; (*akademije i znanstvenih društava*) fellow; **gram** article; **određeni/neodređeni član** definite/indefinite art.; (*ustava, zakona*) article, section, paragraph		
		čudotvorac m	miracle-worker
		čujnost f	audibility
		čulnost f	sensuality
članak m	(*novinarski i zakona*) article; (*prsta*) joint	čupati v	pluck, pull; (*kosu*) tear
		čupavac m	dishevelled person
članarina f	*Br* membership subscription, *Am* membership dues	čuperak m	tuft; (*kovrča*) lock
		čupkati v	pluck gently/repeatedly
		čuti v	hear; (*doznati*) learn; **nisam dobro čuo** how's that again?; **to prvi put čujem** that's news to me
člankonošci m pl	Arthropoda; **člankonožac** arthropod		
članski adj	member-, member's; **članska iskaznica** membership card		
		čutura f	*Br* water-bottle, *Am* canteen
članstvo n	membership; (*u akademiji i znanstvenim društvima*) fellowship	čuvar m	keeper, guard, watchman; (*zaštitnik*) protector
		čuvati v	keep; take care of; (*nadzirati*) guard; (*štititi*) protect, safeguard; - **djecu** baby sit
čmar m	anus		
čokolada f	chocolate; **rebro čokolade/mala - bar of chocolate**		
		čuven adj	renowned, eminent, famous
čokot m	vine plant		
čopor m	pack	čvarak m	**čvarci** *Br* greaves, *Am* cracklings
čovječan adj	humane		
čovječanstvo n	mankind, human race, humanity	čvor m	knot; *math* node
		čvorast adj	knotty

čvorište n	node; **željezničko** - junction; **cestovno** road/highway junction		robust; (*postojan*) steady; (*razlog*) solid; **čvrsta tvar** solid (matter); **čvrsto stanje** solid state
čvoruga f	vidi kvrga		
čvrsnuti v	harden, become stronger/ harder	čvrstoća f	firmness, sturdiness, toughness; - **materijala** strength of materials
čvrst adj	firm; (*tjelesno*) strong,		

ćaknut adj	touched, cranky	ćud f	disposition, temperament
ćaskati v	chat, make small talk	ćudljiv adj	capricious
ćela f	bald spot	ćuk m	little owl
ćelav adj	bald, balding; hairless	ćup m	crock, earthenware jar/pot
ćelavac m	bald person, bald-head		
ćelija f	cell	ćuška f	smack, cuff, box on the ears; **dobiti ćušku** get a slap in the face
ćorav adj	one-eyed, blind in an eye		
ćoravac m	one-eyed person	ćušnuti v	slap somebody's face, give a slap
ćosavac m	beardless person		

da conj; part	(*izrično*) that; (*namjerno*) in order to/that; (*pogodbeno*) if; (*posljedično*) so that; (*potvrda*) yes; - **barem** if only; **osim** - unless; **recimo** - suppose; - **vidim** let me see		tjedan dana within a week; svakog dana daily; dobar -! good morning/afternoon
		Danac m	Dane, Danish male
		danas adv	today; - ujutro/ popodne this morning/afternoon
dabar m	beaver	današnji adj	today's
dadilja f	child's nurse, nanny	današnjica f	today, the present time
daća f	*hist* serf's fee; vidi davanja	danguba f	waste of tame
		danomice adv	daily, every day
dah m	breath; **bez daha** breathless, out of breath; **ostati bez daha** get out of breath	danonoćno adv	night and day, round the clock
		Danska f	Denmark
		danski adj	Danish
dahtati v	pant, gasp	danji adj	day-, diurnal
dakako adv	of course	danju adv	in the daytime, by day
dakle conj	well, now	dapače adv	even; indeed; on the contrary
dalek adj	far-away, far, distant remote		
		dar m	gift, present; (*talent*) gift
daleko adv	far (away), distantly, remotely; - **od** far from	darežljiv adj	generous, open-handed
		darovatelj m	giver, donor
dalekometni adj	long-range	darovati v	make a present/gift; (*ustanovu*) donate
dalekosežan adj	far-reaching		
dalekovidan adj	far-sighted; (*promišljen*) looking far ahead	darovit adj	talented, gifted
		darovitost f	talent(s), gift
dalekovod m	transmission line	darovnica f	deed of gift/donation
dalekozor m	binoculars; **jednocjevni** - telescope	daska f	board, (*debela*) plank; **kuća od dasaka** clapboard house; - **za valove** surfboard; - **za jedrenje** windsurfing board; - **za meso** cutting board; **zahodska** - toilet seat
dalje adv comp	farther; **i tako** - and so on, et cetera (kratica itd.)		
daljina f	distance, range; **iz daljine** from afar		
daljinomjer m	range-finder		
daljinski adj	tele-; **daljinsko upravljanje** remote control		
		dašak m	light breath; whiff, puff
daljnji adj	further, additional	daščan adj	board-, made of boards
dama f	lady; (*igra*) *B* draughts, *A* checkers	dati v	give; (*proizvesti*) yield, produce, manufacture, generate; (*pružiti*) provide, supply, offer; - **na čišćenje** have/get cleaned; **ne** - withhold, refuse; (*lijek*) administer
damping m	dumping		
dan m	day; (*današnji*) today; **radni** - week-day; **po danu** in the daytime; **za**		

datirati v	date; - od date from	demagog m	demagogue
datoteka f	data bank	demanti m	(official) denial
datum m	date; staviti raniji/kasniji - antedate/postdate	demantirati v	issue an official denial, deny
davanja n pl	appropriations	demilitarizacija f	demilitarization
daviti v	drown	demobilizacija f	demobilization
davljenik m	drowning person	demokracija f	democracy
davni adj	ancient, old-time	demokratizacija f	democratization
davnina f	ancient times	demokratski adj	democratic
davno adv	long ago; - prije long before	demolirati v	demolish, wreck, smash up
debata f	debate	demon m	d(a)emon
debelo adv	thickly, stoutly	demonski adj	demoniac
debeljko m	fat person	demonstracija f	demonstration
debeo adj	fat; stout; corpulent; (zid i sl.) thick	demonstrant m	demonstrator
		demonstrirati v	demonstrate
deblo n	trunk	demontaža f	dismantlement, removal
deblokada f	raising a blockade	denacionalizacija f	denationalization
debljina f	fatness; stoutness; corpulence, obesity	depandansa f	annexe
		deplasiran adj	vidi neumjestan
decentralizacija f	decentralization	depo m	depot
decibel m	decibel	deponija m	spoil area, waste area
decidiran adj	definite, decisive, resolute	deponirati v	(novac) deposit
		deportacija f	deportation
decimalan adj	decimal	depozit m	deposit
defekt m	defect, blemish, fault	depresija f	depression
defektolog m	special teacher	depresivan adj	depressive
deficit m	deficit, shortfall	deprimirati v	depress
deficitaran adj	in short supply, scarce	derati v	tear, rend, rip; slash, lacerate; (kožu) skin
definicija f	definition; po definiciji by definition	derati se v	bawl, yell, howl, bellow, roar
definitivno adv	conclusively, definitively	deratizacija f	poisoning, deratization
deflacija f	deflation	derbi m sport	horse race; (važna utakmica) derby
deformacija f	deformation, distortion, malformation	derište n	(little) brat
degustator m	(professional) taster	derutan adj	vidi trošan
deka f	blanket	desant m	landing; pomorski - seaborne attack; padobranski - parachute/airborne landing
dekan m	dean		
dekanat m	Registrar's Office		
deklaracija f	declaration		
deklarativan adj	declarative		
deklasirati v	declass	desert m	Br sweet (course), Am dessert
dekorater m	interior decoarator, designer		
		deset num	ten
dakorativan adj	decorative, ornamental	deseti num	tenth
delegacija f	delegation	desetina f	one-tenth
delegat m	delegate	desetkovati v	decimate
delikatan adj	delicate; (u postupcima) scrupulous	desetljeće n	decade
		desetoboj m	decathlon
delikatesa f	delicacy	desni f pl tantum	anat gums
delikt m	delict, offence	desnica f	right hand; pol the Right
deložacija f	eviction	desničar m	rightist, right-winger
delta f	delta	desno adv	right, on/at the right

destilirati v	distill	dijeliti v	divide; (*odjeljivati*) separate, distinguish; (*raspodjeljivati*) distribute, divide among, hand out; (*pružati*) dispense, administer; **9 dijeljeno s 3 je** nine divided by three makes; **- sobu/troškove/ radost** share room/expenses/joy
destrukcija f	destruction		
dešifrirati v	decode, decipher		
dešnjak m	right-handed person		
detalj m	detail		
detaljan adj	detailed		
detektiv m	detective; **privatni** - private detective/investigator, *Am* private eye		
detektor m	detector		
detonacija f	detonation	dijeta f	diet
deva f	camel	dijetalan adj	diet; dietetic
devalvacija f	devaluation	dijete n	child, *coll* kid; (*malo*) baby, young child; **zaostalo** - retarded child; **neprilagođeno** - maladjusted child; **premotati** - change the baby; **čuvati djecu** baby-sit
devedeset num	ninety		
devet num	nine; **deveti** ninth		
devetina f	one - ninth		
devetnaest num	nineteen		
devijacija f	deviation		
devize f pl	foreign exchange		
devizni adj	foreign exchange, currency	dikcija f	diction, elocution
		diktafon m	dictaphone
dezerter m	deserter	diktat m	dictation
dezinfekcija f	disinfection	diktator m	dictator, strongman
dezinformacija f	misinformation	diktatura f	dictatorship
dezinsekcija f	disinsectization, debugging; **sredstvo za dezinsekciju** insecticide	diktirati v	dictate
		dilema f	dilemma
		diletant m	dilettante, amateur
dezintegracija f	disintegration	diljem adv	throughout, all over
dezodorans m	deodorant	dim m	smoke; **- baruta** gunsmoke; **sušiti na dimu** smoke, smoke-dry; **nema dima bez vatre** where there's smoke there's fire
dežurati v	be on duty		
dežurstvo n	duty		
dići v	vidi dignuti		
didaktika f	didactics		
digitalni adj	digital		
dignitet m	dignity	dimenzija f	dimension; **velikih dimenzija** large sized
dignuti v	lift, raise, elevate; put up		
dignuti se v	rise; get up; (*uvis*) ascend, soar up	dimiti se v	smoke, emit smoke
		dimnjačar m	(chimney) sweep
digresija f	digression	dimnjak m	chimney; (*lokomotive, broda*) funnel
dijabetes m	diabetes		
dijabetičar m	diabetic	dinamičan adj	dynamic
dijagnostičar m	diagnostician	dinamika f	dynamics
dijagnoza f	diagnosis; **postaviti dijagnozu** make a diagnosis	dinamit m	dinamite; (*šipka*) stick of dynamite
		dinastija f	dynasty
dijagonala f	diagonal	dinosaur m	dinosaur
dijagram m	diagram, graph	dinja f	musk melon
dijalekt m	dialect	dio m	part; section; (*udio*) share; **sastavni** - component; **rezervni** - spare part; **biti -** make part
dijalog m	dialogue		
dijamant m	diamond; **brušeni** - cut diamond		
dijpozitiv m	slide	dioba f	division
dijaspora f	diaspora	diobeni adj	division-, divisional

dionica | djevica

dionica f	(puta) section; (muzička) part, passage; fin share; dionice stock(s); izdavati dionice issuestock/shares; posjedovati dionice hold st./sh.; dnevni tečaj dionica quotation of the day	distibucija f	distribution, deployment
		distributer m	distributor
		div m	giant
		divan adj	wonderful, marvellous, splendid
		diverzija f	sabotage
		dividenda f	dividend
		diviti se v	admire, marvel (at)
dioničar m	shareholder	divljač f collect	game
dioptrija f	diopter; naočale s dioptrijom prescription glasses	divljak m	savage; barbarian; vandal
		divljaštvo n	savagery, vandalism
		divljati v	act wildly/savagely; rampage
diploma f	diploma; univ degree; (povelja) charter	divlji adj	wild
diplomacija f	diplomacy	divljina f	wildness, wild country
diplomat m	diplomat	divokoza f	chamois
diplomirati v	graduate, get/take a degree	divovski adj	giant, gigantic, huge
		dizalica f	crane; (brodska) derrick; ručna - car jack
dirati v	touch; (pipati) feel; ne diraj to! leave it alone	dizalo n	Br lift; Am elevator
direkcija f	management, board, authority, headquarters	dizati v	vidi dignuti
		djeca f collect	vidi dijete
direktor m	manager, director, executive, head	dječak m	boy
		dječji adj	child-, child's, children's, baby-
dirigent m	conductor		
dirljivo adv	touchingly, movingly	djed m	grandfather, grandad
disanje n	breathing, respiration	djedovina f	patrimony, ancestral heritage
disati v	breathe, respire		
disciplina f	(znanost) discipline; znanstvena - scientific discipline, branch of knowledge; vidi stega	djelatan adj	active
		djelatnik m	participant
		djelatnost f	activity
		djelić m	dem tiny part
disciplinski adj	vidi stegovni	djelo n	work; (čin) act, deed; dobro - good deed; junačko - heroic deed; sabrana djela collected works
disertacija f	dissertation, thesis		
disk m	discus		
disketa f	diskette		
diskont m	discount	djelokrug m	sphere of action, domain, province
diskontni adj	discount		
diskoteka f	record library	djelomično adv	partly, in part
diskrecija f	discretion	djelotvoran adj	efficacious, effective, efficient
diskretan adj	discreet		
diskriminacija f	discrimination	djelovati v	work, be at work, operate, function; have an effect
diskusija f	discussion, debate		
diskutabilan adj	debatable, disputable		
diskvalificirati v	disqualify	djeljivost f	divisibility; separability
dislocirati v	dislocate	djetelina f	clover
dispanzer m	clinic; out-patient department	djetinjast adj	childish, infantile
		djetinjstvo n	childhood; babyhood, infancy
disparatan adj	disparate		
dispečer m	dispatcher	djever m	husband's brother; bride's attendant
disperzija f	dispersion		
dispozitiv m	enacting terms/clause	djeveruša f	bridesmaid
distanca f	distance, aloofness	djevica f	virgin; astron Virgo;

djevičanski adj	blažena - Marija the Blessed Virgin Mary virgin, virginal	dobrotvoran adj	beneficient; charitable, philanthropic
djevojčica f	girl	docent m	Br (senior) lecturer; Am assistant professor
djevojka f	girl, young woman	dočarati v	conjure up, evoke
dlaka f	hair	dočasnik m	non-commissioned officer
dlakav adj	hairy, hair-covered		
dlan m	palm, flat of hand	doček m	reception; prirediti svečan - to give somebody official reception
dlijeto n	chisel		
dnevni adj	daily, everyday		
dnevnica f	daily allowance; putna - travelling allowance	dočekati v	meet, receive
		dočepati se v	get hold of, lay one's hands on
dnevnik m	diary, journal; (novine) daily paper; brodski - log (book); razredni - form/attendance register	doći v	come; arrive; turn/show up; - do come to, reach
		dodatak m	addition; supplement
dno n	bottom; fig gutter	dodati v	add; affix, attach; (rukom) hand; (za stolom) pass
do prep	(vremenski) till, up to, until; (prostorno) next to, (up) to, as far as; sjesti do nekoga sit next to somebody		
		dodatni adj	additional, added, supplementary
doajen m	doyen	dodir m	touch, contact
dob f	age	dodirnuti v	touch; tap
doba n	time, times, age, era, epoch, period; godišnje - season	dodjela f	assigning, allocating; award
		dodvoriti se v	curry favour with
dobaciti v	throw	događaj m	event, occurrence, incident, development, happening; (doživljen) experience
dobar adj	good; adecquate, satisfactory; kind		
dobavljač m	contractor,supplier; (hrane) caterer		
dobit f	gain, profit, earnings; ostvariti - make a profit	doglavnik m	deputy leader
		dogledan adj	within eyesight
		dogma f	dogma
dobitak m	gain; asset	dogodine adv	next year
dobiti v	get, obtain, receive; - utakmicu win a game; - ospice contract/get measles	dogoditi se v	happen, occur, take place, come about
		dogovor m	appointment, engagement, conference, meeting, arrangement; agreement; (nagodba) coll deal
dobitnik m	winner; award winner		
dobro adv	the good; a good thing; dobra goods		
dobrobit f	welfare, well-being	dogovoriti se v	arrange, make arrangements; agree, have an agreement
dobroćudan adj	good-natured		
dobrodošlica f	welcome		
dobrodušan adj	kind-hearted, good-natured	dograditi v	add, add onto building, build an annex
dobronamjeran adj	well-meaning, bona fide	dogradnja f	adding; wing, annex
dobrostiv adj	benign, kindly disposed	dogurati v	push up to; fig reach, advance
dobrosusjedski adj	neighbourly		
dobrota f	goodness, kindness	dohodak m	income; (državni, poduzeća) revenue; osobni - wage, salary; nacionalni - national income
dobrotvor m	benefactor; philanthropist		

dohvat m	reach; **na - ruke** within one's reach	**doliti** v	add (by pouring), fill up
dohvatiti v	reach, get to	**dolje** adv	down, below, beneath
doista adv	vidi zaista	**dom** m	home; **rodni -** birthplace; **donji -** Lower House, *Br* House of Commons, *Am* House of Representatives ; **gornji -** Upper House, *Br* House of Lords, *Am* Senate; **staracki -** senior citizens' home; **studentski -** *Br* (student) hostel, *Am* dormitory; **- kulture** civic centre
dojam m	impression; **ostavljati -** make/give/leave impression; **knjiga dojmova** visitors book		
dojava f	vidi obavijest		
dojavnica f	letter of advice		
dojence n	nurseling; **hrana za dojencad** infant food		
dojilja f	nursing woman/mother		
dojiti v	breast-feed, nurse	**domaci** adj	home-, domestic, native; home-made
dojka f	(woman's) breast		
dok m	dock; **na dokovima** on the waterfront	**domacica** f	lady/mistress of the house; (*kucanica*) housewife; (*gostima*) hostess
dok conj	till, until; (*za vrijeme -*) while; **- god** as long as	**domacin** m	master of the house; (*gostima*) host
dokaz m	proof, evidence; demonstration; argument	**domar** m	vidi pazikuca
dokazati v	prove, demonstrate, substantiate	**domicil** m (mjenice)	domicile
		dominacija f	domination
dokazni adj **- materijal** evidence		**dominantan** adj	dominant, dominating
dokolica f	leisure (time), spare time; idleness	**dominirati** v	dominate
		domino m	dominoes
dokoljenica f	docked stocking	**domjenak** m	party; encounter, appointment
dokopati se v	manage to get		
dokrajciti v	put an end to, end; go through with	**domobran** m	(Croatian) home guardsman
doktor m	doctor; (*lijecnik*) medical doctor; **- filozofije** (*ili humanistickih znanosti*) doctor of philosophy (Ph. D.)	**domoljublje** n	patriotism
		domorodac m	native
		domovina f	native country, homeland
		domovnica f	certificate of domicile
		donacija f	donation
doktorat m	doctor's degree	**donator** m	donor
doktorirati v	win/earn/take/get doctor's degree	**donedavna** adv	until recently
		donekle adv	to a (certain) degree, up to a point
doktrina f	doctrine		
dokument m	document, paper	**donijeti** v	bring; get, fetch
dokumentacija f	documentation; records, documents, papers	**donosilac** m	bearer, bringer; carrier
		donji adj	lower, bottom-, under-, underlying
dokumentaristicki adj	documentary		
dokupiti v	buy some more	**dopadati se** v	vidi svidati se
dolazak m	arrival, coming; appearance	**dopadljiv** adj	pleasing, attractive
		dopis m	official letter, memorandum (*coll*) memo; (*novinski*) report, story
dolaziti v	(*proizlaziti*) derive (from); **vlak - u 2 sata** the train arrives at 2; **Dolazim!** I'm coming!		
		dopisivati se v	write to each other, correspond
doletjeti v	fly (up) to, come flying; arrive by plane	**dopisnica** f	postcard
dolina f	valley	**dopisnik** m	news correspondent, reporter

295

dopisništvo n	reporter bureau		rather, **dosta dobro** rather good
doplata f	additional payment		
doplatak m	allowance	dostava f	delivery; delivery service
doplatiti v	pay the difference, pay an additional sum	dostavljač m	deliverer; deliveryman; office boy
dopodne adv	in the morning, before noon	dostavnica f	acknowledgment note; *com* bill of delivery
dopratiti v	come along with; accompany; escort	dostignuće n	achievement, accomplishment
dopremiti v	deliver, transport, convey; supply	dostojanstven adj	dignified
		dostupan adj	accessible, available
doprijeti v	reach, get through to; stretch, extend	dotacija f	grant, donation; (*za pokriće gubitaka*) subsidy
doprinos m	contribution	dotaći v	vidi dodirnuti
dopuna f	supplement, addition, complement, ammendment	doticaj m	vidi dodir
		dotirati v	subsidize; donate
dopuniti v	supplement, complete, fill up a gap; (*ažurirati*) bring up to date; (*upitnik*) fill in	dotjerati v	drive/bring up to; (*popraviti*) fix (up)
		dotrajati v	last (until); become worn out
		dotući v	finish (off)
dopunski adj	supplementary, additional	doušnik m	informer, spy, stool pigeon
dopust m	leave, leave of absence	dovesti v	bring, bring along; (*vozilom*) bring/take by car; transport
dopustiti v	allow, permit, let; authorize; (*u diskusiji*) grant, concede, admit		
		dovijeka adv	for ever, always
dopuštenje n	permission, leave	dovikivanje n	calling (to), shouting (to)
doputovati v	arrive, come; reach one's destination	dovod m	supply; feeding; supply pipe; conduit, wire
dorada f	finishing, final processing	dovoljan adj	sufficient, adequate
		dovoziti v	vidi dovesti
doručak m	breakfast	dovratak m	door-post
dosad(a) adv	so far, till now, yet	dovući v	pull/draw/drag up
dosada f	boredom	doza f	dispenser, box, dish; (*za cigarete*) cigarette case; *med* dose
dosadan adj	boring, dull, tedious		
dosaditi v	bore, become boring		
doseći v	reach		
doseg m	range, reach	dozivati v	call, shout, call/cry out
doseliti se v	move in; (*u zemlju*) immigrate, settle	doznačiti v	remit, pay; make payable to
doseljenik m	immigrant, settler, colonist	doznaka f	voucher coupon, ticket
		dozvati v	call, summon; call back
dosje m	file, dossier, file folder	dozvola f	permission, leave; (*dokument*) permit, licence; **vozačka -** driving licence
dosjetiti se v	get an idea, think of, figure out; remember		
dosjetka f	witty remark		
doslovan adj	literal, verbatim	dozvoliti v	vidi dopustiti
doslovno adv	literally	doživjeti v	live to see; (*iskusiti*) experience, suffer
dosluh m	collusion, connivance		
dosljedan adj	consistent, consequent	doživljaj m	experience; adventure; (*osjetilni*) sensation
dospijeće n	being due; maturity		
dosta adv	enough, sufficiently;	doživotno adv	lifelong, for life

drag adj	dear, nice, sweet, likeable, darling	**društven** adj	social; public, national; communal; (*druževan*) sociable
draga f	sweetheart, lover, beloved	**društvenoekonomski** m	socio-economic
dragocjen adj	precious, valuable	**društvo** n	society; (*zajednica*) community; (*udruženje*) society, association, organization, group, company, corporation; *coll* (*klapa*) crowd, gang
dragulj m	jewel; (*brušen*) gem; precious stone		
drama f	drama, play		
dramatičan adj	dramatic		
dramatizirati v	dramatize		
dramaturg m	dramaturge, playwright in residence	**druželjubiv** adj	vidi društven
		družina f	gang, band, crowd
drastičan adj	drastic	**drvar** m	timber merchant
draž f	charm, allure, attraction	**drvarnica** f	wood-shed, wood-cellar
dražba f	auction, public sale	**drvce** n	small/tiny tree
dražestan adj	charming, graceful, lovley	**drveće** n collect	trees
		drven adj	wooden, made of wood
dražiti v	irritate, provocate; (*životinje*) tease	**drveno** adv	woodenly
		drvni adj	wood-; **drvna industrija** wood and timber industry
dreka f	howling		
dremljiv adj	drowsy, dozy		
drenaža f	drainage; - **broda** draining system	**drvo** n	wood; **ogrjevno -** firewood
dres m	outfit, uniform; (*sport*) gym suit/outfit; the colours of the team	**drvored** m	avennue, trees lining a road/street
		drvorez m	woodcut, xylograph
dresirati v	train	**drvosječa** m	feller, wood-cutter
dresura f	training; (*za pse*) obedience training	**držač** m	holder
		držak m	handle, grip; (*alata*) stock, shaft
drhtaj m	tremble, quiver, shiver, shake	**držati** v	hold; carry; keep; **- satove** give lessons; **držati pčele** keep bees
drhtati v	tremble, shake, quiver (*i za tlo*), quake		
drijemati v	doze, take a nap, drowse	**država** f	state; country
dril m	drill, drilling	**državljanin** m	citizen, national, subject
drmati v	shake, jolt	**državljanstvo** n	citizenship, nationality
drobiti v	crush, crunch	**državni** adj	state-, government-, governmental, state/government-owned; national
droga f	narcotic, drug		
drogerija f	variety shop; *B* chemist's, *A* drug store		
drsko adv	impertinently, impudently	**državnik** m	statesmen
		državnopravni adj	public law
drskost f	impertinence, impudence	**državotvoran** adj	nation-building
		dualizam m	dualism
drška f	vidi stabljika	**dubina** f	depth, profoundness; (*glasa*) deepness0
drug m	fellow, companion, associate		
		dubinski adj	depth; deep-sea
drugdje adv	elsewhere, in another place	**dubioza** f	bad debts
		dublirati v	double, stand in for; (*sinkronizirati*) dub in
drugi adj	another, other; (*po redu*) second; (*slijedeći*) next		
		dubok adj	deep; profound
drukčije adv	differently, otherwise, in another manner	**dug** m	debt
		duga f	rainbow

297

dugme n	button, rupica za - buttonhole; zakopčati - do a button		charge, responsibility; na dužnosti on duty
dugo adv	long, for a long time	dva num	two
dugoročan adj	long-term	dvadeset num	twenty
dugotrajan adj	time-consuming, long-lasting, lengthy	dvanaest num	twelve
		dvjesto num	two hundred
duh m	spirit; mentality; (nadnaravna pojava) ghost, spirit; odsutan duhom absent minded, - vremena the genius of age; Sveti Duh the Holy Spirit	dvoboj m	duel, single combat
		dvojac m	pair-oar, rowing pair
		dvojba f	doubt, uncertainty
		dvojezičan adj	two-language, bilingual
		dvojnik m	double, a look-alike
		dvokratan adj	occurring twice, repeated, twice-over
duhan m	tobacco	dvoličan adj	two-faced, false, hypocritical
duhovan adj	spiritual, of the spirit		
duhovit adj	witty, funny	dvopek m	crisp bread
dukat m	ducat, gold coin	dvor m	court; palace; kraljevski - royal court
duljina f	vidi dužina		
dunja f	quince	dvorac m	castle
duo m	duo, duet	dvorana f	auditorium, hall; (škole) assembly room; (sport) sports hall
dupin m	dolphin		
dupli adj	double		
duplikat m	duplicate	dvorišni adj	court-yard; dvorišna zgrada back building
duplja f	burrow, hole; očna - eye-socket		
		dvorište n	court-yard; (školsko) playground
duša f	soul, psyche, dobre duše kind-hearted; olakšati dušu get something off one's chest; u duši at heart	dvoriti v	attend, wait upon, serve
		dvorski adj	court-, royal; dvorska dama lady-in-waiting
		dvosjedni adj	two-seat(er)
duševan adj	warm, sympathetic	dvosjekli adj	two-edged
duševni adj	mental, psychic, spiritual; intellectual	dvosložan adj	two-syllable, bisyllabic
		dvosmislen adj	ambiguous
dušik m	nitrogen; dušični oksid nitric oxide	dvosmjeran adj	two-way
		dvosoban adj	two-room
dušnik m	windpipe, trachea	dvostran adj	two-sided, bilateral
dužan adj	in debt, owing	dvostruk adj	double, dual; made in duplicate
dužina f	length		
dužnik m	debtor	dvotočje n	colon
dužnosnik m	functionary, high-ranking official	dvotrećinski adj	two-thirds
		dvoznačan adj	vidi dvosmislen
dužnost f	duty; post, office, function, appointment;	dvoznamenkast adj	double-digit
		dvoženstvo n	bigamy

DŽ

džamija f	mosque	**džez** m	jazz
džem m	jam	**džip** m	jeep
džemper m	vidi pulover	**džoger** m	jogger
džep m	pocket; **imati dubok -** have well-lined pockets	**džokej** m	jockey
		džoker m	joker
džepar m	pickpocket	**džungla** f	jungle
džeparac m	pocket-money	**džus** m	juice
džepni adj	pocket-		

đački adj pupil-, pupil's; **đačko doba** school days
đak m pupil, schoolboy, schoolgirl, student
đeram m draw-well sweep
đon m vidi potplat
đumbir m ginger
đurđica f lily of the valley
đuveč m meat and vegetable stew (with rice)

ebanovina f	ebony, ebony-wood	eksterijer m	extirior
eden m	Eden	ekspozitura f	branch
edicija f	edition; (*kolo*) series	ekstaza f	ecstasy
edukacija f	education	ekstrakt m	extract
efekt m	effect, impact	ekstrem m	extreme
efektiva f	cash, ready money	ekstremist m	extremist
efektivan adj	effective, actual; **efektivna roba** spot goods; **efektivni posao** money transaction	ekvator m	equator
		ekvivalentan adj	equivalent
		elaborat m	survey, report; feasibility study; proposal
efikasan adj	efficacious, effective	elan m	elan
efikasnost f	effectiveness, efficiency	elastičnost f	elasticity; flexibility
egoist m	egoist	elegancija f	elegance, smartness
egzaktan adj	exact	elektrana f	power plant
egzekucija f	execution	elektricitet m	electricity; **nabiti elektricitetom** charge with electricity
egzil m	exile		
egzistencija f	existence; survival		
egzistencijalan adj	existential	električar m	electrician
Egzodus m	Exodus	elektroda f	electrode
egzotičan adj	exotic	elektroinstalater m	electrician
eho m	vidi jeka	elektronika f	electronics
ekcem m	eczema	elektroničar m	electronics engineer
ekipa f	team, crew	elektroprivreda f	electric power industry
ekologija f	ecology	elkektrotehničar m	electrotechnician
ekološki adj	ecological	element m	element; component; unit
ekonomat m	supply department		
ekonomičan adj	economical	elementaran adj	elementary, basic
ekonomija f	(*znanost*) economics; (*štednja*) economy	elipsa f	ellipse
		elisa f	propeller
ekonomist m	economist	elita f	elite
ekscelencija f	Excellency	emajl m	enamel
eksces m	excess	emancipacija f	emancipation
ekshumirati v	exhumate	embargo m	embargo
ekskurzija f	excursion, tour	embrio m	embryo
ekspanzija f	expansion	emigracija f	emigration
ekspedicija f	expedition	emigrant m	(political) exile, p. refugee; displaced person
eksperimentalan adj	experimental		
ekspertiza f	expert opinion, expertise	eminencija f	eminence
eksplodirati v	explode, go off, blow up	emisija f	broadcast, transmission; (*TV*) show, program; (*novca*) issue
eksplozija f	explosion; blast		
eksploziv m	explosive		
eksponat m	exhibit; item	emitirati v	emit; (*TV*) broadcast, transmit; (*novac*) issue
eksponent m	exponent		

emocija f	emotion	estrada f	estrade, stage; show business
emulzija f	emulsion	etalon m	standard (of measures)
enciklopedija f	encyclopaedia	etapa f	stage
endem m	endemic animal/plant/species	etatizam m	stateism
energetika f	energetics	etažni adj	storey-, floor-; **etažno grijanje** apartment-contained central heating
energija f	energy, power		
Engleska f	Britain; England (*bez Škotske i Walesa*)	eter m	ether; (*TV i radio*) air
engleski adj	English	etičan adj	ethical
Englez m	Englishman	etika f	ethics
entuzijast m	enthusiast	etiketa f	etiquette; (*naljepnica*) label, sticker
ep m	epic		
epicentar m	epicentre	etnički adj	ethnic
epidemija f	epidemic	eto int	there!; look!
epilepsija f	epilepsy	Europa f	Europe
epizoda f	episode; (*nastavak*) installment	europeizacija f	Europeanization
		Europljanin m	European
epoha f	epoch	europski adj	european
epski adj	epic	eutanazija f	euthanasia
era f	era, age; **naše ere** A.D; **prije naše ere** B.C	evakuacija f	evacuation
		evaluacija f	evaluation
		evanđelist m	evangelist
ergela f	horse herd; (*dobro*) stud farm	evanđelje n	Gospel
		eventualan adj	possible
erotika f	erotic	evidencija f	files, records, register; **voditi evidenciju** keep files/record
erozija f	erosion		
erudicija f	erudition, learning		
erupcija f	eruption	evidentirati v	register, note, record
esej m	essay	evo int	there!; look!
esejist m	essayist, essay-writer	evocirati v	evoke, call up
eskont m	discount	evokacija f	evocation
estetika f	aesthetics	evolucija f	evolution

fabula f	story, plot	figura f	figure; (*u šahu*) chess piece
fakin m	rascal, urchin	fijasko m	fiasco, failure
fakir m	fakir	fijuk m	whistle
faktor m	factor	fikcija f	fiction
faktura f	invoice	fiksati se v	mainline, shoot
fakturirati v	invoice	fiksirati v	fix, determine, pinpoint
fakultativan adj	optional, facultative; (*predmet*) elective (subject)	fiktivan adj	fictitious
		filantropija f	philanthropy
fakultet m	college	filatelija f	philately, stamp collecting
falsifikat m	vidi krivotvorina		
fanatik m	fanatic	fileki m pl	tripe
fantastika f	fantasy; **znanstvena -** science fiction	fileti m pl	anchovy fillets
		filharmonija f	philharmonic
fantazija f	phantasy	filijala f	vidi podružnica
far m	beacon; *mot* headlight	film m	film; **razviti -** expose film; (*kinematografski*) film, picture, movie
faraon m	pharaoh		
farizej m	Pharisee		
farma f	farm	filmski adj	film-, picture-
farmaceut m	pharmacist	filozof m	philosopher
farsa f	farce	filozofija f	philosophy
fascikl m	folder	filozofski adj	philosophical
fascinirati v	fascinate	filtar m	filter
fašist m	fascist	financije f pl	finances; (*struka*) finance
fašizam m	fascism	financijer m	financier
fatalist m	fatalist	financijski adj	financially
fauna f	fauna, animal life	financirati v	finance, provide funds, sponsor
favorit m	favourite		
faza f	stage, step. phase	firma f	vidi tvrtka, natpis
fazan m	pheasant	fisija f	fission
federacija f	federation	fiskalan adj	fiscal, revenue-
feferon m	chilli pepper	fizičar m	physicist
feminizam m	feminism	fizički adj	physical
fen m	hair-drier	fizika f	physics
fenomen m	phenomenon	fizikalan adj	physics-, physical
fer adj	fair; **- igra** fair play	fiziologija f	physiology
fermentirati v	ferment	fizionomija f	physiognomy
festival m	festival	flaster m	elastic plaster, adhesive bandage
fetiš m	fetish		
fetus m	foetus	flauta f	flute
feud m	feud, fief	flegmatik m	phlegmatic person
feudalizam m	feudal system, feudalism	fleksibilan adj	flexible
		flomaster m	felt pen

flora f	flora
flota f	fleet
fluid m	fluid
fluorescentan adj	fluorescent
fobija f	phobia
folija f	**aluminijska - aluminum foil**
folklor m	folklore
fond m	fund; stock, pool
fondacija f	vidi zaklada
fontana f	fountain
forma f	form; appearances, semblance; **održavati formu** keep up appearances; **biti u formi** be in top form
formalan adj	formal
formalnost f	formality, technicality
format m	(*fotografije*) size; (*knjige*) format; **džepni -** pocket size
formirati v	form, mould, shape; establish
formula f	formula
formulacija f	formulation, wording
formular m	form, **ispuniti -** fil in a form
forsirati v	press, force, urge; insist
fosfat m	phosphate
fosfor m	phosphorous
fosil m	fossil
fotelja f	vidi naslonjač
foto-aparat m	camera
fotograf m	photographer
fotografija f	photograph, print, picture, photo
fotokopija f (preslika)	photocopy
fotokopirati v	photocopy
fotomontaža f	photomontage
fragment m	fragment
frakcija f	faction
fraktura f	fracture
Francuska f	France
francuski adj	French
Francuz m	French
franko adv	free, prepaid; **- brod** free on board
franšiza f	deductible; (*šire*) franchise
franjevac m	Franciscan
fratar m	monk; (*prosjačkog reda*) friar
fraza f	phrase; idiom
frekvencija f	frequency
freska f	fresco
frizer m	hair stylist; **frizerski salon** hairdresser's
frizura f	hair-do, hairstyle; (*muška*) haircut
fronta f (met)	front; (*mil*) the front-line
frontalan adj (met)	frontal
frula f	fife
frustracija f	frustration
fućkati v	vidi zviždati
fundus m	holdings
funkcija f	function
funkcionalan adj	functional
funkcionar m	official, functionary
funkcionirati v	function, work, operate
funta f	(*težina i novac*) pound; **pol funte** half a pound
furgon m	fourgon
furnir m	veneer
fusnota f	footnote
futur m	future (tense)
futurist m	futurist
fuzija f	fusion, amalgamation

G

gaće n	Br pants, Am underpants; kratke - short pants	garnitura f	set, ensamble
gad m	villain, mean person	garnizon m	garrison
gaditi se v	feel disgust, be disgusted; gadi mi se it makes me sick	garsonijera f	Br bachelor flat; Am kitchenette apartment
		gasiti v	(vatra) extinguish; (stroj, svjetlo) turn off
gadljiv adj	squeamish	gasiti se v	go out, die out; fade
gađati v	aim; shoot	gastritis m (med)	gastritis
gaj m	clump of trees; grove	gastronomija f	gastronomy
gajde f pltantum	bagpipe(s)	gat m	pier, jetty; (zidani) embankment
gakati v	cackle, gaggle		
galaktika f	galaxy	gatara f	fortune-teller; chiromancer
galama f	noise, racket, din	gatati v	tell fortunes
galamiti v	make a noise/racket	gavran m	raven
galantan adj	(prema ženama) gallant; (široke ruke) open handed person, generous person	gaz m	(na rijeci) ford; (broda) draught, draft
		gazda m	head of household; (stanodavac) landlord; gazdarica landlady; (poslodavac) boss
galanterija f	fancy foods		
galeb m	gull, seagull		
galerija f	gallery		
galija f	galley	gaza f	gauze
galop m	gallop	gazela f	ghazel
gamad f collect	vermin; sredstvo protiv gamadi pesticide	gaziti v	tread on, step on, trample on, crush
gangster m	gangster, mobster, hoodlum	gdje adv	where
		gđa (kratica)	Mrs
ganuti v	move, touch, affect	gđica (kratica)	Miss
gar m	vidi čađa	gegati se v	waddle, roll
garancija f	guarantee, assurance, safeguard	gejzir m	geyser
		gel m	gel
garant m	vidi jamac	gen m	gene
garantni adj	- list warranty card; - rok warranty period	generacija f	generation
		general m	general
garaža f	garage	generator m	generator
garda f	guard(s); palace guard;	genetika f	genetics
		genij m	genius
		genitalije f pl tantum	genitals
		genocid m	genocide
garderoba f	coatroom; cloak-room; (u stanu) closet; (za prtljagu) left-luggage office; (odjeća) wardrobe	geodet m	geodesist
		geometrija f	geometry
		gerila f	guerilla warfare
		geslo n	motto, slogan
gardist m	guardsman	gesta f	gesture

gestikulacija f	gesticulation, gesturing		ing; (*čavla*) head; **vrtiti**
gibak adj	flexible, elastic; supple		**glavom** shake one's
gibanje n	motion; (*živih bića*) locomotion		head; (*glavica pribadače*) pin-head
gibati se v	vidi kretati se	**glavčina** f (tech)	hub, boss
gimnastičar m	gymnast	**glavni** adj	main, chief, principal;
gimnastika f	gymnastics		major; cardinal
gimnazija f	secondary school; *Br* grammar school; *Am*	**glavnica** f	capital
		glavničar m	owner of capital
gimnazijski adj	vidi srednjoškolski	**glavobolja** f	headache
ginekolog m	gynaecologist	**glavonja** m	large-headed person
ginuti v	perish, be killed	**glazba** f	music; (*svirači*) band (of
gips m	plaster of Paris; (*sirovi*) gypsum; *med* (plaster) cast		musicians)
		glazbalo m	(musical) instrument
		glazbenik m	musician
gitara f	guitar	**glazirati** v	glaze, enamel
glačalo n	iron	**glazura** f	glaze, enamel
glačati v	iron; (*kovinu*) polish, buff	**gledalište** n	(*dvorana*) auditorium; (*publika*) spectators
glad f	hunger; (*stanovništva*) famine; **umirati od gladi** starve		
		gledanost f	viewer rating
		gledatelj m	spectator; (*slučajni*) bystander; (*TV*) viewer
gladak adj	smooth; (*govor*) fluent		
gladan adj	hungry	**gledati** v	look at, watch; (*promatrati*) observe; (*imati stav prema*) look on, regard; **soba gleda na ulicu** the room faces the street
gladiti v	smooth down; (*mačku*) stroke pet		
glagol m	verb		
glagolski adj	verb-, verbal		
glagoljica f	Glagolitic script	**glede** adv	with regard to, in regard of
glancati v	vidi laštiti		
glas m	voice; sound, tone, noise; (*reputacija*) reputation, image, fame; (*glasovanje*) vote ballot; (*vijest*) news, report, message	**gledište** n	point of view, standpoint
		gležanj m	ankle
		glina f	clay
		glinen adj	made of clay, clay-; **glineno posuđe** pottery, earthenware
glasač m	voter; (*birač*) constituent, elector		
		gliser m	skimmer, speed-boat
glasački adj	voter's; - **listić** voting paper	**glista** f	(*u zemlji*) earth-worm; (*u crijevima*) intestinal worm
glasati se v	utter/produce a sound; (*životinje*) call, cry		
		globa f	fine, penalty
glasnica f	glottis; **glasnice** vocal cords	**globalan** adj	global
		globus m	globe; **geografski** - terrestrial globe
glasnik m	messenger, herald		
glasno adj	aloud, loudly	**glodač** m	gnawer
glasnoća f	loudness	**glodalica** f	milling machine
glasnogovornik m	spokesman	**glodati** v	gnaw
glasovati v	vote, cast votes/ballots	**glodavac** m	rodent; **glodavci** rodents
glasovir m	piano	**glog** m	hawthorn
glasovit adj	famous, nenowned	**glomazan** adj	unwieldy, bulky, massive
glasovni adj	vocal; phonic, phonetic	**gluh** adj	deaf
glatko adv	smoothly, evenly	**gluhonijem** adj	deaf and dumb
glava f	head; (*poglavar*) head, chief; (*zaglavlje*) head-	**glukoza** f	glucose
		gluma f	acting, performance

glumac m	actor, player, performer	golub m	pigeon; - **mira** dove of peace
glumiti v	act, perform, play		
glup adj	stupid; dull; simple-minded; (*nerazuman*) foolish, silly	goljenica f	vidi gnjat
		gomila f	crowd, host; multitude; (*rulja*) mob; (*nečega*) heap, pile
glupan m	blockhead, simpleton, idiot		
		gomolj m	tuber
glupost f	(*besmisao*) nonsense, absurdity; (*ludost*) foolishness; (*glupavost*) stupidity	gondola f	gondola
		gonič m	cattle driver
		goniti v	pursue, chase
		gora f	mountain
gljiva f	mushroom	gorak adj	bitter
gljivar m	mushroom gatherer	gorčina f	bitternes
gljivarstvo n	mushroom gathering	gore adv	above, up there, at the top, overhead; upstairs
gljivice f pl (med)	fungi		
gmaz m	reptile	gore adj comp	worse; **gore mu je** he is worse
gnijezditi se v	nest		
gnijezdo n	nest; bird's nest	gorila m	gorilla
gnoj m	pus; **stajski -** manure	gorivo n	fuel
gnojivo n	fertilizer	gorjeti v	burn, be on fire, be aflame
gnusno (gnjusno) adv	loathsomely, foully		
gnušati se v	loathe, abhor, detest	gorko adv	bitterly
gnjat m	shank, lower leg	gorljivo adv	ardently, with ardour
gnjaviti v	bother, pester, plague	gornji adj	upper, higher; superior
gnjecav adj	sodden	goropadan adj	truculent, rabid
gnječiti v	squeeze; (*u kašu*) squash, mash	gorštak m	mountain dweller
		gorući adj	burning, afire
gnjev m	wrath, ire, rage, fury	gorušica f	mustard (plant)
gnjiljeti v	decay, rot	gospa f	*eccl* Our Lady; **Blažena Gospa** Our Blessed Lady
gnjurac m	grebe		
godina f	year; **Stara -** New Year's Eve; **Nova -** New Year's Day; **školska -** accademic year	gospodar m	master, lord; (*vlasnik*) owner; (*gazda*) boss
		gospodariti v	manage, economize; (*vladati*) rule
godišnjak m	(*publikacija*) year-book; (*životinja*) yearling	gospodarstvo n	management, economy; (*imanje*) estate, farm
godište n	(*novina*) annual file; (*vina*) vintage; *univ* class	gospodin m	gentleman; **Gospodine!** Sir!; **- Novak** Mr. Novak
goditi v	give pleasure; (*uživati u nečemu*) enjoy something	gospođa f	lady; **Gospođo!** Madam!; **- Novak** Mrs. Novak, Ms. Novak
gojzerica f	heavy hiking boot	gospođica f	young lady; **Gospođice!** Miss!; **- Novak** Miss. Novak
gol adj	naked; (*prostorija*) bare; **golim rukama** with one's bare hands		
		gost m	guest; visitor
gol m	goal	gostionica f	inn; tavern
golem adj	huge, enormous, immense	gostioničar m	innkeeper
		gostoljubivost f	hospitality
golet f	rocky country	gostovanje n	visit, stay; (*muzičara, glumca*) guest performance
golobrad adj	beardless		
goloruk adj	bare-handed	gotov adj	finished, done, completed; **ručak je -** the lunch
golotinja f	nakedness, nudity		

	is ready; **uzeti za gotovo** accept as a fact		city inhabitant, townsman; (*državljanin*) citizen; **počasni -** honorary citizen
gotovina f	cash		
gotovinski adj	cash-		
govedina f	beef	**građanstvo** n	citizens; townspeople
govedo n	head of cattle; ox, steer, cow	**građevina** f	building; edifice; (*nešto podignuto*) structure
govor m	speech, talk; **obični -** common speech; **održati - deliver** a speech	**grafičar** m	graphic artist, printmaker
		grafika f	graphic art; (*djelo*) print
govoriti v	speak, talk; **- sa** talk with/to, speak to/with; **otvoreno govoreći** frankly (speaking)	**grafikon** m	graph
		grafit m	graphite
		grah m	common bean
		gram m	gramme
govorni adj	speech-; **govorna mana** speech defect	**gramatičar** m	grammarian
		gramatika f	grammar
govornica f	speaker's platform; **telefonska -** telephone booth	**gramofon** m	record player
		gramzivost f	greed
govornik m	speaker, orator	**grana** f	branch; (*deblja*) bough
govorništvo n	oratory; rhetoric	**granata** f	shell
gozba f	feast, banquet	**granica** f	frontier, border; (*vremenski i prostorno*) limit; **povući granicu** draw the line
grabež m	plunder		
grabežljivac m	rapacious person; *zool* beast of prey, predator		
grabiti v	grasp, clutch, snatch	**graničar** m	border-guard
grablje f pl tantum	rake	**graničnik** m	stop, limiter
graciozan adj	graceful	**granit** m	granite
grad m	town; **veliki -** large town, city; **glavni -** capital (city)	**granulacija** f	granulation
		granuti v	(*sunce*) break through
		granje n collect	branches, boughs
grad m (met)	vidi tuča	**grašak** m	pea; peas
gradacija f	gradation	**graver** m	engraver
gradić m	small town	**gravitacija** f	gravitation
gradilište n	site, building-site	**gravitirati** v	engrave
gradina f	ruins of a castle	**grb** m	coat of arms
graditelj m	builder, constructor	**grba** f	hump, hunch; (*na putu*) bump
graditeljski adj	builder's, constructor's		
graditeljstvo n	building/construction trade, architecture	**grbavac** m	hump-back
		grcati v	sob, choke
graditi v	build, construct; (*dizati*) erect	**grč** m	cramp; (*jači*) spasm; (*cijelog tijela*) convulsion
gradivo n	material, matter	**grčevito** adv	spasmodically, convulsively
gradnja f	building, construction		
gradonačelnik m	mayor	**Grčka** f	Greece
gradski adj	town-, city-; urban; **gradska uprava** city government; **- vijećnik** town councillor	**grčki** adj	Greek
		grditi v	scold, rebuke
		grdnja f	scolding, rebuke
		grdosija f	colossus
građa f	building-material; (*tekstovi*) documents, sources; (*ustroj*) structure; **tjelesna -** constitution	**greben** m	(*brda*) mountain ridge; (*stijena*) cliff; (*morski*) reef
		greda f	beam, post
građanin m	(*stanovnik grada*) town/	**gredica** f dem	garden-bed; flower-bed

grepsti v	scratch	gromobran m	ligtning-conductor
grešan adj	sinful; offending; peccable	gromoglasan adj	thundering
greška f	mistake, error, fault; (*omaška*) slip, oversight; (*u sportu*) foul	grosist m	wholesale dealer
		groteska f	grotesque
		grotlo n	hatch
		groza f	horror, terror; (*jeza*) shudder(s)
grešnik m	sinner; transgressor		
grickati v	nibble	grozan adj	horrible, terrible; awful
grijač m	heater, warmer	grozd m	(*grožđa*) bunch of grapes; *fig* cluster
grijaći adj	heating-, warming-		
grijalica f	heater, warmer	groznica f	fever
grijanje n	warming, heating; centralno - central heating	grozničav adj	feverish, febrile; *fig* hectic
grijati v	warm	grožđani adj	grape, grape-
grijeh m	sin	grožđe n collect	grapes; **bijel/crno** - white/dark grapes
griješiti v	sin, commit sins, do wrong		
		grožđice f pl	raisins
grilje f pl tantum	slatted window shutters	grub adj	rough; (*neotesan*) crude, coarse, rude; **gruba procjena** rough estimate; **gruba sila** brute force
grimasa f	grimace		
gripa f	flu, influenza		
gristi v	bite, take bites; (*mučiti*) torment		
		grubijan m	rude person; (*jače*) brute, bully
griva f	mane		
grižnja f	- **savjesti** qualms (of conscience)	grubost n	roughness; crudeness, coarseness
Grk m	Greek	gruda f	lump, clod; (*snijega*) snowball
grkljan m	larynx		
grlić m dem	neck of a bottle	grudati se v	have a snowball fight
grliti v	embrace, hug	grudi f pl	chest; (*ženske*) bust, bossom, breasts
grlo n	throat; (*šire*) gorge; **suho** - parched throat; **upala grla** sore throat; **usko** - bottleneck		
		grudnjak m	bra
		grumen m	lump, clump; (*zlata*) nugget
grlobolja f	sore throat	gruntovnica f	(*knjiga*) land-register, cadastral-book; (*ured*) land-registry office
grm m	bush		
grmljavina f	thunder		
grmlje n collect	bushes	grunuti v	go off, explode
grmolik adj	bush-like	grupa f	group; party, lot, set; **krvna** - blood type
grob m	grave, tomb		
grobar m	grave-digger	grupacija f	group, grouping
groblje n	graveyard; cemetery	grušati se v	clot
grobnica f	tomb; (*u crkvi*) crypt	guba f	leprosy
grof m	count	gubavac m	leper
grofovija f	count's domain, county	gubica f	snout, muzzle
grog m	grog	gubitak m	loss; deficit; deprivation; (*smrt bliske osobe*) bereavement; **biti na gubitku** suffer a loss
grohot m	loud/roaring laughter		
groktati v	grunt		
grom m	thunder; **prasak groma** thunderbolt; **kao - iz vedra neba** like a bolt from a blue		
		gubitaš m	money-losing company
		gubiti v	lose, be a loser
		gubitnik m	loser
gromada f	huge block	gudač m	violinist, fiddler, string player
gromko adv	thunderingly		

gudački adj	- orkestar string orchestra; - instrument stringed instrument	guska f	goose (*pl* geese); *med* bed urinal
gudalo n	bow, *coll* fiddlestick	gust adj	dense; (*juha, magla, kosa*) thick; (*zbijen*) compact, solid
guja f	venomous snake, viper		
gukati v	coo	gustoća f	density, thickness, compactness
gulaš m	goulash		
gulikoža f	extortioner, bloodsucker	guščetina f	goose meat
guliti v	peel (off); (*kožu*) skin	gušiti v	(*stezanjem*) strangle, choke; (*oduzimanjem zraka*) suffocate
guma f	rubber; *mot* tire; - za žvakanje chewing gum; pukla nam je - we had a puncture/flat tire		
		gušenje n	strangling, choking, suffocating
gumarski adj	gumarska industrija rubber industry	gušter m	lizard
		gušterača f	pancreas
gumica f dem	(*brisalo*) rubber, eraser; (*pasica*) rubber band	gutač m	swallower
		gutati v	swallow; (*naglo*) gulp; (*pomno slušati*) absorb
gunđalo n	grumbler		
gunđati v	grumble, mutter	gutljaj m	swallow, draught
gurati v	push, shove; thrust	guverner m	governor; - Narodne Banke Governor of National Bank
gurman m	gourmand; (*znalac*) gourmet		
		gužva f	crush, crowd, jam; (*u prometu*) traffic jam
gurnuti v	push, give a push		
gusar m	pirate	gužvati v	crumple, rumple
gusarski adj	piratical	gvardijan m	superior
gusjenica f	caterpillar	gvaš m	gouache (painting)

310

habati se v	wear out	himna f	hymn, anthem; **državna** - national anthem
hajduk m	highwayman, brigand		
hajka f	battue; *fig* pursuit, persecution	hinduizam m	hinduism
		hiperprodukcija f	over-production
hala f	(*tvornička*) large workshop	hipnoza f	hypnosis
		hipodrom m	racecourse
halo! int	hello!	hipofiza f	pituitary body
halucinacija f	hallucination	hipohondrija f	hypochondria
haljina f	dress	hipoteka f	mortgage
harati v	ravage, devastate, raid	hipoteza f	hypothesis
hardver m	hardware	hir m	caprice, whim
harfa f	harp	histerija f	hysteria
harmoničan adj	harmonious	hitac m	shot; **ispaliti** - fire a shot
harmonija f	harmony; (*teorija*) harmonics	hitan adj	urgent; - **slučaj** emergency
harmonika f	accordion; (*usna*) harmonica	hitar adj	swift, rapid, quick, fast; (*bez odlaganja*) prompt; (*nagao*) hasty
harpun m	harpoon		
hauba f	*Br* bonnet, *Am* hood	hlače f pl tantum	trousers; *Am coll* pants; **jedne** - a pair of trousers
haubica f	howitzer		
havarija f	damage, distress, engine trouble	hladan adj	cold; (*leden*) freezing; (*nečije držanje*) distant, aloof, reserved
hazard m	gambling		
hedonizam m	hedonism	hladiti v	cool (down), refrigerate
hektar m	hectare	hladnoća f	cold, chill; coldness
helij m	helium	hladnokrvan adj	cool; (*životinje*) cold-blooded
helikopter m	helicopter, *coll* chopper		
hendikep m	handicap	hladnjak m	refrigerator; (*automobilski*) radiator
herbarij m	herbarium		
hermetičan adj	hermetic	hlapiti v	evaporate
heroina f	heroine	hmelj m	hop
hibrid m	hybrid	hobi m	hobby
hidrant m	hydrant	hod m	walk, walking; **dan hoda** a day's walk
hidraulika f	hydraulics		
hidroelektrana f	hydro-electric power plant	hodač m	walker
		hodanje n	walking, walk
hidroliza f	hydrolysis	hodati v	walk, go on foot march; - **na prstima** tiptoe; - **nesigurno** wobble, stagger; - **s djevojkom/mladićem** go steady
hidrologija f	hydrology		
higijena f	hygiene		
hihotati v	giggle; (*glasno*) cackle		
hijena f	hyena		
hijerarhija f	hierarchy	hodnik m	corridor; passage
hijeroglif m	hieroglyph	hodočašće n	pilgrimage

311

hodočasnik m	pilgrim	hren m	horse-radish
hokej m	hockey	hrenovka f	frankfurter
holding m	holding	hrid f	steep rock; (obalna) cliff
homogen adj	homogeneous	hrkati v	snore
honorar m	fee; **uzimati -** charge a fee	hrskati v	crunch
		Hrvat m	Croat, Croatian
horda f	horde	Hrvatska f	Croatia
horizont m	horizon	hrvatski adj	Croatian
hormon m	hormone	htjeti v	want, be willing; (kaniti) mean, intend to; (trebati) want; (željeti) wish, desire; (izvoljeti) please
horoskop m	horoscope		
hospitacija f	observation, demonstration clases		
hostija f	wafer; eccl host, communion wafer	hučati v	roar, boom, rumble
		huk m	boom, roar, rumble
hotel m	hotel; **odsjesti u hotelu** check in a hotel	hulja f	scoundrel, rascal, villain
		human adj	humane
hotelijer m	hotel-manager	humanitaran adj	humanitarian; charitable
hrabar adj	brave, corageous	humak m	hillock, hummock
hrabrost f	courage, bravery	humor m	humour; **imati smisla za -** have a sense of humor
hram m	temple		
hrana f	food, nourishment; **kruta/tekuća -** solid/liquid food; **- za dojenčad** formula	hunjavica f	cold in the head
		huškati v	instigate, provoke
		hvala f	thanks; (pohvala) praise; **-!** Thank you!
hranitelj m	provider		
hraniti v	feed; supply with food; fig provide for	hvalevrijedan adj	praiseworthy
		hvaliti v	praise, commend; **- se** boast
hrapav adj	rough; unpolished		
hrast m	oak(-tree)	hvatač m	catcher
hrbat m	back; (planinski) ridge	hvatati v	catch; (uhvatiti) capture

I

i conj	and; (također) also, too, as well	ikada adv	ever, at any time
iako conj	although, though, even though	ikona f	icon
		ikra f	fish-roe
ići v	go; (koračati) go; - po nešto go get something; - za (slijediti) go after, follow; (nastojati) seek, aim at; dobro mu ide he is doing fine; - autobusom go by bus	ilegalan adj	illegal
		ili conj	or; (inače) otherwise, or else
		ilovača f	loam, clay
		ilustracija f	illustration
		ilustrator m	illustrator
		iluzija f	illusion
		iluzionist m	illusionist
ideal m	ideal	imanje n	landed property, estate; (seljačko) farm
idealan adj	ideal; perfect		
idealist m	idealist	imati v	have, have got; possess, own, hold; (držati) keep; da bar imam I wish I had; ima li koga? is there anyone in?; - protiv object to
ideja f	idea, notion		
idejni adj	ideological		
identičan adj	identical		
identitet m	identity		
ideologija f	ideology		
idila f	idyll	ime n	name; title; (naziv) appellation; vlastito - proper name; u - in the name of; za - božje! for goodness sake!; steći - win reputation; škoditi imenu discredit
idiot m	idiot		
idol m	idol		
idući adj	next, following		
igla f	needle; vršak igle needle-point; pleteća - knitting needle		
igličast adj	needly	imenica f	noun, substantive
ignorirati v	ignore	imenik m	list; register; (adresar) directory; telefonski - telephone directory
igra f	play; (s pravilima) game; igre na sreću games of chance; Olimpijske igre Olympic Games		
		imenovanje n	appointment
		imetak m	property; possession, holding
igrač m	player; (kartaš, kockar) gambler		
		imigracija f	immigration
igračka f	toy, plaything; trgovina igračaka toy-shop	imigrant m	immigrant
		imitacija f	imitation; copy
igralište n	(children's) playground; (sportsko) sports ground	imitator m	imitator; (ličnosti) impersonator
igrati v	play; (poigravati, skakutati) hop, caper; (hazardno) gamble	imovina f	belongings, possessions, properties
		imovinski adj	in terms of property rights
igrokaz m	play, theatrical play/piece	imperij m	empire

imperijalizam m	imperialism	injekcija f	injection; *coll* shot
impotencija f	impotence	inkasator m	collector; (*plina, struje*) meter reader
impregnacija f	impregnation		
impresija f	impression	inkubator m	incubator
impressum m (novine)	imprint	inkvizicija f	inquisition
improvizacija f	improvisation	inokorespodent m	foreign-language correspondent
impuls m	impulse; - sile moment of force		
		inokosan adj	individual; independent
imućan adj	well-to-do, well off	inovacija f	innovation
imunitet m	immunity	inozemstvo n	foreign countries; u inozemstvu abroad
inače adv	otherwise, else		
inačica f	variant	insekt m	insect
inat m	spite; obstinacy,	insekticid m	insecticide
incest m	incest	inspekcija f	inspection, superintendence
incident m	incident		
indeks m	index; *univ* matriculation book	inspektor m	inspector, superintendent
		inspiracija f	inspiration
indicija f	indication, clue, lead	instalacija f	installation; instalacije installations, fittings; električne instalacije wiring; vodovodne instalacije plumbing
Indijac m	Indian, Hindu		
Indijanac m	(American) Indian, redskin		
indijanski adj	(American-)Indian		
indijski adj	Indian, Hindoo	instalater m	installer, fitter
indikacija f	indication; clue, lead	instinkt m	instinct
individualno adv	individually	institut m	institute
indukcija f	induction	instrukcija f	instruction; (*poduka*) private lesson
industrija f	industry; teška/laka - heavy/light industry; grane industrije branches of industry		
		instruktor m	instructor; private teacher
		instrument m	instrument; (*alat*) tool
industrijski adj	industrial; - proizvođač manufacturer; - radnik industrial worker	integracija f	integration; (*poduzeća*) merger
		integrirati v	integrate; (*poduzeća*) merge
inercija f	inertia		
infarkt m	infarction; coronary failure; dobiti- have a coronary (attack)	integritet m	integrity
		intelekt m	intellect, mind
		intelektualac m	educated/intellectual person
infekcija f	infection		
inflacija f	inflation	inteligencija f	intelligence, brains
inflacijski adj	inflationary	inteligentan adj	intelligent, bright
informacija f	information; jedna - a piece of information	intenzitet m	intensity
		intenzivan adj	intensive, intense
informatičar m	informatician, information scientist	interes m	interest; (*radoznalost*) curiosity; (*korist*) profit, advantage
informatika f	informatics, information science		
		interesent m	interested person/party
infracrven adj	infrared	interfon m	intercom
infrastruktura f	infrastructure	interijer m	interior; interior decoration
infuzija f	infusion		
ingerencija f	interference	internat m	boarding-school
inhalacija f	inhalation	interni adj	internal
inicijali m pl	initials	internist m	internist
inicijativa f	initiative	interpretacija f	interpretation

intervencija f	intervention	ishrana f	diet, nutrition; *specijalist za ishranu* nutritionist
intervju m	interview		
intima f	innermost feelings; intimacy	isijavati v	emit, radiate
		isječak m	segment; *geom* sector
intonacija f	intonation	iskaz m	statement; (*izvješće*) report; (*svjedoka*) evidence, testimony
intriga f	intrigue; plot		
intuicija f	intuition		
invalid m	disabled/handicapped person, invalid	iskaznica f	identity card; **članska** - membership card
invalidnina f	disability pay/allowance	iskidati v	tear to pieces
invazija f	invasion	isklesati v	chisel out, sculpture
invencija f	invention	isključiti v	exclude, rule out; (*rasvjetu i strojeve*) switch/turn off; (*vodu, struju, itd*) cut off; (*iz škole*) expel
inventar m	inventory		
inventura f	inventory-making; *com* stock-taking		
investicija f	investment		
investicijski adj	investment; **investicijska oprema** capital equipment	iskočiti v	jump out of; (*iz auta*) jump off
		iskonski adj	primordial
investitor m	investor	iskop m	excavation
inženjer m	graduate engineer; - **strojarstva** mechanical engineer; - **brodogradnje** marine/naval architect; - **građevinarstva** civil/construction engineer	iskopati v	unearth, dig up
		iskopina f	excavated object
		iskorak m	step forward
		iskoristiti v	exploit, use; - **priliku** seize the chance; - **nekoga** take the advantage
inženjering m	engineering	iskra f	spark, sparkle
inje n collect	white frost, hoar-frost	iskrcaj m	unloading
ipak adv	still, nevertheless; however	iskrcavanje n	landing; unloading
		iskrcati se v	land, disembark
Irac m	Irishman	iskrčiti v	clear
iracionalan adj	irrational	iskren adj	sincere, frank
iredentizam m	irredentism	iskrenost f	sincerity, frankness
iritirati v	irritate, annoy	iskrenje n	sparkling; (*električno*) sparking
ironija f	irony		
Irska f	Ireland	iskrica f dem	sparklet
irski adj	Irish	iskriviti v	bend, curve, crook; (*riječi*) distort, twist
iscijediti v	squeeze, squash, press, extract; (*rublje*) wring		
		iskrsnuti v	turn/come up
iscijepati v	chop up	iskrvariti v	bleed heavily/to death
iscjelitelj m	healer	iskustvo n	experience
iscrpan adj	exhaustive, detailed, comprehensive	iskušenje n	temptation; **doći u** - fall into temptation; **odoljeti iskušenju** overcome temptation
iscrpljenost f	exhaustion, prostration; (*rudnika, zemljišta*) depletion		
		islam m	Islam
iscrtati v	line, rule	Island m	Iceland
iseliti v	move (out), evacuate; (*nasilno*) evict	Islanđanin m	Icelander
		ismijati v	ridicule
iseljenik m	emigrant	ispad m	excess, incident
ishod m	outcome, result	ispaliti v	fire (off), discharge
ishodište n	starting point, origin	isparavanje n	evaporation

ispasti v	fall out, come off; (*u natjecanju*) be eliminated; **dobro ispasti** come out well	isprika f	excuse, apology; **dužni ste mi ispriku** you owe me an apology
ispaštati v	expiate	isprobati v	try out, test
ispeći v	bake, roast	ispružiti v	stretch (out), extend
ispiliti v	saw	ispuniti v	fill; **ispunite formular** fill in the form; (*ostvariti*) fulfill
ispis m	copy; (*kompjuterski*) print-out	ispust m	outlet, vent
ispisati se v	leave (membership), withdraw	ispustiti v	release, let go; (*iz ruku*) drop
ispisnica f	certificate of withdrawal	ispušni adj	exhaust; - **lonac** silencer
ispit m	examination, exam; **prijamni** - entrance examination; **diplomski** - final exam	istaknuti v	stress, emphasize; point out; **kao što je već istaknuto** as already noted
		istarski v	Istrian, of Istria
ispitati v	examine; question; **ispitati tržište** test the market	isti adj	the same; identical; equivalent; **sve je to isto** it's all the same
isplaćivanje n	payment, settling	istina f	truth; **govoriti istinu** tell the truth; **istini za volju** for the sake of truth; **gola** - naked truth
isplata f	payment, settlement		
isplatiti v	pay, pay in full		
isplativ adj	payable		
isplivati v	swim out; - **na površinu** reach the surface	istinit adj	true; truthful; (*dokument*) authentic
isploviti v	leave port, sail, put out	istinoljubiv adj	truthful
ispod prep	below, under, beneath; **na katu** - **nas** the floor below us	istisnina f	displacement
		istisnuti v	squeeze out, extrude; (*u poslu*) push out
isporučiti v	deliver	istjerati v	drive/chase out, expell
isporuka f	delivery; shipment	istjerivač m	chaser out; (*eccl*) exorcist
ispostava f	branch-office		
ispovijed f	confession	isto adv	equally, likewise; similarly
ispraćaj m	send-off		
ispran adj	washed out	istočni adj	eastern; oriental
isprašiti v	dust (off)	istočno adv	to the east of
isprati v	wash out; (*suđe*) rinse	istočnjački adj	orientally
ispratiti v	see off	istodoban adj	synchronous, simultaneous
isprava f	document		
ispravak m	correction	istok m	the east; the Orient
ispravan adj	right, proper; correct	istomišljenik m	like-minded person
ispraviti v	correct; make amends	istosmjeran adj	codirectional; parallel
ispravnost f	rightness; correctness	istovar m	unloading, discharge
isprazan adj	frivolous; empty, shallow	istovremeno adj	simultaneously, synchronously
isprazniti v	empty; (*od ljudi*) evacuate, clear	Istra f	Istria
ispred prep	before; in front of; ahead	istraga f	investigation, inquiry; **voditi istragu** conduct an investigation
isprekidano adj	discontinuously, intermittently		
ispričati v	tell, narrate	Istranin m	Istrian
ispričati se v	excuse oneself	istražitelj m	investigator
ispričnica f	excuse note	istražiti v	investigate; (*znanost*) explore
isprječiti v	put across		

istraživač m	explorer; researcher
istražni adj	investigative; - zatvor investigative detention
istrebljenje n	extermination, elimination
istresti v	shake out
istrgnuti v	tear/pull away
istrošen adj	worn-out
istup m	declaration; (*pojava*) appearance
istupiti v	come forward; (*iz čega*) resign, withdraw
Isus m	Jesus
isušiti v	dry up; drain
iščašenje n	dislocation
iščašiti v	dislocate
iščekivati v	expect, await
iščeznuti v	disappear
išijas m	sciatica
išta pron	anything
Italija f	Italy
itko pron	anyone, anybody
iver m	chip, splinter
iverica f	particle board
iz prep	from; out of; by; through for; off; - radoznalosti out of curiosity; - ljubavi for love
iza prep	behind, at the rear
izabranik m	one's choice; sweetheart
izabrati v	choose, make a choice, decide; pick out; (*politika*) elect
izaći v	go out; (*iz vozila*) get off; (*knjiga, novine*) be published; - ususret go out to meet
izaslanik m	envoy, emissary
izaslanstvo n	delegation; (*ured*) mission, legation
izazivač m	challenger, provoker
izazov m	challenge, provocation
izazvati v	provoke; - požar start the fire
izbaciti v	throw out; cast out; kick out; (*tvornica*) produce; - iz članstva expell, kick out
izbavitelj m	rescuer, deliverer
izbaviti v	rescue, deliver
izbirljiv adj	fastidious; *coll* picky; (*u jelu*) squeamish
izbiti v	drive/knock out; (*voda*) gush out/up
izbjeći v	avoid, evade; take refuge
izbjeglica f	refugee
izbjeglički adj	refugee-, refugee's
izbliza adv	closely
izbočen adj	projecting, protruding, bulging
izbor m	choice, selection; (*glasovanjem*) election, voting in; nemati izbora to have no choice
izbori m pl	election(s); opći - general elections; raspisati - call elections; proći na izborima be elected
izborni adj	elective, electoral; izborna komisija vote-counting committee; izborna jedinica election precinct
izbornik m	selector
izbrisati v	wipe out; (*gumicom*) erase; (*kompjuter*) delete
izdahnuti v	exhale, breathe out; (*umrijeti*) expire
izdaja f	treason, betrayal
izdajica m	traitor
izdaleka adv	from afar, from far away
izdanak m	shoot, offset; (*potomak*) offspring
izdanje n	edition; issue, publication
izdašnost f	abundance
izdatak m	expenditure, expense
izdati v	(*objaviti*) publish, issue; (*počiniti izdaju*) betray
izdavač m	publisher
izdavaštvo n	publishing trade
izdržati v	stand, endure; - kušnju stand a trial
izdržavati v	support, keep up, maintain
izdržljivost f	endurance, stamina; (*stvari*) durability
izdvajanje n	setting aside, separating, detaching
izdvojiti v	separate, isolate; pick out
izgled m	appearance, look; pl chance(s), prospect(s), outlook; na - seemingly, in appearance

izgledati v	appear, look, seem; **kako ona izgleda?** what does she look like?	izlučiti v	secrete; (*izdvojiti*) separate, isolate
izgnanstvo n	exile, banishment	izluditi v	drive crazy
izgon m	expulsion	izljev m	outflow; drain; - **krvi u mozak** cerebral haemorrhage
izgorjeti v	burn down, go up in flames		
izgovor m	excuse; (*fonetika*) pronunciation, articulation	između prep	between; (*više od dva entiteta*) among
izgraditi v	build, construct; erect; (*plan, sustav, itd*) develop	izmijeniti v	change, alter, modify
		izmisliti v	invent, think (of)
		izmjena f	exchange; replacement
		izmjera f	measuring
izgubiti v	lose; suffer a loss; **nemaš što - you have nothing to lose**	izmučiti v	give somebody a hard time
izgubiti se v	be/get lost; (*osoba*) lose one's way	iznad prep	above; over; - **očekivanja** beyond expectation
izgubljen adj	lost; missing	iznajmiti v	rent, lease, hire
izigrati v	trick, outwit	iznajmljivač m	renter, hirer
izjasniti se v	declare oneself; take sides	iznenada adv	suddenly, abruptly
		iznenadan adj	sudden, abrupt
izjava f	statement; declaration; (*svečana, pred sudom*) deposition; **dati izjavu** make a statement	iznenaditi v	surprise, take by surprise; (*snažno*) astonish, amaze
		iznenađenje n	surprise, astonishment, amazement
izlagač m	(*govornik*) speaker, lecturer; (*izložba*) exhibitor	iznevjeriti v	let down, betray
		iznimka f	exception
izlaganje n	(*izložba*) exhibition, exhibiting, putting on display; (*govornika*) report, exposition	iznimno adv	exceptionally
		iznos m	amount, sum, figure
		iznova adv	anew, afresh
		iznutra adv	within, internally
izlaz m	exit, way out	iznutrica f	innards
izlaziti v	go out, come out; (*sunce, mjesec*) rise	izobilje n	abundance, walth, affluence
izlazni adj	outgoing; - **rezultat** output	izobličenost f	deformation, distortion
		izobrazba f	training; **stručna -** professional training
izlet m	excursion; picnic		
izletište n	resort	izolacija f	isolation;**električna -** insulation
izletnički adj	excursion-, resort-		
izletnik m	excursionist; picnicker	izolator m	isolator; **električni -** insulator
izliječiti v	cure, heal, make well		
izliti v	pour out, empty	izolirati v	isolate; (*el. struju*) insulate
izlizati v	wear out		
izlog m	shop-window; **razgledavanje izloga** window-shopping	izopačenost f	perversion; degeneration; being corrupt
		izopćenost f	excommunication; being outcast
izložak m	exhibit	izostanak m	absence, non-appearance
izložba f	exhibition, exposition, show	izostaviti v	omit, leave out, skip
		izrabiti v	exploit, take advantage
izložiti v	exhibit, display; (*tumačiti*) explain; (*napadu, nepogodama*) expose	izrada f	making, manufacture, production; **ručne izrade** hand made

izraslina f	excrescence, outgrowth		nary, exceptional, remarcable, outstanding
izravnati v	straighten; smooth		
izravno adv	directly, immediately	izvanzemaljski adj	extraterrestrial
izraz m	expression, phrase; - **lica** expression	izvedba f	performance, interpretation
izrazit adj	prominent, striking	izvesti v	take out, lead out; (*umjetnički, izvršiti*) perform
izražaj m	expression		
izreći v	utter, say	izvidnica f	reconnaissance party; **ići u izvidnicu** go on patrol
izreka f	saying, maxim		
izrez m	cutout; (*haljine*) neckline	izviđač m	scout
izrezati v	cut out	izvijač m	screwdriver
izrod m	degenerate	izvijestiti v	report
izručiti v	deliver, hand over	izvjestitelj m	reporter
izučavati v	study, research	izvješće n	report
izum m	invention; (*naprava*) device, gadget	izvod m	inference, deduction; *math*derivation
izumitelj m	inventor	izvođač m	performer; (*radova*) contractor
izuzeće n	exemption		
izuzetak m	vidi iznimka	izvor m	spring, source; - **rijeke** river source
izuzetan adj	exceptional		
izvadak m	excerpt, extract	izvornik m	original; first copy
izvaditi v	take out; pull out, produce; (*operacijom*) remove; (*podići novac*) withdraw	izvoz m	export
		izvozni adj	export
		izvoznik m	exporter
		izvršitelj m	executor, performer
izvan prep	outside of, out of; - **sebe** beside oneself	izvršni adj	executive; **izvršna presuda** final sentence
izvana adv	outside, from without	izvući v	draw out, pull out; produce
izvanredan adj	special, extra; extraordi-		

319

J

ja pron	I	jama f	pit, hole, excavation
jablan m	poplar	jamac m	guarantor, guarantee
jabuka f	apple, apple-tree; **pita od jabuka** apple pie; **- ne pada daleko od stabla** a chip off the old block	jamačno adj	vidi sigurno
		jamčevina f	security, caution money
		jamčiti v	guarantee, warrant
		jamstvo n	guarantee, warranty
jabukovača f	apple-brandy; (*vino*) cider	jantar m	amber
		janje n	lamb
jačati v	strenghten, make stronger	Japan m	Japan
		Japanac m	Japanese
jači adj comp	stronger	japanke f pl tantum	flip-flops, thongs
jad m	sorrow, sadness, distress	japanski adj	Japanese
jadan adj	poor; miserable, wretched	jarac m	he-goat, billy-goat; **jarčić** kid, yeanling
jadati se v	complain; lament, moan	jarak m	ditch, trench; (*prirodni*) gully
jadikovati v	lament, mourn		
jadnik m	poor/wretched person, poor devil	jaram m	yoke
		jarbol m	mast; **glavni** mainmast
Jadran m	Adriatic	jarebica f	partridge
jadranski adj	Adriatic	jarko adv	brightly, brilliant
jagma f	scramble, rush	jasan adj	clear, limpid; (*razumljiv*) intelligible, articulate; explicit
jagoda f	strawberry		
jagodica f	(*na prstu*) finger cushion		
jaguar m	jaguar	jasle f pl tantum	crib, manger
jahač m	rider, horseman	jasno adv	clearly, intelligibly, lucidly
jahanje n	(horse) riding		
jahati v	ride, go on horseback; **- kasom** gallop	jasnoća f	clearness, articulateness, intelligibility
jahta f	(sailing) Yacht	jastog m	spiny lobster
jajast adj	egg-like	jastreb m	hawk
jaje n	egg; **sirovo - raw egg**; **- na oko** fried egg; **kajgana** scrambled eggs; **tvrdo/meko kuhano** - hard-/soft-boiled egg;**izleći se iz jajeta** hatch; **leći jaja** lay eggs; **ljuska jajeta** egg-shell	jastučić m dem	(*za igle*) pin-cushion; (*zaštitni*) pad
		jastučnica f	pillow-case
		jastuk m	pillow; (*za sjedenje*) cushion
		jato n	flock; **- riba** school
		jauk m	howl, cry, yell; (*tiho*) groan
jajnik m	ovary	jaukati v	howl, scream, lament
jak adj	strong, powerful	java f	reality, real world; (*budnost*) waking state
jakost f	strenght, power		
jalov adj	sterile, barren; (*posao*) futile, useless	javiti v	inform, let know, notify
		javno adv	publicly, in public

javnost f	the public; (*djelovanja*) publicity; **široka** - the general public	jednoumlje n	unitarianism
		jednjak m	gullet, oesophagus
		jedrenjak m	sailing-ship, sailboat;
javor m	maple	jedrenje n	sailing; **sportsko** - yachting; - **na daski** windsurfing
jaz m	chasm; gap		
jazavac m	badger		
jazavčar m	bandicoot	jedrilica f	sailboat; **zračna** - glider
jazbina f	hole, burrow, lair	jedriličar m	yashtsman, sailer
jecaj m	sob, moan	jedrilje n	sails
jecati v	sob, moan	jedro n	sail
ječam m	barley	jedva adv	hardly, scarcely, barely
jedaći adj	**jedaća soba** dining-room; - **pribor** cutlery	jeftin adj	cheap, inexpensive
		jegulja f	European eel
jedan num	one; **jedna moja susjeda** a neighbour of mine; **soba za jednoga** a single room; - **drugoga** each other	jeka f	echo, reverberation
		jela f	fir-tree
		jelen m	deer
		jelo n	food; (*određeno*) dish
		jelovnik m	menu
jedanaest num	eleven	jesen f	autmn, Am fall
jedanaesterac m	(sport) penalty kick	jesenski adj	autumn(al), fall(-)
jedanput adv	once	jesti v	eat, take food; have a lunch/break-**fast/dinner;** (*životinje*) feed
jedinac m	only child, only son/daughter		
jedini adj	the only one, single, unique	jestiv adj	edible
		jetra f	liver
jedinica f	(*mjerna*)unit of measure	jezero n	lake; **umjetno** - manmade lake; **akumulacijsko** - storage lake
jedinka f	unit; individual		
jedinstven adj	unique; (*cjelovit*) integral		
jednadžba f	equation	jezerski adj	lake(-)
jednak adj	equal; the same	jezgra f	core, nucleus
jednako adv	equally, in the same manner	jezgrovitost f	succinctness, brevity
		jezičar m	linguist
jednakost f	equality; sameness; (*po vrijednosti*) equivalence	jezični adj	language, linguistic; *anat* lingual
jednina f	singular	jezik m	anat tongue; language, tongue; (*u cipeli*) tongue; **dugi** - big mouth; **nerazumljiv** - mumbo-jumbo; **književni** - standard language; **materinji** - mother/native tongue; **strani** - foreign language; - **za zube!** shut up!
jednobojan adj	plain		
jednodnevan adj	one-day		
jednoglasno adv	unanimously		
jednogodišnji adj	one year old; (*biljke*) annual		
jednokatnica f	two-storey house		
jednoličan adj	monotonous, dull; uniform		
jednomjesečni adj	one-month	jezikoslovac m	linguist
jednook adj	one-eyed	jezikoslovlje n	linguistics, philology
jednosjed m	single-seater	jezivo adv	ghastly, dredfully
jednosmjeran adj	one-way	jež m	hedgehog; **morski** - sea-urchin
jednosoban adj	single-room		
jednostavan adj	simple, palin; modest	ježinac m	common sea-urchin
jednostran adj	one sided	jod m	iodine
jednostranački adj	one-party	joga f	yoga
jednostrano adv	unilaterally	jogurt m	yog(h)urt
jednostruk adj	single, one-fold	jorgovan m	lilac

još adv	(*vrijeme*) still, yet, as yet; (*stupanj*) even, still; (*nadalje*)more, additionally; **još!** more!; **samo - ovaj put!** only this once!	**junak** m	hero, brave man
		junaštvo n	heroism
		jurisdikcija f	jurisdiction
		juriš m	charge, storm, assault; - ! charge!
jubilaran adj	anniversary-; jubilean	**jurišati** v	charge, storm
jubilej m	jubilee, anniversary	**juriti** v	speed, rush, dash
jučer adv	yesterday	**jurnjava** f	rush(ing), dashing
jučerašnji adj	yesterday's	**juta** f	jute; (*tkanina*) jute, burlap
jug m south;	**na jugu** to the south, southward; in the south	**jutarnji** adj	morning, matinal
jugo n	south wind	**jutro** n	morning; **dobro -!**) good morning!; (*zemlje*) acre
juha f	soup; **goveđa** - beefsoup; **pileća** - chickensoup		
		jutros adv	this morning
		južni adj	south, southern
junačina m	man of great courage	**južnjački** adj	southerner's
junački adj	heroic, courageous, brave	**južnjak** m	southerner

K

kabanica f	heavy coat	kamata f	interest; **donositi kamatu** bear interest; **niska -** low interest
kabao m	large bucket		
kabel m	cable		
kabelski adj	cable-	kamatni adj	- **račun** interest account
kabina f	cabin; (*telefonska*) booth	kameleon m	chameleon
kabinet m	study, office; *pol* cabinet	kamen m	stone; rock; **živi** - bedrock; **mlinski** - millstone; - **spoticanja** stumbling block; - **sa srca** a weight off my mind
kaciga f	helmet		
kada adv conj	when; if, in the case of; **kako** - it depends; **kad tad** sooner or later		
kada f	bathtub	kamenac m	calculus; **bubrežni** - kidney stone; **zubni** - tartar
kadar m	personnel, staff; (*film*) frame	kameni adj	made of stone, stone(-)
		kamenolom m	quarry, stone-pit
kadet m	cadet	kamenovati v	stone
kadrovski adj	personnel-	kamenje n collect	stones, rocks
kadulja f	sage	kamera f	camera; **filmska** - cine-camera
kajati se v	repent, be sorry		
kakao m	cocoa	kamilica f	chamomile
kakav pron	(*upitno*) what, what kind; (*odnosno*) the kind/sort	kamin m	fire-place
		kamion m	*Br* lorry, *Am* truck; **- s prikolicom** trailer truck; **vozač** - truckdriver
kako adv	(*upitno*) how; (*budući da*) as, since; (*čim*) as soon as; **- to?** how come?; **- ti je?** how are you?; **- si?** how have you been?; **- ne!** of course!		
		kamionski adj	*Br* lorry(-), *Am* truck(-)
		kamo adv	where; **kamo god** anywhere
		kamp m	campsite; motor camp
kaktus m	cactus	kampanja f	campaign, crusade
kakvoća f	quality	kampirati v	camp
kalcij m	calcium	Kanada f	Canada
kalendar m	calendar; **džepni** - pocket diary	kanadski adj	Canadian
		Kanađanin m	Canadian
kalibar m	calibre	kanal m	channel; (*umjetni*) canal
kalij m	potassium	kanalizacija f	sewage system; sewerage
kaliti v	harden	kanarinac m	canary
kalkulacija f	calculation	kandidat m	candidate; (*molitelj*) applicant; **kandidati za ravnatelje** prospective managers
kaloričan adj	calorific		
kalorija f	calorie		
kalup m	cast, mould; *fig* model, pattern		
		kandidatura f	candidature
		kanibal m	cannibal
kaljuža f	puddle; (*velika*) mire, slough	kanta f	can
		kantina f	canteen

kanu m	canoe
kanjon m	canyon
kao conj	as, like; - **da** as if
kaos m	chaos; confusion
kaotičan adj	chaotic
kap f	drop; *med* stroke; **posljednja** - the last straw
kapa f	cap; **francuska** - **beret; skinuti kapu pred** take off one's hat to
kapacitet m	capacity; **smještajni** - accommodation
kapak m	eyelid; (*prozor*) shutter; **sjenilo za kapke** eye shade
kapaljka f	dropper
kapara f	earnest-money; deposit
kapati v	drip, dribble
kapela f	chapel
kapetan m	captain; (*trgovačkog broda*) master; (*vlasnik i kap.*) skipper
kapetanija f	captaincy; **lučka** harbour master's office
kapilara f	capillary
kapital m	capital; **robni** - stock at hand; **proizvodni** - instrumental capital; **obrtaj** - capital turnover; **slobodni** - liquid assets; **industrijski** - producer's capital; **trgovački** - trading capital; **krupni** - big business
kapitalac m	prize stag
kapitalist m	capitalist
kapitulacija f	capitulation; **bezuvjetna** - unconditional surrender
kapuljača f	hood
kaput m	coat
karakter m	character
karakterističan adj	characteristic
karkteristika f	characteristic
karamela f	toffee
karanfil m	carnation, pink
karantena f	quarantine; **staviti u karantenu** put under quarantine
karavana f	caravan
karcinom m	carcinoma
kardinal m	cardinal
kardiogram m	cardiogram
kardiologija f	cardiology
karijera f	career
karijes m	caries
karika f	link; (*prsten*) ring
karikàtura f	caricature
karneval m	carnival
karo m	check, square
karoserija f	(car) body
karta f	card; (*igrača*) playing-card; (*putna*) ticket; **geografska** - map; - **neba** sky chart; **navigacijska** - navigational chart; - **u jednom smjeru** single ticket, *Am* oneway ticket; **povratna** - return ticket, *Am* round-trip ticket
kartaš m	card-player
kartica f dem	slip; **autorska** - typed double-spaced page
kartografija f	cartography
karton m	cardboard; (*u kartoteci*) index-card
kartoteka f	the files
kasa f	till; **registar-kasa** cash register
kasan adj	late; overdue
kaseta f	cassette; **kazetofon** cassette recorder
kasino m	casino
kaskada f	cascade
kaskader m	stuntman
kasniti v	be late, be overdue
kasno adv	late
kastrirati v	castrate
kaša f	mash; (*kuhana zobena*) porridge; **drvena** - pulp
kašalj m	cough; **mačji** - small potatoes
kašast adj	gruelly, mashy
kat m	storey, floor; **gornji/donji** - upper/lower floor
katalog m	catalogue
katastar m	cadastre, land-registry
katastrofa f	disaster, catastrophe
katedra f	chair
katedrala f	chatedral
kategoričan adj	categorical
kategorija f	category, class
kateter m	catheter
katoda f	cathode
katolički adj	Catholic
katolik m	Catholic
katran m	tar

kauboj m	cowboy	kidati v	tear (apart), break (up), rip, pull apart
kauč m	couch		
kaučuk m	caoutchouc	kidnapirati v	kidnap
kava f	coffee; **skuhati kavu** make some coffee; **mljevena-** ground coffee; espreso - espresso coffee; - **bez kofeina** decaffeinated coffee, *coll* decaff	kihati v	sneeze
		kikiriki m	peanut
		kilogram m	kilogram; *coll* kilo
		kilometar m	kilometre
		Kina f	China
		kinematografija f	cinematography
		kineski adj	Chinese
kavalir m	gentlemen; (*pratilac*) escort, date	Kinez m	Chinese
		kinin m	quinine
kavana f	cafe', coffee-shop	kino n	cinema; **ići u -** go to the pictures/movie
kavez m	cage		
kavijar m	caviar	kinologija f	cynology
kazališni adj	theatrical; - **orkestar** opera-house orchestra; - **komad** play; - **pisac** playwright	kinoteka f	film archives
		kiosk m	kiosk; booth; news-stand
		kip m	statue, sculpture
		kipar m	sculptor
kazalište n	theatre; **Narodno -** National theatre	kipjeti v	boil
		kirurg m	surgeon
kazalo n	indicator, index; (*knjige*) table of contents	kirurški adj	surgical; - **zahvat** surgery
kazaljka f	hand; **u smjeru kazaljke na satu** clockwise	kiselina f	acid, sour substance; **želučana -** gastric acid
kazati v	say; tell; state, declare	kiseo adj	sour, acid
kazna f	punishment, penalty; **novčana -** fine; **smrtna -** death penalty	kisik m	oxygen
		kisnuti v	get wet, get/be soaked
		kist m	brush; **potez kistom** brush-stroke
kazneni adj	**penal, criminal; kazneno djelo** offence		
		kiša f	rain; **jaka -** heavy rain; - **pada** it is raining
kaznionica f	penitentiary, prison		
kazniti v	punish, penalize	kišni adj	rain(-); rainy
kažiprst m	index finger	kišobran m	umbrella; **sklopivi -** telescopic umbrella
kažnjenik m	convict, prisoner		
kćerka f	daughter	kišovit adj	rainy
keks m	*Br* biscuit, *Am* cracker	kit m	*zool* whale;
kelj m	savoy cabbage; **lisnati -** kale; - **pupčar** Brussels sprouts	kit m	putty; cement
		kitica f dem	bunch of flowers, bouquet; (*pjesme*) stanza
		kititi v	decorate, adorn
kemičar m	chemist	kitolovac m	whaler
kemija f	chemistry	klackalica f	seesaw
kemijski adj	chemical	klada f	log; (*kratka*) chump; **spava kao -** he sleeps like a log
kemikalija f	chemical substance		
keramičar m	ceramist, potter		
keramika f	ceramics, pottery	kladionica f	*Br* betting shop; *Am* bookmaker's place
kesten m	chestnut; **divlji -** horse-chestnut		
		kladiti se v	bet, make bets
kibernetika f	cybernetics	kladivo n	hammer; **bacanje kladiva** the hammer throw
kič m	kitsch; trash		
kičma f	spine, backbone	klan m	clan
kićeno adj	ornately	klanac m	pass, gorge, ravine

klanjati se v	bow, make bows	klokan m	kangaroo
klaonica f	slaughterhause	klompe f pl	clogs
klapa f	crowd, gang; (*ploča*) number board	klonuti v	collapse, break down; - **duhom** lose heart, give up
klarinet m	clarinet		
klas m	ear, spike	klopka f	trap
klasa f	class	klorofil m	chlorophyll
klasičan adj	classical; classic	klub m	club; (*zgrada*) clubhouse; - **književnika** writer's club
klasificirati v	classify, break down		
klati v	slaughter, butcher		
klatno n	pendulum	klupa f	bench; (*školska*) school desk; (*crkvena*) pew
klaun m	clown		
klauzula f	clause	klupko n	ball
klecati v	tremble	kljova f	tusk
klečati v	kneel	ključ m	key; (*za cilindar bravu*) cylinder-lock key; (*tumačenje*) key, clue
klepetati v	rattle, chatter, patter		
klesar m	stone-mason		
klesati v	chissel, carve, cut	ključanica f	key-hole
kleti v	curse, swear	ključati v	boil, bubble
kletva f	curse, malediction; (*psovka*) curse	ključni adj	key(-); **ključna kost** collar bone
kleveta f	slander, defamation	kljun m	bill; beak
klica f	germ; sprout, shoot	kmet m	serf
klicati v	cheer, acclaim	knez m	prince
klijati v	germinate, sprout	knjiga f	book; **džepna** - pocketbook; **matična** - main register; - **žalbi** book of complaints
klijent m	client		
kliješta f pl tantum	pincers; (*velika*) tongs		
klijetka f	ventricle		
kliktati v	shout with joy, exult	knjigovežnica f	bookbinder's shop
klima f	climate	knjigovodstvo n	bookkeeping, accountancy
klimati se v	wobble, totter		
klimatizacija f	air conditioning	knjigovođa m	bookkeeper, accountant
klin m	wedgw	knjižara f	bookshop, Am bookstore
klinički adj	clinical	književnik m	writer, author
klinika f	clinic, clinical hospital	književnost f	literature, letters
klip m	(*kukuruza*) ear, corncob; (*stroja*) piston; **bacati klipove pod noge** put a spoke in somebody's wheels	knjižica f	booklet; **štedna** - savings-bank book
		knjižiti v	enter, book
		knjižnica f	library
		knjižničar m	librarian
klipan m	oaf, lubber	kobasica f	sausage
kliring m	clearing	kobila f	mare
klistir m	enema	kobilica f dem	keel
klisura f	cliff	kobra f	cobra
klizač m	skater	kocka f	cube; (*za igru*) die, *pl* dice; (*za djecu*) building block; - **šećera** lump of sugar; **staviti na kocku** risk
klizalište n	skating ring		
klizaljka f	skate		
klizati se v	skate; (*poskliznuti se*) slip, slide		
kliziti v	glide, skim	kockar m	gambler
klizni adj	sliding	kockarnica f	gambling house
klobuk m	bubble; *zool* jellyfish, medusa	kockast adj	cubic, cube-shaped; (*tkanina*) chequered

kočija f	coach	kolodvor m	railway station
kočiti v	brake; (*priječiti*) hinder, restrain	kolokvij m	preliminary exam
		kolona f	column; line
kočnica f	brake; *fig* obstruction, hindrance	kolonija f	colony
		kolosijek m	gauge; **glavni** - main line
kod prep	by, beside, next to near; at; - **nas** at our place; - **kuće** at home	kolotečina f	routine, groove
		kolotur m	pulley
		koloturnik m	lifting tackle, set of pulleys
kod m	(*šifra*) code		
kodeks m	code, codex	kolovoz m	August
kodificirati v	codify	kolporter m	newsboy
kodirati v	code	kolumna f	type page
koeficijent m	coefficient	kolut m	ring; (*za plivanje*) rubber ring; (*kotur*) hoop; (*navoj*) coil
koješta pron	various things; -! rubbish!		
koji pron	which, what, who		
kokos m	(*plod*) coconut	koljeno n	knee; (*podrijetlo*) origin, lineage
kokoš f	hen; chicken		
kokošinjac m	hen-house	koma f	coma
koks m	coke	komad m	piece; specimen; **kazališni** - piece; **po komadu** apiece; **u komadu** one piece; **u komadima** in pieces
koksara f	coke plant		
koktel m	cocktail		
kola n pl tantum	cart; waggon		
kolac m	stick; (*motka*) pole, stake		
kolač m	cake; pastry	komadati v	break to pieces
kolaps m	collapse	komarac m	mosquito
kolar m	waggon-maker	kombi m	van
kolati v	circulate	kombinacija f	combination
kolaž m	collage	kombinezon m	boiler suit, coveralls; (*letački*) flight-suit
kolebati se v	vacillate, hesitate		
kolega m	colleague, (*na poslu*) fellow-employee	komedija f	comedy
		komentar m	commentary, comment; **bez komentara!** no comment
kolegij m	course; (*skup*) board meeting		
kolegijalnost f	friendliness, comradeship	komentator m	commentaor; (*novinski*) columnist
kolekcionar m	collector	komercijalan adj	commercial
kolektiv m	collective, team	komercijalist m	sales specialist, salesman
kolektor m	main sewer	komet m	comet
kolera f	cholera	komfor m	comfort; amenities
koliba f	hut	komičan adj	comic, funny
kolica f	hand-cart; (*teretna*) trolley, truck; (*dječja*) stroller	komičar m	comedian, comic
		komisija f	commission, board
		komisionar m	commission agent
količina f	quantity, amount	komora f	chamber, room; (*ustanova*) state regulatory board; **trgovačka** - chamber of commerce chamber(-)
kolijevka f	cradle		
koliko adv	how much/many; (*vremenski*) how long; (*prostorno*) how far; - **znam** as far as I know; - **god** no matter how much		
		komorni adj	
		komotan adj	comfortable; loose-fitting
kolnik m	roadway		
kolo n	wheel; (*narodni ples*) wheel dance	kompaktan adj	compact, tight
		kompanija f	company, firm

kompas m	compass, žiro - gyro compass; zrake kompasa points of the compass
kompatibilnost f	compatibility
kompenzacija f	compensation
kompjutor m	computer; osobni - personal computer
kompjutorizacija f	computerization
kompleks m	complex
kompletan adj	complete
kompliciran adj	complicated, complex, intricate, tricky
komplikacija f	complication
kompliment m	compliment; dati - pay a compliment
komponenta f	component, constituent
komponirati v	compose, writing
kompost m	compost
kompot m	stewed fruit; preserve
kompozicija f	composition; (vlak) train
kompozitor m	composer
kompresor m	compressor
kompromis m	compromise
komuna f	commune
komunalije f pl	public utilities; municipal services
komunalan adj	communal; municipal; komunalne usluge municipal services
komunikacija f	communication
komunikativan adj	communicative; outgoing
konac m	thread; (kirurški) catgut; navrezati - na iglu thread the needle
konačno adv	finally, in the end, eventually
koncetracija f	concentracion
koncentrat m	concentrate
koncentrirati se v	concentrate, center, focus
koncept m	draft, outline
koncert m	concert; (kompozicija) concerto
koncesija f	concession
konačan adj	final, ultimate
kondenzacija f	condensation
kondenzator m	condenser
kondicija f	shape, fitness
kondukter m	conductor
konfederacija f	confederation
konfekcija f	ready-made clothes
konferencija f	conference, meeting
konfiguracija f	configuration
konfiskacija f	confiscation
kongres m	congress, convention
konkretan adj	concrete
konkurencija f	competition
konoba f	cellar; (lokal) wineshop fish restaurant
konobar m	waiter; konobarica waitress
konop m	cord; (debeo) rope; brodski konopi cordage
konoplja f	hemp
konsenzus m	consensus
konsignacija f	consignment
konspiracija f	secrecy
konstanta f	constant
konstantan adj	constant
konstrukcija f	construction; structure; (nacrt) design, frame
kontakt m	contact
kontekst m	context
kontinent m	continent
kontigent m	contingent; shipment
kontrabas m	double bass
kontrast m	contrast
kontrola f	control, inspection, check; (liječnička) checkup
kontrolor m	controller, inspector
kontura f	contour
konvencija f	convention
konvencionalan adj	conventional
konvertibilnost f	convertibility
konverzacija f	conversation
konverzija f	conversion
konvoj m	convoy
konzerva f	Br tin, Am can
konzervans m	preservative
konzervativan adj	conservative
konzulat m	consulate
konzumacija f	consumption
konj m	horse; (šah) knight; (pastuh) stallion; punokrvni - thoroughbred horse; dječji - rocking horse; vodeni - hippopotamus; na konju be on horseback
konjak m	cognac
konjanik m	horseman, rider
konjetina f	horse-meat
konjski adj	horse(-); konjske trke horse-races
kooperacija f	co-operation

koordinata f	co-ordinate	korupcija f	corruption
kop m	excavation; **površinski kop** opencut	korzo m	promenade
		kos m	(ptica) blackbird
kopač m	excavator, digger	kos adj	slanting, sloping
kopati v	dig, excavate; (po ladicama) serach through; (nos, uši) pick	kosa f	(vlasi) hair; **kovrčava** - curly hair; **oprati kosu** shampoo one's hair
kopča f	fastener; buckle; clasp	kosac m	mower
kopija f	copy; (fotografije) print	kosina f	inclination, slope
kopirati v	copy; (fotografiju) print; (pomoću prozirnog papira) trace	kositi v	mow
		kosmat adj	hairy
		kost f	bone;(uzorak) **riblja** - herring- bone
koplje n	spear, lance; (sport) javelin		
		kostim m	suit; outfit; (maska) fancy dress; **kupaći** - swimsuit
kopnen adj	terrestrial, land(-); **kopnene snage** ground troops		
		kostimograf m	costume designer
kopno n	land; **kopnom** overland	kostobolja f	gout
koprcati se v	wriggle, kick about	kostur m	skeleton; fig frame
koprena f	veil	koš m	basket; **prsni** - thorax
kopriva f	nettle; **žareća** - stringingnettle	košara f	basket
		košarka f	basketball
kora f	bark; (kruha, zemlje) crust; (voća) peel	košarkaš m	basketball player
		koščat adj	raw-boned; bony
koračati v	walk, step, pace, tread; (velikim koracima) stride	košmar m	nightmare
		košnica f	beehive
koračnica f	march	koštati v	cost
korak m	step; (način hoda) gait; **značajan** - breaktrough, landmark; **držati** - keep pace; **poduzeti** - take a step	koštica f	stone, kernel; (malena) pip
		košulja f	shirt; **odjeven u košulju** in shirt-sleeves; **luđačka** - straitjacket
koralj m	coral	košuljica f demin	(omotač) case
korekcija f	correction	kota f	elevation, hill
korektura f	print proofreading	kotač m	wheel
korice f pl tantum	case, casing; (knjige) cover, binding	kotačić m demin	little wheel; (i fig) cog; (na pokućstvu) caster
koridor m	corridor		
korijen m	root	kotao m	kettle; (velik) cauldron; - **za rakiju** brandy still; **parni** - steam boiler
korisnik m	user, beneficiary		
korist f	benefit, advantage, usefulness, profit		
		kotiti v	have young
koristiti v	be useful, serve, be advantageous	kotizacija f	registration fee
		kotlet m	chop, cutlet
koriti v	repermind, rebuke	kotlina f	hill-encircled valley, hollow
korito n	trough; (broda) hull; (rijeke) bed		
		kotlovnica f	boiler-room
korizma f	Lent	kotrljati se v	roll; rumble
kormilar m	steerman, helmsman	koturaljke f pl	roller-skates
kormilo n	helm	kovač m	blacksmith
kornjača f	tortoise; (morska) turtle	kovačnica f	blacksmith shop; (industrijska) forging works
korov m	weed		
korozija f	corrosion	kovati v	forge, hammer

kovčeg m	suitcase; (*sanduk*) chest; (*veliki okovani*) trunk	kratak adj	short; (*vremenski*) brief; **- sadržaj** summary
kovina f	metal; **plemenita -** precious metal; **neplemenita -** base metal	krater m	crater
		kratica f	abbreviation
		kratiti v	abbreviate; shorten; curtail
kovnica f	mint		
koza f	goat; she-goat	kratko adv	briefly
kozice f pl tantum	smallpox; (*ožiljci*) smallpox marks	kratkoročan adj	short-term
		kratkotrajan adj	short-lived, transitory, ephemeral
kozji adj	goat(-); **kozja krv** honeysuckle		
		kratkovidnost f	i *fig* short-sightedness
kozmetičarka f	beautician, beauty therapist	krava f	cow; **- muzara** milch-cow
kozmetika f	cosmetics; (*struka*) cosmetology	kravata f	tie; (*leptir*) bow-tie
		kravlji adj	cow(-), cow's
kozmopolit m	cosmopolite	krcat adj	crammed, packed
kozmos m	cosmos, universe	krcatelj m	shipper
koža f	skin; (*materijal*) leather; (*put*) complexion; (*krzno*) fur; **boje kože** tan; **zaći pod kožu** get under somebody's skin	krcati v	load; ship
		krčiti v	clear; clear land
		krčma f	inn
		krdo n	herd, pack, flock
		kreacija f	creation
kožni adj	skin(-), dermic; **kožne cipele** leather shoes	kreativnost f	creativity
		kreator m	creator; **modni -** fashion designer
kradljivac m	thief, stealer		
krađa f	theft; stealing; **nasilna -** robbery; **- u dućanu** shop-lifting	kreda f	chalk
		kredit m	credit; **hipotekarni -** mortgage loan; **odobriti -** grant/extend a credit; **uzeti -** take a loan
krafna f	jam doughnut		
kraj m	end, termination, finish; (*granica*) limit; **ići do kraja** go all the way; **izaći na -** cope with; **na -** in the end; (*područje*) region, area; (*pokraj*) by, next to, beside		
		kreditni adj	credit(-); **kreditno pismo** letter of credit; **kreditna kartica** credit card
		kreketati v	croak
		krema f	cream; creme, pastry; **- za kožu** skin cream
krajem adv	**- tjedna** late in the week	kremacija f	cremation
krajnik m	tonsil	kremen m	quartz, flint
krajnost f	the extreme, the utmost	krenuti v	start, move, set off
krajolik m	landscape	krepak adj	sturdy, robust, hearty
krak m	leg, arm; (*trokuta*) side	krepati v	die
kralj m	king; **tri kralja** the Magi	krepost f	virtue
kralježnica f	spine, backbone	kretati se v	move, go, walk
kraljević m	prince	kretanje f	motion, movement; growth, development; **gospodarsko -** economic trend
kraljevna f	princess		
kraljevski adj	royal; king's; kingly		
kramp m	pick	kretnja f	motion, movement; gesture
krasan adj	splendid, magnificent, fascinating		
		krevet m	bed **za jednoga**) single bed; (*bračni*) twin bed; (*u kabini*) berth
krasta f	scab		
krastavac m	cucumber; (*kiseli*) pickles		
		krhak adj	fragile, frail
krasti v	steal, thieve	krhotina f	chip; **- bombe** shrapnel

krijes m	bonfire	križanac m	hybrid; half-bred
krijesta f	cocscomb; (vala) crest	križanje n	crossing, intersection; (precrtavanje) crossing out; (u molitvi) crossing oneself
krijumčar m	smuggler		
krijumčariti v	smuggle		
krik m	cry, yell; scream		
krilo n	wing; (koljena) lap; mahati krilima flap one's wings	križni adj	- put the Way of the Cross
		krletka f	cage, bird-cage
kriminal m	crime, delinquency	krma f	stern
kriminalac m	criminal	krmača f	sow
kriminalist m	criminalist	krmak m	pig
kriminalistički adj	crime(-); - romani detective stories	krntija f	wreck
		kroatist m	Croatist
krinka f	mask	kročiti v	march, thread
kristal m	crystal	kroj m	cut; (oblik) fashion, style
kriška f	slice	krojač m	tailor
kriterij m	criterion	krojačica f	dress-maker
kriti v	conceal, hide	krojiti v	cut out
kritičan adj	critical; kritična točka critical/breaking point	krokodil m	crocodile
		kronika f	chronicle
kritičar m	critic; (autor osvrta) reviewer	kronologija f	chronology
		kros m	cross-country race
kritika f	critique; (osvrt) review	krošnja f	tree top
kriv adj	guilty; (pogrešno) wrong; (iskrivljen) bent, crooked; (lažan) false; on je - he is to blame	krotitelj m	tamer
		krotiti v	tame
		krov m	roof; slamnati - thatched roof; dvostrešan - gable roof
krivac m	culprit		
krivično adj	criminally, in criminal law terms	krovopokrivač m	roofer
		kroz prep	through; (vremenski) during
krivina f	obliqueness		
kriviti v	(lice) pull faces	krpa f	rag; (za kućne poslove) cloth
krivnja f	guilt, blame; bez krivnje blameless; osjećaj krivnje guilty feeling; snositi krivnju carry the blame		
		krpati v	patch, mend; (čarape) darn
		krpelj m	tick
		krpica f dem	shred, scrap
krivo adv	wrongly, falsely; (iskrivljeno) crookedly; krivi smjer wrong way	krstarenje n	cruising
		krstionica f	baptistry; (bazen) baptismal font
krivolov m	poaching	krstiti v	baptize
krivotvorina f	forgery, fake	krš m	debris; (krajolik) Karst
krivudati v	twist, wind	kršćanstvo n	Christianity
krivulja f	curve	krševit adj	craggy; rocky
kriza f	crisis; stambena - housing shortage	kršiti v	violate, break, infringe
		krštenje n	baptism
krizantema f	chrysanthemum	krtica f	mole
krizma f	chrism; confirmation	krug m	circle; ring; (domet) range, sphere; kvadratura kruga squaring the circle; začarani - vicious circle; (u trci) lap; strujni - electrical circuit
križ m	cross; (raspelo) crucifix; Sv. Križ the Holy Cross; kukasti - svastika; gledati u - be cross-eyed		
križaljka f	crossword puzzle		

kruh m	bread; (*hljeb*) loaf; **crni -** brown bread; **stari -** stale bread; **kora kruha** crust; **prženi -** toast	kućanski adj	domestic, household(-)
		kućanstvo n	household; housekeeping
		kućevlasnik m	house-owner
krumpir m	potato; **pire -** mashed potatoes; **prženi -** *Br* chips, *Am* french fries	kućica f dem	cottage, bungalow
		kućni adj	domestic, home(-), household(-)
kruna f	crown; (*zubna*) cap, jacket; (*valuta*) krone	kuga f	the plague
		kugla f	ball; **topovska -** canonball
krunica f dem	rosary, strin of beads		
krunidba f	coronation	kuglanje n	bowling
krunski adj	crown(-), regal	kuglični adj	**- ležaj** ball bearing
krupan adj	large, big; (*debeo*) corpulent, heavy	kuhača f	ladle
		kuhalo n	cooker
kruška f	pear	kuhar m	cook, chef
krušni adj	bread(-); **krušna peć** baker's oven	kuhati v	cook, prepare; (*u vodi*) boil
krut adj	stiff, rigid; firm	kuhinja f	kitchen; **čajna -** kitchenette; **engleska -** English cuisine
kružiti v	circulate, move in circles, rotate; (*planete*) revolve		
		kuja f	bitch
kružnica f	circle	kuk m	hip
krv f	blood; (*rod*) lineage, descent; **pregled krvi** blood test; **podliven krvlju** blood-shot; **plava -** blue blood; **prolijevanje krvi** bloodshed	kuka f	hook
		kukac m	insect; (*bubica*) bug
		kukast adj	hooked; (*nos*) hawked
		kukavica f	coward; (*ptica*) cuckoo
		kukolj m	cockle
		kukuruz m	corn, maize; **klip kukuruza** ear of corn
krvariti v	bleed, haemorrhage		
krvav adj	bloody	kukuruzni adj	corn(-)
krvavica f	blood sausage	kula f	tower; (*šah*) rook
krvni adj	blood(-); **krvno srodstvo** consanguinity	kulinarstvo n	culinary art
		kulisa f	stage setting
krvnik m	executioner	kultivirati v	cultivate, foster
krvoločan adj	bloodthirsty	kultura f	culture; (*bilja*) crop; **opća -** general culture; **masovna -** pop culture; **elitna -** high culture
krvoprolić e n	bloodshed		
krvotok m	circulation		
krznar m	furrier		
krzno n	fur	kulturan adj	cultural; (*osoba*) sophisticated, civilised
kržljav adj	stunted, runty, undersized		
		kum m	godfather; **kuma** godmother; **vjenčani** best man; **vjenčana kuma** maid
kucati v	knock; (*tiho*) tap; (*srce*) beat		
kuća f	house; (*zgrada*) building; **samostojeća -** detached house; **- u nizu** row house; **zidana -** brick house; **seljačka -** farmhouse; **robna -** department store; **kod kuće** at home; **izvan kuće** outdoors		
		kumir m	idol
		kuna f	marten; (*valuta*) kuna
		kundak m	rifle butt
		kunić m	rabbit; (*dječji naziv*) bunny
		kunjati v	droop
		kup m	cup
		kupac m	buyer; customer
kućanica f	housewife	kupač m	bather

kupaći adj	bathing	kutija f	box, container, case
kupališni adj	bathing, swimming	kutni adj	angular, corner(-)
kupalište n	bathing-place; (*plaža*) swimming beach	kutnjak m	molar
		kutomjer m	protractor
kupaonica f	bathroom	kuverta f	envelope
kupati v	give a bath; bathe	kvačica f	clasp, clip
kupiti v	buy, purchase	kvačilo n	clutch
kupnja f	purchase; **ići u kupnju** go shopping	kvadrant m	quadrant
		kvadrat m	square; **3 na -** three squared
kupola f	dome; (*tenkovska*) turret		
kupon m	coupon	kvadratni adj	square
kupoprodaja f	buying and selling	kvaka f	door-handle; (*teškoća*) catch
kupoprodajni adj	**- ugovor** sale contract		
kupovni adj	purchasable; **- kolač** ready made cake	kvalifikacija f	qualification; **imati kvalifikacije za** qualif for
kupus m	cabbage	kvaliteta f	quality; standards
kura f	cure, treatment	kvalitetan adj	quality(-), prestigeous
kurir m	messanger; courier	kvantitativan adj	quantitative
kurs m	course	kvantiteta f	quantity
kustos m	curator	kvar m	breakdown, failure
kušač m	taster	kvariti se v	spoil; (*hrana*) spoil, deteriorate, decay
kušati v	taste; (*iskusiti*) experience; (*iskušavati*) tempt		
		kvartet m	quartet
kušnja f	temptation, test, trial; **kamen kušnje** touchstone	kvasac m	leaven; (*pjenica*) yeast
		kvintal m	quintal
kut m	corner; *geom* angle; **mrtvi -** blind spot; **kraci kuta** angle arms; **pravi -** right angle; **oštri/tupi -** sharp/obtuse angle	kvintet m	quintet
		kviz m	quiz show
		kvorum m	quorum
		kvota f	quota; share
		kvrga f	knob, gnarl, bump, lump; (*u drvu*) knot

L

labav adj	shaky, wavering; unsteady, ricketty	lanen adj	flaxen, linen
labilan adj	unstable	lani adv	last year
labirint m	labyrinth, maze	lansirati v	launch, fire
laborant m	laboratory technician	lasica f	weasel
laboratorij m	laboratory, *coll* lab	laskati v	flatter, adulate
labud m	swan	lastavica f	swallow
ladica f	drawer	laštiti v	polish, wax; - **cipele** shine shoes
lađa f	ship, boat, vessel	latica f	petal
lagan adj	light, easy; (*jednostavan*) easy	latinica f	Latin letters/alphabet
		latinski adj	Latin
lagati v	lie, tell lies; **lažeš!** that's a lie!	latiti se v	undertake, take up
		lav m	lion
lagodno adv	leisurly, comfortably	lavanda f	lavender
lahor m	gentle breeze	lavež m	barking, bark
laik m	layman	lavina f	avalanche
lajati v	bark	lavlji adj	lion's, lion-like
lajavac m	loudmouth	lavor m	wash-basin
lak m	lacquer; (*za ličenje*) varnish; - **za nokte** nail-polish; - **za kosu** hair spray; **lakirana koža** patent-leather	laž f	lie; **nedužna** - white lie; **u laži su kratke noge** a liar is soon exposed
		lažljivac m	liar
		lažno adv	falsely
lakat m	elbow; **gurati laktom** nudge	lebdjeti v	hover
		leća f	lentil; **optička** - lens; **kontaktne leće** fit contact lenses
lako adv	easily, readily, without effort; - **ćemo!** take it easy		
		leći v	lie down; go to bed
lakom adj	greedy, avid	led m	ice; **kocka leda** ice cube; **(piće) s ledom** on the rocks
lakomislen adj	light-minded; (*brzoplet*) reckless		
lakrdija f	burlesque, farce	leden adj	made of ice; (*hladan*) ice-cold
lakrdijaš m	clown, buffoon		
laktaš m	pushy person	ledenjak m	glacier
lamela f	thin plate, lamella	ledina f	lawn; turf
lampion m	Chinese lantern	lediti se v	freeze
lan m	flax	ledolomac m	icebreaker
lanac m	chain; (*slijed*) series, concatenation; **karika u lancu** link	ledomat m	ice machine
		leđa f	back, back side; (*pozadina*) rear; **s leđa** from behind; **leći na** - lie supine; **okrenuti** - turn one's
lančan adj	made of chains		
lančić m *dem*	**zlatni** - gold chain		
lane n	fawn		

			face; **smijati se u** - laugh in smb's face; **- u romanu** characters; **susresti se licem u** - face, meet face to face
leđni adj	back		
legenda f	legend		
legija f	legion		
legitimno adv	legitimately	**licemjer** m	hypocrite
leglo n	litter	**licemjerje** n	hypocrisy
lekcija m	lesson	**licencija** f	license
leksikon m	lexicon	**ličilac** m	painter
lektira f	(*školska*) set books	**ličinka** f	larva
lektor m	language editor; *univ* foreign-language instructor	**ličiti** v	paint
		ličnost f	personality; **centralna -** central figure
lenta f	sash		
lepeza m	fan	**lider** m	leader
lepršati v	flutter	**liga** f	league
leptir m	butterfly; **noćni -** moth	**ligament** m	ligament
leš m	corpse; (*životinje*) carcass	**lignja** f	squid
		liječiti v	treat, medicate
lešinar m	vulture	**liječnik** m	physician, doctor
let m	flight; **ptica u letu** on the wing	**lijek** m	medicine, drug; **davati -** administer medicine
letač m	flyer, aviator	**lijen** adj	lazy, idle, do-nothing
letak m	leaflet	**lijenčina** m	lazy fellow, lazybones
leteći adj	flying	**lijep** adj	beautiful, attractive, lovely
letimice adv	in passing, on the run		
letjelica f	aircraft, flying machine	**lijepak** m	lime
letjeti v	fly; be up, be airborne	**lijepo** adv	beautifully, attractively; nicely
letva f	lath		
leukemija f	leukemia	**lijes** m	coffin
levant m	Levanter	**lijevak** m	funnel
levitacija f	levitation	**lijevo** adv	left, to the left, leftward
ležaj m	bed; (*brod, vlak*) berth; **- osovine** bearing	**lik** m	figure; image, shape, form; **glavni -** hero
ležaljka f	deck chair	**liker** m	liqueur
ležarina f	demurrage (fee)	**likovati** v	triumph; rejoice
ležati v	lie; recline; **- na leđima** be supine, lie on one's back; (*temeljiti se*) be based on	**likovni** adj	**likovne umjetnosti** visual arts; **- odgoj** art classes
		likvidacija f	liquidation
ležernost f	relaxed manner, *coll* be cool	**likvidan** adj	liquid, solvent
		likvidator m	liquidator; estate administrator
ležište n	deposit		
li part	if, whether; **je -?** is that so?	**likvidnost** f	solvency, liquidity
		lim m	sheet metal; **čelični -** steel plate **pocinčani -** galvanized sheet
libela f	spirit-level		
liberalan adj	liberal		
libiti se v	hesitate, fight shy of	**limar** m	tinsmith, tinner
libretist m	librettist	**limeni** adj	tin; **limena glazba** brass band
libreto m	libretto		
lice n	face; physiognomy; (*put*) complexion; (*prednja strana*) front, facade; **reći kome u -** tell to smb's	**limenka** f	(tin) can
		limfa f	lymph
		limit m	limit

limitirati v	limit
limun m	lemon
limunada f	*Br* lemon squash, *Am* lemonade
limuzina f	limousine, *coll* limo
linč m	lynch
linearan adj	linear
linija f	line; **autobusna** - bus line; **putnička** - passanger service; **borbena** - combat line; **zračne linije** as the crow flies; **čuvati liniju** keep one's figure; vidi **crta**
linijski adj	- **brod** ship of the line
linjati se v	moult; shed (one's coat)
lipa f	lime-tree, linden
lipanj m	June
lira f (mus)	lyre
lirika f	lyrics
lisica f	fox
lisičine f pl tantum	handcuffs
lisnat adj	leafy; foliate
lisnica f	wallet
list m	(*drvo, knjiga*) leaf; (*papira*) sheet; (*noga*) calf; (*riba*) sole; **krsni** - birth certificate
lista f	list
listati v	turn the pages, thumb through
listopad m	October
lišaj m	lichen
lišće n collect	leaves, foliage
lišiti v	deprive
literatura f	literature
litica f	cliff; sheer rock
litra f	litre
livada f	meadow
lizati v	lick
lobi m	lobby
lođa f	loggia
logično adv	logically
logika f	logic
logistika f	logistics
logoped m	speech pathologist
logor m	camp
logoraš m	camp inmate
logorovati v	camp
loj m	tallow
lojalan adj	loyal
lojanica f	tallow-candle
lokacija f	location
lokal m	business premises; bar, restaurant, place
lokalan adj	local
lokomotiva f	locomotive, engine; **manevarska** - shunting engine
lokot m	padlock
lokva f	pool, puddle
lom m	fracture, breakup; (*prekid*) rupture; (*svjetlo*) refraction
lomača f	pyre; (*za smaknuće*) stake
lomiti v	break (up), smash, fracture
lomljava f	clatter, racket, din
lonac m	pot; (*za cvijeće*) flowerpot; **ekspresni** - pressure-cooker
lončar m	potter
lopata f	shovel
lopatica f	*anat* shoulder blade
lopoč m	water lily
lopov m	thief; (*pogrdno*) rascal, villain, scoundrell
lopovski adj	rascally, villainous
lopta f	ball; (*nogometna*) football; (*za košarku*) basketball; **udariti loptu** kick the ball
losos m	salmon
loš adj	bad, evil, wicked; (*kakvoća*) bad, poor, inferior
loše adv	badly, poorly; adversely; (*za osudu*) wickedly, meanly; **osjećam se** - I don't feel well; **nije -!** not bad!;
lov m	hunt, hunting
lovac m	hunter
lovački adj	hunting(-)
lovina f	game
lovište n	hunting-ground
loviti v	catch, chase; (*divljač*) hunt
lovor m	laurel
lovostaja m	close season
loza f	vine; **vitica loze** vine tendril
lozinka f	pass-word
lozovača f	grape brandy
loža f	box; (*masonska*) lodge

ložač m	stoker, fireman	lug m	(*lužina*) lye, buck
ložište n	fire-box	lug m	(*šumica*) grove, wood
ložiti v	keep up, fuel; feed a furnace	lugar m	Br forester, Am ranger
		luk m	*bot* onion
lubanja f	skull	luk m	*geom* arc; (*u arhitekturi*) arch; (*oružje*) bow; **šiljasti** - pointed arch
lubenica f	watermelon		
lucidan adj	lucid		
luckast adj	a little crazy, cracked, foolish	luka f	harbour, port; (*prirodna*) haven; **ući u luku** make a port; **matična** - port of registry; **téretna** - cargo port
luč f	torch, burning pinewood splinter		
lučica f dem	little port; marina		
lučki adj	port(-), harbour; **lučka kapetanija** harbour master's office; - **radnik** docker	lukav adj	sly, cunning, shrewd
		lukobran m	breakwater
		lukovica f	bulb
		Luksemburg m	Luxembourg
lučni adj	bow-, arch-	luksemburški adj	Luxembourgian
lud adj	crazy, mad, lunatic, insane	luksuz m	luxury
		lula f	(tobacco-)pipe
luda f	fool, ninny; **dvorska** - court jester	lumpati v	party all night
		lunjati v	ramble, saunter
ludilo n	madness, insanity	lupati v	knock, bang, pound
ludnica f	lunatic asylum, madhouse	luster m	hanging lamp
		lutati v	wander, roam
ludost f	madness; (*glupost*) folly, foolishness	lutka f	doll, puppet
		lutrija f	lottery
luđak m	madman, lunatic	lužina f	base, alkali

ljaga f	stain; (*mana*) flaw	love at first sight; **brak iz ljubavi** love match; **- za svoj posao** pride in one's job; **bez ljubavi** loveless love(-), of love, amorous; **- roman** love story
lječilište n	sanatorium	
ljekarna f	pharmacy, *Br* chemist's, *Am* drugstore	
ljekovit adj	healing, curative, therapeutic	ljubavni adj
ljepenka f	board, paperboard	ljubavnik m	lover
ljepilo n	glue, adhesive	ljubazan adj	kind, amiable
ljepota f	beauty, attractiveness, prettiness, fairness; **prirodne ljepote** scenery	ljubičast adj	violet, magenta
		ljubimac m	favourite, pet, darling
		ljubitelj m	lover, enthusiast, *coll* fan
ljepotan m	pretty boy, Mr. Handsome	ljubiti v	kiss
		ljubomora f	jealousy; (*zavist*) envy
ljepotica f	beautiful woman/girl, a beauty	ljubomoran adj	jealous; envious.
		ljudi m pl	people, persons; **obični -** common people; **kao -** properly, decently (*čovjek*)cannibal; man-eater
ljestve f pl tantum	ladder	
ljestvica f	*mus* scale; (*šire*) gamut, scale	
		ljudožder m	
lješnjak m	hazelnut		
ljeti adv	in summer	ljudski adj	human, like a man
ljetina f	crops; harvest	ljudskost f	humanity, humaneness
ljeto n	summer, summertime	ljudstvo n	men, man-power
ljetopis m	chronicle, annals	ljuljačka f	swing; (*naslonjač*) rocking chair
ljetovalište n	summer resort		
ljetovanje n	summering, spending summer; summer holidays	ljuljati se v	swing, rock; (*u hodu*) sway
		ljupko adv	charmingly, lovely
ljevač m	metal founder	ljuska f	shell, (*riblja*) scale
ljevak m	left-handed person	ljut adj	angry; (*papren*) hot; **ljuta bol** sharp pain; **ljuta zvijer** fierce animal
ljevaonica f	foundry; **- željeza** iron foundry		
ljevica f	left hand; *pol* the Left	ljutiti v	make angry/mad
ljevičar m	leftist, left-winger	ljutnja f	anger, resentment, annoyance
ljevkast adj	funnel-shaped		
ljubak adj	charming, lovely	ljuto adv	angrily, with anger
ljubav f	love; **- na prvi pogled**	ljutost f	pungency, hot taste

M

mač m	sword	mahati v	swing, wave; (zvati) beckon, motion; - glavom shake one's head
mačevalac m	swordsman; (sportaš) fencer		
mačevanje n	sword-play; (sport) fencing	mahnit adj	furious, frantic, crazy
		mahnitost f	frenzy, madness, craziness
mačić m	kitten		
mačka f	cat; (mačak) tom-cat	mahovina f	moss
maćeha f	step-mother	mahuna f	French beans; Am green beans
madež m	mole		
madrac m	mattress	majčin adj	mother's, of a mother, maternal
Mađar m	Hungarian		
Mađarska f	Hungary	majčinstvo n	motherhood, maternity
mađarski adj	Hungarian	majica f	knit shirt, sweater shirt; (kratkih rukava) T-shirt
maestral m	landward breeze		
maestro m	maestro	majka f	mother; - dvoje djece mother of two; djed po majci maternal grandfather; - božja Holy/Blessed Virgin
mafija f	maffia, the Mob		
mafijaš m	maffioso, mobster		
magarac m	donkey; (pogrdno) ass		
magareći adj	ass-like, of a donkey		
magičan adj	magic		
magičar m	magician	majmun m	monkey; (čovjekoliki) ape
magija f	magic; crna/bijela - black/white magic	majoneza f	mayonnaise
		majstor m	master; skilled workman; artisan
magistar m	master of sciences/arts; - kemije M. S. in chemistry		
		majstorija f	trick, gimmick
		majstorski adj	master's, artisan's
magisterij m	master's degree	mak m	poppy
magistrala f	main road; highway	makadam m	macadam
magistrirati v	win a master's degree	makar adv	though, although; - i even if
magla f	fog, (rijetka) mist; gusta - thick fog		
		maketa f	scale model
magličast adj	hazy	makija f	macchia
magma f	magma	maknuti v	move; push aside, remove
magnat m	magnate; captain of industry		
		makovnjača f	poppyseed cake
		maksimum m	maximum
magnet m	magnet	malaksati v	droop, lose vitality
magnetofon m	tape recorder	malarija f	malaria
magnetski adj	magnetic	malenkost f	trifle, minor matter
magnezij m	magnesium	mali adj	small, litle; mala sestra baby sister
magnituda f	magnitude		
mah m	sweep, swing, stroke; (navrat) time; u prvi - at first		
		maligan m	percent of alcohol by volume
		malina f	raspberry

malinovac m	raspberry syrup	marenda f	second breakfast
mališan m	little child	marina f	marina; (*pejzaž*) seascape
malo adv	a little, little; **još** - some more, (*vremenski*) a little longer; - **nas je** we are few; - **pomalo** little by little	marioneta f	(string) puppet
		marka f	stamp; (*zaštitni znak*) trade-mark; (*vrsta*) brand; (*njemačka valuta*) mark
malobrojan adj	few, not numerous	marketing m	marketing
malodušan adj	discouraged, low-spirited	marljiv adj	diligent, hard-working, industrious
malograđanin m	petty bourgeois	marža f	margin
malograđanski adj	petty-bourgeois	masa f	mass, heap; - **tog** a lot of; **narodne mase** the masses
maloljetan adj	under age, minor		
maloprije adv	a little while ago		
maloprodaja f	retail trade	masakr m	massacre
mama f	mother, ma, mom	masaža f	massage
mamac m	bait, lure	maser m	masseur
mamiti v	bait, lure; (*privlačiti*) allure	maska f	mask
		maskenbal m	masked ball
mamurnost m	drowsiness; (*nakon pića*) hangover	maskirati se v	mask, put on a mask
		maskota f	mascot
mana f	flaw, fault, defect; (*nedostatak*) imperfection, drawback; **tjelesna** - physical disability; **govorna** - speech defect; **bez mane** flawless, perfect	maslac m	butter
		maslačak m	dandelion
		maslina f	olive
		maslinarstvo n	olive growing
		maslinast adj	olive-green
		maslinik m	olive-grove
		masno adv	greasily
		masnoća f	fat, fatness, greasiness
mandat m	mandate, term	masovan adj	mass(-), large-scale, wholesale
mandolina f	mandolin		
manekenka f	fashion model	masovnost f	massive scale; mass attendance
manevar m	maneuver		
manevarski adj	maneuver	mast f	grease, ointment; **biljna** - vegetable fats
manifest m	manifesto; **brodski** - ship's manifest		
		mastan adj	fat, greasy, oily; **masna hrana** fatty/rich food; **masni ten** oily skin; **masno tlo** rich soil
manifestacija f	manifestation		
manija f	mania		
manijak m	maniac		
mansarda f	garret		
manšeta f	cuff; **dugme za manšetu** cuff-link	mašinerija f	machinery
		maškara f	masked person; *fig* scarecrow
manjak m	deficit, loss; (*nedostatak*) shortage		
		mašna f	bow; (*vrpca*) ribbon
manje adv comp	less; to a lesser degree; **dva - jedan je jedan** two less one is one; - **nego** less than; - **vas** fewer of you	mašta f	imagination, fantasy, fancy
		maštovit adj	imaginative
		mat adj	check (mate); (*boja*) opaque
manjina f	minority (group)	matematičar m	mathematician
mapa f	map; (*za papire, grafike*) portfolio; album	matematika f	mathematics
		materijal m	materijal; (*opskrba*) supplies
marcipan m	marchpane		
marelica f	apricot	materijalist m	materialist

materinstvo n	motherhood, maternity	medičar m	mead and gingerbread seller
maternica f	womb		
matica f	(organizacija) headquarters; **Matica hrvatska** Central Croatian Cultural and Publishing Society; **Matica iseljenika Hrvatske** Croatian Emigration Institute; (pčela) queen-bee; (rijeke, zbivanja) mainstream; (vijka) nut	medij m	medium, **masovni mediji** mass media
		meditacija f	meditation
		meduza f	jellyfish
		medvjed m	bear
		medvjeđi adj	bear's, of a bear
		međa f	boundary line
		među prep	between; (više njih) among; (usred) in the midst
matičar m	registrar	međudržavni adj	interstate
matični adj	**matična knjiga** register of births, marriages and deaths; - **ured** registrar's office; **matična zemlja** parent country	međugradski adj	interurban, intercity
		međumjesni adj	intertown
		međunarodni adj	international
		međuvrijeme n	interval; **u međuvremenu** in the meantime
matrica f	matrix; (za umnožavanje) stencil	međuovisnost f	interdependence
		mehaničar m	mechanic; repairman
matura f	school-leaving examination	mehanički adj	mechanical
		mehanika f	mechanics; mechanism
maturalni adj	school-leaving, graduation-day	mehanizam m	mechanism
		mek adj	soft; (savitljiv) flexible; (mlohav) flabby; (popustljiv) soft, indulgent
maturant m	secondary school leaver		
mauzolej m	mausoleum		
maza f	pet, fondling	mekoća f	softness
mazalica f	applicator	mekinje f pl tantum	bran
mazati v	smear, spread; (mazivom) grease, lubricate; (prljati) dirty; (šminkom) use makeup	mekušac m	weakling; **mekušci** mollusks
		melem m	balm, balsam
		melez m	half-breed
mazga f	mule, hinny	melodičan adj	melodious
mazivo n	lubricant, grease	melodija f	melody, tune
maziti v	fondle; (odgajati) spoil	melodrama f	melodrama
mazut m	mazout	membrana f	membrane
mecena m	patron of the arts	memoari m pl	memoirs
meč m	match	memorija f	memory; (kompjuterska) memory, storage
mećava f	blizzard, snowstorm		
med m	honey; **livadni -** clover honey	menadžer m	manager
		mentalitet m	mentality
medalja f	medal; **nosilac medalje** medalist; **dva lica medalje** two sides of the coin	mesar m	butcher
		mesnica f	butcher's shop
		meso n	meat; (živo) flesh; **sirovo -** raw meat; **debelo -** buttock
medaljon m	medallion; (nakit) locket		
meden adj	honey(-), of honey; fig honey-tongued		
		mesožder m	carnivorous, meat-eater
medenjak m	honey biscuit/cookie	mesti v	sweep
medicina f	medicine; **pučka-** folk medicine	mešetar m	broker, agent; (pogrdno) fixer
medicinski adj	medical, medicinal; - **fakultet** faculty of medicine, Am medical school	meta f	target; **središte mete** bull's eye
		metafizika f	metaphysics

metak m	cartridge, bullet; (*samo zrno*) ball, projectile	**milozvučan** adj	melodious, harmonious
metal m	vidi kovina	**mimika** f	mimicking; (*umjetnost*) mime
metalurgija f	metallurgy, metal industry	**mimikrija** f	mimicry
		mimo adv	by, past
metar m	meter; (*krojački*) tape measure; **četvorni** - square meter	**mimohod** m	march-past
		mina f	mine; **protupješadijska** - personnel m; **protutenkovska** - anti-tank m; **nagazna** - pressure-activated m; **plutajuća** - drifting m; (*iz bacača*) mortar shell; (*za penkalu/olovku*) refill/lead
metastaza f	metastasis		
meteor m	meteor; falling star		
meteorolog m	meteorologist		
meteorologija f	meteorology		
metež m	confusion, chaos		
metla f	broom		
metoda f	method	**miner** m	blaster
metodički adj	teaching method	**mineral** m	mineral; (*ruda*) ore
metodika f	methodics, teaching methods	**minijatura** f	miniature
		minimalan adj	minimal, minimum(-)
metrika f	*mus* metrics; *math* metric	**minimum** m	minimum
metropola f	metropolis; capital	**minirati** v	mine, blast
metvica f	mint; **paprena** - peppermint	**ministar** m	minister; (*u SAD*) secretary; - **vanjskih poslova** foreign minister; - **unutrašnjih poslova** minister of interior; - **pravosuđa** minister of justice; - **zdravstva** minister of health; **zamjenik ministra**deputy minister
mezimac m	pet, darling, favorite		
mi pronom	we; **svi** - all of us		
micati v	move, stir; shift, remove		
mig m	nod, hint		
migracija f	migration		
migrena f	migraine		
mijeh m	bellows		
mijena f	change; **mjesečeve mijene** phases of the moon; **morske mijene** tides	**ministarstvo** n	ministry; (*u SAD*) department
		ministrant m	acolyte, server
mijenjati v	change, alterate, convert	**minolovac** m	mine-sweeper
mijesiti v	knead	**minski** adj	mine(-)
miješalica f	mixer	**minuli** adj	past, expired
miješati v	mix, blend; - **se** interefere	**minus** adv; m	minus, *math* minus, less
mikrofon m	microphone, *coll* mike	**minuta** f	minute; **2 i 10** - two past ten; **10** - **do 2** ten to two; **odati počast minutom šutnje** observe a minute of silence
mikroskop m	microscope		
mikser m	mixer; (*općenito*) food processor; (*za napitke*) blender		
milijarda num	billion	**mio** adj	dear, lovable
milijarder m	multimillionaire	**mir** m	peace; (*tišina*) calm, stillness; (*smirenost*) tranquility; -! quiet!; **duševni** - peace of mind; **iz čistog mira** for no reason at all; **sklopiti** - make peace; **na miru** in/at piece
milijun num	million		
milijunaš m	millionare		
milina f	pleasure		
militarizam m	militarism		
milosrđe n	charity, mercy, compassion		
milost f	grace, favour; (*blagost*) indulgence	**miran** adj	calm, still, peaceful
		miraz m	dowry
milostinja f	alms, charity	**miris** m	smell, odour; (*ugodan*) scent, fragrance, perfume
milovati v	caress		

mirisan adj	scented, perfumed	mjenica f	bill of exchange; (*trasirana*) drawn bill; (*trgovačka*) commercial paper
mirisati v	smell, be fragrant; (*njušiti*) smell, inhale, sniff		
miroljubiv adj	peaceful	mjenjač m	money-changer; - **brzine** gear-box; **poluga mjenjača** gear-shift lever
mirotvornost f	peacemaker		
mirovati v	rest, repose, be still		
mirovina f	pension; (*stanje*) retirement; **otići u mirovunu** retire	mjenjačnica f	exchange office
		mjera f	measure, standard; (*veličina*) size; (*razmjer*) proportion; (*umjerenost*) moderation
mirovinski adj	pension; - **fond** pensionfund		
misa f	mass; **velika** - full service	mjerač m	measurer, surveyor
		mjerenje n	measurment, measuring
misal m	missal	mjerilo n	measure, scale, proportion; (*kriterij*) standard; (*naprava*) measuring instrument
misao f	thought, idea		
misaon adj	thoughtful, reflective		
misija f	mission		
misionar m	missionary	mjeriti v	measure
mislilac m	thinker	mjerodavan adj	competent
misliti v	think, reason; (*smatrati*) believe, consider; (*predmnijevati*) suppose; (*namjeravati*) mean, intend; (*razmišljati*) contemplate; **dobro - o nekome** have a high opinion about somebody; **- u sebi** think to oneself; **reci što misliš** speak your mind of the mass; **misno ruho** mass vestments	Mjesec m	Moon; **rastući/puni/ mladi** - crescent/full/ new moon
		mjesec m	month
		mjesečar m	somnambulist, sleepwalker
		mjesečina f	moonlight, moonshine
		mjesečni adj	montly
		mjesni adj	local
		mjestimice adv	in some places, sporadically
misni adj		mjesto n	place, spot; site, scene; (*prostor*) room; (*sjedalo*) seat; (*naselje*) place, town; (*namještenje*) job, employment
misterij m	mystery		
mističan adj	mystical		
miš m	mouse, *pl* mice		
mišić m	muscle; **glatki** - smooth muscle; **srčani** - cardiac muscle		
		mješanac m	(*čovjek*) mixed blood; (*pas*) mongrel
mišljenje n	thinking; opinion, view; **dijeliti** - share a view; **imati** - hold an opinion; **po mom mišljenju** in my opinion	mješavina f	mixture, blend
		mješina f	goatskin; (*trbuh*) paunch
		mješovit adj	mixed, heterogeneous; **mješovita roba** groceries
mišolovka f	mousetrap	mještanin m	native; town-inhabitant
mit m	myth	mlad adj	young; **mlado vino** new wine
miting m	rally		
mito n	bribe	mlada f	bride
mitologija f	mythology	mladež f	young people, the youth
mitraljez m	heavy machine-gun	mladić m	youth, young man, lad
mijaukati v	mew	mladost f	youth, adolescence
mjed f	brass	mladoženja m	bridegroom
mjehur m	bubble; *anat* bladder; (*žulj*) blister	mladunče n	the young of animal
		mlak adj	tepid, lukewarm
		mlaka f	puddle, pool

343

mlatiti v	trash, beat up		tion; (*izvedivost*) feasibility; (*vjerojatnost*) probability; (*prilika*) opportunity
mlaz m	jet, gush, spout		
mlažnjak m	jet plane		
mliječ f	(*riblja*) milt; (*matična*) gelée royale	moj pronom	my; (*iza imenice*) mine, of mine
mliječni adj	milk(-), milky; **- zub** milk-tooth; **mliječna staza** Milky Way	mokar adj	wet; soaked; (*vlažan*) damp, humid
mlijeko n	milk; **obrano -** skimmed milk; **kiselo -** buttermilk; **- u prahu** powdered milk	mokraća f	urine
		mokriti v	pass water, urinate
		mol m	minor; **u C molu** in C minor
mlin m	mill; (*vodeni*) water-mill; vjetrenjača wind-mill	molo m	pier, jetty
mlinac m	hand-mill, **- za kavu** coffee grinder	molba f	demand, rquest; (*pismena*) application
mlinar m	miller	molekula f	molecule
mlitav adj	limp, slack	moliti v	pray; (*nekoga*) ask, beg; (*za nekog*) plead for; **molim!** (*odgovor na "Hvala!"*) that's all right, you are wellcome; **molim?** pardon me?
mljekar m	milkman, dairyman		
mljekara f	dairy plant		
mljekarstvo n	dairy industry		
mljeti v	grind; mill		
mnogo adv	much, a lot of, plenty		
mnogobrojan adj	numerous	molitva f	prayer
mnogostruk adj	multiple	moljac m	moth; **sukneni -** clothes moth
mnoštvo n	crowd, multitude		
množina f	plural	momak m	young man, lad
množiti v	multiply	momčad f collect	team
mobilan adj	mobile	moment m	moment; **novi momenti** new developments
mobilizacija f	mobilization		
mobilnost f	mobility	moneta f	money, currency
mobitel m	cellular telephone	monetarni adj	monetary
močiti v	soak, steep; wet	monitor m	monitor
močvara f	swamp, marsh	monografija f	monograph
moć f	power, might	monolog m	monologue
moćan adj	powerful	monopol m	monopoly
moći v	be able, can; **može!** all right; **ne može!** no way	monoton adj	monotonous
		monotonija f	monotony
moćnik m	power-wielder; (*relikvijarij*) reliquiary	montaža f	mounting, installation, fitting; (*filmska*) editing; (*sastavljanje*) assembly
moda f	fashion, vogue; (*sklonost*) mania; **doći u modu** come into fashion		
		monter m	fitter, assembler
		montirati v	mount, instal, fit
modar adj	deep blue	moped m	moped
model m	model; (*maketa*) scale model	mora f	nightmare
		moral m	morality; **dvostruki -** double standard
modelar m	model constructor		
moderan adj	modern; (*u modi*) fashionable	moralan adj	moral
		morati v	have to, must, be obliged
modrica f	bruise	moratorij m	moratorium
modrina f	blueness	more n	the sea; **Jadransko -** the Adriatic Sea; **sredozemno -** the Mediterranean Sea; **otvoreno -** open sea;
modulacija f	modulation		
moguć adj	possible; potential; likely		
mogućnost f	possibility; (*izbor*) op-		

moreplovac m	seafarer	
morfij m	morphine	
mornar m	sailor, seaman; (*ratne mornarice*) navy sailor	
mornarica f	merchant navy; (*ratna*) navy	
morski adj	sea(-), of the sea, marine	
mortalitet m	mortality	
most m	bridge; **zračni** - airlift	
mošt m	must	
motati v	wind up; (*frkati*) twist; (*navoj*) coil	
motika f	hoe	
motiv m	motive	
motivacija f	motivation	
motka f	pole, bar, stick, rod; **skok s motkom** pole vault	
motocikl m	motorcycle	
motor m	engine; (*električni*) motor; **benzinski** - petrol/gas engine; - **na naftu** oil engine; **brodski** marine engine; **izvanbrodski** - outboard engine	
motorika f	motility	
motorni adj	powered, motor-driven; **motorna pila** powersaw; - **brod** motor ship	
motriti v	watch, observe, look at	
mozak m	brain(s); **veliki** - cerebrum; **mali** - cerebellum;	
mozaik m	mosaic	
možda adv	perhaps, maybe	
moždani adj	cerebral, brain	
moždina f	marrow	
mračan adj	dark, obscure	
mrak m	dark, darkness, gloom, obscurity	
mramor m	marble	
mrav m	ant	
mravinjak m	ant-hill	
mravojed m	anteater	
mraz m	frost; (*hladnoća*) frosty weather	
mrena f	membrane, film; (*na oku*) cataract	
mreškati se v	ripple	
mreža f	net; (*za kupovinu*) shopping bag; (*sustav*) network; **cestovna** - road network; **električna** - power grid; **paukova** - spiderweb
mrežnica f	retina
mrgoditi se v	frown, sulk
mrkva f	carrot
mrlja f	stain, blot, freckle; (*na koži*) spot
mrsko adv	odiously
mršav adj	thin, skinny; (*vitak*) slender
mršavac m	thin person, skinny
mrtav adj	dead; (*stvar*) inanimate; **mrtvi** the dead
mrtvac m	dead person, corpse
mrtvački adj	deadly; **mrtvačka kola** hearse
mrtvačnica f	mortuary
mrtvilo n	stupor, apathy
mrtvozornik m	coroner
mrva f	(*isto i mrvica*) crumb
mrviti v	crumble
mrziti v	hate, detest
mrzovoljan adj	morose, sulky
mržnja f	hatered, hate
mucati v	sttuter
mučan adj	painful; (*naporan*) hard, though
mučenik m	martyr
mučitelj m	torturer
mučiti v	torture; (*zlostavljati*) maltreat
mučnina f	nausea; (*na moru*) be seasick
mućkati v	shake, stir
mudar adj	wise, sage
mudrac m	wiseman, sage
mudrost f	wisdom; (*razboritost*) prudence
muha f	fly; **kućna** - housefly
muka f	torture, torment; (*teškoća, neprilika*) trouble; (*napor*) pains; **Kristove muke** Christ's Passions
mukanje n	mooing
mukotrpno adv	painstakingly
mulj m	mud, silt
mumija f	mummy
munja f	lightning
musliman m	Moslem
musti v	milk
mušica f dem	small fly; (*hir*) whim
muškarac m	male, man
muški adj	male, masculine

muškost f	manhood, manliness	mutno adv	opaquely, muddily
mušterija f	customer; (*kupac*) buyer	muza f	muse
mutacija f	mutation	muzej m	museum
mutan adj	blurred, vague, muddy, opaque	muž m	husband
		muževan adj	manly, virile
mutav adj	tongue-tied	mužjak m	male

N

na prep	on, upon; **jednom na dan** once a daj; **na metre** by the metre; **na kiši** in the rain; **na koncertu** at the concert; **1 kuna na sat** 1 kuna per hour; **prevesti na engleski** translate into English	naći v	find; (*otkriti*) discover
nabacati v	throw successively, fill up	nada f	hope; expectation, prospect; **u nadi** hopeful; **bez nade** hopeless
nabasati v	run into, come across	nadahnuće n	inspiration
nabava f	supplying; (*kupiti*) purchase	nadahnuti v	inspire
nabaviti v	procure, obtain	nadalje adv	further, furthermore, besides
nabavljač m	furnisher, caterer	nadati se v	hope, have/cherish hope; **ne - više** to give up hope
nabavni v	supplying; **- odjel** purchasing department	nadbiskup m	archbishop
nabiti v	ram, pack hard; (*elektricitetom*) charge	nadglasati v	outvote
		nadgledati v	supervise
naboj m	charge	nadglednik m	inspector
nabor m	fold; (*malen*) wrinkle	nadgradnja f	superstructure
nabosti v	pierce, prick	nadgrobni adj	**- spomenik** tombstone
nabrajati v	enumerate, count, list	nadimak m	nickname
nabrati v	corrugate, wrinkle; (*tkaninu*) plait; (*nakupiti*) collect, gather	nadirati v	advance, invade, penetrate
		nadjačati v	overwhelm, overcome
nabrusiti v	sharpen	nadjev m	stuffing
nabujati v	be swollen, be up	nadlaktica f	upper arm
nacionalan adj	national; ethnic	nadležan adj	authorized; competent
nacionalist m	nationalist	nadležnost f	competence; jurisdiction
nacionalizacija f	nationalization, takeover	nadljudski adj	superhuman
nacizam m	Nazism	nadmašiti v	excel, surpass; be superior
nacrt m	plan, design, project; (*zakon*) bill; (*ugovor*) draft agreement	nadmetati se v	compete; (*u borbi*) contend
		nadmoć f	superiority, predominance
nacrtati v	draw	nadmorski adj	above-sea; **nadmorska visina** height above sea-level
načelan adj	in principle, principled		
načelnik m	head	nadnaravan adj	supernatural
načelo n	principle	nadnica f	wage; **najniža -** minimum wage
načeti v	cut into; *fig* eat into, erode	nadničar m	day laborer
način m	way, manner; **na isti -** likewise; **na svaki -** by all means	nadohvat adv	within reach
		nadoknada f	compensation, indemnity
		nadomak adv	within reach
		nadomjestak m	substitute
načiniti v	make, produce, prepare; do, execute	nadoplata f	additional payment
		nadstojnik m	manager, superintendent
načitan adj	well-read	nadstrešnica f	eaves
		nadut adj	swollen; (*ponašanje*) haughty, arrogant

347

nadvisiti v	top, tower; surpass	nahraniti v	feed, nourish; (*zasititi*) satiate
nadviti se v	bend over, overhang		
nadvladati v	overcome, overwhelm	naići v	come along; (*na*) come across
nadvožnjak m	flyover, *Am* overpass		
nadvratnik m	lintel	naime adv	that is, namely
nadzemaljski adj	supernatural, transcendental	naivac m	naive person
		naivan adj	naive, ingenuous
nadzemni adj	overhead	naizgled adv	in appearance
nadzirati v	supervise, oversee	naizmjence adv	alternately, by turns
nadzor m	supervision, control, inspection	najam m	rent, lease; (*plovila, autobusa*) chart
nadzornik m	supervisor, controller, inspector	najamnina f	rent
		najava f	announcement; introduction
nadzvučni adj	supersonic		
nadživjeti v	outlive	najaviti v	announce, give notice
nafta f	petroleum, *coll* oil; **sirova** - crude oil;	najbolje adj sup	the best; **sve** - best wishes; **- bi bilo da odeš** you'd better leave
naftalin m	mothballs		
naftni adj	**- derivati** petroleum products	najednom adv	suddenly
		najesti se v	eat one's fill; **- do grla** stuff oneself
naftovod m	oil pipeline		
nagao adj	rash, hasty	najezda f	invasion
nagaziti v	step upon	naježiti se v	get goose pimples
nagib m	inclination; slope	najgore adj sup	the worst; **- od svega je** the worst thing is
naginjati v	incline, lean, tilt		
naglasak m	accent, stress	najlon m	nylon
naglasiti v	stress, accentuate; emphasize	najlonke f	nylons
		najmodavac m	lessor
naglavce adv	upside down, headlong, topsy-turvy	najmoprimac m	lessee; tenant
		najniži adj sup	the lowest, the bottom
naglo adv	suddenly, abruptly; (*brzo*) quickly	najprije adv	first, firstly; (*isprva*) at first
nagluh adj	hard of hearing	najveći adj sup	the biggest/largest; maximum
nagnati v	drive, urge; prompt; stimulate		
		najzad adv	at last
nagnuti v	lean, incline, tilt	nakaza f	monster; freak
nagodba f	settlement, agreement, understanding	nakit m	adornment, ornamentation; (*dragulji*) jewels
nagomilati v	pile, accumulate, amass	naklada f	edition; **u nakladi** published by
nagon m	instinct		
nagovarati v	persuade, encourage	nakladnik m	publisher
nagovor m	persuasion	naklon m	bow, reverence; **moj -!** my respects
nagrada f	reward; (*dodijeljena*) prize; (*honorar*) fee; **dobiti nagradu** win a prize, **dobitnik nagrade** prize winner	naklonost f	sympathy, favor; (*sklonost*) preference
		naknada f	compensation
		naknadno adv	subsequently, later on
		nakon adv	after, following; **- toga** afterwards
nagraditi v	reward; award a prize		
nagradni adj	prize	nakostriješiti se v	bristle up; (*kosa*) stand up
nagrditi v	make ugly; disfigure		
nagurati v	stuff/cram into	nakotiti v	bring forth a large litter
nahoče n	foundling	nakovanj m	anvil

nakraj prep	at the end
nakratko adv	for a short time
nakrcati v	load, freight
nakriviti v	set askew; - kapu cook one's hat
nakupac m	buyer, dealer; (prekupac) middleman
nalaz m	find; (izvještaj) finding; test results
nalazište n	finding place; (arheološko) site
nalaziti v	find, come across
nalaznik m	finder
naletjeti v	dash up; - na strike; run into
naličje n	reverse, back side
nalijepiti v	stick, glue
nalijevo adv	to the left; -! left turn!
nalik adj	similar
naliti v	pour into; fill up
nalivpero n	fountain pen; (s patronom) cartridge pen
nalog m	order, command; (uputa) direction; (sudski) writ
nalogodavac m	bidder; (komitent) principal
naložiti v	order; - vatru kindle a fire
naljepnica f	sticker
naljutiti v	make angry, annoy
namamiti v	allure; attract; (u klopku) entrap
namaz m	coat of paint; (jestivi) spread
namazati v	smeary ,xmx
namet m	rate; (porez) tax
nametljiv adj	obtrusive
nametnik m	parasite
nametnuti v	impose; - seintrude
namijeniti v	intend for, design; set apart
namirisati v	perfume, scent
namirnice f pl	provisions, groceries
namjena f	purpose, destination
namjera f	intention, purpose, object; u namjeri da with a view to; bez namjereunintentionally; imati najbolje namjere mean well
namjeran adj	deliberate, done on purpose
namjeravati v	intend, plan, mean to
namjernik m	chance traveler
namjerno adv	on purpose
namjesnik m	governor
namjestiti v	place, set; instal; arrange; (zaposliti) employ; (pokućstvom) furnish; (podesiti) adjust
namještaj m	furniture
namještaljka f	fix, setup
namještenik m	employee
namnožiti se v	multiply, (pogrdno) breed like rabbits
namočiti v	dip, soak
namotati v	wind up, roll up
namreškati se v	become rippled
namrštiti se v	frown, scowl
nanijeti v	- zlo hurt, wrong somebody; (vjetar) drift; (voda) deposit, float
nanizati v	arrange; (na konac) thread; (nabrojati) enumerate
naniže adv	downward
nanos m	alluvion; (snijega) drift
nanovo adv	anew, afresh, again
naoblaka f	cloud, overcast
naobrazba f	education
naočale f pl tantum	glasses, spectacles; - za sunce sunglasses; zaštitne - goggles
naočit adj	handsome, striking
naokolo adv	round, around
naopako adv	inversly; (krivo) wrongly; (naglavce) upside down
naoružanje n	arms, armaments
naoštriti v	sharpen; (na brusu) edge
napad m	attack, assault; (kratak) raid; (ratni) aggression, invasion; (juriš) charge
napadač m	attacker; invader, aggressor
napast f	temptation; dovesti u - tempt
napasti v	attack, assault; (iz zasjede) ambush
napastovati v	tempt; molest
napet adj	stretched; (živčan) tense
napetost f	tension, (zategnutost) tightness
napisati v	write, put on paper
napitak m	drink, potion
napjev m	melody, tune

naplaćivati v	charge for	narav f	nature; (ćud) temperament, disposition
naplata f	charging for; (odšteta) reimbursment; (duga) collection	naravno adv	of course, naturally
		naredba f	decree, ordinance
naplatiti v	charge, collect	narediti v	order, command
naplativ adj	collectible	narezak m	steak; slice
napoj m	slops	narezati v	slice
napojiti v	water, give to drink	naricaljka f	wail, lament
napojnica f	tip; dati napojnicu give a tip	naricati v	wail, lament
		narječje n	dialect
napola adv	by half; (površno) perfunctorily	narkoman m	drug addict
		naročit adj	special, particular; naročito specially
napolitanka f	wafer		
napomena f	remark, comment	narod m	the people; population; (masa) crowd
napon m	tension; električni - voltage		
		narodnost f	nationality
napor m	effort, strain; (fizički) labor; uložiti - make an effort	naručiti v	order; commission
		naručitelj m	placer of order
		naručje n	embrace; u naručju in somebody's arms
naporan adj	fatiguing, arduous		
naprava f	device, gadget, appliance	narudžba f	order; po narudžbi to order
napraviti v	make, produce, build; do, execute; (početi) commit; (izvršiti) accomplish		
		narudžbenica f	order form; proforma invoice
napredak m	progress, growth, advance; postići - make progress	narukvica f	bracelet
		nasamo adv	in private
		naseliti v	settle, colonize
napredovanje n	progress, advance; (u službi) promotion	naselje n	settlement; community; stambeno -housing estate
napregnuti se v	make an effort, strive		
naprezanje n	efforts, strain; (materijala) stress	nasilan adj	violent, bullying
		nasilje n	violence; despotism; outrage
naprijed adv	ahead, forward; in front; -! come in!		
		nasip m	dam, dike, embankment
naprimjer adv	for example	naslada f	pleasure, delight
naprotiv adv	on the contrary	naslaga f	layer, stratum
naprstak m	thimble	naslijediti v	inherit
naprtnjača f	knapsack	naslon m	back
napučenost f	populousness	naslonjač m	armchair; (fotelja) easy chair
napuhati v	inflate, blow up		
napuniti v	fill up; stuff, pack	naslov m	title; (u novinama) heading
napustiti v	leave; abandon; (odustati) give up		
		naslovni adj	honorary, titular
naputak m	instruction, direction	naslovnica f	title page
naracija f	narration	naslutiti v	have a presentment; (posumnjati) suspect
naramak m	bundle, armful		
naramenica f	strap; (za hlače) braces, Am suspenders	nasljednik m	heir; (kraljevski, na položaju) successor
naranča f	orange	nasljedstvo n	inheritance; (kraljevsko, položaja) succession; (baština) heritage
narasti v	grow up; (niknuti) sprout; (bujati) swell		
		nasred adv	in the middle
naraštaj m	generation	nastanak m	beginning, emergence
narativan adj	narrative		

nastanjen adj	resident, residing	navala f	attack, charge; (gužva) rush
nastava f	teaching, schooling; educational system; classes	navigacija f	navigation
nastavak m	continuation; gram ending; (TV) episode	navigator m	navigator
		navijač m	fan, supporter
nastaviti v	continue; keep on; carry on	navika f	habit, practice; **steći naviku** get into a habit
nastavljač m	continuator	naviti v	wind up
nastavni adj	teaching; - **program** curriculum; - **predmet** subject; - **sat** class period	navlaka f	cover
		navod m	quotation
		navoditi v	induce; (izreći) cite, say; (citirati) cite, quote
nastavnik m	teacher		
nastran adj	odd, queer; (spolno) perverse	navodnik m	quotation marks
		navodnjavanje n	irrigation
nastup m	appearance; (držanje) manner	navoj m	coil; (vijka) thread
		navoz m	ramp, slipway
nasukati v	strand	navršiti v	reach, turn
nasumce adv	at random	navrtka f	vidi matica
nasuprot adv	opposite; facing; in contrast to	navući v	pull on, put on; (prenijeti) drag; (navesti koga) induce
nasuti v	spread over		
naš pron	our, ours	nazad adv	vidi natrag
naškoditi v	harm, hurt, injure	nazadovati v	regress, deteriorate
natalitet m	birth-rate	nazdraviti v	toast, drink to somebody
natčovjek m	superman	naziv m	name, title; (izraz) term, expression
nategnuti v	stretch, pull tight		
natjecatelj m	competitor	naznaka f	sign; suggestion; denotation
natjecati se v	compete; (za r. mjesto, stipendiju) apply for		
		nazočnost f	presence
natječaj m	competition	nazor m	view, opinion
natkriti v	cover with roof	nazvati v	call, name; (telefonom) telephone
natopiti v	water, irrigate		
natpis m	inscription, sign; **nadgrobni** - epitaph	ne part	no; (uz glagole) not
		nebeski adj	sky(-);fig heavenly; - **svo vault of heaven**
natpolovičan adj	natpolovična većina majority vote		
		nebitno adv	unsignificantly
natprirodan adj	super-natural	nebo n	sky; (raj) heaven; **pod vedrim nebom** in the open
natprosječan adj	above-average		
natrag adv	back, backwards; **voziti -** back up		
		neboder m	skyscraper
natrij m	sodium	nečiji pron	somebody's
natuknica f	entry	nečovjek m	monster, savage, beast
natuknuti v	hint, allude	nećak m	nephew;
naučiti v	learn; (poučavati) teach	nećakinja f	niece
naučnik m	apprentice	nedaća f	misfortune, setback
nauditi v	vidi naškoditi	nedaleko adv	close by, near
naukovanje n	apprenticeship	nedjelo n	misdeed, crime
naum m	intention	nedjelja n	Sunday
naušnica f	ear-ring	nedonošće n	premature child
nautički adj	nautical; maritime	nedostatak m	fault, defect, imperfection
nautika f	nautical science; (škola) nautical school		
		nedoumica f	dilemma, hesitation
		nedovoljan adj	insufficient, inadequate

nedugo adv	shortly	nepun adj	incomplete; not full
nedužan adj	innocent, blameless; (*bezazlen*) harmless	nered m	disorder; confusion; untidiness
negacija f	negation; negative word	nervoza f	nervousness
negativ(an) m	negative	nesanica f	insomnia, sleeplessness
negdje adv	somewhere; (*vremenski*) at some point	nesilica f	laying hen
nego cop	than; (*ali*) but	nesporazum m	misunderstanding, disagreement
neimaština f	poverty, privation	nesreća f	unhappiness; misfortune; bad luck; (*nezgoda*) accident; **imati nesreću** have bad luck; **nesrećom** unfortunately; **doživjeti nesreću** have an accident
nejak adj	weak, feeble		
nejasan adj	unclear; indistinct, obscure		
nekada adv	long ago, formerly; **- je to bilo neobično** it used to be unusual		
		nestanak m	disappearance
neki pron	a, a certain; *pl* some	nestašica f	shortage; lack
nekoliko adv	a few, some, several	nestati v	disappear, vanish
nekretnine f	real estate, immovables	nesvijest f	faint; **pasti u -** lose consciousness
nelagodno adv	uncomfortably, awkwardly		
		nešto pron	something; (*bilo što*) anything; **- jabuka** some apples; **tako -** soething like that
nemar m	negligence, indolence; carelesness		
nemati v	have no(t); **nema kruha** there is no bread; **nema nikoga** there is nobody there		
		netko pron	somebody, someone
		neto adj	net
		neukusan adj	tasteless, distasteful
nemir m	disquiet, restlessness; (*zabrinutost*) anxiety	neumjestan adj	inapropriate, out of place
		neurolog m	neurologist
nemoć m	impotence; weakness	neuroza f	neurosis
neobičan adj	unusual; strange	neuspjeh m	failure, debacle, fiasco; **doživjeti -** fail, break down
neodređen adj	indefinite, indeterminate		
neodvojiv adj	inseparable		
neoporeziv adj	untaxable	neutralan adj	neutral
neotuđiv adj	inalienable	nevidljiv adj	invisible
neovisnost f	independence	nevin adj	innocent; (*spolno*) virgin
neovlašten adj	unauthorized, unlicensed	nevjera f	treason; (*bračna*) adultery
nepce n dem (anat)	palate		
nepismen adj	illiterate	nevjesta f	young bride
nepogoda f	storm, tempest; **elementarne nepogode** natural disasters	nevrijeme n	bad weather; storm
		nezakonit adj	illegal, illicit; **nezakonito dijete** natural child
nepošten adj	dishonest; unfair	nezavisnost f	independence
neposlušan adj	disobedient	neženja m	bachelor, single man
nepotpun adj	incomplete, unfinished, fragmentary	ni part	neither, nor, not; not even; **- trunke** not a bit
nepravda f	injustice; (*nanijeta*) wrong	ničiji pron	nobody's, no one's
		nigdje adv	nowhere
neprijatelj m	enemy; (*protivnik*) adversary	nijansa f	nuance, shade
		nijem adj	dumb, mute; **ostao sam - na to** remained speechless
neprilika f	trouble; difficulty; **dovesti u nepriliku** emarrass		
neprocjenjiv adj	priceless	Nijemac m	German

nikada adv	never, on no occasion; -više never again	nos m	nose; **krivi -** crooked nose; **kukasti -** hooked nose; **prćast -** turned-up nose; **zabadati -** stick one's nose
nikako adv	in no way		
nikuda adv	nowhere; in no direction		
nisko adv	low, lowly		
ništa pron	nothing, not a thing; not a bit; **-, -!** there, there!; **- zato** never mind	nosač m	carrier; (*konstrukcije*) support
		nosila f	stretcher
ništavan adj	worthless	nosiljka f	litter
ništavilo n	nothingness	nositelj m	bearer, carrier; (*eksponent*) exponent
nit f	thread; (*žarulje*) filament		
nitko pron	nobody, no one	nositi v	carry; (*odjeću*) wear; (*sa sobom*) have with
niz m	line, row; sequence, series; **u nizu** in sequence		
		nosivost f	capacity
nizak adj	low; (*osoba*) short	nostrifikacija f	validation
nizbrdica f	decline, descent, downward slope	nošnja f	costume; **narodna -** folk costume
nizina f	plain, plain country	nota f (mus)	note
Nizozemac m	Dutchman; **Nizozemka** Dutchwoman	nov adj	new; (*svjež*) fresh, recent; **- novcat** brand-new
Nizozemska f	Netherlands, Holland	novac m	money; **gotov -** cash; **kovani -** coins; **lažni -** counterfeit money; **u novcu** in cash
nizozemski adj	Dutch		
nizvodno adv	downstream		
noć f	night; nightfall; **mrkla -** pitch-dark night; **ostati preko noći** stay overnight		
		novačenje n	recruitment
		novak m	recruit
		novčani adj	monetary, financial
noćas adv	tonight	novčanica f	bank-note, *Am* bill
noćenje n	passing the night; (*turizam*) accomodation	novčanik m	purse, wallet
		novina f	novelty, innovation
noćni adj	night(-), nocturnal; **- sati** night time	novinar m	journalist
		novinarski adj	journalist(-)
noga f	leg; (*stopalo*) foot; **prednja -** foreleg; **stražnja -** hind leg; **udarac nogom** kick; **bole me noge** my feet are killing me; **krive noge** bandy legs	novine f pl tantum	newspaper, *coll* paper; **jutarnje/večernje -** morning/evening newspaper
		novinski adj	newspaper(-); **novinska agencija** news agency
		novorođenče n	newborn child
nogavica f	leg	novost	news
nogomet m	football, soccer, *Am* soccer	nož m	knife; (*miksera*) cutter
		nuditi v	offer
nokat m	nail; **rezati nokte** trim nails	nuklearan adj	nuclear
		nula f	zero; (*sport*) **rezultat je 0:0** the score is nothing to nothing
norma f	norm; standard; quota		
normalan adj	normal; (*duševno*) sane		
normalizacija f	normalization	nužan adj	necessary, required
normativ m	normative provision, general rule	nužda f	need, necessity; (*nepredviđena*) emergency; **iz nužde** from necessity
Norveška m	Norway		
norveški adj	Norwegian	nužnik m	toilet; bathroom
Norvežanin m	Norwegian	nužnost f	necessity

NJ

njedra f	bosom, breast	**njihalo** n	pendulum
njegov pron	his; **njegovi** his folks	**njihati** v	swing, rock
njegovateljica f	nurse	**njištati** v	whinny
njegovati v	nurse, care for; *fig* foster	**njiva** f	tillied field
Njemačka f	Germany	**njuh** m	smell
njemački adj	German	**njušiti** v	smell, sniff
njezin pron	her, hers	**njuška** f	snout, muzzle
nježan adj	gentle; tender	**njuškalo** n	snooper, busybody
nježnost f	gentleness, tenderness; delicacy	**njuškati** v	snoop, pry, nose

o prep	about, concerning	obilježiti v	mark, sign
oaza f	oasis	obilježje n	characteristic, mark, feature
oba m	both (of them)		
obad m	horsefly	obitelj f	family; **uža/šira** - immediate/extended family
obala f	coast; shore; (*plaža*) beach; (*rijeke*) bank	obiteljski adj	family(-), of the family
obalni adj	coastal, shore(-)	objasniti v	explain, explicate
obamrlost f	numbness, loss of feeling	objašnjenje n	explanation, explication
obarač m	trigger	objava f	announcement, proclamation; (*putna*) travel papers
obarati v	bring down		
obasjati v	illuminate, flood with light	objaviti v	announce, disclose, make known
obavijest f	notice, piece of information	objekt m	object, thing; (*zgrada*) building, structure
obavijestiti v	inform, let know, notify		
obaviti v	do, take care, get done, attend to something	objektiv m	lens
		objektivan adj	objective; open-minded
obavještajni adj	intelligence(-)	objeručke adv	*fig* eagerly
obdukcija f	autopsy	objesiti v	hang (up), suspend; (*čovjeka*) hang
obećanje n	promise; **održati** - keep a promise		
obećati v	promise, make a promise	oblačan adj	cloudy, clouded
obeshrabriti v	discourage	oblačiti v	clothe, dress; - **se** dress, put on clothes
obeščastiti v	dishonor, violate, rape		
obezvrijediti v	devaluate, cheapen, make worthless	oblagati v	coat
		oblak m	cloud; **kišni oblaci** rain clouds
običaj m	custom, usage; convention; practice; **on ima običaj** it is his habit to; **običaji** customs	oblik m	form, shape; configuration
		oblikovati v	form, shape, give form
običan adj	common; customary; ordinary, regular; - **dan** just another day	oblina f	roundness; curvature
		obližnji adj	nearby, adjacent
		oblog m	compress
obići v	go around; (*posjetiti*) (pay a) visit	obložiti v	coat, envelop, plaster
		obljetnica f	anniversary
obijest f	wantonness	obnova f	renewal, renovation, restoration
obijestan adj	wanton		
obilan adj	abundant, plentiful, lavish	obnoviti v	renew, restore; (*sjećanje*) refresh
obilazak m	tour; rounds	obogatiti v	enrich; - **se** become rich
obilaznica f	ring-road, *Am* beltway	obojiti v	colour, paint, dye
obilje n	abundance, plenty, wealth	oboljeti v	become ill, get sick
		obor m	enclosure
		oborine f	precipitation

355

oboriti v	bring down; knock off; (*vlast*) overthrow	obuka f	instruction; (*izobrazba*) training
obostran adj	mutual, reciprocal	obustaviti v	stop, halt, suspend
obožavatelj m	admirer, worshipper; (*pjevača*) fan	obuti v	put on
		obuzdati v	restrain, curb, control
obožavati v	adore, worship	obuzeti v	overcome, overwhelm
obračun m	(*izvješće*) expense report; (*troškova*) settling of accounts	obveza f	obligation, commitment; engagement
		obvezan adj	obliged, commited; (*nužan*) compulsory
obračunati v	settle account		
obraćenik m	convert	obveznica f	bond, obligation
obrada f	(*podataka*) processing; treatment	obzir m	consideration, regard; **imati obzira** have consideration; **bez obzira na sve** regardless of anything; **uzeti u -** take into consideration; **obziran** considerate
obraditi v	treat, deal with; (*izlaganjem*) cover; (*kamen*) cut		
obrana f	defense, protection, prevention		
obraniti v	defend successfully		
obrasti v	overgrow	obzor m	horizon
obratno adv	conversely; on the contrary	ocariniti v	pass through the customs
		ocat m	vinegar
obrati v	finish picking	ocijediti v	strain; (*namirnice*) colander
obratiti v	convert; (*nekome*) - **se** approach		
		ocijeniti v	evaluate, appraise, assess; (*đaka*) mark, grade
obraz m	cheek; *fig* reputation, good name		
		ocjena f	(*đaka*) mark, grade; evaluation, assessment
obrazac m	(*uzorak*) pattern; (*formular*) form		
		ocjenjivač m	evaluator, assessor
obrazložiti v	explain	ocrtavati v	outline
obrazovan adj	educated	ocvasti v	be past its prime; (*žena*) fade
obrazovanje n	education, schooling		
obred m	ritual, rite, ceremony	očaj m	despair, despondency
obrezati v	trim, clip; (*spolovilo*) circumcize	očarati v	fascinate, thrill, enchant
		očekivati v	expect, look forward to, anticipate
obrijati v	shave		
obris m	contour, outline	Očenaš m	Lord's Prayer
obrok m	meal; (*porcija*) portion; (*otplate*) instalment	očev adj	father's; paternal
		očevid m	investigation
obronak m	slope, hillside	očevidac m	eye-witness
obrt m	handicraft	očica f	ladder, *Am* run
obrtnica f	trade licence	očinstvo n	paternity, fatherhood
obrtnik m	artsan, craftsman	očistiti v	clean, purifyI; clean up
obruč m	ring; (*za igru*) hoop; (*vojni*) pocket	očito adv	obviously, clearly
		očitovati v	declare, profess, proclaim
obrva f	eyebrow		
obuća f	fotwear; shoes	očnjak m	eyetooth, canine tooth
obućar m	vidi postolar	očuh m	step-father
obući v	put on, slip into	od prep	of; from; **bolji - mene** better than me; **- danas** from today; **- 1970** since 1970
obuhvatiti v	include, cover; (*fizički*) embrace		
obujam m	circumference; volume		
obujmiti v	envelop, encircle, embrace	odabrati v	choose, pick out, select

odahnuti v	have a sigh of relief, breathe easier	odlazak m	departure, going away, leaving
odakle adv	from where; - ste? where are you from	odličan adj	excellent, splendid
		odličje n	decoration, medal
odan adj	loyal, devoted	odlika f	distinction, characteristic
odanost f	loyalty, devotion	odlomak m	fragment, piece; (*alineja*) paragraph
odande adv	from there		
odar m	lier; catafalque	odlomiti v	break off
odašiljač m	transmitter	odložiti v	put off, postpone
odati v	betray; (*tajnu*) disclose	odlučan adj	determined, resolute; categorical
odavna adv	long ago		
odazivati se v	respond to; call back	odlučiti v	decide, determine, make a decision
odbaciti v	reject, renounce, give up; - **optužbu** refute a charge		
		odlučujući adj	decisive, crucial
odbijati v	refuse, reject, decline	odluka f	decision; **donijeti odluku** make a decision
odbitak m	deduction		
odbojan adj	forbidding; repulsive	odlutati v	wander off
odbojka f	volley-ball	odmah adv	immediately, at once, presently
odbojnik m	bumper		
odbor m	committee; board; **upravni -** management board	odmahnuti v	- **glavom** shake one's head
		odmak m	distance, detachment
odbrojiti v	count off	odmaknuti v	move away
oderati v	tear off; (*kožu*) skin	odmaralište n	recreation centre; (*na moru*) recreation centre
odgajati v	bring up, raise		
odgoda f	postponement, adjournament	odmarati se v	rest, relax
		odmetnik m	outlaw, renegade
odgoditi v	put off, postpone	odmor m	rest; (*prekid*) break; -! take a break!
odgoj m	upbringing, breeding; (*ponašanje*) manners		
odgonetnuti v	solve, decipher	odmotati v	unwrap; (*smotano*) unwind
odgovarajući adj	corresponding, matching; apropriate	odnekud adv	from somewhere
		odnijeti v	take off/away, carry off/away
odgovor m	answer, reply, response		
odgovoran adj	responsible	odnos m	relation, relationship; (*veza*) connection; **u odnosu na** in reference to; **dobri odnosu** good terms
odgovornost f	responsibility		
odgristi v	bite off		
odgurnuti v	push away, give a push		
odijelo n	(*muško*) suit; (*odjeća*) clothes; (*radno*) working clothes; (*večernje*) evening dress		
		odnosno adv	with reference to; that is
		odobriti v	approve, authorize
		odoljeti v	resist
odijevati se v	put on clothes	odora f	uniform; (*svećenička*) habit, robe
odjaviti v	cancel, withdraw		
odjeća f	clothing, clothes, garment	odozdo adv	from below; - **naviše** upward
odjednom adv	at one time; (*iznenada*) suddenly	odozgo adv	from above; - **do dolje** from top to bottom
odjek m	echo, reverberation	odraditi v	work off
odjel m	department, section	odrastao adj	adult, grown-up
odjeljak m	compartment	odraz m	reflex, reflection
odjeven adj	dressed, clothed	odreći se v	give up, renounce, surrender
odlagati v	postpone, put off		

odred m	unit, detachment	
odredba f	order, decree; direction	
odredište n	destination	
odrediti v	determine; define, specify; establish	
odrezak m	cutting; (*škarama*) clipping; (*od penzije*) receipt; (*mesa*) steak	
odrezati v	cut off, trim	
odricati v	reject; - se give up, surrender	
odrješit adj	abrupt, sharp	
odroniti se v	slide down	
odrpan adj	ragged, tattered	
odrubiti v	- glavu behead, cut/chop off	
održati v	keep up, maintain, observe	
održavanje n	keeping up, maintaining; observing	
odseliti se v	move away	
odsjeći v	cut off, sever	
odsjek m	department, section; (*vremenski*) period	
odsjesti v	stay	
odskočiti v	rebound, jump off	
odskok m	rebound; take-off	
odstrel m	kill	
odstupiti v	resign, retire; (*od čega*) depart, deviate	
odsutan adj	absent, away	
odsutnost f	absence; (*duha*) absent-mindedness	
odškrinuti v	open slightly	
odšteta f	indemnity, compensation	
odučiti se v	unlearn	
odudarati v	clash with, stand apart	
odugovlačiti v	stall, drag one's feet	
odumirati v	die away, wither away	
odupirati se v	resist, strive, struggle, oppose	
odustati v	give up, quit, surrender	
odušak m	outlet, vent	
oduševiti v	excite, thrill, fill with enthusiasm	
oduvijek adv	always; from times immemorial	
oduzeti v	take away, withdraw; *math* subtract	
odužiti se v	repay, recompense	
odvaliti v	push off; (*dovršiti*) get it over with	
odvažan adj	bold, daring, brave	
odvesti v	take away; (*automobilom*) drive away	
odvezati v	untie, unfasten, undo	
odvijač m	screw-driver	
odviknuti v	disaccustom, break of a habit	
odviti v	unwind; unscrew	
odvjetnički adj	solicitor's, lawyer's; - pripravnik solicitor's clark	
odvjetnik m	*Br* solicitor, *Am* lawyer	
odvod m	drainage	
odvojak m	branch road	
odvojiti v	separate, set apart; (*izdvojiti*) single out; (*razdvojiti*) disconnect	
odvoziti v	transport/take away, remove	
odvratan adj	repulsive, disgusting	
odvući v	pull away; (*vozilo*) tow away	
ogladniti v	become/feel hungry	
oglas m	announcement; notice; (*plaćeni*) advertisement, *coll* ad	
oglasni adj	oglasna ploča bulletin board	
oglašavati v	announce, advertise	
ogledalo n	mirror	
ogledni adj	specimen, model	
ognjište n	fireplace, hearth	
ogoljeti v	denude, lay bare	
ogovarati v	backbite, speak behind one's back	
ograda f	fence, enclosure	
ograditi v	fence off, enclose, put a fence	
ogranak m	branch	
ograničen adj	limited; (*mentalno*) slow-witted	
ograničenje n	limitation, restriction	
ogrebotina f	scratch	
ogrjev m	firewood; (*šire*) fuel	
ogrlica f	necklace; (*pseća*) collar	
ogrnuti v	slip (a coat) on; wrap in	
ogroman adj	huge, enormous	
ogrtač m	coat, cloak, mantle	
oguliti v	strip, skin; (*krumpir*) peel	
ohladiti v	cool, chil; - se cool off, grow cold	
oholo adv	arrogantly, haughtily	

ohrabriti v	encourage, enhearten	oluk m	gutter; drain pipe
ojačati v	grow strong; recover	olupina f	wreck
okidač m	trigger	omalovažavati v	belittle, run down
oklada f	bet, wager; **dobiti okladu** win a bet	omča f	noose; **čvor na omči** slip-knot
oklijevati v	hesitate, be indecisive; vacilliate	omeđiti v	delimit
		omekšati v	soften
oklop m	armour; **viteški -** suit of armour	ometati v	hamper, obstruct, interfere with
okno n	small window; (*rudarsko*) shaft, pit	omiljen adj	popular, favorite, beloved
oko n	eye; (*mreže*) mesh; **držati na oku** keep an eye on; **- u oko** face to face	omjer m	proportion, ratio
		omogućiti v	make possible, enable; ensure
oko adv	around; **- 100** about 100	omot m	wrapping, cover
okoliš m	environment, habitat	omotač m	envelope
okolnost f	circustance; **pod postojećim okolnostima** under the circumstances	omotati v	wrap up, envelop
		omotnica f	envelope; (*bombona*) wrapper
okolo adv	around, about	on pron	he; **- sam** he himself
okomit adj	vertical, perpendicular	ona pron	she; **- sama** she herself
okov m	fitting; **okovi** chains	onaj pron	that, that one
okrajak m	remnant; end, stub	onako adv	like that
okrečiti v	whitewash	onda adv	then; after that
okrenuti v	turn, turn around, overturn	onečistiti v	dirty, contaminate
		onesposobiti v	incapacitate, disable
okrijepiti v	refresh, invigorate	ono pron	it; that thing
okrilje n	shelter, protection; patronage	onuda adv	there, that way
		opadanje n	decline; falling off, dropping
okriviti v	accuse, blame		
okrug m	district	opak adj	wicked, bad, evil
okruglo adv	roundly	opaliti v	slug; (*opržiti*) burn
okrutan adj	cruel, brutal	opametiti v	make wiser; **- se** grow wiser
okruženje n	encirclement		
okućnica f	private plot	opasan adj	dangerous, prilous
okuka f	bend, curve	opaska f	note; footnote; endnote; remark
okulist m	oculist, ophtalmologist		
okupacija f	occupation	opasnost f	danger, pril; **biti u opasnosti** be in danger; **dovesti u -** put in danger
okupati v	give a bath; **- se** have a bath		
okupiti v	bring together	opat m	abbot
okus m	taste, flavor	opatica f	abbess; nun
okvir m	frame; *fig* framework	opaziti v	see, notice, become aware of
olabaviti v	make loose, loosen		
olakšanje n	relief; alleviation	opći adj	general, universal; common; underlying
olimpijski adj	Olympic		
olovka f	pencil; **kemijska -** ballpoint pen	općina f	district; municipality; (*zgrada*) townhall
olovo n	lead	općinski adj	district-level, municipal
oltar m	altar	općinstvo n	population
oluja f	storm, tempest; (*s grmljavinom*) thunderstorm	opeka f	brick; **pečena -** fire-baked brick
olujni adj	stormy, tempestuous	opeklina f	burn

opera f	opera	opseg m	volume, magnitude; *geom* perimeter
operacija f	operation, surgery		
operirati v	perform an operation/surgery	opsežan adj	extensive; comprehensive
opet adv	again, once more; anew	opsjedati v	besiege; *fig* obsess
ophodnja f	patrol	opskrba f	supplying, providing; supplies
opijati se v	get drunk		
opip m	touch; sense of touch	opskrbni adj	supplying
opipljiv adj	tangible, palpable	opstanak m	survival, existence
opis m	description; account; depiction	opstati v	survive, hold out
		opširno adj	at lenght, in detail
opisati v	describe, depict; give an account of	opteretiti v	burden, put a burden on
		optjecaj m	circulation
opkoliti v	surround, encircle	optužba f	accusation, charge
oplakati v	lament, mourn	optuženik m	defendant; the accused
oplata f	paneling	optužiti v	accuse of, charge with
oplemeniti v	make noble; (*metal*) enrich	optužnica f	bill of indicement
		opunomoćenik m	authorized person
oplodnja f	fertilization; **umjetna** - artificial insemination	opunomoćitelj m	authorizer
		opunomoćiti v	authorize; empower
oploviti v	circummnavigate, sail around	opustiti se v	relax; loosen up
		opušak m	cigarette butt
opljačkati v	loot, plunder, sack	opuštenost n	sag; relaxedness
opna f	membrane	orač m	ploughman
opomena f	warning; caution, reprimand	orah m	walnut
		orahnjača f	walnut loaf
oponašati v	imitate; mimic	oranica f	plough-land
oporavak m	convalescence, recovery	orao m	eagle
oporba f	opposition	orati v	plough, *Am* plow
oporbeni adj	opposition(-)	orbita f	orbit
oporeziv adj	taxable	ordinacija f	consulting room; surgery
oporezivanje n	taxation	organ m	organ, part of body; - **vlasti** authorities
oporo adj	tartly, astringently		
oporuka f	last will, testament	organizacija f	organisation; **osnovna** - basic unit
opoziv m	revocation; cancellation		
oprostiti v	forgive, pardon, excuse	organizam m	organism, body
oprati v	wash; - **rublje** do the laundry; - **suđe** do the dishes	organizator m	organiser; coordinator
		orguljaš m	organist
		orgulje f pl tantum	organ
opravdan adj	justified, valid	orkan m	hurricane
opravdati v	justify, vindicate	orkestar m	orchestra; **limeni** - brass orchestra
opreka f	contrast, the opposite		
oprema f	equipment; outfit; - **knjige** get-up	ormar m	wardrobe; (*s policama*) cupboard; (*ugrađeni*) closet
oprez m	caution, prudence		
oprezan adj	cautious, prudent; **budi** - be careful	oročiti v	place on time deposit
		oronuti v	become decrepit
oprost m	absolution; (*crkveni*) indulgence	oruđe n	tools, instruments
		oružar m	armorer
oproštaj m	leave-taking, parting	oružje n	arms, weapons; **hladno** - cold steel; **vatreno** - firearms
opruga f	spring		
opržiti v	burn		
opsada f	siege	os f	axis

osa f	wasp	osobni adj	personal, individual; subjective
osakatiti v	mutilate, cripple	osovina f	axis; (*kotača*) shaft
osam num	eight	ospice f pl tantum	measles
osama f	isolation	osporavati v	dispute, question, challenge
osamdeset num	eighty		
osamljen adj	lonely; (*slučaj*) isolated	osposobiti v	make fit, qualify; (*popraviti*) repair
osamnaest num	eighteen		
osebujno adv	peculiary, characteristically	osramotiti v	disgrace, discredit
oseka f	low tide, ebb	ostali adj	the rest, the remaining
osigurač m	fuse; **pregorio je** - the fuse has gone	ostatak m	rest, remnant; (*iznosa*) balance
osiguranik m	insurant	ostariti v	grow old
osiguranje n	insurance; **životno** - life insurance; - **protiv požara** fire-insurance; **imovinsko** - property insurance	ostati v	remain; stay (on); - **miran** keep one's temper; - **bez** (*šećera*) run out of (sugar); - **pri** stick to
osigurati v	insure, cover; (*učvrstiti*) secure	ostaviti v	leave, abandon; give up; (*zaručnika/cu*) throw over; (*oporučno*) leave by will
osiguravatelj m	securer, ensurer		
osim prep	except; besides; apart from	ostavka f	resignation; **podnijeti ostavku** resign
osip m	rash	ostavština f	inheritance, heritage
osiromašiti v	become poor	ostrugati v	erase; scrape off
osjećaj m	feeling, emotion; (*osjet*) feeling, sense	ostvariti v	realize, effectuate, bring about
osjećati v	feel, sense, have a feeling	osuda f	condemnation; (*sudska*) sentence
osjetiti v	feel, sense, perceive		
osjetljiv adj	sensitive, suceptible; (*izbirljiv*) fastidious	osuditi v	condemn; (*sudski*) sentence
oskudan adj	meager, spare	osujetiti v	frustrate, defeat
oslabiti v	weaken	osumnjičiti v	suspect
oslanjati se v	rely on, count on	osušiti v	dry up; dry; (*meso*) smoke
oslijepiti v	blind, make blind		
osloboditi v	free, set free, liberate	osuti se v	become covered with rash
oslonac m	support, prop		
osluškivati v	eavesdrop	osvajač m	conqueror
osmijeh m	smile	osveta f	revenge, vengeance
osmi num	the eight	osvijestiti v	bring around, bring somebody to his senses
osmina f	one-eight		
osmrtnica f	notice of death	osvijetliti v	illuminate, light up
osnivač m	founder, establisher	osvit m	daybreak
osnova f	basis, foundation; (*riječi*) base	osvjetljenje n	illumination, lighting
		osvježiti v	refresh
osnovica f	base	osvojiti v	conquer, capture, take
osoba f	person, individual; character	osvrt m	review
		ošamariti v	slap somebody's face
osobina f	characteristic, distinctive feature	ošinuti v	lash
		ošišati v	cut/trim somebody's hair
osobit adj	special, particular	oštar adj	sharp; (*strog*) severe, harsh
osoblje n	personnel, staff	oštećenje n	damage, injury

oštetiti v	damage, injure, harm	otpor m	resistance; unwillingness; **pružati** - resist
oštrica f	edge	otporan adj	resistant; (*osoba*) tough
oštro adv	sharply, severely, keenly	otpornost f	resistance
oštrouman adj	sharp-witted, brilliant	otpratiti v	see off, escort, accompany
otac m	father; *coll* daddy, papa, pop	otpravnik m	- **poslova** chargé d'affaires
otad(a) adv	afther that	otprema f	dispatching, sending off
otcijepiti se v	break off	otpremnica f	dispatch note; bill of lading
oteklina f	swelling		
oteti v	take by force; (*osobu*) kidnap; (*avion*) hijack	otpremnik m	forwarders
otežati v	make (more) difficult	otpremnina f	severance pay
othraniti v	raise, rear, nurture	otprije adv	from before, way back
otići v	go, go away, leave, depart; **odoh ja!** I'm off	otprilike adv	about, roughly
		otpustiti v	dismiss, *coll* sack
otirač m	wiper; (*pred vratima*) doormat	otputovati v	leave, depart
		otraga adv	behind, in the back
otisak m	print, impression, stamp; (*prstiju*) fingerprint	otrcan adj	shabby, worn out
		otrgnuti v	tear off
otisnuti v	imprint, impress; - **se** push off	otrov m	poison
		otrovanje n	poisoning, intoxication
otkaz m	(*dati*) dismiss; **dati** - give a notice; **dobiti** - get a notice	otuditi v	alienate
		otupiti v	blunt, make dull
		otvarač m	opener; - **za boce** bottle opener
otkazati v	call off, cancel; (*stan*) give notice to quit		
		otvor m	opening; mouth, hole
otkinuti v	tear off, rip off	otvoren adj	open; overt, public; (*očit*) plain; (*iskren*) frank; (*svjetlo*) turned on
otključati v	unlock		
otkriće n	discovery; (*izum*) invention		
		otvoriti v	open (up); (*struju, vodu*) turn on
otkriti v	dicover, find out; (*razotkriti*) reveal		
		otvrdnuti v	harden; solidify
otkucaj m	(*sata*) ticking of the clock	ovacije f pl	cheering, cheers
		ovaj pron	this; this one
otkuda adv	from where	ovakav adj	such, such as; like this
otkup m	buying up	ovako adv	in this way, like this
otkupiti v	buy up; (*otetu osobu*) ransom	ovamo adv	this way, here
		ovan m	ram
otkupnina f	redemption amount; (*za osobu*) ransom	ovca f	sheep
		ovčar m	shepherd; (*pas*) sheepdog
otmica f	kidnapping; (*taoca*) taking hostage		
		ovdje adv	here, at this palce
otmičar m	kidnapper; hijacker	ovisnost f	dependence; (*narkomanija*) drug addiction
otmjen adj	elegant, stylish; high-class		
		ovisnik m	(drug) addict
otočanin adj	islander	ovjera f	attestaion
otok m	island	ovjeriti v	verify; attest, certify
otopina f	solution	ovjes m	suspension
otpad m	waste, junk, trash	ovlastiti v	authorize
otpasti v	fall off, come off	ovo pron	this, this one
otplaćivati v	pay by instalments	ovojnica f	membrane; shell
otplata f	paying off; (*obročna*) instalment payment	ovolik adj	so big, of this size

ovratnik m	collar; **kruti/obični** - stiff/soft collar	označiti v	mark; label, brand
ovrha f	execution, seizure	oznaka f	mark, sign; label
ovuda adv	this way, here	oznojiti se v	be in a sweat
ozakoniti v	legalize	ozračje n	atmosphere
ozbiljan adj	serious; solemn	ozvučiti v	(*dvoranu*) wire for sound
ozdraviti v	get well, get over, recover	oženiti v	marry
		ožiljak m	scar
ozeblina f	chilblain	oživjeti v	return to life, revive
ozlijediti v	hurt, injure	oživljavanje n	revival, restoring to life
ozljeda f	injury; wound	ožujak m	March

P

pa cop	and; well
pacijent m	patient
pačati se v	interfere; meddle with
pad m	fall; tumble; (*propast*) decline
padaline f pl	vidi oborine
padati v	fall, drop; (*propast*) decline
padavica f	epilepsy
padež m	case
padina f	slope, decline
padobran m	parachute
padobranac m	parachutist
pahulja f	flake, fluff
pakao m	hell, inferno
paket m	parcel, package
pakirati v	pack
paklen adj	hellish, infernal
pakost f	malice; wickedness
pakostiti v	harm spitefully
palac m	thumb; (*mjera*) inch
palača f	palace
palačinka f	pan-cake
palica f	stick; cane; staff
palikuća m	incendiary
paliti v	burn; fire; (*svjetlo*) light; (*šibicu*) strike a match
palma f	palm-tree
paluba f	deck, board
paljba f	fire, firing off
paljevina f	burning
pamćenje n	memory; (*sjećanje*) recollection
pamet f	mind; wits; intellect; **doći k pameti** come to senses; **imati na pameti** bear in mind
pametan adj	clever; reasonable
pamtiti v	remember, recall; keep in mind
pamuk m	cotton
paničar m	alarmist
panika f	panic
pano m	hoarding, large board
panorama f	panorama
pansion m	board and lodging
panj m	stump
papa m	pope
papar m	pepper
papiga f	parrot, poll
papir m	paper; (*s crtama*) lined paper; (*indigo*) copying-paper; (*novinski*) newsprint; **papiri** (*isprave*) documents
papirnat adj	made of paper, paper
papirnica f	stationer's shop
paprat f	fern
paprika f	paprika; pred pepper
papuča f	slipper
par m	pair, two, couple
para f	steam, vapour
parati v	tear/rip open; slit
parcela f	plot
pariški adj	Parisian
paritet m	parity
pariti se v	(*životinje*) mate
park m	park, gardens; **vozni -** motor pool
parket m	parquet
parketar m	floorer
parkiralište n	parking lot
parkirati v	park
parlamentaran adj	parliamentary
parnica f	(law-)suit; **dobiti/izgubiti parnicu** gain/loose a law-suit
parobrod m	steamboat
parodija f	parody
parola f	slogan
participacija f	participation
partner m	partner
partnerstvo n	partnership
pas m	dog; (*lovački*) hound; (*krvoslijednik*) bloodhound; (*pojas*) girdle, belt

pasirati v	run through a strainer	pedalj m	palm, span
pasiv m	passive (voice)	pedeset num	fifty
pasiva f	liabilities	pehar m	drinking-cup, goblet
pasivan adj	passive; submissive	pekar m	baker
pasmina f	breed, race	pekarnica f	bakery
pasta f	paste; (*za zube*) tooth paste	pekarski adj	of a baker
		pekmez m	jam
pasti v	fall, drop; tumble; (*s visoka*) topple down	pelene f	diapers
		penkala f	ball-point pen
pastir m	shepherd	penjač m	climber
pastor m	pastor, rector	penjati se v	climb
pastrva f	trout	Pepelnica f	Ash-Wednesday
pastuh m	stallion	pepeljara f	ash-tray
pasus m	vidi odlomak	pepeo m	ashes, cinders
pašnjak m	pasture-ground	perad f collect	poultry
pašta f	pasta	peradarstvo n	poultry farming
pašteta f	patty, pie	peraja f	fin, flipper
patent m	patent; gadget	perec m	pretzel
patina f	patina	periferija f	outskirts of town
patiti v	suffer; (*bol*) ache	perika f	wig; (*umetak*) toupee
patka f	duck	periodičan adj	periodical
patologija f	pathology	perivoj m	park, gardens
patuljak m	dwarf	perjanica f	plume, plumage
paučina f	cobweb	permanentan adj	permanent
pauk m	spider	pernica f	pencil-box
paun m	peacock	pero n	feather; (*pisaće*) pen
paušal m	flat rate	peron m	platform
pauza f	pause; interval	perspektiva f (geom)	perspective; (*izgledi*) prospects
pazikuća f	care-taker		
paziti v	be carefuk; pay attention; take care	peršin m	parsley
		perušati v	pluck, fleece
pazuho n	armpit	pet num	five
pažnja f	attention, care; (*oprez*) caution	peta f	heel
		petak m	Friday
pčela f	bee, roj - bee-swarm	peti num	the fifth
pčelarstvo n	bee-keeping	peticija f	petition
pčelinjak m	bee-hive yard	petina f	one-fifth
pecivo n	rolls	petlja f	loop, noose
peckati v	tease	petljati v	shuffle; - se interfere
pečat m	seal	petnaest num	fifteen
pečen adj	baked, roasted; dobro - done	petrokemija f	petrochemistry
		petrolej m	paraffin
pečenka f	roast-meat	petrolejka f	paraffin lamp
pečenjara f	barbecue stall	picerija f	pizzeria
peć f	stove; (*tvornička*) furnace	piće n	drink, beverage
		pidžama f	pyjamas
peći v	bake, grill, roast; (*spržiti*) scorch	pijan adj	drunk, tipsy
		pijanac m	drunkard, boozer
pećnica f	oven	pijavica f	leech; *fig* usurer
pedagog m	pedagogue	pijesak m	sand; (*krupan*) gravel
pedagogija f	pedagogy; science of education	pijetao m	cock
		pikantan adj	spicy
pedala f	pedal	pila f	saw; (*ručna*) handsaw

pilana f	saw-mill	pjenušac m	champagne
pile n	chicken, chick	pjesma f	(*stihovi*) poem; (*za pjevanje*) song
pileći adj	chicken(-)		
piliti v	saw	pjesmarica f	soong-book
pilula f	pill	pjesnik m	poet
pipa f	tap	pjesništvo n	poetry
pipati v	feel, touch	pješačiti v	go on foot
pipnuti v	touch	pješak m	pedestrian, walker; (*vojnik*) infantryman
pir m	wedding(-feast)		
pire m	pureé; (*od krumpira*) mashed potatoes	pješaštvo n	infantry; **pomorsko -** marine
pirjati v	braise; stew	pješčan adj	sandy, sand(-)
pisac m	writer; author; (*romana*) novelist	pješčanik m	sandstone
		pješice adv	on foot
pisač m	printer	pjevač m	singer; (*operni*) opera-singer
pisaći adj	writing; (*stroj*) typewriter		
		pjevački adj	singing
pisanica f	Easter egg	pjevanje n	singing; (*ptice*) warbling
pisanka f	note-bbok, copy-book	pjevati v	sing; (*ptica*) twitter, warble
pisar m	copyst; scribe		
pisarnica f	(writing-) office	pjevica f	song-bird
pisati v	write; (*bilježiti*) take down	pjevušiti v	hum a tune
		plač m	weeping, crying
piskutati v	squeal, squeak	plačljivac m	crybaby
pismen adj	literate; (*pisan*) in writing, written	plaća f	salary; (*radnika*) wages
		plaćati v	pay; (*gotovinom*) pay in cash; (*premalo*) underpay; (*previše za neku robu*) be overcharged
pismenost f	literacy		
pismo n	letter; (*vrsta slova*) lettering		
pismohrana f	archives, record-office		
pisnuti v	utter a sound	plaćenik m	mercenary
pista f	runway; (*trkaća*) track	pladanj m	plate
pištolj m	pistol	plah adj	shy, timid
pita f	pie	plahta f	sheet
pitalica f	riddle	plakat m	poster, bill
pitanje n	question; (*upit*) enquiry	plakati v	cry, weep
pitati v	ask, put a question; (*ispitivati*) interrogate; examine; - se wonder	plamen m	flame(s)
		plamenik m	burner
		plamtjeti v	flame, blaze, burn
piti v	drink; (*pijuckati*) sip; (*čaj, kavu i sl.*) have/take tea, coffee, etc.	plan m	plan; (*nacrt*) drawing; project, design
		planet m	planet
pitom adj	tame	planina f	mountain
pivnica f	(wine) cellar	planinar m	climber, Alpinist
pivo n	beer; (*svjetlo*) ale; (*tamno*) stout	planinarstvo n	mountaineering; hiking
		planinski adj	mountain
pivovara f	brewery	planirati v	plan
pjega f	spot, speck; (*od sunca*) freckle	planski adj	planned
		plantaža f	plantation
pjegav adj	spotty; (*po licu*) freckled	planuti v	catch fire, burst into falme
pjena f	foam, spume; (*na piću*) head		
		plasirati v	place; find a secure market
pjeniti se v	foam, spume		

plasman m	sale, marketing; (*u sportu*) placing	**pločica** f dem	(*keramička*) tile
plastenik m	greenhouse	**pločnik** m	pavement
plastika f	plastic(s)	**plod** m	fruit; (*rada*) product
plašiti v	frighten, scare, alarm; - se be afraid	**plodan** adj	fertile; (*zemlja*) rich
		plodnost f	fertility, richness
plašljiv adj	timid, fearful	**ploha** f	level surface
plašljivac m	coward	**plomba** f	(*zubna*) filling
plašt m	mantle; cloak	**plosnat** adj	flat, plane
platina f	platinium	**ploška** f	thin slice
platiti v	pay	**plot** m	fence; enclosure
plativ adj	payable	**plovak** m	float
platnen adj	linen	**plovidba** f	navigation; (*put*) voyage
platni adj	payment(s); - **nalog** money order	**plovilo** n	vessel
		ploviti v	navigate, sail; (*plutati*) float
plav adj	blue; (*kosa*) fair, blond	**pluća** n pl	lungs
plavetnilo n	blueness	**plućni** adj	pulmonary
plaviti v	dye blue	**plug** m	plough, *Am* plow
plavuša f	blonde	**plutača** f	buoy
plaziti v	crawl, creep	**plutati** v	float
plaža f	beach	**pluto** n	cork
pleća n pl	shoulders, back	**pljačka** f	robbery, plunder, sack
pleme n	tribe	**pljačkaš** m	robber, plunderer
plemenit adj	noble; (*kovina*) precious	**pljačkati** v	rob, plunder, sack
plemić m	nobleman	**pljenidba** f	seizure, execution
plemstvo n	nobility, aristocracy	**pljesak** m	applause
plenum m	(*zasjedanje*) plenary session	**pljeskati** v	clap one's hands, applause
ples m	dance, ball; (*zabava*) dance-party	**pljesniv** adj	musty, mouldy
		pljunuti v	spit out
plesač m	dancer; partner	**pljusak** m	(heavy) shower
plesati v	dance	**pljuska** f	box on the ears
plesti v	knit	**pljusnuti** v	slap somebody's face
pletenica f	tress, plait	**po** prep	about; after, upon; on; along; during; at; by; - **cijelom svijetu** all over the world; - **danu** by day; - **ljeti** in summer; **poznat** - known by; - **redu** in order; **malo** - **malo** little by little
pleter m	hurdle, wicker(-work)		
pletilja f	knitting-woman		
pletivo n	knitting		
plićak m	shallow, shoal		
plijen m	plunder, prey		
plijeniti v	plunder, sack, rob		
plijesan f	mould, must		
plijeviti v	weed		
plima f	high tide, flow	**pobaciti** v	have a miscarriage
plin m	gas	**pobačaj** m	miscarriage, abortion
plinara f	gas-works	**pobijediti** v	win, vanquish, conquer
plinomjer m	gasmeter	**pobijeliti** v	whiten; (*krečiti*) whitewash
plinovod m	gas pipeline		
plitak adj	shallow	**pobiti** v	kill off
plivač m	swimmer	**pobjeći** v	run away, flee; escape
plivati v	swim	**pobjeda** f	victory
ploča f	slab; tablet; (*lima*) sheet; (*gramofonska*) record; (*školska*) blackboard	**pobjednik** m	winner
		pobjesnjeti v	become furious/mad
		poboljšanje n	improvement
		pobornik m	champion, defender

pobožan adj	pious, religious	podijeliti v	divide; (*razdijeliti*) distribute; (*među*) share among; (*dodijeliti*) assign
pobožnost f	piety, devotion		
pobrati v	pick up; (*dići*) lift		
pobrkati v	mix up confuse		
pobuda f	incentive, impulse	podivljati v	grow wild
pobuna f	riot, revolt, rebellion	podjela f	division, distribution
pobunjenik m	rebel	podlaktica f	forearm
pocrnjeti v	turn black; (*na suncu*) get a tan	podleći v	succumb
		podlistak m	feuilleton
pocrvenjeti v	turn red;(*u licu*) blush	podloga f	base, basis; (*nosilac*) support
počast f	honours, homage		
počekati v	wait for	podlost f	meanness, baseness
počelo n	element	podložan adj	subject to; (*ovisan*) dependent
počešati v	scratch		
počešljati v	comb, do one's hair	podmazati v	lubricate, oil
početak m	beginning, start; (*postanak*) origin	podmetač m	pad; (*za čaše*) coaster
		podmetnuti v	put under, substitute; (*krivnju*) impute
početi v	begin, start		
početni adj	initial; starting, preparatory	podmiriti v	settle, pay
		podmitljivost adj	corruptibility
početnica f	primer; (*čitanka*) first reader	podmladak m	progeny, offspring
		podmornica f	submarine
početnik m	beginner	podmorski adj	submarine
počinak m	rest, repose; **ići na** - go to bed	podmuklo adv	perfidious, false
		podnaslov m	subtitle
počinitelj m	perpetrator	podne n	noon, midday
počiniti v	commit, do, perform	podnijeti v	bear, endure; (*izvještaj*) report; (*podastrijeti*) submit
počinuti v	rest		
počistiti v	clean up		
počupati v	pluck off; - **se** scuffle	podnositelj m	submitter; (*molbe*) applicant
poći v	depart, set off, make for		
pod prep	under, below, beneath, - **satom** during the lesson; - **utjecajem** influenced by	podnošljiv adj	bearable, tolerable
		podnožje n	foot; base; pedestal
		podobnost f	aptness
		podočnjaci m pl	black rings (under the eyes)
pod m	floor		
podanik m	subject	podrazumijevati v	imply; include implicitly
podao adj	mean, base	podražaj m	stimulus
podastrijeti v	submit	podrediti v	subordinate
podatak m	fact, figure; **podaci** data	podrezati v	undercut; (*nokte, bradu*) trim; (*kosu*) shingle
podatan adj	pliant; flexible		
podbaciti v	fail, fall short	podrhtavati v	tremble
podbradak m	double chin	podrijetlo n	origin, descent
potcrtati v	underline	podroban m	minute, in detail
poderan adj	torn, rent	područje n	territory, region; sphere; (*površina*) area
poderati v	tear, rent, rag		
podesan adj	advisable		
podgrijati v	warm up, rewarm	podrugljivo adv	mockingly, derisively
podići v	lift; (*zgradu*) build, erect; (*težinu*) heave; (*sidro*) weigh anchor; (*novce*) encash money	podrum m	cellar
		podružnica f	branch-office
		podržati v	support, back
		podsjećati v	remind; admonish
podij m	podium	podsjetnik m	reminder; (*notes*) memo pad

podstanar m	subtenant
podstava f	lining
podsvijest f	subconsciousness
podučavati v	teach; give lessons
poduka f	instruction
poduprijeti v	hold up; prop up; (*pomagati*) support
poduzeće n	company, firm; enterprise
poduzetan adj	enterprising
poduzetnik m	entrepreneur
poduzetništvo n	entrepreneurship
podvezica f	garter
podvodan adj	underwater
podvorba f	attendance, service
podvornik m	janitor
podvostručiti v	double
podvožnjak m	subway, *Am* underpass
podvrgnuti v	subjugate; subject to
podvrsta f	subspecies
podzakup m	sub-lease
podzemlje n	underground
podzeman adj	underground
poezija f	poetry
pogača f	flat cake
pogađati v	guess, try to guess
pogasiti v	put out
pogaziti v	trample down; (*automobilom*) run over
pogibelj f	vidi opasnost
poginuti v	perish, die; (*u borbi*) fall in action
pogladiti v	stroke, caress
poglavar m	head, superior, chief
poglavarsto n	administration
poglavica m	chieftain
poglavlje n	chapter
pogled m	look, gaze; (*brz*) glance
pogledati v	look at, give a look, glance
pognut adj	bent down
pogodak m	hit
pogodan adj	suitable; propitious
pogodba f	deal, agreement, contract
pogoditi v	guess; (*cilj*) hit
pogodnost f	favour, privilege
pogon m	driving; motive; works
pogonski adj	power-generating; **pogonska snaga** motive power
pogoršanje n	deterioration
pogotovo adv	especially
pogovor m	epilogue
pograbiti v	seize, snatch
pograničan adj	conterminous; contiguous
pogrbljen adj	bent, bowed
pogrda f	insult, outrage
pogrdno adv	derogatory
pogreb m	funeral
pogrebnik m	undertaker
pogrešan adj	wrong; (*netočan*) inacurate
pogreška f	error, mistake
pogriješiti v	make a mistake/error, err; (*varati se*) be mistaken
poguban adj	dangerous
pogubiti v	kill, decapitate
pohađati v	attend, frequent
poharati v	ravage, devastate
pohati v	fry in breadcrumbs
pohlepa f	greed, lust
pohod m	visit; (*vojni*) raid
pohota f	lust
pohotljivac m	voluptuary
pohraniti v	deposit
pohrliti v	hurry to, run to
pohvala f	commendation, praise
pohvaliti v	praise, commmend
pohvalnica f	written commendation
pohvatati v	size one by one
poimence adv	by name; **pozivati** - call the roll
pojačalo n	amplifier
pojačanje n	reinforcement
pojačati v	reinforce; intensify; (*zvuk*) amplify
pojam m	notion, idea, concept
pojas m	belt, girdle; (*za spašavanje*) lifebelt
pojava f	phenomenon; (*dolazak*) appearance
pojaviti se v	appear; arrive; show oneself
pojedinac m	individual
pojedinačno adv	individually; separately
pojedinost f	detail, particular
pojednostaviti v	simplify
pojeftiniti v	grow cheaper
pojesti v	eat up; consume
pojilo n	watering-place
pojiti v	water
pojmiti v	vidi shvatiti
pojuriti v	rush, dash on
pokajati se v	repent; regret, be sorry

pokajnik m	penitent	pol m	pole; **Sjeverni -** North pole
pokal m	cup		
pokazatelj m	indicator	pola adv	half; **na -** by halves; **rezati na** cut in halves
pokazati v	show, demonstrate, indicate; display		
		polagano adv	slowly; gently
pokidati v	tear (up), snap up	polagati v	put down, deposit
pokisnuti v	get soaked	polako adv	vidi polagano
poklade f pl tantum	Carnival	polaran adj	polar
poklati v	kill off, slay	polazak v	start, departure
pokleknuti v	kneel down	polazan adj	**polazna točka** starting point
poklik m	shout, cry		
pokliznuti se v	glide off; slip	polaznik m	attendant
poklon m	present, gift	poledica f	hard frost
pokloniti v	make a present	poleđina f	back
poklopac m	lid, cover	polemika f	controversy
poklopiti v	cover with a lid	polet m	elan, enthusiasm; ardour, zeal
pokojni adj	the late, deceased		
pokojnik m	the deceased	poletjeti v	rise in the air; (*avion*) take off
pokolj m	massacre, slaughter		
pokop m	burial; funeral	polica f	shelf; (*osiguranja*) insurance policy
pokopati v	bury		
pokora f	penitence, expiation	policajac m	policeman
pokoran adj	obedient, submissive	policija f	police
pokoriti v	subjugate, conquer	policijski adj	police(-)
pokraj prep	beside, close to, adjoining, by	polijevati v	water
		polirati v	polish, smoothe
pokrajina f	province, country	politi v	water, pour (liquid) upon
pokrasti v	steal, pilfer, thieve	političar m	politician
pokrenuti v	start, set in motion	politički adj	political
pokret m	movement; (*kretnja*) motion, gesture	politika f	politics; (*strategija*) policy
pokretač m	starter; *fig* originator	polog m	deposit; (*zalog*) pawn
pokretan adj	mobile; movable	polovica f	half
pokriće n	cover; (*jamstvo*) security	položaj m	position, situation
pokriti v	cover; lay on	položen adj	laid (down); situated
pokrivač m	cover; blanket	položiti v	put/place down; (*zakletvu*) make a vow
pokrovitelj m	patron; protector		
pokrpati v	mend, darn	poludjeti v	go mad/crazy
pokrstiti v	baptize, christen	poluga f	lever
pokucati v	knock	polugodište n	semester
pokućstvo n	(household) furniture	polukrug m	semicircle
pokus m	experiment, test, trial	polumjer m	radius
pokusni adj	experimental	polumjesec m	crescent, half-moon
pokušaj m	attempt, endeavour	poluotok m	peninsula
pokušati v	attempt, try, make an attempt	polutka f	hemisphere
		poluvrijeme n	half-time, half
pokvaren adj	damaged, ruined, broken; (*truo*) rotten; (*moralno*) corrupt	**Poljak** m	Pole; **Poljakinja** Polish woman
		poljana f	large field
		polje n	field, campus; (*rada*) line
pokvariti v	break, spoil; (*moralno*) corrupt	poljodjelac m	farmer
		poljodjelstvo n	farming
pokvarljiv adj	perishable	poljoprivreda f	agriculture

Poljska f	Poland
poljski adj	Polish
poljubac m	kiss
pomagalo n	tool; expedient
pomagati v	help, assist, support
pomak m	shift
pomaknuti v	shift, displace, move away
pomalo adv	slowly, gradually
pomanjkanje n	lack, want, insufficiency, shortage
pomesti v	sweep up
pomicati v	keep displacing/moving
pomičan adj	mobile, movable, sliding
pomiješati v	mix, blend
pomilovanje n	pardon, amnesty
pomiriti v	reconcile; - se make peace
pomisao f	idea, notion, thought
pomno adj	carefully
pomoć f	help, aid, assistance; (novčana) subvention
pomoćnik m	helper, aid, assistant, collaborator
pomorac m	seaman, sailor
pomorski adj	sea, marine, maritime, nautical; - tovarni list bill of lading; pomorska akademija nautical academy
pomorstvo n	maritime affairs
pomrčina f	eclipse
pomutnja f	confusion; mistake
ponašanje n	behaviour; manners; attitude
ponedjeljak m	Monday
ponijeti v	take along; (sa sobom) bring along
poništiti v	annul, quash; cancel
poniziti v	humble, humiliate
poniženje n	humiliation
ponoć f	midnight; u - at midnight
ponoćka f	midnight service
ponor m	abyss, chasm
ponornica f	underground stream
ponos m	pride
ponosan adj	proud
ponoviti v	repeat; (osvježiti) refresh
ponovno adv	again, repeatedly, once more
ponuda f	offer, bid; (u trgovini) supply
ponuditi v	offer, bid
popaliti v	burn down, reduce to ashes
popis m	list, inventory, catalogue; (stanovništva) census
popisivač m	cataloguer; (stanovništva) census-taker
popiti v	drink up
poplava f	flood, deluge
popločiti v	pave
popodne n	afternoon
popravak m	repair; reparation; mending
popraviti v	repair, adjust; (poboljšati) improve
popravni adj	- ispit make-up exam; - dom correctional institution
poprijeko adv	across, transversely; gledati - frown upon
poprsje n	bust
poprskati v	spatter, sprinkle
popucati v	break/crack all over
populacija f	population
popularan adj	popular
popuniti v	fill up, complement
popust m	discount
popustiti v	give in; yield; (cijenu) reduce; (ublažiti) mitigate
poput prep	like, similar, as
pora f	pore
porast m	increase, growth, rise; u porastu on the increase
poravnati v	even, level; (izjednačiti) equalize
poraz m	defeat
poražen adj	defeated, beaten
porcija f	helping, serving
porculan m	china; (suđe) china-ware
poreći v	deny; dispute
poredak m	order, row
poredati v	line up, put in order
poremećaj m	disturbance; (duševni) disorder
porez m	tax; (namet) rate; (dohodarina) income tax; ubirati - levy taxes; nametnuti - impose tax
porezati v	cut (up)
poreznik m	tax-collector
porinuće n	launching
porječje n	river-basin
porod m	birth; delivery
porodiljski adj	- dopust maternity leave

porok m	vice
porota f	jury
porotnik m	juror
portret m	portrait
Portugal m	Portugal
Portugalac m	Portuguese
portugalski adj	Portuguese
porub m	border, edge; (*suknje*) selvage
poruka f	message
porušiti v	pull down, demolish
posada f	crew
posaditi v	plant, set
posao m	work; (*fizički*) labour; (*zaposlenje*) employment; (*poslovi*) business
poseban adj	special; particular
posegnuti v	reach out for, extend hand after
posezona f	afterseason
posijati v	sow
posipati v	strew, sprinkle; dredge
posjeći v	cut down
posjed m	possesssion, property; (*imanje*) estate
posjednik m	owner, possessor
posjedovati v	own, possess; have (got)
posjekotina f	cut
posjet m	visit, call
posjetitelj m	guest, visitor, caller
posjetiti v	pay a visit
posjetnica f	visiting-card
poskupiti v	become dearer; raise the price
poslanica f	epistle, missive
poslastica f	sweet; dessert, delicacy
poslati v	send, dispatch; (*poštom*) mail
poslije adv	afterwards, later on, then; (*iza*) behind
poslijepodne n	afternoon
poslijeratni adj	postwar
poslodavac m	employer
posloprimac m	employee
poslovan adj	business, business-like
poslovati v	do business
poslovica f	proverb, saying
poslovnica f	office, bureau
poslovnik m	standing orders
poslovođa m	manager; head clerk
posluga f	service, attendance
poslušan adj	obedient
poslušati v	obey; (*saslušati*) lend an ear to
poslušnost f	obedience
poslužitelj m	servant, attendant
posljedica f	consequence, result, outcome
posljednji adj	the last; (*konačni*) final, end
posmrtni adj	posthumuous
posoliti v	salt, sprinkle with salt
pospan adj	drowsy, sleepy
pospremati v	put in order, tidy up
posrednik m	mediator, go-between
posrnuti v	stumble, stagger over
postaja f	station; (*autobusna*) stop
postanak m	origin, genesis; (*početak*) beginnings
postati v	become, grow, come to be
postaviti v	put, place, set; (*imenovati*) appoint
postelja f	bed
posteljica f	placenta
posteljina f	bedding
postići v	achieve; gain, obtain; (*uspjeh*) succeed
postiti v	fast
postojan adj	constant, stable, steady; continuous
postojanje n	existence, being; (*život*) life
postojeći adj	existing; present
postolar m	cobbler
postolje n	base, pedestal
postotak m	percent; percentage
postrojba f	formation
postrojenje n	plant
postupak m	procedure, proceeding
postupno adv	gradually
posuda f	vessel, container; **noćna -** chamber-pot
posudba f	loan
posuditi v	lend; (*od koga*) borrw
posuđe n	dishes, tableware
posuti v	strew, sprinkle
posvađati se v	quarrel, fall out with
posvetiti v	dedicate, devote
pošast f	pestilence, plague
pošiljalac m	sender
pošiljka f	consignment; forwarded goods
pošta f	post; (*ured*) post-office
poštanski adj	post(-), postal

poštar (pismonoša) m	postman, *Am* mailman	potrošač m	consumer
poštarina f	postage	potrošački adj	consumer's
poštedjeti v	spare	potrošak m	expenses, expenditure
pošten adj	honest, fair; sincere	potrošnja f	consumption
poštenje n	honesty, honour, fairness	potvrda f	confermation; (*svjedodžba*) certificate
pošumiti v	reforest		
potaknuti v	stimulate, animate, inspire	potvrditi v	confirm, certify, verify
		poučan adj	instructive
poteći v	begin to flow; (*porijeklo*) originate	poučavati v	instruct, teach
		pouka f	instruction; (*priče*) moral
potegnuti v	pull/drag/haul up		
poteškoća f	difficulty	pouzdan adj	reliable, trustworthy
potez m	move; (*kistom*) stroke	pouzeće n	cash
pothvat m	enterprise; undertaking	povećalo n	magnifying glass
poticaj m	impulse, motive, stimulus	povećanje n	enlargement; (*porast*) increase
potisak m	thrust	povelja f	charter, bull
potjera f	chase, pursuit	povesti v	conduct, lead; (*autom*) give a lift
potjerati v	chase/drive away; (*iz službe*) dismiss		
		povezati v	bind; tie up
potjernica f	warrant of arrest	povijest f	history
potkoljenica f	lower leg	povik m	cry, outcry
potkova f	horse-shoe	povišica f	rise in salary
potkovati v	shoe a horse	povjerenik m	commissioner
potkradati v	pilfer	povjereništvo n	commission, board, committee
potkrovlje n	loft		
potkupiti v	bribe; corrupt	povjerenje n	confidence
potlačiti v	opress; repress; put down	povjeriti v	confide; (*posao*) entrust with
potok m	brook, stream		
potomak m	descendant; child	povjerljiv adj	confidential
potomstvo n	descendants, posterity	povjesničar m	historian
potop m	deluge, flood	povjerovati v	believe, put faith in
potpalublje n	space below deck	povlačiti v	drag
potpetica f	heel	povlastica f	privilege
potpis m	signature	povod m	motive; cause; **dati** - give rise
potpisati v	sign		
potpisnik m	signer; (*ugovora*) subscriber	povoj m	bandage
		povoljno adv	conveniently, favourably
potplat m	sole	povorka f	procession; parade
potpora f	support; (*dotacija*) subvention	povraćati v	throw up, vomit
		povratak m	return
potpun adj	complete, whole, entire, total	povratnik m	returnee
		povrće n	vegetables
potraga f	search, pursuit	povremeno adv	occasionally, periodically
potrajati v	last, take time		
potraživanje n	demand; (*izgubljenoga*) reclamation	površan adj	superficial
		površina f	surface, outside; (*tlo*) area
potražnja f	demand		
potreba f	need, necessity; requirement	povrtlarstvo n	vegetable growing
		povučen adj	solitary; unsociable
potrepština f	necessity; (*pribor*) accessories	povući v	drag, pull; (*opozvati*) call off
potres m	earthquake	poza f	pose, attitude

pozadina f	background	pratiti v	follow; (*kući*) see home; (*ispratiti*) see off
pozdrav m	greeting, salute		
pozdraviti v	greet, salute; (*po drugome*) give one's respects	pratnja f	escort; accompaniment
		pravac m	straight line
pozicija f	position	pravda f	justice, fairness
pozirati v	pose, sit	pravedan adj	just
pozitivan adj	positive	pravi adj	right, peoper, genuine
poziv m	call, invitation	pravilan adj	regular; correct
pozvati v	invite, ask; (*poslati po*) send for	pravilnik m	book of regulations
		pravilnost f	regularity
pozivni adj	- **broj** area code	pravilo n	rule; standard; law; **držati se pravila** go by the rule
pozivnica f	invitation card		
pozlata f	gilding		
pozliti v	be sick, become unwell	pravni adj	juridical, legal, law(-); - **fakultet** Faculty of Law
poznanik m	acquaintance		
poznat adj	known; famous; (*po zlu*) notorious		
		pravnik m	lawyer, jurist
poznavatelj m	expert, connoisseur	pravo n	right, justice; (*zakon*) law; (*povlastica*) privilege; (*na nešto*) claim; **s pravom** with good reason
pozor m	attention		
pozornica f	stage, scene		
pozornik m	patrolman		
pozvoniti v	ring		
požaliti v	regret; (*potužiti se*) complain	pravobranitelj m	Public Legal Officer
		pravokutnik m	rectangle
		pravomoćan adj	valid; **ne** - null and void
požar m	fire, conflagration; **otporan na vatru** fireproof	pravopis m	orthography
		pravosuđe n	judicature
poželjan adj	desirable	pravorijek m	vidi presuda
poželjeti v	desire, long for	prazan adj	empty; (*neispisan*) blank
požrtvovan adj	dedicated, devoted	praznik m	vidi blagdan
požuda f	lust, greed; cupidity	praznina f	emptiness; vacuum; blank space
požuriti v	hasten, hurry		
požurivati v	push, urge, press	prazniti v	empty, vacate; clear out
prabaka f	great-grandmother	praznovjerje n	superstition
praćka f	sling	prebaciti v	transport; (*autom*) give a lift; (*okrenuti*) overturn
pradjed m	great-grandfather		
prag m	treshold; door-step	prebivalište n	home, abode, dwelling
prah m	dust; powder	prebjeg m	runaway, *fig* turncoat
praksa f	practice, usage	precijeniti v	overestimate, overvalue
praktičan adj	practical	precizan adj	precise, accurate
praktikant m	trainee	preciznost f	precision; accuracy
pramac m	bow	prečica f	cut
pramen m	lock, tuft	prečka f	rung; stave
praonica f	wash-room; (*automatska*) launderette	predah m	pause, break
		predaja f	capitulation; (*uručenje*) delivery
prasak m	explosion, detonation		
prašak m	powder	predak m	ancestor
prašina f	dust	predati v	give over, deliver; (*uručiti*) hand over
prašiti v	powder; (*oprašivati*) dust		
prašuma f	primeval forest	predavač m	lecturer
prateći adj	accompanying	predavanje n	lecture; (*sat*) lesson; (*izručivanje*) handing over
prati v	wash, bathe		
pratilac m	escort	predbilježba f	advance subscription

predgovor m	preface, introduction	prekrasan adj	magnificent; wonderful, glorious
predgrađe n	suburb, outskirts		
predjelo n	hors-d'oeuvre	prekriti v	cover with; (zastrti) overcast
predlagač m	proposer		
predložak m	pattern, model	prekrižiti se v	cross oneself
predmet m	object, subject; (tema) theme	prekršaj m	transgression, violation, offence
prednost f	advantage, precedence	prekupac m	middleman
predočiti v	demonstrate, produce; describe	prelaziti v	traverse, go over; (nadmašiti) surpass
predodžba f	conception, notion, idea	prema prep	toward; compared to; opposite to; - tome consequently
predračun m	estimate		
predrasuda f	prejudice		
predsjednik m	president	premašiti v	exceed, surpass
predsjedništvo n	presidentshup, chairmanship	premaz m	coat of paint
		premija f	premium
predsoblje n	hall; anteroom	premijer m	Prime Minister, Premier
predstava f	performance, play, acting	premijera f	first night
predstavka f	petition	premjestiti v	displace, shift
predstavnik m	representative	prenijeti v	bring over; transmit; convey
predstavništvo n	representation		
predstojnik m	head, principal; manager	prenoćiti v	spend the night
predujam m	(cash) advance, loan	preokret m	revolution; turning-point
predumišljaj m	premeditation	prepirka f	quarrel, row
preduvjet m	prerequisite	prepisati v	transcribe, copy
predvidjeti v	forsee, anticipate; predict	prepona f	groin
predvodnik m	leader	preporod m	renaissance; revival
predznak m	omen, sign	preporuka f	recommendation
pregaziti v	trample down; (vozilom) run over	prepreka f	obstacle, hindrance
		preprodaja f	re-sale
pregib m	joint, bend	prerada f	processing, manufacture
pregled m	examination, revision; (liječnički) checkup	prerađivač m	processor
		preša f	press
pregledati v	examine, revise, check	presjek m	section, section
pregovori m pl	negotiations	preskočiti v	jump over
pregrada f	partition-wall	prestati v	cease, stop; end; (obustaviti) suspend
pregrijati v	overheat		
prehlada f	cold	presuda f	sentence, judgement; verdict
prehramben adj	nutritional; food(-), alimentary		
		presušiti v	overdry
prehrana f	feeding, nourishment	presvlaka f	slipcover
prekid m	interruption, break	preteći v	outrun; (nadmašiti) outdo, excel
prekidač m	switch		
prekinuti v	interrupt, discontinue, break off	pretinac m	drawer
		pretjerati v	exaggerate, overdo
prekjučer adv	the day before yesterday	pretplata f	subscription
preko adv	across, over; on the other side; beyond	pretplatnik m	subscriber
		pretpostaviti v	presume, suppose; (imati rađe) prefer
prekoračiti v	(ovlaštenje) stretch one's authority		
		pretpostavka f	supposition, assumption
prekovremeno adv	overtime	pretraga f	search; (medicinska) test
prekopati v	dig up; (tražiti) ransack, look for	pretrpan adj	overcrowded
		pretvoriti v	transform; turn into

pretvorba f	transformation	priključak m	connection, link
preuzeti v	take over; (*brigu*) take in charge; (*obaveze*) engage	prikolica f	caravan, *Am* trailer
		prikriti v	cover up; hide, conceal
		prilagoditi v	adjust, conform
prevladati v	overcome; (*zavladati*) predominate	prilaz m	access; way to
		prilika f	opportunity, occasion; (*prilike*) conditions
prevodilac m	translator		
prevođenje n	translation	prilog m	contribution; supplement; *gram* adverb
prevrat m	overthrow		
prevrnuti v	overturn; - se turn/tip over	priljev m	inflow; accession
		primalac m	receiver; (*pošiljke*) consignee
prezime n	surname, the last name		
prezir m	disdain, scorn, contempt	primalja f	midwife
pribadača f	(safety-)pin	primanje n	acceptance, receiving; (*gostiju*) reception
pribor m	equipment; set; kit, - za jelo cutlery		
		primirje n	truce; cease fire
priča f	story, fable	primiti v	accept, receive; admit
pričati v	tell a story, narrate	primitivan adj	primitive, crude
pričest f	Communion	primjedba f	remark, comment, observation
prići v	approach, come near		
pridošlica f	newcomer	primjena f	application, use
prigoda f	occasion, opportunity	primjer m	example; (*uzor*) model; na - for instance
prigovor m	objection, criticism		
prihod m	income, revenue	primjerak m	copy; sample
prihvatiti v	accept, adopt	primjesa f	admixture
prihvatilište n	reception centre	primorac m	inhabitant of the littoral
prijatelj m	friend; (*ljubitelj*) amateur; (*blizak*) intimate friend	primorje n	seaside, littoral
		princ m	vidi kraljević
		prinuda f	vidi prisila
prijateljstvo n	friendship	priopćenje n	communication
prijava f	registration; (*policiji*) denunciation	pripitomiti v	tame, domesticate
		pripovijest f	story, tale
prije adv	before; previously, formerly; - ili kasnije sooner or later; - svega first of all	pripovjedač m	story-teller, narrator
		priprava f	preparation
		pripravnik m	trainee, junior clerk
		prirast m	increase, growth
prijedlog m	proposal; *gram* proposition	priredba f	performance, show
		prirez m	additional tax
prijelaz m	crossing, passing over	priroda f	nature; (*narav*) temper
prijelom m	break; (*kosti*) fracture	prirodan adj	natural; genuine
prijemnik m	(radio/TV) receiver	priručnik m	manual; text-book
prijenos m	transport, transmission	prisega f	oath
prijepis m	transcript, copy	prisila f	coercion, compulsion
prijestup m	offence	prisluškivati v	eavesdrop; (*uređajima*) tap
prijetnja f	menace, threat		
prijevara f	fraud, cheat, deception	pristojan adj	polite; good-mannered
prijevod m	translation	pristup m	access; (*način*) approach; zabranjen -! no admittance
prijevoz m	transport, conveyance; (*brodom*) shipping		
prijevoznik m	carrier; (*kamionski*) trucker	pristupačan adj	accessible; (*osoba*) affable
prikaz m	account, narrative; presentation	prišt m	pimple

pritisak m	pressure; (*tlačenje*) opression	programirati v	programme
pritužba f	complaint	progutati v	swallow, devour
privatan adj	private; (*osobni*) personal	proizvod m	product, produce
		proizvodnja f	production, manufacture
privatnik m	self-employed person	proizvođač m	producer, manufacturer, maker
prividan adj	apparent, seeming	projekt m	plan, project
priviknuti se v	get accustomed, grow familiar with	prolaz m	passage, alley; (*čin*) passing through
privlačan adj	attractive	proljeće n	spring (time)
privremen adj	temporary, provisional	promaknuće n	promotion
privući v	attract, drav, pull	promašaj m	failure
prizemlje n	groun-floor	promatrač m	observer; (*svjedok*) witness
priziv m	appeal		
prizma f	prism	promet m	traffic; (*poslovanje*) business, trade; teretni - goods traffic; putnički - passanger traffic
priznanica f	vidi potvrda		
prizor m	scene, sight		
prkos m	spite, obstinacy		
prljav adj	dirty, soiled, filthy	prometnik m	traffic policeman
proba f	trial; test; (*glumačka*) rehearsal	promjena f	change, shift
		promjer m	diameter; (*cijevi*) calibre
probava f	digestion	promocija f	graduation ceremony
probitak m	profit, advantage	pronevjera f	embezzelment, malversation
probiti v	break, burst trough; - se get ahead		
		propast f	ruin, destruction
problem m	problem	propis m	regulation, rule
proces m	process	proporcija f	proportion, ratio
procjena f	estimate, evaluation, assessment	propovijed f	sermon; preaching
		propuh m	draught
pročelnik m	head, principal	propusnica f	permit, pass
proći v	go/pass by; dobro/loše - fare well/badly; (*na ispitu*) come out well	proračun m	estimate, budget
		prored m	spacing
		proročanstvo n	prophecy
prodaja f	sale	prorok m	prophet; (*gatalac*) fortune-teller
prodavač m	seller; (*u dućanu*) salesman; prodavačica saleswoman/girl		
		prosinac m	December
		prositi v	ask alms; (*djevojku*) propose
prodavaonica f	shop; sale-room		
prodor m	breakthrough, penetration	prosjak m	beggar, mendicant
		prosječno adv	on an average
produktivnost f	productivity	prosjek m	average; (*šumski*) straight clearing
produžetak m	extension		
profesor m	(*srednjoškolski*)teacher; (*sveučilišni*) professor	proslava f	celebration; (*godišnjica*) anniversary
profil m	profile	prostor m	space, room; (*površina*) area
proglas m	proclamation		
prognanik m	exile; (*iz domovine*) expatriate	prostorija f	room; poslovne prostorije premises
prognoza f	forecast, prognosis	prosuti v	spill; spread, shed
progon m	persecuition; chase	prosvjed m	protest
program m	programme; (*školski*) curriculum	prosvjeta f	eductional system
		proširenje n	widening, expansion, extension
programer m	programer		

proširiti v	spread	prvi num	the first; (*vodeći*) leading
prošli adj	past, gone; (*zadnji*) last; (*nedavan*) recent	prvo adv	first, firstly, in the first place
prošlost f	past (time); (*davnina*) ancient times	pržiti v	fry, roast, grill; (*sunce*) burn
protest m	protest	pseudonim m	pen-name
proteza f	artificial limb	psihički adj	psychically
protiv adv	against; za i - pro and con	psiholog m	psychologist
protivnik m	adversary, opposer, antagonist	psovka f	curse, imprecation
		pšenica f	wheat
protjerati v	expel, banish	ptica f	bird; (*divlja*) game bird; - **grabljivica** bird of prey; - **selica** migratory bird
protumačiti v	explain, interpret		
protuzakonit adj	illegal		
provala f	eruption; (*u kuću*) breaking in; (*u zemlju*) invasion		
		ptičar m	bird-dog
		publicistika f	journalism
		publicitet m	publicity
provalija f	chasm, abyss; gap; ravine	publika f	audience; the public
		pucanj m	shot
provalnik m	burglar	pucati v	shoot, fire; (*ispaliti*) discharge; (*raspući se*) crack
provincija f	province(s)		
provizija f	commision(-fee)		
provjeriti v	test, check up, examine accuracy		
		pučanstvo n	population; inhabitants
		pučina f	high seas, open sea
provokacija f	provocation	puder m	cosmetic powder
provući v	drag trough; - se creep trough	puhati v	blow; puff, pant
		pukotina f	crack, fissure, slit
proza f	prose; fiction	pukovnija f	regiment
proziran adj	transparent, limpid	pulover m	sweater, pullover
prozor m	window; (*brodski*) cabin-light	puls m	pulse; **mjeriti** - take somebody's pulse
prozračiti v	air		
proždrljiv adj	greedy, voracious	pumpa f	pump; **benzinska** - petrol/gas station
prsa n pl tantum	breast, bosom, chest		
prskati v	spray, sprinkle; (*štrcati*) spatter	pun adj	full; filled; (*natrpan*) crammed; (*obilan*) abundant; (*potpun*) entire
prsluk m	waistcoat		
prst m	finger; (*nožni*) toe; (*životinje*) digit		
		punica f	mother-in-law
		puniti v	fill up; (*lijevati*) pour into; (*boce*) bottle; (*tovarom*) load
prsten m	ring; (*pojas*) zone; (*krug*) circle		
pršut m	smoked ham		
prtljaga f	luggage	punoljetan adj	of age; **postati** - come of age
prtljažnik m	boot, *Am* trunk		
pruga f	line; (*željeznička*) railway-track; (*želj. redovita*) railway line	punomoć f	authorization; procuration
		punovažan adj	valid
		pupak m	navel
prugast adj	striped, streaky	pupati v	bud
pružiti v	offer, pass, supply; - se stretch	pupoljak m	bud
		puran m	turkey
prvak m	leader, leading man	pust adj	waste, deserted; dreary, bleak
prvenstvo n	priority; (*sport*) championship		
		pustinja f	desert

pustiti v	leave, abandon; (*prestati*) cease; (*dopustiti*) allow; - **na miru** leave alone	**put** f	(*koža*) skin, complexion
		putnik m	traveller, passenger; **slijepi** - stow-away
pustolovina f	adventure	**putokaz** m	sign-post
pustoš f	waste, desolate region	**putopis** m	travel-record; (*vodič*) guide
pušač m	smoker		
pušiti v	smoke	**putovati** v	travel, journey; (*morem*) voyage
puška f	gun; rifle		
put m	way; road; path; (*putovanje*) journey, trip, (*morem*) voyage; **preko puta** across the street	**putovnica** f	passport
		puzati v	crawl, creep
		puž m	snail

R

rabat m	rebate, discount
rabin m	rabbi
rabiti v	use, be used
rabljen adj	used, secondhand
racija f	raid
racionalan adj	rational
račun m	account, calculation; (*pismeni*) bill; (*izračunavanje*) calculus; (*proračun*) estimate; *com* invoice; **platiti - settle account, pay the bill; pogreška u računu** miscalculation
računalo n	computer
računati v	do sums, calculate, reckon
računovodstvo n	account-keeping; (*ured*) accounting department
računovođa m	accountant
račvati se v	bifurcate, fork
rad m	work, lbour; job, employment
radijator m	radiator
radilica f	crank-shaft
radio m	radio; (*prijamnik*) radio receiver/set
radioaktivnost f	radio-activity
radionica f	workshop
raditi v	work; do; make; labour
radni adj	working; **- dan** workday; **radno vrijeme** working-hours
radnički adj	of a worker, working
radnik m	worker, hand; (*težak*) labourer
rado adv	gladly, willingly, eagerly
radost f	joy, cheerfulness, gladness
radostan adj	glad, gay
radoznalost f	curiosity
rađati v	give birth to, bear; (*životinje*) litter
rafinerija f	refinery
raj m	paradise; heavens
rajčica f	tomato
rajski adj	heavenly, celestial
rak m	crab; (*bolest*) cancer
raketa f	rocket
rakija f	brandy
ralica f	plough; (*za snijeg*) snowplough
ralje f pl tantum	jaws
rame n	shoulder
rana f	wound; injury; (*ozljeda*) lesion
ranije adv	earlier; previously
raniti v	wound, injure, hurt
rano adv	early; (*prerano*) too soon; (*u danu*) early in the morning
ranjenik m	wounded/injured person
ranjiv adj	vulnerable
rasa f	race
rasadnik m	nursery-garden; (*staklenik*) hotbed
rascjep m	cleft, rift
rascvjetati se v	flower, bloom
raseliti v	depopulate
rashladiti v	make cool; freshen
rashod m	expenses, expenditure
rasipati v	(*novac*) squander
rasipnik m	spendthrift
rasist m	racist
rasizam m	racism
raskid m	break, rupture; (*ugovora*) cancellation
rasklopiti v	open up, unfold
raskol m	(*politički*) secession; (*vjerski*) schism
raskomadati v	dismember, break in pieces
raskopčati v	unbutton
raskorak m	discrepancy, gap
raskoš f	luxury
raskošan adj	luxurious, magnificent

raskrčiti v	cut down trees; *fig* remove obstacles	raščistiti v	clear up; *fig* remove doubts
raslinje n	plants, vegetation	raščlamba f	division into joints
rasol m	pickle	raščupati v	ruffle
raspad m	decay, decomposition; (*propast*) breakdown	raširiti v	widen, broaden; dilate
		rat m	war; (*ratovanje*) warfare; (*svjetski*) world war
raspasti se v	fall to pieces; (*satrunuti*) decompose	ratar m	ploughman; farmer
raspelo n	crucifixion	ratarstvo n	agriculture, tillage
raspis m	circular; - natječaja invitation for tenders	ratifikacija f	ratification
		ratište n	battlefield, scene of war
raspjevan adj	rhapsodic	ratni adj	war(-); wartime
rasplakati v	make someone cry; - se burst into tears	ratnik m	warrior; fighter
		ravan adj	(*smjer*) straight, right; plane, flat; (*uspravan*) upright; (*jednak*) equivalent
rasplet m	outcome		
rasplinjač m	carburator		
rasplod m	breeding		
raspodjela f	distribution		
raspoložen adj	disposed; (*dobre volje*) in a good mood	ravnalo n	ruler
		ravnatelj m	head-master; principal
raspoloženje n	temper, mood	ravnati v	straighten, make even; - se conform to the rule
raspon m	range, span		
rasporak m	fly	ravnica f	plain
raspored m	arrangement, disposition; programme	ravničarski adj	plains(-); low-laying
		ravno adv	straight, direct
rasporiti v	rip/slit open	ravnodušan adj	indifferent, impassive, cold
rasprava f	(*sudska*) process; hearing; (*djelo*) paper; (*diskusija*) discussion, argument		
		ravnomjeran adj	even, uniform
		ravnopravan adj	enjoying the same rights
		ravnoteža f	balance, equilibrium
rasprodaja f	sale	razapeti v	stretch; (*na križ*)crucify; (*šator*) pitch
rasprostranjenost f	diffusion, range		
raspršiti v	disperse, scatter	razbacati v	throw about
raspustiti v	dismiss	razbibriga f	pastime
rast m	growth; (*stas*) stature	razbijač m	rowdy, ruffian
rastanak m	parting, farewell	razbiti v	break in pieces; smash, crash
rastati se v	part with, take one's leave		
rastaviti v	divorce	razbjesniti v	enrage, infuriate
rastegnuti v	stretch; (*produljiti*) elongate	razbojnik m	robber, bandit
		razboljeti se v	fall ill, be taken ill
rasterećenje n	disburdening	razbor m	reason, common sense
rastezljiv adj	extensible; elastic	razderati v	rip up, tear to pieces
rasti v	grow; become bigger/taller/larger, develop; (*cijene*) rise	razdjeljak m	parting
		razdoblje n	period, era
		razdragan adj	delighted
rastjerati v	disperse, scatter	razdražljiv adj	irritable, excitable
rastopiti v	dissolve; melt	razdvojiti v	separate; part
rasuđivati v	judge, reason	razgibati se v	get some exercise
rasulo n	decadence, dissolution	razglas m	public proclamation
rasuti v	scatter/spill about; (*imetak*) squander	razgledati v	examine, inspect; (*grad*) see the sights
rasvjeta f	illumination, lighting	razglednica f	picture postcard
rasvjetni adj	lighting	razgovarati v	converse; discuss; talk to

razgovor m	conversation, discourse, talk, discussion	razveden adj	divorced
razgraditi v	take to pieces	razvedriti v	brighten up, clear up
razgranat adj	ramified	razvesti se v	divorce
razgraničiti v	demarcate	razviti v	develop; evolve
razina f	level, niveau; - mora sea level	razvod m	divorce
		razvodnik m	lance corporal
razjedinjenost f	lack of unity	razvoj m	development, evolution; progress
razlaz m	breaking up, dispersal	razvrstati v	classify; sort
razletjeti se v	scatter; disperse flying	raž f	rye
različit adj	different, dissimilar; various	ražanj m	roasting-spit
		reakcija f	reaction, response
razlika f	difference; (*razlikovanje*) distinction	reaktor m	reactor
		realizacija f	realisation; *com* sales
razlikovati v	distinguish; discern	realizirati v	realize
razliti v	pour out, spill	rebrenice f pl	Venetian blinds
razlog m	reason, motive; (*uzrok*) cause	rebro n	rib
		recenzija f	review
razlomak m	fraction	recepcija f	reception desk
razlučiti v	tell apart, distinguish	recepcionar m	receptionist
razmak m	interval; distance between two objects	recept m	(*kuharski*) recepie; (*liječnički*) prescription
razmatranje n	contemplation; consideration	recitacija f	recitation
		recitirati v	recite
razmazati v	spread over; lay on	rečenica f	sentence; clause; phrase;
razmaziti v	spoil, pamper	reći v	say, tell; utter; (*govoriti*) speak; (*izraziti se*) express; (*izjaviti*) declare
razmisliti v	take into consideration; reflect		
razmjena f	exchange		
razmjer m	proportion, ratio	red m	order, row, file, string, range, series, succession; (*raspored*) arrangement; (*pravilnost*) regularity; na meni je - it's my turn; po redu by turns;
razmještati v	assign place to		
razmotriti v	examine, contemplate		
razni adj	different; various		
raznijeti v	blow to bits		
raznovrstan adj	heterogeneous		
razočaranje n	disappointment	redak m	line
razonoda f	leisure	redakcija f	editorial staff; (*prostorija*) editorial office
razoriti v	demolish, destroy, pull down		
		redar m	policeman, constable; (*u školi*) monitor
razoružati v	disarm		
razotkriti v	disclose, reveal	redarstveni adj	- sat curfew
razred m	class; (*prostorija*) classroom	redarstvenik m	policeman
		redarstvo n	police
razrednik m	form-master	redni adj	- broj ordinal number
razrezati v	cut up, slash open	redoslijed m	order, sequence
razrjeđivač m	dilutant	redovan adj	regular, ordinary
razrok adj	strabismal	redovno adv	regularly, usually
razum m	intellect, reason; (*sud*) judgement	redukcija f	reduction
		referada f	section, sector
razumjeti v	understand, comprehend	referat m	report; (*izlaganje*) paper
razumljiv adj	understandable; (*jasan*) distinct	referendum m	referndum
		reflektor m	reflector; search-light
razvalina f	ruin	reforma f	reform

refren m	refrain
regal m	wall-unit
regata f	regatta
regija f	region
regionalizam m	regionalism
registracija f	registration; (*upis*) enrolment
regulacija f	regulation
reizbor m	reappointment
reklama f	publicity, advertisement; (*TV*) commercial
reklamacija f	complaint
reklamni adj	advertising, promotional
rekonstrukcija f	reconstruction
rekord m	record; **postaviti -** set a record
rekreacija f	recreation
rekvizicija f	requisition
rekviziti m	equipment; (*kazališni*) stage properties
relativan adj	relative, comparative
religija f	religion
religiozan adj	religious, pious
remen m	strap; (*pogonski*) transmission belt
remetiti v	put into disorder, perturb
renome m	reputation
renovirati v	renovate, restore
renta f	annuity
rep m	tail
repa f	turnip; (*šećerna*) sugar-beet
repatica f	comet
reportaža f	report, story
reporter m	reporter
represija f	repression
reprezentacija f	representation; **državna -** national team
repriza f	re-run
reprodukcija f	reproduction
repromaterijal m	production materials
republika f	republic
resica f dem	(*ušna*) ear lap; (*u grlu*) uvula
resiti v	adorn, decorate
restoran m	restaurant
rešetka f	grate, grating
revalvacija f	revaluation
revija f	review; (*modna*) fashion show
revizija f	revision, review
revizor m	revisor
revolucija f	revolution
rez m	cut; slash; incision
rezač m	cutter, trimmer
rezalište n	breaker's yard
rezanac m	noodle
rezati v	cut, slice; (*meso*) carve; incise
rezbarija f	carving
rezerva f	reserve
rezervat m	reservation; (*prirodni*) wildlife refuge
rezervni adj	reserve, spare
rezultat m	result; (*sportski*) score
režanj m	slice
režati v	snarl
režija f	direction; (*kazališna*) production
režim m	régime
režiser m	director; (*kazališni*) producer
riba f	fish; **jato -** school
ribar m	fisherman
ribarnica f	fish-market
ribarski adj	fishing(-)
ribič m	angler
riblji adj	fish(-), of fish
ribnjak m	fish-pond
ribolov m	fishing
riječ f	word; term, expression, phrase; **časna -** word of honour; **jednom riječi** in a word; **- je o** the point in question is
riječni adj	river(-), fluvial
rijedak adj	rare; precious; unusual
rijeka f	river, stream
riješiti v	solve; settle, decide
rijetko adv	rarely, seldom
rika f	roar, roaring
rilo n	proboscis
rima f	rime
ris m	lynx
risati v	vidi crtati
riskirati v	take a risk
ritam m	rhythm
ritmički adj	rhythmically
rizik m	risk, hazard, danger
riznica f	treasury
riža f	rice
rječnik m	dictionary, vocabulary
rješenje n	solution; (*zagonetke*) unriddling; (*sudsko*) judgement
rob m	slave

roba f	goods; merchandise; (*tvar*) matter	rudar m	miner; (*u ugljenokopu*) collier
robijaš m	convict	rudarski adj	mining(-)
robni adj	of goods, merchandise(-)	rudnik m	mine; (*ugljena*) colliery
robovlasnik m	slave-owner	rugati se v	mock, make fun of
ročište n	date of summons	ruho n	clothes, attire
rod m	(*spol*) sex; (*podrijetlo*) lineage, famili; (*pleme*) tribe; (*rođak*) relative	rujan m	September
		ruka f	hand; (*do ramena*) arm; (*šaka*) fist; držeći se za ruke hand in hand; ruke u vis! hands up!
roda f	stork		
rodbina f	relations, relatives		
rodilja f	woman in childbed	rukav m	sleeve; (*rijeke*) backwater
roditelj m	parent		
roditi v	give birth to; - se be born	rukavica f	glove; (*bez prstiju*) mitten
rodni adj	native		
rođak m	relative, relation	rukohvat m	hand-hold
rođendan m	birthday	rukomet m	volley-ball
rođenje n	birth, delivery	rukopis m	hand-writing; (*knjiga*) manuscript
rog m	horn		
roj m	swarm	rukotvorina f	narodna - folk handicraft
rok m	term; date; **produljiti** - extend time		
		rukovati v	handle, manage; - se shake hands
roman m	novel		
romanopisac m	novelist, novel-writer	rukovodstvo n	management
romantičan adj	romantic	rumen adj	red; (*lice*) flushed
ronilac m	diver	Rumunj m	Roumanian
roniti v	dive	Rumunjska f	Romania
ropski adj	slavish; servile	rumunjski adj	Roumanian
ropstvo n	slavery	runo n	fleece
rosa f	dew	runolist m	edelweiss
roštilj m	barbecue	rupa f	hole; (*ubod*) puncture; (*otvor*) gap; (*raspuklina*) fissure
rotacija f	rotation		
rotor m	rotor		
rov m	trench; (*u rudniku*) gallery; (*okomit*) shaft	rupčić m	handkerchief
		Rus m	Russian
rožnica f	cornea	Rusija f	Russia
rt m	cape, promontory	ruski adj	Russian
rub m	edge; rim; border; margin; (*porub*) hem	ruševina f	ruin
		rušilački adj	destructive
rubac m	handkerchief	rušiti v	pull down, demolish; (*oboriti*) overturn
rublje n	linen, underwear		
rubni adj	marginal		
rubrika f	column, heading, section	rutina f	routine
ručak m	lunch; dinner	rutinski adj	routinely
ručnik m	towel	ruža f	rose; (*divlja*) dog-rose
ruda f	ore, mineral	ružan adj	ugly, plain; (*vrijeme*) bad
		ružičast adj	rosy
		rzati v	whinny

S

s prep	with, along with, together	samoposluživanje n	self-service; (dućan) self-service shop
sablast f	ghost, spectre		
sablazan f	scandal	samopouzdanje n	self-confidence
sablja f	sabre	samostalan adj	independent, autonomous
sabor m	parliament, congress, convention	samostan m	monastery; (ženski) convent
saborski adj	parliament(-)		
sabotaža f	sabotage	samoubojstvo n	suicide; počiniti - commit suicide
sačuvati v	preserve, conserve; (mir) maintain	samovolja f	arbitrariness
saće n collect	honey-comb	san m	dream; (spavanje) sleep, slumber; (kratak) doze, nap; (zimski) hybernation
sada adv	now, at present, this moment		
sadašnjost f	the present time		
saditi v	plant	sanacija f	improvement of financial conditions
sadnica f	seedling		
sadržaj m	contents; substance	sandala f	sandal
sagnuti se v	bend, stoop	sanduk m	trunk, chest, case
sagorijevanje n	combustion	sanirati v	improve financial conditions
sagraditi v	build, erect, construct		
sahrana f	burial; (povorka) funeral	sankcija f	sanction, ratification
sajam m	fair, market	sanjar m	day-dreamer
sajamski adj	of the fair	sanjati v	dream
sajmište n	fair grounds	sanjkati se v	sleigh, sledge
sakriti v	hide, conceal	saonice f	sledge, sleigh
sakupljač m	collector	sapun m	soap
salama f	salami	sapunica f	soap-suds
salata f	salad; (zelena) lettuce	sardina f	sardine
saldo n	balance	sastajalište n	meeting-place
salon m	drawing-room; (izložbeni) show-room	sastanak m	meeting; appointment
		sastati se v	meet, encounter
sam adj	alone, sole, only; (bez pomoći) unaided; (samotan) solitary; on - he himself	sastav m	composition; structure
		sastavak m	composition; essay
		sastavljač m	composer, constructor
		sastojak m	ingredient; component part
samac m	bachelor		
samljeti v	grind (down)	sašiti v	sew up
samo adv	only, nothing else; (tek) just; (jedino) merely; (malo) as little as	sat m	(ručni) (wrist-)watch; (zidni i drugi) clock; (nastavni) lesson; (vrijeme) hour
samoća f	solitude, loneliness; privacy		
		satelit m	satellite
samoobrana f	self-defence	satnica f	time-table

385

satrti v	pound/crush to powder	sezona f	season
satnik m	captain	shema f	scheme; chart; plan
sav pron; adj	all, all the, entire; complete	shvatiti v	comprehend, conceive; take in, realize
savez m	alliance, union, association	sići v	descend, get down, come down
saveznik m	ally	sićušan adj	tiny, minute
savijača f	strudel	sida f	AIDS
saviti v	bend, curve, coil	sidro n	anchor
savjest f	conscience	signal m	signal
savjestan adj	conscientious, scrupulous	siguran adj	safe, sure; secure; certain; (*ruka*) firm
savjet m	advice; piece of advice; suggestion	sigurno adv	safely, securely; surely; undoubtedly
savjetnik m	counsellor	sigurnost f	safety, certainty
savršen adj	perfect; flawless	sijač m	sower
saziv m	convocation	sijati v	sow; (*širiti*) disseminate
saznanje n	vidi spoznaja	siječanj m	January
saznati v	come to know, learn	sijed adj	grey(-haired)
sažetak m	summary	sijeno n	hay
scena f	scene; (*pozornica*) stage	sijevati v	flash; blaze; (*oči*) glare
scenarij m	screenplay	sila f	strength; (*moć*) power, might; (*nasilje*) force; (*prisila*) compulsion; (*nužda*) call of nature
sebičan adj	selfish		
sedam num	seven; **sedmi** the seventh		
sedamdeset num	seventy		
sedamnaest num	seventeen	silan adj	strong, powerful; (*velik*) huge, immense
sedlo n	saddle; (*brda*) mountain-ridge		
		silaziti v	descend, come down
sedmina f	one-seventh	silnik m	tyrant, despot
sef m	safe	silos m	silo; - **za žito** grain elevator
seks m	sex		
sekta f	sect	silovati v	rape, violate
sektor m	sector	silueta f	silhouette
sekunda f	second	simbol m	symbol, sign
selekcija f	selection	simetrija f	symmetry
selica f	(*ptica*) migratory bird	simfonija f	symphony
selidba f	removal	simpatičan adj	attractive, likeable
seliti v	move; change one's residence	simpatija f	liking, fancy
		simulacija f	simulation
seljak m	peasant, farmer	sin m	son; **zakonit/nezakonit** - legitimate/illegitimate son
selo n	village; (*suprotno od grada*) country		
semafor m	traffic lights	sindikat m	trade union
semestar m	semester	sinoć adv	last night
seminar m	seminar	sintetika f	synthetic fabric
sendvič m	sandwich	sinteza f	synthesis
senzacija f	sensation	sinusi m pl	sinus; *math* sine
senzualan adj	sensual	sinuti v	shine; flash; **sinulo mi je** it flashed upon me
serija f	series; (*TV*) TV serial		
servirati v	serve	sipa f	cuttle-fish
servis m	service; - **za čaj** tea service	sipati v	strew; empty, pour out
		sir m	cheese
sestra f	sister; (*bolničarka*) nurse	sirena f	siren; (*auto*) horn

siroče n	orphan	sjeta f	melancholy; sadness
siromah m	poor man; (prosjak) beggar	sjetva f	sowing
		sjever m	the north; na - to the north, northward
siromašan adj	poor, badly off; (jadan) miserable	sjevernjak m	north wind
siromaštvo n	poverty, misery	skakaonica f	ski-jump
sirotište n	orphanage	skakati v	jump, spring, leap, hop
sirov adj	raw; (i fig) crude	skala f	scale
sirovina f	raw material	skandirati v	chant
sirup m	syrup	skanjivati se v	hesitate, shrink
sisa f	(woman's) breast; (bradavica) nipple	skapati v	perish, die
		skela f	ferry
sisaljka f	sucker; pump	skeptičan adj	sceptical, incredulous
sisati v	suck; (dijete) suckle	skica f	sketch, rough draft
sisavci m pl	mammals	skije f pl	skis
sit adj	fed, satiated; fig fed up with	skijaš m	skier
		skijati v	ski
sitan adj	tiny, minute, miniature	skinuti v	take down; (pokrivala) take off
sitnica f	trifle, small matter		
sitniš m	petty cash	skitati v	vagabond, tramp; roam
sito n	sieve	skitnica f	vagabond, tramp
situacija f	situation; (položaj) position	sklad m	harmony; concordance; agreement
situiran adj	well-to-do	skladatelj m	composer
siv adj	grey	skladba f	composition
sivilo n	monotony	skladištar m	warehouseman
sjaj m	shine, brightness; (blještavilo) glare	skladište n	warehouse
		skladištenje n	storage
sjajan adj	shining, radiant, brilliant, resplendent	sklapanje n	folding; (ruku) clasping; (ugovora) contracting
sjati v	shine; glare; glitter	sklizanje n	sliding
sjeckati v	mince, hash	sklonište n	shelter; refuge
sječa f	hewing down	sklonost f	liking, favour; (pristranost) bias; (slaboća) inclination; (naginjanje) tendency
sjećanje n	memory, recollection, remembrance		
sjećati se v	remember, recall		
sjeći v	hew, chop	sklop m	complex
sjedalo n	seat	sklopiti v	fold; (ruke) clasp; (djelove) assemble
sjediniti v	unite		
sjediti v	sit, be seated	sklopka f	switch
sjedište n	seat; residence	skočiti v	jump, spring, leap
sjednica f	session; conference; (zbor) meeting	skok m	jump, leap
		skoro adv	almost, nearly
sjekira f	axe	skorup m	cream
sjeme n	seed; (s klicom) germ; (mužjaka) semen	skratiti v	shorten, cut, abridge
		skrb f	care; (štednja) thrift
sjemenište n	Roman-Catholic seminary	skrbnik m	tutor, curator
		skrenuti v	deviate, diverge from; (razgovor) digress; (na drugi put) strike into another track
sjemenka f	grain of seed		
sjena f	shadow; (hladovina) shade		
sjenik m	hay-loft	skretnica f	switch
sjesti v	sit down, take a seat	skrojiti v	cut out

skroman adj	modest, humble	sličan adj	similar, like, alike
skršiti v	crush, break; subjugate	sličiti v	be like, look alike, resemble
skuhati v	boil; (*čaj, kavu*) make/prepare	slijediti v	follow; (*posljedica*) result in
skup m	meeting	slijep adj	blind
skup adj	expensive, costly; valuable	slijepac m	blind person
skupina f	group, cluster	slika f	picture; (*uljena*) painting; photograph
skupiti v	gather, collect, assemble; (*gomilati*) pile up	slikar m	painter
skupo adv	expensively	slikarstvo n	painting
skvrčiti se v	contort; shrivel	slikati v	paint; *fig* depict, portray
slab adj	weak, faint, feeble; (*zdravlje*) delicate	slikovnica f	picture-book
		slina f	saliva; (*pljuvačka*) spittle
slabić m	weakling	sliniti v	slobber
slabina f	the flank, the side	sloboda f	freedom, liberty; (*nezavisnost*) independence; uzimati slobodu take the liberty
slabiti v	weaken, make weak		
slabost f	weakness, frailty, infirmity		
sladak adj	sweet	slobodan adj	free; (*nezavistan*) independent; (*dopušten*) allowed; (*pušten*) freed
sladokusac m	gourmet, gourmand		
sladoled m	ice-cream		
slagati v	fold up; (*na hrpu*) pile up; (*spremati*) deposit; (*u red*) put in order; (*sastaviti*) compose; - se agree; (*poklapati se*) be compatible, match; (*sloga*) get along with	slog m	style
		sloga f	concord, harmony; accord
		sloj m	layer, stratum; bed; (*boje*) coat
		slojevit adj	stratified
		slom m	fracture, break; (*zdravlja*) collapse; *com* failure
slama f	straw; (*na krovu*) thatch	slomiti v	break; (*smrskati*) smash, crash
slamka f	straw		
slan adj	salted, salt		
slanina f	bacon	slon m	elephant
slap m	waterfall	Slovačka f	Slovakia
slastan adj	delicious	slovački adj	Slovak
slastičar m	pastry-cook	Slovak m	Slovak
slati v	send, transmit, dispatch	slovo n	letter; **početno** - initial letter; **veliko/malo** - capital/small letter
slatkiš m	sweet, *Am* candy		
slatko adv	sweetly; (*laskavo*) flatteringly		
		složan adj	in unison/harmony with
slava f	glory, fame; (*spomen*) memory	složen adj	complex; (*smotan*) folded; (*kompliciran*) complicated
slavan adj	famous, celebrated		
slavenski adj	Slavic, Slav	složiti v	fold; (*sastaviti*) compose; (*da pristaje*) match; (*u cjelinu*) put together
slavina f	tap, *Am* faucet		
slaviti v	celebrate; (*hvaliti*) praise, glorify		
		slučaj m	case; accident; opportunity; adventure
slavlje n	celebration, festivity		
slavljenik m	person f3ted	slučajno adv	by chance, accidentally
slediti se v	freeze, congeal	sluga f	man-servant; (*osobni*) valet
slegnuti v	- **ramenima** shrug one's shoulders		
		sluh m	hearing; ear
sletjeti v	fly down	slupati v	break to pieces, smash

slušalica f	earpiece; earphone	smrad m	stench, nasty smell
slušatelj m	listener	smrdjeti v	stink, smell nastily
slušati v	listen to; (*čuti*) hear; (*pokoravati se*) obey	smrt f	death, decease
		smrtnik m	mortal
slutnja f	presentment	smrtnost f	mortality
sluz f	slime, mucus	smrtovnica f	death certificate
sluznica f	mucous membrane	smrznuti v	freeze; - **se** freeze to death
služba f	service; employment; (*mjesto*) job		
		smušen adj	confused, silly
službenik m	employee; clerk	smutljivac m	trouble-maker
sljedbenik m	follower	smutnja f	intrigue, mischief
sljepoočnica f	temple	snaći se v	orientate oneself; find a solution
smaknuće n	execution, putting to death		
		snaga f	strength, power; (*sila*) force; (*ustrajnost*) stamina; (*napetost*) intensity
smanjenje n	lessening, diminuition, decrease		
smanjiti v	lessen, diminish; reduce	snalažljivost f	resourcefulness
smeće n	rubbish, refuse	snažan adj	strong, robust, powerful
smeđ adj	brown	snijeg m	snow; **pahuljica snijega** snowflake
smekšati v	soften		
smetati v	disturb, be in the way; (*priječiti*) obstruct; (*posjed*) trespass	sniježiti v	sniježi it snows
		snimak m	snapshot
		snimatelj m	cameraman
smetlar m	dustman	snimati v	film, shoot; (*fotografiju*) take a photo
smetlište n	rubbish-heap		
smetnja f	disturbance; interruption; obstruction	sniziti v	lower; (*smanjiti*) lower, reduce
smicalica f	trick	sniženje n	reduction, cutting down
smijati se v	laugh; (*grohotom*) roar with laughter	snjegović m	snowman
		snop m	bundle
smijeh m	laughter, laugh	snužden adj	depressed, in low spirits
smiješak m	smile, grin	soba f	room, chamber; **dnevna** - living-room; **spavaća** - bedroom; **radna** - study
smijeniti v	remove from office		
smiren adj	calm; appeased, tranquil		
smirenje n	peace of mind		
smisao m	sense; (*značenje*) meaning; (*sklonost*) mind, taste	sobarica f	chamber-maid
		soboslikar m	house-painter
		socijalan adj	social
smisliti v	invent, devise, conceive	sočan adj	juicy
smjelost f	boldness, daring, courage	softver m	software
		sok m	juice
smjena f	shift	sokol m	falcon, hawk
smjer m	direction; trend	sol f	salt; (*kamena*) rock-salt
smjernica f	line of direction	solana f	salt-works
smjesa f	mixture, blend	solidan adj	firm, strong; sound
smjesta adv	at once, immediately	soliti v	salt
smočiti v	(make) wet; (*umočiti*) soak	solventan adj	solvent
		soljenka f	salt-cellar
smočnica f	larder, pantry	sotona m	satan, devil
smokva f	fig	spakirati v	pack (up)
smola f	resin; (*kolofonij*) rosin	spaliti v	burn down; (*opaliti*) scorch
smotati v	fold; roll up		
smotra f	review; survey	spas m	salvation; rescue

spasiti v	save, rescue; - se get saved/rescued	spremati v	prepare, get ready; (pospremiti) tidy; (na mjesto) put away, store
spavaćica f	night-gown		
spavač m	sleeper	spremište n	warehouse; depository
spavaonica f	sleeping-room	spremnik m	conatiner
spavati v	sleep, repose; (dremuckati) doze; (poslije ručka) have a nap, nap	spretan adj	adroit, deft; skilled
		sprijateljiti se v	become friends
		spriječiti v	prevent, obstruct; (odvratiti) avert
specifičan adj	specific; peculiar		
specijalan adj	special, particular	sprijeda adv	in front of
spetljati v	make a mess	sprovod m	funeral
spis m	written document	spržiti v	roast, grill; (opržiti) scorch, burn
splasnuti v	deflate, shrink		
splav f	raft, float	spust m	descent; (skijanje) downhill
splet m	medley		
spletka f	intrigue, plot, scheme	spustiti v	let down; drop
spljošten adj	flat, flattened	sputati v	bind, tie
spoj m	junction; joint; union; (kemijski) compound; (veza) connection	spužva f	sponge
		sram m	shame; (rumen) blush
		sramežljiv adj	shy, coy
		sramiti se v	be ashamed
spojiti v	join together, connect; (pričvrstiti) brace, couple	sramota f	disgrace; scandal; shame
		srasti v	grow together, fuse
spojka f	tie; copula; brace	sravniti v	even; level with the ground; demolish
spojnica f	paper clip		
spokoj m	tranquility, calm	srce n	heart; (duša) soul; (odvažnost) courage; (jezgra) core; (srž) quintessence; (tepanje) darling
spol m	sex; gram gender		
spolni adj	sexual; genital; - organi genitals		
spomenik m	monument		
spona f	copula; tie, clasp	srdačno adv	cordially, warmly
spontano adj	sponatneously	srdžba f	anger
spor adj	slow, sluggish	srebrnina f	silver-ware
spor m	conflict, disagreement	srebrnjak m	silver coin
sporazum m	agreement	srebro n	silver
sporedan adj	secondary, subordinate	sreća f	happiness; (slučaj) good luck; prosperity; na sreću fortunately; imam sreću I'm in luck
sport (šport) m	sport		
sportaš (športaš) m	sportsman, athlete		
sportski (športski) adj	sportingly	sredina f	middle, centre; (jezgra) core
sposoban adj	capable, able; (vješt) skilful; (uspješan) competent, efficient		
		središnjica f	headquarters
		središte n	centre, middle
		srednjoškolski adj	high-school
sposobnost f	ability, capacity; skill; competence	sredstvo n	means; device; (novac) resources
spoznaja f	cognition; conceptuion, idea	sresti v	meet, encounter
		sretan adj	happy; lucky, fortunate
sprava f	device, gadget; appliance; (alat) tool	sretno int	good luck!
		srijeda f	Wednesday
sprema f	qualification	srljati v	go aimlesly
spreman adj	prepared; (voljan) willing; (gotov) cut and dried	sročiti v	formulate; rhyme
		srodan adj	akin, kindred; related
		srodstvo n	parentage, kinship

srpanj m	July	**stati** v	stop; (*stajati*) stand; (*postaviti se*) place oneself; (*ne micati se*) stagnate
srž f	core, pith; (*bit*) quintessence		
stabilan adj	stable, firm		
stabilizacija f	stabilization	**statičan** adj	static
stabljika f	stem	**statistika** f	statistics
stablo n	tree	**status** m	status, rank
stadij m	stage	**stav** m	attitude, pose
stadion m	stadium	**stavak** m	*mus* movement; (*zakona*) subsection
stado n	herd; (*ovaca*) flock		
staja f	stable; (*kravlja*) cowshed	**staviti** v	put, place, set; lay
stajalište n	station; (*postaja*) stop	**staza** f	path; trail
stajati v	stand; be erect; (*mirovati*) be at standstill; (*pristajati*) suit, fit	**stečaj** m	bankruptcy, failure
		steći v	acquire, get, win, gain; (*zaslužiti*) earn
stajski adj	stable(-)	**stega** f	discipline; strictness
staklar m	glazier	**stegovni** adj	- **postupak** disciplinary action
staklen adj	glass(-), glassy		
staklenik m	greenhouse	**stegnuti** v	pull tight, tighten; (*ograničiti*) restrict, limit
staklo n	glass; (*prozora*) windowpane		
		stenograf m	stenographer
stalak m	stand; pedestal; (*slikarski*) easel	**stenogram** m	report
		stepenica f	step, stair
stalan adj	invariable, constant, stable; (*bez prekida*) continuous	**stezati** v	contract; (*cipele*) pinch
		steznik m	corset
		stići v	arrive, come; (*dostići*) catch up with
stan m	*Br* flat, *Am* apartment		
stanar m	tenant; (*podstanar*) lodger	**stih** m	verse, line
		stihija f	the elements
stanarina f	rent	**stijena** f	rock, cliff; (*zid*) wall
standard m	standard	**stijenka** f	wall
stanica f	cell; (*postaja*) station; (*gradskog prometa*) stop	**stil** m	style; (*način*)manner
		stilski adj	style(-), stylish
stanka f	pause; interval; break	**stimulacija** f	stimulation
stanovati v	live, dwell, reside	**stimulirati** v	stimulate; animate
stanovnik m	inhabitant; resident	**stipendija** f	scholarship
stanovništvo n	population	**stisak** m	squeeze; compression
stanje n	state, condition; (*položaj*) position; **biti u stanju** be able	**stiskati** v	squeeze, press; (*šaku*) clench one's fist
		stišati v	quiet, calm
stanjiti v	thin	**stjecaj** m	(*okolnosti*) concurrence of events
star adj	old, aged; (*drevan*) ancient; (*zastario*) oldfashioned; (*trošan*) wornout		
		sto num	(one) hunderd
		stočar m	cattle-breeder
		stoka f	cattle, livestock
starac m	old man	**stol** m	table; board; **pisaći** - writing-table; **kod stola** at table
staratelj m	curator; tutor		
starina f	old times, antiquity		
starinski adj	antique	**stolac** m	stool
starosjedilac m	aboriginal	**stolar** m	carpenter
starost f	old age	**stolarski** adj	carpenter's
stas m	stature; growth	**stolni** adj	table(-)
		stolnjak m	table-cloth

stoljeće n	century
stomatolog m	stomatologist
stopa f	foot, *pl* feet; (*trag*) footprint
stopalo n	foot; (*taban*) sole
stornirati v	cancel; send back
stovarište n	warehouse
stožer m	staff
stradalnik m	sufferer
stradati v	suffer; be in distress
strah m	fear; (*velik*) fright, horror, terror; (*prepast*) consternation
strahovati v	fear
stran adj	strange; (*inostran*) foreign; (*čudan*) odd
strana f	side; (*lista*) page; (*bok*) flank; (*smjer*) direction; (*kraj*) region; **jaka -** strong point; **s one strane** beyond
stranac m	stranger; foreigner
stranica f	page
stranka f	party
stranputica f	side-track; (*prečac*) short-cut
strast f	passion; (*spolna*) lust; (*hobi*) hobby
strašilo n	scarecrow
strašno adv	terribly, horribly
strategija f	strategy
strava f	horror, terror
straža f	watch, guard; (*vojnička*) sentinel
stražar m	watchman; (*zatvorski*) jailer
stražnji adj	back, rear, hind(er); posterior
strelica f dem	arrow; dart
streljana f	rifle-range
streljivo n	ammunition
stric m	uncle
strijela f	arrow
strijelac m	archer, bowman; (*puškom*) rifleman
strijeljati v	execute, shoot
strina f	aunt
strip m	comic book
strka f	scramble; panic; uproar
strm adj	sheer, steep
strofa f	strophe
strog adj	strict, severe, rigid
stroj m	machine; (*koji se sam pokreće*) engine; (*parni*) steam-engine
strojar m	engineer, mechanician
strojarstvo n	mechanical engineering; **fakultet strojarstva** college of engineering
strojnica f	machine-gun
strojopis m	typewriting
strojovođa m	engine-driver
strop m	ceiling
strpljiv adj	patient
stručak m	twig, stalk of a flower
stručnjak m	expert, specialist
strugati v	scrape, grate; erase
struja f	(*vode*) stream; (*električna*) current; **vodič struje** conductor; **jaka -** power current
struk m	waist
struka f	line, branch of profession/business
struktura f	structure
struna f	cord, string
strunjača f	mat
strvina f	carrion
stubište n	staircase
studeni m	November
student m	student
studij m	study, studies
studirati v	study
stup m	column, pillar
stupac m	column
stupanj m	degree, grade; (*razmjer*) proportion; (*razvoja*) stage; (*razina*) level
stupica f	pitfall; (*za životinje*) trap
stupiti v	step, tread; **- u službu** enter upon office
stvar f	thing, matter, object; stuff; **u stvari** in fact
stvaralac m	author; creator
stvaralaštvo n	creativity; creative work
stvarnost f	reality; real world
stvor m	creature, being
stvoriti v	create; make, build, shape; originate; cause
subjekt m	subject; (*predmet*) theme
subota f	Saturday
subvencija f	subsidy, subvention
sućut f	compassion, pity; condolence

sud m	court of law/justice; tribunal; (*prizivni*) court of appeal	suparnik m	rival, competitor; antagonist
sud m	(*mišljenje*) judgement, opinion	supotpis m	counter-signature
		suprotan adj	opposite, contrary; (*obratan*) converse
sudac m	judge, justice; magistrate; (*nogometni*) referee; (*teniski*) umpire	suprotnost f	the opposite; (*obrnuto*) the reverse
		suprug m	husband
sudar m	crash, collision	supstitucija f	substitution
sudbina f	destiny, fate	suputnik m	companion-traveller
sudionik m	participant	suradnik m	collaborator; associate, assistant
suditi v	try; sit in court; hear the case; (*prosuditi*) judge; estimate	suradnja f	collaboration, cooperation
sudjelovati v	participate, take part in	surla f	trunk
sudnica f	court, courtroom	surov adj	brutal; harsh
sudoper m	sink	susjed m	neighbour
sudski adj	court, juridical; sudska rasprava hearing; - nalog warrant	susjedstvo n	neighbourhood
		suspendirati v	suspend
		susret m	meeting, encounter
suficit m	surplus	sustanar m	flat-sharer
sufinancirati v	cofinance	sustav m	system, method
suglasnost f	conscent, agreement, accord	sustići v	catch up with
		suša f	drought; dryness
sugovornik m	collocutor	sušan adj	dry; barren
sugrađanin m	fellow-citizen	sušica f	tuberculosis
suh adj	dry; (*uveo*) withered; (*čovjek*) thin, slender; suho meso smoked meat	sušionica f	dry-kiln
		sušiti v	dry (up), dehydrate; (*tlo*) drain
suigrač m	team-mate	suteren m	basement
sukladan adj	congruent	suton m	dusk
sukno n	cloth, stuff	sutra adv	tomorrow; (*drugi dan*) the next day
suknja f	skirt		
sukob m	conflict, clash; collision; smash	sutrašnji adj	tomorrow's
sukrivac m	accomplice	suveren adj	sovereign, supreme
suma f	amount	suvlasnik m	join owner
sumnja f	suspicion, doubt; (*nepovjerenje*) distrust	suvozač m	codriver
		suvremen adj	contemporary; modern, current
sumnjati v	suspect, doubt	suza f	tear
sumnjičav adj	suspicious	suzbijanje n	fighting, keeping down
sumnjivac m	suspect	suzdržan adj	restrained
sumoran adj	dull, gloomy	suziti v	make narrower, limit; (*odijelo*) take in
sumpor m	sulphur		
sumrak m	twilight, dusk	svačiji adj	everybody's, everyone's
sunarodnjak m	compatriot	svadba f	wedding
sunce n	sun; - izlazi/zalazi sun rises/sets	svadljiv adj	quarrelsome, litigious
		svađa f	quarrel, bickering; dispute
suncobran m	parasol		
sunčan adj	sunny; sun(-)	svađati se v	quarrel, fall out; dispute
suočiti v	confront, meet face to face	svagdje adv	everywhere, all about
suosjećati v	sympathise, feel for	svaki pron	every (one)

svakodnevan adj	everyday, daily; (*običan*) commonplace	svilen adj	silk, silky; **svilena buba** silk-worm
svanuće n	daybreak	svinja f	pig; (*divlja*) boar; (*čovjek*) swine
svanuti v	dawn; **svanulo mi je** it dawned upon me	svinjac m	pog-sty
sve adv	all, everything, all included; - **u svemu** all in all	svinjetina f	pork
		svirač m	player, musician
svečan adj	solemn; (*ukočen*) formal	svirala f	wind-instrument, whistle; organ-pipe
svečanost f	celebration, festivity		
svećenik m	priest	svirati v	play
svejedno adv	nevertheless, still; **biti -** not care	svjećica f dem	(*mot*) sparking plug
		svjedočiti v	testify to, give evidence; (*dokazivati*) prove
svekar m	father-in-law		
svekrva f	mother-in-low	svjedodžba f	report; (*isprava*) certificate
svemir m	universe, space, cosmos		
svemirski adj	cosmic	svjedok m	witness; (*očevidac*) eye-witness
svemoćan adj	omnipotent, almighty		
sveobuhvatan adj	comprehensive	svjesno adj	consciously
svestran adj	universal, versatile	svjetionik m	lighthouse, beacon
svet adj	saint, sacred, holy; **sveto pismo** Holy Writ	svjetlo n	light; (*dnevno*) daylight; (*sunčano*) sunshine; (*sjaj*) brightness
svetac m	saint; (*zaštitnik*) patron saint		
		svjetski adj	world(-); universal
sveučilišni adj	university(-)	svjež adj	fresh; (*hladan*) cool; (*nedavan*) recent; (*krepak*) vigorous
sveučilište n	university		
svezak m	volumme		
sveznalica f	know-it-all	svod m	vault; (*nebeski*) sky
svežanj m	bundle; pack, parcel	svodnik m	procurer
svibanj m	May	svojeglav adj	obstinate, headstrong; stubborn
sviđati se v	like		
svijeća f	candle	svojstvo n	characteristic, trait, quality
svijećnjak m	candle-stick		
svijest f	consciousness, conscience; wits; **izgubiti -** faint	svota f	sum, amount
		svratište n	inn; hostel
		svrdlo n	bore
svijet m	world, the universe; (*zemlja*) earth, globe; (*ljudi*) people; **stari -** the Old World	svrha f	purpose, object, aim, end
		svršen adj	completed, ended, finished
		svršetak m	end, conclusion, finish, termination
svijetao adj	bright, light, luminuous		
svijetliti v	shine; irradiate; glare, flare	svući	undress, strip of clothes; **- se** undress, take off one's clothes
svila f	silk	svuda adv	everywhere, all over, generally

šačica   širokogrudan

Š

šačica f dem	small fist	šef m	manager, head, *coll* boss
šah m	chess	šegrt m	apprentice
šahist m	chess-player	šepati v	limp, walk lamely
šaka f	fist; (*stisnuta*) clenched fist	šepav adj	lame
		šeprtlja f	bungler
šal m	carf	šest num	six šesti the sixth
šala f	fun, joke	šesnaest num	sixteen
šalica f	cup	šestar m	pair of comapsses
šaliti se v	joke, jest	šestina f	one-sixth
šalter m	window	šešir m	hat; (*ženski, bez oboda*) bonnet
šaljiv adj	funny, humorous		
šamar m	slap in the face	šetač m	stroller
šampon m	shampoo; **pranje šamponom** shampooing	šetalište n	promenade; walk
		šetati v	walk, stroll; (*po sobi*) pace the room
šank m	bar		
šansa f	opportunity, prospect, chance	šetnja f	walk, stroll
		šezdeset num	sixty
šansona f	chanson	šiba f	rod, wand, birch
šapa f	paw	šibati v	flog, whip; flagellate
šapat m	whisper	šibica f	match, (*grančica*) twig
šapnuti v	whisper	šiblje n collect	brushwood
šaptač m	whisperer; (*u kazalištu*) prompter	šifra f	cipher, code-letter
		šifriranje n	writing in cipher
šara f	pattern; hue, tinge	šikanirati v	harass
šarati v	scribble; doodle	šikara f	coppice, underwood
šaren adj	mottled, variegated, dappled	šikljati v	gush forth, spout
		šilo m	awl
šarenica f	iris	šiljak m	sharp point/top/end, point
šarenilo n	motley; polychromy		
šarka f	door-hinge	šiljilo n	(pencil) sharpener
šarm m	charm	šiljiti v	sharpen, point
šarolikost f	wide variety	šipak m	dog-rose; (*plod*) dog-rose berry
šasija f	chassis		
šaš m	reed	šipka f	stick; rod; (*zlata*) ingot
šašav adj	crazy	širenje n	expansion; (*proširenje*) broadening
šator m	tent; (*veliki*) pavillion		
šav m	seam; (*na rani*) stitch	širina f	width, breadth; (*geografska*) latitude
ščepati v	seize, grab, clutch		
šećer m	sugar; (*u prahu*) powdered sugar; (*u kocki*) cube sugar	širitelj m	spreader; disseminator
		širok adj	wide, broad; (*opsežan*) extensive
šećerana f	sugar refinery	širokogrudan adj	broad-minded; unprejudiced
šećerni adj	sugar(-), of sugar		

širom adv	all over; (*otvoren*) wide open	šmrkavac m	snotty; (*pogrdno*) whipper-snapper
šišati v	cut hair; bob; clip	šogor m	brother-in-law
šiške f pl	fringe	šogorica f	sister-in-law
šišmiš m	bat	šok m	shock
šištati v	hiss	šokirati v	shock
šiti v	sew, stitch; do needlework	šovinist m	chauvinist
		špageti m pl	spaghetti
šizofrenija f	schizophrenia	Španjolac m	Spaniard
šizofrenik m	schizophrenic	Španjolska f	Spain
škakljati v	tickle	španjolski adj	Spanish
škampi m pl	*zool* scampi	šparoga f	asparagus
škare f	scissors	špedicija f	forwarding; forwarding agency
škart m	rejects, *fig* junk		
škartirati v	discard, reject	špekulirati v	speculate
škola f	school; (*obuka*) classes, instruction; **osnovna** - elementary school; **srednja** - secondary school, *Am* high school	špica f	sharp point
		špičast adj	pointed
		špijun m	spy
		špijunaža f	espionage
		špilja f	cave
školarina f	tuition-fee	špinat m	spinach
školski adj	school(-), scholastic	špirit m	denatured alcohol
školstvo n	school system	štafelaj m	easel
školjka f	shell; mussel; **zahodska** - toilet bowl	štafeta f	baton; (*trka*) relay race
		štaka f	crutch
Škot m	Scot; Scotsman	štakor m	rat
Škotska f	Scotland	štala f	stable
škotski adj	Scottish	štand m	stall, booth
škrge f pl	gills	štap m	stick; walking-stick; (*velik*) staff
škrgutati v	gnash/grind one's teeth		
škrinja f	chest box	štapić m dem	short stick; (*čarobni*) wand; (*dirigentski*) baton
škripa f	creaking, crunching		
škripac m	scrape, fix; difficulty, trouble		
		štaviti v	tan
škripiti v	creak, crunch	štedionica f	savings-bank
škrob m	starch	štedjeti v	save, economize; (*život*) spare
škropionica f	holy-water vessel		
škrt adj	stingy, avaricious	štedljiv adj	saving, thrifty
škrtac m	miser, skinflint	štednja f	savings
šlag m	whipped cream; (*kap*) stroke	štednjak m	cooking stove, cooker, A stove
šlager m	pop-song	štenara f	kennel
šljam m	rabble, scum	štene n	puppy
šljiva f	plum, (*suha*) prune	šteta f	damage, harm; **kakva -!** what a pity!
šljivar m	(*plemić*) small landed gentry		
		štetan adj	harmful, noxious
šljivovica f	plum-brandy	štetiti v	damage, harm, hurt
šljunak m	gravel, pebbles	štićenik m	protégé; ward
šljunčan adj	gravel(-)	štipaljka f	clothes-peg; (*raka*) claw
šminka f	make-up; (*za usta*) lipstick	štipati v	pinch
		štipavac m	zool, scorpion
šminker m	make-up man; (*ponašanje*) phony	štirkati v	starch
		štit m	shield

štititi v	protect; shield; defend; (*zaleđe*) back	šumarski adj	forester's; forestry
štitnik m	protecting device; guard	šumarstvo n	forestry; (*fakultet*) college of forestry
štitnjača f	thyroid gland	šumski adj	wood(-), forest(-)
štivo n	reading(-piece)	šund m	trash; pulp novels
što pron	what; **- prije to bolje** the sooner the better; **štogod** whatever; **bilo -** anything	šunka f	ham
		šupalj adj	hollow; (*zub*) rotten; (*glava*) empty
		šupljina f	hollow, cavity, hole
štoperica f	stop-watch	šurjak m	Brother-in-law
štovatelj m	admirer	šušanj m	rustle
štovati v	respect, esteem, admire	šuštati v	rustle
štrajk m	strike; **stupiti u -** go on strike	šut m	kick
		šutjeti v	be silent/reticent; (*kao odgovor*) say nothing
štrajkaš m	striker		
štrcaljka f	syringe; sprinkler	šutke adv	tacitly, silently
štreber m	eager beaver	šutljiv adj	taciturn, reserved
štucati v	hiccup	šutnja f	silence, reticence
šuga f	mange, scab	Švedska f	Sweden
šuljati se v	sneak; (*na prstima*) tip-toe	švedski adj	Swedish
		Šveđanin m	Swede
šum m	noise, murmur; (*jaki*) roar; (*zuj*) buzz	švelja f	seamstress
		Švicarac m	Swiss
šuma f	wood; forest	Švicarska f	Switzerland
šumar m	forester	švicarski adj	Swiss

T

taban m	foot-sole	talijanski adj	Italian
tabela f	table, tabulated list	talionica f	melting plant, metal foundry
tableta f	pill, tablet		
tablica f	tablet; (*popis*) table, tabulated items	talište n	melting-point
		taliti v	melt; fuse
tabor m	camp, encampment	talog m	grounds, sediments
tabu m	taboo	talon m	stub
tada adv	then, at that time; (*nato*) thereupon	taložiti v	leave sediment
		tama f	darkness, obscurity
tadašnji adj	the then, of that period	taman adj	dark, obscure; (*boja*) dark, deep
taj pron	this (one), this here; **isti** - the same		
		tamaniti v	destroy, exterminate
tajac m	hush, silence	tamburaš m	player on the "tambura"
tajanstven adj	mysterious, enigmatical	tamjan m	frankincense
tajiti v	keep secret; conceal; (*kriti*) hide	tamnica f	prison, jail
		tamničar m	jailer
tajna f	secret; mystery; **čuvati tajnu** keep a secret	tamnoput adj	dark-skinned
		tamo adv	there; - **preko** over there
tajni adj	secret, clandestine; undercover; hidden	tampon m	tampon; *fig* buffer
		tanak adj	thin; (*fin*) delicate; (*vitak*) slender
tajnik m	(*isto tajnica*) secretary		
tajništvo n	secretary's office; (*čast*) secretariate	tančina f	**u tančine** in great detail
		tandem m	tandem
takav pron	such (a), such as, of such kind	tanjur m	plate; (*duboki*) soup plate; (*mali*) saucer
takmac m	rival, competitor	tapeta f	wall-paper
taknuti v	touch; come in contact with; (*lagano*) tap	tapkati v	patter
		tapšati v	pat (on the back)
tako adv	so, thus, in this way; (*dakle*) so; **i - dalje** and so on; - **reći** so to speak; **baš** - exactly	tarifa f	tariff; rates
		tarifni adj	tariff
		tast m	father-in-law
		tastatura f	keyboard
također adv	also, too; moreover, in addition	taština f	vanity
		tata m	dad, daddy, pop
takozvani adv	so-called	tava f	frying pan
taksa f	due; rate	tavan m	loft; (*stan*) garret
taksi m	taxi, cab	tečaj m	course; (*valutni*) exchange rate
takt m	tact; *mus* time; rhythm		
taktičar m	tactician	teći v	flow, run; (*vrijeme*) pass; (*odvijati se*) progress
taktika f	tactics; policy		
talac m	hostage	tegljač m	(*remorker*) tug-boat; (*vozilo*) tractor
talent m	talent, abilities		
Talijan m	Italian		

tegoba f	difficulty; (*zdravstvena*) discomfort	terenski adj	field(-)
tehničar m	technician	teret m	burden, load, cargo; weight
tehnički adj	engineering; technical	teretan adj	cargo; **teretni vlak** goods train, Am freight-train; **teretni brod** cargo boat, freighter
tehnika f	technology; (*vještina*) technique		
tehnolog m	technologist		
tehnologija f	technology	teretnica f	bill of lading
tek adv	only, not earlier than	teritorij m	territory
tek m	appetite; (*okus*) taste, flavour	termin m	term; (*rok*) term, time limit
tekovina f	achievement	terminal m	terminal
tekst m	text; (*štivo*) reading	tesar m	carpenter
tekstil m	textile, fabrics; **prodavaonica -a** draper's	tesati v	hew; trim
		test m	test
tekući adj	running, fluent, current; liquid	testirati v	test
		teško adv	heavily, oppresively; (*jedva*) hardly; **- raditi** work hard; **- mi je pri duši** it grieves me
tekućina f	liquid, fluid		
tele n	calf		
telefaks m	fax		
telefon m	telephone, *coll* phone	teškoća f	difficulty, hardship; trouble
telekomunikacije f pl	telecommunications		
teletina f	veal	teta f	aunt
televizija f	television, *coll* TV, telly	tetak m	uncle
televizor m	television set, TV set	tetiva f	ligament, sinew; (*luka*) string
tema f	theme, subject, topic		
temelj m	basis, foundation; *fig* rudiments, fundamentals; (*za boju*) priming	tetovirati v	tattoo
		teturati v	stagger, totter
		težak adj	heavy, weighty; (*naporan*) hard; (*ozbiljan*) serious
temeljan adj	basic, fundamental		
temeljit adj	thorough, fundamental; (*znanje*) sound		
		težina f	weight; (*teret*) burden
tempera f	tempera	težište n	gravity centre; *fig* emphasis
temperament m	temperament; (*živahnost*) vivacity		
		težnja f	aspiration
temperatura f	temperature	ticati se v	concern; (*dodirivati se*) adjoin
tempirati v	time		
tempo m	rate; *mus* tempo, beat	tifus m	typhoid
ten m	complexion	tih adj	still; (*miran*) quiet; (*nijem*) silent
tenis m	tennis		
tenisice f pl	Br plimsolls, Am sneakers	tijek m	course, flow; (*razvoj*) development
tenk m	tank	tijelo n	body, constitution; (*grupa*) corporation
tenor m	tenor		
teolog m	theologian	tijesan adj	tight; (*uzak*) narrow; strait
teologija f	theology		
teoretičar m	theoretician	tijesto n	dough, pastry
teorija f	theory	tik prep	close by, adjoining
tepati v	babble	tikva f	pumpkin
tepih m	carpet, floor rug	tim m	team
terapija f	therapy	timariti v	groom
terasa f	terrace	timski adj	**- rad** team work
teren m	ground	tinta f	ink

tinjati v	smoulder	točan adj	exact, accurate; punctual, precise
tip m	type; (*osoba*) character		
tipičan adj	typical; characteristic	točionica f	tap-room
tipizacija f	standardization	točiti v	pour out; (*u gostioni*) retail alcoholic drinks
tipka f	key		
tipkati v	type	točka f	dot; (*u rečenici*) full stop, period; (*programa*) turn; (*stavka*) item
tiranin m	tyrant, despot		
tisak m	tipography, print, printing; (*novinstvo*) press, newspapers		
		tok m	current, stream; flux
		tokar m	turner
tiskanica f	blank form; (*poštanska*) printed matter	toksičan adj	toxic, poisonous
		tolerancija f	tolerance
tiskara f	printing-works	toliko adv	so much, this much; so many
tiskati v	print, stamp; (*gnječiti*) squeeze		
		ton m	tone, sound; voice, manner of speaking
tisuća num	thousand		
tišina f	silence; stillness, quiet; -! quiet!	tona f	ton
		tonaža f	tonnage
titrati v	vibrate, oscillate; (*drhtati*) quake	tonalitet m	tonality
		tonski adj	tonal
titula f	title	tonuti v	sink, go to the bottom; (*sunce*) set
tjedan m	week		
tjednik m	weekly magazine	top m	cannon, gun
tjelesni adj	corporal, bodily; (*opipljiv*) tangible	topao adj	warm; (*srdačan*) hearty
		topiti v	melt; dissolve; found
tjelohranitelj m	bodyguard	toplana f	heating plant
tjelovježba f	gymnastics	toplice n	spa, thermal springs
tjeme n	top of head	toplina f	warmth; (*vrućina*) heat
tjeralica f	warrant of apprehension	toplomjer m	thermometer
tjerati v	pursue, chase; (*siliti*) oblige, urge; (*pogon*) drive, work	topnik m	gunner, artilleryman
		topništvo n	artillery
		topot m	stamping, tramp
tjeskoba f	anxiety	tor m	pen
tjesnac m	straits; gorge; (*škripac*) corner	toranj m	tower; (*zvonik*) belfry; (*kula*) castle
tjestenina f	pasta	torba f	bag; (*ženska*) handbag, purse
tješiti v	comfort, console		
tkalački adj	weaver's; - **stan** loom	torpedni adj	torpedo(-)
tkalac m	weaver	torpedo m	torpedo
tkalja f	female waver	torta f	cake
tkanina f	textile, fabric; cloth	tortura f	torture
tkati v	weave	totalan adj	total
tkivo n	tissue	totem m	totem
tko pron	who; (*tko god*) whoever	tov m	fattening
tlačiti v	press, compress; *fig* opress	tovilište n	feedlot
		toviti v	fatten
tlak m	pressure	trač m	gossip
tlo n	ground; earth; soil; land; territory; **plodno** - rich soil	tračak m	ray, beam, (*malo*) bit, trace, touch
		tračnica f	rail; (*pruga*) track
tlocrt m	ground-plan	tradicija f	tradition
tmuran adj	gloomy, dull; *fig* sulky	trafika f	tobacco store
to pron	this, it, that; - **jest** that is		

400

trag m	trace, trail; (*stopa*) footprints	tresti v	shake, agitate; - se tremble
tragati v	follow the track, trace	trešnja f	cherry
tragedija f	tragedy; disaster	trezven adj	sober
tragičan adj	tragic	trg m	square
trajan adj	durable, lasting, permanent	trgati v	tear off; (*brati*) gather
		trgovac m	shopkeeper; dealer; (*na malo*) retailer; (*na veliko*) wholesaler
trajati v	last, endure; be durable		
trajekt m	car-ferry		
trajnost f	durability, permanence, constancy	trgovački adj	commercial, merchant; trade(-); **trgovačka komora** chamber of commerce; - **pomoćnik** shop-assistant; **trgovačka mornarica** mercantile marine; - **brod** trader
traka f	strip, ribbon		
traktor m	tractor		
tramvaj m	tram-car, Am street car		
transakcija f	transaction		
transfer m	transfer		
transformator m	transformer		
transport m	transport	trgovina f	trade, commerce, trading, market
tranzistor m	transistor		
tranzit m	transit	tri num	three
trasa f	marked route	tribina f	speaker's platform
tratina f	lawn; turf, grass	tricikl m	tricycle
trauma f	trauma	trideset num	thirty
trava f	grass; herb; (*paša*) pasture	trijem m	porch; portico
		trijezan adj	sober, (*ozbiljan*) serious
		triko m	maillot
travanj m	April	trinaest num	thirteen
travar m	herbalist	trio m	trio
travnjak m	meadow, pasturage	trivijalan adj	trivial
tražiti v	look for; search for; (*zahtijevati*) demand, claim; (*moliti*) request, apply for; (*u rječniku*) look up	trka f	race, running
		trkač m	runner; (*auto*) racer; (*konj*) race-horse
		trkalište n	race-track
		trkom adv	running
trbuh m	belly, abdomen	trljati v	rub, massage
trčanje n	running; (*žurba*) rushing	trn m	thorn, spine
trčati v	run, race; (*juriti*) rush	trnovit adj	spiny, thorny; *fig* arduous
trebati v	need, be in need of, require; (*nedostajati*) lack; **treba** it is necessary	trnje n	brambles
		trodimenzionalan adj	three-dimensional
		trofej m	trophy
treći num	the third	trokatnica f	three-storey building
trećina f	one-third	trokolica f	tricycle
trema f	stage-fright	trokut m	triangle
tren m	instant, moment	tromjesečje n	quarter
trend m	trend	trom adj	sluggish, slow
trener m	coach	tropski adj	tropical
trenirati v	train	troskok m	skip and jump
trenirka f	sweat-suit	trošak m	expense, cost, expenditure
trenutak m	moment, instant		
trenje n	friction	trošan adj	shabby
trepavica f	eye-lash	trošarina f	excise
trepnuti v	wink	trošiti v	spend; (*hranu, gorivo*) consume; (*korištenjem*) wear out; (*tratiti*) waste
tresnuti v	crash, bang, smash		

troškovnik m	list of expense
trovati v	poison
trpati v	cram, stow, stuff
trpjeti v	suffer, endure; (*dopustiti*) tolerate
trpkost f	tartness
trs m	grape-vine
trstika f	reed
trtica f	rump
truba f	trumpet
trubač m	trumpeter
trubiti v	trumpet, fife, blow trumpet
trud m	effort; fatigue; hard work
truditi se v	strive, take trouble
trudnica f	pregnant woman
trudnoća f	pregnancy
trulež f	rot, decay
trunuti v	rot, decay, decompose
truo adj	rotten; *fig* corrupt
trup m	trunk; torso; body; (*broda*) hull
trupac m	log
truplo n	corpse, dead body
trzaj m	jerk, twitchI, (*od straha*) wince
tržni adj	of the market, market
tržište n	market, emporium
tržnica f	market place; (*zatvorena*) market hall
tuberkuloza f	tuberculosis, *coll* t.b.
tucati v	pound, pestle
tucet m	dozen
tuča f	hail
tučnjava f	row, brawl
tući v	beat, strike, whack
tuđ adj	belonging to somebody else; foreign
tuđina f	foreign parts
tuđinac m	foreigner, stranger
tugovati v	grieve, mourn over
tuliti v	howl, yell
tumač m	interpreter
tumor m	tumour
tuna f	tunny-fish, tuna
tunel m	tunnel
tunolovac m	tuna-boat
tup adj	blunt, dull; (*glup*) stupid
tupiti v	make blunt
tura f	tour
Turčin m	Turk
turist m	tourist
turistički adj	tourist(-)
turizam m	tourism
turneja f	tour
turnir m	tournament
turpija f	file; rasp
Turska f	Turkey
turski adj	Turkish
tуširati v	shower; - **se** take a shower
tutanj m	roar, booming
tuzeman adj	native; domestic, home(-)
tužan adj	sad, gloomy, sorrowful
tužba f	accusation; (*prijava*) information against; (*žalba*) complaint
tuženik m	vidi optuženi
tužitelj m	accuser; plaintiff
tužiteljstvo n	district attorney's office
tužiti v	accuse, charge with; (*sudski*) sue; (*prijaviti*) report
tvar f	matter, substance
tvoj pron	your, yours
tvorac m	creator, maker
tvorba f	creation; *gram* formation
tvorevina f	product, creation
tvornica f	factory, plant, works; - **papira** paper mill; - **kemikalija** chemical works
tvornički adj	factory(-), of a factory
tvrd adj	hard: solid; (*otporan*) resistant
tvrditi v	claim, maintain, affirm
tvrdnja f	assertion; statement
tvrdoglav adj	obstinate, stubborn
tvrđava f	fortress
tvrtka f	firm, business house; **ugledna** - house of high standing

U

u prep	in, at; by ; into; ići - školu go to school; - Zagrebu in Zagreb; - Bakru at Bakar; - nedjelju on Sunday; - 10 sati at ten o'clock; - redu in order	udaraljke f	percussion
		udariti v	strike, hit, kick
		udaviti v	strangle; (*ugušiti*) choke
		udes m	fate, destiny; fortune
		udica f	angle, fish-hook
		udio m	share, portion
		udisati v	inhale, breathe in
ubaciti v	throw in	udlaga f	splint
ubirati v	collect	udo n	limb, member
ubiti v	kill; murder	udoban adj	comfortable, cosy
ublažiti v	mitigate; relieve; alleviate	udovac m	widower
		udovica f	widow
ubod m	sting, stab; puncture	udovoljiti v	satisfy; indulge
ubojica m	murderer, killer	udruga f	association, union
ubrati v	pick	udubina f	niche, recess
ubrus m	napkin	udvarati v	court
ubrzo adv	soon	udvostručiti v	double
ucjena f	blackmail	udžbenik m	textbook
ucjenjivač m	blackmailer	uganuti v	dislocate, sprain
učen adj	learned, erudite	ugasiti v	extinguish, put out; (*svjetlo*) turn off
učenički adj	like a schoolchild		
učenik m	pupil; student; (*sljedbenik*) disciple	uginuti v	perish, die
		uglađen adj	refined, courteous
učenje n	studying, learning	uglavnom adv	mainly, in general
učestalost f	frequency	uglazbiti v	set to music
učešće n	participation, taking part in	ugled m	reputation, prestige
		uglednik m	distinguished person
učilište n	school, college, academy	ugljen m	coal; (*smeđi*) lignite
učinak m	effect; (*radni*) efficiency	ugljenokop m	coal-mine; colliery
učiniti v	make, do, commit; perform; execute	ugljik m	carbon
		ugnjetavati v	opress, tyrannize
učionica f	class-room	ugodan adj	pleasant, agreeable; likable
učitelj m	teacher		
učiteljski adj	teacher's, teaching	ugoditi v	please; humour
učiti v	learn, study; (*drugoga*) teach, instruct	ugođaj m	atmosphere, mood
		ugojiti se v	put on weight
učlaniti se v	become a member	ugostitelj m	caterer
učvrstiti v	fix; strenghten	ugostiteljstvo n	catering
ući v	enter, come in, get in	ugovor m	contract; (*državni*) treaty, pact, convention.
udahnuti v	inhale, breathe in		
udaljen adj	far, distant, remote	ugovoriti v	contract; (*sastanak*) make an appointment
udaljenost f	distance		
udar m	stroke; **državni** - coup	ugraditi v	build in

ugrijati v	heat, warm	ukućanin m	inmate, member of a household
ugristi v	bite		
ugriz m	bite	ukupno adv	entirely, totaly; all together
ugroženost f	being endangered		
ugurati v	push/shove/thrust into	ukus m	taste; good taste
ugušiti v	choke, suffocate	ukusan adj	tasteful; (*jelo*) palatable
uhićenik m	detainee	ulagač m	depositor; (*poduzeće*) investor
uhićenje n	arrest		
uhititi v	arrest, apprehend	ulaganje n	depositing; (*gospodarsko*) investment
uho m	ear; (*igle*) eye of a needle		
uhoda f	spy	ulagivati se v	fawn upon, truckle to
uhodan adj	run-in, established	ulaz m	entrance; door, gate
uhranjen adj	well-fed	ulazni adj	entry, entrance; input
uhvatiti v	catch, seize, capture	ulaznica f	entrance-ticket
uigrati se v	become coordinated	uletjeti v	fly in
ujak m	uncle	ulica f	street; (*cesta*) road; (*mala*) lane, alley; (*slijepa*) blind alley
ujed m	bite; (*ubod*) sting		
ujediniti v	unite; merge, integrate		
ujedinjenje n	union, federation; (*tvrtki*) merger	uličar m	ragamuffin; vagabond
		uličarka f	streetwalker
ujednačen adj	uniform, homogeneous	ulični adj	street(-)
ujedno adv	at the same time	uliti v	pour in, infuse; *fig* inspire
ujna f	aunt		
ukaz m	decree, order	ulizica f	toady, lickspittle
ukinuti v	cancel, abolish; (*naredbu*) revoke; (*ustanovu*) suppress	ulog m	deposit, stake
		uloga f	role, part; (*važnost*) importance
		ulomak m	fragment; (*teksta*) passage
ukiseliti v	pickle		
uklet adj	damned, bewitched	ulov m	catch
uklještiti v	clutch like in a vice	uloviti v	catch; seize, snatch; trap
ukloniti v	remove, eliminate	uložak m	(*za kemijsku olovku*) refill; (*higijenski*) towel
uklopiti v	fit in, insert		
uključiti v	include; comprise; (*svjetlo*) turn on	uložiti v	deposit, invest; - **trud** take pains
uknjižiti v	register, enter in books	uložnica f	posting box
ukočiti se v	stiffen; become stiff	ultimatum m	ultimatum
ukoliko adv	insofar as	ultrazvuk m	supersonic vibrations
ukop m	burial, sepulture	ulje n	oil; (*za salatu*) salad-oil
ukopčati v	plug in	uljepšati v	embellish, beautify
ukor m	censure, rebuke, scolding	uljni adj	oil(-)
ukorak adv	**ići** - keep pace with, keep up with	uljudan adj	civil, polite
		uljudba f	culture
ukoriti v	scold, rebuke, reprimand	um m	reason, intellect; intelligence; sense
ukosnica f	hair-pin		
ukras m	ornament, adornment, decoration	umak m	sauce; (*od pečenke*) gravy
ukrasni adj	decorative, ornamental	umalo adv	almost, nearly
ukrasti v	steal, pilfer	umanjiti v	lessen; diminish, reduce
ukratko adv	in short, briefly told	umetak m	inserted piece; *fig* interpolation
ukrcaj m	loading; embarkation		
ukrcati v	load; pick up, take	umetnuti v	insert, set in
ukrotiti v	tame; (*konja*) break in	umijeće n	skill

umijesiti v	knead	upad m	raid, incursion
umiljat adj	sweet, amiable, pleasing	upadica f	interruption
umirati v	die; pass away	upala f	inflammation; - **pluća** pneumonia
umirenje n	calming down		
umiriti v	calm down; pacify; soothe	upaliti v	set on fire, light; (*svjetlo*) turn on
umirovljenik m	pensioner; retired (clerk etc.)	upaljač m	lighter
		upamtiti v	remember, memorize, keep in mind
umišljen adj	conceited, vain		
umiti v	wash	upasti v	fall into; (*u riječ*) interrupt
umivaonik m	wash-basin		
umjeren adj	moderate; temperate	upijač m	roll-blotter
umjesto adv	instead, in place of	upijati v	absorb, suck in, soak
umjetan adj	artificial	upis m	registration, enrolment; (*zapis*) entry
umjetnički adj	artistic		
umjetnik m	artist; (*izvođač*) performer	upisati v	register, enrol; record, book
umjetnina f	work of art	upisnica f	register, entry-book
umjetnost f	art	upisnina f	registration fee
umnožak m	product of multiplication	upit m	inquiry; question
umobolan adj	insane, mad	upitati v	ask, question, interrogate
umor m	fatigue, tiredness	upitnik m	question mark; (*anketni*) questionnaire
umoran adj	tired, weary; knocked-up		
umorstvo n	murder, homicide	uplašen adj	frightened, scared
umrijeti v	die, pass away; expire	uplašiti v	frighten, scare; - **se** become frightened
unajmiti v	hire		
unakaziti v	disfigure, distort	uplata f	payment
unaprijed adv	in advance, beforehand	uplatnica f	payment slip; (*poštansk*) postal money order
unaprijediti v	promote, advance		
unatrag adv	backwards	uporaba f	use, usage; (*primjena*) application
uniforma f	vidi odora		
unija f	union	uporaban adj	useful; usable
unijeti v	carry/bring in; (*upisati*) enter	uporan adj	stubborn, persistent, obstinate
unikat m	unique item	uporište n	foothold; point of support
uništenje n	destruction; devastation		
uništiti v	demolish, destroy, ruin, wreck	uporno adv	stubbornly, persistently
		upornost f	stubborness, persistence
unos m	input	uposliti v	vidi zaposliti
unosan adj	lucrative, profitable	upoznati v	get acquainted with; (*predstaviti*) meet
unovčiti v	capitalize, realize, sell		
unuk m	grandson; -**a** granddaughter	upozoriti v	warn, caution
		uprava f	management, administration
unutrašnji adj	interior, intrinsic		
unutrašnjost f	the inside, the interior	upravitelj m	manager, administrator
uobičajen adj	customary; ordinary	upravljač m	director; (*stroja*) operator; (*volan*) steering-wheel
uoči prep	on the eve of		
uočiti v	observe, note		
uočljiv adj	noticeable, observable	upravljati v	govern, rule; manage
uokviriti v	frame	upravni adj	administrative, managerial
uopće adv	generally, in general	upravo adv	just; (*točno*) precisely; -**sada** just now
uozbiljiti se v	become serious		

upriličiti v	arrange without preparation, improvise		ushićenje n	enthusiasm, rapture
upropastiti v	ruin, wreck		usidjelica f	spinster
uprskati v	spatter		usidriti v	anchor
upućen adj	initiated; informed; acquainted with		usijanje n	being red-hot
			usijati v	make red-hot
uputan adj	advisable, opportune		usisati v	suck in, absorb; (*zrak*) inhale
uputiti v	direct, give directions; (*na koga*) refer to		usisavač m	vacuum cleaner
uputnica f	postal-order		usisni adj	suction; intake
uraniti v	get up early		usitniti v	chop small; fragment
urar m	watchmaker		usjev m	crop(s)
urazumiti v	bring to reason		uskladištiti v	store, warehouse
urbanist m	town planner		uskladiti v	coordinate
urbanistički adj	town-planning		usklađenost f	coordination; harmony
ured m	office, bureau		uskličnik m	exclamation mark
uredan adj	tidy, neat		usklik m	exclamation, shout
uredba f	regulation, statutes		usko adv	narrowly; closely
urediti v	(put in) order, arrange; adjust; (*časopis*) edit		uskočiti v	jump in; *fig* step in
			uskoro adv	soon, shortly
urednik m	editor; (*glavni*) editor-in-chief		Uskrs m	Easter
			uskrsni adj	Easter(-)
uredništvo n	editorial staff; (*prostorija*) editor's office		uslišiti v	grant, concede
			usluga f	favour, service, kindness
uredno adv	tidily, neatly		uslužno adv	obligingly
urednost f	tidiness; neatness		usmen adj	oral, verbal
uredovni adj	of an office; - sati office hours		usmjeriti v	direct
			usmrtiti v	kill, put to death
uredski adj	office(-)		usna f	lip
uređaj m	equipment; facilities; unit		uspavati v	lull; hypnotise
			uspinjača f	ropeway
uređenje n	arrangement; regulation; društveno - social system		uspjeh m	success
			uspješan adj	successful
			uspomena f	memory; (*predmet*) souvenir
urin m	urine			
urlati v	howl, roar; yell		uspon m	rise, ascent; (*tla*) gradient
urlik m	roar, howl		usporedba f	comparison; analogy
urnebes m	uproar, pandemonium		usporediti v	compare to
urod m	crop, yield		usporen adj	retarded; slowed down
urođen adj	innate, inborn		uspostaviti v	restitute, re-establish; restore
urođenik m	native, aborigine			
uroniti v	dive; plunge, dip, immerse		uspravan adj	upright, erect, vertical
			usprkos prep	despite, in spite of, notwithstanding
urota f	conspiracy, plot			
uručiti v	hand; deliver		usput adv	by the way
urušiti se v	fall in		usrećiti v	make happy
usaditi v	embed; fix into, insert		usred adv	amidst, in the middle of
usamljen adj	lonely		usredotočiti v	concentrate on
usamljenik m	loner		usta f	mouth
usavršiti v	perfect, improve		ustaliti v	stabilize, steady
useliti v	move in		ustanak m	rebellion; mutiny, revolt
useljenik m	immigrant, settler		ustanova f	institution, establishment
useljiv adj	vacant		ustanoviti v	find out; (*ustanovu*) establish

ustati v	(*dići se*) rise, get up; stand up (*buna*)	utvrda f	fortification; (*tvrđava*) fortress
ustav m	constitution	uvala f	cove, small bay
ustavan adj	constitutional	uvaljati v	roll into
ustavnost f	constitutionality	uvečer adv	in the evening
ustrajati v	persist, persevere, endure	uvećati v	increase; magnify
ustrijeliti v	shoot, kill by shooting	uveličati v	exaggerate
ustroj m	organization, constitution	uvenuti v	fade, wither
		uvertira f	overture
ustupiti v	cede, give up	uvesti v	introduce; (*nekamo*) bring in; (*u sobu*) show into
usvojiti v	adopt		
uš f	louse, *pl* lice		
uščuvan adj	preserved, kept undamaged	uvez m	binding
		uvid m	insight; **dati na** - submit
ušće n	mouth of river; (*veliko*) estuary	uvidjeti v	realize, understand, see
		uvijek adv	always, ever, constantly
ušica f	eye of a needle; blunt end of an axe	uvjeravati v	try to convince
		uvjerenje n	conviction, persuasion
ušitak m	gore	uvjeriti v	persuade; - se be convinced
uškopiti v	castrate		
uštap m	full moon	uvjerljiv adj	convincing, persuasive
ušteda f	saving	uvjet m	condition, stipulation
uštedevina f	savings	uvod m	introduction; (*predgovor*) preface
ušutkati v	silence; (*prikriti*) hush up		
utajiti v	embezzle; evade tax	uvodnik m	editorial
utakmica f	match, game; competition	uvojak m	lock, curl
		uvoz m	import; imported goods
uteći v	run away/off, escape, flee	uvoznik m	importer
		uvreda f	offence, insult, outrage
uteg m	weight	uvredljiv adj	insulting; (*čovjek*) oversensitive
utemeljitelj m	founder; promoter		
utičnica f	socket	uvrijediti v	offend, insult
utikač m	plug	uvrstiti v	insert, interpolate
utisak m	impression, impact	uvući v	draw/pull in
utjecaj m	influence; (*poticanje*) instigation	uz prep	at, by, along with, close to, beside
utjeha f	comfort, solace	uzajamno adv	mutually, reciprocally
utjerati v	(*dug*) recover debt; (*u strah*) frighten	uzak adj	narrow; (*tijesan*) strait, tight
utočište n	refuge, shelter	uzalud adv	in vain, uselessly
utopiti v	drown; - se get drowned	uzao m	knot
utopljenik m	the drowned person	uzastopno adv	consecutively, uninterruptedly
utor m	groove		
utorak m	Tuesday	uzbrdica f	rise, ascent; uphill road
utovar m	loading	uzbuditi v	agitate, excite; - se become excited
utrka f	race, racing		
utroba f	intestines, bowels	uzbuđenje n	excitement, agitation, commotion
utrošak m	consumption; expenditure		
		uzbuna f	alarm; stir, uproar, commotion
utrti v	tread down; *fig* pave the way		
		uzburkati v	agitate
utržak m	money cashed by sale	uzda f	rein; bridle
utvara f	phantom, ghost, spectre	uzdah m	sigh

uzdići v	lift up, raise, elevate; (*hvalom*) exalt
uzdrmati v	shake, concuss
uzdržavanje n	keeping, maintenance; (*prehranjivanje*) support
uzduž adv	alongside, all along
uzemljen adj	earthed
uzeti v	take; (*pobrati*) pick up; - **maha** prevail; - **u obzir** take into consideration; - **zajam** raise a loan
uzgajivač m	(*voćki*) grower; (*životinja*) breeder
uzglavlje n	head of bed
uzgajanje n	cultivation; (*voćki*) growing; (*životinja*) breeding
uzgon m	lift
uzgred adv	by the way, incidentally
uzica f	string, line
uzlazan adj	ascending
uzlet m	flying off; (*aviona*) taking off
uzletište n	airport, air-field
uzmak m	retreat
uzmanjkati v	run low; **uzmanjkalo mi je** I have run out of
uzmicati v	retreat, withdraw
uznemiriti v	disturb, alarm; - **se** get alarmed
uzor m	paragon, model
uzorak m	pattern; (*materijala*) sample; (*primjerak*) specimen
uzoran adj	ideal, perfect, exemplary
uzrast m	age; (*tjelesna građa*) stature
uzrečica f	proverb
uzročnik m	cause; originator
uzrok m	cause, reason; source
uzrujati v	make nervous; excite, agitate
uzvik m	shout; exclamation
uzvisina f	elevation
uzvišeno adv	in an exalted manner
uzvratiti v	return; repay
užaren adj	red-hot; glowing; incandescent
užas m	horror, terror
uže n	rope; (*tanko*) cord
užina f	second breakfast
užitak m	pleasure, enjoyment, delight
uživati v	enjoy, take delight in, rejoice; (*služiti se*) make use of
užurban adj	busy, hurried

vabiti v	allure, decoy
vadičep m	corkscrew
vaditi v	take out; draw, pull out, extract
vaga f	balance; scales
vagati v	weigh
vagon m	carriage, coach; (*teretni*) goods waggon; (*spavaći*) sleeping car
val m	wave; **valna duljina** wavelength
valcer m	waltz
valorizirati v	evaluate
valovit adj	wavy, undulating
valuta f	currency; **čvrsta** - hard currency
valjak m	roller; (*parni*) steamroller
valjan adj	good, worthy; (*kako treba*) proper; (*podesan*) suitable; (*važeći*) valid
valjanost f	worth; validity; appropriatness
valjati v	be valid; (*valjkom*) roll
valjda adv	perhaps, maybe; probably
vampir m	vampire
vani adv	out, outdoors, outside
vanilija f	vanilla
vanjski adj	outside, outdoor, exterior
vapno n	lime; (*živo*) quick lime; (*za bijeljenje*) whitewash
varalica m f	impostor, cheat
varati v	cheat, swindle, deceive; - se be mistaken
varijabla f	variable
varijanta f	variant
varirati v	vary; fluctuate
varka f	trick, stratagem, bluff; illusion
varljiv adj	illusive, deceitful, fallacious
vaš pron	your, yours
vata f	cotton wool
vatra f	fire; (*plamen*) flame; (*požar*) conflagration
vatren adj	fiery; *fig* ardent, passionate
vatrogasac m	fireman; **vatrogasci** fire-brigade
vatromet m	fireworks
vaza f	vase
važan adj	important, essential; (*osoba*) prominent
važnost f	importance, consequence, weight
večer f	evening
večera f	supper
već cop	already
većina f	majority, most
vedar adj	serene; (*vrijeme*) fair; (*veseo*) cheerful
vegetacija f	vegetation; plants
vegetarijanac m	vegetarian
vegetativan adj	vegetative
velečasni adj	reverend
velegrad m	metropolis
veleposlanik m	ambassador
veleposlanstvo n	embassy
veleprodaja f	wholesale
velesajam m	trade-fair
veletrgovina f	wholesale business
veličanstveno adj	magnificently
veličanstvo n	mayesty; **Vaše** - Your Majesty
veličati v	extol
veličina f	greatness, largeness; (*visina*) talness
velik adj	big, large; (*duhom*) great; (*visok*) tall, high; (*prostran*) spacious; (*širok*) wide
velikan m	great man
velikaš m	magnate, peer, lord
velikodušan adj	generous
veljača f	February

vena f	vein	viđati v	see often/repeatedly
ventil m	valve	viđen adj	seen; (*ugledan*) prominent
ventilacija f	ventilation		
venuti v	wither, fade	vihor m	hurricane, gale, storm
veo m	veil	vijadukt m	viaduct
vepar m	wild boar	vijak m	screw
veranda f	veranda, *Am* porch	vijavica f	snowstorm, blizzard
verati se v	climb	vijeće n	council
verbalan adj	verbal	vijećnica f	townhall
verifikacija f	verification	vijek m	century; (*dob*) age, lifetime
verzija f	version		
veseo adj	cheerful, merry, gay	vijenac m	wreath; (*kruna*) coronet
veselje n	joy, gladness, delight	vijest f	news; information; (*glasina*) rumour
veslač m	rower, oarsman		
veslanje n	rowing	vijoriti v	flutter; (*zastava*) wave
veslo n	oar, paddle	vijuga f	meander; (*moždana*) convolution
veš m	vidi rublje		
veteran m	veteran	vika f	shouts, cries; outcry
veterinar m	veterinarian	vikati v	shout, cry; (*derati se*) roar
veto m	veto; **uložiti** - put a veto on		
		vikend m	weekend
vez m	embroidery; (*povez*) bandage; (*za plovilo*) berth	vikendica f	weekend cottage
		vila f	small country-house; (*biće*) fairy
veza f	connection; association; (*odnos*) relation		
		vile f pl tantum	hay-fork
vezan adj	bound, tied; (*brod*) moored	vilenjak m	elf
		vilica f	(*čeljust*) jaw; (*pribor*) fork
vezano adv	tied/linked to		
vezati v	tie, bind, fasten; (*spajati*) connect	viljuškar m	fork-lift truck
		vinarstvo n	wine business
vezica f	shoe-lace	vino n	wine; **crno** - red wine
vezivo n	embroidery	vinograd m	vineyard
veznik m	conjunction	vinogradarstvo n	wine-growing
veža f	doorway, porch	vinorodan adj	- **kraj** wine-growing region
vi pron	you; (*bezlično*) one		
vibracija f	vibration	vinski adj	wine(-)
vic m	joke	vinjak m	cognac
vičan adj	accustomed, used to	viola f	viol
vid m	(eye-)sight; **slab** - dim sight	violina f	violin
		violončelo n	cello
vidik m	view; (*prizor*) scene; (*kraj*) panorama	vir m	eddy, whirlpool
		viriti v	peep; (*stršiti*) stick out
vidikovac m	belvedere, gazebo	virman m	transfer
vidjelo n	**doći na** - become known	virus m	virus
vidjeti v	see; (*pogledati*) look; (*zamijetiti*) perceive; (*shvatiti*) understand	vis m	**dići u** - raise, elevate
		visak m	plumb(bob)
		visibaba f	snowdrop
vidljiv adj	visible; perceptible; (*istaknut*) conspicuous	visina f	height, altitude; (*iznos*) amount
vidljivost f	visibility	visiti v	hang; be suspended
vidokrug m	horizon; field of vision	visok adj	high; (*osoba*) tall
vidovit adj	clairvoyant	visokokvalificiran adj	highly skilled
vidra f	otter	visokorazvijen adj	the most developed

visoravan f	plateau
višak m	surplus; excess
više adv	more, plus; **sve** - more and more
više-manje adv	more or less
višestruk adj	manifold
višnja f	sour cherry
vitak adj	slim, slender
vitalan adj	vital
vitamin m	vitamin
vitez m	knight
vitkost f	slenderness
vitlati v	swing, brandish, (*bacati*) hurl
vitrina f	china cabinet; (*u dućanu*) showcase
viza f	visa
vizija f	vision
vizita f	vidi posjet
vizitkarta f	vidi posjetnica
vječan adj	eternal; everlasting
vjeđa f	eyelid
vjenčan adj	married, wedded; (*haljina*) wedding gown
vjenčanje n	wedding
vjera f	creed, religion, belief, faith; (*vjernost*) fidelity; (*povjerenje*) trust
vjernik m	believer
vjerno adv	faithfully
vjerodajnica f	credentials
vjerodostojan adj	credible, believable
vjerojatnost f	probability, likelyhood
vjeronauk m	catechism
vjeroučitelj m	instructor in catechism
vjerovati v	believe, trust; (*misliti*) think
vjerovnik m	creditor
vjesnik m	messenger; (*novine*) gazette
vješala f	gallows
vješalica f	hanger
vješati v	hang (up)
vješt adj	skilled; (*sposoban*) experienced, capable
vještačenje n	expert opinion
vještica f	witch
vještina f	skill; expertness
vješto adj	skilfully
vjetar m	wind; (*slab*) breeze; (*jak*) storm
vjetrenjača f	windmill
vjetrobran m	wind-screen
vjeverica f	squirrel
vježba f	exercise, drill; training
vježbaonica f	gymnasium
vježbenik m	junior clerk
vlada f	government; rule
vladanje n	government, rule; (*ponašanje*) manners
vladar m	sovereign; ruler
vladati v	rule, govern, reign
vladavina f	rule
vlaga f	humidity, dampness
vlak m	train; (*brzi*) through train
vlakno n	fiber
vlakovođa m	chief guard
vlas f	hair
vlasnički adj	proprietary
vlasnik m	owner, proprietor
vlasništvo n	property, ownership
vlast f	power, might, authority; control, command
vlastoručno adv	written with one's own hand
vlasulja f	wig
vlažan adj	moist, damp; (*zrak*) humid
vlažiti v	moisten
voćarna m	fruit shop
voćarstvo n	fruit-growing
voće n	fruit
voćka f	fruit-tree
voćni adj	fruit(-)
voćnjak m	orchard
voda f	water; (*živa*) well; **meka/tvrda** - soft/hard water; **uz/niz vodu** up/down the river
vodeći adj	leading
vodeni adj	watery; - **konj** hippopotamus; **vodena snaga** water-power
vodenica f	water-mill
vodenjak m	aquarius
vodič m	guide, conductor; (*knjiga*) guide-book
voditelj m	guide, leader; (*emisije*) host
voditi v	guide; (*biti prvi*) lead; (*upravljati*) direct, manage; (*preteći*) get ahead of; (*prvenstvo*) be in front of; (*brod*) steer, pilot
vodoinstalater m	plumber

vodopad m	waterfall, cascade	**vrhnje** n	cream; **kiselo** - sour cream
vodoravan adj	horizontal		
vodoskok m	fountain	**vrhovni** adj	supreme
vodovod m	waterworks	**vrhovnik** m	Commander-in-chief
vodstvo n	guidance, leadership	**vrhovništvo** n	leadership
vođa m	leader	**vrhunac** m	culmination
vojarna f	barracks	**vrhunski** adj	top-level
vojni adj	military(-), army(-); - **sud** court martial	**vrijedan** adj	worthy; (*marljiv*) diligent; (*hvale*) praiseworthy
vojnik m	soldier; - **na brodu** marine	**vrijednosnice** f pl	securities
vojska f	army, forces; (*čete*) troops	**vrijednost** f	value, worth; price
		vrijeđati v	insult, offend
vojskovođa m	general, commander-in-chief	**vrijeme** n	time; (*meteorološki*) weather; *gram* tense; (*vijek*) age; (*odsjek*) period; **na** - in time; **krajnje** - high time; **za** - during; **neko** - for a while
vokal m	vowel		
vol m	ox, *pl* oxen		
volja f	will; (*raspoloženje*) mood; (*namjera*) intention **biti dobre volje** be in good temper		
		vrisak m	scream, shriek
		vrlet f	crag, cliff
voljeti v	love, like; (*zaljubljen*) be in love with	**vrlina** f	virtue
		vrlo adv	very, very much, greatly
vosak m	wax	**vrludati** v	ramble, stray
voštanica f	wax-candle	**vrpca** f	lace, ribbon, band; (*magnetofonska*) tape
vozač m	driver		
vozilo n	vehicle	**vrsta** f	sort, kind; species, type
voziti v	drive; (*prevoziti*) transport	**vrstan** adj	competent, excellent
		vršak m	tip, point
vozni adj	- **red** time-table	**vršitelj** m	- **dužnosti ravnatelja** acting manager
vožnja f	ride, drive		
vrabac m	sparrow	**vrt** m	garden; (*povrtnjak*) kitchen-garden
vrač m	fortune-teller; (*urođenički*) witch-doctor		
		vrtić m dem	(*dječji*) nursery
vrag m	devil, Satan	**vrtati** v	bore, drill
vrana f	crow	**vrtjeti** v	turn round, rotate, spin
vranac m	black horse	**vrtlar** m	gardener
vrat m	neck	**vrtlog** m	whirlpool, eddy
vrata n pl tantum	door; (*ograde*) gate; (*dvokrilna*) folding-door	**vrtnja** f	rotation, revolving
		vrtoglavica f	vertigo, dizziness
vratar m	door-keeper	**vrtuljak** m	merry-go-round
vratiti v	return, give back	**vruć** adj	hot
vrba f	willow	**vrućina** f	heat
vrebati v	lurk, stalk	**vućica** f	fever
vreća f	sack, bag	**vučjak** m	wolf-dog
vrećica f	little bag	**vući** v	drag, draw, pull; (*tegliti*) tow
vrednovanje n	evaluation		
vrelo adv	well, spring	**vuk** m	wolf
vremenski adj	temporal, time(-); weather(-)	**vulgaran** adj	vulgar
		vulkan m	volcano
		vulkanizer m	tire repairman
vreva f	crowd, throng	**vuna** f	wool
vrh m	top, summit; pinnacle	**vunen** adj	woollen

Z

za prep	za; (*namjera*) in order to; (*korist*) for the sake of; dan - danom day after day; - čas in a moment	začepiti v	plug; (*bocu*) cork; (*rupu*) stuff
zabaciti v	throw back	začetak m	beginning, origin
zabačeno adv	remote	začeti v	conceive
zabadati v	pin into; (*dražiti*) tease	začetnik m	originator, author, creator
zabasati v	lose one's way	začin m	spice
zabava f	party; (*razonoda*) entertainment; pleasure	začiniti v	season, dress
		začuditi v	surprise; - se wonder
zabavan adj	amusing, funny	zaći v	set
zabavljač m	enetrtainer	zadaća f	task; duty; **domaća** - homework
zabavljati v	entertain, amuse; - se have a good time	zadah m	unpleasant odour
zabiti v	hammer, ram into; (*nož*) drive in	zadatak m	task; *math* arithmetical problem
zabilježiti v	note down; (*unijeti*) enter	zadati v	set task; (*brige*) cause trouble
zabit f	sequestered tract	zadaviti v	strangle; choke
zabluda f	mistake, fallacy; false belief	zadesiti v	befall somebody, happen to somebody
zaboljeti v	(begin to) hurt, pain	zadihati se v	gasp for breath
zaborav m	oblivion	zadiviti v	make somebody marvel/ wonder
zaboraviti v	forget		
zabosti v	stick into	zadnji adj	the last; ultimate; final
zabrana f	prohibition; (*uvoza robe*) embargo	zadnjica f	bottom, buttocks, bum
		zadobiti v	get; (*pretrpjeti*) sustain
zabraniti v	forbid, prohibit; (*uvoz/izvoz*) ban	zadovoljan adj	content, satisfied; pleased
zabrinut adj	worried, troubled	zadovoljiti v	satisfy, gratify
zabrinutost f	anxiety, worry, concern	zadovoljstvo n	satisfaction, pleasure
zabuna f	mistake, misunderstanding; confusion	zadrijemati v	drop off, fall asleep
		zadruga f	co-operative society; community
zabuniti se v	make a mistake; be mistaken	zadružni adj	co-operative
zabušant m	shirker	zadržati v	keep back; (*ne vratiti*) hold back; stop; (*kasniti*) delay
zabušavati v	shirk		
zacijeliti v	heal	zadušnica f	requiem; memorial service
zacijelo adv	surely, certainly		
zacrtati v	*fig* chart	zaduženje n	duty, task
začarati v	enchant, put a spell on	zadužiti v	make somebody indebted; - **se** get into debt (*dužnošću*) charge with
začas adv	in a moment		
začeće n	conception		

zagađenost f	pollution
zagađivač m	contaminator
zaglaviti v	perish; - se get stuck
zaglavlje n	title
zagledati se v	gape at; (*u koga*) fall in love with
zaglibiti v	sink in mud; *fig* be bogged down
zaglušno adv	deafeningly
zagonetan adj	enigmatic, puzzling
zagonetka f	puzzle, riddle
zagorčati v	embitter
zagorjeti v	burn
zagovornik m	pleader, intercessor
zagrada f	bracket, *Am* parenthesis
zagraditi v	fence in; (*zidom*) wall in
zagrebački adj	Zagreb's, of Zagreb
zagrijati v	warm up
zagrliti v	embrace; hug
zagrljaj m	embrace; hug
zagušiti v	suffocate, choke
zahlađenje n	cold spell; (*odnosa*) chill
zahod m	toilet; water closet; bathroom
zahrđati v	rust, get rusty
zahtijevati v	demand, insist upon
zahtjev m	demand, request
zahvaćati v	catch, hold; grip; grasp
zahvala f	thanks, acknowledgement
zahvalan adj	grateful
zahvaliti v	thank, acknowledge
zahvalnica f	letter of thanks
zahvalnost f	gratitude, thankfulness
zahvat m	hold, grip, grasp; (*kirurški*) intervention
zaista adv	really, indeed
zajam m	loan, credit
zajamčiti v	guarantee, warrant
zajedljiv adj	caustic, biting
zajednica f	community; union
zajedništvo n	co-operation
zajedno adv	together, in common, jointly
zajmodavac m	lender, creditor
zajmoprimac m	borrower, debtor
zajutrak m	breakfast
zakasnina f	demurrage
zakasniti v	be late, come late
zakazati v	fix time
zakinuti v	withold one's due
zaklada f	foundation
zakloniti v	shelter, screen, shield
zaklati v	slay, slaughter
zaklon m	shelter, screen, shield
zaklopiti v	shut, cover with lid; - **oči** close eyes
zaključak m	conclusion; (*odluka*) resolution
zaključati v	lock up
zaključiti v	conclude; (*odluka*) resolve
zaključni adj	conclusive, final
zaključnica f	sales agreement
zakočiti v	brake
zakon m	law, statute; **kršiti** - infringe law
zakonik m	code, body of laws
zakonito adv	legally, lawfully
zakonodavac m	legislator
zakonodavstvo n	legislature
zakopati v	bury; cover with earth
zakopčati v	button up
zakovica f	rivet
zakrčenost f	obstruction
zakrivljenost f	being twisted, distorted quality
zakrpa f	patch; (*mjesto*) darned spot
zakržljao adj	stunted, undergrown
zakuhati v	start boiling; boil; *fig* stir up trouble
zakup m	lease, rent
zakupiti v	lease, rent (farm)
zakupnina f	rent, rental
zakuska f	snack
zalagaonica f	pawn-shop
zalaz m	sunset, sundown
zalediti v	freeze
zaleđe n	support; (*zemlja*) hinterland
zalet m	run; **skok iz zaleta** running jump
zaliha f	stock, store, supply
zalijepiti v	stick to; stick together
zalistak m	**srčani** - heart valve
zaliti v	water, irrigate
zalog m	pawn, pledge
zalogaj m	morsel; bite
založnica f	pawn-ticket
zalupiti v	slam; bang
zalutati v	go astray, lose one's way
zaljev m	bay, gulf
zaljubiti se v	fall in love with
zamah m	momentum; swing
zamak m	castle

zamašnjak m	driving-wheel	zapad m	west, Occident; na - westwards
zamazati v	dirty, soil		
zametak m	embryo; germ; source, origin	zapaljiv adj	inflammable
		zapamtiti v	remember, bear in mind; memorize
zamijeniti v	exchange; (*kriva osoba*) mistake for		
		zapasti v	(*u nevolju*) fall on evil days
zamisao f	idea, conception; (*nakana*) intention		
		zapaziti v	observe, note
zamišljen adj	thoughtful, pensive; deep in thoughts	zapažen adj	noticed; (*istaknut*) marked, prominent
zamjena f	exchange; (*trgovina*) barter; (*umjesto pravoga*) substitution; (*za kavu i sl*) substitute; (*istrošenog dijela*) replacement	zapečatiti v	seal
		zapešće n	wrist
		zapis m	entry, booking
		zapisničar m	recording secretary
		zapisnik m	minutes; minute-book
		zaplet m	entanglement; (*romana*) plot
zamjenica f	pronoun		
zamjenik m	substitute, deputy; representative	zaplijeniti v	confiscate
		zaposlenost f	being busy; employment
zamjeriti v	take in bad part, resent	zaposliti v	employ; - se get a job
zamjerka f	criticism, objection	zapostaviti v	neglect; put into the background
zamka f	trap, *fig* trap		
zamolba f	vidi molba	zapovijed f	order, command; (*pisana*) ordinance
zamor m	fatigue		
zamračiti v	obscure, darken; (*grad*) black out	zapovijedati v	be in command of
		zapovjednik m	commander; (*broda*) captain
zanat m	trade; craft		
zanatlija m	artisan, craftsman; mechanic	zaprega f	team
		zapreka f	obstacle, impediment, hindrance
zanatski adj	of a trade		
zanemariti v	neglect, omit	zaprepaštenje n	awe, consternation
zanesenjak m	visionary, dreamer	zaprositi v	ask in marriage
zanijeti v	conceive, become pregnant; (*ushititi*) fill with enthusiasm	zapustiti v	neglect, abandon
		zar part	- ne znaš? dont you know?; - zbilja? you don't say so?
zanimanje n	profession, calling, occupation; (*radoznalost*) interest, curiosity		
		zarada f	earnings; (*dobitak*) profit; (*dohodak*) income
zanimljiv adj	interesting; (*čudan*) curious, odd	zaraditi v	earn, make money
		zarasti v	heal up
zanimljivost f	curiosity; /(*nekog grada*) sight	zaraza f	infection
		zarazan adj	contagious
zanos m	enthusiasm, ecstasy	zarediti se v	be ordained
zanovijetati v	grumble; (*dodijavati*) annoy	zarez m	cut, incision; (*znak*) comma
zao adj	evil, bad; naughty	zarobiti v	capture, make prisoner
zaobići v	go round; (*problem*) skirt	zarobljenik m	captive, prisoner
zaokret m	turning; *fig* turning point	zarobljeništvo n	captivity
zaostalost f	backwardnes; duševna - mental retardation	zaroniti v	dip, dive, immerse
		zaručiti se v	become engaged
zaostatak m	rest, remnant	zaručnički adj	- prsten engagement ring
zaostati v	fall behind, lag behind		

zaručnik m	fiancé; (*zaručnica*) fiancée
zasebno adv	separately
zaselak m	hamlet
zasićenost f	saturation
zasititi v	satiate, fill
zasjeda f	ambush
zasjedanje n	session, meeting
zaslon m	screen; (*svjetiljke*) shade
zasluga f	merit; credit
zaslužan adj	meritorious
zaspati v	fall asleep, drop off
zastarjeli adj	old fashioned, out of date
zastava f	flag; colours, standard
zastoj m	standstill; **- prometa** traffic jam
zastor m	curtain
zastrašiti v	frighten, scare, intimidate
zastupati v	represent; be deputy of
zastupnik m	representative; *pol* member of parliament
zastupništvo n	agency
zasun m	bolt
zaštita f	protection
zaštiti v	protect, shelter
zašto adv	why; what for
zatajiti v	keep secret; (*zakazati*) fail
zataškati v	hush up, cover up
zateći v	come upon; surprise; (*na djelu*) catch red-handed
zatezni adj	**zatezne kamate** interest on arrears
zatiljak m	back of head
zatim adv	then, subsequently, afterwards
zatišje n	lull
zato adv	therefore; hence, consequently
zatočenik m	confined person
zatomiti v	supress
zaton m	bay, gulf
zatrovan adj	poisoned; *fig* envenomed
zatrpati v	stop; pack into; (*poslom*) overwhelm by
zatvarač m	(*na boci*) cap; **patentni -** zipper
zatvaranje n	closing, shutting
zatvor m	jail, prison; imprisonment
zatvorenik m	convict; inmate
zatvoriti v	shut, close; (*u zatvor*) imrison; (*tvornicu*)close down
zaudarati v	stink
zaustaviti v	stop, hold up
zauvijek adv	forever, for good
zauzeti v	capture; take possesion of
zavariti v	weld
zavarivač m	welder
zavesti v	seduce, mislead
zavezati v	bind/tie up; (*cipelu*) lace up
zavičaj m	homeland, native country
zavidan adj	envious, jealous
zavidjeti v	envy, be envious
zavisan adj	dependent
zavist f	envy
zavjera f	conspiracy, plot
zavjet m	vow, pledge, oath
zavjetrina f	lee-side
zavod m	institute, institution, establishment
zavodljiv adj	seductive, tempting
zavodnik m	seducer
zavoj m	bend, curve; (*povoj*) bandage
zavojnica f	spiral
završetak m	end; *gram* ending
završni adj	conclusive, terminal, final
završnica f	end-game
zazirati v	abhor
zazivati v	invoke
zazubice f pl	**rastu mi** - my mouth waters
zbaciti v	throw off; (*vladu*) topple
zbijen adj	crowded, compact; (*gradom*) thickset
zbilja f	reality; truth, fact
zbirka f	collection
zbirni adj	collective
zbivanje n	happening; events
zbjeg m	refugees' camp
zbližiti v	bring together; **- se** grow close
zbogom adv	good-bye!, farewell!
zbor m	choir, chorus; **- nastavnika** teaching staff
zbornica f	staff-room
zbornik m	anthology; (*kongresa*) proceedings

zborovođa m	conductor
zbrajati v	sum up, do sums
zbrinuti v	take care of, provide for
zbrka f	confusion, disorder, mess
zbroj m	addition, sum; (*iznos*) sum total
zbuniti v	emabrass, confuse; - se become confused
zdjelica f	pelvis
zdrav adj	healthy, well; (*dobar*) wholesome; (*zrak, klima*) salubrious; (*razborit*) sane
zdravica f	toast
zdravlje n	health; na -! bless you!
zdravstven adj	sanitary; **zdravstveno stanje** state of health
zdravstvo n	health services
zdušno adv	wholeheartedly
zebnja f	anxiety
zec m	hare
zelen adj	green; (*nezreo*) unripe, immature
zelenilo n	vegetation
zemaljski adj	earthly, terrestrial
zemlja f	earth; (*kopno*) land; (*tlo*) ground; (*obradiva*) soil; (*svijet*) world; (*država*) state, country
zemljak m	countryman
zemljišni adj	land(-), of the land
zemljište n	piece of land
zemljopis m	geography
zemljoposjednik m	land-owner, landlord
zemljoradnik m	farmer, agriculturist
zemljovid m	map
zenit m	zenith
zet m	son-in-law
zgarište n	site of fire
zgaziti v	trample down/underfoot
zglob m	joint; (*prstiju*) knuckle; (*ručni*) wrist
zgnječiti v	crush; press
zgoda f	event; (*prilika*) occasion, chance
zgoditak m	lottery-prize; (*pogodak*) full hit
zgodno adv	conveniently, suitably
zgrabiti v	seize, grip, grasp, clutch
zgrada f	building, edifice; **krilo zgrade** wing
zgranuti se v	be shocked
zgrbljen adj	crooked, bent, curved
zgrčiti v	(*šaku*) clench; - se become cramped
zgriješiti v	sin, commit sin
zgrušati se v	coagulate
zgusnuti se v	condense, thicken
zgužvati v	crumple, crease, wrinkle
zid m	wall; htjeti glavom kroz - be rash
zidar m	mason; (*opekom*) bricklayer
zidati v	build/erect/raise a wall
zidine f pl	walls
zijevati v	yawn
zima f	winter; (*hladnoća*) cold; (*vrijeme*) cold weather
zimnica f	food for winter
zimovalište n	winter resort
zimski adj	winter(-)
zimzelen adj	evergreen
zinuti v	- **od čuda** stand agape
zjapiti v	gape
zjenica f	pupil of the eye
zlatan adj	golden, gold(-); **zlatna ribica** gold-fish
zlatar m	goldsmith
zlatarnica f	goldsmith's shop
zlatnik m	gold coin
zlatnina f	gold jewelry
zlato n	gold; **rudnik zlata** gold-mine
zlikovac m	criminal, felon
zlo n	evil, sin; - **mi je** I feel sick
zloba f	malice; spitefulness
zloban adj	malicious, wicked
zločest adj	naughty, disobedient
zločin m	crime, misdeed; **počiniti** commit a crime
zločinac m	criminal
zloćudan adj	malign; (*narav*) ill-natured
zlodjelo n	crime, misdeed
zloglasan adj	ill-famed, disreputable
zlokoban adj	ominous
zlonamjeran adj	malicious, spiteful
zlopamtilo n	grudge-bearer
zlorabiti v	abuse, misuse
zlostavljati v	maltreat, abuse
zloupotreba f	misuse, abuse
zlovolja f	bad temper, moroseness
zmaj m	dragon; (*letilica*) kite

zmija f	snake, serpent; (*otrovnica*) viper	zrak m	air; **dići u** - blow up; **zagušljiv** - close air
zmijolik adj	serpentine	zraka f	ray; **rendgenske zrake** X-rays
značaj m	character, temperament; nature	zrakoplov m	aeroplane
značajan adj	significant, notable, characteristic	zrakoplovstvo n	aviation; (*vojno*) air force
značenje n	meaning, significance; importance	zrcalo n	mirror, looking-glass
		zrelo adv	maturely
značka f	badge	zrno n	grain; (*tane*) bullet
znak m	sign, symbol; (*kretnja*) gesture; (*zaštitni*) trademark; **dati** - make a sign	zub m	tooth, *pl* teeth; (*zupčanika*) cog tooth
		zubalo n	(*umjetno*) denture
znamenit adj	famous, well-known, remarkable	zubar m	dentist
		zubobolja f	tooth-ache
znamenka f	figure, digit, numeral	zupčanik m	cog-wheel
znanac m	acquaintance	zvaničan adj	official
znanost f	science; **prirodne znanosti** natural sciences	zvanje n	calling, profession; trade
		zvati v	call; (*pozvati*) invite
znanstvenik m	scientist, scholar	zvečka f	rattle
znanje n	knowledge; (*učenost*) erudition, learning	zveket m	clanking
		zvijer f	beast
znatan adj	considerable; prominent; important	zvijezda f	star; (*repatica*) comet; (*sjevernjača*) north star
znati v	know, realize, understand	zviždati v	whistle
znatiželja f	curiosity	zvižduk m	whistle
znoj m	sweat, perspiration	zvjerski adj	beastly, brutal
znojiti se v	perspire, sweat; *fig* toil	zvonar m	sacristan
zona f	zone	zvonce n dem	(*kućno*) door-bell
zoologija f	zoology	zvonik m	bellfry, bell-tower
zoološki adj	- **vrt** zoological gardens, *coll* zoo	zvono n	bell
		zvučan adj	sonorous, resonant, loud
zora f	dawn, daybreak	zvučnik m	loudspeaker
zorno adv	clearly, plainly	zvučnost f	sonority, resonance
zračenje n	radiation; (*prozračivanje*) airing	zvuk m	sound; ring; **pojačati/ utišati** - turn up/down

žaba f	frog; (*krastača*) toad
žabokrečina f	pond-scum; *fig* backwater
žacati se v	be reluctant, shrink from
žad m	jade
žal m	beach
žalac m	sting
žalba f	complaint
žaliti se v	lodge a complaint
žalopojka f	dirge
žalosno adv	sadly
žalost f	sadness; (*bol*) grief, sorrow
žalostan adj	sad, joyless; gloomy
žalovati v	mourn
žaluzine f pl tantum	Venetian blinds
žanr m	genre
žao adv	harm, hurt, wrong; **- mi je** I am sorry
žar m	glow; *fig* ardour
žara f	urn
žarač m	poker
žargon m	jargon; (*govor mladeži*) slang
žarište n	focus; centre
žariti v	be glowing hot
žarki adj	glowing; *fig* fervent
žarulja f	electric bulb
žbica f	spoke (of wheel)
žbuka f	plaster, mortar
žderanje n	devouring, gluttony
žderati v	devour, eat greedily
žderonja m	glutton
ždral m	crane
ždrijeb m	lot; **vući -** draw lots
ždrijebe n	foal
ždrijelo n	abyss; gorge; (*vulkana*) crater
žedan adj	thirsty
žeđ f	thirst
žeđati v	suffer thirst; *fig* long after
žega f	scorching heat
želatina f	gelatin
žele m	jelly
želučani adj	gastric
želudac m	stomach; **bol u želucu** stomach-ache
želja f	wish, desire; (*čežnja*) longing
željan adj	desirous, anxious
željeti v	wish for, desire; (*htjeti*) want
željezara f	ironworks; (*čeličana*) steelworks
željezarija f	ironmonger's, *Am* hardware store
željezan adj	iron, made of iron
željeznica f	railway, *Am* railroad; **podzemna -** subway
željezničar m	railway man
željezo m	iron; (*zahrđalo*) rusty iron; (*lijevano*) cast iron; (*valjano*) rolled iron
žemlja f	roll
žena f	woman, female; (*udata*) wife
ženik m	bridegroom
ženiti se v	marry
ženka f	female
ženomrzac m	mysoginist
ženskar m	womanizer; lady's man
ženski adj	female; woman's; feminine
ženstven adj	feminine, womanly
žeravica f	live coal
žestina f	violence, vehemence
žestok adj	violent; (*jak*) intense; (*zima*) bitter
žetelac m	reaper
žeti v	reap
žeton m	(*za igre*) chip; (*telefonski*) token
žetva f	harvest
žezlo n	sceptre
žganci m pl	(hard-boiled) corn mush

žgaravica f	heart-burn
žgoljavac m	runt
žica f	wire; *mus* chord
žičan adj	wire(-), made of wire
žičara f	cable-railway, cable-car
židak adj	liquid
Židov m	Hebrew, Jew
žig m	brand; (*na zlatu*) hallmark; (*poštanski*) stamp, mark
žigica f	match; **zapaliti šibicu** strike a match
žigosati v	brand, stigmatize
žila f	vein; artery; (*list*) rib; (*kamena*) streak
žilav adj	sinewy, muscular; (*meso*) tough
žilet (britvica) m	razor blade
žir m	acorn
žirafa f	giraffe
žiri m	jury
žiro-račun m	transfer account
žitarica f	cereal
žitelj m	inhabitant
žitkost f	liquidity
žitni adj	of cereals, cereal
žitnica f	granary
žito n	*Br* corn, *Am* grain
živ adj	living, live, alive; (*živahan*) lively; **živo vapno** quick lime; **živa boja** bright colour
živa f	mercury, quicksilver
živac m	nerve; **ići na živce** irritate
živahan adj	lively, animated
živalj m	population
živčan adj	nervous
živica f	hedge
živio! int	long live! (*u zdravlje*) cheers!
živjeti v	live, exist, be alive; (*stanovati*) live
živnuti v	perk up
živo adv	lively, quickly, sharpely
život m	life, existence; (*vijek*) age
životinja f	animal, beast
životinjski adj	animal, beastly
životni adj	life; **životna mudrost** worldly wisdom
životopis m	biography; (*vlastiti*) autobiography
životopisac m	biographer; autobiographer
žižak m	rush-light; (**žitni** - grain weevil
žlica f	spoon; (*malena*) teaspoon; **puna** - spoonful
žlijeb m	gutter, spout
žlijezda f	gland
žmigati v	blink
žmiriti v	blink
žmirkati v	blink
žohar m	cockroach
žongler m	juggler
žrtva f	victim; (*bogu*) sacrifice
žrtvenik m	altar
žrtvoslovlje n	victimology
žrtvovati v	sacrifice; - **se** sacrifice oneself
žrvanj m	grindstone
žubor m	murmur, purl
žuboriti v	murmur, purl
žuč f	gall, bile; *fig* bitterness
žučan adj	of the gall; **žučni kamen** gall-stone; *fig* bitter
žućkast adj	yellowish
žudnja f	craving, yearning
žulj m	blister; (*tvrdi*) callus
žuljati v	(*cipela*) pinch
žumanjak m	yolk
žuna f	woodpecker
župa f	parish
župan m	district-prefect
županija f	county; district
župni adj	parish, parochial; - **ured** vestry
župnik m	parish priest
žurba f	haste, hurry; urgency
žuriti v	hasten, make haste, hurry, rush
žurnal m	fashion magazine
žustar adj	nimble, brisk, quick
žustrina f	quickness, nimbleness
žut adj	yellow; **žuto svjetlo** amber
žutica f	jaundice
žutiti v	paint yellow
žutjeti v	turn yellow
žutokljunac m	greenhorn